LA POESÍA HISPANOAMERICANA
DESDE EL MODERNISMO

John W. Kronik

ADVISORY EDITOR IN SPANISH LANGUAGE AND LITERATURE

LA POESÍA HISPANOAMERICANA
DESDE EL MODERNISMO

Antología, estudio preliminar y notas críticas de

Eugenio Florit

BARNARD COLLEGE
COLUMBIA UNIVERSITY

José Olivio Jiménez

HUNTER COLLEGE
CITY UNIVERSITY OF NEW YORK

Appleton-Century-Crofts | *New York*
DIVISION OF MEREDITH CORPORATION

A la memoria de Federico de Onís

⸺ADVERTENCIAS⸺

La selección de los poetas y los poemas

Dentro de las cuatro etapas generales en que hemos dividido la trayectoria de la poesía hispanoamericana desde fines del siglo pasado (modernismo, posmodernismo, vanguardismo y posvanguardismo), se han escogido aquellos poetas cuya obra les da ya un valor fijo y definitivo en el período a que pertenecen. Debido a la razón insuperable del espacio, no están todos los que en justicia debían aparecer, lo cual siempre ocurre. Tampoco se abre, y por el mismo motivo, un apartado especial para las tendencias más recientes, como sería de desear, ya que esto conduciría a una extensión y volumen excesivos; pero algunos de los nombres mayores entre esas tendencias se han incluido en las últimas páginas del posvanguardismo. En ningún caso se ha forzado la representación nacional, buscando un equilibrio complaciente. De aquí que en cuanto al número de poetas haya una desigualdad notoria a favor de unos pocos países, lo que es sólo el reflejo de una realidad histórica indiscutible. Hemos tratado de contemplar el fenómeno lírico de Hispanoamérica como una unidad, hasta donde ha sido posible, cuidando de no fraccionar esa unidad en una multitud de pequeñas historias particulares. Tal decisión conlleva, en consecuencia, obligadas omisiones que somos los primeros en lamentar.

La elección de los poemas ha querido conciliar la intrínseca calidad de cada uno de ellos con su valor como muestra de los diferentes temas y modalidades del poeta, es decir, como ilustrativos de su personal evolución. En el encuentro de estos dos criterios, hemos tenido que desoír a veces nuestras propias preferencias para no sacrificar el básico carácter general con que el libro ha sido concebido. Por supuesto, como en un mismo autor puede haber altos y bajos, no hemos tenido escrúpulos en dejar fuera aquellos momentos que objetivamente representan caídas extremas de la calidad poética, aunque esas caídas pudieran justificarse desde posiciones extraliterarias.

Los poetas dentro de cada período y los poemas de cada autor se han dispuesto siguiendo un orden estrictamente cronológico. Debajo de cada texto se ha consignado el libro de donde procede y su fecha de publicación; y estos datos se han repetido aun en el caso de que varios poemas sucesivos pertenezcan a un mismo libro, con el objeto de hacer más fácil y rápida la identificación por parte del lector. Cuando ha sido posible conocer la fecha precisa del poema, también se ha indicado; lo cual es particularmente útil para fijar la cronología de aquel poeta que publica poco, o muy tarde en su vida, o cuya obra no se ha recogido en libro sino póstumamente.

Las introducciones

Hemos preparado una introducción histórico-crítica para situar los diferentes períodos, movimientos y tendencias. En ese estudio preliminar se ha pretendido dar una visión orgánica y coherente de la poesía hispanoamericana a lo largo de la época a cuyos límites se ciñe este libro, apuntando más a la caracterización estética general que al catálogo exhaustivo de sus cultivadores. Este trabajo puede leerse con entera independencia del conjunto.

Sin embargo, y precisamente por ese carácter general y unitario que voluntariamente le impusimos, muchas cuestiones más específicas quedaban sin tratar en esas páginas iniciales. Para salvar estas ausencias se han compuesto unas introducciones particulares a los distintos períodos. En ellas aspiramos a fijar con mayor precisión (y tal vez de paso con un añadido polémico inevitable) los límites y los contenidos justos de cada uno de esos períodos así como ofrecer la nómina más detallada de los poetas correspondientes.

Las notas sobre los poetas y los temas generales

Cada poeta aparece presentado mediante una rápida viñeta que en unos pocos trazos resume el acento personal de su voz, sus temas fundamentales y, muy sucintamente, su posible evolución. Como complemento y desarrollo van, en esquema, unos temas generales. Pensamos que quizá puedan tener estos temas una doble utilidad: al profesor le darían un índice mínimo de los aspectos más importantes a considerar en el poeta respectivo; al estudiante, esto mismo más la posibilidad de unas sugerencias para la selección de temas en sus informes, ensayos y trabajos de curso. Por supuesto, tales temas generales no se refieren exclusivamente a los poemas incluidos sino a la obra general del autor; y requerirían, para su total desarrollo, una lectura más atenta y completa de dicha obra.

Las bibliografías

En la *obra poética* de cada autor no se repite el lugar de publicación del libro si dicho lugar sigue siendo el último mencionado anteriormente. Los *estudios* sobre el poeta se han agrupado en tres categorías: (*a*) *libros especiales,* incluyendo en ellos los homenajes y números dedicados al autor por revistas literarias conocidas; (*b*) *libros generales,* entendiendo por tales aquéllos no referidos específicamente al poeta pero que proveen alguna información considerable sobre el mismo, sin enumerar aquí los numerosos manuales e historias de la literatura hispanoamericana que el lector encontrará en la bibliografía general; (*c*) *artículos,* citando sólo los publicados en revistas. Esto quiere decir que cuando un artículo ha servido de prólogo o introducción a un libro del poeta, lo general es que se encuentre junto al título de tal libro dentro de la *obra poética.* Las revistas aparecen referidas por sus siglas, y éstas quedan debidamente identificadas al final. No se incluyen en estas relaciones libros o artículos que se refieran a otros aspectos de la producción del autor seleccionado (teatro, novela, ensayo, etc.) sino solamente a su poesía.

Es importante aclarar que las bibliografías incompletas como por fuerza tiene que suceder cuando se elaboran desde un sitio tan distante de los numerosos países cuya producción recogen, sólo abarcan libros y trabajos publicados desde 1930 y que igualmente hemos desechado los de muy difícil acceso. La fecha de 1930 que hemos elegido como punto de inicio para la compilación de la bibliografía viene dada por el gran servicio que en este sentido puede prestar la *Antología de la poesía española e hispanoamericana (1882-1932)* de Federico de Onís, de la cual se ha hecho recientemente una asequible reedición. Hasta ese año los poetas nuestros coinciden en general con los del libro que acabamos de mencionar; en él pueden hallar los estudiantes una abundante información bibliográfica que llega hasta cerca de 1934, fecha de la primera edición de esa ya clásica obra, a la cual les remitimos. Hemos creído de mayor interés no repetir todo ese material sino ponerlo al día, desde 1930 al presente. En el caso de los últimos poetas de nuestra antología, que desde luego no pudieron aparecer en la citada de Onís, su obra comienza alrededor y aun después de 1930, con lo cual la bibliografía sobre ellos viene también a ajustarse naturalmente a los límites propuestos en este punto.

Añadimos una bibliografía general, que hemos organizado en tres secciones: *Historias y estudios generales, Antologías generales y temáticas y Antologías por países.* A lo largo del proceso de impresión de este volumen han llegado a nuestras manos otras publicaciones críticas, recientes o de nuevo conocimiento para los antólogos, sobre varios de los poetas aquí incluidos. Con ellas hemos dispuesto una *Bibliografía adicional* que colocamos al final del libro. Llamamos la atención sobre ello para que quienes deseen servirse de estas bibliografías particulares de cada poeta sepan que en esas adiciones pueden encontrar material complementario de interés.

Las notas explicativas

Esta antología va dirigida, de modo especial, a estudiantes universitarios de habla inglesa; y por ello la relativa generosidad de notas explicativas. Si el libro también rindiese alguna utilidad al lector hispano general, lo cual nos sería de la mayor satisfacción, puede éste desentenderse de esas notas sin ninguna molestia en la lectura.

No hemos confeccionado, sin embargo, un vocabulario al uso. Se han explicado solamente aquellas alusiones de carácter mitológico o legendario que pueden resultar lejanas para un hombre de hoy; y con tanta o mayor atención las referencias geográficas e históricas de la America española así como las voces y expresiones de marcado tono regional que dificultan a veces la comprensión del texto. En una poesía como la hispanoamericana, tan fuertemente enraizada al fondo telúrico e histórico de donde nace, este conocimiento es indispensable; y a facilitarlo en lo posible van encaminadas las notas. Para quien desee profundizar en el dominio de ese contexto lingüístico necesario recomendamos el *Diccionario general de americanismos* de Francisco J. Santamaría (México, 1942).

Por los permisos correspondientes, damos las gracias a los señores Enrique Banchs, Francisco Luis Bernárdez, Jorge Luis Borges, Caridad L. vda. de Boti por los poemas de Regino E. Boti, Ana María Brull de Vázquez por los poemas de Mariano Brull, Manuel del Cabral, Eduardo Carranza, Jorge Carrera Andrade, Serafín Delmar, Otto De Sola, Humberto Díaz-Casanueva, Pedro Sotillo por los poemas de Andrés Eloy Blanco, César Fernández Moreno por los poemas de B. Fernández Moreno, Héctor González Rojo por los poemas de Enrique González Martínez, José Gorostiza, Nicolás Guillén, Alberto Hidalgo, Vicente Huidobro (hijo) por los poemas de Vicente Huidobro, Juana de Ibarbourou, Germán List Arzubide, Jesús López Velarde por los poemas de Ramón López Velarde, Dulce María Loynaz, Leopoldo Lugones (hijo) por los poemas de Leopoldo Lugones, Carmen Rivera vda. de Lloréns por los poemas de Luis Lloréns Torres, Manuel Maples Arce, Leopoldo Marechal, Ricardo E. Molinari, Pablo Neruda, Salvador Novo, María Valdés vda. de Palés por los poemas de Luis Palés Matos, Nicanor Parra, Octavio Paz, Carlos Pellicer, Magda Portal, Alfonso Reyes (hijo) por los poemas de Alfonso Reyes, Evaristo Ribera Chevremont, Clemente Soto Vélez, Alejandro Storni por los poemas de Alfonsina Storni, Thérèse Dulac por los poemas de Rosamel del Valle, Georgette Vallejo por los poemas de César Vallejo, Salvador Azuela, Director, Fondo de Cultura Económica (México) por los poemas de Xavier Villaurrutia.

Y varias menciones finales de agradecimiento. Al señor Ricardo Florit, director de la Sección Bibliográfica del Hispanic Institute de Nueva York, por su valiosa ayuda en la preparación de las bibliografías. Al profesor John W. Kronik, por la lectura cuidadosa del manuscrito y sus oportunas y útiles sugerencias. A la srta. Vicki Cohen, de la casa editorial Appleton-Century-Crofts, por su inteligente atención en el proceso de revisión de las pruebas de este libro. Y en fin a nuestros alumnos de las escuelas graduadas de Columbia University y Hunter College, a cuyo estímulo cordial responde en buena parte el presente esfuerzo y quienes nos han puesto en el camino de sus necesidades e intereses. A todos llegue el sincero reconocimiento de los realizadores de esta antología.

E.F.
J.O.J.

CONTENIDO

BIBLIOGRAFÍA

ÍNDICE ALFABÉTICO

ESTUDIO PRELIMINAR

I. EL MODERNISMO

La liquidación del estado de cultura que representó el siglo XIX y la difícil gestación del espíritu contemporáneo quedaron marcados por una serie de movimientos que, ateniéndonos sólo al campo de lo artístico, se manifestaron bajo rótulos diversos: prerrafaelismo y esteticismo en Inglaterra; parnasismo, impresionismo, simbolismo o decadentismo en Francia; d'annunzianismo en Italia, para citar sólo aquéllos de Europa más directamente próximos al mundo hispánico. De este modo cabe situar al modernismo, y así lo ha hecho la crítica más comprensiva, como la manifestación que en América y España asumió este crucial período de transición, con lo cual se logra para ese movimiento su más justa y precisa ubicación histórica y estética.

Y fue algo más, visto desde el lado de la América hispana, pues significaba su primera contribución original, su más segura prueba de madurez e independencia con respecto a la tradición española, de la cual había sido por modo natural deudora inevitable; no importa que ocasional y voluntariamente la lección francesa se hubiese hecho sentir también en ciertos autores y formas de pensamiento del mismo siglo XIX. Es cierto que esa originalidad era ahora fruto otra vez de extranjeras influencias—la de Francia de nuevo, y muy fuertemente—pero éstas representaban un aire distinto, necesario, clarificador. Y si bien en algunos casos tales influencias cristalizaron en un excesivo galicismo —mental o formal—no es menos cierto que ayudaron a lo que era en esencia más importante, la flexibilización del lenguaje literario, y que en manos de los verdaderos maestros fue ante todo un incentivo y apoyatura provisional desde donde abordar en seguida el camino ya propio y seguro. Es tan insensato negar o disminuir el peso mayor de las deudas francesas en la poesía modernista de Hispanoamérica como poner atención exclusiva en ello, olvidando las procedentes de otras literaturas europeas antiguas y modernas y de la más reciente de los Estados Unidos—cuyas grandes figuras, Poe y Whitman, son dadas a conocer en la otra América precisamente por poetas de este período, Martí y Silva—así como la pervivencia de lo más entrañable, fuerte y sano de la natural herencia clásica española.

De lo que se trataba era de salvar la inmediata penuria de la expresión literaria dominante en todo el ámbito hispánico (la Península en particular). Un puñado de hombres, de muy diferentes países hispanoamericanos y casi sin conocerse entre sí, sintieron hacia el último tercio del siglo pasado la urgente necesidad de reaccionar contra un lenguaje fosilizado y contra el vacío de ideas y abundancia de sentimientos tópicos a que había quedado reducida la literatura española de su tiempo, en prosa y verso. Naturalmente que hay excepciones, dentro de la pobreza lírica general de aquellos años, y no pueden desconocerse los nombres de Gustavo Adolfo Bécquer y Rosalía de Castro; pero sus voces, en atención a su mismo delicado tono menor e íntimo, eran un camino cerrado en sí y poco propicias para impulsar una diáfana renovación, aunque la presencia concreta de Bécquer en algunos modernistas—Martí, el primer Darío —ha sido discutida y estudiada con rigor. Mas las excepciones no hacen sino confirmar el estado general de anquilosamiento expresivo que dominaba en la poesía; para no referirnos a la prosa, donde la situación andaba igual o peor, a pesar de la obra excepcional de Galdós y de "Clarín." Los hispanoamericanos que empiezan a escribir hacia 1880, en términos generales, trataron de escapar, superándolas, de las limitaciones de su época, y desbrozaron los senderos que luego iban a permitir la tarea resumidora y prodigiosa de Darío. La gestión de aquéllos comienza a partir de esa fecha, y va en aumento creador a lo largo de las dos últimas décadas del siglo pasado; aunque investigaciones recientes y minuciosas—y hay que señalar entre éstas las realizadas por el profesor norteamericano Ivan A. Schulman— han podido precisar que en el terreno de la prosa—José Martí, Gutiérrez Nájera—se observan ya claros logros de sorprendente modernidad desde 1875. Tradicionalmente, por falta de clara visión en los críticos, por política literaria o por inercia, a esos primeros modernistas se les ha venido llamando "precursores"; y hay todavía críticos que, como Raúl Silva Castro, mantienen la denominación tal vez por conveniencias didácticas (Véase R.S.C.: *Antología crítica del modernismo hispanoamericano*; New York, 1963). Sin embargo, sobre la base de los estudios estilísticos de que hoy disponemos, ya nadie podrá negar la existencia de *una primera promoción modernista*, entre cuyos miembros sobresalen con entera justicia algunos nombres capitales: los mexicanos Salvador Díaz Mirón y Manuel Gutiérrez Nájera, los cubanos José Martí y Julián del Casal, el colombiano José Asunción Silva. Hubo muchos otros, naturalmente, que se adelantan hacia el modernismo; pero si hubiera que citar realmente un precursor, éste sería el peruano Manuel González Prada, a quien no estaría mal considerarlo más bien como integrante en silencio, cultivador aislado pero no menos audaz en tantos puntos de técnica poética.

Y si contemplamos el devenir literario con una más amplia perspectiva, estaremos de acuerdo con José Juan Arrom cuando apunta que es en la promoción anterior a la de Martí y Nájera donde realmente deben rastrearse los primeros indicios de un cambio saludable y evidente. No hay que olvidar—y merece la pena insistir en ello para desvanecer otro error—que el movimiento modernista comienza realmente en la prosa y no en la poesía.

Comentando "el brillo, el color y el elaborado dibujo de los ensayos" de Juan Montalvo, anota Arrom: "De tal prosa a la del modernismo no había ya más que un paso." Y abundando en el mismo asunto, añade: "El proceso pasa de manos de Palma y de Montalvo a las de Gutiérrez Nájera y Martí. Y la novedad consiste en que al 'esmero y pulimento' de Palma y al vigor y brillo de Montalvo, Martí y Nájera añaden una mayor riqueza de colores, sonidos, ritmos e imágenes. Crean así la prosa pictórica, plástica y musical del modernismo" (*Esquema generacional de las letras hispanoamericanas*; Bogotá, 1963, págs. 162–163). Nos ha sido necesario, como se ve, salirnos de los límites estrictos de la poesía; pero habríamos seguido incurriendo en falsos y ya superados enfoques de historia literaria si nos atuviéramos exclusivamente al desarrollo del género lírico como un fenómeno totalmente independiente. Al no romperse la unidad de conjunto en nuestra mirada sobre la evolución de las letras hispanoamericanas del siglo XIX, queda bien resaltado que la verdadera obra preparatoria del modernismo hay que buscarla en los hombres que precedieron a los comúnmente aceptados como precursores, esto es, a Nájera, Martí, Silva, Casal y los demás.

Esta primera generación modernista adviene, como es natural, con un gran peso de romanticismo, aun no superado, sobre sus espaldas. Este aserto equivale a otra llamada de alerta, es decir, a hacer notar la grave desorientación crítica que resulta de oponer modernismo a romanticismo, al menos en la génesis e iniciales manifestaciones de aquél. La radical subjetividad de esos artistas, su rebeldía, la voluntad de evadir sus penosas circunstancias inmediatas, en muchos casos el evidente exotismo de su temática, el amor a la muerte y la carga que en sus versos tiene el recuerdo y el misterio, todo ello da por resultado un aire romántico innegable. Ello no obsta para que, románticos en su fondo, ensayaran en la forma las lecciones aprendidas en las escuelas más recientes de Francia: parnasismo, simbolismo. . . . Pero lo que allá fueron modos sucesivos de sensibilidad poética, aquí se yuxtaponen y se asimilan creando un producto singular y único, es decir, trasladando a un plano temporal y artístico un fenómeno que desde su entraña racial define a América: el mestizaje. No se nos oculta cuánto se ha escrito últimamente para tratar de demostrar que el modernismo hispanoamericano procede directa y casi exclusivamente del Parnaso francés y que tiene poco de simbolismo, empobreciéndosele con esta caracterización al insistir en que se trata de un movimiento meramente formal más que de genuina sustancia poética. La mayor parte de estas opiniones proceden de la crítica española y aun a veces de plumas responsables (Véase Luis Cernuda: "Experimento en Rubén Darío," recogido en *Poesía y literatura, II*; Barcelona, 1964); pero es indudable que ellas nacen de seguir observando en el modernismo una sola dimensión, la estetizante y decorativa, como por desgracia continúa ocurriendo y hasta por estudiosos hispanoamericanos. A este aspecto tendremos que volver a referirnos muy en breve. Concluyamos estas sucintas consideraciones destacando cómo en nuestros primeros modernistas se dan ya la perfección de la imagen plástica—Casal—, la flexibilidad y gracia del verso—Nájera—, el vislumbre del misterio y la música de la palabra—Silva—y todo ello más el talante moral y la honda preocupación patriótica y americana en Martí. En lo estrictamente formal también se encuentran en ellos—de forma plena o en germen—las modulaciones de una nueva dicción métrica y estrófica. En suma, el "programa" mínimo de la revolución modernista.

Los más representativos de esta primera promoción habían desaparecido ya en 1896, fecha en que se publican las *Prosas profanas*, el segundo gran libro de Rubén Darío. Por eso fue necesaria la obra personal, unificadora y genial de éste; obra que en sus comienzos es paralela y hasta cierto punto deudora de la de aquéllos pero a los cuales supera en términos históricos y de intrínseco valor estético. Reconocer cuánto habían avanzado ya esos poetas en la dirección general renovadora de los tiempos no rebaja un ápice la gloria propia y el papel de figura máxima y consagrador oficial del modernismo que al poeta nicara-

güense corresponde. Históricamente, porque —viajero incansable—fue él quien le dio carta continental e hispánica al movimiento, creando en seguida un círculo de influencias mutuas con los escritores peninsulares de entonces. Intrínsecamente, porque nunca hasta él la moderna poesía de lengua española había sonado con esa acabada perfección tanto en lo frívolo y superficial—puro placer de los sentidos—como en lo emocionadamente reflexivo—honda angustia existencial y permanente del hombre. La obra de Darío, sobre la base de sus tres libros fundamentales (*Azul . . .*, de 1888, *Prosas profanas*, de 1896 y *Cantos de vida y esperanza*, de 1905) sirve para delimitar lo que comúnmente y con razón se considera la plenitud del modernismo. Y esa plenitud significó, primero, un aprovechamiento de las conquistas logradas por los iniciadores; después, una amplitud y enriquecimiento insospechado de esas conquistas; y, al mismo tiempo, una incorporación de todo el continente a través de muy poderosas personalidades. Desde México, con Luis G. Urbina, Amado Nervo y Enrique González Martínez entre los mayores, hasta los poetas del Río de la Plata—el argentino Leopoldo Lugones, el uruguayo Julio Herrera y Reissig, el boliviano Ricardo Jaimes Freyre que por esos años vivía en Buenos Aires—pasando por el colombiano Guillermo Valencia y el peruano José Santos Chocano. . . . Poetas todos de muy marcado sello personal, característica básica de ese "gran movimiento de entusiasmo y libertad hacia la belleza" que fue el modernismo según el acertado decir de Juan Ramón Jiménez. De más está advertir que algún nombre de los aquí incluidos—Enrique González Martínez—tendrá que aparecer de nuevo, y tal vez allí con mayor justicia, en el posmodernismo.

Como ya se insinuó, esta segunda promoción modernista—y obsérvese que Rubén Darío es el puente de enlace entre la primera y la que le sigue—terminó por consolidar las renovaciones técnicas formales del verso, que fue uno de los logros definitivos para la poesía que dejó este movimiento. Max Henríquez Ureña, máxima autoridad en la materia, ha enumerado y comentado esas innovaciones métricas y estróficas puestas en vigencia por aquellos años, deslindando las que fueron remozamiento de formas clásicas españolas y las que constituían verdaderas novedades. Entre las primeras menciona el endecasílabo dactílico (con acentos en la cuarta y séptima sílabas), el endecasílabo acentuado solamente en la cuarta, el uso del monorrimo—bien en su forma simple o en combinaciones estróficas, de las cuales la más frecuente es el terceto—, los ensayos amétricos de Jaimes Freyre, el verso sostenido sobre un pie rítmico fijo (tetrasilábico en el "Nocturno" de Silva, trisilábico en la "Marcha triunfal" de Darío), el hexámetro de tradición grecolatina. Despues, como fórmulas más originales, nuevos metros de 10, 11, 12, 15 o más sílabas, el uso flexible y sonoro del eneasílabo, la boga del alejandrino y el dodecasílabo (con frecuencia en su forma de seguidilla), la preferencia por el serventesio, los sonetos de diversa medida, de un modo especial sobre la base del alejandrino, etc.

Adviértase, entre tantas libertades, el relativo poco uso del verdadero verso libre. Y señalemos de qué modo en el tratamiento poético, por misterioso, sugerente y audaz que sea, el lenguaje no rompe nunca la secuencia lógica interior del tema ni los contornos exteriores del texto. A pesar de las conquistas que el modernismo aportó, metrolibrismo, irracionalismo y fragmentación poemática serán adquisiciones posteriores, de los años de la vanguardia. Claro está que nos referimos a estos aspectos de técnica poética como logros de aprovechamiento general y caracterizadoras de toda la época, porque antecedentes aislados de unos y otros siempre es posible encontrar (Jaimes Freyre, Herrera y Reissig, el propio Darío) en la poesía más estricta del modernismo.

A medida que nos entramos en esta segunda promoción, la que señala justamente el momento cenital del período, parece como si aquel básico sedimento romántico que vimos en los primeros poetas fuese diluyéndose u ocultándose deliberadamente. A la pasión del sentimiento le sucede la pasión de la forma, la conciencia del arte puro, un prurito de objetividad. Se vive la literatura más que la vida;

se modera la elegíaca expresión de la intimidad y un mundo de exóticas decoraciones, que ciertamente venían desde antes, poblarán ahora de un modo casi absoluto el tinglado poético. Un escenario a la medida del artista más exquisito y decadente, todo lleno de palacios versallescos, de jardines, lagos y estanques, de marquesas y personajes dieciochescos, de esculturas y seres mitológicos, de chinerías y japonesismos, de sagas nórdicas y paisajes nevados . . . y de cisnes. En el Darío de *Prosas profanas*, el Lugones de *Los crepúsculos del jardín*, en Herrera y Reissig, en Jaimes Freyre estamos realmente muy. lejos del romanticismo. Lo que nos ofrecen es un paisaje poético fabricado con voluptuoso esmero, con impasibilidad: clásico, en fin. Podemos, sin embargo, preguntarnos desde ahora cuánto durará esa voluntad y si ella define *todo* el modernismo. La crítica acumula sobre esa poesía una serie de fórmulas calificadoras: "arte por el arte," esteticismo, decorativismo, actitud preciosista, exotismo, artificialidad, designio de aislamiento frente a la realidad y de resguardo poético; y, más inteligentemente, protesta y rebeldía mejor que evasión. (Véase Ricardo Gullón, *Direcciones del modernismo*, Madrid, 1963, pág. 48.)

Sí es innegable que hay *una zona* del modernismo que responde fielmente a estas valoraciones; lo que lamentamos es que no se precise que ellas son válidas sólo referidas a esa específica zona porque de lo contrario el juicio, a fuerza de limitado y amputador, resulta parcial e injusto. Verdad es que desde los primeros momentos hubo un poeta como Gutiérrez Nájera que pudo escribir este verso: "de cisnes intactos el lago se llena," que muchos años más tarde otro poeta también mexicano, Xavier Villaurrutia, habría de considerar con toda razón como un "verso profético" pues allí parece como si se anunciaran los veinte y tantos cisnes que hay en la obra de Darío. Pero no fue necesario esperar la siguiente hornada para que surgiera una conciencia poética más abierta y vital. Así, un coetáneo de Nájera, el cubano Martí, se permitirá usar el poema mismo para desde él proponer consignas como ésta, nuncio ya de una estética distinta y superadora:

Contra el verso retórico y ornado,
el verso natural . . .

Y no sólo aquí, sino en incontables textos dejó testimonio de su amor por una poesía fuerte, entrañable, sustancial. Y otro compañero de promoción, José Asunción Silva, llegaba a parodiar burlonamente "los colibríes decadentes" del modernismo en su "Sinfonía color de fresa en leche," a los cuales dedicaba

. . . esta historia rubendariaca
de la Princesa Verde y el Paje Abril
rubio y sutil.

Se dice que es la evolución interior de Darío, de su "torre de marfil" al "mundonovismo" (y los términos son del profesor y crítico chileno Arturo Torres Ríoseco), la que da realidad a la superación del esteticismo puro en que para algunos consistió solamente el modernismo desde sus inicios. Claro es que a la luz de tal interpretación, Martí ha resultado siempre "poco modernista," y también Silva. Para situarlos dentro de su época ha sido necesario valerse de las más sorprendentes acrobacias calificadoras, como la de llamar a ambos "provincianos" por su oposición al cosmopolitismo superficial de los otros. ¡Provinciano Martí, el más universal de los hombres de América! Aunque es cierto que quienes han afirmado todo esto no han negado nunca las innovaciones formales de uno y otro—pues la maestría rítmica del *Ismaelillo* de Martí y la musicalidad del "Nocturno" de Silva son ante todo valores formales—así como el cuidado con que ambos trabajaron el lenguaje poético y literario en general. La historiografía del modernismo se ha resentido de una fundamental equivocación en su planteamiento, que por desgracia pasa todavía a manuales y aun a libros "críticos," y es el reducirlo a una cuestión temática: si exotista, modernista; si esencial, profundo, intimista o auténticamente americano y universal, antimodernista. Y ello equivale a no verlo en su verdadera dimensión. Porque el modernismo fue, sobre toda otra cosa, una actitud ante el ejercicio literario. Lo que define al escritor modernista, en cuanto tal, es su conciencia artística, su voluntad de estilo, la posesión de los materiales de trabajo con que dar forma a esa voluntad, el propósito de renovación, la disposición de respeto y amor ante lo que es el instrumento de su oficio, o sea, el lenguaje. Dentro de esta actitud, cabrán después los caminos personales: la evasión o el compromiso, el cosmopolitismo o la realidad americana, la pudorosa objetividad o el desnudo temblor de los sentimientos. Porque si hubiera sido una específica preferencia temática, ni aun el Darío esteticista de *Prosas profanas* sería enteramente modernista, ya que en ese mismo libro aparecen preocupaciones de alta espiritualidad (léase "El Reino interior") y otras relacionadas con la tradición hispánica ("Cosas del Cid"), que se desarrollarán más claramente con los años. Lo que no significa, por el otro lado, que después de los *Cantos* no continuara escribiendo poemas preciosistas, formas mecánicas a las que no podía renunciar un artista de tan acabada perfección.

La realidad histórica es bien clara, pero ha costado largos años de esfuerzos y aclaraciones el situarla en sus exactos términos. Y en ello lleva ganados Manuel Pedro González muy seguros combates, pues ha sido él quien de una manera más consistente que la avanzada por Max Henríquez Ureña, nos ha dado la imagen de un modernismo "ya escindido en dos expresiones estilísticas muy distintas y perfectamente definidas hacia 1882" (*José Martí en el octogésimo aniversario de la iniciación modernista, 1882–1962*, Caracas, 1962). Una, decorativa, externa, evasiva, exotista, afrancesada, que inaugura desde los mismos comienzos Gutiérrez Nájera. Otra, interior, esencial, fija a la realidad humana universal y a la realdiad histórica de América, de filiación más clásica española, que por los mismos años estrenaba Martí. Y ambas subsistieron a lo largo del período llamado modernista; no es, pues, una relación de sucesión sino de simultaneidad la que se da entre ellas. Sabido es que hubo momentos, hacia 1896 y después, en que la primera pareció más arrolladora y triunfante, y la segunda un poco en crisis, a pesar de José Enrique Rodó. Pero no demora mucho el momento en que Darío mismo decide utilizar el verso para declarar en "Lo fatal," y ya sin regodeos formales, el sacro temor del hombre ante su destino trascendente:

> *Ser, y no saber nada, y ser sin rumbo cierto,*
> *y el temor de haber sido, y un futuro terror . . .*
> *y el espanto seguro de estar mañana muerto,*
> *y sufrir por la vida, y por la sombra, y por*
>
>   *lo que no conocemos y apenas sospechamos.*
> *Y la carne que tienta con sus frescos racimos,*
> *y la muerte que aguarda con sus fúnebres ramos,*
> *¡y no saber a dónde vamos,*
> *ni de dónde venimos . . .!*

O para convocar a los cisnes, cuya belleza antes se complaciera en exaltar, e interrogarles sobre ese otro angustioso destino histórico de su América española:

> *¿Seremos entregados a los bárbaros fieros?*
> *¿Tantos millones de hombres hablaremos inglés?*
>
> *He lanzado mi grito, Cisnes, ante vosotros*
> *que habéis sido los fieles en la desilusión . . .*

Y esto ocurría en 1905, en el mejor de sus libros: *Cantos de vida y esperanza*. A partir de entonces, cuando deja de tener vigencia la pura fruición del verbo poético, desligado de contenido humano, trascendente o social, es el momento en que sí hace crisis definitiva el modernismo, no importa que se siguieran escribiendo poemas exotistas o decorativos, que no representaban sino la continuación por inercia de formas cuya actualidad no era cuestión ya de poner en duda. Darío, y con él Lugones y González Martínez y otros más, desertarán al fin del mero preciosismo para engrosar las filas de aquella otra dirección poética que habían representado originalmente Martí y Silva. Era el entronque con una conciencia ya existente, aunque debilitada por un instante; no en modo alguno la aparición de una nueva. La extenuación, por proceso natural, del modo esteticista y el triunfo de la opuesta modalidad, a la que se uniría ahora una generación más joven que ya empezaba a surgir, significó concretamente el arribo de la lírica hispanoamericana a una nueva y superadora etapa de su historia. Cuando ya no hubo simultaneidad de ambas formas de entender los fines de la poesía, el modernismo dejó de existir aunque sus consecuencias legítimas, como siempre sucede, no dejaron de hacerse escuchar.

No todo fue, pues, "torre de marfil" en el modernismo. Pero las que se levantaron, pocas o muchas, eran tan brillantes que su resplandor aún deslumbra la vista. Y esto explica que esa misma luz no permitiera ver muy bien entonces (aunque allí estaban) las densas regiones de sombras, de inquietudes personales o históricas, que latían en aquellos magníficos creadores de arte.

II. LA REACCIÓN POSMODERNISTA

Los elementos externos y ornamentales que el modernismo puso de moda habían acabado por constituir un cuerpo retórico y verbalista, huero ya de toda autenticidad. Hubo por aquellos años, y los que siguieron, muchos poetas "rubendarianos," para los cuales la construcción de un poema se limitaba a volver a unir, mecánicamente ya, los ritmos y colores que en el maestro habían sido hermosa creación nueva, así como una serie de motivos poéticos a base de materiales nobles—oro, sedas, piedras preciosas, etc.— que se consideraban prestigiosos. Contra esa falta de verdadero lirismo se impondrá ahora la urgencia de una nueva reacción, fuerte y definida. La llamada de alerta pareció venir de un poeta formado precisamente en el modernismo. En efecto, el mexicano Enrique

González Martínez, ya mencionado, lanzó en 1910 el grito de muerte contra esa retórica degenerada que él simbolizó en el ave heráldica de aquel movimiento:

Tuércele el cuello al cisne de engañoso plumaje
que da su nota blanca al azul de la fuente;
él pasea su gracia nomás, pero no siente
el alma de las cosas ni la voz del paisaje. . . .

No iba la protesta dirigida contra el cisne primero y legítimo de Darío, confusión ésta que ha sido bien aclarada por el propio González Martínez, sino contra su supervivencia servil y adocenada en manos de poetas de ínfima categoría. El cisne había tenido su hora y el propio Darío lo había hecho evolucionar hasta convertirlo, como ya vimos, en confidente de sus inquietudes históricas y políticas más graves. Pero de todos modos hacía falta encontrar, en términos poéticos, un signo de esa mera belleza, vacía de sentido, contra el cual emprender esta nueva cruzada. Y no era difícil cifrar ese objetivo en el buho, ave que en su vuelo nocturno podría representar el afán humano de conocimiento trascendente:

Él no tiene la gracia del cisne, mas su inquieta
pupila que se clava en la sombra, interpreta
el misterioso libro del silencio nocturno.

Es exagerado, sin embargo, atribuir al poeta mexicano todo el valor de la nueva orientación, que por otra parte tan decisivamente él impulsó. En verdad, como ya se insinuó en su lugar, los mejores momentos de Darío—los de *Cantos de vida y esperanza*— surgen tanto a la sombra del cisne como a la del buho; y lo mismo ocurre con Lugones y otros muchos de los poetas admitidos generalmente como modernistas. Era, de modo fatal, el imperativo de los tiempos.

Se abre entonces una nueva etapa en la poesía hispanoamericana, caracterizada por la voluntad de superar el exceso de conciencia artística del modernismo y por el consecuente propósito de que la voz poética, al hacerse más sencilla y dúctil, llegase más hondo y más lejos. Hacia dentro, en busca de la intimidad del hombre, hasta su corazón mismo, donde se asientan los sentimientos y las pasiones que habrán después de volcarse sin mayores complacencias esteticistas por los cauces emocionados de la confesión; hacia fuera, por el paisaje y la realidad de América, sus pueblos, puertos, ciudades, suburbios, sus gentes y problemas. Alguna vez la mirada se perdería en el pasado clásico; o el acento brotaría zumbón, irónico, prosaico, como si el arte ensayase la parodia de sí mismo. Fue un esfuerzo arduo éste de escribir poesía después de la obra poderosa y deslumbrante de los modernistas; y Federico de Onís ha tenido para ese esfuerzo, y a buen tiempo, la palabra justa de revaloración que estaba demandando. En efecto, el año de 1934 publicó su ya clásica *Antología de la poesía española e hispano-americana (1882-1932)*, que constituye un ejemplar empeño de sistematizar en forma crítica toda la poesía en lengua española producida entre esas fechas en ambas márgenes del mundo hispánico. Allí se concede al posmodernismo toda la atención que esta etapa merece. Al hacerlo, pudo su realizador señalar los distintos caminos de la reacción posmodernista, en esquema que reproducimos por su conveniencia didáctica ya que permite observar en síntesis la variedad de esta amplia provincia de la poesía contemporánea. Este es el cuadro trazado por Onís para el posmodernismo: 1—Reacción hacia la sencillez lírica. 2—Reacción hacia la tradición clásica. 3—Reacción hacia el romanticismo. 4—Reacción hacia el prosaísmo sentimental; (*a*) poetas del mar y viajes, (*b*) poetas de la ciudad y los suburbios, (*c*) poetas de la naturaleza y la vida campesina. 5—Reacción hacia la ironía sentimental. 6—Poesía femenina.

Los jóvenes poetas no negaban tajantemente el modernismo pero les parecía como si en sus más brillantes momentos la habilidad y el oficio del artista ocultasen demasiado la inspiración y el sentimiento. Sólo trataban de refrenar a aquél en sus manifestaciones preciosistas, continuándolo a la vez que lo diversificaban y profundizaban. Era el rescate para el verso de la intimidad del hombre y de su contorno inmediato. Por eso se le ha llamado posmodernismo, con entera razón. El prefijo *pos* lo define certeramente: aquello que viene después, que ya no es lo de antes y, sin embargo, no es todavía otra cosa en absoluto diferente. Lo que se perdió en brillantez se ganó en hondura cordial y próxima. El conjunto de esta poesía puede ofrecer una general apariencia gris especialmente si se la contrasta con la anterior. Mas tampoco debe regatearse el aplauso a quienes se empeñaban en continuar una tradición lírica mediante la única salida que les era posible: la de la sencillez y la sordina. Todavía no percibían sus oídos el estrépito de los "ismos" europeos, o los que lo percibían no se atrevieron a aventurarse en ellos. Eran fieles a sus padres aunque tal vez no creyesen ya mucho en su lección. Por lo menos, la imagen retenía su función limitada de iluminar la dicción poética, sin oscurecerla o complicarla; y ni se permitían libertades extremas con la metáfora ni quebrantaciones violentas en la sintaxis. Todo esto vendrá muy poco después realmente, ya que hacia la tercera década de nuestro siglo las explosiones de vanguardia reducirán a todo el modernismo, con su secuela posmodernista, a cosa ya histórica o pasada. Cierto es que hay algunos nombres que, aunque pertenecen en verdad a este período, ya anuncian de modo tímido o diáfano formas que se concretarán en el futuro próximo. Y así es posible encontrar imágenes audaces en López Velarde y en Ricardo Güiraldes, y anuncios del creacionismo y la poesía pura en José M. Eguren, Regino E. Boti y Alfonso Reyes. Un poeta que cronológicamente y por sus inicios literarios correspondería al posmodernismo, el cubano Mariano Brull, será después el abanderado más fiel de la "pureza" en el posvanguardismo, donde encontrará su justo lugar. Estas zonas tangentes resultan naturales en la evolución orgánica de toda forma de arte.

No se crea, por lo dicho antes, que el tono general de estos años es de una monótona uniformidad. Por el contrario, es muy fácil escuchar los más diversos acentos. Por ejemplo, el timbre ingenuo, recogido y caricioso del argentino Enrique Banchs:

> *Triste está la casa nuestra,*
> *triste, desde que te has ido.*
> *Todavía queda un poco*
> *de tu calor en el nido.*

> *Yo también estoy un poco*
> *triste desde que te has ido;*
> *pero sé que alguna tarde*
> *llegarás de nuevo al nido.*

O el ímpetu bíblico, de cósmica libertad y no exento de retórica con que clama al mar el uruguayo Carlos Sabat Ercasty, reproduciendo el tono más levantado y enfático del romanticismo:

> *Alegría del mar! Alegría del mar! Alegría del mar!*
> *Las bocinas del viento*
> *hinchan los carocoles de las islas duras*
> *con largos cantos ágiles!*
> *Ah, el furor de la música, la salvaje potencia,*
> *los anhelantes gritos, los acordes crispados*
> *de las olas violentas de vientos y de sales!*
> *Alegría del mar! Alegría del mar! Alegría del mar!*
> *Es ésta la hora cósmica,*
> *la hora desenfrenada del Océano!*

O la perfecta sabiduría y contención clásicas con que Alfonso Reyes se apodera de los ritmos tradicionales de la lengua poética para glosar una cancioncilla de su tierra:

> *¡ Aduerma el rojo clavel,*
> *o el blanco jazmín, las sienes!*
> *que el cardo sólo desdenes,*
> *sólo furia da el laurel.*
> *Dé el monacillo su miel,*
> *y la naranja rugada,*
> *y la sediente granada,*
> *zumo y sangre—oro y rubí—:*
> *que yo te prefiero a ti,*
> *amapolita morada.*

La sencillez lírica, que no tiene por qué descuidar la atención por la palabra hermosa y el fraseo rítmico, puede cargarse de americanas y locales preocupaciones como ya había sucedido en el mismo Darío de los *Cantos*. Agustín Acosta lo hará en su libro *La zafra*, a uno de cuyos poemas más conocidos pertenecen estos versos:

> *Por las guardarrayas y las serventías*
> *forman las carretas largas teorías . . .*

> *Vadean arroyos . . . cruzan las montañas*
> *llevando la suerte de Cuba en las cañas . . .*

> *Van hacia el coloso de hierro cercano:*
> *van hacia el ingenio norteamericano,*

> *y como quejándose cuando a él se avecinan,*
> *cargadas, pesadas, repletas,*
> *¡con cuántas cubanas razones rechinan*
> *las viejas carretas!*

Diferencias mayores se pueden apreciar en ese aire como de no querer hacer poesía, escéptico pero sentimental en su fondo, que hay en los ironistas y en los cultivadores de una expresión voluntariamente prosaica. Cuando Evaristo Carriego nos cuenta una vulgar historia del arrabal porteño:

> *La costurerita que dio aquel mal paso . . .*
> *—y lo peor de todo, sin necesidad—*
> *con el sinvergüenza que no la hizo caso*
> *después . . .—según dicen en la vecindad—*
>
> *se fue hace dos días. Ya no era posible*
> *fingir por más tiempo . . .*

Y de un modo más desenfadado el colombiano Luis Carlos López punzará con el estilete de su ironía el gris y poco estimulante "medio ambiente" que le rodea:

> *Mi buen amigo el noble Juan de Dios, compañero*
> *de mis alegres años de juventud, ayer*
> *no mas era un artista genial, aventurero . . .*
> *—Hoy vive en un poblacho con hijos y mujer.*
>
> *Y es hoy panzudo y calvo. Se quita ya el sombrero*
> *delante de un don Sabas, de un don Lucas . . . ¿Qué*
> *hacer?*

Estos últimos ejemplos avisan ya del peligro mayor del posmodernismo: la caída de la forma, el rebajamiento del tono expresivo. Más a salvo de esos riesgos parecen las mujeres, que ahora irrumpen decididamente en el quehacer poético. Vienen a confesarse, a desnudar su alma en el verso. Lo más digno de ser destacado en ellas es su fuerte sinceridad, que incluye la manifestación de un impetuoso erotismo. Juana de Ibarbourou es la mejor exponente de esa sensualidad pura y natural. Otras han encauzado sus intuiciones hacia sustratos más íntimos y atormentados del sentimiento amoroso: Delmira Agustini. O de una manera más rebelde, con derivaciones a lo abstracto e intelectual: Alfonsina Storni. O en una forma más abierta, comprensiva y ecuménica: Gabriela Mistral, la más honda e importante de todas ellas, ganadora para la América española del Premio Nobel de Literatura en 1945. O con una firme delicadeza lírica, casi en constante punto de quiebra pero siempre salvada y segura: Dulce María Loynaz. Existe también, porque todo debe decirse, mucha poesía pobre, mucha infrapoesía escrita por plumas femeninas sensibleras en estos países; pero hay nombres que merecen el mayor respeto y dentro del posmodernismo el fenómeno de la incorporación de la mujer a la poesía es acaso uno de sus hechos más significativos.

Casi todas estas poetisas, a pesar de que muchas de ellas cuentan con una larga obra, se mantienen en espíritu y forma dentro de los límites del posmodernismo y únicamente en casos excepcionales (Juana de Ibarbourou, por ejemplo, en su libro *La rosa de los vientos*, de 1930) hicieron incursiones por el campo experimental de la vanguardia. La lírica femenina no se agota aquí, desde luego; asegurada su legitimidad e importancia en la historia de la poesía hispanoamericana, habrá de vivir un nuevo y fecundo capítulo en el período posvanguardista y en los años posteriores a éste, con otros nombres que llegan hasta el presente.

III. LA VANGUARDIA

Hacia los años de la primera guerra mundial (1914–1918), en los que de inmediato les antecedieron y en los que les siguen, se registra en el arte y la literatura de Europa la más radical revolución de su historia. Todos conocemos la sucesión, voraz y destructora, de aquellos ismos: fauvismo, cubismo, futurismo, expresionismo, imaginismo, dadaísmo, superrealismo, purismo, negrismo. . . . Algunos de ellos afectaron de modo general las artes plásticas; otros fueron más específicamente literarios. Pero entre todos preparan y consuman el mayor ataque a la razón y al realismo que había presenciado Occidente. Unos vientos de incoherencia y de juego inocente a ratos, y en otros de desbocada iconoclastia y de encendido propósito inaugural, soplaban por todas las latitudes. Un mundo estético nuevo se veía a sí mismo surgir de las ruinas de otro que había confiado estérilmente en la razón y la realidad. Ello significaba por lo tanto, al menos en sus manifestaciones más extremas, el triunfo del irracionalismo y la desrrealización en el arte; y, siempre, la execración sistemática del pasado, de la tradición. El fenómeno se extendía con un sello común por todos los países, atentando por doquier sacar al arte de su centro, limpiarlo de las adherencias o lastres retóricos y literarios de los módulos consagrados. Por estas razones Guillermo de Torre, el crítico español más enterado y sagaz de la época, podría ya caracterizarla, y desde muy temprana fecha (1930), con conceptos como "internacionalismo," "descentralización," "anti-tradicionalismo," que revelan los objetivos más destacados de esos años. (Véase *Historia de las literaturas de vanguardia*, Madrid, 1965, págs. 23–24). Aquellos vientos alcanzaron a España y tuvieron allí su momento definido: el *ultraísmo*, nacido en 1919 y desaparecido pronto, aun cuando sus repercusiones fueran más allá, cronológica y

estéticamente, de su cumplida trayectoria histórica. Pero ya desde algunos años antes había sonado en América una nueva palabra: *creacionismo*, que tenía el santo y seña común a tantas otras de la época. Y de una manera rápida y vertiginosa, nuestro continente aporta y desarrolla sus propios ismos, diferenciados entre sí tan sólo en la intención de aquellos ardorosos propugnadores de lo nuevo. Vistos hoy con la perspectiva adecuada, era mucho más lo que tenían de común que sus particularidades singularizantes. Por eso ha hecho fortuna el nombre genérico con que los designamos: *vanguardismo*. Fortuna doblemente justificada tanto por la precisión semántica del vocablo, tomado (por vía del *avant-garde* francés) de la estrategia militar con la que tanto se relacionaban los nuevos artistas en su propósito de avanzar incansablemente, barriendo con todo, como por el hecho de que una sola denominación abarcase tantas formas nacionales y locales, de escasa individualidad cada una de ellas. Será conveniente aclarar, en este punto, que si se afirma que la voz vanguardismo se usa para indicar la suma y resumen de todas las llamadas escuelas renovadoras de aquel momento, no se quiere implicar en esa voz una mecánica adición de todas ellas, pues tal operación resulta imposible, sino que con una sola palabra se expresa lo que de unificador había entre esas escuelas, o sea, el espíritu o aire de la época, que es lo importante.

El recuento exacto del vanguardismo hispanoamericano es impracticable, pues habría que hacerlo en mares de publicaciones periódicas hoy olvidadas. Fue la época de las muchas revistas, de los incontables manifiestos . . . y de los poquísimos libros definitivos. Y fue naturalmente un impulso de corta duración a causa de su misma violencia. No obstante ello, sirvió para borrar las últimas huellas del modernismo; y para abrir una nueva sensibilidad, la cual iba a dar sus mejores y sazonados frutos poco tiempo después: cuando, para expresarlo en términos de Benjamín Cremieux que ha recordado recientemente el propio Guillermo de Torre, a la "inquietud" siguiera la "reconstrucción." Y eso ocurrió bien pronto, en ese vasto y rico período que llamaremos posvanguardismo, y que ya anunciamos desde estas líneas. Algunas notas anecdóticas servirán para dar cuenta del carácter efímero de aquellos movimientos de vanguardia. En México, por ejemplo, surgió uno de ellos, a raíz de la revolución económica y social, bautizado con un nombre en sí mismo desafiador: *estridentismo*. Apenas duró; y su figura mayor, Manuel Maples Arce, quedará no por estridente o estridentista, sino por lo que hizo cuando su verso se dejó atravesar por más humanas preocupaciones. En un país pequeño como Puerto Rico, y en el espacio de muy pocos años, se suceden no menos de cuatro de estos movimientos: el *diepalismo* (1921), el *euforismo* (1923), el *noísmo* (1925) y el *atalayismo* (1928). Argentina conoció a uno de los más destacados rebeldes, capitán en su país del juego y de la travesura literaria: Jorge Luis Borges. Pero el lector que maneje la *Antología personal*, compuesta por el mismo autor en 1961 para que sobre esa selección sea justificada o reprobada su obra, notará la ausencia total de textos que en rigor puedan ser calificados de vanguardistas o de ultraístas (que fue el calificativo que, siguiendo el antecedente español, más se usó en Argentina).

Por las fechas apuntadas se puede ver que, con la antelación del *creacionismo* (cuyo divulgador Vicente Huidobro hace datar de 1916 o antes), los tiempos de la vanguardia poética en Hispanoamérica fueron los de la tercera década de este siglo. Y sus características las mismas que, en suma, eran ostensibles en cualquier literatura de la época. Helas aquí, aunque inconexamente enumeradas: voluntad de juego e incoherencia verbal, que ocultaban con frecuencia una amarga y desencantada visión espiritual del mundo; afán de originalidad, o mejor aún, de novedad y sorpresa, la cual llevaba incluso a disponer el texto sobre la página impresa en una forma que se apartaba de la regularmente seguida (es decir, la llamada neotipografía, con la que se pretendía reforzar en forma plástica la intuición poética básica, procedimiento éste practicado en la poesía europea última); anti-sentimentalismo, anti-anecdotismo, anti-retoricismo, con la consiguiente negación de la vieja temática y, de paso, del desarrollo lógico del asunto; la consecuente aparición de nuevos temas, los propios del siglo y de la época: la ciudad, la máquina, la fábrica, el avión y los más cercanos motivos de las recientes ideologías revolucionarias, o sea, el obrero, las injusticias sociales, las reivindicaciones del proletariado, al punto de haber sido posible hasta sustentar la tesis de que el vanguardismo, en sus más amplias dimensiones, es el replanteamiento estético de una conciencia político-revolucionaria. (Cfr. M. Maidanik, *Vanguardismo y revolución*, Montevideo, 1960.) El sumario bosquejo que estamos haciendo de este movimiento no puede olvidar en él la nota de humor y desenfado, que aspiraba irrespetuosamente a desfigurar la máscara de gravedad con que siempre solía cubrirse el arte, aspecto que notó muy a su tiempo Ortega y Gasset, así como la desatención absoluta de toda norma estrófica o formal y de los recursos convencionales que en el lenguaje obedecían a una exigencia lógica (mayúsculas, puntuación, sintaxis) y aun semántica (de ahí la abundancia de neologismos y voces sin sentido). Y lo que es más importante, culto casi absoluto, casi religioso, a la imagen, la cual era creada o inventada con la máxima libertad y elevada a requisito exclusivo del acto poético; hecho éste que comportaba en último extremo la reducción del lirismo a un puro ejercicio metafórico. Y debemos hacer notar en este punto, por considerarlo oportuno, que a los efectos de la poética contemporánea la tradicional distinción entre imagen y metáfora resulta superflua y que usamos ambos términos indistintamente.

Como consecuencia de todos estos elementos negadores, se deshacían del más despiadado modo los límites o contornos del poema, quedando convertido éste en una suma de elementos imaginativos que además podían disponerse de la manera más original. Claro es que la caracterización anterior está concebida destacando gruesamente los rasgos, de modo que resulta casi caricaturesca; porque lo cierto es que un poema vanguardista no tenía que cumplir ciegamente todas estas premisas. Pero el propósito didáctico puede disculparnos de la falsedad o exageración.

En el fervor con que Hispanoamérica trató durante este período de ponerse a la altura de los tiempos tuvieron mucha importancia las revistas literarias, que fueron los verdaderos órganos del vanguardismo. Algunas de ellas alcanzaron gran calidad y difusión continental: *Proa* y *Martín Fierro*, de Argentina; *Contemporáneos*, de México; la *Revista de Avance*, de Cuba. A esta última precisamente envió don Miguel de Unamuno una poética y personal definición de lo que él entendía por "Vanguardismo." La reproducimos por cuanto ella se acerca a la imagen que venimos dando de este movimiento y por el interés de haber aparecido en una publicación hispanoamericana:

> *Y bien, esas aguas rotas*
> *cahorzos en medio del desierto*
> *buscan . . . ¿que buscan?*
> *No buscan, esperan*
> *la gran avenida que las unza*
> *y nazca del poniente el río;*
> *río que arrastre en légamo los árboles*
> *con su hojarasca seca,*
> *ruinas de chozas y hasta de palacios,*
> *cunas y tumbas,*
> *tronos y tajos,*
> *estrados, escaños y ruedos,*
> *cetros, báculos, metros y cayadas,*
> *ruecas y espadas y bastos*
> *y oros y copas,*
> *pitos y flautas,*
> *camas y mesas,*
> *tinas y artesas,*
> *hasta que al fin se encauce en las riberas*
> *por donde ayer no más se iba a la mar el río eterno.*

(Revista de Avance, III, Núm. 27, 1928.)

Una buena muestra de muchas, ya que no de todas esas características, es el poema "Exprés" de Vicente Huidobro que reproducimos en la página 254. En él encontramos

desde el ambiente cosmopolita de su desarrollo y la abundancia de imágenes "creadas" (que el poeta logra mediante el insólito enlace de las más extrañas realidades, en un proceso que desdeña toda lógica) hasta los mecanismos antiformales del verso (abandono de la puntuación, uso expresivo de las mayúsculas y de la nueva tipografía).

No hay que decir que la poesía aflora, salvada, entre los añicos del verso, dejando en el lector una vaga sugestión de melancólica orfandad, de búsqueda ansiosa, de proyección universal. Este poder de impregnación lírica, en su más puro e inefable grado, es el permanente valor del vanguardismo, llamado por ello mismo a una sutil pervivencia en la poesía contemporánea posterior. Mas su programa teórico, sobre todo por sus radicales negaciones formales, llevaba en sí la necesidad de una saludable reacción estabilizadora. Dejó como ganancia digna de crédito, y esto lo acabamos de ver, la valoración de la imagen como elemento poético esencial y el aprovechamiento en su elaboración de las posibilidades irracionales del lenguaje. Aun esto podía traer sus peligros, y los trajo; pues dada la irrefrenable tendencia hispánica a la exuberancia, una vez descubierto—o redescubierto—el poder mágico de la metáfora, ello ha llevado a muchos poetas de Hispanoamérica a descuidar el necesario equilibrio que debe existir siempre entre imagen y verdad poética y, análogamente, entre expresión y comunicación. La poesía no es, en sí, comunicación; pero sin ella no hay poesía. Y la soberbia vanguardista, en su anhelo de crear nuevas realidades, hacía olvidar este fundamental axioma.

A pesar de ese carácter transitorio al que hemos aludido, algunos nombres asociados al vanguardismo han mantenido su sólido prestigio. Y los recordamos aquí, aun con la salvedad de hacer constar que si ello ha sucedido ha de atribuirse más a que supieron hacer poesía, honda y humana, que al mayor o menor éxito con que pusieron en práctica los dogmas extremos del vanguardismo. Uno de ello es el del chileno Vicente Huidobro, de cuya prédica teórica ("La primera condición del poeta es crear, la segunda crear, y la tercera crear," dijo en una célebre conferencia leída en Buenos Aires en 1916) nació el *creacionismo*, que fue de las manifestaciones de vanguardia en América la más coherente, organizada y defendida, gracias al celo de su fundador y, después, al entusiasmo de sus seguidores y aun hoy día de sus comentadores y defensores. Otro sería el de César Vallejo, quien en su segundo libro poético (*Trilce*, 1922) acometió sin miedo todas las audacias de aquellos años. Pero a Vallejo no vale caracterizarlo como vanguardista neto o exclusivo, aunque en el resto de su corta producción posterior se apoyase, como otros tantos poetas de esos mismos años, en lo más permanente que de aquel movimiento quedó: la libertad de las asociaciones imaginativas y la consecuente rapidez de las sugestiones poéticas.

IV. PLENITUD DE LA POESÍA NUEVA: EL POSVANGUARDISMO

Tras la aventura, el orden. He aquí los gráficos términos con que el ya citado crítico Guillermo de Torre signó el tránsito natural que en el arte tuvo que producirse cuando las aguas que el vanguardismo había agitado borrascosamente recobraron su nivel. Una sensibilidad distinta a la del modernismo o a la del novecentismo español quedaba desde luego establecida, pues no en vano las olas de aquella borrasca habían subido hasta muy alto, bien que tal sensibilidad se manifestara en formas de suyo diferentes y a través de voces de muy acusada personalidad. El conjunto de esta nueva poesía se hace, por ello mismo, rico y lleno del mayor interés. En verdad podría decirse que aquí se concreta ya con toda nitidez el espíritu exactamente contemporáneo, cuya aparición había necesitado de la violenta algarada vanguardista. Intentaremos definir primero lo que hay de básico y unificador en este período, para hacer después una breve revisión de sus más individualizadas y sobresalientes tendencias.

Por lo pronto, como ya se dijo, el modernismo quedaba bien atrás. De él se separaban estos poetas, principalmente, por la repugnancia que de clara manera exhibían ante las huecas orquestaciones sonoras y las quintaesenciadas evasiones exotistas, que en los modernistas habían sido todavía rezagos del romanticismo. Igualmente se alejaban del posmodernismo por su resistencia a rebajar el ejercicio poético a la copia a veces prosaica de la realidad, a lo que muchos poetas de aquel momento ciertamente lo habían reducido. Del vanguardismo más reciente les distanciaba, a su vez, la voluntad de tomar ese ejercicio con toda seriedad y disciplina, sin pretender ignorar lo que de valioso y permanente hubiese en la tradición literaria que sobre ellos pesaba y sin rebelarse airadamente contra nada. Y del modernismo esteticista y del vanguardismo, en común, les diferenciaba radicalmente un talante que es fundamental en esta nueva sensibilidad: la de no rechazar, *a priori*, ninguna forma de la realidad. Por el contrario, ésta les atraía siempre aunque desde las más variadas perspectivas naturalmente comprensibles. A algunos, por lo que esa realidad tiene como materia poetizable o como enigma y misterio para las indagaciones trascendentales. Otros, con la mirada vuelta hacia sus adentros, era la íntima realidad humana lo que con más fuerza ansiaban expresar. Y, por fin, había aquellos que centraban su interés en el inmediato contorno social donde estaban asentados, con el caliente vaho de dolores, injusticias y esperanzas que definen el estar del hombre, de los hombres, sobre el mundo. Mas para unos y otros lo real (interior o exterior, personal o colectivo) estaba allí, sin poder ser negado. Era necesario, sí, trasmutar la realidad, esto es, elevarla a categoría de arte, ya que lo que todos ellos evitaban era la simple transcripción literal de objetos y problemas, aunque sea obligado reconocer que algunos poetas posvanguardistas de importancia hayan realizado esto último también, casi siempre por imperativos de orden extraliterario.

Pero ya la conocida soberbia vanguardista iba desapareciendo hasta quedar casi considerada como un pecado de lesa juventud. El mismo poema *Altazor* de Vicente Huidobro, en unas de sus implicaciones, había narrado en términos creacionistas la derrota final de aquella aventura, concluyendo en una apocalíptica caída humana y verbal que los poetas mismos tendrían que superar. Huidobro se había llamado a sí mismo, en uno de los versos más significativos del mencionado texto, "Angel expatriado de la cordura." No es extraño que el argentino Leopoldo Marechal, que como todos los de su generación se había iniciado en las cabriolas del vanguardismo para pronto rebasarlas, titule "De la cordura" a uno de sus *Sonetos a Sophia* en el que declara su arribo a un arte *más feliz* basado en la contemplación del mundo "con pie de plomo y corazón de pluma," esto es, con orden y severidad a la vez que con vibración emotiva y sentimiento. Uno de los realizadores de esta antología llamó "regreso a la serenidad" (y muy a su justo tiempo, allá por los mismos años de 1930) a lo que en su obra y en la de los poetas de entonces estaba ocurriendo.

Mas, como ya dijimos, no todo había sido hojarasca en aquella explosión juvenil que fue el vanguardismo. La juventud es un tesoro según por nuestras tierras han consignado, aunque con tan distinto sentido, Darío y Rodó. Lo que sucede es que en un tesoro, al formarse, pueden mezclarse los materiales nobles con los espúreos; pero siempre son los primeros los llamados a permanecer. Así también aquí, pues los poetas posvanguardis-

tas algo conservaban del movimiento anterior: conservaban—e insistimos en ello—el material más noble de aquel tesoro, es decir, el uso ya firme y coherente de los valores irracionales del lenguaje, o sea, de la imagen basada en las rápidas asociaciones emotivas y no en las lentas y justificadas semejanzas físicas sobre las que se había apoyado siempre la imagen tradicional, tan cargada de tributos a la lógica. Este es el más fino instrumento poético de los posvanguardistas, el que les habrá de permitir expresar con sutileza y exactitud los más hondos hallazgos en sus exploraciones a través de la enigmática realidad. El escritor cubano Jorge Mañach ha definido con certeza cuánto debe en este sentido al vanguardismo el arte general que nace de él, siquiera sea para sobrepasarlo y rectificarlo después en sus excesos. Afirma Mañach: "El estilo de escribir, de pintar, de pensar, se iba haciendo cada vez más agil y flexible, más apto para ceñirse a las formas esquivas de la idea o la emoción." Y añade esta caracterización definitiva: "Más capaz de brincar grandes trechos de lógica sin perder el sentido de gravedad" (*Historia y estilo*, La Habana, 1944, pág. 98). Este es, en suma, el rasgo distintivo mayor del período: dar a la expresión del pensamiento poético el necesario peso y coherencia, comunicándole al mismo tiempo rapidez y penetración mediante asociaciones verbales ya definitivamente libradas de la razón cartesiana. Pablo Neruda, por ejemplo, comienza su poema "Alberto Rojas Jiménez viene volando" con estas dos estrofas:

> *Entre plumas que asustan, entre noches,*
> *entre magnolias, entre telegramas,*
> *entre el viento del Sur y el Oeste marino,*
> *vienes volando.*
> *Bajo las tumbas, bajo las cenizas,*
> *bajo los caracoles congelados,*
> *bajo las últimas aguas terrestres,*
> *vienes volando.*

Dentro de un relativo respeto a los aspectos formales de la dicción poética (la estrofa y la métrica), es evidente que Neruda ha convocado en estos versos una serie de elementos cuya relación o proximidad no puede ser establecida por la lógica sino desde una posición emotiva o sentimental de gran abertura por la cual él siente la llegada del amigo a través de las formas más insólitas de la realidad, dando al conjunto una amplitud o proyección de notable intensidad. Pero como a su vez el aprovechamiento de esas asociaciones irracionales en la poesía había sido la conquista fundamental del vanguardismo, se ha ido imponiendo la costumbre—que creemos lícita—de denominar posvanguardista a esta etapa de la poesía hispanoamericana. Posvanguardismo: o sea, posterior al vanguardismo y diferente de él; pero a la vez su deudor directo, lo que obliga a que en la etiqueta o rótulo se consigne ese íntimo parentesco y que no se prescinda de la palabra que designa la fuente primaria acreedora.

La diferencia, en esta cuestión específica del tipo de imágenes o metáforas común a unos y otros, es que mientras los vanguardistas netos proclamaban teóricamente a la metáfora como el elemento supremo y tal vez único de la poesía, los posvanguardistas la reducirán con toda justicia a una función clarificadora de la visión del mundo o de la particular intuición del sentimiento en trance expresivo. En los vanguardistas tal parece como si la imagen tratase de devorar los límites externos y aun la forma interior del texto poético; los posvanguardistas, en cambio, acometerán la tarea de volver al sentido de estructura formal, es decir, al respeto del poema en sí. Por ello no resulta extraño que en las zonas del posvanguardismo más regidas por una voluntad de disciplina intelectual—la poesía pura, por ejemplo—se haya producido ese fenómeno estabilizador que se ha llamado *la vuelta a la estrofa*. Formas de la lírica popular (romances, canciones, villancicos, etc.) tanto como las más elaboradas de la poesía culta (décimas, liras, silvas, sonetos, etc.) son otra vez el vehículo natural de estos poetas. Y no hay que insistir demasiado en la afinidad que a este respecto muestran con los grandes maestros españoles de la generación del 27, que por los mismos años ensayaban el regreso a la lección del Cancionero, de Góngora, de Garcilaso—en una palabra, a los clásicos.

Las primeras manifestaciones posvanguar-

distas pueden señalarse, aproximadamente, hacia 1925 o 1927, y el período se extiende, con igual imprecisión, hasta la segunda guerra mundial y aun después. El número de poetas, de buenos poetas, es otra vez grande, como lo había sido en el modernismo, pero el aire de sus obras tal vez más variado. La de Hispanoamérica puede hombrearse, con entera justicia, a la poesía peninsular de aquellos mismos tiempos; con la cual, por otra parte, tiene un doble comercio de deudas y antelaciones: la poesía pura, por ejemplo, nos llega de Europa pero la social se da en América mucho antes que en España. Esa variedad mencionada recomendaría aquí, como riesgo menor, la sencilla relación nominal de autores. Sin embargo, y aun con la amenaza inminente de error o inexactitud, querríamos dejar constancia, por lo menos, de las cuatro actitudes espirituales que parecen ganar entonces mayor singularidad así como de las importantes tendencias condicionadas respectivamente por aquéllas. En cierto modo, esto quedó adelantado más arriba pero éste es el momento de destacarlas de una manera más precisa: 1—La atención, de signo intelectual en su mayor relieve, puesta en la realidad exterior para extraer de ella, mediante una rigurosa depuración objetiva, el material de un lúcido lirismo (poesía "pura": Mariano Brull, como ejemplo más sostenido). 2—La preocupación trascendente—aunque por lo general transcrita todavía con fiel respeto a los postulados intelectuales o esteticistas de la época—por develar los secretos o enigmas de esa realidad condenada a devenir y muerte (poesía "metafísica": José Gorostiza o Jorge Luis Borges). 3—La voluntad por parte del poeta de asomarse con más exclusivo interés a su realidad *interior* para después trasmitir, con la mayor libertad expresiva, el drama espiritual allí observado (poesía neorromántica y superrealista: César Vallejo, Pablo Neruda). 4—La disposición de mirar fijamente la realidad en tanto que organismo social para reflejar lo más accidental de ella o denunciar los males e injusticias de esa entidad en crisis (poesía nativista o folklórica: Nicolás Guillén; poesía social y política: Guillén y Neruda otra vez). Formuladas así, podría pensarse que las vemos como sucesivas y excluyentes pues nada más tentador para organizar toda una teoría: del arte por el arte, al arte servicial o comprometido. Pero nada, también, más falso. Era muy frecuente ver en las revistas de la época un poema "puro" al lado de otro "social;" y aun en un mismo poeta se descubre el cultivo simultáneo de unas y otras. Así en la breve obra de César Vallejo, donde la conciencia del *nosotros* aparece siempre como vivida de un modo intensamente personal en íntima vibración con el *yo* intransferible, romántico, del poeta. O por mejor ejemplo en Pablo Neruda, en quien se dan sucesivamente las dos últimas corrientes mencionadas. Ambos son poetas inclinados a la libre y aun libérrima expresión de su intimidad: más sostenidamente Vallejo, con mayores transacciones Neruda. Y ambos reflejan a la vez la sociedad en crisis que les ha tocado contemplar, aquí también con las naturales diferencias: limpio de definidas consignas ideológicas el primero; con fuerte matización política el segundo. Insistimos en estos ejemplos para evitar que se entienda de un modo demasiado rígido este intento de sistematización que proponemos. Descendiendo a la obra particular de cada poeta es posible encontrar, como ya se ha visto, zonas tangenciales entre las cuatro direcciones apuntadas y esta es la mayor riqueza del período que historiamos. Hasta un poeta de tan precisa orientación política como Nicolás Guillén quiso y supo escribir bellísimos sones a la muerte y emocionadas canciones a la rosa melancólica; es decir, quiso y pudo hacer puro lirismo. Y Palés Matos no es sólo el creador de poemas negros sino en mayor medida y hondura el cantor del amor, el sueño y el misterio.

Obvio es decir, además, que la caracterización que sugerimos se resiente de incompleta. El conocedor de la poesía hispanoamericana podría fácilmente encontrar matices y desglosamientos de las tendencias enumeradas y aun otras formas no señaladas aquí. Sólo nos anima, a pesar de la conciencia de tal relatividad, el deseo de ofrecer una ayuda de orientación, todo lo convencional que se quiera, a quien se acerque por vez primera a estos temas.

Queda por indicar que este período señala el momento en que de nuevo volverá a oírse a la mujer, cuya presencia puede quedar ilustrada en las voces notables de Claudia Lars, Julia de Burgos, Enriqueta Arvelo Larriva, Sara de Ibáñez y muchas otras.

V. ÚLTIMAS TENDENCIAS

En la amplia zona del posvanguardismo, en su sentido más lato, cabría señalar dos promociones sucesivas. Una estaría compuesta en general por aquellos poetas nacidos entre 1898 y 1910 y que empiezan a escribir en el período de entreguerras, muchos de los cuales en su etapa inicial pasaron por las experiencias de la vanguardia para superarlas pronto: es la promoción de Borges, Gorostiza, Molinari, Neruda, Palés Matos y también, con cierta precedencia cronológica, la de Brull y Vallejo. La otra, y siguiente, quedaría integrada por los poetas más jóvenes, cuyas fechas de nacimiento pueden situarse a partir de 1910, que comienzan su producción— años más, años menos—hacia la segunda guerra mundial (1940) y naturalmente no tuvieron que pagar personales tributos al entrenamiento vanguardista (pues otra cosa es que se aprovechen en su verso de las conquistas valederas y permanentes de aquel movimiento, como ya se ha indicado). Esta última hornada—la de José Lezama Lima, Octavio Paz, Nicanor Parra—aparece con un sentido de la función de la poesía diverso del que había estado en vigencia antes de ellos, aunque nunca sería imposible encontrarles antelaciones o precedentes en ésta. De una a otra promoción hay formas o tendencias poéticas que se continúan sin mayores cambios o desviaciones: la poesía social y la política, por ejemplo, como es lógico que ocurra en una modalidad dirigida hacia metas que por desgracia no han variado y orientada en buena parte por posiciones extraliterarias mantenidas en creciente vigor. Otras, como la poesía pura, quedaron en el tránsito totalmente olvidadas. Pero lo que imprime carácter más singular a este segundo grupo es su voluntad de convertir la poesía en un ambicioso instrumento de proyección trascendente de la realidad. Por supuesto que esa voluntad no es lo único que se da en estos años, pero ella fue tan radical y diáfanamente asumida por los poetas de mayor estatura aparecidos entonces que bien podría definirse esa nueva poesía como superadora ya del posvanguardismo e iniciadora a su vez, en la historia de la lírica hispanoamericana actual, de otro período que empieza a esbozarse con caracteres propios y definidos.

Lo que ya no sería tan fácil es la delimitación, nomenclatura y caracterización comprensiva—no esquemática y por tanto parcial—de tal período, que habrá de llegar hasta nuestros años actuales. La dificultad nace de dos circunstancias evidentes. La primera es el carácter mismo de esta época, complejo y aun contradictorio; pues la denominación de trascendentalista que alguna vez se ha propuesto para aquélla podría aplicarse con rigor únicamente a dicha tendencia, que es sólo una entre las varias del conjunto, y no al conjunto en sí. La segunda causa, de carácter histórico, es aún más notoria: la falta de distancia necesaria para contemplar, ordenar y diagnosticar con un mínimo de certeza una serie de hechos que están surgiendo exactamente ante nuestra vista. Porque tras la promoción de Paz y Lezama Lima hay ya otra, y tal vez dos más, puestas en pie, con la inevitable relación dialéctica que el fluir

generacional siempre conlleva; y la juventud misma de los poetas pertenecientes a estas últimas les ha impedido en muchos casos concretar sus intuiciones en forma coherente y definitiva. Su misma cercanía impide que el crítico, o el simple observador, pueda librarse de su personal pasión a la hora del juicio, como es saludable que suceda cuando se trata de valorar lo actual. En la medida de lo posible quisiéramos atenernos, de manera objetiva, a la escueta reseña de lo acaecido en los últimos años.

A muchos de los que se inician hacia 1940, aunque capaces de entender y aun de admirar la poesía inmediata anterior, les pareció sin embargo excesivamente intelectual el esfuerzo de una gran parte de ella, y hasta llegaron a cargar sobre algunos de sus nombres más ilustres la acusación extrema, pero no totalmente injustificada, de frialdad y de esteticismo, abierto o enmascarado. Deseaban los nuevos dar libre salida a sus intuiciones y sentimientos ante el grave problema de la existencia, y hacer vibrar su voz con más atormentado y natural temblor, todo lo cual ha permitido calificar a esta poesía de *neorromántica*. Claro está que si ahora miramos hacia atrás recordaremos que esa básica actitud romántica se había dado ya en la obra de Ballagas, de Villaurrutia, de Molinari, aunque el neorromanticismo de éstos aparece como demasiado asido todavía a cánones de sabor esteticista. Ahora se aspiraba a una conmoción más honda, espontánea y trascendente a la vez. Para ello seguían contando con las ganancias expresivas del superrealismo—salvación y epidemia en tierras de América—cuyo fondo romántico no necesitamos hacer resaltar. No será, desde luego, el automatismo psíquico puro defendido por los corifeos ortodoxos de aquel movimiento. Es más bien un superrealismo dirigido, al punto de poder combinarse hasta con escarceos políticos, los cuales casan ciertamente mal con la liberación del mundo onírico. ¡Cuánta doctrina marxista ha querido y aun quiere sustentarse por jóvenes hispanoamericanos que no alcanzan a ver lo evidente, es decir, el congénito divorcio entre aquella rígida ideología política y esta libérrima corriente artística! Aunque no hay que echar sobre ellos toda la responsabilidad, pues el engaño viene de muy lejos. Viene, en efecto, desde la fase auroral del superrealismo francés, momento en que se dio aquella primera asociación de comunismo y subconciencia de todos conocida y naturalmente insostenible y efímera. Pero cada hombre, o cada generación, tiene que vivir su experiencia propia. Y todavía en la Cuba socialista de hoy algunos de sus poetas revolucionarios han pretendido expresarse mediante la retórica superrealista, con lo cual no han logrado otra cosa que sacrificar el alcance mayoritario del mensaje que siempre suponemos debe quedar explícito en este tipo de poesía.

Más lógicas, en este sentido, parecerían ciertas vinculaciones del superrealismo con la filosofía existencial, que estaba en el ambiente de la época y en la tradición hispánica inmediata (Unamuno, Ortega, Antonio Machado) pero que en muchos poetas de Hispanoamérica no oculta su origen directo en la lectura de Heidegger y Sartre. Los motivos del existencialismo (el enigma del ser, la conciencia de la nada, el sentimiento vital de la angustia, la libertad y la responsabilidad del hombre, etc.) se hacen tema de poesía y se llevan y traen de acuerdo con la particular inclinación de cada cual. Y así hay una poesía de tintes existenciales, firmemente enraizada en la experiencia de la realidad, angustiosa o esperanzada, vertida todavía en un lenguaje simbólico, pero entregable. Poesía que pudiera ilustrar la sección final de "Himno entre ruinas," uno de los textos más significativos de Octavio Paz:

> ¡Día, redondo día,
> luminosa naranja de veinticuatro gajos,
> todos atravesados por una misma amarilla dulzura!
> La inteligencia al fin encarna,
> se reconcilian las dos mitades enemigas
> y la conciencia-espejo se licúa,
> vuelve a ser fuente, manantial de fábulas:
> Hombre, árbol de imágenes,
> palabras que son flores que son frutos que son actos.

Aquí el poeta se ha planteado, para darle una emocionada respuesta alentadora o engañosa, una serie de cuestiones que se mueven todavía en el ámbito rigurosamente existencial del hombre: las dos caras, luminosa y sombría, de la realidad y su posible conciliación; el rol de la conciencia como límite-espejo donde la existencia se refracta; la función salvadora de la palabra por la que el ser humano puede escapar de la condena de su ensimismamiento para realizarse en la plenitud del acto. Pero esa misma palabra poética—correlaciones metafóricas, imágenes, símbolos—es en el pasaje reproducido de una gran generosidad comunicativa: es toda ella una profesión de fe en el lenguaje humano y en la apertura de horizontes que suponen sus concretas posibilidades.

Hay, sin embargo, otra poesía que, pretendiendo no desconocer la realidad, no se contenta con servirle de ejercicio para interpretar y superar sus limitaciones sino que aspirará a trascenderla en busca de su última dimensión metafísica. Este propósito podría relacionarse con el análogo que ya vimos en poetas como Gorostiza o Borges, pero aquí el empeño pretende también llegar a un más allá no previsto por aquéllos, toda vez que los mencionados son todavía poetas de la inteligencia, bien que se ayudaran por su imaginación, la cual por otra parte no deja de ser un recurso o función más de la mente. Los que vienen después aspirarán a saltar los linderos mismos de la inteligencia, desconfiados de ella (y el propio Gorostiza en cierto modo lo había vaticinado: "oh inteligencia, soledad en llamas"), para abordar en el poema la creación de un universo verbal absoluto en sí mismo y por lo tanto en gran manera problemático. En los casos extremos sus exploraciones por reinos tan autónomos y alejados voluntariamente de la lógica implican como es natural riesgos mayores: la desarticulación del lenguaje (al que se considera incapaz de contener o reflejar en su convencionalismo esa nueva realidad entrevista o creada) y la consecuente expresión hermética (hecha de signos sugerentes pero conclusos en sí mismos, al punto de convertirse en algo hostil e indescifrable). He aquí como el cubano José Lezama Lima reacciona frente al paisaje de su isla en uno de sus poemas definitivos, "Noche insular, jardines invisibles":

Más que lebrel, ligero y dividido
al esparcir su dulce acometida,
los miembros suyos, anillos y fragmentos,
ruedan, desobediente son,
al tiempo enemistado.
Su vago verde gira
en la estación más verde del rocío
que no revela el cuerpo
su oscura caja de cristales.
El mundo suave despereza
su casta acometida,
y los hombres contados y furiosos,
como animales de unidad ruinosa
dulcemente peinados, sobre nubes.

Su mejor crítico, Cintio Vitier, al tratar de explicarnos el poema, tendrá que decirnos que Lezama responde al reto de la noche de su isla "no describiendo, no alabando, no meditando, no emocionándose," esto es, no repitiendo nada de lo que la lírica de siempre había hecho, ya que "su respuesta es hacer con palabras un festejo nocturno y fabuloso." Y añade: "El poeta se apodera de la inspiración nocturna cubana y a partir de ese apoderamiento trabaja con absoluta libertad, obedeciendo sólo a las leyes musicales de su creación." (*Lo cubano en la poesía*, Universidad Central de las Villas, 1958, pág. 378.) Es verdad que aquí se consuma el viejo sueño de la poesía contemporánea al cual había apuntado desde siempre: su alejamiento radical de la literatura. Pero el lograrlo le ha supuesto un alto precio, el de su incomunicabilidad; pues si bien es cierto que la poesía no es en sí comunicación no menos cierto es que de ella necesita para su realización total.

Por el lado contrario, a su tiempo fueron conocidas las normas de compromiso y responsabilidad que ahora discutían los europeos, Sartre a la cabeza. En verdad, los novelistas y poetas de entreguerras habían puesto en práctica esas normas mucho antes de que en Europa se hicieran objeto de debates y polémicas. La literatura hispanoamericana ha sido siempre, y esto desde el mismo gran siglo del romanticismo, una literatura en gran manera preocupada y responsable. Lo realmente extraño en estas tierras, a pesar del modernismo exotista y del circunstanciado brote de poesía pura, son el esteticismo y la evasión. Continuando aquella línea que ya se vio configurada en la poesía del decenio 1930–1940, habrá también en los nuevos el designio de poner el verso al servicio directo del hombre y de sus problemas inmediatos; aunque dentro de esa voluntad, entendida comprensivamente como lo haremos nosotros, caben matices y grados diferentes y hasta antinómicos, al menos en su postulación. Señalaremos, ante todo, aquellos poetas sostenidos por una arraigada fe religiosa, confesionalmente católica por lo general, que ven en el quehacer de la poesía un modo de acercarse a las profundas verdades reveladas, pero que esperan con ello ayudar también al desvalimiento esencial del hombre. Otros estarán animados por un propósito más concreto, aunque reclamando para su arte la autonomía y la dignidad que les son propias por definición; es decir, que desean abarcar el mundo total del ser humano, desde lo más espiritual hasta lo más positivo, pero sin amputar ni empobrecer el vasto campo de la expresión poética. Son aún individualistas, que desconfían por igual del vacuo esteticismo como de las penetraciones crípticas, pero que todavía creen y defienden la libertad del artista, su decoro integral, y la condición irreductible de la poesía. (Como se ve, esta descripción puede muy bien corresponderse con la que sugerimos líneas arriba para los poetas existenciales; y hay que llamar la atención sobre ello para evitar la falacia de operar por compartimentos estancos sobre una materia viva.) Y, por último, los que comúnmente solemos llamar poetas *sociales*—en muchos casos decididamente *políticos*—comprometidos casi siempre de modo oficial o por simpatías y afinidades con programas y partidos políticos, a los que sirven como un vehículo más de propaganda. La legitimidad de la poesía social es incuestionable—tanto como la de la poesía amorosa o la religiosa—y sus posibilidades de realización muchas y muy variadas. En cuanto a la poesía política, sus riesgos son evidentes: en muy contados casos la pasión de sus cultivadores ha podido armonizar la firmeza de su mensaje con la fundamental autenticidad lírica. En general —la frase es repetida pero conserva su verdad

—han hecho mala política o mala poesía.

A veces el poeta social es consciente de los peligros que ha de sortear, el panfletismo de manera especial. De muy explícito modo lo consigna así el joven poeta argentino Víctor García Robles, uno de los últimos sumados a esta corriente, en un fragmento de "Sepa lo que pasa a lágrima viva y con malas palabras," de su libro *Oíd, mortales*, títulos que ya nos advierten de ese tono legítimamente airado o irónico, libre hasta el coloquialismo, la vulgaridad y la retórica, y mesiánico y apocalíptico que parece consustancial a dicha poesía. Los versos que reproducimos nos dirán de la justicia y los escollos, en contenido y expresión respectivamente, de esta dirección poética:

> estaba escribiendo otro poema,
> no este panfleto, otro
> donde según mi oficio de poeta
> cantaba al ruiseñor del arcoiris
> y a la estrella fugaz de la belleza,
>
> sin embargo pensaba en otras cosas,
> me temblaban las manos pensando en la guerra,
> supónganse una bomba H en Buenos Aires,
> qué quedaría de estas calles queridas,
> de tantos pibes divinos,
> de los mercados, los boliches, los árboles,
> la temblorosa esquina para citar al amor.
> Qué quedaría de nada . . .
>
> Lloraba que daba pena
> mientras los versos salían riéndose
> porque la gente necesita que le inspiren confianza,
> necesita estar contenta, que le ayuden un poco
> por lo menos con un verso divertido . . .
>
> bueno, viejo, yo lloraba como una magdalena,
> fabricando estrofas según reglas de oro.

Estos párrafos han querido ser una exposición muy sumaria de las tendencias principales que se divisan en el panorama de la lírica hispanoamericana de los últimos años. El obstáculo insuperable de la excesiva proximidad nos ha aconsejado la no inclusión en cada una de ellas de nombres determinados salvo para ilustrar modos o tonos poéticos en algunos casos paradigmáticos. Pero ya muchos de esos nombres han alcanzado difusión y reconocimiento continentales. En relación con dos de ellos, José Lezama Lima

(Cuba, 1912) y Octavio Paz (México, 1914) podría argumentarse a favor de su inclusión dentro del posvanguardismo anterior, aunque según nuestro criterio el sentido último de su poesía recomienda no citarlos exactamente al lado de Neruda, Borges, Gorostiza, por ejemplo. Iguales dudas pueden caber respecto al interesante grupo venezolano reunido en la revista *Viernes*, dirigido por Miguel Angel Queremel (1900–1939), con poetas como Otto De Sola (1912) y Vicente Gerbasi (1913). O sobre el nicaragüense Pablo Antonio Cuadra (1912) o el chileno Nicanor Parra (1914). Se trata de una promoción crucial cuyos miembros se mueven en su mayoría hacia adelante más que como repetidores de formas de su pasado inmediato y por ello creemos que es éste su lugar. Completemos provisionalmente la nómina con la mención de los siguientes, que acuden desde los más distantes rincones de la enorme geografía americana: los mexicanos Efraín Huerta (1914), Neftalí Beltrán (1916), Alí Chumacero (1918), Jaime Sabines (1926) y Marco Antonio Montes de Oca (1931); los nicaragüenses Ernesto Mejía Sánchez (1923), Carlos Martínez Rivas (1924) y Ernesto Cardenal (1925); el costarricense Alfredo Cardona Peña (1917); los cubanos Eliseo Diego (1920), Cintio Vitier (1921), Fayad Jamís (1930) y Roberto Fernández Retamar (1930); el venezolano José Ramón Medina (1921); el colombiano Eduardo Cote Lamus (1930); el peruano Sebastián Salazar Bondy (1924–1966); el paraguayo Elvio Romero (1927); el dominicano Antonio Fernández Spencer (1923); los puertorriqueños Félix Franco Oppenheimer (1914) y Francisco Matos Paoli (1915); el ecuatoriano Jorge Enrique Adoum (1923); el chileno Efraín Barquero (1931). Y de Argentina: Daniel Devoto (1916), Alberto Girri (1918), Jorge Vocos Lezcano (1924), H. A. Murena (1925) y los reunidos en la colección *Diez poetas jóvenes* (1937–1947), realizada por Horacio Jorge Becco (1924) y Osvaldo Svanascini (1920), integrantes ellos mismos del grupo allí representado. Como se podrá verificar por las fechas, en la anterior relación se unen por lo menos dos promociones cronológicamente

-diferenciadas, y hemos de advertir que no se han incluído poetas menores de treinta años, entre los cuales hay no pocos dignos de atención.

Como ya hubimos de notar, muchas mujeres también escriben hoy poesía de gran consistencia y de variados matices. Citaremos ahora algunas entre las que han obtenido mayor resonancia. De México, Margarita Michelena (1917), Guadalupe Amor (1920), Margarita Paz Paredes (1922) y Rosario Castellanos (1925); de Cuba: Fina García Marruz (1923), Carilda Oliver Labra (1924) y Rafaela Chacón Nardi (1926); de Venezuela, Ida Gramcko (1925); de Argentina, María Elena Walsh (1930); de Uruguay, Dora Isella Russell (1925). Las listas anteriores, sucintas hasta el máximo, lindan por el costado de las omisiones con la injusticia; pero no podía ser de otro modo en una visión panorámica como la que aquí hemos pretendido hacer.

Si se quisiera comprobar cuán variados son entre sí los credos de estos poetas bastaría con cotejar pronunciamientos recientes de acá y de allá. Por ejemplo, Octavio Paz, en una entrevista concedida en París (1959) al hispanista francés Claude Couffon, declaraba: "Lo que me parece interesante en la nueva generación es su anticonformismo. Hace sólo unos pocos años, la literatura estaba envenenada por dos tendencias: el nacionalismo y la sumisión a tal o cual partido. Los jóvenes, después de largas polémicas, han acabado con una y otra. Nuestra literatura moderna es una literatura crítica. Reclama el derecho de decir no y el derecho de ser heterodoxa, a riesgo de quedarse en minoría, si es necesario. Estas son mis creencias literarias. Estimo que son también las de las jóvenes generaciones mejicanas" (Claude Couffon, *Hispanoamérica en su nueva literatura*, Santander, 1962, págs. 73–82). Y por aquellas mismas fechas Roberto Fernández Retamar y Fayad Jamís, realizadores de la antología *Poesía joven de Cuba*, señalaban en su Prólogo como la única nota común de los allí agrupados "un manifiesto deseo de *humanizar* la poesía . . . alejándola todo cuanto sea posible de las aventuras formales de la exquisitez o herméticas de la

trascendencia," en una manifiesta voluntad de sacarla "del enrarecido mundo a donde tuvo que ser llevada para preservar algunos objetos de la caída histórica." (*Poesía joven de Cuba*, La Habana, 1960, pág. 9.)

Unos vienen y otros van, parecería desde lejos. Lo cierto es que cada una de estas posturas es legítima, y en su recto alcance son complementadoras entre sí más que contradictorias; pues el espíritu crítico que reclama el poeta mexicano puede corregir los excesos o desorientaciones de un fervor humano que desde su apasionada justicia desatendiera las exigencias mínimas de la poesía como *arte* de la palabra. La oposición comienza si de ambas posiciones se pasa—como ocurre con frecuencia—a las que podrían ser sus naturales exageraciones o deformaciones respectivas. Por la primera de ellas es posible caer de nuevo en el ensimismamiento y en la aventura metafísica, lo cual tampoco estaría mal si ello no conllevase una incitación segura al hermetismo absoluto o a la gratuidad verbal. Nada más fácil ni tentador, especialmente para el poeta joven, que tratar de incorporarse a la ya numerosa legión de amantes oficiales del misterio, para lo cual no necesitaría de otra credencial que armarse de toda esa nueva retórica creada en torno a él durante los últimos años. Y entiéndase que esta observación no supone el rechazo de la auténtica poesía metafísica, tan permanente y válida a través de los siglos, sino de ese abundante ejercicio de versificación seudofilosófico que se ha venido dando en nuestras tierras y que por ese oscuro aire con que se rodea y se expresa aspira a venderse como buena poesía. Por la otra vertiente está el temor de que, a consecuencia de un hiperdesarrollo en el sentimiento de responsabilidad cívica del creador, se llegue a la ruptura del equilibrio que debe reinar entre poesía y conciencia, al punto de que el escritor—el poeta en este caso—se convierta en un loro repetidor de consignas políticas que nada tienen que ver con el arte y en muchos casos hasta niegan el esencial clima de libertad donde únicamente aquél puede producirse. Hemos destacado los hechos con trazos tal vez demasiado gruesos, pero es evidente que estos son los dos peligros mayores. Confiemos, sin embargo, en que no habrá accidentes desgraciados ni naufragios totales ya que si es verdad que la poesía ha parecido extraviarse en ocasiones, al cabo ha encontrado siempre la vía segura, el camino de salvación. Es de esperar que de nuevo sucederá lo mismo.

Los años presentes y los que se avecinan marcan una durísima jornada para Hispanoamérica, como consecuencia crítica de su urgente necesidad de redención. Hay que evitar la falacia de pensar que esta empresa será obra taumatúrgica de la literatura. Pero no ha de ocultarse que el poeta podrá ayudar mucho en esta difícil hora histórica, cargada de interrogantes y escepticismos, poniéndose dignamente al lado del hombre. Vale la pena recordar aquí la palabra siempre actual de Martí: "¿Quién es el ignorante que mantiene que la poesía no es indispensable a los pueblos? Hay gentes de tan corta vista mental que creen que toda la fruta acaba en la cáscara. La poesía, que congrega o disgrega, que fortifica o angustia, que apuntala o derriba las almas, que da o quita a los hombres la fe y el aliento, es más necesaria a los pueblos que la industria misma, pues ésta les proporciona el modo de subsistir, mientras aquélla les da el deseo y la fuerza de la vida." Hay ahí, sin gestos enfáticos, todo un programa para la poesía. Dar fuerza a la vida: no evadirla, ni siquiera bajo forma de una pretensa trascendencia, pero tampoco envilecerla, gritando el odio y la destrucción. Y éste no es un programa para ser cumplido por el jilguero en su jaula o en su torre, ni por el paciente artesano de enigmáticos símbolos, ni por el muñeco insensato manejado por un ventrílocuo o titiritero demagógico. Es una obra para el poeta auténtico, que con su palabra de belleza y amor logre dar forma a ese profundo aliento del espíritu que el vivir de los hombres requiere. La poesía tiene hoy un solo camino legítimo, aunque le quepa descubrir sus variados modos de andar por él. Y ese camino no es otro que el del compromiso noble, leal y desinteresado, o sea, *poético*, con el destino precario pero necesariamente esperanzado de la humanidad.

— I —

MODERNISMO

Nuestra selección del modernismo se abre con Manuel González Prada (Perú, 1844–1918), seguido de inmediato por poetas que integran ya la primera generación modernista: José Martí, Salvador Díaz Mirón, Manuel Gutiérrez Nájera, Julián del Casal y José Asunción Silva. Debido a las naturales limitaciones de espacio no podemos ofrecer muestras de otros poetas exactamente contemporáneos de los anteriores, algunos de particular interés, pero en conjunto menos representativos en la dirección que tomó el modernismo de entonces: "Almafuerte" (Argentina, 1854–1917), Manuel José Othón (México, 1858–1906), Leopoldo Díaz (Argentina, 1862–1947), Francisco A. de Icaza (México, 1863–1925), Ismael E. Arciniegas (Colombia, 1865–1938) y Fabio Fiallo (República Dominicana, 1865–1942), de todos los cuales podrá el lector interesado encontrar información crítica y textos en la fundamental *Antología de la poesía española e hispanoamericana* de Federico de Onís.

Esta primera generación o promoción entra en vigencia hacia 1880 pero sus miembros más importantes (Martí, Casal, Nájera, Silva) han muerto ya en 1896. En ese año Rubén Darío (Nicaragua, 1867–1916), que había coincidido con ellos en su etapa inicial, publica uno de los libros claves del modernismo, *Prosas profanas*, cima de la modalidad esteticista del movimiento, y comienza a definirse dentro de éste una segunda promoción claramente diferenciada. De ésta aparecen, en las páginas correspondientes, sus figuras mayores: Ricardo Jaimes Freyre (Bolivia, 1868–1933), Amado Nervo (México, 1870–1916), Enrique González Martínez (México,

1871–1952), Guillermo Valencia (Colombia, 1873–1943), Leopoldo Lugones (Argentina, 1874–1938), Julio Herrera y Reissig (Uruguay, 1875–1910) y José Santos Chocano (Perú, 1875–1934). Otros poetas que cronológicamente cabrían junto a los que acabamos de citar son Luis G. Urbina (México, 1864–1934), José Juan Tablada (México, 1871–1945) y Rufino Blanco Fombona (Venezuela, 1874–1944). La plenitud de esta segunda promoción—su período de rigurosa originalidad—puede extenderse legítimamente hasta 1910.

Las distintas fechas que sugerimos en los párrafos precedentes deben ser entendidas en su sentido más lato y flexible. El primer libro *oficial* del modernismo es *Ismaelillo* (1882) de Martí; pero ya se sabe que antes de él se había ido gestando el nuevo espíritu, pues nunca un libro es producto de nacimiento espontáneo y sin raíces. Y, por el otro extremo, conocemos también cuántos poemas modernistas se siguieron escribiendo aun muchos años después de la primera guerra mundial. Pero rehuímos adrede dentro de este apartado toda subdivisión, ya que ésta habría de basarse, erróneamente, en considerar como precursor o transicional al primero de esos grupos. Preferimos, por el contrario, que el lector compruebe cómo a partir de Manuel González Prada—caso singular y aparte, pero de inclusión obligada—y sobre todo desde Gutiérrez Nájera y Martí el modernismo va consolidándose en una progresión ascendente y segura. Del mismo modo encontrará, desde el principio, poemas de puro ejercicio preciosista al lado de otros de intensa vibración íntima e histórica; rechazando así, como ya se ha visto en su lugar, el reducir tan vasto y rico movimiento a la primera de las dos corrientes descritas, la más superficial y perecedera. Nuestro deseo es contribuir a devolver al modernismo su perfil más completo.

Por otra parte, y a juzgar por las fechas con que limitamos esta sección, podrá observarse que en términos cronológicos nos movemos dentro de lo que podría llamarse concepto *tradicional* del modernismo: movimiento que abarca, en su vigencia histórica original y fecunda, no en su espúrea pero inevitable mecanización, las dos últimas décadas del siglo pasado y la primera del actual. Hacemos hincapié sobre este punto porque todos conocemos recientes esfuerzos de historiografía literaria que han intentado darle a este período una extensión que nos parece desmesurada y equívoca. Lo impulsó no hace muchos años Juan Ramón Jiménez, quien partía de un hecho en sí inobjetable: el modernismo no es una escuela ni un movimiento sino una época. De acuerdo, aunque entre movimiento y época no hay raigal oposición: un movimiento es una época—un tiempo—que se mueve en cierto sentido, que no se mantiene estático sino que, cargado de dinamismo, avanza hacia nuevas conquistas, en este caso hacia renovadas o inéditas formas de belleza, precisión y originalidad en el lenguaje literario. Hasta este punto, la teoría de Jiménez nos parece congruente con el alcance que le hemos dado en nuestra antología.

Las discrepancias comienzan cuando el propio poeta español quiere otorgarle a esa "época" unas dimensiones tales que abarcará toda la literatura y el arte del siglo XX (véase Juan Ramón Jiménez, *El modernismo. Notas de un curso, 1953*, Madrid, 1962) y aumentan con un reciente libro de Ricardo Gullón (*Direcciones del modernismo*, Madrid, 1963), que recoge y desarrolla las nuevas ideas de política literaria lanzadas por el poeta de Moguer. Tal vez en el futuro pueda verse y definirse nuestra época, en su conjunto, como "modernista," es decir, como una unidad en la que los elementos de juntura o aproximación aparezcan como más fuertes que las tajantes diferencias que nuestra cercanía nos permite apreciar. Pero hay entre éstas una fundamental: los poetas modernistas hispanoamericanos, por profundos que fueran sus buceos en el mundo del misterio, respetaban los supuestos lógicos del lenguaje y los límites externos del poema. A partir del vanguardismo, por el contrario, toda lógica salta hecha pedazos; y el poeta se valdrá (primero de una manera incoherente, después con un cierto sentido de orden y concreción) de los valores irracionales del lenguaje. Este hecho no es pequeña cosa: es la síntesis de la experiencia más revolucionaria del arte de nuestra época. Hoy por hoy, agrupar a Darío, Huidobro, Vallejo, Neruda y Paz, como ejemplos radicales dentro de una misma catalogación resulta no sólo confuso sino insuficiente. Porque la inteligencia humana, a pesar de la natural desconfianza que siempre inspiran las etiquetas clasificadoras, necesita de su ayuda para poner un poco de orden mental en la secuencia de formas históricas y de creación artística. Si consideramos modernistas a todos los escritores y artistas de nuestra centuria, inmediatamente nos veremos obligados a inventar otras calificaciones parciales o menores que correspondan lo más fielmente posible a las naturales diferencias que son obvias entre los poetas citados, para continuar con los mismos ejemplos.

Y si el afán de renovación es lo que da raíz al término "modernista," no sólo es el nuestro un "siglo modernista" sino que al arte todo en sus etapas renovadoras le sería cómodamente aplicable el mismo calificativo; pues ha sido ley constante de esas épocas la búsqueda ahincada de nuevas formas expresivas. *Modernista*, así, devendría adjetivo explicativo general, no específico de una época. Jiménez y Gullón han visto certeramente la amplitud y complejidad del modernismo; pero a nuestro parecer han desatendido los profundos cambios estéticos que operan alrededor de la primera guerra mundial. La voz *modernismo* es harto ambigua, bien lo sabemos, pues la condición de modernidad lleva en sí la variación continua como elemento intrínseco de su definición. Pero no menos impropias son otras tantas denominaciones—en verdad, casi todas —de las que hemos venido usando para entendernos algo en la historia de la cultura y el arte.

El modernismo sí fue un movimiento, una época, una actitud que se realizó, en cualquiera de sus dos vertientes, dentro de una serie de características formales que concretaron un espíritu compacto y una órbita ya cerrada. Y la revolución literaria que le siguió—a la que también con el usual margen de vaguedad llamamos vanguardismo—lo ha alejado tanto de nuestra sensibilidad actual que hoy lo vemos como un producto histórico ya clásico. De aquí que resulte desorientador todo empeño crítico que pretenda contem-

plarnos como viviendo todavía en un "siglo modernista." Y es que el concepto del modernismo, especialmente en sus relaciones con la generación española del 98, ha tenido una larga historia de confusiones—mejor que de rectificaciones—cuya revisión crítica ha intentado recientemente el hispanista Gustav Siebenmann, quien concluye—lo que no implica sino un sano retorno a los criterios establecidos—con las siguientes palabras: "Modernismo español como movimiento poético eficaz, aunque efímero; modernismo latinoamericano de importancia y duración muy superiores; modernidad como época cultural postromántica: tales serían las tres nociones que bastaría distinguir para desenmarañar una cuestión tan curiosa como inútilmente complicada" (véase Gustav Siebenmann, "Reinterpretación del modernismo," en *Spanish Thought and Letters in the Twentieth Century*, Nashville, Tennessee, 1966, pág. 155).

Manuel González Prada

PERÚ, 1848-1918   La producción literaria de Manuel González Prada, más conocida en cuanto a su prosa de carácter polémico, tiene no obstante importancia en la poesía por ser ésta una de las primeras que en nuestro continente ofrece rasgos de renovación, y de reacción contra las formas y el espíritu del romanticismo ya en decadencia. El anti-tradicionalismo de González Prada se revela bien claramente en su interés por las literaturas no hispánicas, cuyas formas imitó y adaptó con éxito al castellano. Su labor en este sentido comenzó muy temprano, y su primer libro de versos, *Minúsculas*, publicado en edición particular de cien ejemplares en 1901, contiene poemas escritos ya en 1870, en los que se adelantó a muchos de los modernistas. Y aunque en aquéllos prevalece aún cierto espíritu romántico, la concentración de pensamiento y exactitud de su verso, la originalidad de sus ideas y la novedad—al menos dentro de la poesía de sus contemporáneos de habla castellana—de las formas ensayadas y empleadas por él, lo hacen distinguirse como uno de nuestros más decididos innovadores. Formas y metros exóticos, como el cuarteto persa, el rondel, el triolet y la villanela franceses, el rispetto italiano, la estrofa espenserina inglesa, etc., van apareciendo en la obra de González Prada pulidos y trabajados con empeño de artista minucioso y al mismo tiempo sensitivo, en contraste con sus apasionados y fogosos escritos de carácter político-social. Sin embargo de todo ello, González Prada nunca se apartó radicalmente de las formas tradicionales castellanas, y en su libro póstumo *Baladas peruanas*, emplea el romance, aplicándolo a temas de carácter local. En dichas baladas lo incaico y el indio peruano de fines del siglo XIX aparecen fusionados sobre un paisaje realista. No hay que olvidar que González Prada fue un apasionado defensor del indio de su país y un reivindicador de sus derechos de hombre y de ciudadano.

Temas generales

1. Carácter general de la obra poética de M.G.P. Su actitud anti-tradicionalista y reformadora.
2. M.G.P. como poeta lírico. Sensibilidad y delicadeza de tono romántico.
3. Principales innovaciones. Adaptación al verso castellano de formas métricas y estrofas de origen extranjero.
4. Indole epigramática de algunos de sus poemas, en especial los contenidos en *Grafitos*.
5. M.G.P. como traductor. Su conocimiento de las literaturas extranjeras.
6. El tema del indio en la poesía de M.G.P. Su actitud reivindicadora de los derechos del indígena peruano.

Bibliografía

Obra poética
Minúsculas, Lima, 1901, 1909. *Presbiterianas*, 1909.

Exóticas, 1911. *Poesías selectas*, París, s.a. *Trozos de vida*, 1933. *Baladas peruanas*, Santiago de Chile,

1935. *Grafitos*, París, 1937. *Libertarias*, 1938. *Pepitas de oro*, Quito, 1938. *Baladas*, París, 1939. *Antología poética* (pról. de C. García Prada), México, 1940.

Estudios

LIBROS GENERALES: Sánchez, Luis Alberto, *Escritores representativos de América* (2da. serie, tomo II), Madrid, 1963.
ARTÍCULOS: Borja, J.J., "La poesía de G.P.," LetrasL, núm. 39, 1948. Englekirk, J.E., Sobre: M.G.P., *Nuevas páginas libres; Grafitos; Libertarias; G.P. Vida y obra–Bibliografía–Antología*, RevIb, *I,* núm. 1, 1939. Ferrer Canales, J., "G.P. y Darío," HispW, *XLI*, 1958. Mead, R.G., "Panorama poético de M.G.P.," RevIb, *XX*, núm. 39, 1955. Meléndez, Concha, "La poética de G.P.," Asom, *IV*, núm. 4, 1948. Morales, E., Sobre: *Antología poética* de G.P., PrBA, 9 mar. 1941. Núñez, Estuardo, "La poesía de M.G.P.," RevIb, *V*, núm. 10, 1942. Sánchez, Luis Alberto, "G.P., olvidado precursor del modernismo," CuA, *XII*, núm. 6, 1953. Velazco Arazón, L., "G.P.: profeta y poeta," RevIb, *VII*, núm. 13, 1943. Zellers, William C., Sobre: M.G.P., *Baladas*, RevIb, *II*, núm. 4, 1940.

Al amor

Si eres un bien arrebatado al cielo,
¿por qué las dudas, el gemido, el llanto,
la desconfianza, el torcedor quebranto,
las turbias noches de febril desvelo?

Si eres un mal en el terrestre suelo
¿por qué los goces, la sonrisa, el canto,
las esperanzas, el glorioso encanto,
las visiones de paz y de consuelo?

Si eres nieve, ¿por qué tus vivas llamas?;
si eres llama, ¿por qué tu hielo inerte?;
si eres sombra, ¿por qué la luz derramas?

¿Por qué la sombra, si eres luz querida?;
si eres vida, ¿por qué me traes la muerte?;
si eres muerte, ¿por qué me das la vida?

(De *Minúsculas*, 1901)

Triolet[1]

Los bienes y las glorias de la vida
o nunca vienen o nos llegan tarde.
Lucen de cerca, pasan de corrida,
los bienes y las glorias de la vida.

¡Triste del hombre que en la edad florida
coger las flores del vivir aguarde!
Los bienes y las glorias de la vida
o nunca vienen o nos llegan tarde.

(De *Minúsculas*, 1901)

[1] *triolet, rondel* y *villanelle:* algunas de las variadas formas originales del rondel, muy usadas por los poetas franceses de la Edad Media y el Renacimiento, y que González Prada trató de adaptar e introducir en nuestra lengua. Es condición común de todos los rondeles franceses el uso de sólo dos rimas.

Vivir y morir

Humo y nada el soplo del ser:
mueren hombre, pájaro y flor,
corre a mar de olvido el amor,
huye a breve tumba el placer.

¿Dónde están las luces de ayer?
Tiene ocaso todo esplendor,
hiel esconde todo licor,
todo expía el mal de nacer.

¿Quién rió sin nunca gemir,
siendo el goce un dulce penar?
¡Loco y vano intento el sentir!

¡Vano y loco intento el pensar!
¿Qué es vivir? Soñar sin dormir.
¿Qué es morir? Dormir sin soñar.

(De *Minúsculas*, 1901)

Ritmo soñado

(*Reproducción bárbara del metro alkmánico*[2])

Sueño con ritmos domados al yugo de rígido acento,
libres del rudo carcán[3] de la rima.

Ritmos sedosos que efloren la idea, cual plumas de un cisne
rozan el agua tranquila de un lago.

Ritmos que arrullen con fuentes y ríos, y en Sol de apoteosis
vuelen con alas de nube y alondra.

Ritmos que encierren dulzor de panales, susurro de abejas,
fuego de auroras y nieve de ocasos.

Ritmos que en griego crisol atesoren sonrojos de virgen,
leche de lirios y sangre de rosas.

Ritmos, oh Amada, que envuelvan tu pecho, cual lianas tupidas
cubren de verdes cadenas al árbol.

(De *Minúsculas*, 1901)

Rondel[1]

Aves de paso que en flotante hilera
recorren el azul del firmamento,
exhalan a los aires un lamento
y se disipan en veloz carrera,
son el amor, la gloria y el contento.

¿Qué son las mil y mil generaciones
que brillan y descienden al ocaso,
que nacen y sucumben a millones?
Aves de paso.

Inútil es, oh pechos infelices,
al mundo encadenarse con raíces.
Impulsos misteriosos y pujantes
nos llevan entre sombras, al acaso,
que somos ¡ay! eternos caminantes,
aves de paso.

(De *Minúsculas*, 1901)

---

[2]*Alcmán de Sardis:* o Alkmán, poeta griego de mediados del siglo VII a. de J.C. Verso *alcmánico*, el que consta de tres dáctilos y una cesura. En la poesía griega y latina, el dáctilo es el pie compuesto de una sílaba larga y dos breves. Cesura es la sílaba que, después de la formación de un pie queda al fin de un vocablo, y con la cual empieza otro.

[3]*carcán:* del francés; collar de hierro que se usaba antiguamente para atar a los criminales a la picota, o columna en la que se los exponía a la vergüenza pública.

Ritmo sin rima

¿Son inviolables doncellas los léxicos?
¿Son las palabras sagrados cadáveres,
momias de reyes, en pétreos sarcófagos?
Son las palabras libélulas vivas:
yo las atrapo, si rasan mis sienes;
yo, palpitantes, las clavo en mis versos.
Vengas de Londres, de Roma o París,
sé bienvenida, oh exótica voz,
si amplio reguero derramas de luz.

¡Guerra al vetusto lenguaje del clásico!
¡Fuera el morboso purismo académico!
Libre y osado remonte el espíritu.
Vista ropaje del siglo la idea:
deje el raído jubón de Cervantes,
rasgue la vieja sotana de Lope.
Tímido esclavo del Verbo ancestral,
no ames el águila, el cóndor ni el rock:[4]
ten de Pegaso[5] un dormido avestruz.

(De *Minúsculas*, 1901)

En país extraño

O métamorphose mystique
De tous mes sens fondus en un!—Baudelaire

Yo camino bajo un cielo,
no esplendor ni oscuridad;
en un país muy remoto,
no vivido ni real.

Donde se oye con los ojos,
donde se ve con palpar,
y se funden los sentidos
en misteriosa unidad.

¿Voy soñando? ¿Voy despierto?
No sabré decir quizá
donde empieza la vigilia,
donde comienza el soñar.

Miro sombras que me siguen,
mas, al seguirlas, se van;
veo manos que me tocan
mas no se dejan tocar.

Saboreo luz, y gozo
la exquisita voluptad
de las músicas azules
y del olor musical.

Sumido en algo indecible,
que no es sentir ni pensar,
estoy pensando y sintiendo
lo que no fue ni será.

¿Siento yo, o en mi sensorio
sienten bosque, nube y mar?
¿Pienso yo, o en mi cerebro
piensan ave y pedernal?

¿Soy la parte o soy el Todo?
No consigo deslindar
si yo respiro en las cosas
o en mí las cosas están.

(De *Exóticas*, 1911)

Villanela[1]

No me pidas una flor,
que en el jardín y el vergel
eres tú la flor mejor.

A mí—tu firme cantor—
pídeme laude y rondel;
no me pidas una flor.

[4]*rock*: o ruc, ave fabulosa de enorme tamaño que caza elefantes para alimentar a sus polluelos.
[5]*Pegaso*: en la mitología griega, caballo alado. Suele emplearse como símbolo del talento poético, suponiéndosele que arrebata a los poetas a través del espacio.

Por tu aroma y tu color,
venciendo a rosa y clavel,
eres tú la flor mejor.

Diosa, pídeme el loor;
reina, pídeme el dosel;
no me pidas una flor.

Para dar sabor y olor
a los panales de miel,
eres tú la flor mejor.

Pídeme siempre el amor
y la constancia más fiel;
no me pidas una flor:
eres tú la flor mejor.

(De *Exóticas*, 1911)

El mitayo[6]

—"Hijo, parto: la mañana
reverbera en el volcán;
dame el báculo de chonta,
las sandalias de jaguar."

—"Padre, tienes las sandalias,
tienes el báculo ya;
mas ¿por qué me ves y lloras?
¿A qué regiones te vas?

—"La injusta ley de los Blancos
me arrebata del hogar;
voy al trabajo y al hambre,
voy a la mina fatal."

—"Tú que partes hoy en día,
dime ¿cuándo volverás?"
—"Cuando el llama de las punas
ame el desierto arenal."

—"¿Cuándo el llama de las punas
las arenas amará?"
—"Cuando el tigre de los bosques
beba en las aguas del mar."

—"¿Cúando el tigre de los bosques
en los mares beberá?"
—"Cuando del huevo del cóndor
nazca la sierpe mortal."

—"¿Cuándo del huevo del cóndor
una sierpe nacerá?"
—"Cuando el pecho de los Blancos
se conmueva de piedad."

—"¿Cuándo el pecho de los Blancos
piadoso y tierno será?"
—"Hijo, el pecho de los Blancos
no se conmueve jamás."

(De *Baladas peruanas*, 1935)

---

[6]*mitayo*: indio que trabajaba en la mita. Con el nombre de mita se designaba el trabajo forzoso, pero pagado, en las minas, fábricas y obras públicas, a que estaban obligados los indios durante la dominación española. Se practicaba ya en el imperio incaico antes de la conquista.

José Martí

CUBA, 1853–1895   Es José Martí uno de los más grandes escritores de la lengua castellana, además de patriota y símbolo de la lucha de Cuba por la independencia. Su vida estuvo dedicada, desde muy joven, a ese fin, al que se entregó de manera absoluta y sin vacilaciones. Como escritor, sobresale en la prosa—ensayo, cartas, discursos, crónicas— que muestran su condición de originalísimo pensador y de creador de un estilo de poderosa influencia en Rubén Darío y otras importantes figuras del modernismo.

Como poeta, Martí aparece a nuestros ojos como tocado de una gracia expresiva tan personal, que ya desde sus primeros poemas se revela independiente de escuelas y caminos trillados. Si su agitada y corta vida no le permitió producir en calma, esa misma agitación imparte a sus poemas un sello de inquietud y de angustia vital muy difícil de encontrar en la poesía hispanoamericana de entonces. En la obra de Martí encontramos desde las formas breves y tradicionales de su primer libro impreso, *Ismaelillo*, hasta los firmes y poderosos endecasílabos de sus *Versos libres*, publicados póstumamente, o los cuidadosos y bien pulidos octosílabos de los *Versos sencillos*. En esa poesía coexisten, con las explosiones y arrebatos de quien respiraba en verso y en verso fue dejando todas sus angustias de hombre y de patriota, otros modos e instantes anotados con palabra exquisita y alada en los que se nos revela como artífice y como uno de los más señalados iniciadores del modernismo. Ello resulta evidente en su manera de hacer funcionar el color y el símbolo; en la presencia de lo "extra-humano" o lo sobrenatural; en el modo cuidadoso con que usa las palabras más adecuadas para traducir un determinado estado de espíritu.

La estatura de Martí como poeta ha ido alzándose cada vez más; y la crítica—desde el propio Rubén Darío, que reconoció su deuda para con él, hasta las figuras más representativas de las letras contemporáneas—está de acuerdo en asignar a Martí el papel de gran innovador y de uno de los poetas más intensos y originales de nuestra lengua.

Temas generales

1. Estudio de los primeros versos de J.M. hasta 1875, en relación con el ambiente social y político de Cuba durante su infancia y adolescencia.

2. Pasión y temperamento romántico del poeta: su expresión en los *Versos libres*.

3. El tema de la patria en los versos de J.M. Evolución del mismo desde sus poemas de juventud hasta los escritos en los últimos años de su vida.

4. Estudio de las formas empleadas por J.M. en sus versos, con especial atención a los breves prólogos de sus libros.

5. Patria y mujer: conflicto y armonías entre ambas pasiones.

6. Las ideas de J.M. sobre la poesía.

7. La dignidad del hombre, y su destino, como uno de los temas fundamentales de la obra de J.M.

8. Lo sobrenatural o "extra-humano." Relación del poeta con el misterio de la vida y de la muerte.

9. La mística del sacrificio personal y su expresión en los versos de J.M.

Bibliografía

Obra poética

Ismaelillo, Nueva York, 1882. *Versos libres*, (1882), *La edad de oro* (prosa y verso), 1889. *Versos sencillos*, 1891. *Obras*, ed. de Gonzalo de Quesada, vol. XI, La Habana, 1913. *Obras*, ed. de Gonzalo de Quesada, 1900–1919. *Poesías*, est. prel., comp. y notas de Juan Marinello, 1929. *Versos de amor* (inéditos), ed. de Gonzalo de Quesada, 1930. *Flores del destierro* (inéditos), ed. de Gonzalo de Quesada, 1932. *Obras completas*, 74 vols., ed. de Gonzalo de Quesada, 1936–1949–1953. *Páginas selectas*, (1939), Buenos Aires, 1957. *Obras completas*, ed. de M. Isidro Méndez, La Habana, 1946, 2 vols.; 1948, 4 vols. *Poesías*, Buenos Aires, 1952. *Poesías completas*, Madrid, 1953. *Versos*, ed., est. y notas de Eugenio Florit, Nueva York, 1962. *Obras completas*, La Habana, 1965, 26 vols.

Estudios

LIBROS ESPECIALES: Arias, Dorothy Elizabeth, *The Subject of Life and Death in the Poetry of J.M. and Rubén Darío*, Coral Gables, University of Miami, 1955. Bazil, Osvaldo, *Vidas de iluminación. La huella de Martí en Rubén Darío*, La Habana, 1932. Daireaux, Max, *J.M.*, París, 1939. Fernández de la Vega, Oscar, *Proyección de Martí*, La Habana, 1953. González, Manuel Pedro, *Iniciación de Darío en el culto a Martí*, La Habana, 1953. González, Manuel Pedro, *Antología crítica de J.M.*, México, 1960 (Contiene trabajos sobre la poesía de Martí, de Gabriela Mistral, Rubén Darío, Eugenio Florit, Juan Carlos Guiano, Alfredo A. Roggiano, Roberto Ibáñez, Cintio Vitier, José María Chacón y Calvo y José J. Arrom). González, Manuel Pedro, *J.M.—En el octogésimo aniversario de la iniciación modernista*, Caracas, 1962. Ibáñez, Roberto, *J.M. Introducción al estudio de su obra lírica*, Montevideo, 1946. Iduarte, Andrés, *Martí, escritor*, México, 1944. Iduarte, Andrés, *Sarmiento, Martí y Rodó*, La Habana, 1955. Lizaso, Félix, *Martí, místico del deber*, Buenos Aires, 1940. Marinello, Juan, *El caso literario de J.M.*, La Habana, 1954. Marinello, Juan, *J.M., escritor americano*, México, 1958. Pérez Cadalso, Eliseo, *Poesía y muerte en el camino de Martí*, Tegucigalpa,

1953. Rodríguez Demorizi, Emilio, *Martí y Máximo Gómez en la poesía dominicana*, Santo Domingo, 1953. Schulman, Ivan A., *Símbolo y color en la obra de J.M.*, Madrid, 1960. Vitier, Medardo, *Martí, estudio integral*, La Habana, 1954. "J.M.: Vida y obra–Bibliografía–Antología," RHM, ene–dic., 1952, XVIII, núms. 1–4. *Archivo J.M.* Publicaciones del Ministerio de Educación, La Habana, 1940–1952. *Memoria del Congreso de Escritores Martianos*, La Habana, 1953 (Contiene trabajos de Enrique Anderson Imbert, Manuel Pedro González, Max Henríquez Ureña, Juana de Ibarbourou, Willis Knapp Jones, Federico de Onís, Rafael Heliodoro Valle, y otros). González, Manuel Pedro, *Fuentes para el estudio de J.M.*, ensayo de bibliografía clasificada, La Habana, 1950. Peraza Sarausa, Fermín, "Bibliografía martiana," en Publicaciones del Municipio de la Habana, 1939–1955. Valle, Rafael Heliodoro, "Bibliografía de Martí en México," en LyP, 1932, X.

LIBROS GENERALES: Brenes Mesén, Roberto, "J.M., poeta," en *Crítica Americana*, San José de C.R., 1936. Darío, Rubén, "J.M.," en *Los Raros*, Buenos Aires, 1896. Jiménez, Juan Ramón, "J.M.," en *Españoles de tres mundos*, Buenos Aires, 1942. Meza Fuentes, Roberto, *De Díaz Mirón a Rubén Darío:* Un curso en la Universidad de Chile sobre la evolución de la poesía hispanoamericana—Salvador Díaz Mirón, Manuel Gutiérrez Nájera, J.M., José Asunción Silva, Julián del Casal, Rubén Darío. Santiago de Chile, 1940. Vitier, Cintio, *Lo cubano en la poesía*, Santa Clara (Cuba), 1958.

ARTÍCULOS: Augier, Angel I., "Martí, poeta, y su influencia innovadora en la poesía de América," en *Vida y pensamiento de Martí*, La Habana, VyPM, I, 1942. Carter, Boyd G., "Gutiérrez Nájera y Martí como iniciadores del modernismo," RevIb, XXVIII, 1962. Díaz-Plaja, Guillermo, "Martí y Unamuno," Insula, mayo 15, 1953. Díaz-Plaja, Guillermo, "Lenguaje, verso y poesía en J.M.," CuH, XIV, 1953. Díez-Canedo, Enrique, "Heredia y Martí," RBC, XXIX, 1932. Escobar, Eloy, "Poesías," BAV, XIX, 1951. Florit, Eugenio, "J.M. Versos," RHM, XVIII, núms. 1–4, ene–dic.

1952. Florit, Eugenio, "Bécquer en Martí," LaTo, *III*, núm. 10, 1955. Ibáñez, Roberto, "Imágenes del mundo y del trasmundo en los *Versos sencillos* de Martí," CCLC, núm. 4, 1954. Lizaso, Félix, "La intimidad literaria de J.M.," RevCu, *V*, 1936. Meléndez, Concha, "El crecer de la poesía de Martí," Asom, núm. 3, 1953. Méndez, M. Isidro, "Entraña y forma de los *Versos sencillos*," RBNH, núm. 1, 1953. Mistral, Gabriela, "Los versos sencillos de J.M.," RBC, *XLI*, 1938. Núñez y Domínguez, José de J., "J.M. y Gutiérrez Nájera," RepAm, 22 abr. 1933. Rodríguez Monegal, Emir, "La poesía de Martí y el modernismo," Nume, *X*, núm. 22, 1953. Roggiano, Alfredo A., "Poética y estilo de J.M.," HuT, 1953. Schulman, Ivan A., "Las estructuras polares en la obra de J.M. y Julián del Casal," RevIb, *XXIX*, 1963. Schulman, Ivan A., "J.M. y Julián del Casal," Nación, 17 feb. 1963. Schulman, Ivan A., "J.M. y Manuel Gutiérrez Nájera: Iniciadores del modernismo (1875-1877)," RevIb, *XXX*, 1964. Schulman, Ivan A., "Bécquer y Martí: coincidencias en su teoría literaria," DuHR, *III*, 1964. Schultz de Mantovani, Fryda, "*La Edad de Oro* de J.M.," CuA, *XII*, núm. 1, 1953.

Penachos vívidos

Como taza en que hierve
de transparente vino
en doradas burbujas
el generoso espíritu;

Como inquieto mar joven
del cauce nuevo henchido
rebosa, y por las playas
bulle y muere tranquilo;

Como manada alegre
de bellos potros vivos
que en la mañana clara
muestran su regocijo,
ora en carreras locas,

o en sonoros relinchos,
o sacudiendo el aire
el crinaje magnífico;—

Así mis pensamientos
rebosan en mí vívidos,
y en crespa espuma de oro
besan tus pies sumisos,
o en fúlgidos penachos
de varios tintes ricos,
se mecen y se inclinan
cuando tú pasas—hijo!

(De *Ismaelillo*, 1882)

Tórtola blanca

El aire está espeso,
la alfombra manchada,
las luces ardientes,
revuelta la sala;
y acá entre divanes
y allá entre otomanas,
tropiézase en restos
de tules, —o de alas!
Un baile parece

de copas exhaustas!
Despierto está el cuerpo,
dormida está el alma.
¡Qué férvido el valse!
¡Qué alegre la danza!
¡Qué fiera hay dormida
cuando el baile acaba!
Detona, chispea,
espuma, se vacia[1]

[1] *vacia:* es licencia, por *vacía*.

y expira dichosa
la rubia champaña:
los ojos fulguran,
las manos abrasan,
de tiernas palomas
se nutren las águilas;
don Juanes lucientes
devoran Rosauras;
fermenta y rebosa
la inquieta palabra;
estrecha en su cárcel
la vida incendiada,
en risas se rompe
y en lava y en llamas;
y lirios se quiebran,
y violas se manchan,
y giran las gentes,
y ondulan y valsan;

mariposas rojas
inundan la sala,
y en la alfombra muere
la tórtola blanca.

　　Yo fiero rehuso
la copa labrada;
traspaso a un sediento
la alegre champaña;
pálido recojo
la tórtola hollada;
y en su fiesta dejo
las fieras humanas;—
que el balcón azotan
dos alitas blancas
que llenas de miedo
temblando me llaman.

(De *Ismaelillo*, 1882)

Valle lozano

　　Dígame mi labriego
cómo es que ha andado
en esta noche lóbrega
este hondo campo?
Dígame de qué flores
untó el arado,
que la tierra olorosa
trasciende a nardos?
Dígame de qué ríos
regó este prado,

que era un valle muy negro
y ora es lozano?
　　Otros, con dagas grandes
mi pecho araron:
pues ¿qué hierro es el tuyo
que no hace daño?
Y esto dije—y el niño
riendo me trajo
en sus dos manos blancas
un beso casto.

(De *Ismaelillo*, 1882)

Canto de otoño

　　Bien; ya lo sé! La Muerte está sentada
a mis umbrales: cautelosa viene,
porque sus llantos y su amor no apronten
en mi defensa, cuando lejos viven
padres e hijo. Al retornar ceñudo
de mi estéril labor, triste y oscura,
con que a mi casa del invierno abrigo,
de pie sobre las hojas amarillas,
en la mano fatal la flor del sueño,

la negra toca en alas rematada,
ávido el rostro, trémulo la miro
cada tarde aguardándome a mi puerta.
En mi hijo pienso, y de la dama oscura
huyo sin fuerzas, devorado el pecho
de un frenético amor! Mujer más bella
no hay que la Muerte! Por un beso suyo
bosques espesos de laureles varios,
y las adelfas del amor, y el gozo

de remembrarme mis niñeces diera!
... Pienso en aquel a quien mi amor culpable
trajo a vivir, y, sollozando, esquivo
de mi amada los brazos; mas ya gozo
de la aurora perenne el bien seguro.
Oh, vida, adiós! Quien va a morir, va muerto.

Oh, duelos con la sombra! Oh, pobladores
ocultos del espacio! Oh, formidables
gigantes que a los vivos azorados
mueven, dirigen, postran, precipitan!
Oh, cónclave de jueces, blandos sólo
a la virtud, que en nube tenebrosa,
en grueso manto de oro recogidos,
y duros como peña, aguardan torvos
a que al volver de la batalla rindan
—como el frutal sus frutos—
de sus obras de paz los hombres cuenta,
de sus divinas alas! ... de los nuevos
árboles que sembraron, de las tristes
lágrimas que enjugaron, de las fosas
que a los tigres y víboras abrieron,
y de las fortalezas eminentes
que al amor de los hombres levantaron!
¡Esta es la dama, el rey, la patria, el premio
apetecido, la arrogante mora
que a su brusco señor cautiva espera
llorando en la desierta barbacana!
éste el santo Salem, éste el Sepulcro
de los hombres modernos. No se vierta
más sangre que la propia! No se bata
sino al que odie al amor! Únjanse presto
soldados del amor los hombres todos!
La tierra entera marcha a la conquista
de este rey y señor, que guarda el cielo!
... Viles! El que es traidor a sus deberes,
muere como un traidor, del golpe propio
de su arma ociosa el pecho atravesado!
Ved que no acaba el drama de la vida
en esta parte oscura! Ved que luego
tras la losa de mármol o la blanda
cortina de humo y césped se reanuda
el drama portentoso! y ved, oh viles,
que los buenos, los tristes, los burlados,
serán en la otra parte burladores!

Otros de lirio y sangre se alimenten:
yo no! yo no! Los lóbregos espacios
rasgué desde mi infancia con los tristes
penetradores ojos: el misterio
en una hora feliz de sueño acaso
de los jueces así, y amé la vida
porque del doloroso mal me salva
de volverla a vivir. Alegremente
el peso eché del infortunio al hombro:
porque el que en huelga y regocijo vive
y huye el dolor, y esquiva las sabrosas
penas de la virtud, irá confuso
del frío y torvo juez a la sentencia,
cual soldado cobarde que en herrumbre
dejó las nobles armas; y los jueces
no en su dosel le ampararán, no en brazos
lo encumbrarán, mas lo echarán altivos
a odiar, a amar y batallar de nuevo
en la fogosa sofocante arena!
Oh! qué mortal que se asomó a la vida
vivir de nuevo quiere? ...
                    Puede ansiosa
la Muerte, pues, de pie en las hojas secas,
esperarme a mi umbral con cada turbia
tarde de Otoño, y silenciosa puede
irme tejiendo con helados copos
mi manto funeral.
                    No di al olvido
las armas del amor: no de otra púrpura
vestí que de mi sangre. Abre los brazos,
listo estoy, madre Muerte: al juez me lleva!

Hijo! ... Qué imagen miro? qué llorosa
visión rompe la sombra, y blandamente
como con luz de estrella la ilumina?
Hijo! ... qué me demandan tus abiertos
brazos? A qué descubres tu afligido
pecho? Por qué me muestras tus desnudos
pies, aun no heridos, y las blancas manos
vuelves a mí, tristísimo gimiendo? ...
Cesa! calla! reposa! vive! El padre
no ha de morir hasta que a la ardua lucha
rico de todas armas lance al hijo!
Ven, oh mi hijuelo, y que tus alas blancas
de los abrazos de la Muerte oscura
y de su manto funeral me libren!

New York, 1882

(De *Versos libres* [1882], 1913)

Homagno[2]

Homagno sin ventura
la hirsuta y retostada cabellera
con sus pálidas manos se mesaba.
"Máscara soy, mentira soy, decía;
estas carnes y formas, estas barbas
y rostro, estas memorias de la bestia,
que como silla a lomo de caballo
sobre el alma oprimida echan y ajustan,
por el rayo de luz que el alma mía
en la sombra entrevé,—¡no son Homagno!

Mis ojos sólo, los mis caros ojos,
que me revelan mi disfraz, son míos.
Queman, me queman, nunca duermen, oran,
y en mi rostro los siento y en el cielo,
y le cuentan de mí, y a mí dél cuentan.
¿Por qué, por qué, para cargar en ellos
un grano ruin de alpiste mal trojado
talló el Creador mis colosales hombros?
Ando, pregunto, ruinas y cimientos
vuelco y sacudo; a sorbos delirantes
en la Creación, la madre de mil pechos,
las fuentes todas de la vida aspiro.

Con demencia amorosa su invisible
cabeza con las secas manos mías
acaricio y destrenzo; por la tierra
me tiendo compungido, y los confusos
pies, con mi llanto baño y con mis besos,
y en medio de la noche, palpitante,
con mis voraces ojos en el cráneo
y en sus órbitas anchas encendidos,
trémulo, en mí plegado, hambriento espero,
por si al próximo sol respuestas vienen.
Y a cada nueva luz, de igual enjuto
modo y ruin, la vida me aparece,
como gota de leche que en cansado
pezón, al terco ordeño, titubea,
como carga de hormiga, como taza
de agua añeja en la jaula de un jilguero."
De mordidas y rotas, ramos de uvas
estrujadas y negras, las ardientes
manos del triste Homagno parecían!

Y la tierra en silencio, y una hermosa
voz de mi corazón, me contestaron.

(De *Versos libres* [1882], 1913)

Copa con alas

Una copa con alas ¿quién la ha visto
antes que yo? Yo ayer la vi. Subía
con lenta majestad, como quien vierte
óleo sagrado; y a sus dulces bordes
mis regalados labios apretaba.
¡Ni una gota siquiera, ni una gota
del bálsamo perdí que hubo en tu beso!

Tu cabeza de negra cabellera,
¿te acuerdas?, con mi mano requería,
porque de mí tus labios generosos
no se apartaran. Blanda como el beso
que a ti me trasfundía, era la suave
atmósfera en redor; ¡la vida entera

sentí que a mí abrazándote, abrazaba!
¡Perdí el mundo de vista, y sus ruidos
y su envidiosa y bárbara batalla!
¡Una copa en los aires ascendía
y yo, en brazos no vistos reclinado
tras ella, asido de sus dulces bordes,
por el espacio azul me remontaba!

¡Oh amor, oh inmenso, oh acabado artista!
En rueda o riel funde el herrero el hierro;
una flor o mujer o águila o ángel
en oro o plata el joyador cincela;
tú sólo, sólo tú, sabes el modo
de reducir el Universo a un beso!

(De *Versos libres* [1882], 1913)

[2]*Homagno*: Dice Rubén Darío, "Inventa palabras: Homagno—más bella que superhombre." (Artículos sobre Martí, publicados en *La Nación* de Buenos Aires, entre abril y junio de 1913.)

Dos patrias

Dos patrias tengo yo: Cuba y la noche.
¿O son una las dos? No bien retira
su majestad el sol, con largos velos
y un clavel en la mano, silenciosa
Cuba cual viuda triste me aparece.
¡Yo sé cuál es ese clavel sangriento
que en la mano le tiembla! Está vacío
mi pecho, destrozado está y vacío
en donde estaba el corazón. Ya es hora
de empezar a morir. La noche es buena

para decir adiós. La luz estorba
y la palabra humana. El universo
habla mejor que el hombre.

                Cual bandera
que invita a batallar, la llama roja
de la vela flamea. Las ventanas
abro, ya estrecho en mí. Muda, rompiendo
las hojas del clavel, como una nube
que enturbia el cielo, Cuba, viuda, pasa . . .

(De *Flores del destierro* [1882–1891], 1933)

En un campo florido . . .

En un campo florido en que retoñan
al sol de abril las campanillas blancas,
un coro de hombres jóvenes esperan
    a sus novias gallardas.

Tiembla el ramaje; cantan y aletean
los pájaros; las silvias[3] de su nido
salen, a ver pasar las lindas mozas
    en sus blancos vestidos.

Ya se ven en parejas por lo oscuro
susurrando los novios venturosos:
volverán, volverán dentro de un año
    más felices los novios.

Sólo uno, el más feliz, uno sombrío,
con un traje más blanco que la nieve,
para nunca volver, llevaba al brazo
    la novia que no vuelve.

(De *Flores del destierro* [1882–1891], 1933)

Bien: yo respeto . . .

Bien: yo respeto
a mi modo brutal, un modo manso
para los infelices e implacable
con los que el hambre y el dolor desdeñan,
y el sublime trabajo, yo respeto
la arruga, el callo, la joroba, la hosca
y flaca palidez de los que sufren.
Respeto a la infeliz mujer de Italia,

pura como su cielo, que en la esquina
de la casa sin sol donde devoro
mis ansias de belleza, vende humilde
piñas dulces y pálidas manzanas.
Respeto al buen francés, bravo, robusto,
rojo como su vino, que con luces
de bandera en los ojos, pasa en busca
de pan y gloria al Istmo[4] donde muere.

(De *Flores del destierro* [1882–1891], 1933)

---

[3]*silvia:* género de pájaros de pequeño tamaño, al que
pertenecen las especies comunmente llamadas *currucas.*
[4]*Istmo:* referencia al Istmo de Panamá, en los tiempos
en que se comenzaba la construcción del canal de su
nombre, ideado y empezado por el francés Fernando
de Lesseps.

V

Si ves un monte de espumas,
es mi verso lo que ves:
mi verso es un monte, y es
un abanico de plumas.

Mi verso es como un puñal
que por el puño echa flor:
mi verso es un surtidor
que da un agua de coral.

Mi verso es de un verde claro
y de un carmín encendido:
mi verso es un ciervo herido
que busca en el monte amparo.

Mi verso al valiente agrada:
mi verso, breve y sincero,
es del vigor del acero
con que se funde la espada.

IX

Quiero, a la sombra de un ala,
contar este cuento en flor:
la niña de Guatemala,[5]
la que se murió de amor.

Eran de lirios los ramos,
y las orlas de reseda
y de jazmín; la enterramos
en una caja de seda . . .

Ella dió al desmemoriado
una almohadilla de olor;
él volvió, volvió casado;
ella se murió de amor.

Iban cargándola en andas
obispos y embajadores;
detrás iba el pueblo en tandas,
todo cargado de flores . . .

Ella, por volverlo a ver,
salió a verlo al mirador;

él volvió con su mujer;
ella se murió de amor.

Como de bronce candente,
al beso de despedida,
era su frente ¡la frente
que más he amado en mi vida . . .

Se entró de tarde en el río,
la sacó muerta el doctor:
dicen que murió de frío,
yo sé que murió de amor.

Allí, en la bóveda helada,
la pusieron en dos bancos:
besé su mano afilada,
besé sus zapatos blancos.

Callado, al oscurecer,
me llamó el enterrador:
nunca más he vuelto a ver
a la que murió de amor.

X

El alma trémula y sola
padece al anochecer:
hay baile; vamos a ver
la bailarina española.

Han hecho bien en quitar
el banderón de la acera;
porque si está la bandera,
no sé, yo no puedo entrar.

Ya llega la bailarina:
soberbia y pálida llega:
¿cómo dicen que es gallega?
pues dicen mal: es divina.

Lleva un sombrero torero
y una capa carmesí:
¡lo mismo que un alelí
que se pusiese un sombrero!

[5]María García Granados, la joven que se enamoró de Martí durante la estancia de éste en Guatemala en 1877 y parte de 1878. A ella está dedicado otro poema, "María," que suele incluirse entre los *Versos varios* del poeta. María murió poco después de saber el matrimonio de Martí con la cubana Carmen Zayas Bazán.

Se ve, de paso, la ceja,
ceja de mora traidora:
y la mirada, de mora:
y como nieve la oreja.

Preludian, bajan la luz,
y sale en bata y mantón,
la virgen de la Asunción
bailando un baile andaluz.

Alza, retando, la frente;
crúzase al hombro la manta:
en arco el brazo levanta:
mueve despacio el pie ardiente.

Repica con los tacones
el tablado zalamera,
como si la tabla fuera
tablado de corazones.

Y va el convite creciendo
en las llamas de los ojos,

y el manto de flecos rojos
se va en el aire meciendo.

Súbito, de un salto arranca:
húrtase, se quiebra, gira:
abre en dos la cachemira,
ofrece la bata blanca.

El cuerpo cede y ondea;
la boca abierta provoca;
es una rosa la boca:
lentamente taconea.

Recoge, de un débil giro,
el manto de flecos rojos:
se va, cerrando los ojos,
se va, como en un suspiro . . .

Baila muy bien la española,
es blanco y rojo el mantón:
¡vuelve, fosca, a su rincón
el alma trémula y sola!

XLV

Sueño con claustros de mármol
donde en silencio divino
los héroes de pie, reposan:
¡de noche, a la luz del alma,
hablo con ellos: de noche!
Están en fila: paseo
entre las filas: las manos
de piedra les beso: abren
los ojos de piedra: mueven
los labios de piedra: tiemblan
las barbas de piedra: empuñan
la espada de piedra: lloran:
¡vibra la espada en la vaina!
Mudo, les beso la mano.

Hablo con ellos, de noche!
Están en fila: paseo
entre la filas: lloroso
me abrazo a un mármol: "¡Oh mármol,
dicen que beben tus hijos

su propia sangre en las copas
venenosas de sus dueños!
¡Que hablan la lengua podrida
de sus rufianes! Que comen
juntos el pan del oprobio,
en la mesa ensangrentada!
Que pierden en lengua inútil
el último fuego! ¡Dicen
oh mármol, mármol dormido,
que ya se ha muerto tu raza!"

Échame en tierra de un bote
el héroe que abrazo: me ase
del cuello: barre la tierra
con mi cabeza: levanta
el brazo, ¡el brazo le luce
lo mismo que un sol!: resuena
la piedra: buscan el cinto
las manos blancas: ¡del soclo[6]
saltan los hombres de mármol!

[6] *soclo:* Uno de los puntos discutidos por los estudiosos de Martí es éste de la palabra "soclo." M. Isidro Méndez defiende "zócalo," dudando de que Martí haya escrito aquélla. Pero si el poeta mismo dice que "usará de lo antiguo cuando sea bueno y creará lo nuevo cuando sea necesario" no debemos dudar de su intención al escribir "soclo" (que en este particular caso se aviene muy bien a la escena descrita en el poema). La Academia da como etimología de "zócalo": del latín *socculus*, d. de *soccus*, zueco. Luego Martí no estaba muy lejos de la verdadera etimología de su "soclo," según la cuarta acepción de "zócalo": especie de pedestal.

XLVI

Vierte, corazón, tu pena
donde no se llegue a ver,
por soberbia, y por no ser
motivo de pena ajena.

Yo te quiero, verso amigo,
porque cuando siento el pecho
ya muy cargado y deshecho,
parto la carga contigo.

Tú me sufres, tú aposentas
en tu regazo amoroso,
todo mi amor doloroso,
todas mis ansias y afrentas.

Tú, porque yo pueda en calma
amar y hacer bien, consientes
en enturbiar tus corrientes
con cuanto me agobia el alma.

Tú, porque yo cruce fiero
la tierra, y sin odio, y puro,
te arrastras, pálido y duro,
mi amoroso compañero.

Mi vida así se encamina
al cielo limpia y serena,

y tú me cargas mi pena
con tu paciencia divina.

Y porque mi cruel costumbre
de echarme en ti te desvía
de tu dichosa armonía
y natural mansedumbre;

Porque mis penas arrojo
sobre tu seno, y lo azotan,
y tu corriente alborotan,
y acá, lívido, allá rojo,

Blanco allá como la muerte,
ora arremetes y ruges,
ora con el peso crujes
de un dolor más que tú fuerte,

¿Habré, como me aconseja
un corazón mal nacido,
de dejar en el olvido
a aquel que nunca me deja?

—Verso, nos hablan de un Dios
a donde van los difuntos:
¡verso, o nos condenan juntos,
o nos salvamos los dos!

(De *Versos sencillos*, 1891)

Para Cecilia Gutiérrez Nájera y Maillefert

En la cuna sin par nació la airosa
niña de honda mirada y paso leve,
que el padre le tejió de milagrosa
música azul y clavellín de nieve.

Del sol voraz y de la cumbre andina,
con mirra nueva, el séquito de bardos
vino a regar sobre la cuna fina
olor de myosotís[7] y luz de nardos.

A las pálidas alas del arpegio,
preso del cinto a la trenzada cuna,
colgó liana sutil el bardo regio
de ópalo tenue y claridad de luna.

A las trémulas manos de la ansiosa
madre feliz, para el collar primero,
vertió el bardo creador la pudorosa
perla y el iris de su ideal joyero.

De su menudo y fúlgido palacio
surgió la niña mística, cual sube,
blanca y azul, por el solemne espacio,
llena el seno de lágrimas, la nube.

Verdes los ojos son de la hechicera
niña, y en ellos tiembla la mirada
cual onda virgen de la mar viajera
presa al pasar en concha nacarada.

Fina y severa como el arte grave,
alísea planta en la existencia apoya,
y el canto tiene y la inquietud del ave,
y su mano es el hueco de una joya.

Niña: si el mundo infiel al bardo airoso
las magias roba con que orló tu cuna,
tú le ornarás de nuevo el milagroso
verso de ópalo tenue y luz de luna.

México, agosto de 1894

[7] *myosotis*: galicismo por *miosota*, flor pequeña y de perfume delicado, llamada comúnmente *no-me-olvides*.

Salvador Díaz Mirón

MÉXICO, 1853–1928 Es la suya una figura aislada dentro del clima poético finisecular, aunque ese aislamiento no impidió que su obra primera, enérgica y declamatoria, tuviese admiradores e imitadores y que los cuartetos de consonancia alterna de algunos de sus poemas, como por ejemplo "A Gloria," acaso influyeran en los que escribió Martí en los años de su estancia en México. Díaz Mirón, por su temperamento independiente y violento, sufrió cárcel y destierro, circunstancias estas que tal vez puedan haberle servido para volverse hacia adentro de sí mismo y, renegando de su obra anterior, publicada en 1886, tratar de imprimir a su verso una cierta unidad acentual, cuidando con esmero la colocación y el significado de cada palabra, es decir, creándose un estilo nuevo que es el que aparece en *Lascas*. Por ese cuidado en la organización interna del poema, por la riqueza plástica de sus elementos imaginativos y metafóricos—que ya desde antes se veían en sus versos—y acaso aún más por el tono aristocrático que preside su obra de madurez, podemos considerarlo—y la crítica está de acuerdo en ello—afín a la estética modernista, sin abandonar por esa razón, como afirma Antonio Castro Leal, los "acentos castellanos del siglo de oro," vertidos "en formas tan severas como ningún poeta se las impuso nunca." Las apariencias parnasistas de los versos de Díaz Mirón llevan en su interior una musicalidad nacida del sabio uso de las palabras. En este sentido, los poemas de *Lascas* tienen un valor ejemplar en el panorama de la poesía hispanoamericana de su época.

Temas generales

1. Características románticas en las *Poesías* de S.D.M. de 1886. Consideración de temas y formas de esa época.

2. Contraste entre las dos épocas en la obra de S.D.M.—*Lascas* como superación de la elocuencia y el énfasis oratorio de sus primeros versos.

3. Originalidad y modernidad de S.D.M.— Huella de Góngora y castellanismo esencial en este poeta.

4. Examen de la evolución temática y estilística de S.D.M. a lo largo de su obra según las *Poesías completas* editadas por Antonio Castro Leal.

Bibliografía

Obra poética

Poesías, México, 1886. *Lascas*, Xalapa, 1901. *Poemas escogidos*, sel. de R. López, México, 1919. *Sus mejores poemas*, pról. de Rufino Blanco Fombona, Madrid, s.a. *Poesías completas*, ed. y pról. de Antonio Castro Leal, México, 1945. *Antología poética*, sel. y pról. de Antonio Castro Leal, 1954.

Estudios

LIBROS ESPECIALES: Almoina, José, *D.M., su poética*, México, 1958. Caffarel Peralta, Pedro, *D.M. en su obra*, México, 1956. Castro Leal, Antonio, *La obra poética de S.D.M.*, México, 1953. Díaz-Plaja, Guillermo, *El reverso de la medalla*, Barcelona, 1956. Fernández MacGregor, Genaro, *S.D.M.* (*1853–1928*), México, 1935. Méndez Plancarte, Alfonso, *D.M., poeta y artífice*, México, 1953. Monterde, Francisco, *D.M.—El hombre. La obra*, México, 1956. Monterde, Francisco, *S.D.M. Documentos, estética*, México, 1956. Pérez Soto, Atenógenes, *S.D.M. El poeta y el hombre*, México, 1955. Robles y G. de Cossío, María, *La poesía de S.D.M.*, México, 1941.

LIBROS GENERALES: Meza Fuentes, Roberto, *De D.M. a Rubén Darío:* Un curso en la Universidad de Chile sobre la evolución de la poesía hispano-americana—S.D.M., Manuel Gutiérrez Nájera, José Martí, José Asunción Silva, Julián del Casal, Rubén Darío—, Santiago de Chile, 1940.

ARTÍCULOS: Browne, James R., "A recurrent image in the earlier poetry of S.D.M.," HispW, *XXXII*, 1949. Castro Leal, Antonio, "La vida de S.D.M.," Sur, *X*, núm. 79, 1941. Díaz-Plaja, Guillermo, "S.D.M. y el modernismo," CuH, *XX*, núm. 57, 1954. Díaz-Plaja, Guillermo, "El sentimiento de la naturaleza en D.M.," CuH, *XXII*, núm. 65, 1955. Díaz-Plaja, Guillermo, "S.D.M.: Estudio de las primeras poesías," Etct, *V*, núm. 19, 1956. Díaz-Plaja, Guillermo, "Mese-tas y litorales. El sentimiento de la naturaleza en dos poetas mejicanos," Abs, *XXI*, núm. 3, 1957 [S.D.M. y Manuel José Othón]. Gallegos Valdés, Luis, "Notas sobre la poesía de D.M.," CultES, núm. 30, 1963. González Martínez, Enrique, "La poesía de S.D.M. [fragmentos de unas conferencias]," MCN, *V*, núm. 5, 1950. Henestrosa, Andrés, "S.D.M.," LetrasM, *III*, núm. 7, 1941. Keller, Daniel S., "La poética de S.D.M.," EstD, núms. 6–7, 1953. López, Rafael, "Los grandes poetas de América: S.D.M.," RCamp, *VI*, núm. 6, 1949. Méndez Plancarte, Alfonso, "D.M., gran poeta y sumo artífice," Abs, *XVIII*, 1954. Monterde, Francisco, "Dos aspectos en la lírica de S.D.M.," FyL, *XXV*, núms. 49–50, 1953. Monterde, Francisco, "El realismo de S.D.M.," CCLC, núm. 7, 1954. Monterde, Francisco, "Trayectoria lírica de S.D.M.," Let PM, 1954. Monterde, Francisco, "Escollos en la meta de la poesía diazmironiana," Abs, *XXI*, núm. 2, 1957. Rosen, W., "La influencia de la obra de Víctor Hugo sobre la poesía de S.D.M.," México, 1950 [129 págs. mimeo]. Velásquez, Rolando, "En torno a un gran poeta olvidado. Consideración acerca de afinidades e influencias en la literatura y la poesía," CultEs, núm. 28, 1963.

Vigilia y sueño

La moza lucha con el mancebo
—su prometido y hermoso efebo—
y vence a costa de un traje nuevo.

Y huye sin mancha ni deterioro
en la pureza y en el decoro,
y es un gran lirio de nieve y oro.

Y entre la sombra solemne y bruna,
yerra en el mate jardín, cual una
visión compuesta de aroma y luna.

Y gana el cuarto, y ante un espejo,
y con orgullo de amargo dejo,
cambia sonrisas con un reflejo.

Y echa cerrojos, y se desnuda,
y al catre asciende blanca y velluda,
y aun desvestida se quema y suda.

Y a mal pabilo, tras corto ruego,
sopla y apaga la flor de fuego,
y a la negrura pide sosiego.

Y duerme a poco. Y en un espanto,
y en una lumbre, y en un encanto,
forja un suceso digno de un canto.

¡Sueña que yace sujeta y sola
en un celaje que se arrebola,
y que un querube llega y la viola!

(De *Lascas*, 1901)

Ejemplo

En la rama el expuesto cadáver se pudría,
como un horrible fruto colgante junto al tallo,
rindiendo testimonio de inverosímil fallo
y con ritmo de péndola oscilando en la vía.

La desnudez impúdica, la lengua que salía,
y alto mechón en forma de una cresta de gallo,
dábanle aspecto bufo; y al pie de mi caballo
un grupo de arrapiezos holgábase y reía.

Y el fúnebre despojo, con la cabeza gacha,
escandaloso y túmido en el verde patíbulo,
desparramaba hedores en brisa como racha,

mecido con solemnes compases de turíbulo.
Y el Sol iba en ascenso por un azul sin tacha,
y el campo era figura de una canción de
[Tíbulo.[1]

(De *Lascas,* 1901)

El fantasma

Blancas y finas, y en el manto apenas
visibles, y con aire de azucenas,
las manos—que no rompen mis cadenas.

Azules y con oro enarenados,
como las noches limpias de nublados,
los ojos—que contemplan mis pecados.

Como albo pecho de paloma el cuello;
y como crin de sol barba y cabello;
y como plata el pie descalzo y bello.

Dulce y triste la faz; la veste zarca . . .
Así, del mal sobre la inmensa charca,
Jesús vino a mi unción, como a la barca.

Y abrillantó a mi espíritu la cumbre
con fugaz cuanto rica certidumbre,
como con tintas de refleja lumbre.

Y suele retornar; y me reintegra
la fe que salva y la ilusión que alegra;
y un relámpago enciende mi alma negra.

Cárcel de Veracruz, 14 de diciembre de 1893

(De *Lascas,* 1901)

Nox

No hay almíbar ni aroma
como tu charla . . .
¿Qué pastilla olorosa
y azucarada
disolverá en tu boca
su miel y su ámbar,
cuando conmigo a solas
¡oh virgen! hablas?

La fiesta de tu boda
será mañana.

A la nocturna gloria
vuelves la cara,
linda más que las rosas
de la ventana;
y tu guedeja blonda
vuela en el aura
y por azar me toca
la faz turbada . . .

La fiesta de tu boda
será mañana.

[1] *Tíbulo:* Albio Tíbulo (54-19 a. de J.C.), poeta romano, autor de las famosas *Elegías.*

Un cometa en la sombra
prende una cábala.
Es emblema que llora,
signo que canta.
El astro tiene forma
de punto y raya:
representa una nota,
pinta una lágrima!

La fiesta de tu boda
será mañana.

En invisible tropa
las grullas pasan,
batiendo en alta zona
potentes alas;
y lúgubres y roncas
gritan y espantan . . .
¡Parece que deploran
una desgracia!

La fiesta de tu boda
será mañana.

Nubecilla que flota,
que asciende o baja,
languidecida y floja,
solemne y blanca,
muestra señal simbólica
de doble traza:
finge un velo de novia
y una mortaja!

La fiesta de tu boda
será mañana.

Junto al cendal que toma
figura mágica,
Escorpión[2] interroga
mientras que su alfa

es carmesí que brota,
nuncio que sangra . . .
¡Y Amor y Duelo aprontan
distintas armas!

La fiesta de tu boda
será mañana.

¡Ah! Si la tierra sórdida
que por las vastas
oquedades enrolla
su curva esclava,
diese fin a sus rondas
y resultara
desvanecida en borlas
de tenue gasa . . .!

La fiesta de tu boda
será mañana.

El mar con débil ola
tiembla en la playa,
y no inunda ni ahoga
pueblos, ni nada.
Del fuego de Sodoma
no miro brasa,
y la centella es rota
flecha en la aljaba.

La fiesta de tu boda
será mañana.

¡Oh Tirsa![3] Ya es la hora.
Valor me falta;
y en un trino de alondra
me dejo el alma.
Un comienzo de aurora
tiende su nácar,
y Lucifer[4] asoma
su perla pálida.

(De *Lascas*, 1901)

---

[2] *Escorpión:* o Escorpio, constelación zodiacal. Signo del zodiaco que corresponde al mes de octubre. *Alfa,* que aparece en el verso siguiente, se refiere a la estrella más brillante de dicha constelación.

[3] *Tirsa:* forma castellanizada de Tirsis, nombre femenino muy usado en la literatura bucólica o pastoril.
[4] *Lucifer:* Venus, a la hora de la aurora; en el crepúsculo, Vésper.

Manuel Gutiérrez Nájera.

MÉXICO, 1859–1895   En las letras mexicanas de fines del siglo XIX se destaca Manuel Gutiérrez Nájera con caracteres propios. Es uno de los primeros que en su país muestra la influencia de los poetas franceses posteriores al romanticismo y se convierte en un apasionado admirador de ellos. Aunque los versos de Gutiérrez Nájera no se publicaron en libro hasta poco después de su muerte, con un valioso prólogo de Justo Sierra, su obra era conocida y admirada en vida, y sus colaboraciones en revistas y periódicos le hicieron bien pronto famoso. Los mejores poemas de Gutiérrez Nájera—pocos en número pero muy hermosos—nos lo presentan como un escritor de temperamento delicado, dentro aún de la sensibilidad romántica, pero con un admirable sentido de la musicalidad del verso y de la melodía del lenguaje. Supo dotar a su poesía de una novedad que, si no es muy evidente en las formas en que la expresó, sí lo es en cuanto al uso de los colores y de imágenes y metáforas de gran plasticidad. "Rara y delicada mezcla de gracia y melancolía, de elegancia y profundidad," al decir de Federico de Onís, son los rasgos más salientes de la obra de este escritor que tanto en el verso como en la prosa de sus cuentos y crónicas logró enriquecer nuestra lengua con matices y claroscuros de innegable novedad. El carácter pensativo y melancólico de gran número de sus poesías lo hace afín a Bécquer y a Musset, aunque la gracia, "esa sonrisa del alma" de que nos habla Sierra en el ya citado prólogo, les da un acento personal, subjetivo y evocador al mismo tiempo. Gutiérrez Nájera representa un momento de inquietud que desde las letras mexicanas se difundió al ambiente general del modernismo hispanoamericano, haciendo de él, ya desde poemas y cuentos, ya desde la "Revista Azul" que fundó con su amigo Carlos Díaz Dufóo en 1894, uno de los principales iniciadores de aquel movimiento.

Temas generales

1. Estado de la poesía mexicana en el último cuarto del siglo XIX.

2. Ensayo de antología crítica de los mejores poemas de M.G.N.—Contraste entre ellos y el resto de su obra poética.

3. Estudio del prólogo de Justo Sierra a las *Poesías* de M.G.N.: validez actual de sus opiniones.

4. Imágenes plásticas y de color en estos versos.

5. Sentimentalismo romántico y espíritu moderno en los poemas de M.G.N.

6. "La duquesa Job" como ejemplo de las influencias literarias francesas en M.G.N.

7. M.G.N. como poeta elegíaco. La música, elemento constitutivo de sus versos.

Bibliografía

Obra poética

Poesias, pról. de Justo Sierra, México, 1896. *Sus mejores poesías*, con una apreciación de Rufino Blanco Fombona, Madrid, 1916. *Poesías escogidas*, pról. y sel. de Luis G. Urbina, México, 1918. *Obras inéditas de G.N.*, Nueva York, 1943. *Poesías completas*, Buenos Aires, 1946. *Poesías completas*, ed. y prol. de Francisco González Guerrero, México, 1953.

Estudios

LIBROS ESPECIALES: Carter, Boyd G., *M.G.N.: Estudios y escritos inéditos*, México, 1956. Carter, Boyd G., *En torno a G.N. y las letras mexicanas del siglo XIX*, México, 1960. Gutiérrez Nájera, Margarita, *Reflejo, biografía anecdótica de M.G.N.*, México, 1960. Gómez del Prado, Carlos, *M.G.N., Vida y obra*, México, 1964. González Guerrero, F., *Revisión de G.N.*, México, 1955.
LIBROS GENERALES: Meza Fuentes, Roberto, *De Díaz Mirón a Rubén Darío:* Un curso en la Universidad de Chile sobre la evolución de la poesía hispanoamericana—Salvador Díaz Mirón, M.G.N.,

José Martí, José Asunción Silva, Julián del Casal, Rubén Darío—, Santiago de Chile, 1940.
ARTÍCULOS: Aita, Antonio, "El significado del modernismo" [sobre M.G.N. y otros], Nos, *LXXI*, 1931. Carter, Boyd G., "G.N. y Martí como iniciadores del modernismo," RevIb, *XXVIII*, 1962. González, Manuel Pedro, "El conflicto religioso en la vida y en la poesía de M.G.N.," A, IX, vol. *XXII*, 1932. Kress, D.H., "The Weight of French Parnassian Influence on the Modernist Poetry of M.G.N.," RL Comp, núm. 3, 1937. Núñez y Domínguez, José de J., "José Martí y G.N.," RepAm, 22 de abril, 1933. Pane, Remigio Ugo, "Three Mexican Poets: Sor Juana Inés de la Cruz, M.G.N. and Enrique González Martínez: A Bibliography of the Poems in English Translation," Bull Bibl, *XVIII*, 1946. Queebleen, Julieta, "Las ideas generales sobre el arte en M.G.N.," UnivSF, núm. 59, 1964. Schulman, Ivan A., "Función y sentido del color en la poesía de M.G.N.," RHM, *XXIII*, núm.1, 1957. Schulman, Ivan A., "José Martí y M.G.N.: Iniciadores del modernismo (1875-1877)," RevIb, *XII*, 1964.

Para entonces[1]

Quiero morir cuando decline el día,
en alta mar y con la cara al cielo;
donde parezca un sueño la agonía,
y el alma, un ave que remonta el vuelo.

No escuchar en los últimos instantes,
ya con el cielo y con la mar a solas,
más voces ni plegarias sollozantes
que el majestuoso tumbo de las olas.

Morir cuando la luz triste retira
sus áureas redes de la onda verde,
y ser como ese sol que lento expira:
algo muy luminoso que se pierde.

Morir, y joven: antes que destruya
el tiempo aleve la gentil corona;
cuando la vida dice aún: «soy tuya»,
¡aunque sepamos bien que nos traiciona!

1887

(De *Poesías*, 1896)

[1]*Para entonces:* este poema, aunque escrito en 1887, aparece al frente de las diversas ediciones de sus *Poesías*, desde la primera, de 1896.

La duquesa Job[2]

En dulce charla de sobremesa,
mientras devoro fresa tras fresa,
y abajo ronca tu perro Bob,
te haré el retrato de la duquesa
que adora a veces el duque Job.

No es la condesa que Villasana[3]
caricatura, ni la poblana
de enagua roja, que Prieto[4] amó;
no es la criadita de pies nudosos,
ni la que sueña con los gomosos
y con los gallos de Micoló.[5]

Mi duquesita, la que me adora,
no tiene humos de gran señora:
es la griseta de Paul de Kock.[6]
No baila *Boston*,[7] y desconoce
de las carreras el alto goce
y los placeres del *five o'clock*.[8]

Pero ni el sueño de algún poeta,
ni los querubes que vio Jacob,[9]
fueron tan bellos cual la coqueta
de ojitos verdes, rubia griseta,
que adora a veces el duque Job.

Si pisa alfombras, no es en su casa;
si por Plateros[10] alegre pasa
y la saluda Madam Marnat,[11]
no es, sin disputa, porque la vista,
sí porque a casa de otra modista
desde temprano rápida va.

No tiene alhajas mi duquesita;
pero es tan guapa, y es tan bonita,
y tiene un cuerpo tan *v'lan*, tan *pschutt*;[12]

de tal manera trasciende a Francia,
que no la igualan en elegancia
ni las clientes de Hélène Kossut.[13]

Desde las puertas de la Sorpresa[14]
hasta la esquina del *Jockey Club*,
no hay española, yankee o francesa,
ni más bonita, ni más traviesa
que la duquesa del duque Job.

¡Cómo resuena su taconeo
en las baldosas! ¡Con qué meneo
luce su talle de tentación!
¡Con qué airecito de aristocracia
mira los hombres, y con qué gracia
frunce los labios—¡Mimí Pinsón![15]

Si alguien la alcanza, si la requiebra,
ella, ligera como una cebra,
sigue camino del almacén;
pero ¡ay del tuno si alarga el brazo!:
¡nadie le salva del sombrillazo
que le descarga sobre la sien!

¡No hay en el mundo mujer más linda!
Pie de andaluza, boca de guinda,
esprit rociado de Veuve Clicquot;[16]
talle de avispa, cutis de ala,
ojos traviesos de colegiala
como los ojos de Louise Theó![17]

Ágil, nerviosa, blanca, delgada,
media de seda bien restirada,
gola de encaje, corsé de ¡crac!,
nariz pequeña, garbosa, cuca,
y palpitantes sobre la nuca
rizos tan rubios como el coñac.

---

[2]*Duquesa Job*: la esposa del poeta. Gutiérrez Nájera usó mucho el seudónimo de "El duque Job," entre otros.

[3]*Villasana*: José María Villasana (1848–1904), periodista, dibujante caricaturista mexicano, cuyos "cuadros de costumbres" ganaron gran popularidad.

[4]*Prieto*: Guillermo Prieto, político y poeta mexicano (1818–1897).

[5]*gomosos . . . Micoló*: *gomoso*: joven elegante y presumido; *gallo*: hombre valiente y conquistador; *Micoló*: probablemente un café o lugar de reunión de esas personas en la ciudad de México por esos años.

[6]*griseta de Paul de Kock*: modistilla que aparece en varias de las novelas del escritor francés Paul de Kock (1794–1871).

[7]*Boston*: el vals Boston, muy de moda en aquellos años, de tiempo lento.

[8]*five o'clock*: el five o'clock tea, o el té de las cinco.

[9]*Jacob*: referencia al sueño de Jacob, en que éste vio una escala que iba de la tierra al cielo, y por ella subían y bajaban los ángeles (Génesis, 29, 12).

[10]*Plateros*: una calle de la ciudad de México.

[11]*Madam Marnat*: conocida modista francesa.

[12]*v'lan, pschutt*: dos voces francesas que significan (1) rápido, súbito, y (2) efervescente, y que usa Nájera en sentido figurado.

[13]*Hélène Kossut*: otra famosa modista de entonces en México.

[14]*Sorpresa*: una conocida tienda de México.

[15]*Mimí Pinsón*: cuento de Alfred de Musset que pinta a una griseta o modistilla de la época.

[16]*Veuve Clicquot*: una marca de champán francés.

[17]*Louise Theó*: conocida cantante francesa de opereta.

Sus ojos verdes bailan el tango;
nada hay más bello que el arremango
provocativo de su nariz.
Por ser tan joven y tan bonita,
cual mi sedosa, blanca gatita,
diera sus pajes la emperatriz.

¡Ah!, tú no has visto cuando se peina,
sobre sus hombros de rosa reina
caer los rizos en profusión.
¡Tú no has oído qué alegre canta,
mientras sus brazos y su garganta
de fresca espuma cubre el jabón!

¡Y los domingos!... ¡Con qué alegría
oye en su lecho bullir el día,
y hasta las nueve quieta se está!
¡Cuál se acurruca la perezosa,
bajo la colcha color de rosa,
mientras a misa la criada va!

La breve cofia de blanco encaje
cubre sus rizos, el limpio traje
aguarda encima del canapé;
altas, lustrosas y pequeñitas,

sus puntas muestran las dos botitas,
abandonadas del catre al pie.

Después, ligera, del lecho brinca,
¡oh quién la viera cuando se hinca
blanca y esbelta sobre el colchón!
¿Qué valen junto de tanta gracia
las niñas ricas, la aristocracia,
ni mis amigas de cotillón?

Toco; se viste; me abre; almorzamos;
con apetito los dos tomamos
un par de huevos y un buen *beef-steak*,
media botella de rico vino,
y en coche juntos, vamos camino
del pintoresco Chapultepec.[18]

....

....

Desde las puertas de la Sorpresa
hasta la esquina del *Jockey Club*,
no hay española, yankee o francesa,
ni más bonita ni más traviesa
que la duquesa del duque Job.

1884

(De *Poesías*, 1899)

Ondas muertas

En la sombra debajo de tierra
donde nunca llegó la mirada,
se deslizan en curso infinito
silenciosas corrientes de agua.
Las primeras, al fin, sorprendidas,
por el hierro que rocas taladra,
en inmenso penacho de espumas
hervorosas y límpidas saltan.
Mas las otras, en densa tiniebla,
retorciéndose siempre resbalan,
sin hallar la salida que buscan,
a perpetuo correr condenadas.

A la mar se encaminan los ríos,
y en su espejo movible de plata,
van copiando los astros del cielo
o los pálidos tintes del alba:
ellos tienen cendales de flores,

en su seno las ninfas se bañan,
fecundizan los fértiles valles,
y sus ondas son de agua que canta.

En la fuente de mármoles níveos,
juguetona y traviesa es el agua,
como niña que en regio palacio
sus collares de perlas desgrana;
ya cual flecha bruñida se eleva,
ya en abierto abanico se alza,
de diamantes salpica las hojas
o se duerme cantando en voz baja.

En el mar soberano las olas
los peñascos abruptos asaltan:
al moverse, la tierra conmueven
y en tumulto los cielos escalan.
Allí es vida y es fuerza invencible,

---

[18]*Chapultepec:* el parque y palacio de la ciudad de México.

allí es reina colérica el agua,
como igual con los cielos combate
y con dioses y monstruos batalla.

Cuán distinta la negra corriente
a perpetua prisión condenada,
la que vive debajo de tierra
do ni yertos cadáveres bajan!
La que nunca la luz ha sentido,
la que nunca solloza ni canta,
esa muda que nadie conoce,
esa ciega que tienen esclava!

Como ella, de nadie sabidas,
como ella, de sombras cercadas,

sois vosotras también, las obscuras
silenciosas corrientes del alma.
¿Quién jamás conoció vuestro curso?
¡Nadie a veros benévolo baja!
Y muy hondo, muy hondo se extienden
vuestras olas cautivas que callan!
Y si paso os abrieran, saldríais,
como chorro bullente de agua,
que en columna rabiosa de espuma
sobre pinos y cedros se alza!
Pero nunca jamás, prisioneras,
sentiréis de la luz la mirada:
seguid siempre rodando en la sombra,
silenciosas corrientes del alma!

1887

(De *Poesías*, 1896)

De blanco

¿Qué cosa más blanca que cándido lirio?
¿Qué cosa más pura que místico cirio?
¿Qué cosa más casta que tierno azahar?
¿Qué cosa más virgen que leve neblina?
¿Qué cosa más santa que el ara divina
de gótico altar?

¡De blancas palomas el aire se puebla;
con túnica blanca, tejida de niebla,
se envuelve a lo lejos feudal torreón;
erguida en el huerto la trémula acacia
al soplo del viento sacude con gracia
su níveo pompón!

¿No ves en el monte la nieve que albea?
La torre muy blanca domina la aldea,
las tiernas ovejas triscando se van,
de cisnes intactos el lago se llena,
columpia su copa la enhiesta azucena,
y su ánfora inmensa levanta el volcán.

Entremos al templo: la hostia fulgura;
de nieve parecen las canas del cura,
vestido con alba de lino sutil;
cien niñas hermosas ocupan las bancas,
y todas vestidas con túnicas blancas
en ramos ofrecen las flores de abril.

Subamos al coro: la Virgen propicia
escucha los rezos de casta novicia,

y el cristo de mármol expira en la cruz;
sin mancha se yerguen las velas de cera;
de encaje es la tenue cortina ligera
que ya transparenta del alba la luz.

Bajemos al campo: tumulto de plumas
parece el arroyo de blancas espumas
que quieren, cantando, correr y saltar;
la airosa mantilla de fresca neblina
terció la montaña; la vela latina
de barca ligera se pierde en el mar.

Ya salta del lecho la joven hermosa,
y el agua refresca sus hombros de diosa,
sus brazos ebúrneos, su cuello gentil;
cantando y risueña se ciñe la enagua,
y trémulas brillan las gotas de agua
en su árabe peine de blanco marfil.

¡Oh mármol! ¡Oh nieves! ¡Oh inmensa
[blancura
que esparces doquiera tu casta hermosura!
¡Oh tímida virgen! ¡Oh casta vestal!
Tú estás en la estatua de eterna belleza,
de tu hábito blanco nació la pureza,
¡al ángel das alas, sudario al mortal!

Tú cubres al niño que llega a la vida,
coronas las sienes de fiel prometida,
al paje revistes de rico tisú.

¡Qué blancos son, reinas, los mantos de
[armiño!
¡Qué blanca es, ¡oh madres!, la cuna del
[niño!
¡Qué blanca, mi amada, que blanca eres tú!

En sueños ufanos de amores contemplo
alzarse muy blancas las torres de un templo
y oculto entre lirios abrirse un hogar;
y el velo de novia prenderse a tu frente,
cual nube de gasa que cae lentamente
y viene en tus hombros su encaje a posar.

(De *Poesías*, 1896)

La serenata de Schubert[19]

¡Oh, qué dulce canción! Límpida brota
esparciendo sus blandas armonías,
y parece que lleva en cada nota
muchas tristezas y ternuras mías.

¡Así hablara mi alma . . . , si pudiera!
Así, dentro del seno,
se quejan, nunca oídos, mis dolores!
Así, en mis luchas, de congoja lleno,
digo a la vida: «Déjame ser bueno!»
¡Así sollozan todos mis dolores!

¿De quién es esa voz? Parece alzarse
junto del lago azul, en noche quieta,
subir por el espacio, y desgranarse
al tocar el cristal de la ventana
que entreabre la novia del poeta . . .
¿No la oís cómo dice: «Hasta mañana»?

¡Hasta mañana, amor! El bosque espeso
cruza, cantando, el venturoso amante,
y el eco vago de su voz distante
decir parece: «¡Hasta mañana, beso!»

¿Por qué es preciso que la dicha acabe?
¿Por qué la novia queda en la ventana,
y a la nota que dice: «!Hasta mañana!»
el corazón responde: «¿Quién lo sabe?»

¡Cuántos cisnes jugando en la laguna!
¡Qué azules brincan las traviesas olas!
En el sereno ambiente, ¡cuánta luna!
Mas las almas,¡qué tristes y qué solas!

En las ondas de plata
de la atmósfera tibia y transparente,

como una Ofelia[20] náufraga y doliente,
¡va flotando la tierna serenata!

Hay ternura y dolor en ese canto,
y tiene esa amorosa despedida
la transparencia nítida del llanto,
¡y la inmensa tristeza de la vida!

¿Qué tienen esas notas? ¿Por qué lloran?
Parecen ilusiones que se alejan,
sueños amantes que piedad imploran,
y, como niños huérfanos, ¡se quejan!

Bien sabe el trovador cuán inhumana
para todos los buenos es la suerte . . .
que la dicha es de ayer . . . y que «mañana»
es el dolor, la oscuridad, ¡la muerte!

El alma se compunge y estremece
al oír esas notas sollozadas . . .
¡Sentimos, recordamos, y parece
que surgen muchas cosas olvidadas!

¡Un peinador muy blanco y un piano!
Noche de luna y de silencio afuera . . .
Un volumen de versos en mi mano,
y en el aire, y en todo, ¡primavera!

¡Qué olor de rosas frescas! En la alfombra,
¡qué claridad de luna!, ¡qué reflejos! . . .
¡Cuántos besos dormidos en la sombra!
Y la muerte, la pálida, ¡qué lejos!

En torno al velador, niños jugando . . .
La anciana, que en silencio nos veía . . .
Schubert en tu piano sollozando,
y en mi libro, Musset con su *Lucía*.[21]

[19]*La serenata de Schubert:* la conocida pieza musical de Franz Schubert, compositor romántico alemán del siglo XIX.
[20]*Ofelia:* referencia al personaje de *Hamlet,* la tragedia de Shakespeare.
[21]*Lucía:* referencia a una elegía de Alfred de Musset (1810–1857), publicada en *Poésies nouvelles,* de 1840.

¡Cuántos sueños en mi alma y en tu alma!
¡Cuántos hermosos versos! ¡Cuántas flores!
En tu hogar apacible, ¡cuánta calma!
Y en mi pecho, ¡qué inmensa sed de amores!

¡Y todo ya muy lejos! ¡Todo ido!
¿En dónde está la rubia soñadora? . . .
¡Hay muchas aves muertas en el nido,
y vierte muchas lágrimas la aurora!

. . . Todo lo vuelvo a ver . . ., ¡pero no
[existe!
Todo ha pasado ahora . . ., ¡y no lo creo!
Todo está silencioso, todo triste . . .
¡Y todo alegre, como entonces, veo!

. . . Ésa es la casa . . . ¡Su ventana, aquélla!
Ése el sillón en que bordar solía . . .
La reja verde . . . y la apacible estrella
que mis nocturnas pláticas oía.

Bajo el cedro robusto y arrogante,
que allí domina la calleja oscura,
por la primera vez y palpitante
estreché entre mis brazos su cintura.

¡Todo presente en mi memoria queda:
la casa blanca, y el follaje espeso . . .
el lago azul . . . el huerto . . . la arboleda,
donde nos dimos, sin pensarlo, un beso!

Y te busco, cual antes te buscaba,
y me parece oírte entre las flores,
cuando la arena del jardín rozaba
el percal de tus blancos peinadores.

¡Y nada existe ya! Calló el piano . . .
Cerraste, virgencita, la ventana . . .
y oprimiendo mi mano con tu mano,
me dijiste también: «¡Hasta mañana!»

¡Hasta mañana! . . . ¡Y el amor risueño
no pudo en tu camino detenerte!
Y lo que tú pensaste que era el sueño,
sueño fue, pero inmenso: ¡el de la muerte!

¡Ya nunca volveréis, noches de plata!
Ni unirán en mi alma su armonía
Schubert, con su doliente serenata,
y el pálido Musset con su *Lucía*.

(De *Poesías*, 1896)

Mis enlutadas

Descienden taciturnas las tristezas
    al fondo de mi alma,
y entumecidas, haraposas brujas,
    con uñas negras
    mi vida escarban.

Ábrese a recibirlas la infinita
    tiniebla de mi alma,
y van prendiendo en ella mis recuerdos
    cual tristes cirios
    de cera pálida.

Entre esas luces, rígido, tendido,
    mi espíritu descansa;
y las tristezas revolando en torno,
    lentas salmodias
    rezan y cantan.

Escudriñan del húmedo aposento
    rincones y covachas,
el escondrijo do guardé cuitado
    todas mis culpas,
    todas mis faltas.

Y urgando mudas, como hambrientas lobas,
    las encuentran, las sacan,
y volviendo a mi lecho mortuorio
    me las enseñan
    y dicen: habla.

En lo profundo de mi ser bucean,
    pescadoras de lágrimas,
y vuelven mudas con las negras conchas
    en donde brillan
    gotas heladas.

A veces me revuelvo contra ellas
    y las muerdo con rabia,
como la niña desvalida y mártir
    muerde a la harpía
    que la maltrata.

Pero en seguida, viéndose impotente,
    mi cólera se aplaca,
¿qué culpa tienen, pobres hijas mías,
    si yo las hice
    con sangre y alma?

Venid, tristezas de pupila turbia,
   venid, mis enlutadas,
las que viajáis por la infinita sombra,
   donde está todo
   lo que se ama.

   Vosotras no engañáis: venid, tristezas,
   ¡oh mis criaturas blancas
abandonadas por la madre impía,

   tan embustera,
   por la esperanza!

   Venid y habladme de las cosas idas,
   de las tumbas que callan,
de muertos buenos y de ingratos vivos . . .
   voy con vosotras,
   vamos a casa.

                 (De *Poesías*, 1896)

A la Corregidora[22]

Al viejo primate, las nubes de incienso;
al héroe, los himnos; a Dios, el inmenso
de bosques y mares solemne rumor;
al púgil que vence, la copa murrina;
al mártir, las palmas; y a ti —la heroína—
las hojas de acanto y el trébol en flor.

Hay versos de oro y hay notas de plata;
mas, busco, señora, la estrofa escarlata
que sea toda sangre, la estrofa oriental:
y húmedas, vivas, calientes y rojas,
a mí se me tienden las trémulas hojas
que en gráciles redes columpia el rosal.

¡Brotad, nuevas flores! ¡Surgid a la vida!
¡Despliega tus alas, gardenia entumida!
¡Botones, abríos! ¡Oh mirtos, arded!
¡Lucid, amapolas, los ricos briales!
¡Exúberas rosas, los pérsicos chales
de sedas joyantes al aire tended!

¿Oís un murmullo que, débil, remeda
el frote friolento de cauda de seda
en mármoles tersos o limpio marfil?
¿Oís? . . . ¡Es la savia fecunda que asciende,
que hincha los tallos y rompe y enciende
los rojos capullos del príncipe Abril!

¡Oh noble señora! La tierra te canta
el salmo de vida, y a ti se levanta
el germen despierto y el núbil botón;
el lirio gallardo de cáliz erecto;
¡y fúlgido, leve, vibrando, el insecto
que rasga impaciente su blanda prisión!

La casta azucena, cual tímida monja,
inciensa tus aras; la dalia se esponja
como ave impaciente que quiere volar,
y astuta, prendiendo su encaje a la piedra,
en corvos festones circunda la yedra,
celosa y constante, señora, tu altar!

El chorro del agua con ímpetu rudo,
en alto su acero, brillante y desnudo,
bruñido su casco, rizado el airón,
y el iris por banda, buscándote salta
cual joven amante que brinca a la alta
velada cornisa de abierto balcón.

Venid a la fronda que os brindo hospedaje
¡oh pájaros raudos de rico plumaje;
los nidos aguardan; venid y cantad!
Cantad a la alondra que dijo al guerrero
el alba anunciando: «¡Desnuda tu acero,
despierta a los tuyos . . . Es hora . . . Mar-
                      [chad!»

1895

                 (De *Poesías*, 1896)

[22]*A la Corregidora*: Doña Josefa Ortiz de Domínguez, heroína mexicana (m. 1829), y esposa de don Manuel Domínguez, Corregidor de Querétaro, a quien ella convirtió a la causa de la Independencia. Se distinguió como patriota y sufrió por ello cárcel y reclusión en convento.

Julián del Casal ━━━━━━━━━

Cuba, 1863–1893   A diferencia de la de su compatriota y contemporáneo José Martí, la corta vida de Casal transcurrió siempre en La Habana, con la única excepción de un breve viaje a España en el cual, y a pesar de su entusiasta admiración por la literatura de Francia, no llegó a visitar ese país. Su conocimiento de las escuelas poéticas francesas del siglo XIX lo adquirió Casal por los libros, leyendo y asimilando tanto a Hérédia y a Leconte de Lisle entre los parnasianos, como a Baudelaire y los simbolistas.

También a diferencia de Martí, Casal fue un hombre triste e introvertido, enfermo, además, del mal del siglo: la inadaptación al tiempo que le tocó vivir. La poesía, para Casal, es evasión, anhelo de países exóticos, de ambientes refinados y lujosos, del "impuro amor" de las ciudades, con desdén por lo natural y confortador del campo. Por todo ello y por una cuidadosa atención a los valores musicales del verso y al empleo de formas métricas y estróficas nuevas, es Casal uno de los más avanzados modernistas; tanto,

que si no hubiese sido por su temprana muerte habría llegado a ser, junto con Rubén Darío, a quien llevaba sólo cuatro años, una de las grandes figuras de la plenitud del modernismo.

La tristeza y melancolía de Casal—reflejo de una vida que tuvo para él pocos alicientes —se advierte en todos sus versos, en los que no aparece el menor optimismo; cuando más, como en los poemas de su "Museo ideal," escritos sobre asuntos de unos cuadros del pintor francés Gustave Moreau, una resignada indiferencia hacia la vida que lo rodea, y aquella misma atención enfermiza hacia lugares y ambientes exóticos que hemos señalado antes. Por otro lado, su afición a objetos lujosos y climas artificiales puede advertirse en poemas como "Neurosis," ejemplo de ello, y de la perfección formal con que sabía crear un ambiente refinado por medio del uso de palabras ricas e imágenes sugeridoras—tan cercanas ya a las *Prosas profanas* de Darío.

Temas generales

1. Parnasismo y simbolismo en los versos de J. del C.
2. Diferencias esenciales entre la obra en verso de J. del C. y la de Martí, como reflejo de conceptos opuestos de la vida y del hombre.
3. La presencia de la muerte en J. del C.
4. Evasión y exotismo como indicación de su falta de adaptación al ambiente vital.
5. Estudio de las formas métricas y estróficas usadas por J. del C. en relación con la obra de sus contemporáneos.
6. Examen del carácter de J. del C. a través de sus versos. Notas autobiográficas que aparecen en ellos.

Bibliografía

Obra poética

Hojas al viento, La Habana, 1890. *Nieve*, 1892. *Bustos y rimas*, 1893. *Sus mejores poemas*, ed. de Rufino Blanco Fombona, Madrid, 1915. *Selección de poesías de J. del C.*, introd. y notas de J. Geada y Fernández, La Habana, 1931. *Poesías completas*, introd. y notas por Mario Cabrera Saqui, 1945. *Poesías*, edición del centenario, 1963.

Estudios

LIBROS ESPECIALES: Geada y Fernández, J., *J. del C., Estudio crítico*, La Habana, 1931. Monner Sans, J., *J. del C. y el modernismo hispanoamericano*, México, 1952. Nunn, M., *The life and works of J. del C.* (Tesis doctoral), Univ. of Ill., 1939. Portuondo, José Antonio, *Angustia y evasión de J. del C.*, La Habana, 1940. *Número dedicado a J. del C.*, UDLH, *XXVII*, núm. 164, 1963 [contiene artículos de varios autores].

LIBROS GENERALES: Meza Fuentes, Roberto, *De Díaz Mirón a Rubén Darío*: Un curso en la Universidad de Chile sobre la evolución de la poesía hispanoamericana—Salvador Díaz Mirón, Manuel Gutiérrez Nájera, José Martí, José Asunción Silva, J. del C., Rubén Darío—, Santiago de Chile, 1940. Vitier, Cintio, *Lo cubano en la poesía*, Santa Clara (Cuba), 1958.

ARTÍCULOS: Acosta, Agustín, "Evocación de J. del C.," RevCu, *XIX*, 1945. Augier, Angel, "J. del C. (nov. 1863–oct. 1893)," UDLH, *VIII*, núm. 50–51, 1943. Berger, M., "The Influence of Baudelaire on the Poetry of J. del C.," RRQ, *XXXVII*, 1946. Cabrera Saqui, Mario, "J. del C. y el modernismo," RBC, *LVII*, 1946. Figueroa, Esperanza, "J. del C. y Rubén Darío," RBC, *L*, 1942. Figueroa, Esperanza, "Apuntes sobre J. del C.," RevIb, *VII*, 1944. Figueroa, Esperanza, "J. del C. y el modernismo," RevIb, *XXXI*, 1965. González, M., "Un notable estudio argentino sobre J. del C.," RevIb, *XIX*, núm. 38, 1954. Geada de Prulletti, Rita, "El sentido de la evasión en la poesía de J. del C.," RevIb, *XXXII*, núm. 61, 1966. Geada de Prulletti, Rita, "Bibliografía de y sobre J. del C.," RevIb, *XXXIII*, núm. 63, 1967. Monner Sans, J., "Biografía y semblanza de J. del C.," BAAL, *XVI*, 1947. Monner Sans, J., "La iniciación poética de J. del C.," A, *LXXXIX*, 1948. Monner Sans, J., "Los temas poéticos de J. del C.," CuA, *XLIX*, núm. 1, 1950. Nunn, M., "Vida y obras de J. del C.," AmerH, *IV*, núm. 1, 1939. Nunn, M., "J. del C., First modernista Poet," HispCal, *XXIII*, 1940. Schulman, Ivan A., "Las estructuras polares en la obra de José Martí y J. del C.," RevIb, *XXIX*, 1963. Torres Ríoseco, Arturo, "*A rebours* and two Sonnets of J. del C.," HR, *XXIII*, 1955.

Mis amores

━━━━━━━━━━━━━━━━━━━━━━━━━━━━━━━━

SONETO POMPADOUR[1]

Amo el bronce, el cristal, las porcelanas,
las vidrieras de múltiples colores,
los tapices pintados de oro y flores
y las brillantes lunas venecianas.

Amo también las bellas castellanas,
la canción de los viejos trovadores,
los árabes corceles voladores,
las flébiles baladas alemanas;

el rico piano de marfil sonoro,
el sonido del cuerno en la espesura,
del pebetero la fragante esencia,

y el lecho de marfil, sándalo y oro,
en que deja la virgen hermosura
la ensangrentada flor de su inocencia.

(De *Hojas al viento*, 1890)

---

[1] *Soneto Pompadour*: alusión a la marquesa de Pompadour, favorita del rey de Francia, Luis XV, y por extensión al espíritu rococó francés del siglo XVIII.

Elena[2]

Luz fosfórica entreabre claras brechas
en la celeste inmensidad, y alumbra
del foso en la fatídica penumbra
cuerpos hendidos por doradas flechas;

cual humo frío de homicipas mechas
en la atmósfera densa se vislumbra
vapor disuelto que la brisa encumbra
a las torres de Ilión[3], escombros hechas.

Envuelta en veste de opalina gasa
recamada de oro, desde el monte
de ruinas hacinadas en el llano,

indiferente a lo que en torno pasa,
mira Elena hacia el lívido horizonte
irguiendo un lirio en la rosada mano.

(De *Nieve*, 1892)

Nostalgias

I

Suspiro por las regiones
donde vuelan los alciones
        sobre el mar,
y el soplo helado del viento
parece en su movimiento
        sollozar;
donde la nieve que baja
del firmamento, amortaja
        el verdor

de los campos olorosos
y de ríos caudalosos
        el rumor;
donde ostenta siempre el cielo,
a través de aéreo velo,
        color gris;
es más hermosa la Luna
y cada estrella más que una
        flor de lis.

II

Otras veces sólo ansío
bogar en firme navío
        a existir
en algún país remoto,
sin pensar en el ignoto
        porvenir.
Ver otro cielo, otro monte,
otra playa, otro horizonte,
        otro mar,
otros pueblos, otras gentes
de maneras diferentes
        de pensar.
¡Ah!, si yo un día pudiera,
con qué júbilo partiera
        para Argel

donde tiene la hermosura
el color y la frescura
        de un clavel.
Después fuera en caravana
por la llanura africana
        bajo el Sol
que, con sus vivos destellos,
pone un tinte a los camellos
        tornasol.
Y cuando el día expirara,
mi árabe tienda plantara
        en mitad
de la llanura ardorosa
inundada de radiosa
        claridad.

[2]*Helena*: hija de Leda y el Cisne (Júpiter), esposa de Menelao, rey de Esparta y raptada por Paris, hijo del rey de Troya. Esta última acción dio lugar a la llamada guerra de Troya, cantada por Homero en la *Ilíada*.

Este poema de Casal corresponde a la serie "Mi museo ideal," escrita sobre cuadros del pintor francés Gustave Moreau (1826–1865).
[3]*Ilión*: Troya.

Cambiando de rumbo luego,
dejara el país del fuego
      para ir
hasta el imperio florido
en que el opio da el olvido
      del vivir.
Vegetara allí contento
de alto bambú corpulento
      bajo el pie,
o aspirando en rica estancia
la embriagadora fragancia
      que da el té.
De la Luna al claro brillo
iría al Río Amarillo[4]
      a esperar
la hora en que, el botón roto,
comienza la flor de loto
      a brillar.
O mi vista deslumbrara
tanta maravilla rara
      que el buril

de artista, ignorado y pobre,
graba en sándalo o en cobre
      o en marfil.
Cuando tornara el hastío
en el espíritu mío
      a reinar,
cruzando el inmenso piélago
fuera a taitiano archipiélago
      a encallar.
A aquél en que vieja historia
asegura a mi memoria
      que se ve
el lago en que un hada peina
los cabellos de la reina
      Pomaré.[5]
Así errabundo viviera
sintiendo toda quimera
      rauda huir,
y hasta olvidando la hora
incierta y aterradora
      del morir.

III

Mas no parto. Si partiera
al instante yo quisiera
      regresar.

¡Ay! ¿Cuándo querrá el destino
que yo pueda en mi camino
      reposar?

           (De *Nieve*, 1892)

Crepuscular

Como vientre rajado sangra el ocaso,
manchando con sus chorros de sangre hu-
                    [meante
de la celeste bóveda el azul raso,
de la mar estañada la onda espejeante.

Alzan sus moles húmedas los arrecifes
donde el chirrido agudo de las gaviotas,
mezclado a los crujidos de los esquifes,
agujerea el aire de extrañas notas.

Va la sombra extendiendo sus pabellones,
rodea el horizonte cinta de plata,

y, dejando las brumas hechas jirones,
parece cada faro flor escarlata.

Como ramos que ornaron senos de ondinas
y que surgen nadando de infecto lodo,
vagan sobre las ondas algas marinas
impregnadas de espumas, salitre y yodo.

Ábrense las estrellas como pupilas,
imitan los celajes negruzcas focas
y, extinguiendo las voces de las esquilas,
pasa el viento ladrando sobre las rocas.

           (De *Bustos y rimas*, 1893)

[4] *río Amarillo*: nombre con que se conoce el Hoang-Ho, uno de los grandes ríos de la China.
[5] *Pomaré*: nombre de una dinastía que reinó en Tahití entre 1775 y 1880. Una reina de ese nombre gobernó de 1827 hasta 1877.

Neurosis

Noemí, la pálida pecadora
de los cabellos color de aurora
y las pupilas de verde mar,
entre cojines de raso lila,
con el espíritu de Dalila,
deshoja el cáliz de un azahar.

Arde a sus plantas la chimenea
donde la leña chisporrotea
lanzando en torno seco rumor,
y alzada tiene su tapa el piano
en que vagaba su blanca mano
cual mariposa de flor en flor.

Un biombo rojo de seda china
abre sus hojas en una esquina
con grullas de oro volando en cruz,
y en curva mesa de fina laca
ardiente lámpara se destaca
de la que surge rosada luz.

Blanco abanico y azul sombrilla,
con unos guantes de cabritilla
yacen encima del canapé,

mientras en taza de porcelana,
hecha con tintes de la mañana,
humea el alma verde del té.

Pero ¿qué piensa la hermosa dama?
¿Es que su príncipe ya no la ama
como en los días de amor feliz,
o que en los cofres del gabinete
ya no conserva ningún billete
de los que obtuvo por un desliz?

¿Es que la rinde cruel anemia?
¿Es que en sus búcaros de Bohemia
rayos de luna quiere encerrar,
o que, con suave mano de seda,
del blanco cisne que amaba Leda[6]
ansía las plumas acariciar?

¡Ay!, es que en horas de desvarío
para consuelo del regio hastío
que en su alma esparce quietud mortal,
un sueño antiguo le ha aconsejado
beber en copa de ónix labrado
la roja sangre de un tigre real.

(De *Bustos y rimas*, 1893)

En el campo

Tengo el impuro amor de las ciudades,
y a este sol que ilumina las edades
prefiero yo del gas las claridades.

A mis sentidos lánguidos arroba,
más que el olor de un bosque de caoba,
el ambiente enfermizo de una alcoba.

Mucho más que las selvas tropicales,
plácenme los sombríos arrabales
que encierran las vetustas capitales.

A la flor que se abre en el sendero,
como si fuese terrenal lucero,
olvido por la flor de invernadero.

Más que la voz del pájaro en la cima
de un árbol todo en flor, a mi alma anima
la música armoniosa de una rima.

Nunca a mi corazón tanto enamora
el rostro virginal de una pastora,
como un rostro de regia pecadora.

Al oro de la mies en primavera,
yo siempre en mi capricho prefiriera
el oro de teñida cabellera.

No cambiara sedosas muselinas
por los velos de nítidas neblinas
que la mañana prende en las colinas.

[6]*Leda:* en la mitología griega, esposa de Tíndaro, querida por Júpiter, quien tomó la forma de un cisne. De esos amores nacieron además de Helena, famosa por su belleza, los gemelos Cástor y Pólux.

Más que el raudal que baja de la cumbre,
quiero oír a la humana muchedumbre
gimiendo en su perpetua servidumbre.

El rocío que brilla en la montaña
no ha podido decir a mi alma extraña
lo que el llanto al bañar una pestaña.

Y el fulgor de los astros rutilantes
no trueco por los vívidos cambiantes
del ópalo, la perla o los diamantes.

(De Bustos y rimas, 1893)

Tardes de lluvia

Bate la lluvia la vidriera
y las rejas de los balcones,
donde tupida enredadera
cuelga sus floridos festones.

Bajo las hojas de los álamos
que estremecen los vientos frescos,
piar se escucha entre sus tálamos
a los gorriones picarescos.

Abrillántanse los laureles,
y en la arena de los jardines
sangran corolas de claveles,
nievan pétalos de jazmines.

Al último fulgor del día
que aún el espacio gris clarea,
abre su botón la peonía,
cierra su cáliz la ninfea.

Cual los esquifes en la rada
y reprimiendo sus arranques,
duermen los cisnes en bandada
a la margen de los estanques.

Parpadean las rojas llamas
de los faroles encendidos,
y se difunden por las ramas
acres olores de los nidos.

Lejos convoca la campana,
dando sus toques funerales,
a que levante el alma humana
las oraciones vesperales.

Todo parece que agoniza
y que se envuelve lo creado
en un sudario de ceniza
por la llovizna adiamantado.

Yo creo oír lejanas voces
que, surgiendo de lo infinito,
inícianme en extraños goces
fuera del mundo en que me agito.

Veo pupilas que en las brumas
dirígenme tiernas miradas,
como si de mis ansias sumas
ya se encontrasen apiadadas.

Y, a la muerte de estos crepúsculos,
siento, sumido en mortal calma,
vagos dolores en los músculos,
hondas tristezas en el alma.

(De Bustos y rimas, 1893)

José Asunción Silva

COLOMBIA, 1865–1896   Entre los iniciadores del modernismo es Silva acaso el más independiente, el más heterodoxo. Aquel "cansancio y el desprecio de todo; el mortal dejo, el spleen horrible" que confiesa el personaje de su libro "De sobremesa," parecen ser el ambiente psicológico dentro del cual vive el poeta, ejemplo de perfecto inadaptado. Todo ello culminó en el suicidio a los treinta años. En Silva encontramos, junto con esa desesperada tristeza, otros tonos que no aparecen en sus contemporáneos, principalmente la visión sarcástica del mundo y de los hombres que parece haber recibido de sus lecturas de Heine, del poeta español Bartrina, o del menos sarcástico, pero escéptico Campoamor. En todo caso, las "Gotas amargas" de Silva son de un realismo crudo y despiadado. Como contraste con este tono, en él se da el romántico y melodioso que ha producido entre otras cosas el poema más musical que existe en nuestra lengua, su famoso "Nocturno." Y aún más, en Silva aparece también una gran ternura hacia los niños, según puede apreciarse en "Crepuscular," "Los maderos de San Juan" y algún otro de sus poemas. Estas oscilaciones de su poesía, que va de lo más evocador y tristemente melancólico a lo más realista y antipoético, hacen de Silva un muy interesante muestrario de emociones y estados de espíritu diferentes y a veces opuestos. En cuanto a lecturas e influencias, muestra el poeta colombiano huellas del Martí de *Ismaelillo*, libro que conservaba en su mesa de despacho; afinidades muy claras con los ritmos y procedimientos estilísticos de Poe, y los ya referidos contactos con los poetas realistas españoles de la segunda mitad del siglo XIX. Por otra parte, Silva mostró gran desprecio por el modernismo preciosista de comienzos de ese movimiento, y un sencillo amor por las cosas que le rodeaban, evidente en su hermoso poema "Vejeces."

Temas generales

1. Estudio de los rasgos que diferencian a J.A.S. de los poetas contemporáneos suyos.

2. Los versos realistas de J.A.S.: su función dentro de la tónica general de su obra. Visión pesimista del poeta.

3. Ritmo y musicalidad de algunos de estos poemas. El "Nocturno" y "Las campanas" como ejemplo de ello.

4. Afinidades y diferencias entre el poema "Vejeces," de Silva, y "The Great Lover," de Rupert Brooke.

5. El tema de la infancia. Consideración de los poemas de J.A.S. relacionados con ella.

6. El "tedium vitae." Contraste entre la obra de Julián del Casal y la de J.A.S. Estudio de ambos temperamentos según se reflejan en sus obras respectivas.

Bibliografía

Obra poética

Poesías, Bogotá, 1886. *Poesías*, Barcelona, 1908. *Los mejores poemas*, comentario de M. Toussaint, México, 1917. *Poesías*, pról. de Miguel de Unamuno, epil. de Eduardo Zamacois, Barcelona, 1918. *Poesías*, Edición definitiva. Est. de Baldomero Sanín Cano, Santiago de Chile, 1923. *Los poemas inéditos*, Bogotá, 1928. *Prosas y versos*, introd., sel. y notas de Carlos García Prada, México, 1942. *Poesías completas y sus mejores páginas en prosa*, pról. de Arturo Capdevila, Buenos Aires, 1944. *Prosas y versos*, introd., sel. y notas de Carlos García Prada, Madrid, 1960.

Estudios

LIBROS ESPECIALES: Caparroso, Arturo, *Silva*, Bogotá, 1931. Miramón, Alberto, *J.A.S.*, pról. y notas de Baldomero Sanín Cano, Bogotá, 1937 [suplemento de "Revista de Indias," núm. 7]. Rico, Edmundo, *La depresión melancólica en la vida, en la obra y en la muerte de J.A.S.*, Tunja, Colombia, s.a., [1964?].

LIBROS GENERALES: Díez-Canedo, Enrique, "J.A.S." en *Letras de América*, México, 1944. García Prada, Carlos, "J.A.S. y su obra poética," en *Estudios hispanoamericanos*, México, 1945. Holguín, Andrés, "El sentido del misterio en Silva," en *La poesía inconclusa y otros ensayos*, Bogotá, 1947. Jiménez, Juan Ramón, "J.A.S.," en *Españoles de tres mundos*, Buenos Aires, 1942. Meza Fuentes, Roberto, *De Díaz Mirón a Rubén Darío*: Un curso en la Universidad de Chile sobre la evolución de la poesía hispanoamericana—Salvador Díaz Mirón, Manuel Gutiérrez Nájera, José Martí, J.A.S., Julián del Casal, Rubén Darío—, Santiago de Chile, 1940. Sanín Cano, Baldomero, "J.A.S.," en *Letras colombianas*, México, 1944.

ARTÍCULOS: Arango, D., "J.A.S. y el modernismo," RevInd, *XXVIII*, núm. 90, 1946. Carreño, Eduardo, "Silva contra Darío," RNC, *II*, núm. 26, 1941. Carrera Andrade, Jorge, "En un centenario: J.A.S., el novio de la muerte," CCLC, núm. 98, 1965. Cobb, Carl W., "J.A.S. and Oscar Wilde," HispW, *XLV*, 1961. Crema, Edoardo, "El poeta de los contrastes: Naturaleza y ambiente en J.A.S.," BolBo, *X*, núm. 48, 1957. García Prada, Carlos, "El paisaje en la poesía de José Eustasio Rivera y J.A.S.," HispCal, *XXIII*, 1940, García Prada, Carlos, "¿Silva contra Darío?," HispW, *XLIII*, 1960. Gicovate, Bernardo, "Estructura y significado en la poesía de J.A.S.," RevIb, *XXII*, 1959. Gómez Valderrama, Pedro, "Noche oscura del alma [interpretación de la poesía de J.A.S.]," UNC, núm. 11, 1948. Maya, Rafael, "Una interpretación de Silva," RevCB, núm. 148, dic. 1941. Maya, Rafael, "Cuatro estampas de Silva," BCBC, *VIII*, 1965. Pérez Villa, J., "Iniciación a la estilística de Silva," RAmer, *XIII*, 1948. Roggiano, A. Alfredo, "La obsesión de lo imposible en la poesía de J.A.S.," RevLL, *I*, núm. 1, 1949. Sarmiento, E., "Un aspecto de la obra de Silva," BulHisp, Bordeaux, *XXV*, 1933. Schulman, Ivan A., "Tiempo e imagen en la poesía de J.A.S.," en *Génesis del modernismo*, México, 1966. Torres Ríoseco, Arturo, "Las teorías poéticas de Poe y el caso de J.A.S. y Heinrich Heine," RHM, *XX*, núm. 4, 1954.

Los maderos de San Juan[1]

... Y aserrín
aserrán,
los maderos
de San Juan

piden queso,
piden pan;
los de Roque,
Alfandoque;

[1] *Los maderos de San Juan*: El poema es una glosa del juego que se hace a los niños pequeñitos, a quienes el que los distrae sienta sobre sus rodillas e imita, con movimientos hacia adelante y hacia atrás, lo que hace un aserrador de maderas, mientras canta esa cancioncilla.

los de Rique,
Alfeñique;
los de Trique,
Triquitrán.
¡Triqui, triqui, triqui, tran!
¡Triqui, triqui, triqui, tran! . . .

Y en las rodillas duras y firmes de la abuela
con movimiento rítmico se balancea el niño,
y entrambos agitados y trémulos están . . .
La abuela se sonríe con maternal cariño,
mas cruza por su espíritu como un temor
[extraño
por lo que en el futuro, de angustia y desen-
[gaño,
los días ignorados del nieto guardarán . . .

Los maderos
de San Juan
piden queso,
piden pan;
¡Triqui, triqui, triqui, tran!

¡Esas arrugas hondas recuerdan una his-
[toria
de largos sufrimientos y silenciosa angustia!,
y sus cabellos blancos como la nieve están;
. . . de un gran dolor el sello marcó la frente
[mustia,
y son sus ojos turbios espejos que empañaron
los años, y que a tiempo las formas reflejaron
de seres y de cosas que nunca volverán . . .

. . . Los de Roque,
Alfandoque . . .
¡Triqui, triqui, triqui, tran!

Mañana, cuando duerma la abuela, yerta
[y muda,

lejos del mundo vivo, bajo la oscura tierra,
donde otros, en la sombra, desde hace tiempo
[están,
del nieto a la memoria, con grave voz que
[encierra
todo el poema triste de la remota infancia,
pasando por las sombras del tiempo y la
[distancia,
de aquella voz querida las notas volverán . . .

. . . Los de Rique,
Alfeñique . . .
¡Triqui, triqui, triqui, tran! . . .

En tanto, en las rodillas cansadas de la
[abuela
con movimiento rítmico se balancea el niño,
y entrambos agitados y trémulos están . . .
La abuela se sonríe con maternal cariño,
mas cruza por su espíritu como un temor
[extrano
por lo que en el futuro, de angustia y desen-
[gaño,
los días ignorados del nieto guardarán . . .

. . . Los maderos
de San Juan
piden queso,
piden pan;
los de Roque,
Alfandoque;
los de Rique,
Alfeñique;
los de Trique,
Triquitrán,
¡Triqui, triqui, triqui, tran!

(De *Poesías*, 1908)

Vejeces

Las cosas viejas, tristes, desteñidas,
sin voz y sin color, saben secretos
de las épocas muertas, de las vidas
que ya nadie conserva en la memoria,
y a veces a los hombres, cuando inquietos
las miran y las palpan, con extrañas
voces de agonizante, dicen, paso,
casi al oído, alguna rara historia

que tiene oscuridad de telarañas,
son de laúd y suavidad de raso.

¡Colores de anticuada miniatura,
hoy de algún mueble en el cajón dormida;
cincelado puñal; carta borrosa;
tabla en que se deshace la pintura,
por el polvo y el tiempo ennegrecida;

histórico blasón, donde se pierde
la divisa latina, presuntuosa,
medio borrada por el líquen verde;
misales de las viejas sacristías;
de otros siglos fantásticos espejos
que en el azogue de las lunas frías
guardáis de lo pasado los reflejos;
arca, en un tiempo de ducados llena;
crucifijo que tanto moribundo
humedeció con lágrimas de pena
y besó con amor grave y profundo;
negro sillón de Córdoba; alacena
que guardaba un tesoro peregrino
y donde anida la polilla sola;
sortija que adornaste el dedo fino
de algún hidalgo de espadín y gola;
mayúsculas del viejo pergamino;
batista tenue que a vainilla hueles;
seda que te deshaces en la trama

confusa de los ricos brocateles;
arpa olvidada, que al sonar te quejas;
barrotes que formáis un monograma
incomprensible en las antiguas rejas:
el vulgo os huye, el soñador os ama
y en vuestra muda sociedad reclama
las confidencias de las cosas viejas!

El pasado perfuma los ensueños
con esencias fantásticas y añejas,
y nos lleva a lugares halagüeños
en épocas distantes y mejores;
¡por eso a los poetas soñadores
les son dulces, gratísimas y caras,
las crónicas, historias y consejas,
las formas, los estilos, los colores,
las sugestiones místicas y raras
y los perfumes de las cosas viejas!

(De *Poesías*, 1908)

Paisaje tropical

Magia adormecedora vierte el río
en la calma monótona del viaje,
cuando borra los lejos del paisaje
la sombra que se extiende en el vacío.

Oculta en sus negruras al bohío
la maraña tupida, y el follaje
semeja los calados de un encaje,
al caer del crepúsculo sombrío.

Venus se enciende en el espacio puro.
La corriente dormida, una piragua
rompe en su viaje rápido y seguro,

y con sus nubes el Poniente fragua
otro cielo rosado y verdeoscuro
en los espejos húmedos del agua.

(De *Poesías*, 1908)

Un poema

Soñaba en ese entonces en forjar un poema,
de arte nervioso y nuevo, obra audaz y suprema.

Escogí entre un asunto grotesco y otro trágico,
llamé a todos los ritmos con un conjuro mágico,

y los ritmos indóciles vinieron acercándose,
juntándose en las sombras, huyéndose y buscándose:

ritmos sonoros, ritmos potentes, ritmos graves,
unos cual choque de armas, otros cual canto de aves;

de Oriente hasta Occidente, desde el Sur hasta el Norte,
de metros y de formas se presentó la corte.

Tascando frenos áureos bajo las riendas frágiles
cruzaron los tercetos, como corceles ágiles;

abriéndose ancho paso por entre aquella grey,
vestido de oro y púrpura llegó el soneto rey.

Y allí cantaron todos . . . Entre la algarabía
me fascinó el espíritu por su coquetería

alguna estrofa aguda, que excitó mi deseo,
con el retintín claro de su campanilleo.

Y la escogí entre todas . . . Por regalo nupcial
le di unas rimas ricas, de plata y de cristal.

En ella conté un cuento, que, huyendo lo servil,
tomó un carácter trágico, fantástico y sutil;

era la historia triste, desprestigiada y cierta
de una mujer hermosa, idolatrada y muerta;

y para que sintieran la amargura, ex profeso,
junté sílabas dulces, como el sabor de un beso,

bordé las frases de oro, les di música extraña,
como de mandolinas que un laúd acompaña;

dejé en una luz vaga las hondas lejanías
llenas de nieblas húmedas y de melancolías,

y por el fondo oscuro, como en mundana fiesta,
cruzan ágiles máscaras al compás de la orquesta,

envueltas en palabras que ocultan como un velo,
y con caretas negras de raso y terciopelo

cruzar hice en el fondo las vagas sugestiones
de sentimientos místicos y humanas tentaciones . . .

Complacido en mis versos, con orgullo de artista,
les di olor de heliotropos y color de amatista . . .

Le mostré mi poema a un crítico estupendo . . .
y lo leyó seis veces, y me dijo. «¡No entiendo!»

(De *Poesías*, 1908)

Nocturno III

Una noche,
una noche toda llena de murmullos, de perfumes y de músicas de alas;
una noche
en que ardían en la sombra nupcial y húmeda las luciérnagas fantásticas,
a mi lado lentamente, contra mí ceñida toda, muda y pálida,
como si un presentimiento de amarguras infinitas
hasta el más secreto fondo de las fibras te agitara,

por la senda florecida que atraviesa la llanura
                    caminabas;
                    y la luna llena
por los cielos azulosos, infinitos y profundos esparcía su luz blanca;
                    y tu sombra
                    fina y lánguida,
                    y mi sombra,
                    por los rayos de la luna proyectadas,
                    sobre las arenas tristes
                    de la senda se juntaban;
                    y eran una,
                    y eran una,
                    y eran una sola sombra larga,
                    y eran una sola sombra larga,
                    y eran una sola sombra larga . . .

                    Esta noche
                    solo; el alma
llena de las infinitas amarguras y agonías de tu muerte,
separado de ti misma por el tiempo, por la tumba y la distancia,
                    por el infinito negro
                    donde nuestra voz no alcanza,
                    mudo y solo
                    por la senda caminaba . . .
Y se oían los ladridos de los perros a la luna,
                    a la luna pálida,
                    y el chirrido
                    de las ranas . . .
Sentí frío. Era el frío que tenían en tu alcoba
tus mejillas y tus sienes y tus manos adoradas,
                    entre las blancuras níveas
                    de las mortuorias sábanas.
Era el frío del sepulcro, era el hielo de la muerte,
                    era el frío de la nada . . .
                    Y mi sombra,
                    por los rayos de la luna proyectada,
                    iba sola,
                    iba sola,
                    iba sola por la estepa solitaria;
                    y tu sombra esbelta y ágil,
                    fina y lánguida,
como en esa noche tibia de la muerta primavera,
como en esa noche llena de murmullos, de perfumes y de músicas de alas,
                    se acercó y marchó con ella,
                    se acercó y marchó con ella,
                    se acercó y marchó con ella . . .
                    ¡Oh las sombras enlazadas!

¡Oh las sombras de los cuerpos que se juntan con las sombras de las almas!
¡Oh las sombras que se buscan en las noches de tristezas y de lágrimas!

(De *Poesías,* 1908)

Día de difuntos

La luz vaga . . . opaco el día . . .
La llovizna cae y moja
con sus hilos penetrantes la ciudad desierta y
[fría;
por el aire, tenebrosa, ignorada mano arroja
un obscuro velo opaco, de letal melancolía,
y no hay nadie que en lo íntimo no se aquiete
[y se recoja,
al mirar las nieblas grises de la atmósfera
[sombría,
y al oír en las alturas
melancólicas y obscuras
los acentos dejativos
y tristísimos e inciertos
con que suenan las campanas,
las campanas plañideras que les hablan a los
[vivos
de los muertos.

Y hay algo de angustioso y de incierto
que mezcla a ese sonido su sonido,
e inarmónico vibra en el concierto
que alzan los bronces al tocar a muerto
por todos los que han sido.
Es la voz de una campana
que va marcando la hora,
hoy lo mismo que mañana,
rítmica, igual y sonora;
una campana se queja
y la otra campana llora,
ésta tiene voz de vieja
y ésa de niña que ora.
Las campanas más grandes que dan un doble
[recio
suenan con acento de místico desprecio;
mas la campana que da la hora
ríe, no llora;
tiene en su timbre seco sutiles ironías;
su voz parece que habla de goces, de alegrías,
de placeres, de citas, de fiestas y de bailes,
de las preocupaciones que llenan nuestros
[días;
es una voz del siglo entre un coro de frailes,
y con sus notas se ríe
escéptica y burladora
de la campana que ruega,
de la campana que implora,
y de cuanto aquel coro conmemora;

y es que con su retintín
ella midió el dolor humano
y marcó del dolor el fin.
Por eso se ríe del grave esquilón
que suena allá arriba con fúnebre son;
por eso interrumpe los tristes conciertos
con que el bronce santo llora por los muertos.
No le oigáis, oh bronces, no le oigáis, cam-
[panas,
que con la voz grave de ese clamoreo
rogáis por los seres que duermen ahora
lejos de la vida, libres del deseo,
lejos de las rudas batallas humanas;
seguid en el aire vuestro bamboleo,
¡no le oigáis, campanas! . . .
Contra lo imposible, ¿qué puede el deseo?

Allá arriba suena,
rítmica y serena,
esa voz de oro,
y sin que lo impidan sus graves hermanas
que rezan en coro,
la campana del reloj
suena, suena, suena ahora
y dice que ella marcó,
con su vibración sonora,
de los olvidos la hora;
que después de la velada
que pasó cada difunto
en una sala enlutada
y con la familia junto
en dolorosa actitud,
mientras la luz de los cirios
alumbraba el ataúd
y las coronas de lirios;
que después de la tristura,
de los gritos de dolor,
de las frases de amargura,
del llanto desgarrador,
marcó ella misma el momento
en que con la languidez
del luto, huyó el pensamiento
del muerto, y el sentimiento,
seis meses más tarde . . . o diez.
Y hoy, día de los muertos . . . ahora que flota
en las nieblas grises la melancolía,
en que la llovizna cae gota a gota
y con sus tristezas los nervios embota,

y envuelve en un manto la ciudad sombría;
ella, que ha marcado la hora y el día
en que a cada casa lúgubre y vacía
tras el luto breve volvió la alegría;
ella, que ha marcado la hora del baile
en que al año justo un vestido aéreo
estrena la niña, cuya madre duerme
olvidada y sola en el cementerio;
suena indiferente a la voz de fraile
del esquilón grave a su canto serio;
ella, que ha medido la hora precisa
en que a cada boca que el dolor sellaba
como por encanto volvió la sonrisa,
esa precursora de la carcajada;
ella, que ha marcado la hora en que el viudo
habló de suicidio y pidió el arsénico,
cuando aún en la alcoba recién perfumada
flotaba el aroma del ácido fénico;
y ha marcado luego la hora en que mudo
por las emociones con que el gozo agobia,
para que lo unieran con sagrado nudo
a la misma iglesia fue con otra novia;
¡ella no comprende nada del misterio
de aquellas quejumbres que pueblan el aire,
y lo ve en la vida todo jocoserio;
y sigue marcando con el mismo modo,

el mismo entusiasmo y el mismo desgaire
la huída del tiempo que lo borra todo!

    Y eso es lo angustioso y lo incierto
que flota en el sonido;
ésa es la nota irónica que vibra en el concierto
que alzan los bronces al tocar a muerto
por todos los que han sido.

Es la voz fina y sutil
de vibraciones de cristal
que con acento juvenil,
indiferente al bien y al mal,
mide lo mismo la hora vil
que la sublime y la fatal,
y resuena en las alturas
melancólicas y obscuras
sin tener en su tañido
claro, rítmico y sonoro,
los acentos dejativos
y tristísimos e inciertos
de aquel misterioso coro
con que suenan las campanas . . .
¡las campanas plañideras,
que les hablan a los vivos
de los muertos! . . .

(De Poesías, 1908)

Rubén Darío.

NICARAGUA, 1867–1916   El centro de gravitación del modernismo reside, sin duda
alguna, en este poeta nicaragüense que,
desde 1888—año de la publicación de *Azul*
. . . en Valparaíso (Chile)—se convirtió en el
más conocido, imitado, amado y criticado de
los escritores de habla castellana de fines del
siglo XIX y comienzos del presente. Sus
viajes a Chile, a España, a la Argentina, a
Cuba, sirvieron para unir literariamente al
mundo hispánico, en tanto que su conocimiento de otros países y otras literaturas
europeas le dieron ese carácter cosmopolita
que junto a un insobornable individualismo
caracterizan su obra total, así en prosa como
en verso. En esos viajes Darío renovó la
poesía de su tiempo, dando ejemplo de
entusiasmo, deslumbrando con su poderosa
personalidad. Innovó las formas y los temas,
ampliando el horizonte, volviendo a traer a la
poesía castellana dioses y diosas del mundo
greco-romano que el romanticismo había
ahuyentado; utilizó a su sabor asuntos
orientales, de la Italia medieval, de la Francia
dieciochesca, de la América precolombina.
Todo lo marcó con un estilo a la vez rico o
sencillo, decorativo o sobrio, según fue
pasando el poeta por los años de su agitada
vida literaria. Esta se inicia—sin mencionar
una numerosa obra anterior a 1888, de muy
marcada influencia castellana—con *Azul* . . .,
libro en prosa y verso en el que aparecen,
aunque en embrión todavía, algunos de los
temas y motivos de su obra posterior. No
debe olvidarse, al estudiar a Rubén Darío,
que, según nuestra opinión, no puede estable-
cerse una línea de absoluta división entre sus
poemas esteticistas y los que van a aparecer

con mayor frecuencia e intensidad a partir de
Cantos de vida y esperanza. Pues ya en su libro
más "modernista," *Prosas profanas*, encontramos poemas pensativos, de reino interior,
que parecen haber tenido su comienzo en el
"Autumnal," del primero de sus libros
importantes.

Si con Darío se afirma, no se inicia, el
movimiento modernista, asimismo en él
comienza, por transformación natural de la
poesía, el llamado posmodernismo. Darío es
todo un mundo, un universo de cultura, de
aficiones, entusiasmos y negaciones, que le
llevan, después de haberse recreado en los
jardines versallescos y musicales de su
Marquesa Eulalia, a transitar cada vez con
mayor seguridad por lo hispánico; a considerar el mundo "histórico" en que vive,
denunciando agresiones y actitudes políticas
fatales en nuestro continente, para volver
luego a su más íntima realidad, a su constante lucha entre lo espiritual y lo sensual,
dos fuerzas opuestas que vemos correr a lo
largo de toda esta poesía y que, ya al final de
ella, se materializan, por así decirlo, en dos
de los grandes poemas de Darío: *El poema del
otoño* y "La Cartuja."

Rubén Darío sirve de enlace entre los
iniciadores del modernismo—pocos años mayores que él—y el riquísimo grupo de sus
continuadores, también pocos años más
jóvenes que el maestro. Al morir en 1916 ya
se había cumplido el ciclo modernista y
aparecido su sucesor, y hasta cierto punto su
contrario, el posmodernismo. Pero así como
Darío fue el centro del primero, él inició, en
su propia obra, la dirección que tomó el
segundo.

Temas generales

1. Estudio de la obra de R.D. anterior a 1888. Temas e influencias que aparecen en ella.
2. La publicación de *Azul*. . . . Temas y formas. Validez de la crítica de don Juan Valera sobre la misma.
3. R.D. en Buenos Aires. Sus relaciones con Leopoldo Lugones y Ricardo Jaimes Freyre. La "Revista de América."
4. R.D. y José Enrique Rodó. El ensayo de éste sobre *Prosas profanas*.
5. Los prólogos de R.D. a sus libros. Su conciencia de innovador y su papel en el movimiento modernista.
6. El americanismo de R.D. El poeta y la realidad continental. Paisaje y política.
7. El erotismo en R.D. Conflicto entre carne y espíritu. La mujer y el amor. Ausencia del verdadero tema amoroso-sentimental en estos versos.
8. Los asuntos exóticos en la obra de R.D.—Francia, Grecia, Italia, el Oriente.
9. R.D. y España. Hispanismo esencial del maestro. Su relación con los poetas españoles de entonces.
10. "El poema del otoño" y las Coplas de Jorge Manrique. Estudio de contraste entre dos actitudes frente al destino del hombre.
11. Presencia de la muerte en los versos de R.D. Angustia vital y hedonismo.
12. Relaciones de R.D. con la poesía francesa del siglo XIX.

Bibliografía

Obra poética

Epístolas y poemas, Managua, 1885. *Abrojos*, Santiago de Chile, 1887. *Rimas*, 1888. *Azul* . . ., Valparaíso, 1888; 2da. ed. aumentada, Guatemala, 1890. *Prosas profanas y otros poemas*, Buenos Aires, 1896. *Cantos de vida y esperanza, Los cisnes y otros poemas*, Madrid, 1905. *El canto errante*, 1907. *Viaje a Nicaragua e Intermezzo tropical*, 1909. *Poema del otoño y otros poemas*, 1910. *Canto a la Argentina*, Buenos Aires, 1910. *Canto a la Argentina y otros poemas*, Madrid, 1914. *Obra poética*, 1914–1916. *Sol de Domingo*, 1917. *Versos*, México, 1917. *Canto épico a las glorias de Chile* (1887), Santiago de Chile, 1918. *Lira póstuma*, Madrid, 1919. *Obras completas*, 1917–1919. *Poemas*, Buenos Aires, 1920. *Obras completas*, Madrid, 1922. *Baladas y canciones*, 1923. *Obras poéticas completas*, ord. y pról. de A. Ghiraldo, 1932. *Obras poéticas completas*, introd. y ensayo bibliográfico de Federico Carlos Sainz de Robles, 1945. *Poesía. Libros poéticos completos y antología de su obra dispersa*, est. prel. de E. Anderson Imbert, ed. de E. Mejía Sánchez, México, 1952. *Poesías completas*, ed., introd. y notas de Alfonso Méndez Plancarte, Madrid, 1952. *Obras poéticas completas*, Buenos Aires, 1953. *Obras completas, Tomo V. Poesía*, Madrid, 1954.

Estudios

LIBROS ESPECIALES: Arias, Dorothy Elizabeth, *The Subject of Life and Death in the Poetry of José Martí and R.D.*, Coral Gables, University of Miami, 1955.

Bazil, Osvaldo, *Vidas de iluminación. La huella de Martí en R.D.*, La Habana, 1932. Borghini, Vittorio, *R.D. e il modernismo*, Génova, 1955. Capdevila, Arturo, *R.D. un bardo rei*, México, 1946. Contreras, Francisco, *R.D.: su vida y su obra*, Barcelona, 1930. Doyle, H.G., *A Bibliography of R.D.*, Cambridge, 1935. Fioré, Dolores A., *R.D. in Search of Inspiration*, New York, 1963. Garcíasol, Ramón de, *Lección de R.D.*, Madrid, 1960. González, Manuel Pedro, *Iniciación de Darío en el culto a Martí*, La Habana, 1953. Ledesma, Roberto. *Genio y figura de R.D.*, Buenos Aires, 1965. Marasso, Arturo, *R.D. y su creación poética*, La Plata, 1934; edic. aumentada, Buenos Aires, s.a.; 1941. Meza Fuentes, Roberto, *R.D., poeta clásico*, Santiago de Chile, 1936. Oliver Belmás, Antonio, *Este otro R.D.*, Barcelona, 1960. Salinas, Pedro, *La poesía de R.D.*, Buenos Aires, 1948. Sequeira, D.M., *R.D., criollo, o raíz y médula de su creación poética*, Buenos Aires, 1945. Torres Ríoseco, Arturo, *R.D., casticismo y americanismo*, Cambridge, 1931. Torres Ríoseco, Arturo, *Vida y poesía de R.D.*, Buenos Aires, 1944. Watland, Charles D., *Poet-Errant: A Biography of R.D.*, New York, 1965. Ycaza Tigerino, Julio César, *Los nocturnos de R.D. y otros ensayos*, Madrid, 1964. Cabrales, Luis Alberto, Biografía, en "Interpretación de R.D.," Vol. I, Managua, Cuadernos Darianos, 2, 1964.

LIBROS GENERALES: Jiménez, Juan Ramón, "R.D." en *Españoles de tres mundos*, Buenos Aires, 1942.

Meza Fuentes, Roberto, *De Díaz Mirón a R.D.:* Un curso en la Universidad de Chile sobre la evolución de la poesía hispanoamericana—Salvador Díaz Mirón, Manuel Gutiérrez Nájera, José Martí, Jose Asunción Silva, Julián del Casal, R.D.—, Santiago de Chile, 1940.

ARTÍCULOS: Carilla, Emilio. "Estilística de las fuentes literarias," CuH, *LX,* 1964 [sobre R.D., "Lo fatal"]. Carlos, Alberto J., "La cruz en el Responso a Verlaine," HispW, *LXVIII,* 1965. Carrera Andrade, Jorge, "Interpretación de R.D.," Vol. II, Managua, Los Cuadernos Darianos, 1964. Castilla, Antonio, "R.D. y Jaimes Freyre," PP, núm. 28–29, 1953. Figueroa, Esperanza, "Julián del Casal y R.D.," RBC, *L,* 1942. Gicovate, Bernardo, "De R.D. a César Vallejo: una constante poética," LaTo, *XIII,* núm. 49, 1965. Gullón, Ricardo, "Relaciones entre R.D. y Juan Ramón Jiménez," PSA, *XXXI,* 1963.

Jiménez, Juan Ramón, "R.D.," LetrasM, *II,* núm. 16, 1940. López Morillas, Juan, "El *Azul* de R.D., ¿galicismo mental o linguístico?" RHM, *X,* 1944. Mapes, E.K., "Innovation and French Influence in the Metrics of R.D.," PLMA, *XLIX,* 1934. Mapes, E.K., "Los primeros sonetos alejandrinos de R.D.," RHM, *I,* 1935. Phillips, Allen B., "R.D. y sus juicios sobre el modernismo," RevIb, 47, 1959. Quebreen, Julieta H., "Las ideas estéticas de R.D.," UnivSF, núm. 61, 1964. Russell, Dora Isella, "Darío y Chocano," ND, *XLI,* núm. 3, 1961. Saavedra Molina, Julio "Los hexámetros castellanos y en particular los de R.D.," AUCh, *XCIII,* 1935. Vivanco, Luis F., "La conciencia poética en R.D.," CuH, 16, 1950. Zambrano, David H., "Presencia de Baudelaire en la poesía hispanoamericana: Darío, Lugones, D. Agustini," CuA, *XVII,* 1958.

Autumnal

Eros, Vita, Lumen[1]

En las pálidas tardes
yerran nubes tranquilas
en el azul; en las ardientes manos
se posan las cabezas pensativas.
¡Ah los suspiros! ¡Ah los dulces sueños!
¡Ah las tristezas íntimas!
¡Ah el polvo de oro que en el aire flota,
tras cuyas ondas trémulas se miran
los ojos tiernos y húmedos,
las bocas inundadas de sonrisa,
las crespas cabelleras
y los dedos de rosa que acarician!

En las pálidas tardes
me cuenta un hada amiga
las historias secretas
llenas de poesía;
lo que cantan los pájaros,
lo que llevan las brisas,
lo que vaga en las nieblas,
lo que sueñan las niñas.

Una vez sentí el ansia

de una sed infinita.
Dije al hada amorosa:
—Quiero en el alma mía
tener la inspiración honda, profunda,
inmensa: luz, calor, aroma, vida.
Ella me dijo: —¡Ven!— con el acento
con que hablaría un arpa. En él había
un divino idioma de esperanza.
¡Oh sed del ideal!

Sobre la cima
de un monte, a media noche,
me mostró las estrellas encendidas.
Era un jardín de oro
con pétalos de llamas que titilan.
Exclamé: —Más . . .

La aurora
vino después. La aurora sonreía,
con la luz en la frente,
como la joven tímida
que abre la reja, y la sorprenden luego
ciertas curiosas, mágicas pupilas.

[1]*Eros, Vita, Lumen:* del latin, amor, vida, luz.

Y dije: —Más . . .— Sonriendo
la celeste hada amiga
prorrumpió: —¡Y bien! ¡Las flores!

    Y las flores
estaban frescas, lindas,
empapadas de olor: la rosa virgen,
la blanca margarita,
la azucena gentil y las volúbiles
que cuelgan de la rama estremecida.
Y dije: —Más . . .

        El viento
arrastraba rumores, ecos, risas,
murmullos misteriosos, aleteos,
músicas nunca oídas.
El hada entonces me llevó hasta el velo
que nos cubre las ansias infinitas,
la inspiración profunda
y el alma de las liras.
Y lo rasgó. Y allí todo era aurora.
En el fondo se vía
un bello rostro de mujer.

               ¡Oh, nunca,
Piérides,[2] diréis las sacras dichas
que en el alma sintiera!
Con su vaga sonrisa:
—¿Más? . . .—dijo el hada.—Y yo tenía
                   [entonces
clavadas las pupilas
en el azul, y en mis ardientes manos
se posó mi cabeza pensativa . . .

              (De *Azul* . . . , 1888)

De invierno

En invernales horas, mirad a Carolina.
Medio apelotonada, descansa en el sillón,
envuelta con su abrigo de marta cibelina
y no lejos del fuego que brilla en el salón.

    El fino angora blanco junto a ella se reclina,
rozando con su hocico la falda de Alençon,[3]
no lejos de las jarras de porcelana china
que medio oculta un biombo de seda del
                    [Japón.

Con sus sutiles filtros la invade un dulce
                    [sueño;
entro, sin hacer ruido; dejo mi abrigo gris;
voy a besar su rostro, rosado y halagüeño

    como una rosa roja que fuera flor de lis;
abre los ojos; mírame, con su mirar risueño,
y en tanto cae la nieve del cielo de París.

      (De *Azul* . . . , 2ª edición, 1890)

Era un aire suave . . .

Era un aire suave de pausados giros;
el Hada Harmonía ritmaba sus vuelos;
e iban frases vagas y tenues suspiros,
entre los sollozos de los violoncelos.

    Sobre la terraza, junto a los ramajes,
diríase un trémolo de liras eolias,[4]
cuando acariciaban los sedosos trajes
sobre el tallo erguido las altas magnolias.

La marquesa Eulalia, risas y desvíos
daba a un tiempo mismo para dos rivales:
el vizconde rubio de los desafíos
y el abate joven de los madrigales.

    Cerca, coronado con hojas de viña,
reía en su máscara Término[5] barbudo,
y como un efebo que fuese una niña,
mostraba una Diana su mármol desnudo.

[2]*Piérides:* nombre con que se designa a veces a las Musas.
[3]*Alençon:* ciudad de Francia, famosa por sus encajes.
[4]*eolias:* relativo a Eolo, dios del viento.

[5]*Término:* busto humano colocado sobre un soporte o pedestal, que representa a uno de los dioses de la mitología romana, protector de los límites.

Y bajo un boscaje, del amor palestra,
sobre el rico zócalo al modo de Jonia,[6]
con un candelabro prendido en la diestra
volaba el Mercurio de Juan de Bolonia.[7]

La orquesta perlaba sus mágicas notas,
un coro de sones alados se oía;
galantes pavanas, fugaces gavotas,
cantaban los dulces violines de Hungría.

Al oír las quejas de sus caballeros
ríe, ríe, ríe la divina Eulalia,
pues son su tesoro las flechas de Eros,[8]
el cinto de Cipria,[9] la rueca de Onfalia.[10]

¡Ay de quien sus mieles y frases recoja!
¡Ay de quien del canto de su amor se fíe!
Con sus ojos lindos y su boca roja,
la divina Eulalia ríe, ríe, ríe!

Tiene azules ojos, es maligna y bella;
cuando mira vierte viva luz extraña:
se asoma a sus húmedas pupilas de estrella
el alma del rubio cristal de Champaña.

Es noche de fiesta, y el baile de trajes
ostenta su gloria de triunfos mundanos.
La divina Eulalia, vestida de encajes,
una flor destroza con sus tersas manos.

El teclado armónico de su risa fina
a la alegre música de un pájaro iguala,
con los *staccatti*[11] de una bailarina
y las locas fugas de una colegiala.

¡Amoroso pájaro que trinos exhala
bajo el ala a veces ocultando el pico;
que desdenes rudos lanza bajo el ala,
bajo el ala aleve del leve abanico!

Cuando a media noche sus notas arranque,
y en arpegios áureos gima Filomela,[12]

y el ebúrneo cisne, sobre el quieto estanque,
como blanca góndola imprima su estela,

la marquesa alegre llegará al boscaje,
boscaje que cubre la amable glorieta
donde han de estrecharla los brazos de un
                                    [paje,
que siendo su paje será su poeta.

Al compás de un canto de artista de Italia
que en la brisa errante la orquesta deslíe,
junto a los rivales, la divina Eulalia,
la divina Eulalia ríe, ríe, ríe.

¿Fue, acaso, en el tiempo del Rey Luis de
                                    [Francia[13]
sol con corte de astros, en campo de azur?
¿Cuando los alcázares llenó de fragancia
la regia y pomposa rosa Pompadour?[14]

¿Fue cuando la bella su falda cogía,
con dedos de ninfa, bailando el minué,
y de los compases el ritmo seguía
sobre el tacón rojo, lindo y leve el pie?

¿O cuando pastoras de floridos valles
ornaban con cintas sus albos corderos
y oían, divinas Tirsis[15] de Versalles,
las declaraciones de los caballeros?

¿Fue, en ese buen tiempo de duques pas-
                                    [tores,
de amantes princesas y tiernos galanes,
cuando entre sonrisas y perlas y flores
iban las casacas de los chambelanes?

¿Fue, acaso, en el Norte o en el Mediodía?
Yo el tiempo y el día y el país ignoro,
pero sé que Eulalia ríe todavía
¡y es cruel y es eterna su risa de oro!

1893

(De *Prosas profanas y otros poemas*, 1896)

---

[6]*de Jonia:* de estilo jónico, una de las tres órdenes arquitectónicos clásicos.
[7]*el Mercurio de Juan de Bolonia:* la famosa obra del escultor flamenco radicado en Florencia (1524–1608).
[8]*Eros:* nombre dado por los griegos al Amor.
[9]*Cipris, Ciprina:* uno de los nombres de Venus, diosa de la belleza y del amor, honrada bajo esta advocación en la isla de Chipre.
[10]*Onfalia:* Onfale, reina de Lidia, que casó con Hércules después de haberle obligado a que hilara a sus pies

como una mujer.
[11]*staccatti:* del italiano, paso menudo y rápido de baile, como en el término que se usa en música.
[12]*Filomela:* el ruiseñor, según la fábula mitológica de las dos hermanas Filomena y Progne.
[13]*Rey Luis de Francia:* Luis XIV, el Rey Sol.
[14]véase Casal, p. 58, nota 1.
[15]*Tirsis:* nombre femenino muy usado en la literatura bucólica o pastoril.

El cisne

A Ch[arles] Del Gouffre

Fue en una hora divina para el género humano.
El Cisne antes cantaba sólo para morir.
Cuando se oyó el acento del Cisne wagneriano[16]
fue en medio de una aurora, fue para revivir.

Sobre las tempestades del humano oceano
se oye el canto del Cisne; no se cesa de oír,
dominando el martillo del viejo Thor[17] germano
o las trompas que canta la espada de Argantir.[18]

¡Oh Cisne! ¡Oh sacro pájaro! Si antes la blanca Helena
del huevo azul de Leda[19] brotó de gracia llena,
siendo de la Hermosura la princesa inmortal,

bajo tus blancas alas la nueva Poesía
concibe en una gloria de luz y de armonía
la Helena eterna y pura que encarna el ideal.

(De *Prosas profanas*, 1896)

Verlaine[20]

RESPONSO

Padre y maestro mágico, liróforo [21] celeste
que al instrumento olímpico[22] y a la siringa[23] agreste
    diste tu acento encantador;
¡Panida![24] ¡Pan tú mismo, que coros condujiste
hacia el propíleo[25] sacro que amaba tu alma triste,
    al son del sistro[26] y del tambor!

Que tu sepulcro cubra de flores Primavera,
que se humedezca el áspero hocico de la fiera,
    de amor, si pasa por allí;
que el fúnebre recinto visite Pan bicorne;
que de sangrientas rosas el fresco abril se adorne
    y de claveles de rubí.

Que si posarse quiere sobre la tumba el cuervo,
ahuyenten la negrura del pájaro protervo,

[16]*Cisne wagneriano:* referencia al cisne en el que llega y luego desaparece Lohengrin, en la ópera de Richard Wagner de ese nombre.
[17]*Thor:* en la mitología germánica, dios del trueno y de la guerra.
[18]*Argantir:* en la mitología nórdica (Islandia), un guerrero cuya espada pasa de padres a hijos. Véase el poema de Leconte de Lisle, "L'Epée d'Argantyr," en su libro *Poèmes barbares.*
[19]Véase Casal, p. 61, nota 6.
[20]Paul Verlaine (1844–1896), el poeta simbolista francés, muy admirado por Rubén Darío.

[21]*liróforo:* portador de la lira, poeta.
[22]*instrumento olímpico:* la lira.
[23]*siringa:* la flauta de Pan, el dios de la naturaleza, quien solía recorrer montes y valles cazando o acompañando las danzas de las ninfas con la flauta que había inventado.
[24]*Panida:* hijo de Pan.
[25]*propíleo:* vestíbulo de un templo o palacio entre los griegos.
[26]*sistro:* instrumento músico de los antiguos egipcios; consiste en un arco de metal atravesado por varillas, que se hacía sonar agitándolo con la mano.

el dulce canto de cristal
que Filomela[27] vierta sobre tus tristes huesos,
o la armonía dulce de risas y de besos
de culto oculto y florestal.

Que púberes canéforas[28] te ofrenden el acanto,
que sobre tu sepulcro no se derrame el llanto,
sino rocío, vino, miel;
que el pámpano allí brote, las flores de Citeres,[29]
¡y que se escuchen vagos suspiros de mujeres
bajo un simbólico laurel!

Que si un pastor su pífano[30] bajo el frescor del haya,
en amorosos días, como en Virgilio ensaya,
tu nombre ponga en la canción.
Y que la virgen náyade,[31] cuando ese nombre escuche,
con ansias y temores entre las linfas luche,
llena de miedo y de pasión.

De noche, en la montaña, en la negra montaña
de las visiones, surja gigante sombra extraña,
sombra de un Sátiro[32] espectral;
que ella al centauro[33] adusto con su grandeza asuste;
de una extrahumana flauta la melodía ajuste
a la armonía sideral.

Y huya el tropel equino por la montaña vasta;
tu rostro de ultratumba bañe la luna casta
de compasiva y blanca luz;
y el Sátiro contemple sobre un lejano monte,
una cruz que se eleve cubriendo el horizonte,
¡y un resplandor sobre la cruz! . . .

(De *Prosas profanas*, 1896)

El reino interior

. . . with Psyche,[34] *my soul!*—Poe

Una selva suntuosa
en el azul celeste su rudo perfil calca.
Un camino. La tierra es de color de rosa,
cual la pinta fra Domenico Cavalca[35]
en sus Vidas de santos. Se ven extrañas flores

de la flora gloriosa de los cuentos azules,
y entre las ramas encantadas, papemores
cuyo canto extasiara de amor a los bulbules.
(*Papemor*: ave rara; *Bulbules*: ruiseñores.)

---

[27]*Filomela:* véase nota 12.
[28]*canéforas:* doncellas que llevaban en la cabeza, en ciertas fiestas paganas, un canastillo de flores o frutas.
[29]*Citeres:* Citera, isla del archipiélago griego, donde Venus tenía un templo.
[30]*pífano:* especie de flauta.
[31]*náyade:* las náyades eran, en la mitología, ninfas de los ríos y las fuentes.
[32]*Sátiro:* los sátiros eran deidades mitológicas legendarias, compañeros de Baco y representativos de la lascivia.

[33]*centauro:* los centauros eran una raza de hombres salvajes que vivían en la Tesalia (Grecia) y a quienes los poetas han convertido en monstruos fabulosos, mitad hombres y mitad caballos.
[34]*Psyche:* o *psique*, la joven de gran belleza, querida por Amor, según la mitología griega. Muchas veces se la toma como símbolo del alma.
[35]*Domenico Cavalca:* autor italiano (1270–1340), que escribió una *Vita dei Santi Patri* (Vida de los Santos Padres). En ella se habla de una tierra que es, por un lado, blanca como la nieve y, por el otro, de color rosa.

Mi alma frágil se asoma a la ventana oscura
de la torre terrible en que ha treinta años
[sueña.
La gentil Primavera, primavera le augura.
La vida le sonríe rosada y halagüeña.
Y ella exclama: "¡Oh fragante día! ¡Oh su-
[blime día!
Se diría que el mundo está en flor; se diría
que el corazón sagrado de la tierra se mueve
con un ritmo de dicha: luz brota, gracia
[llueve.
¡Yo soy la prisionera que sonríe y que canta!"
Y las manos liliales agita, como infanta
real en los balcones del palacio paterno.

¿Qué són se escucha, són lejano, vago y
[tierno?
Por el lado derecho del camino adelanta,
el paso leve, una adorable teoría
virginal. Siete blancas doncellas, semejantes
a siete blancas rosas de gracia y de armonía
que el alba constelara de perlas y diamantes.
¡Alabastros celestes habitados por astros:
Dios se refleja en esos dulces alabastros!
Sus vestes son tejidas del lino de la luna.
Van descalzas. Se mira que posan el pie breve
sobre el rosado suelo, como una flor de nieve.

Y los cuellos se inclinan, imperiales, en una
manera que lo excelso pregona de su origen.
Como al compás de un verso, su suave paso
[rigen.
Tal el divino Sandro[36] dejara en sus figuras
esos graciosos gestos en esas líneas puras.
Como a un velado son de liras y laúdes,
divinamente blancas y castas pasan esas
siete bellas princesas. Y esas bellas princesas
son las siete Virtudes.

Al lado izquierdo del camino y paralelamente, siete mancebos —oro, seda, escarlata,
armas ricas de Oriente— hermosos, parecidos
a los satanes verlenianos[37] de Ecbatana,[38]
vienen también. Sus labios sensuales y encen-
[didos,

de efebos criminales, son cual rosas sangrien-
[tas;
sus puñales, de piedras preciosas revestidos
—ojos de víboras de luces fascinantes—,
al cinto penden; arden las púrpuras violentas
de los jubones; ciñen las cabezas triunfantes
oro y rosa; sus ojos, ya lánguidos, ya ardientes,
son dos carbunclos mágicos de fulgor sibilino,
y en sus manos de ambiguos príncipes deca-
[dentes
relucen como gemas las uñas de oro fino.
Bellamente infernales
llenan el aire de hechiceros veneficios[38a]
esos siete mancebos. Y son los siete Vicios,
los siete poderosos pecados capitales.

Y los siete mancebos a las siete doncellas
lanzan vivas miradas de amor. Las tentaciones
de sus liras melifluas arrancan vagos sones.
Las princesas prosiguen, adorables visiones
en su blancura de palomas y de estrellas.

Unos y otras se pierden por la vía de rosa,
y el alma mía queda pensativa a su paso.
"¡Oh! ¿Qué hay en ti, mi pobre alma mis-
[teriosa?
¿Acaso piensas en la blanca teoría?
¿Acaso
los brillantes mancebos te atraen, mariposa?"

Ella no me responde.
Pensativa se aleja de la oscura ventana
—pensativa y risueña,
de la Bella-durmiente-del-bosque tierna her-
[mana—,
y se adormece en donde
hace treinta años sueña.

Y en sueño dice: "¡Oh dulces delicias de
[los cielos!
¡Oh tierra sonrosada que acarició mis ojos!
¡Princesas, envolvedme con vuestros blancos
[velos!
¡Príncipes, estrechadme con vuestros brazos
[rojos!"

(De *Prosas profanas*, 1896)

[36]*Sandro*: Sandro Botticelli (1447-1510), el gran pintor
florentino.
[37]*satanes verlenianos*: alude a un poema de Verlaine,
titulado *Crimen Amoris*, que comienza con estos versos:

Dans un palais, soie et or, dans Ecbatane
De beaux démons, des satans adolescents,

Au son d'une musique mahométane
Font litière aux Sept Péchés de peurs cinq sens.

[38]*Ecbatana*: ciudad de *Las mil y una noches*, situada en
Persia.
[38a] *veneficios*: maleficios

A maestre Gonzalo de Berceo[39]

Amo tu delicioso alejandrino
como el de Hugo,[40] espíritu de España;
éste vale una copa de champaña
como aquél vale "un vaso de bon vino."[41]

Mas a uno y otro pájaro divino
la primitiva cárcel es extraña;
el barrote maltrata, el grillo daña;
que vuelo y libertad son su destino.

Así procuro que en la luz resalte
tu antiguo verso, cuyas alas doro
y hago brillar con mi moderno esmalte;

tiene la libertad con el decoro
y vuelve, como al puño el gerifalte,
trayendo del azul rimas de oro.

(De *Prosas profanas*, 1896)

Yo soy aquel que ayer no más decía . . .

A J. E. Rodó

Yo soy aquel que ayer no más decía
el verso azul y la canción profana,
en cuya noche un ruiseñor había
que era alondra de luz por la mañana.

El dueño fui de mi jardín de sueño,
lleno de rosas y de cisnes vagos;
el dueño de las tórtolas, el dueño
de góndolas y liras en los lagos;

y muy siglo diez y ocho y muy antiguo
y muy moderno; audaz, cosmopolita;
con Hugo fuerte y con Verlaine ambiguo,
y una sed de ilusiones infinita.

Yo supe de dolor desde mi infancia,
mi juventud . . . ¿fue juventud la mía?
Sus rosas aún me dejan la fragancia . . .
una fragancia de melancolía . . .

Potro sin freno se lanzó mi instinto,
mi juventud montó potro sin freno;
iba embriagada y con puñal al cinto;
si no cayó, fue porque Dios es bueno.

En mi jardín se vio una estatua bella;
se juzgó mármol y era carne viva;
una alma joven habitaba en ella,
sentimental, sensible, sensitiva.

Y tímida ante el mundo, de manera
que encerrada en silencio no salía,
sino cuando en la dulce primavera
era la hora de la melodía . . .

Hora de ocaso y de discreto beso;
hora crepuscular y de retiro;
hora de madrigal y de embeleso,
de «te adoro», de «¡ay!» y de suspiro.

Y entonces era en la dulzaina[42] un juego
de misteriosas gamas cristalinas,
un renovar de notas del Pan griego
y un desgranar de músicas latinas.

Con aire tal y con ardor tan vivo,
que a la estatua nacían de repente
en el muslo viril patas de chivo
y dos cuernos de sátiro en la frente.

Como la Galatea[43] gongorina
me encantó la marquesa verleniana,
y así juntaba a la pasión divina
una sensual hiperestesia humana;

todo ansia, todo ardor, sensación pura
y vigor natural; y sin falsía,
y sin comedia y sin literatura . . .
si hay un alma sincera, ésa es la mía.

[39]*Gonzalo de Berceo*: el poeta español del siglo XIII.
[40]*Victor Hugo*: el poeta romántico francés (1802–1885).
[41]*bon vino . . .*: alusión al conocido verso de Berceo: "bien valdrá como creo, un vaso de bon vino." (*Vida de Santo Domingo de Silos*, Parte I, verso 8).

[42] *dulzaina*: instrumento músico de viento, parecido al clarinete.
[43]*Galatea*: ninfa amada por el gigante Polifemo. Aquí alusión a la "Fábula de Polifemo y Galatea," de don Luis de Góngora (1561–1627).

La torre de marfil tentó mi anhelo;
quise encerrarme dentro de mí mismo,
y tuve hambre de espacio y sed de cielo
desde las sombras de mi propio abismo.

Como la esponja que la sal satura
en el jugo del mar, fue el dulce y tierno
corazón mío, henchido de amargura
por el mundo, la carne y el infierno.

Mas, por gracia de Dios, en mi conciencia
el Bien supo elegir la mejor parte;
y si hubo áspera hiel en mi existencia,
melificó toda acritud el Arte.

Mi intelecto libré de pensar bajo,
bañó el agua castalia[44] el alma mía,
peregrinó mi corazón y trajo
de la sagrada selva la armonía.

¡Oh, la selva sagrada! ¡Oh, la profunda
emanación del corazón divino
de la sagrada selva! ¡Oh, la fecunda
fuente cuya virtud vence al destino!

Bosque ideal que lo real complica,
allí el cuerpo arde y vive y Psiquis vuela;
mientras abajo el sátiro fornica,
ebria de azul deslíe Filomela.

Perla de ensueño y música amorosa
en la cúpula en flor del laurel verde,
Hipsipila sutil liba en la rosa,
y la boca del fauno el pezón muerde.

Allí va el dios en celo tras la hembra,
y la caña de Pan se alza del lodo;
la eterna vida sus semillas siembra,
y brota la armonía del gran Todo.

El alma que entra allí debe ir desnuda,
temblando de deseo y fiebre santa,
sobre cardo heridor y espina aguda:
así sueña, así vibra y así canta.

Vida, luz y verdad, tal triple llama
produce la interior llama infinita.
El arte puro como Cristo exclama:
EGO SUM LUX ET VERITAS ET VITA![45]

Y la vida es misterio, la luz ciega
y la verdad inaccesible asombra;
la adusta perfección jamás se entrega,
y el secreto ideal duerme en la sombra.

Por eso ser sincero es ser potente;
de desnuda que está brilla la estrella;
el agua dice el alma de la fuente
en la voz de cristal que fluye de ella.

Tal fue mi intento, hacer del alma pura
mía, una estrella, una fuente sonora,
con el horror de la literatura
y loco de crepúsculo y de aurora.

Del crepúsculo azul que da la pauta
que los celestes éxtasis inspira,
bruma y tono menor—¡toda la flauta!,
y Aurora, hija del Sol—¡toda la lira!

Pasó una piedra que lanzó una honda;
pasó una flecha que aguzó un violento.
La piedra de la honda fue a la onda,
y la flecha del odio fuese al viento.

La virtud está en ser tranquilo y fuerte;
con el fuego interior todo se abrasa;
se triunfa del rencor y de la muerte,
y hacia Belén . . . ¡la caravana pasa!

1904

(De *Cantos de vida y esperanza*, 1905)

A Roosevelt

¡Es con voz de la Biblia, o verso de Walt
  Whitman,
que habría que llegar hasta ti, Cazador!
¡Primitivo y moderno, sencillo y complicado,
con un algo de Wáshington y cuatro de
  [Nemrod![46]

Eres los Estados Unidos,
eres el futuro invasor
de la América ingenua que tiene sangre in-
  [dígena,
que aún reza a Jesucristo y aún habla en
  [español.

[44]*Castalia:* alusión a la fuente Castalia, al pie del monte Parnaso, cerca de Delfos, donde se dice que venían a beber las Musas.
[45]*Ego sum . . . vita:* Yo soy la vida la luz, la verdad y

(San Juan, 14, 6).
[46]*Nemrod:* rey fabuloso de Caldea, a quien la Biblia llama "robusto cazador ante Yavé" (Génesis, 10, 8-10).

Eres soberbio y fuerte ejemplar de tu raza;
eres culto, eres hábil; te opones a Tolstoy.[47]
Y domando caballos o asesinando tigres,
eres un Alejandro-Nabucodonosor.[48]
(Eres un profesor de energía
como dicen los locos de hoy.)

Crees que la vida es incendio,
que el progreso es erupción;
que en donde pones la bala
el porvenir pones.

       No.

Los Estados Unidos son potentes y grandes.
Cuando ellos se estremecen hay un hondo
            [temblor
que pasa por las vértebras enormes de los
            [Andes.
Si clamáis, se oye como el rugir del león.
Ya Hugo a Grant[49] lo dijo: «Las estrellas son
     vuestras.»
(Apenas brilla, alzándose, el argentino sol
y la estrella chilena se levanta . . .) Sois ricos.
Juntáis al culto de Hércules el culto de
           [Mammón;[50]
y alumbrando el camino de la fácil conquista,
la Libertad levanta su antorcha en Nueva
           [York.

Mas la América nuestra que tenía poetas
desde los tiempos viejos de Netzahualcoyotl,[51]
que ha guardado las huellas de los pies del
           [gran Baco;[52]
que el alfabeto pánico en un tiempo aprendió;
que consultó los astros, que conoció la Atlán-
           [tida,[53]
cuyo nombre nos llega resonando en Platón
que desde los remotos momentos de su vida
vive de luz, de fuego, de perfume, de amor;
la América del grande Moctezuma, del Inca,
la América fragante de Cristóbal Colón,
la América católica, la América española,
la América en que dijo el noble Guatemoc:[54]
«Yo no estoy en un lecho de rosas»; esa
           [América
que tiembla de huracanes y que vive de amor;
hombres de ojos sajones y alma bárbara, vive.
Y sueña. Y ama, y vibra; y es la hija del Sol.
Tened cuidado. ¡Vive la América española!
Hay mil cachorros sueltos del León español.
Se necesitaría, Roosevelt, ser, por Dios mismo,
el Riflero terrible y el fuerte Cazador
para poder tenernos en vuestras férreas garras.

Y, pues contáis con todo, falta una cosa:
           [¡Dios!

1904

(De *Cantos de vida y esperanza*, 1905)

Marcha triunfal

¡Ya viene el cortejo!
¡Ya viene el cortejo! Ya se oyen los claros clarines.
La espada se anuncia con vivo reflejo;
ya viene, oro y hierro, el cortejo de los paladines.

---

[47] *Tolstoy:* Alexei Tolstoi (1828-1910), el gran novelista ruso.
[48] *Alejandro-Nabucodonosor:* aquí combina Darío los nombres de dos grandes conquistadores de la antigüedad, Alejandro Magno, de Grecia, y Nabucodonosor, de Babilonia.
[49] *Hugo a Grant:* alusión a una frase atribuída a Víctor Hugo y dirigida a Ulysses S. Grant cuando éste visitó a París en 1877. El poeta francés escribió contra el general norteamericano varios artículos combativos.
[50] *Mammón:* dios de la riqueza en la mitología fenicia.
[51] *Netzahualcoyotl:* rey mexicano del siglo XV, poeta y

filósofo.
[52] *Baco:* en la mitología griega, el dios del vino. De él se dice que aprendió de las Musas el alfabeto de Pan.
[53] *Atlántida:* en la leyenda griega, la gran isla en el mar occidental; continente que los antiguos suponían haber existido en el Atlántico, al oeste de Gibraltar. A ella se refiere Platón en dos de sus diálogos.
[54] *Guatemoc:* Guatimozín, Cuauhtémoc, sobrino de Moctezuma y último emperador de los aztecas, a quien los conquistadores torturaron aplicándole fuego a los pies.

Ya pasa, debajo los arcos ornados de blancas Minervas y Martes,
los arcos triunfales en donde las Famas erigen sus largas trompetas,
la gloria solemne de los estandartes
llevados por manos robustas de heroicos atletas.
Se escucha el ruido que forman las armas de los caballeros,
los frenos que mascan los fuertes caballos de guerra,
los cascos que hieren la tierra,
y los timbaleros
que el paso acompasan con ritmos marciales.
¡Tal pasan los fieros guerreros
debajo los arcos triunfales!

Los claros clarines de pronto levantan sus sones,
su canto sonoro,
su cálido coro,
que envuelve en un trueno de oro
la augusta soberbia de los pabellones.
Él dice la lucha, la herida venganza,
las ásperas crines,
los rudos penachos, la pica, la lanza,
la sangre que riega de heroicos carmines
la tierra;
los negros mastines
que azuza la muerte, que rige la guerra.

Los áureos sonidos
anuncian el advenimiento
triunfal de la Gloria:
dejando el picacho que guarda sus nidos,
tendiendo sus alas enormes al viento,
los cóndores llegan. ¡Llegó la victoria!

Ya pasa el cortejo.
Señala el abuelo los héroes al niño:
ved cómo la barba del viejo
los bucles de oro circunda de armiño.
Las bellas mujeres aprestan coronas de flores,
y bajo los pórticos vense sus rostros de rosa,
y la más hermosa
sonríe al más fiero de los vencedores.
¡Honor al que trae cautiva la extraña bandera;
honor al herido y honor a los fieles
soldados que muerte encontraron por mano extranjera:
¡Clarines! ¡Laureles!

Las nobles espadas de tiempos gloriosos,
desde sus panoplias saludan las nuevas coronas y lauros:
las viejas espadas de los granaderos, más fuertes que osos,
hermanos de aquellos lanceros que fueron centauros—.
Las trompas guerreras resuenan;
de voces los aires se llenan . . .
— A aquellas antiguas espadas,

a aquellos ilustres aceros,
que encarnan las glorias pasadas . . .

Y al sol que hoy alumbra las nuevas victorias ganadas,
y al héroe que guía su grupo de jóvenes fieros,
al que ama la insignia del suelo materno,
al que ha desafiado, ceñido el acero y el arma en la mano,
los soles del rojo verano,
las nieves y vientos del gélido invierno,
la noche, la escarcha
y el odio y la muerte, por ser por la patria inmortal,
¡saludan con voces de bronce las trompas de guerra que tocan la marcha
[triunfal! . . .

1895

(De *Cantos de vida y esperanza*, 1905)

Los cisnes

A Juan R. Jiménez

I

¿Qué signo haces, oh cisne, con tu encorvado cuello
al paso de los tristes y errantes soñadores?
¿Por qué tan silencioso de ser blanco y ser bello,
tiránico a las aguas e impasible a las flores?

Yo te saludo ahora como en versos latinos
te saludara antaño Publio Ovidio Nasón.[55]
Los mismos ruiseñores cantan los mismos trinos,
y en diferentes lenguas es la misma canción.

A vosotros mi lengua no debe ser extraña.
A Garcilaso visteis, acaso, alguna vez . . .
Soy un hijo de América, soy un nieto de España . . .
Quevedo pudo hablaros en verso en Aranjuez . . .

Cisnes, los abanicos de vuestras alas frescas
den a las frentes pálidas sus caricias más puras
y alejen vuestras blancas figuras pintorescas
de nuestras mentes tristes las ideas oscuras.

Brumas septentrionales nos llenan de tristezas,
se mueren nuestras rosas, se agostan nuestras palmas;
casi no hay ilusiones para nuestras cabezas,
y somos los mendigos de nuestras pobres almas.

Nos predican la guerra con águilas feroces,
gerifaltes de antaño revienen a los puños;
mas no brillan las glorias de las antiguas hoces,
ni hay Rodrigos ni Jaimes, ni hay Alfonsos ni Nuños.[56]

[55]*Publio Ovidio Nasón:* poeta latino, autor de las *Metamorfosis* (43 a. de J.C.—16 d. de J.C.).
[56]*Rodrigos, Jaimes, Alfonsos, Nuños:* referencia a reyes y nobles de los reinos cristianos medievales de Castilla y Aragón que se distinguieron en la guerra de Reconquista española por su valor y heroísmo.

Faltos de los alientos que dan las grandes cosas,
¿qué haremos los poetas sino buscar tus lagos?
A falta de laureles son muy dulces las rosas,
y a falta de victorias busquemos los halagos.

La América española como la España entera
fija está en el Oriente de su fatal destino;
yo interrogo a la Esfinge que el porvenir espera
con la interrogación de tu cuello divino.

¿Seremos entregados a los bárbaros fieros?
¿Tantos millones de hombres hablaremos inglés?
¿Ya no hay nobles hidalgos ni bravos cabelleros?
¿Callaremos ahora para llorar después?

He lanzado mi grito, Cisnes, ante vosotros
que habéis sido los fieles en la desilusión,
mientras siento una fuga de americanos potros
y el estertor postrero de un caduco león . . .

. . . Y un cisne negro dijo: «La noche anuncia el día».
Y uno blanco: «¡La aurora es inmortal! ¡La aurora
es inmortal!» ¡Oh tierras de sol y de armonía,
aun guarda la Esperanza la caja de Pandora![57]

(De *Cantos de vida y esperanza*, 1905)

Canción de otoño en primavera

Juventud, divino tesoro,
¡ya te vas para no volver!
Cuando quiero llorar, no lloro . . .
y a veces lloro sin querer . . .

Plural ha sido la celeste
historia de mi corazón.
Era una dulce niña en este
mundo de duelo y de aflicción.

Miraba como el alba pura;
sonreía como una flor.
Era su cabellera obscura
hecha de noche y de dolor.

Yo era tímido como un niño.
Ella, naturalmente, fue,
para mi amor hecho de armiño,
Herodías y Salomé . . .

Juventud, divino tesoro,
¡ya te vas para no volver!

Cuando quiero llorar, no lloro . . .
y a veces lloro sin querer . . .

Y más consoladora y más
halagadora y expresiva,
la otra fue más sensitiva,
cual no pensé encontrar jamás.

Pues a su continua ternura
una pasión violenta unía.
En un peplo de gasa pura
una bacante se envolvía . . .

En sus brazos tomó mi sueño
y lo arrulló como a un bebé . . .
y le mató, triste y pequeño,
falto de luz, falto de fe . . .

Juventud, divino tesoro,
¡te fuiste para no volver!
Cuando quiero llorar, no lloro . . .
y a veces lloro sin querer . . .

[57] *Pandora:* Júpiter dio a la primera mujer, Pandora, una caja en la que estaban encerrados todos los males del mundo. Al abrirla su esposo Epimeteo, el primer hombre, sólo quedó en su fondo la Esperanza.

Otra juzgó que era mi boca
el estuche de su pasión;
y que me roería, loca,
con sus dientes, el corazón,

poniendo en un amor de exceso
la mira de su voluntad,
mientras eran abrazo y beso
síntesis de la eternidad;

y de nuestra carne ligera
imaginar siempre un Edén,
sin pensar que la primavera
y la carne acaban también . . .

Juventud, divino tesoro,
¡ya te vas para no volver!
Cuando quiero llorar, no lloro
y a veces lloro sin querer . . .

¡Y las demás! En tantos climas,
y en tantas tierras, siempre son,

si no pretextos de mis rimas,
fantasmas de mi corazón.

En vano busqué a la princesa
que estaba triste de esperar.
La vida es dura. Amarga y pesa.
¡Ya no hay princesa que cantar!

Mas a pesar del tiempo terco,
mi sed de amor no tiene fin;
con el cabello gris me acerco
a los rosales del jardín . . .

Juventud, divino tesoro;
¡ya te vas para no volver!
Cuando quiero llorar, no lloro
y a veces lloro sin querer . . .

¡Mas es mía el Alba de oro!

(De *Cantos de vida y esperanza*, 1905)

Melancolía

Hermano, tú que tienes la luz, díme la mía.
Soy como un ciego. Voy sin rumbo y ando a
[tientas.
Voy bajo tempestades y tormentas
ciego de ensueño y loco de armonía.

Ése es mi mal. Soñar. La poesía
es la camisa férrea de mil puntas cruentas
que llevo sobre el alma. Las espinas san-
[grientas
dejan caer las gotas de mi melancolía.

Y así voy, ciego y loco, por este mundo
[amargo;
a veces me parece que el camino es muy largo,
y a veces que es muy corto . . .

Y en este titubeo de aliento y agonía,
cargo lleno de penas lo que apenas soporto.
¿No oyes caer las gotas de mi melancolía?

(De *Cantos de vida y esperanza*, 1905)

Nocturno

Los que auscultasteis el corazón de la noche;
los que por el insomnio tenaz habéis oído
el cerrar de una puerta, el resonar de un coche
lejano, un eco vago, un ligero ruido . . .

En los instantes del silencio misterioso,
cuando surgen de su prisión los olvidados,
en la hora de los muertos, en la hora del
[reposo,

¡sabréis leer estos versos de amargor impreg-
[nados! . . .

Como en un vaso vierto en ellos mis dolores
de lejanos recuerdos y desgracias funestas,
y las tristes nostalgias de mi alma, ebria de
[flores,
y el duelo de mi corazón, triste de fiestas.

Y el pesar de no ser lo que yo hubiera sido,
la pérdida del reino que estaba para mí,
el pensar que un instante pude no haber
[nacido,
y el sueño que es mi vida desde que yo nací.

Todo esto viene en medio del silencio pro-
[fundo
en que la noche envuelve la terrena ilusión,
y siento como un eco del corazón del mundo
que penetra y conmueve mi propio corazón.

(De *Cantos de vida y esperanza*, 1905)

Letanía de nuestro señor don Quijote

Rey de los hidalgos, señor de los tristes,
que de fuerza alientas y de ensueños vistes,
coronado de áureo yelmo de ilusión;
que nadie ha podido vencer todavía,
por la adarga al brazo, toda fantasía,
y la lanza en ristre, toda corazón.

Noble peregrino de los peregrinos,
que santificaste todos los caminos
con el paso augusto de tu heroicidad,
contra las certezas, contra las conciencias,
y contra las leyes y contra las ciencias,
contra la mentira, contra la verdad . . .

¡Caballero errante de los caballeros,
varón de varones, príncipe de fieros,
par entre los pares, maestro, salud!
¡Salud, porque juzgo que hoy muy poca
[tienes,
entre los aplausos o entre los desdenes,
y entre las coronas y los parabienes
y las tonterías de la multitud!

¡Tú, para quien pocas fueron las victorias
antiguas y para quien clásicas glorias
serían apenas de ley y razón,
soportas elogios, memorias, discursos,
resistes certámenes, tarjetas, concursos,
y, teniendo a Orfeo,[58] tienes a orfeón!

Escucha, divino Rolando[59] del sueño,
a un enamorado de tu Clavileño,[60]

y cuyo Pegaso[61] relincha hacia ti;
escucha los versos de estas letanías,
hechas con las cosas de todos los días
y con otras que en lo misterioso vi.

¡Ruega por nosotros, hambrientos de vida,
con el alma a tientas, con la fe perdida,
llenos de congojas y faltos de sol,
por advenedizas almas de manga ancha,
que ridiculizan el ser de la Mancha,[62]
el ser generoso y el ser español!

¡Ruega por nosotros que necesitamos
las mágicas rosas, los sublimes ramos
de laurel! *Ora pro nobis*,[63] gran señor.
(Tiembla la floresta de laurel del mundo,
y antes que tu hermano vago, Segismundo,[64]
el pálido Hamlet te ofrece una flor.)

Ruega generoso, piadoso, orgulloso,
ruega casto, puro, celeste, animoso;
por nos intercede, suplica por nos,
pues casi ya estamos sin savia, sin brote,
sin alma, sin vida, sin luz, sin Quijote,
sin pies y sin alas, sin Sancho y sin Dios.

De tantas tristezas, de dolores tantos,
de los superhombres de Nietzche,[65] de cantos
áfonos, recetas que firma un doctor,
de las epidemias de horribles blasfemias,
de las Academias,
líbranos, señor.

[58]*Orfeo:* hijo de la musa Calíope y, según otros autores, de Apolo y Clío. Fue el músico más famoso de la antigüedad.
[59]*Rolando:* también llamado Orlando, uno de los doce pares de Carlomagno, héroe de *La Chanson de Roland.*
[60]*Clavileño:* caballo de madera encantado sobre el cual voló don Quijote (*El ingenioso hidalgo don Quijote de la Mancha*, II, Cap. XLI).
[61]*Pegaso:* véase González Prada, p. 33, nota 5.
[62]*la Mancha:* alusión a la región de España, en Castilla

la Nueva, donde sitúa Cervantes el lugar de origen de don Quijote.
[63]*Ora pro nobis:* del latin, "ruega por nosotros"; frase que se repite en las letanías de la Iglesia católica.
[64]*Segismundo:* el protagonista de *La vida es sueño,* la más conocida obra del dramaturgo español Calderón de la Barca (1600-1681).
[65]*Nietzche:* el conocido filósofo alemán (1844-1900), exaltador de la voluntad y autor de la teoría del superhombre.

De rudos malsines,
falsos paladines,
y espíritus finos y blandos y ruines,
del hampa que sacia
su canallocracia
con burlar la gloria, la vida, el honor,
con puñal de gracia,
¡líbranos, señor!

Noble peregrino de los peregrinos,
que santificaste todos los caminos,
con el paso augusto de tu heroicidad,

contras las certezas, contra las conciencias,
y contra las leyes y contra las ciencias,
contra la mentira, contra la verdad . . .

Ora por nosotros, señor de los tristes,
que de fuerza alientas y de ensueños vistes,
coronado de áureo yelmo de ilusión;
¡que nadie ha podido vencer todavía,
por la adarga al brazo, toda fantasía,
y la lanza en ristre, toda corazón!
1905

(De *Cantos de vida y esperanza*, 1905)

Lo fatal

Dichoso el árbol, que es apenas sensitivo,
y más la piedra dura, porque ésa ya no siente,
pues no hay dolor más grande que el dolor de
[ser vivo,
ni mayor pesadumbre que la vida consciente.

Ser, y no saber nada, y ser sin rumbo cierto,
y el temor de haber sido, y un futuro terror . . .
Y el espanto seguro de estar mañana muerto,
y sufrir por la vida, y por la sombra, y por

lo que no conocemos y apenas sospechamos.
Y la carne que tienta con sus frescos racimos,
y la tumba que aguarda con sus fúnebres
[ramos,
¡y no saber a dónde vamos,
ni de dónde venimos . . . !

(De *Cantos de vida y esperanza*, 1905)

Visión

Tras de la misteriosa selva extraña
vi que se levantaba al firmamento
horadada y labrada una montaña

que tenía en la sombra su cimiento.
Y en aquella montaña estaba el nido
del trueno, del relámpago y del viento.

Y tras sus arcos negros el rugido
se oía del león. Y cual obscura
catedral de algún dios desconocido,

aquella fabulosa arquitectura
formada de prodigios y visiones,
visión monumental, me dió pavura.

A sus pies habitaban los leones;
y las torres y flechas de oro fino
se juntaban con las constelaciones.

Y había un vasto domo diamantino
donde se alzaba un trono extraordinario
sobre sereno fondo azul marino.

Hierro y piedra primero, y mármol pario
luego, y arriba mágicos metales.
Una escala subía hasta el santuario

de la divina sede. Los astrales
esplendores, las gradas repartidas
de tres en tres bañaban. Colosales

águilas con las alas extendidas
se contemplaban en el centro de una
atmósfera de luces y de vidas.

Y en una palidez de oro de luna
una paloma blanca se cernía,
alada perla en mística laguna.

La montaña labrada parecía
por un majestüoso Piraneso
Babélico.[66] En sus flancos se diría

que hubiese cincelado el bloque espeso
el rayo; y en lo alto, enorme friso
de la luz recibía un áureo beso,

beso de luz de aurora y paraíso.
Y yo grité en la sombra:—¿En qué lugares
vaga hoy el alma mía?—De improviso

surgió ante mí, ceñida de azahares
y de rosas blanquísimas, Estela,[67]
la que suele surgir en mis cantares.

Y díjome con voz de Filomela:
—No temas: es el reino de la lira
de Dante; y la paloma que revuela

en la luz es Beatrice.[68] Aquí conspira
todo el supremo amor y alto deseo.
Aquí llega el que adora y el que admira—.

—¿Y aquel trono—le dije—que allá veo?—
—Ese es el trono en que su gloria asienta
ceñido el lauro el gibelino[69] Orfeo.

Y abajo es donde duerme la tormenta.
Y el lobo y el león entre lo obscuro
encienden su pupila, cual violenta

brasa. Y el vasto y misterioso muro

es piedra y hierro; luego las arcadas
del medio son de mármol; de oro puro

la parte superior, donde en gloriosas
albas eternas se abre al infinito
la sacrosanta Rosa de las rosas—.

—¡Oh bendito el Señor—clamé—, bendito,
que permitió al arcángel de Florencia[70]
dejar tal mundo de misterio escrito

con lengua humana y sobrehumana ciencia,
y crear este extraño imperio eterno
y ese trono radiante en su eminencia,

ante el cual abismado me prosterno!
¡Y feliz quien al Cielo se levanta
por las gradas de hierro de su Infierno!

Y ella: —Que este prodigio diga y cante
tu voz—. Y yo: —Por el amor humano
he llegado al divino. ¡Gloria al Dante!

Ella, en acto de gracia, con la mano
me mostró de las águilas los vuelos,
y ascendió como un lirio soberano

hacia Beatriz, paloma de los cielos.
Y en el azul dejaba blancas huellas
que eran a mí delicias y consuelos.

¡Y vi que me miraban las estrellas!

(De *El canto errante*, 1907)

¡Eheu![71]

Aquí, junto al mar latino,
digo la verdad:
siento en roca, aceite y vino,
yo mi antigüedad.

¡Oh, qué anciano soy, Dios santo!
¡Oh, qué anciano soy!...
¿De dónde viene mi canto?
Y yo, ¿a dónde voy?

El conocerme a mí mismo
ya me va costando
muchos momentos de abismo
y el cómo y el cuándo...

Y esta claridad latina,
¿de qué me sirvió
a la entrada de la mina
del yo y el no yo?...

[66]*Piraneso Babélico*: en Víctor Hugo se lee: "Effrayantes Babels que revait Piranese" (Asombrosas Babeles que soñó el Piraneso). Juan Bautista Piranesi es un arquitecto y grabador italiano del siglo XVIII.
[67]*Estela*: Stella es el seudónimo usado por Darío para aludir a su primera esposa, muerta en plena juventud. A ella había dedicado un poema, "El poeta pregunta por Stella," recogido en *Prosas profanas y otros poemas*.
[68]*Beatrice*: Beatrice Portinari (1266–1290), florentina célebre inmortalizada por Dante Alighieri (1263–1321) en su *Divina Comedia*.

[69]*gibelino*: partido político italiano que durante la Baja Edad Media favorecía la causa del emperador de Alemania frente a los intereses de los papas. "El gibelino Orfeo" es una perífrasis de Dante, que militaba en dicho partido.
[70]*arcángel de Florencia*: otra perífrasis para Dante, nacido en esa ciudad.
[71]*¡Eheu!*: primera palabra de la oda de Horacio (Libro II, núm. XIV), que comienza con la exclamación "Eheu fugaces...." (Ah, fugitivos...).

Nefelibata[72] contento,
creo interpretar
las confidencias del viento,
la tierra y el mar . . .

Unas vagas confidencias
del ser y el no ser,

y fragmentos de conciencias
de ahora y ayer.

Como en medio de un desierto
me puse a clamar;
y miré el sol como muerto
y me eché a llorar.

(De *El canto errante*, 1907)

Poema del otoño

Tú, que estás la barba en la mano
meditabundo,
¿has dejado pasar, hermano,
la flor del mundo?

Te lamentas de los ayeres
con quejas vanas:
¡aún hay promesas de placeres
en los mañanas!

Aún puedes casar la olorosa
rosa y el lis,
y hay mirtos para tu orgullosa
cabeza gris.

El alma ahíta cruel inmola
lo que la alegra,
como Zingua,[73] reina de Angola,
lúbrica negra.

Tú has gozado de la hora amable,
y oyes después
la imprecación del formidable
Eclesiastés.[74]

El domingo de amor te hechiza;
mas mira cómo
llega el miércoles de ceniza;
Memento, homo . . .[75]

Por eso hacia el florido monte
las almas van,
y se explican Anacreonte[76]
y Omar Kayam.[77]

Huyendo del mal, de improviso
se entra en el mal,
por la puerta del paraíso
artificial.

Y, no obstante, la vida es bella,
por poseer
la perla, la rosa, la estrella
y la mujer.

Lucifer[78] brilla. Canta el ronco
mar. Y se pierde
Silvano[79] oculto tras el tronco
del haya verde.

Y sentimos la vida pura,
clara, real,
cuando la envuelve la dulzura
primaveral.

¿Para qué las envidias viles
y las injurias,
cuando retuercen sus reptiles
pálidas furias?

---

[72]*nefelibata*: de "nefele," nube en griego. Hombre que anda por las nubes. Figurativamente, soñador.
[73]*Zingua*: Nzinga o Ginga (1582–1663), luchó contra los portugueses y más tarde se convirtió al cristianismo; su subida al trono se señaló por asesinatos y ritos sangrientos.
[74]*Eclesiastés*: libro bíblico atribuido a Salomón, en el que se desarrolla la famosa máxima "vanidad de vanidades y todo vanidad."
[75]*Memento, homo*: la frase completa, "memento homo, quia pulvis es et in pulverem reverteris" (recuerda, hombre, que eres polvo y en polvo te convertirás), está en la liturgia del Miércoles de Ceniza en varias iglesias cristianas.
[76]*Anacreonte*: poeta griego (565–478 a. de J.C.), cantor de los placeres sensuales. La forma poética por él creada lleva su nombre: anacreóntica.
[77]*Omar Kayam*: poeta persa del siglo XIII, también cantor del amor y los placeres.
[78]*Lucifer*: véase Díaz Mirón, p. 48, nota 4.
[79]*Silvano*: genio de los bosques, ganados y pastores.

¿Para qué los odios funestos
de los ingratos?
¿Para qué los lívidos gestos
de los Pilatos?[80]

¡Si lo terreno acaba, en suma,
cielo e infierno,
y nuestras vidas son la espuma
de un mar eterno!

Lavemos bien de nuestra veste
la amarga prosa;
soñemos en una celeste
mística rosa.

Cojamos la flor del instante;
¡la melodía
de la mágica alondra cante
la miel del día!

Amor a su fiesta convida
y nos corona.
Todos tenemos en la vida
nuestra Verona.[81]

Aun en la hora crepuscular
canta una voz:
«¡Ruth, risueña, viene a espigar
para Booz!»[82]

Mas coged la flor del instante,
cuando en Oriente
nace el alba para el fragante
adolescente.

¡Oh! Niño que con Eros[83] juegas,
niños lozanos,
danzad como las ninfas griegas
y los silvanos.

El viejo tiempo todo roe
y va de prisa;
sabed vencerle, Cintia, Cloe
y Cidalisa.

Trocad por rosas, azahares,
que suenan al son
de aquel Cantar de los Cantares
de Salomón.

Príapo[84] vela en los jardines
que Cipris[85] huella;
Hécate[86] hace aullar a los mastines;
mas Diana[87] es bella

y apenas envuelta en los velos
de la ilusión,
baja a los bosques de los cielos
por Endimión.[88]

¡Adolescencia! Amor te dora
con su virtud;
goza del beso de la aurora,
¡oh juventud!

¡Desventurado el que ha cogido
tarde la flor!
Y ¡ay de aquel que nunca ha sabido
lo que es amor!

Yo he visto en tierra tropical
la sangre arder,
como en un cáliz de cristal,
en la mujer.

Y en todas partes la que ama
y se consume
como una flor hecha de llama
y de perfume.

Abrasaos en esa llama
y respirad
ese perfume que embalsama
la Humanidad.

Gozad de la carne, ese bien
que hoy nos hechiza,
y después se tornará en
polvo y ceniza.

---

[80]*de los Pilatos:* se refiere a los gestos de cobardía, recordando a Pilatos, el gobernador de Judea que entregó a sus jueces religiosos a Jesucristo, temiendo una sedición popular.
[81]*Verona:* ciudad del norte de Italia donde ocurren los amores de Julieta y Romeo.
[82]*Ruth* y *Booz:* los personajes que aparecen en el libro de Rut, en la Biblia.
[83]*Eros:* véase nota 8.
[84]*Príapo:* hijo de Baco y Afrodita, dios de los jardines y de las vides.
[85]*Cipris:* véase nota 9.

[86]*Hécate:* uno de los nombres que corresponden a dos deidades diferentes. Aquí corresponde a la triple Hécate, divinidad infernal de tres cabezas y tres cuerpos, que vagaba con las almas de los muertos y cuya presencia era anunciada por el aullido de los perros.
[87]*Diana:* diosa de la caza, llamada también Artemisa. En la mitología latina es la diosa de la luna y de la luz, y en este sentido aparece aquí.
[88]*Endimión:* pastor famoso por su belleza. La luna lo puso a dormir eternamente en un monte para poder besarle por las noches.

Gozad del sol, de la pagana
luz de sus fuegos;
gozad del sol, porque mañana
estaréis ciegos.

Gozad de la dulce armonía
que a Apolo invoca;
gozad del canto, porque un día
no tendréis boca.

Gozad de la tierra, que un
bien cierto encierra;
gozad, porque no estáis aún
bajo la tierra.

Apartad el temor que os hiela
y que os restringe;
la paloma de Venus vuela
sobre la Esfinge.

Aún vencen muerte, tiempo y hado
las amorosas;
en las tumbas se han encontrado
mirtos y rosas.

Aún Anadiómena[89] en sus lidias
nos da su ayuda;
aún resurge en la obra de Fidias[90]
Friné[91] desnuda.

Vive el bíblico Adán robusto,
de sangre humana,
y aún siente nuestra lengua el gusto
de la manzana.

Y hace de este globo viviente
fuerza y acción
la universal y omnipotente
fecundación.

El corazón del cielo late
por la victoria
de este vivir, que es un combate
y es una gloria.

Pues aunque hay pena y nos agravia
el sino adverso,
en nosotros corre la savia
del universo.

Nuestro cráneo guarda el vibrar
de tierra y sol,
como el ruido de la mar
el caracol.

La sal del mar en nuestras venas
va a borbotones;
tenemos sangre de sirenas[92]
y de tritones.[93]

A nosotros encinas, lauros,
frondas espesas;
tenemos carne de centauros[94]
y satiresas.[95]

En nosotros la Vida vierte
fuerza y calor.
¡Vamos al reino de la Muerte
por el camino del Amor!

(De *Poema del otoño y otros poemas*, 1910)

Canto a la Argentina (*fragmento*)

¡Éxodos! ¡Éxodos! Rebaños
de hombres, rebaños de gentes
que teméis los días huraños,
que tenéis sed sin hallar fuentes,
y hambre sin el pan deseado,

y amáis la labor que germina.
Los éxodos os han salvado:
¡Hay en la tierra una Argentina!
He aquí la región del Dorado,[96]
he aquí el paraíso terrestre,

---

[89]*Anadiómena*: uno de los nombres de Venus.
[90]*Fidias*: el célebre escultor de la Grecia antigua, que vivió en el siglo V a. de J.C. y es el autor de las hermosas figuras que decoraban el Partenón.
[91]*Friné*: famosa cortesana griega de la que Fidias hizo una estatua.
[92]*sirenas*: seres fabulosos, mitad mujeres, mitad peces.

[93]*tritones*: deidades marinas.
[94]*centauros*: véase nota 29.
[95]*satiresas*: faunesas, símbolo de la sensualidad y la alegría.
[96]*Dorado*: El Dorado, país legendario de América. Se le sitúa en Colombia, en el pueblo de los Chibchás, y a él se refieren los historiadores de Indias.

he aquí la ventura esperada,
he aquí el Vellocino de Oro,[97]
he aquí Canaán[98] la preñada,
la Atlántida[99] resucitada;
he aquí los campos del Toro[100]
y del Becerro[101] simbólicos;
he aquí el existir que en sueños
miraron los melancólicos,
los clamorosos, los dolientes
poetas y visionarios
que en sus olimpos o calvarios
amaron a todas las gentes.

He aquí el gran Dios desconocido
que todos los dioses abarca.
Tiene su templo en el espacio;
tiene su gazofilacio[102]
en la negra carne del mundo.
Aquí está la mar que no amarga,
aquí está el Sahara fecundo,
aquí se confunde el tropel
de los que a lo infinito tienden,
y se edifica la Babel
en donde todos se comprenden.

Tú, el hombre de las estepas,
sonámbulo de sufrimiento,
nacido ilota y hambriento,
al fuego del odio huído,
hombre que estabas dormido
bajo una tapa de plomo,
hombre de las nieves del zar,
mira al cielo azul, canta, piensa;
mujik redento, escucha cómo
en tu rancho, en la pampa inmensa,
murmura alegre el samovar.

¡Cantad, judíos de la pampa!
Mocetones de ruda estampa,
dulces Rebecas de ojos francos,
Rubenes de largas guedejas,
patriarcas de cabellos blancos,
y espesos como hípicas crines;

cantad, cantad, Saras viejas
y adolescentes Benjamines,
con voz de vuestro corazón:
¡Hemos encontrado a Sion!

Hombres de Emilia[103] y los del agro
romano, ligures, hijos
de la tierra del milagro
partenopeo,[104] hijos todos
de Italia, sacra a las gentes,
familia que sois descendientes
de quienes vieron errantes
a los olímpicos dioses
de los antaños, amadores
de danzas gozosas y flores
purpúreas y del divino
don de la sangre del vino;
hallasteis un nuevo hechizo,
hallasteis otras estrellas,
encontrasteis prados en donde
se siembra, espiga y barbecha,
se canta en la fiesta del grano,
y hay un gran sol soberano,
como el de Italia y el de Jonia
que en oro el terruño convierte:
el enemigo de la muerte
sus urnas vitales vierte
en el seno de la colonia.

Hombres de España poliforme,
finos andaluces sonoros,
amantes de zambras y toros,
astures que entre peñascos
aprendisteis a amar la augusta
Libertad, elásticos vascos
como hechos de antiguas raíces,
raza heroica, raza robusta,
rudos brazos y altas cervices,
hijos de Castilla la noble,
rica de hazañas ancestrales;
firmes gallegos de roble;
catalanes y levantinos

---

[97]*Vellocino de Oro:* el vellocino es un carnero con el vellón de oro, que fueron a conquistar los Argonautas. Se le suponía situado en la Cólquida.

[98]*Canaán:* las tierras habitadas por los descendientes de Canaán, nieto de Noé. Es la "tierra de promisión" de los patriarcas, y fue conquistada por los israelitas bajo el mando de Josué.

[99]*Atlántida:* véase nota 46.

[100]*Toro:* en la mitología persa, criatura que contenía los principios de la vida de los hombres, los animales y las plantas. En otras religiones asiáticas es símbolo de la vida y aun de la inmortalidad.

[101]*Becerro:* referencia al becerro de oro hecho por Aarón con las joyas del pueblo y que representaba la imagen del Señor (Ex. 32, 1–6).

[102]*gazofilacio:* lugar donde se recogían las limosnas y riquezas del templo de Jerusalén. Tesoro.

[103]*Emilia:* antigua división territorial de Italia, al norte de la península, que debe su nombre a la vía Emilia.

[104]*partenopeo:* Parténope es el antiguo nombre de Nápoles; *partenopeo:* perteneciente a esta ciudad.

que heredasteis los inmortales
fuegos de hogares latinos;
iberos de la península

visteis en el suelo natal:
que las huellas del paso de Hércules
¡he aquí la fragante campaña
en donde crear otra España
en la Argentina universal!

¡Helvéticos! La nación nueva
ama el canto del libre. ¡Dad
al pampero, que el trueno lleva,
vuestros cantos de libertad!
El Sol de Mayo os ilumina.
Como en la patria natal
veréis el blancor que culmina
allá donde en la tierra austral
erige una Suiza argentina
sus ventisqueros de cristal.

Llegad, hijos de la Astral Francia:
hallaréis en estas campiñas

entre los triunfos de la estancia
las guirnaldas de vuestras viñas.
Hijos del gallo de Galia[105]
cual los de la loba de Italia
placen al cóndor magnífico,
que ebrio de celeste azur
abre sus alas en el sur
desde el Atlántico al Pacífico.

Vástagos de hunos y de godos,
ciudadanos del orbe todos,
cosmopolitas caballeros
que antes fuisteis conquistadores,
piratas y aventureros,
reyes en el mar y en el viento,
argonautas[106] de lo imposible,
pioneers de la Voluntad:
he aquí el país de la armonía,
el campo abierto a la energía
de todos los hombres. ¡Llegad!

1910

(De *Canto a la Argentina y otros poemas*, 1914)

La cartuja[107]

Este vetusto monasterio ha visto,
secos de orar y pálidos de ayuno,
con el breviario y con el Santo Cristo,
a los callados hijos de San Bruno.

A los que en su existencia solitaria,
con la locura de la cruz y al vuelo
místicamente azul de la plegaria,
fueron a Dios en busca de consuelo.

Mortificaron con las disciplinas
y los cilicios la carne mortal
y opusieron, orando, las divinas
ansias celestes al furor sexual.

La soledad que amaba Jeremías,
el misterioso profesor de llanto,
y el silencio, en que encuentran armonías
el soñador, el místico y el santo,

fueron para ellos minas de diamantes
que cavan los mineros serafines
a la luz de los cirios parpadeantes
y al són de las campanas de maitines.

Gustaron las harinas celestiales
en el maravilloso simulacro,
herido el cuerpo bajo los sayales,
el espíritu ardiente de amor sacro.

Vieron la nada amarga de este mundo,
pozos de horror y dolores extremos,
y hallaron el concepto más profundo
en el profundo *De morir tenemos*.[108]

Y como a Pablo e Hilarión y Antonio,[109]
a pesar de cilicios y oraciones,
les presentó, con su hechizo, el demonio
sus mil visiones de fornicaciones.

[105]*gallo de Galia:* el gallo es uno de los emblemas nacionales de Francia, cuyo nombre en la antigüedad era Galia.
[106]*argonautas:* véase nota 97. Además, en sentido figurado, se usa el nombre de argonauta para designar a los espíritus novadores, aventureros, que persiguen un fin difícil de alcanzar.

[107]*La cartuja:* la cartuja de Valldemosa, en la isla de Mallorca, que Darío visitó varias veces.
[108]*De morir tenemos:* palabras de los monjes cartujos al encontrarse unos con otros.
[109]*Pablo, Hilarión y Antonio:* los primeros ermitaños del cristianismo, de los siglos III y IV.

Y fueron castos por dolor y fe,
y fueron pobres por la santidad,
y fueron obedientes porque fue
su reina de pies blancos la humildad.

Vieron los belcebúes y satanes,
que esas almas humildes y apostólicas
triunfaban de maléficos afanes
y de tantas acedias melancólicas.

Que el *Mortui estis*[110] del candente Pablo
les forjaba corazas arcangélicas
y que nada podría hacer el diablo
de halagos finos o añagazas bélicas.

¡Ah!, fuera yo de esos que Dios quería,
y que Dios quiere cuando así le place,
dichosos ante el temeroso día
de losa fría y *¡ Requiescat in pace!*[111]

Poder matar el orgullo perverso
y el palpitar de la carne maligna,
todo por Dios, delante el Universo,
con corazón que sufre y se resigna.

Sentir la unción de la divina mano,
ver florecer de eterna luz mi anhelo,
y oír como un Pitágoras cristiano
la música teológica del cielo.

Y al fauno que hay en mí, darle la ciencia,
que al Angel hace estremecer las alas.
Por la oración y por la penitencia
poner en fuga a las diablesas malas.

Darme otros ojos, no estos ojos vivos
que gozan en mirar, como los ojos
de los sátiros locos medio-chivos,
redondeces de nieve y labios rojos.

Darme otra boca en que queden impresos
los ardientes carbones del asceta;
y no esta boca en que vinos y besos
aumentan gulas de hombre y de poeta.

Darme unas manos de disciplinante
que me dejen el lomo ensangrentado,
y no estas manos lúbricas de amante
que acarician las pomas del pecado.

Darme una sangre que me deje llenas
las venas de quietud y en paz los sesos,
y no esta sangre que hacer arder las venas,
vibrar los nervios y crujir los huesos.

¡Y quedar libre de maldad y engaño
y sentir una mano que me empuja
a la cueva que acoge al ermitaño,
o al silencio y la paz de la Cartuja.

¿1913-1914?

(De *Canto a la Argentina y otros poemas*, 1914)

---

[110]*Mortui estis:* la frase completa es "mortui enim estis" (San Pablo, Col., 3, 3). La traducción española de toda la frase es "porque muertos estáis ya, y vuestra vida está escondida con Cristo en Dios."

[111]*Requiescat in pace:* frase latina que quiere decir "Descansa en paz," y que se emplea en las oraciones y oficios de difuntos.

Ricardo Jaimes Freyre

Bolivia, 1868–1933   De obra limitada a dos libros, Ricardo Jaimes Freyre posee temperamento y visión poética muy personales. El autor de *Castalia bárbara* se entra abiertamente en mundos irreales y fantásticos—como lo demuestra su afición a los temas de la mitología nórdica—, o bien, si se acerca a la Edad Media, nos la pinta con trazos casi impresionistas en los que las figuras se nos aparecen delante de unas fondos de tonos grises y pálidos. La gran influencia que este poeta boliviano tuvo en los primeros años del movimiento modernista se debió, a nuestro parecer, precisamente a ese mundo extraño que aparece en sus poemas, y a la variedad de formas métricas y estróficas con que los escribe. En su segundo libro, *Los sueños son vida*, Jaimes Freyre abandona los temas germánicos y aparecen entonces ideas melancólicas, consideraciones sobre la fugacidad del tiempo, y aun evidente interés en lo político-social, aunque sin dejar de mostrar su filiación simbolista llena de sensibilidad, refinamiento y armonía presentes ya en su primer libro de versos. Jaimes Freyre representó un papel definitivo en la plenitud del modernismo, y su amistad con Darío y Lugones en Buenos Aires hizo mucho para cimentar el éxito de ese movimiento. Además de su obra en verso, es Jaimes Freyre autor de un libro de *Leyes de la versificación castellana*. Aunque no completamente original, puesto que sus teorías parecen basadas en las de González Prada, es esta obra, sin embargo, uno de los esfuerzos más racionales y serios que se han hecho sobre esta clase de investigaciones.

Temas generales

1. Simbolismo y expresionismo en la poesía de R.J.F.
2. Los temas de la mitología germánica. Cristianismo sobre paganismo.
3. Versolibrismo y polirritmia en la obra de R.J.F.
4. Actitud del poeta frente al pasado. La Edad Media como nostalgia.
5. Estudio comparativo de temas y formas entre *Castalia bárbara* y *Los sueños son vida*.
6. Delicadeza y rebeldía en los poemas de R.J.F.

Bibliografía

Obra poética

Castalia bárbara, Buenos Aires, 1899. *Los sueños son vida*, 1917. *Castalia bárbara. Los sueños son vida*, Madrid, [1918]. *Castalia bárbara, País de sueño, País de sombra*, pról. de L. Lugones, La Paz, 1918. *Castalia bárbara y otros poemas*, pról. de L. Lugones, México, 1920. *Poesías completas*, pról. de Eduardo Joubín Colombres y un estudio, "Perduración de R.J.F.," de Omar Cerruto, Buenos Aires, 1944. *Poesías completas*, La Paz, 1957.

Estudios

LIBROS ESPECIALES: Carilla, Emilio, *R.J.F.*, Buenos Aires, 1962.

ARTÍCULOS: Barreda, Ernesto Mario, "R.J.F. (Un maestro del simbolismo)," Nos. *LXXVIII*, 1943. Carilla, Emilio, "La elaboración de *Castalia bárbara*, UnivSF, núm. 53, 1962. Castilla, Antonio, "Rubén Darío y J.F.," PP, núm. 28–29, 1953. Díez de Medina, Fernando, "Los hombres como símbolos: R.J.F.," RepAm, 12 ag. 1933. Díez de Medina, Fernando, "Un modernista de América: R.J.F.," NacionC, 28 mar. 1957. Jaimes-Freyre, Mireya, "El tiempo en la poesía de R.J.F.," RevIb, *XXXII*, núm. 61, 1966. Jaimes-Freyre, Mireya, "Universalismo y romanticismo en un poeta 'modernista'," RHM, *XXXI*, núm. 1–4, 1965. Marasso, Arturo, "R.J.F.," BAAL, *I*, 1933. Monguió, Luis, "Recordatorio de R.J.F.," RevIb, *VIII*, 1944. Pazzi, Serafín, "R.J.F.," Sur, *I*, núm. 1, 1939. Terán, J.B., "R.J.F.," Nos. *LXXVIII*, 1933. Torres-Ríoseco, Arturo, "R.J.F. (1870–1933)," A, *XXVI*, 1934.

Siempre . . .

Peregrina paloma imaginaria

Peregrina paloma imaginaria
que enardeces los últimos amores;
alma de luz, de música y de flores,
peregrina paloma imaginaria.

Vuela sobre la roca solitaria
que baña el mar glacial de los dolores;
haya, a tu paso, un haz de resplandores
sobre la adusta roca solitaria.

Vuela sobre la roca solitaria,
peregrina paloma, ala de nieve
como divina hostia, ala tan leve

como un copo de nieve; ala divina,
copo de nieve, lirio, hostia, neblina,
peregrina paloma imaginaria.

(De *Castalia bárbara*, 1899)

Los elfos[1]

Envuelta en sangre y polvo la jabalina,
en el tronco clavada de añosa encina,
a los vientos que pasan cede y se inclina,
envuelta en sangre y polvo la jabalina.

Los elfos de la obscura selva vecina
buscan la venerable, sagrada encina.
Y juegan. Y a su peso cede y se inclina
envuelta en sangre y polvo la jabalina.

Con murmullos y gritos y carcajadas,
llena la alegre tropa las enramadas;
y hay rumores de flores y hojas holladas,
y murmullos y gritos y carcajadas.

Se ocultan en los árboles sombras calladas,
en un rayo de luna pasan las hadas:
llena de alegre tropa las enramadas
y hay rumores de flores y hojas holladas.

En las aguas tranquilas de la laguna,
más que en el vasto cielo, brilla la luna;
allí duermen los albos cisnes de Iduna,[2]
en la margen tranquila de la laguna.

Cesa ya la fantástica ronda importuna,
su lumbre melancólica vierte la luna,
y los elfos se acercan a la laguna
y a los albos, dormidos cisnes de Iduna.

Se agrupan silenciosos en el sendero,
lanza la jabalina brazo certero;
de los dormidos cisnes hiere al primero,
y los elfos lo espían desde el sendero.

Para oír el divino canto postrero
blandieron el venablo del caballero,
y escuchan, agrupados en el sendero,
el moribundo, alado canto postrero.

(De *Castalia bárbara*, 1899)

[1]*elfo*: en la mitología germánica, el elfo es el genio que simboliza la tierra, el fuego, etc.
[2]*Iduna*: en la mitología germánica, la diosa de la primavera, que poseía las manzanas doradas de la juventud eterna.

Aeternum vale[3]

Un Dios misterioso y extraño visita la selva.
Es un Dios silencioso que tiene los brazos abiertos.
Cuando la hija de Thor[4] espoleaba su negro caballo,
le vió erguirse, de pronto, a la sombra de un añoso fresno.[5]
        Y sintió que se helaba su sangre
ante el Dios silencioso que tiene los brazos abiertos.

De la fuente de Imer,[6] en los bordes sagrados, más tarde,
la Noche[7] a los Dioses absortos reveló el secreto;
el Aguila[8] negra y los Cuervos de Odín[9] escuchaban,
y los Cisnes[10] que esperan la hora del canto postrero;
        y a los Dioses mordía el espanto
de ese Dios silencioso que tiene los brazos abiertos.

En la selva agitada se oían extrañas salmodias;
mecía la encina y el sauce quejumbroso viento;
el bisonte y el alce rompían las ramas espesas,
y a través de las ramas espesas huían mugiendo.
        En la lengua sagrada de Orga[11]
despertaban del canto divino los divinos versos.

Thor, el rudo, terrible guerrero que blande la maza
—en sus manos es arma la negra montaña de hierro —,
va a aplastar, en la selva, a la sombra del árbol sagrado,
a ese Dios silencioso que tiene los brazos abiertos.
        Y los Dioses la maza contemplan
que gira en los aires y nubla la lumbre del cielo.

Ya en la selva sagrada no se oyen las viejas salmodias,
ni la voz amorosa de Freya[12] cantando a lo lejos;
agonizan los Dioses que pueblan la selva sagrada,
y en la lengua de Orga se extinguen los divinos versos.
        Solo, erguido a la sombra de un árbol,
hay un Dios silencioso que tiene los brazos abiertos.

(De *Castalia bárbara*, 1899)

---

[3]*Aeternum vale*: latín, "adiós para siempre." En la
mitología germánica el universo será destruído totalmente en un gran cataclismo que denominan Ragnarök,
o sea, el ocaso de los dioses.
[4]*Thor*: dios del trueno y de la guerra. Su hija, Thrud,
era una giganta en estatura y fuerza, que a veces
tomaba la forma de una nube.
[5]*fresno*: Odín, el todopoderoso, creó el fresno Yggdrasil,
que era el árbol del universo, el tiempo y la vida.
[6]*Imer*: el mar, que se hallaba bajo una de las tres
inmensas raíces del fresno Yggdrasil.
[7]*la Noche*: hija de uno de los gigantes y diosa de la
noche.
[8]*el Águila*: ave posada en el fresno Yggdrasil y cono-
cedora de muchas cosas.
[9]*Odín*: el primero y más grande de los dioses en la
mitología germánica. En sus hombros se posaban dos
cuervos, Hugín, el pensamiento, y Munín, la memoria.
[10]*Cisnes*: dos cisnes habitaban el charco Urd, debajo de
la tercera raíz de Yggdrasil, el fresno.
[11]*Orga*: palabra inventada por el autor.
[12]*Freya*: esposa de Odín, diosa del amor y el matrimonio.

Lustral[13]

Llamé una vez a la visión
                              y vino.
Y era pálida y triste, y sus pupilas
ardían como hogueras de martirios.
Y era su boca como un ave negra
de negras alas.
                    En sus largos rizos
había espinas. En su frente, arrugas.
Tiritaba.
            Y me dijo:
— ¿Me amas aún?
                    Sobre sus negros labios

posé los labios míos;
en sus ojos de fuego hundí mis ojos
y acaricié la zarza de sus rizos.
Y uní mi pecho al suyo, y en su frente
apoyé mi cabeza.
                    Y sentí el frío
que me llegaba al corazón. Y el fuego
en los ojos.
                    Entonces
se emblanqueció mi vida como un lirio.

(De *Castalia bárbara,* 1899)

Las voces tristes

Por las blancas estepas
se desliza el trineo;
los lejanos aullidos de los lobos
se unen al jadeante resoplar de los perros.
    Nieva.
Parece que el espacio se envolviera en un velo,
tachonado de lirios
por las alas del cierzo.
    El infinito blanco . . .
sobre el vasto desierto
flota una vaga sensación de angustia,

de supremo abandono, de profundo y som-
                        [brío desaliento.
    Un pino solitario
dibújase a lo lejos,
en un fondo de brumas y de nieve,
como un largo esqueleto.
    Entre los dos sudarios
de la tierra y el cielo,
avanza en el Naciente
el helado crepúsculo de invierno . . .

(De *Castalia bárbara,* 1899)

Lo fugaz

La rosa temblorosa
se desprendió del tallo,
y la arrastró la brisa
sobre las aguas turbias del pantano.
    Una onda fugitiva
le abrió su seno amargo,
y estrechando a la rosa temblorosa
la deshizo en sus brazos.

Flotaron sobre el agua
las hojas como miembros mutilados,
y confundidas con el lodo negro,
negras, aun más que el lodo, se tornaron.
    Pero en las noches puras y serenas
se sentía vagar en el espacio
un leve olor de rosa
sobre las aguas turbias del pantano.

(De *Los sueños son vida,* 1917)

---

[13]*lustral:* adjetivo derivado de *lustrar,* acción de puri-
ficar con sacrificios y ceremonias una cosa impura. Así,
los antiguos llamaban *agua lustral* la que usaban para
sus ritos religiosos.

Amado Nervo.━━━━━━━━━━━━━━━━━━

MÉXICO, 1870–1919   Poseyó Nervo, en cierto modo como Darío, aquella doble delectación en lo sensual y lo religioso, aunque en el poeta mexicano, ese rasgo último es mucho más profundo y duradero. Su obra es amplia—29 volúmenes en la edición que Alfonso Reyes hizo de ella en Madrid—y desigual; en ocasiones prosaica, o con resonancias de sus estudios religiosos y de lecturas de filosofías orientales; a menudo asomado al misterio del más allá. Por otra parte, fue Nervo hombre de temperamento amoroso que durante diez años, de 1902 a 1912, concentró en *La amada inmóvil* de su libro más emocionado y sincero, escrito a la muerte de Ana Luisa Cecilia Daillez. En la obra en verso de Nervo—que también escribió novela, cuentos y ensayos—pueden considerarse tres etapas, según advierte el historiador de la literatura mexicana Carlos González Peña: en la primera hay influencias del simbolismo, amor a la vida y a la naturaleza, a la que mira con cierto panteísmo franciscano; y lucha a la vez entre sus tendencias religiosas y la "carne maldita que me apartas del cielo." En la segunda su amor humano se acendra y espiritualiza, según puede verse en sus libros *En voz baja* y *Serenidad* y sobre todo en el ya mencionado *La amada inmóvil*, donde su verso se hace más sencillo y depurado. Y por fin, en la última etapa de su vida vuelve a presentarse por un lado el ascetismo más profundo y por el otro el renacer del amor, un amor lleno de ansias, esperanzas y tormentos sentimentales que darán como fruto principal *El arquero divino*. Con frecuencia, su deseo de penetrar en el enigma de la vida y las cosas le llevaba a un filosofismo de poca profundidad que es lo más perecedero de su obra. La "pacífica gloria poética" de que nos habla su coterráneo Manuel Maples Arce parece resumir el estado actual de la crítica ante el espiritual, angustiado y bondadoso Amado Nervo.

Temas generales

1. Franciscanismo y panteísmo en la obra primera de A.N.
2. El amor y la mujer. La figura de Damiana y la presencia de Ana Luisa Cecilia Daillez. El nuevo amor de sus últimos años.
3. Influencias del catolicismo y de las filosofías orientales. El más allá como tema recurrente en estos versos.
4. A.N. y sus relaciones con el modernismo mexicano. La "Revista Moderna."
5. Estudio de las lecturas de A.N. Los epígrafes en *La Amada inmóvil* como fuente de información sobre las mismas.

Bibliografía

Obra poética
Místicas, México, 1898. *Perlas negras*, 1898. *Poemas*, París, 1901. *Lira heroica*, México, 1902. *El éxodo y las flores del camino*, (1900–1902), verso y prosa, 1902. *Perlas negras. Místicas. Las voces*, París, 1904. *Los jardines interiores*, México, 1905.

En voz baja, París, 1909. *Serenidad* (1909–1912), Madrid, 1914. *Elevación*, 1917. *Plenitud*, prosa y verso, 1918. *El estanque de los lotos*, Buenos Aires, 1919. *La última vanidad*, prosa y verso; pról. de F. Gamboa, México, 1919. *Mis mejores poemas*, Montevideo, 1919. *Poemas selectos*, escog. y pról. de Enrique González Martínez, México, 1919. *La amada inmóvil*, Madrid, 1920. *Los mejores poemas de A.N.*, sel. por Eduardo Barrios y Roberto Meza Fuentes, Santiago de Chile, 1924. *El arquero divino*, 1927. *Obras completas*, ed. de Alfonso Reyes, Madrid, 1920–1928, 29 vols. *Poesías completas*, ed. y notas de Ramón Villasuso, Buenos Aires, 1952, 2 vols. *Obras completas*, ed., estudio y notas de Francisco González Guerrero (prosa) y Alfonso Méndez Plancarte (poesía), Madrid, 1956, 2 vols.

Estudios

LIBROS ESPECIALES: Lamothe, L.G., *Hábleme del modernista mejicano A.N.*, Port-au-Prince, 1962. Ortiz de Montellano, Bernardo, *Figura, amor y muerte de A.N.*, México, 1943. Rafael, A., *A.N.*, *el místico que no pudo ser*, La Habana, 1939. Wellman, E.T., *A.N., Mexico's Religious Poet*, New York, 1936. *Revista de Revistas*, México, *XXVI*, (número dedicado a A.N.), 1936. Pane, Remigio U., "A.N., México, 1870–1919: A Bibliography of his Poems in English Translation Together with a List of his Works," BB, *XVIII*, 1946.

ARTÍCULOS: Davison, N., "El frío como símbolo en *Los Pozos* de A.N.," RevIb, *XXVI*, 1961. Delgado, F., "A.N. (revisión y análisis)," EstA, *IX*, 1955. Leal, Luis, "La poesía de A.N.: a cuarenta años de distancia," HispW, *XLIII*, 1960. Méndez Plancarte, Alfonso, "A.N. inédito y actual," Abs, *VII*, núm. 2, 1943. Molina, Rodrigo A., "Misticismo y franciscanismo de A.N.," CultES, núm. 9, 1956. Morgan, P., "A.N., su vida y su obra," A, *CXXI*, núm. 359, 1955. Shone, Alice I., "A.N.: A Mexican Modernista in the Baudelarian Manner," Ph.D. thesis, Univ. of California, 1935–1936. Umphrey, G.W., "A.N. and Maeterlinck: On Death and Immortality," RRQ, *XL*, 1949.

Diafanidad

Yo soy un alma pensativa. ¿Sabes
lo que es un alma pensativa?—Triste,
pero con esa fría
melancolía
de las suaves
diafanidades. Todo lo que existe,
cuando es diáfano, es sereno y triste.
—¡Sabino peregrino
que contempla en las vivas
transparencias del agua vocinglera
todas las fugitivas
metamorfosis de su cabellera,
peregrino sabino!
—Nube gemela de su imagen, nube
que navega en las fuentes y que en el cielo
[sube.

Dios en hondo mutismo,
viéndose en el espejo de sí mismo.

La vida toca
como una loca

trasnochadora:
«¡Abridme, es hora!»
«Desplegad los oídos, rimadores,
a todos los ruídos exteriores.»
«Despliega tus oídos
a todos los ruídos.»
Mi alma no escucha, duermen mis sentidos.
Mi espíritu y mi oreja están dormidos.

—El pecado del río es su corriente;
la quietud, alma mía,
es la sabiduría
de la fuente.
Los astros tienen miedo
de naufragar en el perenne enredo
del agua que se riza en espirales;
cuando el agua está en éxtasis, bajan a sus
[cristales.

Conciencia,
sé clara;
pero con esa rara

inconsistencia
de toda proyección en un espejo,
devuelve a la importuna
vida, sólo un reflejo
de su paso furtivo ante tu luna.
Alma, tórnate onda
para que cada flor y cada fronda
copien en ti su fugitiva huella;

para que cada estrella
y cada nube hirsuta
se equivoquen de ruta,
y en tu claro caudal encuentren una
prolongación divina de su abismo:
que así, merced a singular fortuna,
el infinito y tú seréis lo mismo.

(De *El éxodo* y *Las flores del camino*, 1902)

A Kempis[1]

Sicut nubes, quasi naves, velut umbra . . .[2]

Ha muchos años que busco el yermo,
ha muchos años que vivo triste,
ha muchos años que estoy enfermo,
¡y es por el libro que tú escribiste!

¡Oh, Kempis, antes de leerte, amaba
la luz, las vegas, el mar Oceano;
mas tú dijiste que todo acaba,
que todo muere, que todo es vano!

Antes, llevado de mis antojos,
besé los labios que al beso invitan,
las rubias trenzas, los grandes ojos,
¡sin acordarme que se marchitan!

Mas como afirman doctores graves,
que tú, maestro, citas y nombras
que el hombre pasa *como las naves*,
como las nubes, como las sombras . . .

huyo de todo terreno lazo,
ningún cariño mi mente alegra,
y con tu libro bajo del brazo
voy recorriendo la noche negra . . .

¡Oh, Kempis, Kempis, asceta yermo,
pálido asceta, qué mal me hiciste!
¡Ha muchos años que estoy enfermo,
y es por el libro que tú escribiste!

(De *Perlas negras, Místicas, Las voces*, 1904)

Pasas por el abismo de mis tristezas . . .

Pasas por el abismo de mis tristezas
como un rayo de luna sobre los mares,
ungiendo lo infinito de mis pesares
con el nardo y la mirra de tus ternezas.

Ya tramonta mi vida, la tuya empiezas;
mas, salvando del tiempo los valladares,
como un rayo de luna sobre los mares

pasas por el abismo de mis tristezas.

No más en la tersura de mis cantares
dejará el desencanto sus asperezas;
pues Dios que dio a los cielos sus luminares,
quiso que atravesaras por mis tristezas
como un rayo de luna sobre los mares . . .

(De *Los jardines interiores*, 1905)

---

[1]*A Kempis:* Tomás a Kempis, el escritor místico alemán (1379-1471), supuesto autor de la *Imitación de Cristo*, famoso libro de meditación.

[2]*del latín:* como las nubes, como las naves, como las sombras.

Vieja llave

Esta llave cincelada
que en un tiempo fue, colgada
(del estrado a la cancela,
de la despensa al granero),
del llavero de la abuela,
y en continuo repicar
inundaba de rumores
los vetustos corredores:
esta llave cincelada,
si no cierra ni abre nada,
¿para qué la he de guardar?

Ya no existe el gran ropero,
la gran arca se vendió:
sólo en un baúl de cuero,
desprendida del llavero,
esta llave se quedó.

Herrumbrosa, orinecida,
como el metal de mi vida,
como el hierro de mi fe,
como mi querer de acero,
esta llave sin llavero
¡nada es ya de lo que fue!

Me parece un amuleto
sin virtud y sin respeto;
nada abre, no resuena . . .
¡me parece un alma en pena!

Pobre llave sin fortuna
. . . y sin dientes, como una
vieja boca: si en mi hogar
ya no cierras ni abres nada,
pobre llave desdentada,
¿para qué te he de guardar?

Sin embargo, tú sabías
de las glorias de otros días:
del mantón de seda fina
que nos trajo de la China

la gallarda, la ligera
española nao fiera.
Tú sabías de tibores
donde pájaros y flores
confundían sus colores;
tú, de lacas, de marfiles
y de perfumes sutiles
de otros tiempos, tu cautela
conservaba la canela,
el cacao, la vainilla,
la suave mantequilla,
los grandos quesos frescales
y la miel de los panales,
tentación del paladar;
mas si hoy, abandonada,
ya no cierras ni abres nada,
pobre llave desdentada,
¿para qué te he de guardar?

Tu torcida arquitectura
es la misma del portal
de mi antigua casa obscura
(que en un día de premura
fue preciso vender mal).

Es la misma de la ufana
y luminosa ventana
donde Inés, mi prima, y yo
nos dijimos tantas cosas
en las tardes misteriosas
del buen tiempo que pasó . . .

Me recuerdas mi morada,
me retratas mi solar:
mas si hoy, abandonada,
ya no cierras ni abres nada,
pobre llave desdentada,
¿para qué te he de guardar?

(De *En voz baja*, 1909)

Espacio y tiempo

*. . . Esta cárcel, estos hierros
en que el alma está metida!*—Santa Teresa

Espacio y tiempo, barrotes
de la jaula
en que el ánima, princesa

encantada,
está hilando, hilando cerca
de las ventanas

de los ojos (las únicas
aberturas por donde
suele asomarse, lánguida).

Espacio y tiempo, barrotes
de la jaula:
ya os romperéis, y acaso
muy pronto, porque cada
mes, hora, instante, os mellan,
¡y el pájaro de oro
acecha una rendija para tender las alas!

La princesa, ladina,
finge hilar, pero aguarda

que se rompa una reja . . .
En tanto, a las lejanas
estrellas dice: «Amigas,
tendedme vuestra escala
de luz sobre el abismo.»

Y las estrellas pálidas
le responden: «Espera,
espera, hermana,
y prevén tus esfuerzos:
¡ya tendemos la escala!»

13 de agosto de 1916

(De *Elevación*, 1917)

La sed

Inútil la fiebre que aviva tu paso;
no hay fuente que pueda saciar tu ansiedad,
por mucho que bebas . . .
           El alma es un vaso
que sólo se llena con eternidad.

¡Qué mísero eres! Basta un soplo frío
para helarte . . . Cabes en un ataúd;
¡y en cambio a tus vuelos es corto el vacío,
y la luz muy tarda para tu inquietud!

¿Quién pudo esconderte, misteriosa esencia,
entre las paredes de un vil cráneo? ¿Quién
es el carcelero que con la existencia
te cortó las alas? ¿Por qué tu conciencia,
si es luz de una hora, quiere el sumo Bien?

Displicente marchas del orto al ocaso;
no hay fuente que pueda saciar tu ansiedad
por mucho que bebas . . .
           ¡El alma es un vaso
que sólo se llena con eternidad!

(De *El estanque de los lotos*, 1919)

Ofertorio

Dios mío, yo te ofrezco mi dolor:
¡Es todo lo que puedo ya ofrecerte!
Tú me diste un amor, un solo amor,
¡un gran amor!

Me lo robó la muerte
. . . y no me queda más que mi dolor.

Acéptalo, Señor:
¡Es todo lo que puedo ya ofrecerte! . . .

(De *La amada inmóvil*, 1920)

Gratia plena

Todo en ella encantaba, todo en ella atraía:
su mirada, su gesto, su sonrisa, su andar . . .
El ingenio de Francia de su boca fluía.
Era *llena de gracia*, como el Avemaría;
¡quien la vio no la pudo ya jamás olvidar!

Ingenua como el agua, diáfana como el día,
rubia y nevada como margarita sin par,
al influjo de su alma celeste, amanecía . . .
Era *llena de gracia*, como el Avemaría;
¡quien la vio no la pudo ya jamás olvidar!

Cierta dulce y amable dignidad la investía
de no sé qué prestigio lejano y singular.
Más que muchas princesas, princesa parecía:
era *llena de gracia* como el Avemaría;
¡quien la vio no la pudo ya jamás olvidar!

Yo gocé el privilegio de encontrarla en mi
[vía
dolorosa: por ella tuvo fin mi anhelar,
y cadencias arcanas halló mi poesía.

Era *llena de gracia* como el Avemaría;
¡quien la vio no la pudo ya jamás olvidar!

¡Cuánto, cuánto la quise! Por diez años fue
[mía;
pero flores tan bellas nunca pueden durar!
Era *llena de gracia*, como el Avemaría;
y a la Fuente de gracia de donde procedía,
se volvió . . . ¡como gota que se vuelve a la
[mar!

(De *La Amada Inmóvil*, 1920)

Guillermo Valencia

COLOMBIA, 1873–1943   Si en su juventud escribió Valencia un poema, "Anarkos," de carácter político, pronto abandonó ese camino para llegar a una poesía que dentro del modernismo bien pudiera representar lo neoclásico, con marcados tonos parnasianos. Hay en él una compostura elegante, de tiempo lento y palabra precisa en la que se deja ver gran cultura clásica y moderna— francesa, alemana, italiana, inglesa, además de la de nuestro mundo hispánico. Una poesía meditada, con recurrencia de temas cristianos o paganos, y de marcada inclinación hacia la retórica que no obstante se salva por el cuidado con que elabora y trabaja su obra.

Es Valencia, a pesar de su larga vida, uno de los poetas modernistas de producción más limitada, pues se reduce a un solo libro original, *Ritos*, de 1898, ampliado en 1914, y otro volumen de traducciones titulado *Catay*, de 1929. Y es también una de las figuras más aisladas de ese movimiento y de menor influencia en las de su época, aunque gozó de gran fama dentro y fuera de su país. Sin tener el genio de Darío, ni la inquietud de Lugones, ni la fantasía de Herrera y Reissig, ni el espíritu de Nervo, o la extrañeza de Jaimes Freyre, permanece Valencia en nuestra literatura por esa actitud "exterior" frente al poema que le permite mirar sus asuntos con gran lujo de detalles sugerentes y exactos a la vez, y que sabe dar a cada uno de sus poemas el ritmo apropiado y la palabra justa. Ni todo en él es, como a primera vista pudiera parecer, frío y calculado; ya que por debajo de esa apariencia de parnasiana objetividad corre un fondo de inquietud, como puede observarse en su "Croquis."

Temas generales

1. La obra original de G.V. Estudio de *Ritos*. Temas y formas de este libro.
2. G.V. como traductor. Sus relaciones con la poesía europea. Traducciones del chino "de segunda mano," como dice él mismo en el prólogo de *Catay*.
3. El paisaje y el ritmo. Comparación entre los poemas "Cigüeñas blancas" y "Los camellos."
4. Los temas históricos y bíblicos.
5. La pintura, la escultura y la música como temas recurrentes en los poemas de G.V.
6. Posición de G.V. dentro del modernismo.

Bibliografía

Obra poética

Ritos, Bogotá, 1898; 2da. ed. aum., Londres, 1914. *Catay*, Bogotá, 1928. *Poemas selectos*, introd. de Manuel Toussaint, México, 1917. *Poemas*, Buenos Aires, 1918. *Sus mejores poemas*, Madrid, 1919. "Imprecación al Padre" [Bolívar], RepAm, 17 dic. 1932. "Himno a la raza," RJav, IX, 1938.

Obras poéticas completas, pról. de B. Sanín Cano, Madrid, 1948. *Poesías y Discursos*, introd., selec. y not. por Carlos García Prada, 1959.

Estudios

LIBROS ESPECIALES: Duarte French, A., *G.V.*, Bogotá, 1941. Karsen, Sonja, *G.V., Colombian*

Poet (1873–1934), New York, 1951. Homenaje al maestro [G.V.], Hum, núm. 16, 1943 [Núm. dedicado a G.V. con motivo de su muerte. Contiene varios arts. sobre G.V.]

LIBROS GENERALES: Holguín, Andrés, "G.V. y el parnasianismo," en *La poesía inconclusa y otros ensayos*, Bogotá, 1947. Jaramillo Meza, J.B., "G.V.: su significación en la lírica castellana. Sus libros. Su visita a Manizales. Su vida íntima.," en *Senderos de otoño*, 1935.

ARTÍCULOS: Albareda, Ginés de, "G.V. gran poeta colombiano," UA, ·*XXXIX*, 1962. Belaúnde, Víctor Andrés, "Recordando a G.V.," MP, *XXV*, 1943. Carranza, Eduardo, "Un recuerdo del maestro G.V.," BCBC, *VIII*, 1965. Carreño, E., "A propósito de *Catay*," RNC, *V*, núm. 40, 1943. Castro Leal, Antonio, "G.V. ha muerto," CuA, *II*, núm. 5, 1943. García Prada, Carlos, "El paisaje en la poesía de G.V.," HispW, *XXIV*, 1941. López Narváez, C., "Divagación imposible sobre *Ritos* y *Los Trofeos*," VA, *II*, 1945. Maya, Rafael, "Capítulo de un estudio sobre G.V.," Rev Ind, *XXIV*, 1945. Muñoz Obando, G., "Interpretación del poeta G.V.," RAmer, *VIII*, núm. 24, 1946. Nugent, Robert, "G.V. and French Poetic Theory," HispW, *XLV*, 1962. Restrepo, D., "San Antonio y el Centauro" [ensayo de crítica de este poema], RJav, *XXX*, 1948. Riaño Jauma, Ricardo, "G.V.," RBC, *LII*, 1943. Sanín Cano, B., "G.V. o el modernismo," BCC, *V*, 1943. Schade, George, "La mitología en la poesía de G.V.," RevIb, *XXIV*, núm. 47, 1959. Torres, Edelberto, "G.V. (1873–1943)," RNC, *XXII*, núm. 140–141, 1960. Villegas, S., "G.V.," UA, *XXI*, 1947.

Los camellos

Dos lánguidos camellos, de elásticas cervices,
de verdes ojos claros y piel sedosa y rubia,
los cuellos recogidos, hinchadas las narices,
a grandes pasos miden un arenal de Nubia.[1]

Alzaron la cabeza para orientarse, y luego
al soñoliento avance de sus vellosas piernas
— bajo el rojizo dombo de aquel cenit de fuego—
pararon, silenciosos, al pie de las cisternas . . .

Un lustro apenas cargan bajo el azul magnífico,
y ya sus ojos quema la fiebre del tormento:
tal vez leyeron, sabios, borroso jeroglífico
perdido entre las ruinas de infausto monumento.

Vagando taciturnos por la dormida alfombra,
cuando cierra los ojos el moribundo día,
bajo la virgen negra que los llevó en la sombra,
copiaron el desfile de la Melancolía.

Son hijos del desierto: prestóles la palmera
un largo cuello móvil que sus vaivenes finge,
y en sus marchitos rostros que esculpe la Quimera[2]
¡sopló cansancio eterno la boca de la Esfinge![3]

---

[1]*Nubia:* región de Africa, al sur de Egipto.
[2]*Quimera:* animal fabuloso, con cabeza de león, vientre de cabra y cola de dragón.
[3]*Esfinge:* animal fabuloso, con busto de mujer, cuerpo y garras de león, y alas. La referencia aquí es a la famosa Esfinge que hay en Egipto, cerca de la Gran Pirámide.

Dijeron las Pirámides que el viejo sol rescalda:
«amamos la fatiga con inquietud secreta . . .»
y vieron desde entonces correr sobre una espalda,
tallada en carne viva, su triangular silueta.

Los átomos de oro que el torbellino esparce
quisieron en sus giros ser grácil vestidura,
y unidos en collares por invisible engarce
vistieron del giboso la escuálida figura.

Todo el fastidio, toda la fiebre, toda el hambre,
la sed sin agua, el yermo sin hembras, los despojos
de caravanas . . . huesos en blanquecino enjambre . . .
todo en el cerco bulle de sus dolientes ojos.

Ni las sutiles mirras, ni las leonadas pieles,
ni las volubles palmas que riegan sombra amiga,
ni el ruido sonoroso de claros cascabeles
alegran las miradas al rey de la fatiga.

¡Bebed dolor en ellas, flautistas de Bizancio
que amáis pulir el dáctilo al son de las cadenas;
sólo esos ojos pueden deciros el cansancio
de un mundo que agoniza sin sangre entre las venas!

¡Oh artistas! ¡Oh camellos de la llanura vasta
que váis llevando a cuestas el sacro Monolito!
¡Tristes de Esfinge! ¡Novios de la Palmera casta!
¡Sólo calmáis vosotros la sed de lo infinito!

¿Qué pueden los ceñudos? ¿Qué logran las melenas
de las zarpadas tribus cuando la sed oprime?
Sólo el poeta es lago sobre este mar de arenas,
sólo su arteria rota la Humanidad redime.

Se pierde ya a lo lejos la errante caravana
dejándome—camello que cabalgó el Excidio . . .[4]
¡cómo buscar sus huellas al sol de la mañana,
entre las ondas grises de lóbrego fastidio!

¡No! Buscaré dos ojos que he visto, fuente pura
hoy a mi labio exhausta, y aguardaré paciente
hasta que suelta en hilos de mística dulzura
refresque las entrañas del lírico doliente.

Y si a mi lado cruza la sorda muchedumbre
mientras el vago fondo de esas pupilas miro,
dirá que vió un camello con honda pesadumbre
mirando, silencioso, dos fuentes de zafiro . . .

(De *Ritos*, 1898)

[4] *Excidio:* ruina, destrucción.

Palemón el Estilita[5]

*Enfuriado el Maligno Spíritu de la
devota e sancta vida que el dicho
ermitanno facía, entróle fuertemientre
deseo de facerlo caer en grande y car-
boniento peccado. Ca estos e non otros
son sus pensamientos e obras.*

—Apeles Mestres, *Garín*[6]

Palemón el Estilita, sucesor del viejo
[Antonio,[7]
que burló con tanto ingenio las astucias del
[demonio,
antiquísima columna de granito
se ha buscado en el desierto por mansión,
y en un pie sobre la *stela*
ha pasado muchos días
inspirando a sus oyentes
el horror a los judíos
y el horror a las judías
que endiosaron, ¡Dios del Cielo!,
que endiosaron a una hermosa
de la vida borrascosa,
que llamaban Herodías.[8]

Palemón el Estilita «era un Santo». Su
[retiro
circuían mercadantes de Lycoples y de Tiro,[9]
judaizantes de apartadas sinagogas
que anhelaban de sus labios escuchar
la palabra de consuelo,
la palabra de verdad
que nos salve del castigo
y de par en par el cielo
nos entregue: solo abrigo
contra el pérfido enemigo
que nos busca sin cesar
y nos tienta con el fuego de unos ojos
que destellan bajo el lino de una toca,
con la púrpura de frescos labios rojos
y los pálidos marfiles de una boca.

Al redor de la columna que habitaba el
[Estilita,
como un mar efervescente, muchedumbre
[ingente agita
los turbantes, los bastones y los brazos,
y demanda su sermón al solitario,
cuya hueca voz de enfermo
fuerzas cobra ante la mies
que el Señor ha deparado
a su hoz, y cruza el yermo
que turbaron otros tiempos los timbales de
[Ramsés.[10]

Y les habla de las obras de piedad y
[sacrificio,
de las rudas tentaciones del Apóstol, y del
[vicio
que llevamos en nosotros; del ayuno y el
[cilicio,
del vivir año tras año con las fieras
bajo rotos quitasoles de palmeras;
y les cuenta lo que es sed y lo que es hambre,
lo que son las noches cálidas de Libia,
cuando bulle de planetas un enjambre,
y susurra en los palmares la aura tibia,
que provocan en el ánimo cansado
de una vida muerta y loca
los recuerdos tormentosos
que en los días pesarosos,
que en los días soñolientos
de tristezas y de calma,
nos golpean en el alma

---

[5]*Palemón el Estilita:* santo anacoreta de la Tebaida
(fines del s. III y comienzos del IV, muerto en 315). Se
llama "estilita" al que vivía sobre una columna para
hacer penitencia y huir del mundo.

[6]*Apeles Mestres, Garín:* literato y dibujante español,
nacido en Barcelona (1854–1936). De uno de sus
cuentos, titulado "Juan Garín," escrito en castellano
medieval, ha tomado Valencia el texto que puesto en
castellano moderno, dice: "Enfurecido el Maligno
Espíritu de la devota y santa vida que el dicho ermitaño
hacía, entróle fuerte deseo de hacerlo caer en grande y
negro pecado. Porque estos y no otros son sus pensamientos y obras."

[7]*Antonio:* San Antonio es el célebre anacoreta de la
Tebaida, en el Egipto antiguo. Las tentaciones que
sufrió han sido motivo de numerosas leyendas, y asunto
de pinturas y poemas.

[8]*Herodías:* esposa de Herodes, que hizo a su hija Salomé
pedir la cabeza de Juan el Bautista.

[9]*Lycoples:* o Licópolis, antigua ciudad de Egipto en la
Tebaida; *Tiro:* antigua ciudad de Fenicia que llegó a
tener gran importancia comercial en el siglo XI a. de
J.C.

[10]*Ramsés:* nombre de varios reyes egipcios de la 19ª y
20ª dinastías.

con sus mágicos acentos
cual la espuma débil
toca
la cabeza dura y fría
de la roca.

De la turba que le oía
una linda pecadora
destacóse: parecía
la primera luz del día,
y en lo negro de sus ojos
la mirada tentadora
era un áspid; amplia túnica de grana
dibujaba las esferas de su seno;
nunca vieran los jardines de Ecbatana[11]
otro talle más airoso, blanco y lleno;
bajo el arco victorioso de las cejas
era un triunfo la pupila quieta y brava,
y, cual conchas sonrosadas, las orejas
se escondían bajo un pelo que temblaba
como oro derretido;
de sus manos blancas, frescas,
el purísimo diseño
semejaba lotos vivos
de alabastro;
irradiaba toda ella
como un astro:
era un sueño
que vagaba
con la turba adormecida
y cruzaba
—la sandalia al pie ceñida—
cual la muda sombra errante
de una sílfide,[12]
de una sílfide seguida
por su amante.

Y el buen monje
la miraba,
la miraba,
la miraba,
y, queriendo hablar, no hablaba,
y sentía su alma esclava
de la bella pecadora de mirada tentadora,
y un ardor nunca sentido
sus arterias encendía,
y un temblor desconocido
su figura
larga
y flaca
y amarilla
sacudía:
¡era amor! El monje adusto
en esa hora sintió el gusto
de los seres y la vida;
su guarida
de repente abandonaron
pensamientos tenebrosos
que en la mente
se asilaron
del proscrito,
que, dejando su columna
de granito,
y en coloquio con la bella
cortesana,
se marchó por el desierto
despacito . . .
a la vista de la muda,
¡a la vista de la absorta caravana! . . .

(De *Ritos*, 1898)

Judith y Holofernes[13]

Blancos senos, redondos y desnudos, que al
[paso
de la hebrea se mueven bajo el ritmo sonoro
de las ajorcas rubias y los cintillos de oro,
vivaces como estrellas sobre la tez de raso.

Su boca, dos jacintos en indecible vaso,

da la sutil esencia de la voz. Un tesoro
de miel hincha la pulpa de sus carnes. El lloro
no dio nunca a esa faz languideces de ocaso.

Yacente sobre un lecho de sándalo, el Asirio
reposa fatigado; melancólico cirio
los objetos alarga y proyecta en la alfombra.

[11]*Ecbatana*: véase Darío, p. 78, nota 38.
[12]*sílfide*: nombre de ciertas ninfas del aire. En sentido figurado, mujer delgada y graciosa.
[13]*Judith y Holofernes*: Holofernes fue un general de

Nabucodonosor I que por orden de éste invadió la Palestina en 689 a. de J.C. Judit, la joven y valerosa hebrea, lo mató en el sitio de Betulia (Judit, 13, 2–10).

Y ella, mientras reposa la bélica falange,
muda, impasible, sola, y escondido el alfanje,
para el trágico golpe se recata en la sombra.

Y ágil tigre que salta de tupida maleza,
se lanzó la israelita sobre el héroe dormido,
y de doble mandoble, sin robarle un gemido,
del atlético tronco desgajó la cabeza.

Como de ánforas rotas, con urgida presteza,
desbordó en oleadas el carmín encendido,

y de un lago de púrpura y de sueño y de
[olvido,
recogió la homicida la pujante cabeza.

En el ojo apagado, las mejillas y el cuello,
de la barba, en sortijas, al ungido cabello
se apiñaban las sombras en siniestro derroche

sobre el lívido tajo de color de granada . . .
y fingía la negra cabeza destroncada
una lúbrica rosa del jardín de la Noche.

(De «Las dos cabezas», en *Ritos*, 1898)

Croquis

Bajo el puente y al pie de la torcida
y angosta callejuela del suburbio,
como un reptil en busca de guarida,
pasa el arroyo turbio . . .
                    Mansamente
bajo el arco de recia contextura
que el tiempo afelpa de verdosa lama
sus ondas grises la corriente apura,
y en el borde los ásperos zarzales
prenden sus redes móviles
al canto de los yertos peñascales.

Al rayar de un crepúsculo, el mendigo
que era un loco tal vez, quizá un poeta,
bajo el candil de amarillenta lumbre
que iluminaba su guarida escueta,
lloró mucho . . .
                    Con honda pesadumbre
corrió al abismo, se lanzó del puente,
cruzó como un relámpago la altura,
y entre las piedras de la sima oscura
se rompió con estrépito la frente.

Era al amanecer. En el vacío
temblaba un astro de cabeza rubia,
y con la vieja ráfaga de hastío
que despierta a los hombres en sus lechos
vagaba un viento desolado y frío;
se crispaban los frágiles helechos
de tallos cimbradores; lluvia densa
azotaba los techos:
enmudecía la ciudad inmensa
y me dije: ¡quién sabe
si aquellas tenues gotas de rocío,

si aquella casta lluvia
son lágrimas que vienen del vacío,
desde los ojos de la estrella rubia!

Rubia estrella doliente,
solitario testigo
de la fuga del pálido mendigo,
¿fuiste su ninfa ausente?
¿eres su novia muerta,
que a los albores de otra luz despierta?
Rubia estrella, testigo
de la muerte del pálido mendigo,
cuéntame a solas su pasión secreta:
¿fue él acaso tu férvido poeta?
¿en las noches doradas,
bajo el quieto follaje de algún tilo,
tus manos delicadas
le entornaron el párpado tranquilo,
mientras volaba por su faz inquieta
tu fértil cabellera de violeta?
Rubia estrella doliente,
solitario testigo
de la fuga del pálido mendigo . . .

Va cayendo la tarde. Soplo vago
de insólita pavura
mana del fondo de la sima oscura,
y el cadáver, ya frío,
se ha llevado en sus ímpetus el río.

Entre la zarza un can enflaquecido
lame con gesto de avidez suprema
el sílex negro que manchó el caído
con el raudal de sus arterias rotas;

luego el áspero hocico relamido
frunce voraz, y con mirada aviesa,
temeroso que surja entre la gente

alguien que anhele compartir su presa,
clava los turbios ojos en el puente . . .

1901

Hay un instante . . .

Hay un instante del crepúsculo
en que las cosas brillan más,
fugaz momento palpitante
de una morosa intensidad.

Se aterciopelan los ramajes,
pulen las torres su perfil,
burila un ave su silueta
sobre el plafondo de zafir.

Muda la tarde, se concentra
para el olvido de la luz,
y la penetra un dón suave
de melancólica quietud.

Como si el orbe recogiera
todo su bien y su beldad,
toda su fe, toda su gracia,
contra la sombra que vendrá . . .

Mi ser florece en esa hora
de misterioso florecer;
llevo un crepúsculo en el alma,
de ensoñadora placidez;

en él revientan los renuevos
de la ilusión primaveral,
y en él me embriago con aromas
de algún jardín que hay ¡*más allá!*

(De "Otras poesías" en
Obras poéticas completas, 1948)

Leopoldo Lugones

ARGENTINA, 1874–1938   La obra en verso de Lugones—aparte de la prosa, también excelente y de resonancia posterior—es una de las más nutridas y variadas del modernismo. Su genio, su inquietud y su constante voluntad de renovación le llevaron por caminos sucesivos y a veces hasta contradictorios, sin que en ninguno de ellos, sin embargo, se pierda el acento personal y la maestría verbal que lo caracterizan. Ya en Buenos Aires desde 1896, año de la aparición de las *Prosas profanas* de Darío, Lugones se sumó al grupo que capitaneaba el poeta nicaragüense y desde el año siguiente, en que publica *Las montañas del oro*, se convierte en fuerza directriz del modernismo argentino. Hay en ese primer libro, todavía, elocuencia procedente del romanticismo (Victor Hugo), mezclada a un sensualismo pagano y a veces de espíritu rebelde, en los que pueden hallarse ecos de Leconte de Lisle, Poe, Baudelaire y anticipaciones del tono decadente y refinado que toma cuerpo en su segundo libro de versos, *Los crepúsculos del jardín*. Es esta una colección de poemas exquisitos en que convergen forma parnasiana y emoción y musicalidad simbolistas, como en la serie de sonetos titulada "Los doce gozos." Allí también aparece ese gran poema suyo "El solterón," de los más sugestivos y melancólicos de su época, verdadero alarde de sugerencias, colores y medias tintas. Pero Lugones no era poeta de un solo registro estético y bien pronto, en 1909, compone y da a la estampa su *Lunario sentimental*, libro en que culmina su procedimiento metafórico, moldeado en un atrevido versolibrismo que se combina con el uso más sorprendente de la rima. A pesar de la indudable reminiscencia

de los poemas de Jules Laforgue (*L'Imitation de Notre-Dame la lune*), el *Lunario* de Lugones contiene tanta original fantasía, tal humor y gracia expresiva, tantas innovaciones que colocan a su autor entre los más evidentes precursores del futuro vanguardismo.

Un año después de este gran juego verbal, el poeta de Río Seco abandona las acrobacias y juegos de palabras y se vuelve hacia el paisaje de su tierra. Coincidiendo con la celebración del centenario de la Independencia argentina aparece otro de sus libros importantes, las *Odas seculares*, de geórgica y serena belleza. El campo y sus paisanos, los "ganados y las mieses" van desfilando por las páginas de estas odas donde el poeta imprime su amor a la realidad de la tierra y sus habitantes. Dos años más, y esa realidad exterior se convierte en la suave melancolia de *El libro fiel*, obra de devoción conyugal que con ligeras reminiscencias de las evocaciones lunares de 1909, aparece todo él transido de emoción, de ambiente mágico fascinador.

La contemplación de la naturaleza que aparecio en las *Odas* se muestra de nuevo en *El libro de los paisajes*, aunque aquí el poeta se recoge y fija la atención en los motivos más diminutos de aquélla como los pájaros, sobre todo; o bien resuena en el tan conocido "Salmo pluvial," esa especie de Sexta sinfonia en miniatura. De allí, al hondo lirismo de *Las horas doradas* y, entrándose Lugones más y más en su devoción por los motivos campestres y criollos, al *Romancero*, los *Poemas solariegos* y su obra póstuma, los *Romances de Río Seco*, con los que termina su evolución poética en un ajuste a la sencillez y una expresión humilde de indiscutible acento tradicional hispánico.

Temas generales

1. L.L. en el modernismo argentino. Su papel de innovador y sus relaciones con Rubén Darío y con Ricardo Jaimes Freyre.
2. El pleito L.L.–Herrera y Reissig. Influencias mutuas. El soneto como vehículo de la expresión lírica en ambos poetas.
3. Los motivos vernáculos en L.L. Tierra, paisaje y figuras en sus *Odas seculares*.
4. *L'Imitation de Notre-Dame la lune* de Jules Laforgue y el *Lunario sentimental* de L.L. Semejanzas y diferencias entre estos dos libros.
5. L.L. como intérprete lírico de lo pequeño. Pájaros, insectos, animalitos que aparecen en su obra.
6. El amor en los versos de L.L. Diferencias con el sensualismo de otros poetas modernistas. *El libro fiel*, exponente de ello.
7. Las formas tradicionales hispánicas en los libros de la última época de L.L.
8. Estudio de conjunto de esta poesía. Evolución estética y formal desde el tono exquisito y decadente hasta el realismo de lo vernáculo.

Bibliografía

Obra poética

Las montañas del oro, Buenos Aires, 1897; con juicio de Rubén Darío, Montevideo, 1919; Buenos Aires, 1947. *Los crepúsculos del jardín*, 1905. *Lunario sentimental*, 1909. *Odas seculares*, 1910. *El libro fiel*, París, 1912. *El libro de los paisajes*, Buenos Aires, 1917. *Las horas doradas*, 1922. *Romancero*, 1925. *Poemas solariegos*, 1928. *Romances de Río Seco*, 1948. *Antología poética*, sel. y pról. de Carlos Obligado, 1ª ed., 1941; 9ª ed., 1965. *Obras poéticas completas*, pról. de Pedro Miguel Obligado, Madrid, 1959.

Estudios

LIBROS ESPECIALES: Ara, Guillermo, *L.L., la etapa modernista*, Buenos Aires, 1955. Ara, Guillermo, *L.L.*, Buenos Aires, 1958. Baquerizo Moreno, A., *L. y Alfonsina Storni*, Guayaquil, 1940. Borges, Jorge Luis, *L.L.*, Buenos Aires, 1965. Cambours Ocampo, Arturo, *Lugones. El escritor y su lenguaje*, Buenos Aires, 1957. Ghiano, Juan Carlos, *Lugones escritor*, Buenos Aires, 1955. Hardy, B.R. *A Study of the Varied Talents of L.L.*, Univ. of Kansas, 1934. Kinnard, V., *The Life, Works and Significance of L.L.*, Univ. of Washington, 1934. Lugones (hijo), Leopoldo, *Mi padre* [biografía de L.L.], Buenos Aires, 1949. Magis, Carlos Horacio, *La poesía de L.L.*, México, 1960. Más y Pi, Juan, *L.L. y su obra* [estudio crítico], Buenos Aires, 1911. Núñez, Jorge A., *L.L.*, Buenos Aires, 1957. Olivari, M., *Lugones*, Buenos Aires, 1940. Plácido, A.D., *L.L.: su formación, su espíritu, su obra*, Montevideo, 1943. Vidal Pena, Leonidas, *El drama intelectual de L.L.*, Buenos Aires, 1938. "Homenaje a L.L. (1874–1938)," RevIb, *XXX*, ene–jun. 1964 [contiene artículos de varios autores]. Nos. [número dedicado a L.L.], *VII*, 1938.

LIBROS GENERALES: Levillier, Roberto, "Herrera y Reissig y L.L." en *Homenaje a Ernest Martinenche*, París, 1939.

ARTÍCULOS: Bernárdez, Francisco Luis, "Los romances criollos de Lugones," Sur, núm. 56, 1939. Casartelli, Manuel A., "La poesía didáctica de L.L.," CuH, núm. 93, 1957. Jiménez, José Olivio, "Una metáfora del tiempo en la poesía de L.L.," RHM, *XXXII*, núm. 1–2, 1966. Maiorana, María Teresa, "Huellas de Baudelaire en *Las montañas del oro*," RIBL, *II–III*, núm. 2 y 3, 1960–61. Maiorana, María Teresa, "*L'imitation de Notre-Dame la lune* y *El lunario sentimental*," BAAL, *XXVIII*, 1963. Mazzei, Angel, "Lugones simbolista: En el 90 aniversario de su nacimiento," CBA, *XI*, núm. 39, 1964. Montenegro, Adelmo R., "Lugones y el modernismo hispanoamericano," HumCar, *II*, 1959. Pagano, José León, "L.L. poeta civil," BAAL, *XXXII*, 1958. Phillips, Allen W., "Notas sobre una afinidad poética: Jules Laforgue y el Lugones de *Lunario sentimental*," RevIb, *XXIII*, núm. 45, 1958. Picón-Salas, Mariano, "Para una interpretación de Lugones," RNC, *VIII*, núm. 59, 1946. Torre, Guillermo de, "El pleito Lugones: Herrera y Reissig," ALi, 12 mar. 1942. Zambrano, David H., "Presencia de Baudelaire en la poesía hispanoamericana: Darío, Lugones, D. Agustini," CuA, *XVII*, 1958.

La voz contra la roca (*fragmento*)

El poeta es el astro de su propio destierro.
Él tiene su cabeza junto a Dios, como todos;
pero su carne es fruto de los cósmicos lodos
de la vida. Su espíritu del mismo yugo es siervo,
pero en su frente brilla la integridad del Verbo.
Cada vez que una de sus columnas, que en la historia
trazan nuevos caminos de esfuerzo y de victoria,
emprende su jornada, dejando detrás de ella
rastros de lumbre como los pasos de una estrella,
noches siniestras, ecos de lúgubres clarines,
huracanes colgados de gigantescas crines
y montes descarnados como imponentes huesos:
uno de esos engendros del prodigio, uno de esos
armoniosos doctores del Espíritu Santo,
alza sobre la cumbre de la noche su canto.
(La alondra y el sol tienen de común estos puntos:
que reinan en los cielos y se levantan juntos.)
El canto de esos grandes es como un tren de guerra
cuyas sonoras llantas surcan toda la tierra.
Cantan por sus heridas ensangrentadas bocas
de trompeta, que mueven el alma de las rocas
y de los mares. Hugo con su talón fatiga
los olímpicos potros de su imperial cuadriga;
y, como de un océano que el sol naciente dora,
de sus grandes cabellos se ve surgir la aurora.
Dante alumbra el abismo con su alma. Dante piensa.
Alza entre dos crepúsculos una portada inmensa,
y pasa, transportando su empresa y sus escombros,
una carga de montes y noches en los hombros.

Whitman entona un canto serenamente noble.
Whitman es el glorioso trabajador del roble.
Él adora la vida que irrumpe en toda siembra,
el grande amor que labra los flancos de la hembra;
y todo cuanto es fuerza, creación, universo,
pesa sobre las vértebras enormes de su verso.
Homero es la pirámide sonora que sustenta
los talones de Júpiter, goznes de la tormenta.
Es la boca de lumbre surgiendo del abismo.
Tan de cerca le ha hablado Dios, que él habla lo mismo.

(De *Las montañas del oro*, 1897)

Delectación morosa

La tarde, con ligera pincelada
que iluminó la paz de nuestro asilo,
apuntó en su matiz crisoberilo[1]
una sutil decoración morada.

Surgió enorme la luna en la enramada;
las hojas agravaban su sigilo,
y una araña en la punta de su hilo,
tejía sobre el astro, hipnotizada.

Poblóse de murciélagos el combo
cielo, a manera de chinesco biombo;
tus rodillas exangües sobre el plinto[2]

manifestaban la delicia inerte,
y a nuestros pies un río de jacinto
corría sin rumor hacia la muerte.

(De *Los crepúsculos del jardín*, 1905)

El solterón

Largas brumas violetas
flotan sobre el río gris,
y allá en las dársenas quietas
sueñan oscuras goletas
con un lejano país.

El arrabal solitario
tiene la noche a sus pies,
y tiembla su campanario
en el vapor visionario
de ese paisaje holandés.

El crepúsculo perplejo
entra a una alcoba glacial,
en cuyo empañado espejo
con soslayado reflejo
turba el agua del cristal.

El lecho blanco se hiela
junto al siniestro baúl,
y en su herrumbrada tachuela
envejece una acuarela
cuadrada de felpa azul.

En la percha del testero,
el crucificado frac
exhala un fenol severo,
y sobre el vasto tintero
piensa un busto de Balzac.

La brisa de las campañas,
con su aliento de clavel,
agita las telarañas

que son inmensas pestañas
del desusado cancel.

Allá por las nubes rosas
las golondrinas, en pos
de invisibles mariposas,
trazan letras misteriosas
como escribiendo un adiós.

En la alcoba solitaria,
sobre un raído sofá
de cretona centenaria,
junto a su estufa precaria
meditando un hombre está.

Tendido en postura inerte
masca su pipa de boj,
y en aquella calma advierte
¡qué cercana está la muerte
del silencio del reloj!

En su garganta reseca
gruñe una biliosa hez,
y bajo su frente hueca
la verdinegra jaqueca
maniobra un largo ajedrez.

¡Ni un gorjeo de alegrías!
¡Ni un clamor de tempestad!
Como en las cuevas sombrías
en el fondo de sus días
bosteza la soledad.

---

[1]*crisoberilo:* piedra preciosa de color verde amarillento.
[2]*plinto:* cuadrado sobre el cual se asienta la columna. Se usa también en el sentido de pedestal, y así es como aparece en este soneto.

Y con vértigos extraños
en su confusa visión
de insípidos desengaños,
ve llegar los grandes años
con sus cargas de algodón.

A inverosímil distancia
se acongoja un violín,
resucitando en la estancia
como una ancestral fragancia
del humo de aquel esplín.

Y el hombre piensa. Su vista
recuerda las rosas té
de un sombrero de modista . . .
El pañuelo de batista . . .
Las peinetas . . . El corsé . . .

Y el duelo en la playa sola: —
Uno . . . dos . . . tres . . . Y el lucir
de la montada pistola . . .
y el son grave de la ola
convidando a bien morir.

Y al dar a la niña inquieta
la reconquistada flor
en la persiana discreta,
sintióse héroe y poeta
por la gracia del amor.

Epitalamios de flores
la dicha escribió a sus pies,
y las tardes de colores
supieron de esos amores
celestiales . . . Y después . . .

Ahora una vaga espina
le punza en el corazón,
si su coqueta vecina
saca la breve botina
por los hierros del balcón;

y si con voz pura y tersa,
la niña del arrabal
en su malicia perversa,
temas picantes conversa
con el canario jovial;

surge aquel triste percance
de tragedia baladí:
la novia . . . la flor . . . el lance . . .
veinte años cuenta el romance.
Turguenef tiene uno así.

¡Cuán triste era su mirada,
cuán luminosa su fe
y cuán leve su pisada!
¿Por qué la dejó olvidada? . . .
¡Si ya no sabe por qué!

En el desolado río
se agrisa el tono punzó
del crepúsculo sombrío,
como un imperial hastío
sobre un otoño de gró.

Y el hombre medita. Es ella
la visión triste que en un
remoto nimbo descuella;
es una ajada doncella
que le está aguardando aún.

Vago pavor le amilana,
y va a escribirla por fin
desde su informe nirvana . . .
la carta saldrá mañana
y en la carta irá un jazmín.

La pluma en sus dedos juega;
ya el pliego tiene doblez;
y su alma en lo azul navega.
A los veinte años de brega
va a escribir *tuyo* otra vez.

No será trunca ni ambigua
su confidencia de amor
sobre la vitela exigua.
¡Si esa carta es muy antigua! . . .
Ya está turbio el borrador.

Tendrá su deleite loco
blancas sedas de amistad
para esconder su ígneo foco.
La gente reirá un poco
de esos novios de otra edad.

Ella, la anciana, en su leve
candor de virgen senil,
será un alabastro breve.
Su aristocracia de nieve
nevará un tardío abril.

Sus canas, en paz suprema,
en la alcoba sororal
darán olor de alhucema,
y estará en la suave yema
del fino dedo el dedal.

Cuchicheará a ras del suelo
su enagua un vago frú-frú,
¡y con qué afable consuelo
acogerá el terciopelo
su elegancia de bambú! . . .

Así está el hombre soñando
en el aposento aquel,
y su sueño es dulce y blando;
mas la noche va llegando
y está aún blanco el papel.

Sobre su visión de aurora,
un tenebroso crespón
los contornos descolora,
pues la noche vencedora
se le ha entrado al corazón.

Y como enturbiada espuma,
una idea triste va
emergiendo de su bruma:
¡qué mohosa está la pluma!
¡La pluma no escribe ya!

(De *Los crepúsculos del jardín*, 1905)

Emoción aldeana

Nunca gocé ternura más extraña,
que una tarde entre las manos prolijas
del barbero de campaña—
furtivo carbonario que tenía dos hijas.
Yo venía de la montaña
en mi claudicante jardinera,
con timidez urbana y ebrio de primavera.

Aristas de mis parvas,
tupían la fortaleza silvestre
de mi semestre
de barbas;
recliné la cabeza
sobre la fatigada almohadilla,
con una plenitud sencilla
de docilidad y de limpieza;
y en ademán cristiano presenté la mejilla . . .

El desconchado espejo
protegido por marchitos tules,
absorbiendo el paisaje en su reflejo,
era un óleo enorme de sol bermejo,
praderas pálidas y cielos azules.
Y ante el mórbido gozo
de la tarde vibraba en pastorelas,
flameaba como un soberbio trozo
que glorificara un orgullo de escuelas.

La brocha, en tanto,
nevaba su sedosa espuma
con el encanto
de una caricia de pluma.
De algún redil cabrío, que en tibiezas amigas,
aprontaba al rebaño su familiar sosiego,

exhalaban un perfume labriego
de polen almizclado las boñigas.

Con sonora mordedura
raía mi fértil mejilla la navaja,
mientras sonriendo anécdotas en voz baja,
el liberal barbero me hablaba mal del cura.
A la plática ajeno,
preguntábale yo, superior y sereno
(bien que con cierta inquietud de celibato),
por sus dos hijas, Filiberta y Antonia;
cuando de pronto deleitó mi olfato
una ráfaga de agua de colonia.

Era la primogénita, doncella preclara,
chisporroteada en pecas bajo rulos de cobre.
Mas en ese momento, con presteza avara,
rociábame el maestro su vinagre a la cara,
en insípido aroma de pradera pobre.

Harto esponjada en sus percales,
la joven apareció, un tanto incierta,
a pesar de las lisonjas locales.
Por la puerta,
asomaron racimos de glicinas,
y llegó de la huerta
un maternal escándalo de gallinas.

Cuando, con fútil prisa,
hacía la bella volví mi faz más grata,
su púdico saludo respondió a mi sonrisa,
y ante el sufragio de mi amor pirata,
y la flamante lozanía de mis carrillos,
vi abrirse enormemente sus ojos de gata,
fritos en rubor como dos huevecillos.

Sobre el espejo, la tarde lila
improvisaba un lánquido miraje
en un ligero vértigo de agua tranquila.
Y aquella joven con su blanco traje,

al borde de esa visionaria cuenca,
daba al fugaz paisaje
un aire de antigua ingenuidad flamenca.

(De *Los crepúsculos del jardín*, 1905)

Divagación lunar

Si tengo la fortuna
de que con tu alma mi dolor se integre,
te diré entre melancólico y alegre
las singulares cosas de la luna.

Mientras el menguante exiguo
a cuyo noble encanto ayer amaste,
aumenta su desgaste
de sequín antiguo,
quiero mezclar a tu champaña
como un buen astrónomo teórico,
su luz, en sensación extraña
de jarabe hidroclórico.
Y cuando te envenene
la pálida mixtura,
como a cualquier romántica Eloísa o Irene,
tu espíritu de amable criatura
buscará una secreta higiene
en la pureza de mi desventura.

Amarilla y flacucha,
la luna cruza el azul pleno,
como una trucha
por un estanque sereno,
y su luz ligera,
indefiniendo asaz tristes arcanos,
pone una mortuoria translucidez de cera
en la gemela nieve de tus manos.

Cuando aún no estaba la luna, y afuera
como un corazón poético y sombrío
palpitaba el cielo de primavera,
la noche, sin ti, no era
más que un obscuro frío.
Perdida toda forma, entre tanta
obscuridad, eras sólo un aroma;
y el arrullo amoroso ponía en tu garganta
una ronca dulzura de paloma.
En una puerilidad de tactos quedos,
la mirada perdida en una estrella,
me extravié en el roce de tus dedos.
Tu virtud fulminaba como una centella . . .

Mas el conjuro de los ruegos vanos
te llevó al lance dulcemente inicuo,
y el coraje se te fue por las manos
como un poco de agua por un mármol oblicuo.

La luna fraternal, con su secreta
intimidad de encanto femenino,
al definirte hermosa te ha vuelto coqueta.
Sutiliza tus maneras un complicado tino;
en la lunar presencia,
no hay ya ósculo que el labio al labio suelde;
y sólo tu seno de audaz incipiencia,
con generosidad rebelde
continúa el ritmo de la dulce violencia.

Entre un recuerdo de Suiza
y la anécdota de un oportuno primo
tu crueldad virginal se sutiliza;
y con sumisión postiza
te acurrucas en pérfido mimo,
como un gato que se hace una bola
en la cabal redondez de su cola.

Es tu ilusión suprema
de joven soñadora,
ser la joven mora
de un antiguo poema.
La joven cautiva que llora
llena de luna, de amor y de sistema.

La luna enemiga
que te sugiere tanta mala cosa,
y de mi brazo cordial te desliga,
pone un detalle trágico en tu intriga
de pequeño mamífero rosa.
Mas al amoroso reclamo
de la tentación, en tu jardín alerta,
tu grácil juventud despierta
golosa de caricia y de *Yoteamo*.
En el albaricoque
un tanto marchito de tu mejilla,
pone el amor un leve toque

de carmín, como una lucecilla.
Lucecilla que a medias con la luna
tu rostro excava en escultura inerte,
y con sugestión oportuna

de pronto nos advierte
no sé qué próximo estrago,
como el rizo anacrónico de un lago
anuncia a veces el soplo de la muerte . . .

(De *Lunario sentimental,* 1909)

A los gauchos

Raza valerosa y dura
que con pujanza silvestre
dio a la patria en garbo ecuestre
su primitiva escultura.
Una terrible ventura
va a su sacrificio unida,
como despliega la herida
que al toro desfonda el cuello,
en el raudal del degüello
la bandera de la vida.

Es que la fiel voluntad
que al torvo destino alegra,
funde en vino la uva negra
de la dura adversidad.
Y en punto de libertad
no hay satisfacción más neta,
que medírsela completa
entre riesgo y corazón,
con tres cuartas de facón[3]
y cuatro pies de cuarteta.

En la hora del gran dolor
que a la historia nos paría,
así como el bien del día
trova el pájaro cantor,
la copla del payador[4]
anunció el amanecer,
y en el fresco rosicler[5]
que pintaba el primer rayo,
el lindo gaucho de Mayo
partió para no volver.

Así salió a rodar tierra
contra el viejo vilipendio,

enarbolando el incendio
como estandarte de guerra.
Mar y cielo, pampa y sierra,
su galope al sueño arranca,
y bien sentada en el anca
que por las cuestas se empina,
le sonríe su *Argentina*
linda y fresca, azul y blanca.

Desde Suipacha a Ayacucho[6]
se agotó en el gran trabajo,
como el agua cuesta abajo
por haber corrido mucho;
mas siempre garboso y ducho
aligeró todo mal,
con la gracia natural
que en la más negra injusticia
salpicaba su malicia
clara y fácil como un real.

Luego al amor del caudillo
siguió, muriendo admirable,
con el patriótico sable
ya rebajado a cuchillo;
pensando, alegre y sencillo,
que en cualesquiera ocasión,
desde que cae al montón
hasta el día en que se acaba,
pinta el culo de la taba
la existencia del varón.

Su poesía es la temprana
gloria del verdor campero
donde un relincho ligero
regocija la mañana.

---

[3]*facón:* en Argentina, puñal, cuchillo grande de punta aguda.
[4]*payador:* campesino que recorre las reuniones populares improvisando canciones o *payadas* que acompaña con la guitarra.
[5]*rosicler:* color rosado de la aurora.
[6]*Suipacha:* lugar de Bolivia donde los argentinos derrotaron a los españoles en 1810; *Ayacucho:* en Perú, la victoria definitiva lograda por Sucre que puso fin a la dominación española en la América del Sur (1824).

Y la morocha[7] lozana
de sediciosa cadera,
en cuya humilde pollera[8]
primicias de juventud
nos insinuó la inquietud
de la loca primavera.

Su recuerdo, vago lloro
de guitarra sorda y vieja,

a la patria no apareja
preocupación ni desdoro.

De lo bien que guarda el oro,
el guijarro es argumento;
y desde que el pavimento
con su nivel sobrepasa,
va sepultando la casa
las piedras de su cimiento.

(De *Odas seculares*, 1910)

La blanca soledad

Bajo la calma del sueño,
calma lunar de luminosa seda,
la noche
como si fuera
el blanco cuerpo del silencio,
dulcemente en la inmensidad se acuesta.
Y desata
su cabellera,
en prodigioso follaje
de alamedas.

Nada vive sino el ojo
del reloj en la torre tétrica,
profundizando inútilmente el infinito
como un agujero abierto en la arena.
El infinito,
rodado por las ruedas
de los relojes,
como un carro que nunca llega.

La luna cava un blanco abismo
de quietud, en cuya cuenca
las cosas son cadáveres
y las sombras viven como ideas.
Y uno se pasma de lo próxima
que está la muerte en la blancura aquella.
De lo bello que es el mundo

poseído por la antigüedad de la luna llena.
Y el ansia tristísima de ser amado,
en el corazón doloroso tiembla.

Hay una ciudad en el aire,
una ciudad casi invisible suspensa,
cuyos vagos perfiles
sobre la clara noche transparentan,
como las rayas de agua en un pliego,
su cristalización poliédrica.
Una ciudad tan lejana,
que angustia con su absurda presencia.

¿Es una ciudad o un buque
en el que fuésemos abandonando la **tierra**,
callados y felices,
y con tal pureza,
que sólo nuestras almas
en la blancura plenilunar vivieran? . . .

Y de pronto cruza un vago
estremecimiento por la luz serena.
Las líneas se desvanecen,
la inmensidad cámbiase en blanca piedra,
y sólo permanece en la noche aciaga
la certidumbre de tu ausencia.

(De *El libro fiel*, 1912)

---

[7]*morocha:* en Argentina, morena.   [8]*pollera:* falda de la mujer, saya.

Salmo pluvial

TORMENTA

Érase una caverna de agua sombría el cielo;
el trueno, a la distancia, rodaba su peñón;
y una remota brisa de conturbado vuelo,
se acidulaba en tenue frescura de limón.

Como caliente polen exhaló el campo seco
un relente de trébol lo que empezó a llover.
Bajo la lenta sombra, colgada en denso fleco,
se vió al cardal con vívidos azules florecer.

Una fulmínea verga rompió el aire al
[soslayo;
sobre la tierra atónita cruzó un vapor mortal;
y el firmamento entero se derrumbó en un
[rayo,
como en inmenso techo de hierro y de cristal.

LLUVIA

Y un mimbreral vibrante fue el chubasco
[resuelto

que plantaba sus líquidas varillas al trasluz,
o en pajonales de agua se espesaba revuelto,
descerrajando al paso su pródigo arcabuz.

Saltó la alegre lluvia por taludes y cauces;
descolgó del tejado sonoro caracol;
y luego, allá a lo lejos, se desnudó en los
[sauces,
transparente y dorada bajo un rayo de sol.

CALMA

Delicia de los árboles que abrevó el aguacero.
Delicia de los gárrulos raudales en desliz.
Cristalina delicia del trino del jilguero.
Delicia serenísima de la tarde feliz.

PLENITUD

El cerro azul estaba fragante de romero,
y en los profundos campos silbaba la perdiz.

(De *El libro de los paisajes*, 1917)

El jilguero

En la llama del verano,
que ondula con los trigales,
sus regocijos triunfales
canta el jilguerillo ufano.

Canta, y al son peregrino
de su garganta amarilla,

trigo nuevo de la trilla
tritura el vidrio del trino.

Y con repentino vuelo
que lo arrebata, canoro,
como una pavesa de oro
cruza la gloria del cielo.

(De *El libro de los paisajes*, 1917)

Los ínfimos

I

Canto la atareada hormiga
que se afana con su miga,
y se empeña con su brizna,
y de industrioso alquitrán se tizna
o de ácido corrosivo se avinagra
en el ardor que a su labor consagra.

V

Y el escarabajo magnífico, inmundo
y redondo como el mundo.

VII

Y el grillo
con su sencillo

                        violín
                    de negrillo
                      saltarín.

VIII

Y la mariposa sentimental
que de flor en flor lleva su tarjeta postal.

XII

Y la solitaria violeta
que basta para hacer un poeta.

XX

Y el perro que privado de querencia
prefiere el puntapié a la indiferencia.

XXII

Y el minucioso ratón
que en sus correrías sobresaltadas
economiza a pulgadas
la sombra del rincón.

XXIX

Y la sed de agua que corre expedita y grata
como una limpia moneda de plata.

XXXVI

Y el pobre diablo que echa al hombro
                                    [desparejo
su retazo de sol como un saco viejo.

XLVI

Y la escoria, que en bello azul turquí,
se tornasola como un colibrí.

XLIX

Y el sapo solterón,
que, instalado en el mismo rincón,
cazando moscas paga su pensión.

LI

Y el pueblo en que nací y donde quisiera
dormir en paz cuando muera.

(De *Poemas solariegos*, 1928)

Julio Herrera y Reissig

URUGUAY, 1875-1910   A pesar de las muchas y variadas influencias que a través de sus lecturas llegaron hasta él, es Herrera y Reissig, sin duda, uno de los poetas más personales que tuvo el modernismo, e iniciador de este movimiento en el Uruguay. Comenzó, como todos sus compañeros de generación, en el romanticismo, llegando a componer un "Canto a Lamartine," y odas a España, a Castelar y a Victor Hugo. Pero bien pronto cambió de rumbo y a poco de publicarse en Buenos Aires las *Prosas profanas* de Darío, y algunos de los poemas de Lugones—la serie de sonetos "Los doce gozos"—, se entró de lleno en la nueva estética, de la que es artífice genial. Vivió Herrera y Reissig en un mundo de ensueño y de fantasía, que supo trasladar a sus poemas; y desde el cenáculo de "La torre de los panoramas," instalado en su casa, fue el maestro de la juventud esteticista de aquellos años en el Uruguay. Gran artista de la palabra, dominador de los más íntimos secretos del lenguaje, por medio de la alegoría y el símbolo, crea en la realidad funambulesca de su sueño, como dice el crítico italiano Giuseppe Bellini, "un mundo destacado bruscamente de los usuales contactos humanos, pero que conserva, en la aparente falta de lógica, cierta coherencia y que es la esencia de los sentimientos propios de nuestro mundo, originados en estados anormales."

En Herrera y Reissig, desde luego, llega el simbolismo a un punto donde el exagerado refinamiento en el empleo de las palabras y su afinidad con ciertos morbosos estados dan como resultante el decadentismo más agudo. Mas es precisamente en ese punto en el que el poeta uruguayo logra sus mayores aciertos. Esa dislocación de las ideas y la riqueza de imágenes y de metáforas imprevistas, producen una impresión de delirio fantasmagórico por el que cruzan personajes, imaginarios o reales, vistos a través de su exacerbada fantasía. Por otra parte, una serie de sonetos—y el soneto es el molde en que suele llegar a la más acabada perfección—de tema campesino, pastoral o montañés, lo acreditan como uno de los más importantes cultivadores de esa forma poética en el idioma castellano. Y finalmente por el uso atrevido de las imágenes y sus hallazgos metafóricos, críticos como Guillermo de Torre lo consideran uno de los precursores de las escuelas poéticas de vanguardia.

Temas generales

1. J.H.y R. y el simbolismo: fuentes e influencias principales en su poesía.
2. El soneto como vehículo expresivo del poeta uruguayo.
3. Visión de la naturaleza: sencillez y barroquismo en la traducción de aquélla al poema.
4. El amor y la mujer; actitud decadente de J.H.y R. frente a estos temas.
5. El mundo real y el fantástico de J.H.y R. Figuras reales e imaginarias; historia y mitología.
6. J.H.y R. como precursor de la poesía de vanguardia. La metáfora en su carácter de recurso expresivo y de deformadora de la realidad.

Bibliografía

Obra poética

COLECCIONES POÉTICAS: aparecidas en publicaciones o inéditas durante la vida del autor (según la cronología de J. Mas y Pi): *Las pascuas del tiempo*, 1900; *Los maitines de la noche*, 1902; *Los éxtasis de la montaña*, 1904; *Poemas violetas-Sonetos vascos*, 1906; *Los parques abandonados*, 1908; *Los éxtasis de la montaña*, (2ª serie), *Los pianos crepusculares* y *Clepsidras*, 1910.

EDICIONES: *Obras completas*, Montevideo, 1910–1913, 5 vols.—I, *Los peregrinos de piedra*; II, *El teatro de los humildes*; III, *Las lunas de oro*; IV, *Las pascuas del tiempo*; V, *La vida y otros poemas*.

OTRAS EDICIONES: *Los parques abandonados*, 1919. *Las pascuas del tiempo*, Madrid, 1920. *Los peregrinos de piedra*, París, 1920. *Antología lírica. Sus mejores poemas y sonetos*, compl. por Carlos Sabat Ercasty y Manuel de Castro, con not., crít. y biogr., Santiago de Chile, 1939. *Poesías completas*, ed. y est. prel por Guillermo de Torre, Buenos Aires, 1942; 1945. *Poesías completas*, ed., pról. y not. de Roberto Bula Piriz, Madrid, 1951.

Estudios

LIBROS ESPECIALES: Bula Piriz, Roberto, "H.y R.; Vida y obra. Antología. Bibliografía." RHM, *XVII*, núm. 1–4, 1951. González, Juan Antonio, *Dos figuras cumbres del Uruguay: Florencio Sánchez en el teatro; J.H. y R. en la poesía*, Colonia, Uruguay, 1944. Vilarino, Idea, *J.H.y R.: seis años de poesía*, Montevideo, 1950. *Homenaje a J.H.y R.*, Concejo Departamental de Montevideo; Dirección de Artes y Letras [1965]. "Homenaje a J.H.y R.," CS, núm. 28, abr. 1930. "Homenaje a J.H.y R.," AIAPE, núm. 31, mayo 1940. "Homenaje a J.H.y R.," AlfM, núm. 83, 1943.

LIBROS GENERALES: Levillier, Roberto, "H.y R. y Leopoldo Lugones," en *Homenaje a Ernest Martinenche*, París, 1939. Pinilla, Norberto, "Lírica de J.H.y R." en *Cinco poetas*, Santiago de Chile, 1937.

ARTÍCULOS: Díaz, José Pedro, "Contactos entre J.H.y R. y la poesía francesa," AuMon, núm. 162, 1949. Figueira, Gastón, "Tres enfoques de H.y R.," LaTo, *XIII*, núm. 50, 1965. Oribe, Emilio, "Poética y plástica," CS, núm. 28, 1930. Pedemonte, Hugo Emilio, "Las eglogánimas de J.H.y R.," CuH, *LX*, 1964; *LXI*, 1965. Phillips, Allen W., "La metáfora en la obra de J.H.y R.," RevIb, *XVI*, 1950. Rodríguez Alcalá, Hugo, "Las eglogánimas de J.H.y R.," Log, *V*, núm. 8, 1946. Rodríguez Monegal, Emir, Sobre: *Nuevas poesías de J. H.y R.*, MarM, *XIII*, núm. 600, 1951. Schade, George D., "Mythology in the Poetry of J.H.y R.," HispW, *XLII*, núm. 1, 1959. Souza, Raymond, "Eucharistic Symbols in the Poetry of J.H.y R.," RomN, 1960. Torre, Guillermo de, "El pleito Lugones: H.y R.," Ali, 12 mar. 1942.

Fiesta popular de ultratumba[1]

Un gran salón. Un trono. Cortinas. Graderías.
(Adonis ríe con Eros de algo que ha visto en Aspasia.)
Las lunas de los espejos muestran sus pálidos días,
y hay en el techo y la alfombra mil panoramas de Asia.

Las lámparas se consumen en amarillas lujurias,
y las estufas se encienden en pubertades de fuego.
(Entran Sátiros, Gorgonas, Ménades, Ninfas y Furias,
mientras recita unos versos el viejo patriarca griego.)

[1]*Fiesta popular de ultratumba*: este poema es una originalísima visión grotesca construída sobre muy conocidos elementos culturales. El poeta convoca tantos personajes mitológicos, legendarios, religiosos, históricos y literarios que no creemos necesario dar una referencia específica de cada uno de ellos.

Unos pajes a la puerta visten dorado uniforme;
cruzan la sala doncellas ornadas con velos blancos.
(Anuncian: están Goliat y una señora biforme
que tiene la mitad pez, Barba Azul y sus dos zancos.)

Un buen Término se ríe de un efebo que se baña.
Todos tiemblan de repente. (Entra el Hércules nervudo.)
Grita Petronio: «¡Salerno!» Grita Luis Once: «¡Champaña!»
Grita un pierrot: «¡Menelao con un cuerno y un escudo!»

Todos ríen; sólo guardan seriedad Juno y Mahoma,
el gran César y Pompeyo, Belisario y otros nobles
que no fueron muy felices en el amor. Se oyen dobles
funerarios: es la Parca que se asoma . . .

Todos tiemblan; los más viejos rezan, se esconden, murmuran.
Safo le besa la mano. Se oye de pronto un gran ruido,
es Venus que llega: todos se desvisten, tiemblan, juran,
se arrojan al suelo, y sólo se oye un inmenso rugido

de fiera hambrienta: los hombres se abalanzan a la diosa.
(Ya no hay nadie que esté en calma, todos perdieron el juicio.)
Todos la besan, la muerden, con una furia espantosa,
y Adonis llora de rabia . . . En medio de ese desquicio

el Papa Borgia está orando (mientras pellizca a una niña);
tan sólo un bardo protesta: Lamartine, con voz airada;
para restaurar el orden se llamó a Marat. La riña
duró un minuto, y la escena vino a terminar en nada.

Con el ala en un talón entra Mercurio; profundo
silencio halló el mensajero. El gran Voltaire guiñó un ojo,
como queriendo decir: ¡Cuánto pedante en el mundo
que piensa con los talones! Juan lo miró de reojo,
y un periodista que había se puso serio y muy rojo.

Entra Aladino y su lámpara. Entran Cleopatra y Filipo.
Entra la Reina de Saba. Entran Salomón y Creso.
(Con las pupilas saltadas se abalanzó un burgués rico,
un banquero perdió el habla y otro se puso muy tieso.)

«Mademoiselle Pompadour», anuncia un paje. Mil notas
vibran de pronto; los hombres aparecen con peluca.
(Un calvo aplaude, y de gozo brinca una vieja caduca.)
Comienza el baile: pavanas, rondas, minués y gavotas.

Bailan Nemrod y Sansón, Anteo, Quirón y Eurito;
bailan Julieta, Eloísa, Santa Teresa y Eulalia,
y los centauros Caumantes, Grineo, Medón y Clito.
(Hércules, no; le ha prohibido bailar la celosa Onfalia.)

Entra Baco, de repente; todos gritan: «¡Vino! ¡Vino!
(Borgoña, Italia y Oporto, Jerez, Chipre, Cognac, Caña,
Ginebra y hasta Aguardiente), ¡viva el pámpano divino,
vivan Noé y Edgard Poe, Byron, Verlaine y el Champaña!»

Esto dicho, se abalanzan a un tonel. Un fraile obeso
cayó, debido, sin duda (más que al vino), al propio peso.
Como sintieron calor, Apuleyo y Anacreonte
se bañaron en un cubo. Entra de pronto Caronte.

(Todos corren a ocultarse.) No faltó algún moralista
español (ya se supone) que los llamara beodos;
el escándalo tomaba una proporción no vista,
hasta que llegó Saturno, y gritando de mil modos,
dijo que de buenas ganas iba a comerlos a todos.

Hubo varios incidentes. Entra Atila y se hunde el piso.
Eolo apaga unas bujías. Habla Dantón: se oye un trueno.
En el vaso en que Galeno
y Esculapio se sirvieron, ninguno servirse quiso.

Un estoico de veinte años, atacado por el asma,
se hallaba lejos de todos. «Denle pronto este jarabe»,
dijo Hipócrates, muy serio. Byron murmuró, muy grave:
«Aplicadle una mujer en forma de cataplasma.»

Una risa estrepitosa sonó en la sala. De rojo
vestido un dandy gallardo, dióle la mano al poeta
que tal ocurrencia tuvo. (El gran Byron, que era cojo,
tanto como presumido, no abandonó su banqueta,
y tuvo para Mefisto la inclinación más discreta.)

En esto hubo discusiones sobre cuál de los suicidas
era más digno de gloria. Dijo Julieta: «Yo he sido
una reina del amor; hubiera dado mil vidas
por juntarme a mi Romeo.» Dijo Werther: «Yo he cumplido»
con un impulso sublime de personal arrogancia.
Hablaron Safo y Petronio, y hasta Judas el ahorcado;
por fin habló el cocinero del famoso Rey de Francia,
el bravo Vatel: «Yo—dijo—con valor me he suicidado
por cosas más importantes, ¡por no encontrar un pescado!»

Todos soltaron la risa. (Grita un paje: «Está Morfeo.»)
Todos callan, de repente . . . todos se quedan dormidos.
Se oyen profundos ronquidos.
(Entra en cuclillas un loco que se llama Devaneo.)

(De Las pascuas del tiempo, 1900)

Desolación absurda

Noche de tenues suspiros
platónicamente ilesos:
vuelan bandadas de besos
y parejas de suspiros;
ebrios de amor los cefiros

hinchan su leve plumón,
y los sauces en montón
obseden los camalotes
como torvos hugonotes
de una muda emigración.

Es la divina hora azul
en que cruza el meteoro,
como metáfora de oro
por un gran cerebro azul.
Una encantada Estambul[2]
surge de tu guardapelo,
y llevan su desconsuelo
hacia vagos ostracismos
floridos sonambulismos
y adioses de terciopelo.

En este instante de esplín,
mi cerebro es como un piano
donde un aire wagneriano
toca el loco del esplín.
En el lírico festín
de la ontológica altura,
muestra la luna su dura
calavera torva y seca
y hace una rígida mueca
con su mandíbula oscura.

El mar, como un gran anciano,
lleno de arrugas y canas,
junto a las playas lejanas
tiene rezongos de anciano.
Hay en acecho una mano
dentro del tembladeral;
y la supersustancial
vía láctea se me finge
la osamenta de una Esfinge
dispersada en un erial.

Cantando la tartamuda
frase de oro de una flauta,
recorre el eco su pauta
de música tartamuda.
El entrecejo de Buda
hinca el barranco sombrío,
abre un bostezo de hastío
la perezosa campaña,
y el molino es una araña
que se agita en el vacío.

¡Deja que incline mi frente
en tu frente subjetiva,
en la enferma, sensitiva
media luna de tu frente;

que en la copa decadente
de tu pupila profunda
beba el alma vagabunda
que me da ciencias astrales
en las horas espectrales
de mi vida moribunda!

¡Deja que rime unos sueños
en tu rostro de gardenia,
Hada de la neurastenia,
trágica luz de mis sueños!
Mercadera de beleños
llévame al mundo que encanta;
¡soy el genio de Atalanta[3]
que en sus delirios evoca
el ecuador de tu boca
y el polo de tu garganta!

Con el alma hecha pedazos,
tengo un Calvario en el mundo;
amo y soy un moribundo,
tengo el alma hecha pedazos:
¡cruz me deparan tus brazos,
hiel tus lágrimas salinas,
y dos clavos luminosos
los aleonados y briosos
ojos con que me fascinas!

¡Oh mariposa nocturna
de mi lámpara suicida,
alma caduca y torcida,
evanescencia nocturna;
linfática taciturna
de mi Nirvana[4] opioso
en tu mirar sigiloso
me espeluzna tu erotismo
que es la pasión del abismo
por el Ángel Tenebroso.

(Es media noche) Las ranas
torturan en su acordeón
un «piano» de Mendelssohn
que es un gemido de ranas;
habla de cosas lejanas
un clamoreo sutil;
y con aire acrobatil,
bajo la inquieta laguna,
hace piruetas la luna
sobre una red de marfil.

---

[2]*Estambul:* nombre turco de la ciudad de Constantinopla.
[3]*Atalanta:* hija de un rey de Esciros, isla del mar Egeo, famosa por su agilidad en la carrera.

[4]*Nirvana:* en la religión budista, estado de gracia concedido al justo, que consiste en el completo anonadamiento por absorción en el seno de la divinidad.

Juega el viento perfumado,
con los pétalos que arranca,
una partida muy blanca
de un ajedrez perfumado;
pliega el arroyo en el prado
su abanico de cristal,
y genialmente anormal
finge el monte a la distancia
una gran protuberancia
del cerebro universal.

¡Vengo a ti, serpiente de ojos
que hunden crímenes amenos,
la de los siete venenos
en el iris de sus ojos;
beberán tus llantos rojos
mis estertores acerbos,
mientras los fúnebres cuervos,
reyes de las sepulturas,
velan como almas oscuras
de atormentados protervos!

¡Tú eres póstuma y marchita
misteriosa flor erótica,
miliunanochesca, hipnótica,
flor de Estigia[5] ocre y marchita;
tú eres absurda y maldita,
desterrada del Placer,
la paradoja del ser
en el borrón de la Nada,
una hurí desesperada
del harem de Baudelaire!

¡Ven, reclina tu cabeza
de honda noche delincuente
sobre mi tétrica frente,
sobre mi aciaga cabeza;
deje su indócil rareza
tu numen desolador,
que en el drama inmolador
de nuestros mudos abrazos
yo te abriré con mis brazos
un paréntesis de amor!

(De *Los maitines de la noche*, 1902)

Julio

━━━━━━━━━━━━━━━━━━━━━━━━━━━━━━━━━━━━━

Flota sobre el esplín de la campaña
una jaqueca sudorosa y fría,
y las ranas celebran en la umbría
una función de ventriloquia extraña.

La Neurastenia gris de la montaña
piensa, por singular telepatía,
con la adusta y claustral monotonía
del convento senil de la Bretaña.

Resolviendo una suma de ilusiones,
como un Jordán de cándidos vellones
la majada eucarística se integra;

y a lo lejos el cuervo pensativo
sueña acaso en un Cosmos abstractivo
como una luna pavorosa y negra.

(De *Los maitines de la noche*, 1902)

El despertar

━━━━━━━━━━━━━━━━━━━━━━━━━━━━━━━━━━━━━

Alisia y Cloris abren de par en par la puerta,
y, torpes, con el dorso de la mano haragana,
restréganse los húmedos ojos de lumbre in-
                                            [cierta
por donde huyen los últimos sueños de la
                                        [mañana . . .

La inocencia del día se lava en la fontana,
el arado en el surco vagoroso despierta,

y en torno de la casa rectoral, la sotana
del cura se pasea gravemente en la huerta . . .

Todo suspira y ríe. La placidez remota
de la montaña sueña celestiales rutinas.
El esquilón repite siempre la misma nota

de grillo de las cándidas églogas matutinas,
y hacia la aurora sesgan agudas golondrinas,
como flechas perdidas de la noche en derrota.

(De *Los éxtasis de la montaña* 1904)

[5]*Estigia:* laguna del infierno mitológico griego.

La vuelta de los campos

La tarde paga en oro divino las faenas . . .
Se ven limpias mujeres vestidas de percales,
trenzando sus cabellos con tilos y azucenas,
o haciendo sus labores de aguja en los umbrales.

Zapatos claveteados y báculos y chales . . .
Dos mozas con sus cántaros se deslizan apenas.
Huye el vuelo sonámbulo de las horas serenas.
Un suspiro de Arcadia[6] peina los matorrales . . .

Cae un silencio austero . . . Del charco que se nimba,
estalla una gangosa balada de marimba.
Los lagos se amortiguan con espectrales lampos;

las cumbres, ya quiméricas, corónanse de rosas . . .
Y humean, a lo lejos, las rutas polvorosas
por donde los labriegos regresan de los campos.

(De *Los extasis de la montaña*, 1904)

El Cura

Es el Cura . . . Lo han visto las crestas silenciarias
luchando de rodillas con todos los reveses,
salvar en pleno invierno los riesgos montañeses
o trasponer de noche las rutas solitarias.

De su mano propicia, que hace crecer las mieses,
saltan como sortijas gracias involuntarias;
y en su asno taumaturgo de indulgencias plenarias
hasta el umbral del cielo lleva a sus feligreses . . .

Él pasa del hisopo al zueco y la guadaña;
él ordeña la pródiga ubre de su montaña
para encender con oros el pobre altar de pino;

de sus sermones fluyen suspiros de albahaca:
el único pecado que tiene es un sobrino . . .
Y su piedad humilde lame como una vaca.

(De *Los éxtasis de la montaña*, 1904)

La sombra dolorosa

Gemían los rebaños. Los caminos
llenábanse de lúgubres cortejos;
una congoja de holocaustos viejos
ahogaba los silencios campesinos.

Bajo el misterio de los velos finos,
evocabas los símbolos perplejos,
hierática, perdiéndote a lo lejos
con tus húmedos ojos mortecinos.

[6] *Arcadia*: región montañosa de la Grecia antigua, en la parte central del Peloponeso, habitada por los *arcadios* o *árcades*, pueblo de pastores, y que las ficciones de los poetas convirtieron en la mansión de la inocencia y la felicidad.

Mientras, unidos por un mal hermano,
me hablaban con suprema confidencia
los mudos apretones de tu mano,

manchó la soñadora transparencia
de la tarde infinita el tren lejano,
aullando de dolor hacia la ausencia.

(De *Los parques abandonados*, 1908)

Nirvana[7] crepuscular

Con su veste en color de serpentina,
reía la voluble Primavera . . .
Un billón de luciérnagas de fina
esmeralda, rayaba la pradera.

Bajo un aire fugaz de muselina,
todo se idealizaba, cual si fuera
el vago panorama la divina
materialización de una quimera . . .

En consustanciación con aquel bello
nirvana gris de la Naturaleza,
te inanimaste . . . Una irreal pereza

mimó tu rostro de incitante vello,
y al son de mis suspiros, tu cabeza
durmióse como un pájaro en mi cuello . . .

(De *Los parques abandonados*, 1908)

Idealidad exótica

Tal la exangüe cabeza, trunca y viva,
de un mandarín decapitado, en una
macábrica ficción, rodó la luna
sobre el absurdo de la perspectiva . . .

Bajo del velo, tu mirada bruna
te dio el prestigio de una hurí[8] cautiva;
y el cocodrilo, a flor de la moruna
fuente, cantó su soledad esquiva.

Susceptible quién sabe a qué difuntas
dichas, plegada y con las manos juntas,
te idealizaste en gesto sibilino . . .

Y a modo de espectrales obsesiones,
la torva cornamenta de un molino
amenazaba las constelaciones . . .

(De *Las clepsidras*, 1910)

---

[7]*Nirvana*: véase nota 4.
[8]*hurí*: cada una de las mujeres bellísimas creadas por la fantasía de los musulmanes, para compañeras de los bienaventurados en su paraíso.

José Santos Chocano.

PERÚ, 1875-1934   La vida de José Santos Chocano, como Federico de Onís sugiere, "sería buen asunto para una novela," en la que cabría todo género de aventuras desde las amorosas hasta las picarescas, policiales y de intriga política. Esa vida parecería ir de la mano con la obra de carácter ególatra, elocuente, sonoro y circunstancial de este poeta que, precisamente por ello, dio a su autor resonancia internacional. Los temas americanistas—descripción de la naturaleza, recreación de lo incaico, o denuncia de las realidades políticas y sociales—, unidos a otros relacionados con España, hicieron de Chocano uno de los más conocidos en todo el mundo hispánico de las primeras décadas del siglo. Pero es el suyo, a nuestro parecer, un americanismo objetivo y exterior, afirmado en tono mayor declamatorio. Aunque en algunos de sus poemas se advierta lo justo de sus preocupaciones políticas y sociales; aunque no podamos menos de reconocerle dominio de la técnica del poema, imaginación, sentido del ritmo y plasticidad, creemos sin embargo, que muchas de sus cualidades son de índole perecedera y que lo mejor de la obra de Chocano son ciertas estampas de la naturaleza americana—árboles, flores, animales—presentadas con técnica parnasiana, y algún otro poema como por ejemplo "La canción del camino," en donde la musicalidad, el tono evocativo y sentimental, y el ambiente en que la anécdota se desarrolla son indudablemente genuinos. De sus libros, fue *Alma América* el que mayor fama le dio, aunque no sea el que contenga sus mayores aciertos líricos.

Temas generales

1. Los poemas de carácter político y social. J.S.Ch. y Norteamérica.
2. El hispanismo de J.S.Ch. Elogios a la colonia y a la monarquía.
3. J.S.Ch. como poeta de la naturaleza americana. Interpretación del paisaje: árboles, plantas, flores y animales.
4. El indianismo de J.S.Ch. Lo incaico y lo contemporáneo: el alma indígena a través de sus versos.

Bibliografía

Obra poética
En la aldea, Lima, 1895. *Iras santas*, 1895. *La epopeya del Morro*, poema (Iquique), 1899. *El canto del siglo, poema finisecular*, Lima, 1901. *El fin de Satán y otros poemas*, Guatemala, 1901. *La selva virgen*, París, 1901. *Los cantos del Pacífico*, París–México, 1904. *Alma América*, Madrid, 1906. *El Dorado*, epopeya salvaje [fragmentos de un libro en preparación], Santiago de Cuba, 1908. *Fiat lux*, pról. de A. González Blanco, París, 1908. *Poesías completas*, Barcelona, 1910. *Ayacucho y los Andes*, Canto IV de *El hombre-sol*, Lima, s.a. *Primicias de "Oro de Indias,"* Santiago de Chile, 1934. *Poemas del amor doliente*, 1937. *Oro de Indias*, (Tomo I, 1939; Tomo II, 1940; Tomos III y IV, 1941). *Poesía*, pról., sel. y notas por Luis Alberto Sánchez, Lima, 1959.

Estudios
LIBROS ESPECIALES: Rodríguez Mendoza, E., *J.S.Ch. bosquejado*, Santiago de Chile, 1934. Sán-

chez, Luis Alberto, *Vida de J.S.Ch.*, México, 1960. Sánchez, Luis Alberto, *Aladino o vida y obra de J.S.Ch.*, México, 1960.

LIBROS GENERALES: Cometta Manzone, Aida, "El colonialismo indianista de J.S.Ch.," en *El indio en la poesía de América española*, Buenos Aires, 1939. Mariátegui, José Carlos, *Siete ensayos de interpretación de la realidad peruana*, Lima, 1943.

ARTÍCULOS: Adán, Martín, "De lo barroco en el Perú: Chocano," MP, *XXV*, 1944. Alvarado Quirós, A., "Chocano," RepAm, 29 dic., 1934. Alvarado Quirós, A., "Un libro póstumo de Chocano (*Poemas del amor doliente*)" Ari, *I*, 1938. Arriaza, Armando, "El libro póstumo de J.S.Ch.: *Poemas del amor doliente*," RepAm, 7 dic., 1937. Cansinos Assens, Rafael, "Recuerdos de una vida literaria," IAL, *XVII*, núm. 181. 1964. Chavarri, J.M., "La vida y arte de J.S.Ch., el poeta de América," KFQ, *III*, 1956. Facio, Justo A., "Un ensayo inédito inconcluso sobre un poema inconcluso: *El hombre sol*, de J.S.Ch.," Bre, *VI*, núm. 5, 1962. Gil Sánchez, A., "J.S.Ch.," UA, *XXI*, 1947. Jiménez, N., "Luis G. Urbina y J.S.Ch.," Amer, *X*, 1935. Jiménez Borja, J., "J.S.Ch. y su obra poética," ArteC, nov. y dic. 1935. Meza Fuentes, Roberto, "La poesía de J.S.Ch.," Nos, *LXXXI*, 1934, y AUCh, *XCIII*, núm. 18, 1935. Maya, Rafael, "J.S.Ch.," AACL, *IX*, 1941–1942. Miró, César, "Perfil y hazaña del cantor de América," PanoL, jun.-ag. 1936. Navarro, A., "Un libro póstumo de Ch. (*Poemas del amor doliente*)," RepAm, 28 ag. 1937. Núñez, Estuardo, "Peruanidad y americanidad en Chocano," RevInd, *XV*, 1942. Núñez, Estuardo, "El poeta Chocano en Nueva York," CuA, *XIII*, núm. 3, 1954. Núñez, Estuardo, Sobre J.S.Ch.: *Poesía*, (1959), LetrasL, núm. 62, 1959. Peñuelas, Marcelino C., "Whitman y Chocano. Unas notas," CuA, *XV*, núm. 5, 1956. Porras Barrenechea, Raúl, "Chocano: el poeta de América," SBibl, *III*, 1958. Reyes, Antonio, "Chocano: el hombre y el poeta," BAV, *XIV*, 1947. Rodríguez-Peralta, Phyllis, "The Perú of Chocano and Vallejo," HispW, *XLIV*, 1961. Romero de Valle, Emilia, "México en la poesía y la vida de Chocano," RHM, *XXIX*, 1963. Rosenbaum, Sidonia C., "J.S.Ch., Bibliografía," RHM, *I*, 1935. Russell, Dora Isella, "Darío y Chocano," ND, *XLI*, núm. 3, 1961. Sánchez, Luis Alberto, "Revisando a Chocano," BolBo, núm. 17, 1953. Sánchez, Luis Alberto, "Amanecer, ocaso y mediodía de J.S.Ch.," CuA, *XIII*, núm. 6, 1954. Sánchez, Luis Alberto, "La odisea de Chocano: Cuba y Santo Domingo," CuA, *XVIII*, núm. 6, 1959. Sánchez, Luis Alberto, "Chocano en Centroamérica, (1920–1921)," RevIb, *XXV*, 1960. Sánchez, Luis Alberto, "Chocano en Puerto Rico," LaTo, IX, núm. 34, 1961. Serpa, Enrique. "Urbina y Chocano," RevCu, *I*, 1935. Torres Ríoseco, Arturo, "J.S.Ch., 1875–1934," RHM, *I*, 1935. Zubizarreta, Armando, "S.Ch., lírico yególatra," CaB, *III*, núm. 4, 1961. Zubizarreta, Armando, "J.S.Ch., lírico y fiero," ND, *XLII*, núm. 1, 1962.

De viaje

Ave de paso,
fugaz viajera desconocida:
fue sólo un sueño, sólo un capricho, sólo un acaso;
duró un instante, de los que llenan toda una vida.

No era la gloria del paganismo,
no era el encanto de la hermosura plástica y necia:
era algo vago, nube de incienso, luz de idealismo.
No era la Grecia,
¡era la Roma del cristianismo!

Alredor era de sus dos ojos—¡oh, qué ojos ésos!—
que las facciones de su semblante desvanecidas
fingían trazos de un pincel tenue, mojado en besos,
reviviendo sueños pasados y glorias idas . . .

Ida es la gloria de sus encantos;
pasado el sueño de su sonrisa.
Yo lentamente sigo la ruta de mis quebrantos;
¡ella ha fugado como un perfume sobre una brisa!

Quizás ya nunca nos encontremos;
quizás ya nunca veré a mi errante desconocida;
quizás la misma barca de amores empujaremos,
ella de un lado, yo de otro lado, como dos remos,
toda la vida bogando juntos y separados toda la vida.

1895

(De *La selva virgen*, 1901)

La epopeya del Pacífico

(*A la manera yanki*)

I

Los Estados Unidos, como argolla de bronce,
contra un clavo torturan de la América un pie;
y la América debe, ya que aspira a ser libre,
imitarles primero e igualarles después.
Imitemos, ¡oh, musa!, las crujientes estrofas
que en el Norte se mueven con la gracia de un tren;
y que giren las rimas como ruedas veloces;
y que caigan los versos como varas de riel.

II

Desconfiemos del Hombre de los ojos azules,
cuando quiera robarnos al calor del hogar
y con pieles de búfalo un tapiz nos regale,
y lo clave con discos de sonoro metal,
aunque nada es huírle, si imitarle no quieren
los que ignoran, gastándose en belígero afán,
que el trabajo no es culpa de un Edén ya perdido,
sino el único medio de llegarlo a gozar.

III

Pero nadie se duela de futuras conquistas;
nuestras selvas no saben de una raza mejor,
nuestros Andes ignoran lo que importa ser blanco,
nuestros ríos desdeñan lo que vale un sajón;
y, así, el día en que un pueblo de otra raza se atreva
a explorar nuestras patrias, dará un grito de horror,
porque el miasma y la fiebre y el reptil y el pantano
le hundirán en la tierra, bajo el fuego del Sol.

IV

No podrá ser la raza de los blondos cabellos
la que al fin rompa el Istmo . . . Lo tendrán que romper
veinte mil antillanos de cabezas oscuras,
que hervirán en las brechas cual sombrío tropel.
Raza de las Pirámides, raza de los asombros:
faro en Alejandría, templo en Jerusalem;
¡raza que exprimió sangre sobre el romano circo
y que exprimió sudores sobre el canal de Suez!

V

Cuando corten el nudo que Natura ha formado,
cuando entreabran las fauces del sediento canal,
cuando al golpe de vara de un Moisés en las rocas
solemnemente arrójese uno contra otro mar,
en el único instante del titánico encuentro,
un aplauso de júbilo esos mares darán,
que se eleve en los aires a manera de un brindis,
cual chocasen dos vasos de sonoro cristal . . .

VI

El canal será el golpe que abrir le haga las manos
y le quite las llaves del gran río al Brasil;
porque nuestras montañas rendirán sus tributos
a las naves que lleguen hasta el puerto feliz,
cuando luego de Paita,[1] con enérgico trazo,
amazónica margen solicite el carril,
y el Pacífico se una con el épico río,
y los trenes galopen sacudiendo su crin . . .

VII

¡Oh, la turba que, entonces, de los puertos vibrantes
de la Europa latina llegará a esa región!
Barcelona, Havre, Génova, en millares de manos,
mirarán los pañuelos desplegando un adiós . . .
Y el latino que sienta del vivaz Mediodía
ese sol en la sangre parecido a este sol,
poblará nuestros bosques y vendrá desde Europa,
¡por el propio camino que le alista el sajón!

VIII

Vierte, ¡oh, musa!, tus cantos, como linfas que corren
y que fingen corriendo milagroso Jordán,
donde América puede redimir sus pecados,

---

[1]*Paita:* o Payta, ciudad y puerto del Perú.

refrescar sus fatigas, sus miserias lavar;
y, después que en el baño quede exenta de culpa,
enjugarse las aguas y envolverse quizás
entre sábanas puras, que se tiendan al viento,
¡como blancas banderas de Trabajo y de Paz!

(De *Alma América*, 1906)

Blasón

Soy el cantor de América autóctono y
               [salvaje;
mi lira tiene un alma, mi canto un ideal.
Mi verso no se mece colgado de un ramaje
con un vaivén pausado de hamaca tropical...

Cuando me siento Inca, le rindo vasallaje
al Sol, que me da el cetro de su poder real;
cuando me siento hispano y evoco el Colo-
               [niaje,
parecen mis estrofas trompetas de cristal.

Mi fantasía viene de un abolengo moro:
los Andes son de plata, pero el León de oro;
y las dos castas fundo con épico fragor.

La sangre es española e incaico es el latido;
¡y de no ser poeta, quizás yo hubiera sido
un blanco aventurero o un indio emperador!

(De *Alma América*, 1906)

El sueño del caimán

Enorme tronco que arrastró la ola,
yace el caimán varado en la ribera:
espinazo de abrupta cordillera,
fauces de abismo y formidable cola.

El sol lo envuelve en fúlgida aureola;
y parece lucir cota y cimera,
cual monstruo de metal que reverbera
y que al reverberar se tornasola.

Inmóvil como un ídolo sagrado,
ceñido en mallas de compacto acero,
está ante el agua extático y sombrío,

a manera de un príncipe encantado
que vive eternamente prisionero
en el palacio de cristal de un río.

(De *Alma América*, 1906)

Tríptico criollo

I. EL CHARRO

Viste de seda: alhajas de gran tono;
pechera en que el encaje hace una ola,
y bajo el cinto, un mango de pistola,
que él aprieta entre el puño de su encono.

Piramidal sombrero, esbelto cono,
es distintivo en su figura sola,
que en el bridón de enjaezada cola
no cambiara su silla por un trono.

Siéntase a firme; el látigo chasquea;
restriega el bruto su chispeante callo,
y vigorosamente se pasea . . .

Dúdase al ver la olímpica figura
si es el triunfo de un hombre en su caballo
o si es la animación de una escultura.

II. EL LLANERO

En su tostada faz algo hay sombrío:
tal vez la sensación de lo lejano,
ya que ve dilatarse el oceano
de la verdura al pie de su bohío.

Él encuadra al redor su sembradío
y acaricia la tierra con su mano.
Enfrena un potro en la mitad de un llano
o a nado se echa en la mitad de un río.

Él, con un golpe, desjarreta un toro;
entra con su machete en el boscaje
y en el amor con su cantar sonoro,

porque el amor de la mujer ingrata
brilla sobre su espíritu salvaje
como un iris sobre una catarata . . .

III. EL GAUCHO

Es la Pampa hecha hombre: es un pedazo
de brava tierra sobre el sol tendida.
Ya a indómito corcel pone la brida,
ya lacea una res: él es el brazo.

Y al son de la guitarra, en el regazo
de su "prenda," quejoso de la vida,
desenvuelve con voz adolorida
una canción como si fuera un lazo . . .

Cuadro es la Pampa en que el afán se
                   [encierra
del gaucho, erguido en actitud briosa,
sobre ese gran cansancio de la tierra;

porque el bostezo de la Pampa verde
es como una fatiga que reposa
o es como una esperanza que se pierde . . .

             (De *Alma América*, 1906)

La canción del camino

Era un camino negro.
La noche estaba loca de relámpagos. Yo iba
en mi potro salvaje
por la montaña andina.
Los chasquidos alegres de los cascos,
como masticaciones de monstruosas mandí-
                   [bulas,
destrozaban los vidrios invisibles
de las charcas dormidas.
Tres millones de insectos
formaban una como rabiosa inarmonía.

Súbito, allá, a lo lejos,
por entre aquella mole doliente y pensativa
de la selva,
vi un puñado de luces, como un tropel de
                   [avispas.
¡La posada! El nervioso
látigo persignó la carne viva
de mi caballo, que rasgó los aires
con un largo relincho de alegría.

Y como si la selva
lo comprendiese todo, se quedó muda y fría.

Y hasta mí llegó, entonces,
una voz clara y fina
de mujer que cantaba. Cantaba. Era su canto
una lenta . . . muy lenta . . . melodía:
algo como un suspiro que se alarga
y se alarga y se alarga . . . y no termina.

Entre el hondo silencio de la noche,
y a través del reposo de la montaña, oíanse
los acordes
de aquel canto sencillo de una música íntima,
como si fuesen voces que llegaran
desde la otra vida . . .

Sofrené mi caballo;
y me puse a escuchar lo que decía:

—Todos llegan de noche,
todos se van de día . . .

Y, formándole dúo,
otra voz femenina
completó así la endecha
con ternura infinita:

—El amor es tan sólo una posada
en mitad del camino de la vida . . .

Y las dos voces, luego,
a la vez repitieron con amargura rítmica:
—Todos llegan de noche,
todos se van de día . . .

Entonces, yo bajé de mi caballo
y me acosté en la orilla
de una charca.

Y fijo en ese canto que venía
a través del misterio de la selva,
fui cerrando los ojos al sueño y la fatiga.

Y me dormí, arrullado; y, desde entonces,
cuando cruzo las selvas por rutas no sabidas,
jamás busco reposo en las posadas;
y duermo al aire libre mi sueño y mi fatiga,
porque recuerdo siempre
aquel canto sencillo de una música íntima:

—¡Todos llegan de noche,
todos se van de día!
El amor es tan sólo una posada
en mitad del camino de la vida . . .

(De *Fiat Lux*, 1908)

~II~

POSMODERNISMO

Los LÍMITES de este período son difíciles de precisar en términos que abarquen, de no forzada manera, a toda la América de lengua española; y ello se debe, en primer lugar, al ritmo histórico-literario que fue muy desigual entre los diferentes países. Véase un solo ejemplo: Chile ya contaba—años de 1914 a 1916—con una avanzada hacia el vanguardismo en la prédica creacionista de Vicente Huidobro cuando por ese mismo tiempo Cuba y Puerto Rico reanudaban su interrumpido modernismo, detenido por la peripecia histórica que para ambas naciones marcó el tránsito de un siglo a otro. Pero en una perspectiva amplia, el posmodernismo nacería ya en los *Cantos de vida y esperanza* de Rubén Darío (1905). Más ceñidamente puede señalarse su vigencia desde el célebre soneto "Tuércele el cuello al cisne," escrito por Enrique González Martínez en 1910 (aunque se incluye en un libro del año siguiente, *Los senderos ocultos*) hasta que se manifiesta, ya subversivo y demoledor, el nuevo espíritu de la vanguardia—hecho definido de abierta manera hacia la década de 1920. Poemas de tono posmodernista se escribirán mucho después; pero las fechas propuestas limitan, como lo hicimos con el modernismo, el período de auténtica originalidad de este otro estadio de la poesía hispanoamericana y no su rezagada simultaneidad con formas más radicales y superadoras.

Ya quedaron indicadas en el estudio preliminar las distintas direcciones o vertientes por donde, según la caracterización de Federico de Onís, se canalizó la poesía posmodernista. En nuestra antología presentamos a los poetas de esta zona siguiendo el criterio cronológico general que nos hemos impuesto, pero en la nota que acompaña a cada uno se aclara a cuál de aquellas direcciones—sencillez lírica, intimismo, neoclasicismo, neorromanticismo, prosaísmo e ironía sentimentales, etc.—parece acogerse el conjunto de su obra.

Dígase de pasada que la denominación de posmodernismo puede tal vez ser insuficiente y aun empobrecedora si se aplica a la totalidad de la literatura escrita en España después del efímero auge de su modernismo, ya que no permite sugerir la rica variedad de matices que en aquélla se da. Pero en cambio esa misma denominación resulta irrebatible en el campo específico de la poesía de Hispanoamérica. Aquí, como se sabe, la línea preciosista y decorativa de la lírica modernista había sido realmente fuerte; y la reacción contra ella necesitaba quedar ahora triunfante de una manera definitiva. Ese triunfo fue el posmodernismo. Tal victoria significaba—como ya se ha dicho—humildad, contención, sencillez, atención a lo íntimo y lo inmediato; pero dentro de formas expresivas que aún debían algo al modernismo aunque en espíritu lo negasen, ya que tampoco atacaban a la realidad y la lógica, como lo harán los poetas de los años 20. De aquí nuestro empeño en deslindar claramente el período posmodernista tanto del modernismo anterior como del vanguardismo y sus formas subsecuentes que bien pronto habrían de hacerse sentir.

Este apartado de la antología no podrá, por supuesto, abrirse a todos los poetas que en gran número escriben por entonces. Quisiéramos, sin embargo, dejar constancia aquí de los más importantes entre aquéllos que no hemos podido recoger. Así: Rafael Arévalo Martínez (1884) de Guatemala; Salomón de la Selva (1893-1959) de Nicaragua; Ricardo Miró (1883-1940) y Demetrio Korsi (1899-1957) de Panamá; Agustín Acosta (1886), José Manuel Poveda (1888-1926) y José Z. Tallet (1893) de Cuba; José Antonio Dávila (1898—1941) y José Polonio Hernández (1892-1922) de Puerto Rico; José Eustasio Rivera (1888-1928) y León de Greiff (1895) de Colombia; Fernando Paz Castillo (1895) de Venezuela; Humberto Fierro (1890-1929) y Medardo Angel Silva (1899-1919) del Ecuador; Abraham Valdelomar (1888-1919) y Ricardo Peña Barrenechea (1893-1949) de Perú; Manuel Magallanes Moure (1878-1924) de Chile; Julio J. Casal (1889-1954) de Uruguay; Evaristo Carriego (1883-1912) y Ezequiel Martínez Estrada (1895-1965) de Argentina.

Y entre las mujeres, además de las aquí representadas, agreguemos a María Enriqueta (México, 1875), María Eugenia Vaz Ferreira (Uruguay, 1875-1924), coincidentes por cronología con el modernismo, y la cubana María Villar Buceta (1898), que completan el primer contingente notable de poetisas hispanoamericanas contemporáneas.

Enrique González Martínez

MÉXICO, 1871–1952   Enrique González Martínez aparece en la poesía hispano-americana como contemporáneo de los poetas modernistas, afín a su estética y recibiendo influencias semejantes, especialmente la del simbolismo, que le acompañó toda su vida. Pero pronto abandonó los temas puramente "bellos" de aquel movimiento y se entró por un camino interior, no muy distante del que siguió el propio Darío a partir de los *Cantos de vida y esperanza*. El conocido soneto de González Martínez que figura en *Los senderos ocultos*, de 1911, no es otra cosa que una invitación a seguir precisamente esos ocultos senderos de la poesía, olvidando la mera gracia exterior y la palabra exquisita. Rasgos esenciales de la extensa obra de este poeta son la claridad en la exposición, la constante temática fundamental: amor, vida, muerte; la serena actitud frente al dolor; la humana comprensión del mundo que le rodea, y aquel saber escuchar el misterio de la naturaleza que intenta traducir en parábolas llenas de sabiduría y discreción.

El tema eterno de la gran pregunta del hombre frente al más allá queda en el poeta ahogado en la garganta, como sucede en su gran poema "Un fantasma," o bien en otros posteriores, cuando se va aproximando más y más a su fin. Pero siempre hay en él un acento de serenidad y de resignación que sabe comunicar a sus lectores. En González Martínez como en todos los grandes poetas, están aquellas dos virtudes que tanto destacara Martí: revelación y poder. Que son el poder de descubrir y de revelar el secreto. No el otro, el que nunca acaba de entregár-senos, sino el secreto de la poesía, de expresar en la palabra clara el momento fugaz de la emoción. En esto fue y sigue siendo maestro el terso, pensativo y hondo poeta mexicano.

Temas generales

1. Presencia del simbolismo en la obra de E.G.M. Sus traducciones del francés como vehículo de esa influencia.

2. El cisne y el búho. Actitud del poeta frente a la estética modernista y estudio del famoso soneto "Tuércele el cuello al cisne . . ."

3. El "caminante" y el "romero" como símbolos del poeta.

4. El tema de la muerte y sus connotaciones espirituales. Intensificación del mismo en la poesía última de E.G.M.

5. Resonancias "contemporáneas" en algunos de los versos de E.G.M. Aproximación del poeta a la juventud.

6. Las parábolas de E.G.M. como expresión de su filosofía de la vida, de los hombres y de las cosas.

7. Estudio de los libros en prosa de E.G.M. *El hombre del buho* y *La apacible locura* como medio de aquilatar su estética.

Bibliografía

Obra poética

Preludios, Mazatlán, 1903. *Lirismos*, Mocorito, 1907. *Silenter*, 1909. *Los senderos ocultos*, México, 1911. *La muerte del cisne*, 1915. *La hora inútil* (poemas escogidos de *Preludios y Lirismos*), 1916. *El libro de la fuerza, de la bondad y del ensueño*, 1917. *Parábolas y otros poemas*, 1918. *Los cien mejores poemas de E.G.M.*, con un estudio de M. Toussaint, 1920. *La palabra del viento*, 1921. *El romero alucinado*, Buenos Aires, 1923; con una nota crít. de Enrique Díez-Canedo, Madrid, 1925. *Las señales furtivas* (1923–1924), pról. de Luis G. Urbina, 1925. *Poemas de ayer y de hoy*, México, 1927. *Poesía* (1909–1929), Madrid, 1929. *Poemas truncos*, México, 1935. *Ausencia y canto*, 1937. *Poesía, 1898–1938:* Tomo I, 1938; Tomo II, 1939; Tomo III, 1940. *Poemas, 1939–1940*, 1940. *Bajo el signo mortal . . ., La dulce herida, La emoción perdida y Poemas escogidos*, 1942. *Poesías completas*, 1944. *Segundo despertar y otros poemas*, 1945. *Vilano al viento, poemas*, 1948. *El nuevo Narciso y otros poemas*, 1952.

Estudios

LIBROS ESPECIALES: Bradman, Helen, *El sentimiento elegíaco en la poesía de E.G.M.* (Tesis de la Universidad de California), Los Angeles, 1963–1964. Mancisidor, J., *Perfil de E.G.M.*, México, 1951. Michaelson, Karl, *Entre el Cisne y el Buho*, Barcelona, 1960.

LIBROS GENERALES: Bueno, Salvador, "Evocación de E.G.M." en *La letra como testigo*, Santa Clara (Cuba), 1957.

ARTÍCULOS: Aub, Max, "E.G.M. y su tiempo," CuA, *XI*, núm. 4, 1952. Avrett, R., "E.G.M., Philosopher and Mystic," HispCal, *XIV*, 1931. Díez-Canedo, Enrique, "E.G.M. en su plenitud," RevIb, *II*, núm. 4, 1940. Junco, Alfonso, "G.M. y la nostalgia de Dios," BolBo, *II*, núm. 11, 1952. Pane, Remigio Ugo, "Three Mexican Poets: Sor Juana Inés de la Cruz, Manuel Gutiérrez Nájera and E.G.M.: A Bibliography of Their Poems in English Translation," Bull. Bibl, *XVIII*, 1946. Salinas, Pedro, "El cisne y el buho," LyP, *IV*, núm. 14, 1964. Tamayo Vargas, Augusto, "E.G.M.: poeta buho," MdS, *VII*, núm. 21, 1952, Topete, José Manuel, "El ritmo poético de G.M.," RevIb, *XVIII*, núm. 35, 1952. Toussaint, Manuel, "Evolución poética de E.G.M." Introducción a los *Poemas escogidos*, Barcelona, s.a. Valle, Rafael Heliodoro, "El mundo poético de G.M.," AyL, *IX*, núm. 8, 1952.

Psalle et sile[1]

No turbar el silencio de la vida,
ésa es la ley . . . Y sosegadamente
llorar, si hay que llorar, como la fuente
escondida.

Quema a solas (¡a solas!) el incienso
de tu santa inquietud, y sueña, y sube
por la escala del sueño . . . Cada nube
fue desde el mar hasta el azul inmenso . . .

Y guarda la mirada
que divisaste en el sendero . . . (una
a manera de ráfaga de luna
que filtraba el tamiz de la enramada):

el perfume sutil de un misterioso
atardecer, la voz cuyo sonido
te murmuró mil cosas al oído,
el rojo luminoso
de una cumbre lejana,
la campana
que daba al viento su gemido vago . . .

La vida debe ser como un gran lago
cuajado al soplo de invernales brisas,
que lleva en su blancura sin rumores
las estelas de todas las sonrisas
y los surcos de todos los dolores.

[1]*Psalle et sile:* latín, canta y calla; tal vez, canta calladamente.

Toda emoción sentida,
en lo más hondo de tu ser impresa
debe quedar, porque la ley es ésa:
no turbar el silencio de la vida,

y sosegadamente
llorar, si hay que llorar, como la fuente
escondida . . .

(De *Los senderos ocultos*, 1911)

Tuércele el cuello al cisne . . .

Tuércele el cuello al cisne de engañoso
       [plumaje
que da su nota blanca al azul de la fuente;
él pasea su gracia nomás, pero no siente
el alma de las cosas ni la voz del paisaje.

Huye de toda forma y de todo lenguaje
que no vayan acordes con el ritmo latente
de la vida profunda . . . y adora intensamente
la vida, y que la vida comprenda tu homenaje.

Mira el sapiente búho cómo tiende las alas
desde el Olimpo,[2] deja el regazo de Palas[3]
y posa en aquel árbol el vuelo taciturno . . .

Él no tiene la gracia del cisne, mas su
        [inquieta
pupila que se clava en la sombra, interpreta
el misterioso libro del silencio nocturno.

(De *Los senderos ocultos*, 1911)

Viento sagrado

Sobre el ansia marchita,
sobre la indiferencia que dormita,
hay un sagrado viento que se agita;

un milagroso viento,
de fuertes alas y de firme acento,
que a cada corazón infunde aliento.

Viene del mar lejano,
y en su bronco rugir hay un arcano
que flota en medio del silencio humano.

Viento de profecía
que a las tinieblas del vivir envía
la evangélica luz de un nuevo día;

viento que en su carrera,
sopla sobre el amor, y hace una hoguera
que enciende en caridad la vida entera;

viento que es una aurora
en la noche del mal, y da la hora
de la consolación para el que llora . . .

Los ímpetus dormidos
despiertan al pasar, y en los oídos
hay una voz que turba los sentidos.

Irá desde el profundo
abismo hasta la altura, y su fecundo
soplo de redención llenará el mundo.

Producirá el espanto
en el pecho rebelde, y en el santo,
un himno de piedad será su canto.

Vendrá como un divino
hálito de esperanza en el camino,
y marcará su rumbo al peregrino.

Dejará en la conciencia,
la flor azul de perdurable esencia
que disipa el dolor con la presencia.

Hará que los humanos,
en solemne perdón, unan las manos
y el hermano conozca a sus hermanos.

[2]*Olimpo:* montaña de Grecia entre Macedonia y Tesalia. En la mitología griega se designaba con este nombre el conjunto de sus dioses; el cielo, el empíreo.

[3]*Palas:* uno de los nombres de Minerva, diosa de la sabiduría y de las artes.

No cejará en su vuelo
hasta lograr unir, en un consuelo
inefable, la tierra con el cielo;

hasta que el hombre, en celestial arrobo,
hable a las aves y convenza al lobo;

hasta que deje impreso
en las llagas de Lázaro[4] su beso;

hasta que sepa darse, en ardorosas

ofrendas, a los hombres y a las cosas,
y en su lecho de espinas sienta rosas;

hasta que la escondida
entraña, vuelta manantial de vida,
sangre de caridad como una herida . . .

¡Ay de aquel que en la senda
cierre el oído ante la voz tremenda!
¡Ay del que oiga la voz y no comprenda!

(De *El libro de la fuerza, de la bondad y del ensueño,* 1917)

La muchacha que no ha visto el mar

Rosa, la pobre Rosa, no ha visto nunca el
[mar.

Echa a volar sus sueños en el campo vecino,
a la alondra demanda el secreto del trino
cuando lanza a los vientos su canción matinal;
sabe de dónde nace la fuente rumorosa,
distingue con su nombre a cada mariposa
y oye correr el agua, y se pone a soñar . . .

Yo le pregunto: «Rosa,
¿no has visto nunca el mar?»
En infantil asombro menea dulcemente
la cabecita rubia; sobre la blanca frente,
cruza por vez primera una sombra fugaz,
y se sacian sus ojos en el breve horizonte
que a dos pasos limitan la verdura del monte,

el arroyo de plata y el tupido juncal.
Oye hablar a la selva cuya voz escondida
guarda aún su misterio . . . ¡Es tan corta la
[vida
para saberlo todo! . . . Siente la inmensidad
de lo breve y humilde en el ritmo diverso
que palpita en el alma de su pobre universo,
y ante lo ignoto siente un ansia de llorar.
Del instante que pasa, la virtud milagrosa
le revela el espíritu que vive en cada cosa,
y su blanca inocencia pugna por alcanzar
un recóndito enigma . . .

Y yo pienso que Rosa
no ha visto nunca el mar . . .

(De *El libro de la fuerza, de la bondad y del ensueño,* 1917)

Las tres cosas del romero

Sólo tres cosas tenía
para su viaje el Romero:
los ojos abiertos a la lejanía,
atento el oído y el paso ligero.

Cuando la noche ponía
sus sombras en el sendero,
él miraba cosas que nadie veía,
y en su lejanía
brotaba un lucero.

De la soledad que huía
bajo el silencio agorero,

¡qué canción tan honda la canción que oía
y que repetía temblando el viajero!

En la noche y en el día,
por el llano y el otero,
aquel caminante no se detenía,
al aire la frente, y el ánimo entero
como el primer día . . .

Porque tres cosas tenía
para su viaje el Romero:
los ojos abiertos a la lejanía,
atento el oído y el paso ligero.

(De *El romero alucinado,* 1925)

[4]*Lázaro:* de la parábola del rico avariento (*Lucas,* 16, 19-22). Patrono de los mendigos y, por extensión, leprosos, etc. por las úlceras que tenía.

Un fantasma

El hombre que volvía de la muerte
se llegó a mí, y el alma quedó fría,
trémula y muda . . . De la misma suerte
estaba mudo el hombre que volvía
de la muerte . . .

Era sin voz, como la piedra . . . Pero
había en su mirar ensimismado
el solemne pavor del que ha mirado
un gran enigma, y torna mensajero
del mensaje que aguarda el orbe entero . . .
El hombre mudo se posó a mi lado.

Y su faz y mi faz quedaron juntas,
y me subió del corazón un loco
afán de interrogar . . . Mas, poco a poco,
se helaron en mi boca las preguntas . . .

Se estremeció la tarde con un fuerte
gemido de huracán . . . Y, paso a paso,
perdióse en la penumbra del ocaso
el hombre que volvía de la muerte . . .

(De *El romero alucinado*, 1925)

Romance del muerto vivo

Hay horas en que imagino
que estoy muerto;
que sólo percibo formas
amortajadas de tiempo;
que soy apenas fantasma
que algunos miran en sueños;
que soy un pájaro insomne
que más canta por más ciego;
que me fugué —no sé cuándo—
a donde *ella* y *él* se fueron;
que los busco,
que los busco y no los veo,
y que soy sombra entre sombras
en una noche sin término.

Pero de pronto la vida
prende su aurora de incendio,
y oigo una voz que me llama
como ayer, a grito abierto;
y en la visión se amotina
la turba de los deseos,
y se encrespan los sentidos
como leones hambrientos . . .
Y hay un alma que está aquí,

tan cercana, tan adentro,
que fuera arrancar la mía
arrancármela del pecho . . .
Y soy el mismo de enantes,
y sueño que estoy despierto
y cabalgando en la vida
como en un potro sin freno . . .

Sólo tú, la que viniste
a mí como don secreto,
tú por quien la noche canta
y se ilumina el silencio;
sólo tú, la que dejaste
con vuelo de amor el centro
de tu círculo glorioso
para bajar a mi infierno;
sólo tú, mientras tus manos
alborotan mis cabellos
y me miras a los ojos
en el preludio del beso,
sólo tú podrás decirme
si estoy vivo o estoy muerto.

(De "Tres rosas en el ánfora," en
Poesía, 1898–1938, Tomo III, 1940)

El mensaje incompleto

Yo tenía algo más que decir en la vida;
pero una forma adusta, con el dedo en la boca,
puso término al canto . . . Y la palabra loca
—no sé si para siempre—se quedó interrumpida.

Me alcé desde la aurora con una mano en alto,
vacié mi sangre en ríos y di mi estrofa al viento,
amé de noche y día, y tuve un pensamiento
a cada melodía y a cada sobresalto.

Forjé el poema en yunques y a golpes de martillo,
en fiebre de estar solo y en ansia de universo,
y amé mis versos tanto, que ahora cada verso
repica en mis insomnios como viejo estribillo.

En busca de horizontes, llamé de puerta en puerta
con timidez o audacia, alegre o taciturno,
y hallé la vida íntegra en el pavor nocturno
y en la risa de sangre de una granada abierta.

Quise que lo invisible, en comunión extraña,
dialogara conmigo, que el alma de las rosas
dispersara mi aliento sobre todas las cosas
de la tierra, del cielo, del mar y la montaña.

Y hablar ante la sombra y el silencio del mundo
con una voz tan pura de calor y de acento,
que al oírla pararan los corceles del viento
y se alzaran los muertos de su sueño profundo . . .

¿Qué mandato imperioso, qué amenaza escondida
dejó mudo mi labio y el mensaje incompleto?
¡Yo tenía algo más que decir en la vida
y no hay nadie a quien pueda revelar mi secreto!

27 de enero de 1946

(De *Vilano al viento*, 1948)

Último mar

Viajo entre sombras . . . Pero yo quisiera,
antes que la palabra quede muda
y el ojo sin visión, clavar mi duda
sobre las tablas de una cruz cualquiera.

Afirmar y creer que cada cosa
se rige por un ímpetu lejano
y que en el alma universal se posa
—a un tiempo maternal y silenciosa—
la sabia providencia de una mano.

Sentir que cuando el dardo de la vida
cruza silbando el aire y atraviesa
el corazón, hay alguien que me besa
en la sangrienta boca de la herida . . .

Quisiera que al pasar, mientras tremolo
mi jirón de bandera desgarrada,
un perfil, una voz, una mirada
me libraran del miedo de estar solo
en el trance final de la jornada.

Que cuando en viaje póstumo y sombrío
por el último mar, mudo y desierto,
vaya dejando atrás cuanto fue mío,

un ave sobre el mástil del navío
cante mi canto y avizore el puerto . . .

13 de junio de 1946

(De *Vilano al viento*, 1948)

La cita

La sentí llegar. Vi sus ojos
de un gris azul, entre humo y cielo;
su palidez era de luna
sobre la noche del desierto;
sus manos largas ascendían
por la escala de los cabellos
cual si ensayaran tenues ritmos
sobre las arpas del silencio . . .
Poco después, posó en mis hombros
la crispatura de sus dedos,
y me miró, con las pupilas
vagas y absortas de los ciegos . . .
No me habló; pero de sus labios
sin color, delgados y trémulos,
brotó un murmurio imperceptible,
un misterioso llamamiento
como de voces irreales
que sólo oímos entre sueños,
como la palabra extinguida
de aquellas almas que se fueron
sin dejar signo de su paso
en los arenales del tiempo . . .

De sus labios y de sus ojos
fluía un mensaje secreto;
pero su mirar era sombra
y su voz fantasma del viento.

Me conturbaba y me atraía,
a la par memoria y deseo.
Quise apartarme de su lado
y me sentí su prisionero.
La codiciaba y la temía;
quise besarla y tuve miedo
de atarme al nudo de sus brazos
y morir de su abrazo eterno . . .

Se alejó de mí . . . Quedé solo;
mas yo supe que aquel encuentro
era anuncio de que vendría
pronto a visitarme de nuevo . . .
Y con un guiño misterioso,
bajo las antorchas del cielo,
concertamos la cita próxima,
sin fijar el sitio ni el tiempo,
sin más aviso que sus pasos
entre los árboles del huerto,
en la claridad opalina
de algún plenilunio de invierno.

10 de noviembre de 1946

(De *Vilano al viento*, 1948)

José M. Eguren

PERÚ, 1874–1942   José M. Eguren es un poeta aparte en la historia literaria hispanoamericana. Gustó de la música y la pintura—artes que tienen una influencia definitiva en su obra. Leyó mucho, sobre todo a autores extranjeros, y entre éstos a los simbolistas franceses. Escribió poco. Su primer libro, *Simbólicas*, lo publicó en 1911 y causó gran sorpresa en el ambiente de la Lima de entonces. Era un libro extraño, que no fue comprendido sino por unos pocos. En 1916 aparece su segunda colección de poesías, *La canción de las figuras*, obra también difícil y extraña. Y esa extrañeza consiste en que su lirismo está hecho de sombras, de claroscuros, de alusiones. No narra; sugiere. No deslumbra; inquieta. Dice cosas profundas, o pintorescas, o fantásticas. Esa extrañeza proviene también de lo inusitado de los temas y de la forma del verso, casi siempre breve, asonantado o sin rima alguna—aunque a veces gusta Eguren de emplear rimas consonantes difíciles y hasta forzadas. Todas las figuras que nos presenta son raras, no corrientes; vienen de un mundo lejanísimo y se deslizan hacia otro mundo también lejano. Unas veces son figuras de tono lírico, desdibujado, nebuloso; otras, es un desfile de personajes un poco grotescos, abultados, de farsa, de retablo, como figuras de naipes. Es un desbordamiento de fantasía con una reunión de seres imaginarios que ante nosotros danzan, se saludan y pasan. La naturaleza y los personajes de Eguren están siempre vistos como en sueños, como a través de una gasa de niebla. La naturaleza en estos versos es, sin duda, real. Pero el poeta coloca entre ella y nosotros, entre ella y él mismo, ese velo de sueño, esa niebla de visión desrrealizadora por la cual una flor, una laguna, un camino, aparecen tan lejanos, tan extraños, tan inquietantes como sus otras figuras. La poesía de Eguren es de lo maravilloso, pero no un maravilloso espectacular sino un ambiente obsesionado y al propio tiempo sencillo y natural; una poesía, en fin, de vocablos exactos, de expresiones atrevidas, de nueva sintaxis, en la que parece no faltar ni sobrar nada.

Temas generales

1. Posición de J.M.E. en la poesía peruana de las dos primeras décadas de este siglo.
2. Función de lo misterioso en la poesía de J.M.E. Su posible relación con la de Edgar Alan Poe. Véase, por ejemplo, "La niña de la lámpara azul," del primero, y "To Helen," del segundo.
3. Estudio de los temas en esta poesía. Figuras y mitos. Personajes líricos y caricaturescos.
4. El exotismo en los versos de J.M.E. Nombres y ambientes extraños.
5. Innovaciones formales en *Simbólicas* y *La canción de las figuras*.
6. Examen de la crítica contemporánea al autor y de la reciente. Valoración comparativa de las mismas.
7. Relaciones de la poesía de J.M.E. con otras manifestaciones poéticas del vanguardismo y el posvanguardismo.

Bibliografía

Obra poética

Simbólicas, Lima, 1911. *La canción de las figuras*, 1916. *Poesías*, 1929. *Poesías completas*, 1952. *Poesías*, Presentación de Manuel Beltroy, 1952. *Poesías escogidas*, sel. de Manuel Scorza, estudio de José Carlos Mariátegui, 1957. *Poesía completa*, recop., pról. y notas de Estuardo Núñez, 1961.

Estudios

LIBROS ESPECIALES: Armaza Valdez, E., *Eguren*, Lima, 1959. Jiménez Borja, J., *J.M.E., poeta geográfico*, Lima, 1952. Núñez, Estuardo, *La poesía de Eguren*, Lima, 1932. "J.M.E. Vida y obra. Bibliografía. Antología." RHM, *XXVII*, 1961. "Bio-bibliografía de J.M.E.," LetrasL, núm. 47, 1952. (Número dedicado a J.M.E.) MP, *XVII*, vol. XXIX, núm. 182. [Contiene artículos de varios autores] 1942.

ARTÍCULOS: Abril, Xavier, "Eguren, poeta hermético," Fan, *VIII*, núm. 53, 1957. Alvarado Sánchez, José, "Canción de amor en los temas de Eguren," PrL, 26 abr. 1942; RevInd, núm. 43, 1942. Armaza Valdez, E., "El ser, el tiempo y la muerte en la poesía de J.M.E.," CuH, *XLII*, 1960. Deustua, R., "La poesía de J.M.E.," TresL, núm. 9, 1941. Miró Quesada Sosa, A., "Despedida de J.M.E.," CultPer, *II*, núm. 7, 1942. Núñez, Estuardo, "J.M.E., poeta clásico," LetrasL, núm. 47, 1952. Núñez, Estuardo, "Silencio y sonido en la obra poética de J.M.E.," CuA, *XVII*, núm. 3, 1958. Peña Barrenechea, Enrique, "La poesía de J.M.E.," Bita, *IV*, núm. 11-12, 1944.

Las bodas vienesas

En la casa de las bagatelas,
vi un mágico verde con rostro cenceño,
y las cicindelas[1]
vistosas le cubren la barba de sueño.
Dos infantes oblongos deliran
y al cielo levantan sus rápidas manos,
y dos rubios gigantes suspiran,
y el coro preludian cretinos ancianos.
Que es la hora de la maravilla;
la música rompe de canes y leones
y bajo chinesca pantalla amarilla
se tuercen guineos con sus acordeones.
Y al compás de los címbalos suaves,
del hijo del Rino[2] comienzan las bodas;
y con sus basquiñas[3] enormes y graves
preséntanse mustias las primas beodas,
y margraves[4] de añeja Germania

y el rútilo extraño de blonda melena
y llega con flores azules de insania
la bárbara y dulce princesa de Viena.
Y al dulzor de virgíneas camelias
va en pos del cortejo la banda macrovia,[5]
y rígidas, fuertes, las tías Amelias;
y luego cojeando, cojeando la novia,
la luz de Varsovia.
Y en racha que sube a los techos
se pierden al punto las mudas señales,
y al compás alegre de enanos deshechos
se elevan divinos los cantos nupciales.
En la bruma de la pesadilla
se ahogan luceros azules y raros,
y, al punto, se extiende como nubecilla
el mago misterio de los ojos claros.

(De *Simbólicas*, 1911)

---

[1]*cicindelas*: insectos coleópteros de brillantes colores.
[2]*Rino*: forma tal vez derivada del río Rhin.
[3]*basquiñas*: faldas, negras por lo común.

[4]*margrave*: título de dignidad de algunos príncipes de Alemania.
[5]*macrovia*: o macrobia, vieja, que vive mucho tiempo.

Las torres

Brunas lejanías . . .
batallan las torres
presentando
siluetas enormes.

Áureas lejanías . . .
las torres monarcas
se confunden
en sus iras llamas.

Rojas lejanías . . .
se hieren las torres;
purpurados
se oyen sus clamores.

Negras lejanías . . .
horas cenicientas
se oscurecen,
¡ay!, las torres muertas.

(De *Simbólicas*, 1911)

El duque[6]

Hoy se casa el duque Nuez;
viene el chantre,[7] viene el juez
y con pendones escarlata
florida cabalgata;
a la una, a las dos, a las diez;
que se casa el duque Primor
con la hija de Clavo de Olor.
Allí están, con pieles de bisonte,
los caballos de Lobo del Monte,
y con ceño triunfante,
Galo cetrino, Rodolfo montante.
Y en la capilla está la bella,
mas no ha venido el Duque tras ella;
los magnates postradores,
aduladores,
al suelo el penacho inclinan;

los corvados, los bisiestos
dan sus gestos, sus gestos, sus gestos;
y la turba melenuda
estornuda, estornuda, estornuda.
Y a los pórticos y a los espacios
mira la novia con ardor . . .;
son sus ojos dos topacios
de brillor.
Y hacen fieros ademanes,
nobles, rojos como alacranes;
concentrando sus resuellos,
grita el más hercúleo de ellos:
«¿Quién al gran Duque entretiene?»
¡Ya el gran cortejo se irrita! . . .
Pero el Duque no viene . . .,
se lo ha comido Paquita.

(De *Simbólicas*, 1911)

La niña de la lámpara azul

En el pasadizo nebuloso,
cual mágico sueño de Estambul,
su perfil presenta destelloso
la niña de la lámpara azul.

Ágil y risueña se insinúa
y su llama seductora brilla,

tiembla en su cabello la garúa
de la playa de la maravilla.

Con voz infantil y melodiosa
con fresco aroma de abedul,
habla de una vida milagrosa
la niña de la lámpara azul.

---

[6]varios de los nombres que aparecen en este poema se relacionan con cuentos infantiles.

[7]*chantre:* dignidad de las iglesias catedrales a cuyo cargo estaba el canto del coro.

Con cálidos ojos de dulzura
y besos de amor matutino,
me ofrece la celeste criatura
un mágico y celeste camino.

De encantación en un derroche,
hiende leda vaporoso tul;
y me guía a través de la noche
la niña de la lámpara azul.

(De *La canción de las figuras*, 1916)

La sangre

El mustio peregrino
vió en el monte una huella de sangre;
la sigue pensativo
en los recuerdos claros de su tarde.

El triste, paso a paso,
la ve en la ciudad dormida, blanca,
junto a los cadalsos,
y al morir de ciegas atalayas.

El cuervo peregrino
transita por bosques adorantes

y los reinos malditos;
y siempre mira las rojas señales.

Abrumado le mueven
tempestades y lunas pontinas,
mas allí, transparentes
y dolorosas, las huellas titilan.

Y salva estremecido
la región de las nieves sagradas.
No vislumbra al herido.
Sólo las huellas que nunca se acaban.

(De *La canción de las figuras*, 1916)

Peregrín, cazador de figuras

En el mirador de la fantasía,
al brillar del perfume
tembloroso de armonía;
en la noche que llamas consume;
cuando duerme el ánade implume,
los oríficos insectos se abruman
y luciérnagas fuman;
cuando lucen los silfos galones, entorcho,
y vuelan mariposas de corcho

o los rubios vampiros cecean,
o las firmes jorobas campean,
por la noche de los matices,
de ojos muertos y largas narices;
en el mirador distante,
por las llanuras;
Peregrín cazador de figuras,
con ojos de diamante
mira desde las ciegas alturas.

(De *La canción de las figuras*, 1916)

La pensativa

En los jardines otoñales
bajo palmeras virginales,
miré pasar, muda y esquiva,
la Pensativa.

La vi en azul de la mañana,
con su mirada tan lejana,
que en el misterio se perdía
de la borrosa celestía.

La vi en rosados barandales
donde lucía sus briales;
y su faz bella vespertina
era un pesar en la neblina . . .

Luego marchaba silenciosa
en la penumbra candorosa,
y en triste orgullo se encendía.
¿Qué pensaría?

¡Oh su semblante nacarado
con la inocencia y el pecado!

¡Oh sus miradas peregrinas
de las llanuras mortecinas!

Era beldad hechizadora;
era dolor que nunca llora.
Sin la virtud y la ironía,
¿qué sentiría?

En la serena madrugada,
la vi volver apesarada,
rumbo al poniente, muda, esquiva,
¡la Pensativa!

(De "Sombra" en *Poesías*, 1929)

Regino E. Boti ‚‿‚‿‚‿‿‿‿‿‿‿‿‿‿‿‿‿‿

CUBA, 1878–1958   El enlace formal con el interrumpido modernismo y el inicio de la reacción posmodernista puede decirse que se realizan casi simultáneamente en Cuba con la publicación, en 1913, de los *Arabescos mentales* de Boti, seguidos muy de cerca por *Ala* (1915) de Agustín Acosta y *Versos precursores* (1917) de José Manuel Poveda, los tres libros renovadores de la expresión poética cubana en la segunda década del siglo. Ya se sabe, por razones históricas conocidas (la guerra cubano-hispano-americana, el comienzo de la República), que el modernismo en ese país, después de la importante obra de José Martí y de Julián del Casal, no había llegado a producir figuras de resonancia continental, y que sólo en este momento adquiere nueva fuerza. Tal vez a este retraso se deba en parte el gran dinamismo evolutivo que preside la obra de Boti. Es cierto que su primer libro contiene todavía una gran dosis de modernismo en la línea estético-parnasiana de Casal, como lo muestra el soneto en alejandrinos que aparece al frente de esta selección. Mas esa renovación de las fórmulas modernistas que él ensaya, con su voluntad de "hacer arte en silencio" y su atención a motivos del paisaje y la vida diaria, se ahondará en los versos concentrados y casi epigramáticos de su segundo libro, *El mar y la montaña*. En ellos ya puede observarse un aire del tiempo contemporáneo, indicio de las relaciones de simpatía que mantiene Boti con las escuelas de vanguardia: selección y novedad de las imágenes y visión estilizadora de la realidad. Por este camino dará un paso más en las pequeñas prosas de *Kodak-Ensueño*, título de suyo tan "vanguardista," animadas definitivamente por un impulso afín al que había cristalizado en el creacionismo y otras escuelas vecinas.

En suma, por ese designio de rigor, concisión y modernidad, por la precisión y originalidad en el uso de los recursos expresivos y por su amplio dominio teórico de los problemas formales de la poesía española, es sin duda Regino E. Boti uno de los poetas más inteligentes y avanzados del posmodernismo hispanoamericano.

Temas generales

1. La voluntad esteticista de R.E.B. y su manifestación en algunos sonetos y sonetinos de *Arabescos mentales*.
2. Transformación de su estilo en los breves apuntes de paisajes de *El mar y la montaña*.
3. Originalidad de las imágenes en R.E.B. Su utilización del color como medio de ambientación del poema.
4. Anticipaciones vanguardistas en la obra de R.E.B. Visión estilizadora de la realidad y esquematización de sus impresiones.

Bibliografía

Obra poética

Arabescos mentales, Barcelona, 1913. *El mar y la montaña*, La Habana, 1921. *Kodak-Ensueño*, 1929. *Kindergarten*, 1930.

Estudios

LIBROS GENERALES: Jiménez, José Olivio, *Estudios sobre poesía cubana contemporánea*, New York, 1967. Vitier, Cintio, *Cincuenta años de poesía cubana* *(1902–1952)*, La Habana, 1952. Vitier, Cintio, *Lo cubano en la poesía*, Universidad Central de las Villas, Cuba, 1958.

ARTÍCULOS: Aparicio Laurencio, Angel, "Guantánamo en la obra de R.E.B.," BACLH, *VII*, 1958. Fernández Retamar, Roberto, "En los ochenta años de R.E.B.," Islas, *I*, núm. 2, 1959. Portuondo, José Antonio, "R.E.B.," GalS, *II*, núms. 10–11, 1958.

Funerales de Hernando de Soto

Bajo el lábaro umbrío de una noche silente
que empenachan con luces las estrellas brillantes,
el Misisipí remeda un gran duelo inclemente
al arrastrar sus aguas mudas y agonizantes.

De los anchos bateles un navegar se siente;
brota indecisa hilera de hachones humeantes,
y avanza por la linfa como un montón viviente
aquel sepelio extraño sin cruces ni cantantes.

Hace alto el cortejo. Se embisten las gabarras;
al coruscar las teas los rostros se iluminan
y fulgen las corazas que el séquito alto lleva.

Cien lanzas cabecean. Echa el cocle sus garras,
y entre las olas turbias que a trechos se iluminan
el féretro se hunde y la oración se eleva.

(De *Arabescos mentales*, 1913)

El mar

Ancestro de la montaña,
nutriz de la selva añosa,
aun es tu entraña
maravillosa.

En la tarde agatina,
azul, espuma, arenas;

se oye el cantar de tus sirenas
tras la vela latina.

Ritmo eternal, alto poeta
que sinfonizas trenos y barcarolas,
adivino, tu ecuórea[1] palabra secreta
en el pánico ruido de las caracolas.

(De *El mar y la montaña*, 1921)

[1]*ecuórea:* poético, referente al mar.

Ángelus[2]

Rayas sombrías y luminosas.
Verticales: los postes. Horizontales: la playa,
los raíles y los regatos. El día
preagoniza. El crepúsculo palia
con sus rosas los grises. En la salina

el molino de viento que, en el negror, es dalia
gigante y giratoria.
   Y en el *Ángelus* hay ruido
como el de las alas de la Victoria.

(De El mar y la montaña, 1921)

Luz

Yo tallo mi diamante,
yo soy mi diamante.
Mientras otros gritan
yo enmudezco, yo corto, yo tallo;
hago *arte en silencio.*

   Y en tanto otros se agitan,
con los ritmos batallo
y mi nombre no agencio.
Yo soy mi diamante,
yo tallo mi diamante,
yo hago *arte en silencio.*

(De El mar y la montaña, 1921)

La montaña

La montaña ¿cómo es bella
la montaña?
¿Cuando es azul lejanía,
cuando —encendiendo su entraña—
es luminares la noche
y en verdores vibra el día?

   La montaña ¿cómo es bella
la montaña?
Es bella desde su entraña,
y hecha azul lejanía,
cuando la noche es de estrellas
y en flores se desentraña
la verde gama del día.

(De El mar y la montaña, 1921)

La vereda

Sarcófago de leguas,
metido en tu noche fangosa y terrorífica

todos los monstruos de la noche salen
y agarran mi caballo por las bridas.

(De El mar y la montaña, 1921)

---

[2] *Ángelus:* oración que comienza con las palabras *Angelus Dōmini* (el ángel del Señor . . .). Toque de campanas pue anuncia la hora en que suele rezarse dicha oración.

La noria

Y mañana, como un asno de noria,
el retorno canalla y sombrío,
doblar la cabeza y escribir:
Al Juzgado,[3]

con los ojos aún llenos de lumbres,
sobre un mar de amatista encantados.

(De El mar y la montaña, 1921)

Kodak-Ensueño (fragmentos)

CANICULAR

Todo arde y se deshace en efluvios y reflejos. Cae el sol a plomo. Del grifo cerrado escapa la gota pintora que teje en su torno un tapete esmeralda sobre el que se derrota como una mancha lila la silueta vertical del grifo. Diríase que el hilillo de agua se derrite y que la sombra del grifo languidece de calor.

EN CLAVE DE SOMBRA

La noche trueca la red de hilos telefónicos en un pentágrama al que Orión[4] incorpora de pasada las siete notas adamantinas[5] de sus soles errantes.

CARTÓN FUTURISTA

En tanto corre el tren, cercas y vallados huyen paralelamente hacia atrás; los postes telegráficos se inclinan hacia la carrilera; y la playa—atada a un chamizo[6] carbonizado que parece un ombligo prominente—gira en quimérica espiral metiendo y derramando su gama kaleidoscópica por las ventanillas del vagón.

TRAVESURA

Expira la tarde. En el interior de la casa solariega, silenciosa y orante, la penumbra cuelga sus tules. De repente, el crepúsculo, como un pillete curioso, irrumpe por debajo de la puerta esbozando bermejos lamparones en los seres y las cosas.

AUTODIDACTA

Cuando la noche nos restituye el silencio y la llave del lavabo deja caer su gota perpetua en el fondo del recipiente, la Señorita Agua comienza su interminable lección de solfeo: la, la—fa, fa—mi, mi, mi, mi—do—fa, fafá—do—do—do—mí . . .

(De Kodak-Ensueño, 1929)

---

[3]*Al Juzgado . . . :* frase con la que comienzan sus escritos los abogados.
[4]*Orión:* constelación ecuatorial, una de las más hermosas del cielo. En mitología, Orión fue un cazador cambiado por Diana en constelación.
[5]*adamantinas:* poético, diamantinas.
[6]*chamizo:* tizón, leño quemado.

Luis Lloréns Torres ━━━━━━━━━━

Puerto Rico, 1878–1944   Se ha dicho acertadamente que la innovación de la poesía puertorriqueña se inicia, en forma sistemática, con Luis Lloréns Torres. Él es quien, con sus teorías estéticas del *pancalismo* (todo es bello) y *panedismo* (todo es poesía), da lugar al movimiento de superación del modernismo en la lírica joven de su país en 1913, año en el que fundó la importante *Revista de las Antillas*, órgano de la vida intelectual de Puerto Rico durante los dos años en los que Lloréns escribió sus poemas fundamentales. A pesar del cuidado que puso el poeta en la articulación de sus *Sonetos sinfónicos*, o de otros momentos formales de su obra, es Lloréns un poeta más bien intuitivo y de cálida inspiración; desigual e imperfecto; con hermosos momentos—sobre todo en sus poemas de carácter local campesino—, y otros de voz engolada—aquellos en que parece seguir la manera de Whitman o de Chocano. En su obra se advierte una preocupación americana, continental, hispánica que no es diferente de la que muestra Rubén Darío en sus poemas de carácter político. A este tono americanista pertenecen, por ejemplo, "La canción de las Antillas" y "Velas épicas," entre otros. Mas lo que creemos ha de quedar de la obra de Lloréns es el grupo de poemas de carácter campesino, con bien dispuestos toques sensuales e imágenes en verdad sugerentes. (Véase "Café prieto.") Y ese sensualismo de sabores y colores queda en nosotros después de haber leído su romance "Mayagüez sabe a mangó." Hay en esos poemas, como en muchos más de este mismo tono, una gracia expresiva, un acercamiento a lo propio de la tierra que salvan a su autor y lo sitúan, sobre todo, como cantor amoroso de su patria.

Temas generales

1. Papel de L.Ll.T. como superador del modernismo e iniciador del posmodernismo en Puerto Rico.
2. Los *Sonetos sinfónicos* de L.Ll.T. Sus relaciones y diferencias con el soneto clásico.
3. La preocupación americana en L.Ll.T. Actitud frente a los Estados Unidos e hispanismo esencial.
4. El campo puertorriqueño en la poesía de L.Ll.T. Paisaje y ambiente isleños.
5. El sensualismo colorista en L.Ll.T.; utilización de vocabulario criollo como medio para crear un ambiente típico.
6. El nacionalismo en la obra de L.Ll.T.

Bibliografía

Obra poética

Al pie de la Alhambra, Granada, 1899. *Sonetos sinfónicos*, San Juan, Puerto Rico, 1914. *La canción de las Antillas y otros poemas*, 1929. *Voces de la campana mayor*, 1935. *Alturas de América, Poemas*, 1940.

Estudios

LIBROS ESPECIALES: Arce de Vázquez, Margot, *La realidad puertorriqueña en la poesía de L.Ll.T.: Impresiones*, San Juan, P.R., 1950. Cabrera de Ibarra, Palmira, *L.Ll.T. ante el paisaje*, Río Piedras, P.R., 1946. Corretger, Juan Antonio, *Lloréns:*

juicio histórico, New York, 1946. Marrero, Carmen, "L.Ll.T. Vida y obra, bibliografía, antología," RHM, ene.–dic. *XIX*, núms.1–4, 1953. Vientós Gastón, Nilita, Margot Arce de Vázquez, Antonio S. Pedreira y otros, "L.Ll.T. (núm. dedicado a L.Ll.T.)," RAMG, *V*, núm. 3–46, 1944.

ARTÍCULOS: Arce de Vázquez, Margot, "Las décimas de Ll.T." Asom, *XXI*, núm. 1, 1965. Daffy, Kenneth J., "Ll.T. y el criollismo poético," EstD., *I*, núm. 2, 1952. Labarthe, Pedro Juan, "L.Ll.T., poeta de las tierras antillanas," RepAm, 21 jun. 1936. Rosa Franco, Francisco Radamés, "Paisaje y poesía en L.Ll.T.," [Tesis de la Universidad de Madrid, 1963.]

Café prieto

Se le cae el abrigo a la noche.
Ya el ártico Carro[1] la cuesta subió.
Río abajo va el último beso
caído del diente del Perro Mayor.[1]

Se desmaya en mis brazos la noche.
Su Virgo de oro llorando se fue.
Los errantes luceros empaña
el zarco resuello del amanecer.

Se me muere en los brazos la noche.
La envenena el zumoso azahar.
Y la tórtola azul, en su vuelo,
una azul puñalada le da.

La neblina se arisca en el monte.
Las hojas despierta rocío sutil.
Y en la muda campana del árbol,
el gallo repica su quiquiriquí.

Al reflejo del vaho del alba,
el pez en la onda, la abeja en la flor,
con la fe de su crédulo instinto,
descubren la miga segura de Dios.

De la choza que está en la vereda,
un humito saliendo se ve.
La ventana se abre. Y la doña
me da un trago de prieto café.

(De *Alturas de América*, 1940)

Soledad

La tarde, en la quietud de su remanso
de oro que en el poniente se amontona.
Bajo un ala de sol, el pueblo manso.
Y en un ala del pueblo, la casona.

Hogar, que ya en dormida lontananza,
al nacer me apretó sobre su seno.
Retorno a verle hoy con la esperanza
de hallar otro dolor más nazareno.

¡Cuánto tiempo sin verte, casa mía:
mi cuna, mi hondo nido de la huerta!

Leche que entre mis labios se dormía
y hoy entre mis cabellos se despierta.

Revela el arquitrabe de la entrada
su longedad, en fecha tan borrosa
como la que revela, en mi mirada,
lo lejos que se fue mi mariposa.

Aúmbra el frente un árbol de quenepa[2]
que en el ayer que evoco no existía:
árbol en que ahora mi dolor se trepa
a mirar que la casa ya no es mía.

[1]*Carro:* Carro así como Perro o Can Mayor, y Virgo son nombres de constelaciones celestes.
[2]*quenepa:* en Puerto Rico, fruta del quenepo, de pulpa suave, agridulce y astringente. Es el mamoncillo de Cuba y la guaya o guayita de México.

Aún oficia en el patio el tamarindo
que en su latín de pájaros y flores
repetía el sermón del niño lindo
nacido en un portal entre pastores.

Nadie en el triste hogar descobijado . . .
Alguna iguana en la desnuda piedra . . .
Por besar sus reliquias del pasado,
en cada muro mi alma se hace hiedra.

Golondrinas que aquí colgaron nido,
se fueron, para nunca más volver,
como las muchas que de mí se han ido
volando en corazones de mujer.

En este umbraje, la materna entraña
se abrió a darme la ruta de la vida.

Aún de azul celestial mis labios baña
el beso de la azul recién parida.

Mis ensueños de amor y de fortuna
resbalan por mi cuerpo hasta mi sombra
a ser niños caídos de la cuna
que se echan a llorar sobre la alfombra.

Me siento niño que al rayar el día
junto a la muerta madre se despierta,
y abrazado por ella todavía
se pega al pecho de la madre muerta.

Bello dolor, al que el presente inmolo.
Que mis dolores del pasado calma.
Bello dolor que se ha quedado solo
en la casa sin techo de mi alma.

(De *Alturas de América*, 1940)

Mayagüez[3] sabe a mangó

San Juan sabe a coco de agua.
Humacao a corazón.
Ponce a níspero[4] y quenepa.
Mayagüez sabe a mangó.[5]

Mayagüez es la criolla
que de campo se vistió.
Criolla que suelta y abre,
sandungueando[6] en el verdor,
su larga cola de cañas,
desde Yauco hasta Rincón,
y tiende sobre los montes,
a la querencia del sol,
su humedecida melena
de cafetales en flor.
Mayagüez es la criolla
que de campo se vistió.
Cuando en las horas de siesta,
la acaramela el calor,
y en la hamaca se desnuda,
Mayagüez sabe a mangó.

Mayagüez tiene los ojos
más negros que he visto yo,

los ojos, en Puerto Rico,
que ven acostarse al sol.
Con la sal de Cabo Rojo
los requetesala Dios.
La piña blanca de Lajas
guiña en ellos su dulzor.
Con café de Maricao
el diablo los desveló.
Ojos galgos que le ladran
al lucero del amor.
Cuando nos muerden la carne,
Mayagüez sabe a mangó.

En la calle Méndez Vigo
y en la plaza de Colón,
en el muchacho que corre
y en el errante pregón,
en el mendigo que pide
una limosna por Dios,
en la guagua[7] que va lenta
y el auto que va veloz,
en la hembra de paso fino
y el mozo pasitrotón,

---

[3]*Mayagüez*: Mayagüez, San Juan, Humacao, Ponce, Yauco, etc., nombres de ciudades, pueblos y lugares de Puerto Rico.
[4]*níspero*: fruta tropical, también llamada zapote, de sabor dulce.
[5]*mangó*: en Puerto Rico, la misma fruta que en Cuba y

Santo Domingo conocen como *mango*.
[6]*sandungueando*: de sandunguear, moverse con gracia y donaire.
[7]*guagua*: nombre que dan en algunas de las Antillas (Cuba, Puerto Rico) y en las Islas Canarias al ómnibus.

en la escuela, en el teatro
y en la acera y el balcón,
en las mil voces que parlan
como en una sola voz,
y en los mil ojos que miran
en la urbana procesión,
y en las mil bocas que ríen,
Mayagüez sabe a mangó.

   Esta noche, a medianoche,
Mayagüez me convidó.
Mayagüez cuando convida
pega fuego al caracol.

Mayagüez sirve en su mesa
alma, vida y corazón.
Y de medianoche arriba,
en la curva del amor,
con una mayagüezana,
se volcó mi corazón.
Por diez juro que en la espuma
de su blanca ondulación
y en los riscos de sus senos
y en la salsa multiolor
de la carne de sus labios,
Mayagüez sabe a mangó.

(De *Alturas de América*, 1940)

Carlos Pezoa Véliz

CHILE, 1879–1908   Puede considerarse a Pezoa Véliz—y así lo hace la crítica actual—como el iniciador del posmodernismo en Chile, pues aunque vivió y escribió durante la época modernista no prestó mucha atención a su estética sino que escogió como temas de su poesía la vida del pueblo chileno y la naturaleza de su país. Esa vuelta a la tierra y a los asuntos humildes, que es uno de los rasgos característicos de los poetas posmodernistas, la encontramos expresada aquí con realismo, a veces desesperado, a veces dulce y siempre sincero. Pezoa Véliz no publicó libro alguno durante su corta y amargada existencia y sólo después de su muerte apareció un primer tomo de versos, *Alma chilena* (1911), cuyo título es ya un anuncio de su contenido. En estos poemas aparecen "un pobre diablo"; Teodorinda, "la hija de Lucas el capataz"; un melancólico entierro en el campo; el poeta muerto de angustia de "Tarde en el hospital"; Pancho y Tomás, los hijos del labriego, y otras tantas figuras vencidas y llenas de tristeza. Y en todas ellas una visión amarga de la realidad, anotada con palabra clara y sobrio lirismo de tono menor.

Temas generales

1. Originalidad de C.P.V. dentro del modernismo chileno.

2. Ambiente campesino y ambiente urbano en los poemas de C.P.V.

3. Las figuras. Visión realista y compasión humana del poeta frente a sus personajes.

4. El estilo de C.P.V. en relación con los asuntos de sus versos.

Bibliografía

Obra poética

Alma chilena, pról. de E. Montenegro y epíl. de A. Thomson, Santiago de Chile, 1912. *Poesías líricas*, poemas y prosa escogida, Santiago–Valparaíso, 1912. *Las campanas de oro*, pról. de L. Pena, París, 1921. *Poesías, cuentos y artículos*, rec. y est. de Armando Donoso, Santiago de Chile, 1927. *Poesías selectas*, sel. de N. Pinilla y J. Negro, 1939. *Antología de C.P.V.*, sel. y pról. de Nicomedes Guzmán, 1957.

Estudios

LIBROS ESPECIALES: Undurraga, Antonio de, *P.V.*, Santiago de Chile, 1951. Pinilla, Norberto, "Bibliografía crítica sobre C.P.V.," RevIb, *IV*, 1942.

ARTÍCULOS: Díaz Casanueva, Humberto, "C.P.V. Actitud fundamental de su ser y de su poesía," A, *LII [XLII]*, 1938. Melfi, D., "Algunas notas sobre P.V.," A, *XL*, 1937. Montenegro, Ernesto, "Estimación póstuma de P.V.," A, *XL*, 1937. Picón-Salas, Mariano, "Elogio de un poeta del pueblo," A, *XL*, 1937. Rodríguez Fernández, Mario, "El conocimiento estilístico en la forma exterior de la poesía de C.P.V.," AUCh, CXVIII, núm. 117, 1960. Sabella, Andrés, "P.V.: El poeta del pueblo chileno," Espi, *VIII*, núm. 74, 1958. Seguel, Gerardo, "Un poeta imagen de su pueblo: La vida y la obra de C.P.V.," A, *LI*

[*XLI*], 1938. Silva Castro, Raúl, "Efigie de C.P.V.," A, *CXXI*, 1955. Stelingis, Pablo, "C.P.V., poeta modernista innovador," A, *CXIII*, 1953; *CXIV, CXV, CXVI, CXVII*, 1954. Torres Ríoseco, Arturo, "Un poeta modernista olvidado: C.P.V.," RevIb, *XXIV*, núm. 47, 1959.

Nada

Era un pobre diablo que siempre venía
cerca de un gran pueblo donde yo vivía;
joven, rubio y flaco, sucio y mal vestido,
siempre cabizbajo . . . ¡Tal vez un perdido!
Un día de invierno lo encontraron muerto,
dentro de un arroyo próximo a mi huerto,
varios cazadores que con sus lebreles
cantando marchaban . . . Entre sus papeles
no encontraron nada . . . Los jueces de turno
hicieron preguntas al guardián nocturno:

éste no sabía nada del extinto;
ni el vecino Pérez, ni el vecino Pinto.
Una chica dijo que sería un loco
o algún vagabundo que comía poco,
y un chusco que oía las conversaciones
se tentó de risa . . . ¡Vaya unos simplones!
Una paletada le echó el panteonero;
luego lió un cigarro, se caló el sombrero
y emprendió la vuelta . . . Tras la paletada,
nadie dijo nada, nadie dijo nada! . . .

(De *Poesías*, 1927)

Teodorinda

Tiene quince años ya Teodorinda,
la hija de Lucas el capataz;
el señorito la halla muy linda;
tez de durazno, boca de guinda . . .
¡Deja que crezca dos años más!

Carne, frescura, diablura, risa;
tiene quince años no más . . . ¡olé!
y anda la moza siempre de prisa,
cual si a la brava pierna maciza
mil cosquilleos hiciera el pie . . .

Cuando a la aldea de la montaña
con otras mozas va en procesión,
su erguido porte, fascina, daña . . .
y más de un mozo de sangre huraña
brinda por ella vaca y lechón.

¡Si espanta el brío, la airosa facha
de la muchacha . . .! ¡Qué floración!
Carne bravía, pierna como hacha,
anca de bestia, brava muchacha
para las hambres de su patrón!

Antes que el alba su luz encienda
sale del rancho, toma el morral
y a paso alegre cruza la hacienda
por los pingajos de la merienda
o la merienda de un animal.

Linda muchacha, crece de prisa . . .
¡Cuídala, viejo, como a una flor!
Esa muchacha llena de risa
es un bocado que el tiempo guisa
para las hambres de su señor.

Todos los peones están cautivos
de sus contornos, pues que es verdad
que en sus contornos medio agresivos,
tocan clarines extralascivos
sus tres gallardos lustros de edad.

Sangre fecunda, muslo potente,
seno tan fresco como una col;
como la tierra, joven, ardiente;
como ella brava y omnipotente
bajo la inmensa gloria del sol.

Cuando es la tarde, sus pasos echa
por los trigales llenos de luz;
luego las faldas brusca repecha . . .

El amo, cerca del trigo, acecha,
y la echa un beso por el testuz . . .

(De *Poesías*, 1927)

Tarde en el hospital

Sobre el campo el agua mustia
cae fina, grácil, leve;
con el agua cae angustia;
    llueve . . .

Y pues solo en amplia pieza,
yazgo en cama, yazgo enfermo,
para espantar la tristeza,
    duermo.

Pero el agua ha lloriqueado
junto a mí, cansada, leve;
despierto sobresaltado;
    llueve . . .

Entonces, muerto de angustia,
ante el panorama inmenso,
mientras cae el agua mustia,
    pienso.

(De *Poesías*, 1927)

Entierro en el campo

Con un cadáver a cuestas,
camino del cementerio,
meditabundos avanzan
los pobres angarilleros.

Cuatro faroles descienden
por Marga-Marga hacia el pueblo,
cuatro luces melancólicas
que hacen llorar sus reflejos;
cuatro maderos de encina,
cuatro acompañantes viejos . . .

Una voz cansada implora
por la eterna paz del muerto;
ruidos errantes, siluetas
de árboles foscos, siniestros.
Allá lejos, en la sombra,
el aullar de los perros
y el efímero rezongo
de los nostálgicos ecos.

Sopla el puelche.[1] Una voz dice:
—Viene, hermano, el aguacero.
Otra voz murmura: —Hermanos,
roguemos por él, roguemos.
Calla en las faldas tortuosas

el aullar de los perros;
inmenso, extraño, desciende
sobre la noche el silencio;
apresuran sus responsos
los pobres angarilleros
y repite alguno: —Hermano,
ya no tarda el aguacero;
son las cuatro, el alba viene,
roguemos por él, roguemos.

Y como empieza la lluvia,
doy mi adiós a aquel entierro,
pico espuela a mi caballo
y en la montaña me interno.

Y allá en la montaña oscura
¿quién era? llorando pienso:
—Algún pobre diablo anónimo
que vino un día de lejos,
alguno que amó los campos,
que amó el sol, que amó el sendero
por donde se va a la vida,
por donde él, pobre labriego,
halló una tarde el olvido,
enfermo, cansado, viejo!

(De *Poesías*, 1927)

[1] *puelche:* en Chile, viento del este.

Porfirio Barba Jacob

COLOMBIA, 1880–1942   Aquel cansado de su nombre—como lo estuvo una vez el andaluz universal Juan Ramón Jiménez—que se llamó sucesivamente Miguel Angel Ossorio, Maín Ximénez, Ricardo Arenales y últimamente Porfirio Barba Jacob, es uno de los poetas de mayor temperamento que ha tenido el posmodernismo. Es el suyo, al decir de Alfredo Cardona Peña, "un asombroso caso de enfermizo vital, que dentro del dolor humano expresa otro dolor con voces incomparables." De vida errante y atormentada por tierras de las Antillas, Centroamérica, los Estados Unidos y México, llevó siempre consigo un tremendo desasosiego de raíces románticas al que dio salida en versos elocuentes o íntimos, demoníacos o infantiles, sensuales o nostálgicos. Los cambiantes estados emocionales que se suceden en su "Canción de la vida profunda": movilidad, fertilidad, placidez, sordidez, lubricidad, tenebrosidad, parecen retratar, como en resumen, la cambiante existencia de Barba Jacob y los diferentes aspectos de su obra. Muestra en ella una actitud desesperanzada ante el misterio de la vida y de la muerte ("nunca sabremos nada"); el lamentable paso del tiempo que nos deja con las manos vacías ("Pero la vida está llamando / y ya no es hora de aprender"); la conciencia de ser "soberbio y desdeñoso, pródigo y turbulento," esclavo de los placeres de la carne o de los momentáneos olvidos que hallaba en los paraísos artificiales. Y todo ello materializado en versos casi siempre nobles y musicales—aunque no exentos de cierto retoricismo—; amorosos del campo, inquietos como aquella llama al viento de uno de sus poemas más hermosos.

En la edición de la obra de Barba Jacob hecha en México en 1945 con el título de *Poemas intemporales*, contentiva de su obra anterior y algunos poemas inéditos, se incluyen unas páginas en prosa, "La divina tragedia: el poeta habla de sí mismo," y "Claves," prólogo del volumen *Canciones y elegías*, de 1932, que son de gran importancia para conocer el pensamiento poético de Porfirio Barba Jacob.

Temas generales

1. Tragedia, dolor y desengaño en los versos de P.B.J.
2. Filiación romántica y técnica modernista; superación de ambas por la inquietud existencial del poeta.
3. El enigma de su destino como tema central en la obra de P.B.J.
4. Los poetas "malditos" (Baudelaire, Verlaine, Rimbaud) y su influencia en P.B.J.
5. El tiempo y su problemática. Aceptación de la muerte y conversión final de P.B.J.
6. Los momentos apacibles en la obra de P.B.J. El campo y los niños.

Bibliografía

Obra poética

Canciones y elegías, edic. de homenaje al poeta, México, 1932. Rosas negras, edic. de Rafael Arévalo Martínez, Guatemala, 1933. La canción de la vida profunda y otros poemas, sel. y pról. de Juan B. Jaramillo Meza, Manizales, 1937. El corazón iluminado, Bogotá, 1942. 15 poemas de Porfirio Barba-Jacob, sel. y est. de Carlos García Prada, México, 1942 (Colección literaria de la Revista Iberoamericana). Poemas intemporales, 1944. Antorchas contra el viento (contiene los poemas de Canciones y elegías, Flores negras y Canción de la vida profunda y otros poemas, con otros poemas inéditos).

Estudios

LIBROS ESPECIALES: Amaya-González, Víctor, B.J., hombre de sed y ternura, Bogotá, 1957. Avilés, René, P.B.J., Homenaje antológico, México, 1964. Jaramillo Meza, Juan B., P.B.J., el caballero del infortunio, Manizales, 1944. Jaramillo Meza, Juan B., Vida de P.B.J., 2da. ed. ilus. y aum., Bogotá, 1956. Valle, Rafael Heliodoro, Bibliografía de P.B.J. Ordenada por Emilia Romero de Valle, Bogotá, 1961.

LIBROS GENERALES: García Prada, Carlos, "Una sombra errante y su canción," en Estudios hispanoamericanos, México, 1945. Holguín, Andrés, "P.B.J. y el romanticismo," en La poesía inconclusa y otros ensayos, Bogotá, 1947. Maya, Rafael, "P.B.J.," en Alabanzas del hombre y de la tierra, Bogotá, 1934. Sanín Cano, Baldomero, "P.B.J.," en Letras colombianas, México, 1944.

ARTÍCULOS: Arango, Daniel, "P.B.J.," RevInd, XXVII, núm. 86, 1946. Botero, Ebel, "Grafoanálisis de B.J.," BCBC, VII, 1964. Cardona Peña, Alfredo, "Vida y muerte de B.J.," LetrasM, 15 ene. 1944. Finlayson, Clarence, "La poesía humana de P.B.J.," UA, XVII, 1944. González Martínez, Enrique, "Elogio al poeta P.B.J.," Bre, V, núm. 11, 1944. Junco, Alfonso, "Una llama al viento: P.B.J.," Abs, XXI, núm. 1, 1957. Martán Góngora, Helcias, "Los poemas desconocidos de B.J.," BCBC, VII, 1964. Maya, Rafael, "P.B.J.," RNC, II, núm. 20, 1940. Méndez Plancarte, Alfonso, "P.B.J.," Abs, VI, núm. 1, 1942. Mora Naranjo, Alfonso, "P.B.J.," UA, II, 1963. Pérez Garcés, Edmundo, "A propósito de B.J. El hombre y su incógnita," BCBC, VII, 1964. Posada Mejía, Germán, "El pensamiento poético de P.B.J.," BICC, XII, 1957 [contiene bibliografía]. Posada Mejía, Germán, "Introducción a la poesía de P.B.J.," StB, II, 1958. Posada Mejía, Germán, "Naturaleza en la poesía de P.B.J.," UA, XXXV, 1959. Posada Mejía, Germán, "P.B.J., poeta de la muerte," BolBo, XIII, núm. 55-58, 1960. Posada Mejía, Germán, "El dolor en la poesía de P.B.J.," RNC, XXII, núm. 140-141, 1960. Roa, Raúl, "P.B.J.: Evocación y recuerdos," UA, XXVII, 1954. Valle, Rafael Heliodoro, "El mundo hechicero de P.B.J.," RAmer, VI, 1946.

La estrella de la tarde

Un monte azul, un pájaro viajero;
un roble, una llanura;
un niño, una canción . . . Y, sin embargo,
nada sabemos hoy, hermano mío.

Bórranse los senderos en la sombra;
el corazón del monte está cerrado;
el perro del pastor trágicamente
aúlla entre las hierbas del vallado.

Apoya tu fatiga en mi fatiga,
que yo mi pena apoyaré en tu pena,

y llora como yo por el influjo
de la tarde traslúcida y serena.

Nunca sabremos nada . . .

¿Quién puso en nuestro espíritu anhelante,
vago rumor de mares en zozobra,
emoción desatada,
quimeras vanas, ilusión sin obra?
Hermano mío, en la inquietud constante,
nunca sabremos nada . . .

¿En qué grutas de islas misteriosas
arrullaron los númenes tu sueño?
¿Quién me da los carbones irreales
de mi ardiente pasión, y la resina
que efunde en mis poemas su fragancia?
¿Qué voz suave, qué ansiedad divina
tiene en nuestra ansiedad su resonancia?

Todo inquirir fracasa en el vacío
cual fracasan los bólidos nocturnos
en el fondo del mar; toda pregunta
vuelve a nosotros trémula y fallida,
como del choque en el cantil fragoso
la flecha por el arco despedida.

Hermano mío, en el impulso errante,
nunca sabremos nada . . .

               Y, sin embargo . . .

¿Qué mística influencia
vierte en nuestros dolores un bálsamo radiante?
¿Quién prende a nuestros hombros
manto real de púrpuras gloriosas,
y quién a nuestras llagas
viene y las unge y las convierte en rosas?

Tú, que sobre las hierbas reposadas,
de cara al cielo, dices de repente:
—La estrella de la tarde está encendida.
Ávidos buscan su fulgor mis ojos
a través de la bruma, y ascendemos
por el hilo de luz . . .

               Un grillo canta
en los repuestos musgos del cercado,
y un incendio de estrellas se levanta
en tu pecho, tranquilo ante la tarde,
y en mi pecho en la tarde sosegado.

           (De *Antorchas contra el viento*, 1944)

Lamentación de octubre

Yo no sabía que el azul mañana
es vago espectro del brumoso ayer;
que agitado por soplos de centurias
el corazón anhela arder, arder.
Siento su influjo, y su lactancia, y cuándo
quiere sus luminarias encender.

    Pero la vida está llamando,
      y ya no es hora de aprender.

Yo no sabía que tu sol, ternura,
da al cielo de los niños rosicler,
y que, bajo el laurel, el héroe rudo
algo de niño tiene que tener.

¡Oh, quién pudiera, de niñez temblando,
a una alba de inocencia renacer!

    Pero la vida está pasando,
      y ya no es hora de aprender.

Yo no sabía que la paz profunda
del afecto, los lirios del placer,
la magnolia de luz de la energía
lleva en su seno blanco la mujer.
Mi sien rendida en ese seno blando,
un hombre de verdad pudiera ser . . .

    ¡Pero la vida está acabando,
      y ya no es hora de aprender!

           (De *Antorchas contra el viento*, 1944)

Canción de la vida profunda

El hombre es una cosa vana, variable y ondeante . . .
               —Montaigne

Hay días en que somos tan móviles, tan móviles,
como las leves briznas al viento y al azar.
Tal vez bajo otro cielo la gloria nos sonríe.
La vida es clara, undívaga y abierta como el mar.

Y hay días en que somos tan fértiles, tan fértiles,
como en abril el campo, que tiembla de pasión:
bajo el influjo próvido de espirituales lluvias,
el alma está brotando florestas de ilusión.

Y hay días en que somos tan plácidos, tan plácidos . . .
—¡niñez en el crepúsculo! ¡lagunas de zafir!—
que un verso, un trino, un monte, un pájaro que cruza,
y hasta las propias penas nos hacen sonreír.

Y hay días en que somos tan sórdidos, tan sórdidos,
como la entraña oscura de oscuro pedernal:
la noche nos sorprende con sus profundas lámparas,
en rútiles monedas tasando el Bien y el Mal.

Y hay días en que somos tan lúbricos, tan lúbricos,
que nos depara en vano su carne la mujer:
tras de ceñir un talle y acariciar un seno,
la redondez de un fruto nos vuelve a estremecer.

Y hay días en que somos tan lúgubres, tan lúgubres,
como en las noches lúgubres el canto del pinar.
El alma gime entonces bajo el dolor del mundo,
y acaso ni Dios mismo nos pueda consolar.

Mas hay también, ¡oh Tierra!, un día . . . un día . . . un día
en que levamos anclas para jamás volver . . .
Un día en que discurren vientos ineluctables.
¡Un día en que ya nadie nos puede retener!

La Habana, 1914

(De *Antorchas contra el viento,* 1944)

Futuro

Decid cuando yo muera . . . (¡y el día esté lejano!):
Soberbio y desdeñoso, pródigo y turbulento,
en el vital deliquio por siempre insaciado,
era una llama al viento . . .

Vagó, sensual y triste, por islas de su América;
en un pinar de Honduras vigorizó su aliento;
la tierra mexicana le dio su rebeldía,
su libertad, sus ímpetus . . . Y era una llama al viento.

De simas no sondadas subía a las estrellas:
un gran dolor incógnito vibraba por su acento;
fue sabio en sus abismos—y humilde, humilde, humilde—,
porque no es nada una llamita al viento . . .

Y supo cosas lúgubres, tan hondas y letales,
que nunca humana lira jamás esclareció,
y nadie ha comprendido su trémulo lamento . . .
Era una llama al viento y el viento la apagó.

Guatemala, julio 29 de 1923

(De *Antorchas contra el viento,* 1944)

Luis Carlos López

COLOMBIA, 1883-1950   De Luis Carlos López se ha dicho que si en su juventud leyó a los modernistas, su genio bromista y satírico hizo de él un modernista al revés. En efecto, su escasa obra poética está toda ella teñida de humorismo, vuelto a motivos de su "villorrio," que pinta con desenfado. Por sus versos vemos desfilar personajes—el cura, el barbero, el alcalde, las solteronas—y escenas de la vida diaria, en algún caso, como en "Versos para ti," de un cierto sabor melancólico. Otras veces ("Égloga de verano"), parodia la tan conocida oda de fray Luis de León a la vida retirada en liras justas y llenas de sabor campesino, aunque en ellas la naturaleza americana, desprovista por el poeta de romántica evocación, adquiere tintas de caricatura. Caricaturas o agua-fuertes de rasgos desproporcionados que nos hacen pensar en un Quevedo criollo que se burla hasta de su propia sombra. Y aun en ocasiones, precisamente por lo desrrealizado de sus imágenes y símiles, se podría relacionar a Carlos López con la estética de vanguardia. Véase, por ejemplo de ello, "Noche de pueblo." En cuanto a lo formal, Luis Carlos López maneja los metros y estrofas castellanos con indudable maestría; y esa falta de equilibrio entre el fondo y la forma de sus poemas produce el efecto que su autor busca: lo inesperado, lo humorístico, lo caricaturesco, en fin. (La identificación de la procedencia de los textos de este poeta se hace casi imposible debido a la dificultad de acceso a sus ediciones originales.)

Temas generales

1. Prosaísmo y realidad en los versos de L.C.L.
2. L.C.L., romántico disfrazado de poeta satírico.
3. La vida del "villorrio" en la obra de L.C.L.
4. Contraste entre fondo y forma. El sentido caricaturesco de la estética antimodernista de L.C.L.
5. L.C.L., poeta criollista.

Bibliografía

Obra poética

De mi villorrio, Madrid, 1908.   Por el atajo, pról. de Emilio Bobadilla y epíl. de Eduardo Castillo, Cartagena, 1920(?).   Cuadernillos de poesía colombiana, intr. de Abel García Valencia, XVI, 1951.

Estudios

LIBROS GENERALES: Hays, H.R., "L.C.L." en 12 Spanish American Poets, New Haven, 1943.   ARTÍCULOS: Guillén, Nicolás, "La carcajada dolorosa de L.C.L.," RAmer, XXII, 1951. Maya, Rafael, "L.C.L.," HCPC, núm. 29, 1953. Nieto, Luis, "La poesía de L.C.L.," RIAA, VI, núm. 2, 1952. Shade, George D., "La sátira y las imágenes en la poesía de L.C.L.," RevIb, XII, núm. 43, 1957 [Con una bibliografía].

A mi ciudad nativa

Ciudad triste, ayer reina de la mar . . .
—J. M. de Hérédia[1]

Noble rincón de mis abuelos: nada
como evocar, cruzando callejuelas,
los tiempos de la cruz y de la espada,
del ahumado candil y las pajuelas . . .

Pues ya pasó, ciudad amurallada,
tu edad de folletín . . . Las carabelas
se fueron para siempre de tu rada . . .
— ¡Ya no viene el aceite en botijuelas! . . .

Fuiste heroica en los años coloniales,
cuando tus hijos, águilas caudales,
no eran una caterva de vencejos.

Mas hoy, con tu tristeza y desaliño,
bien puedes inspirar ese cariño
que uno le tiene a sus zapatos viejos . . .

Noche de pueblo

Era del año la estación florida.—Góngora

Noche de pueblo tropical: las horas
lentas y graves. Viene la oración,
y después, cuando llegan las señoras,
la musical cerrada del portón . . .

Se oyen de pronto, cual un disparate,
los chanclos de un gañán. Y en el sopor
de las cosas, ¡qué olor a chocolate
y queso, a pan de yuca y alcanfor!

De lejos y a la sombra clandestina
de la rústica cuadra, un garañón

le ofrece una retreta a una pollina,
tocando amablemente su acordeón . . .

Tan sólo el boticario, mi vecino,
vela impasible tras del mostrador,
para vender—con gesto sibilino—
dos centavos de aceite de castor . . .

Mientras la luna, desde el hondo arcano,
calca la iglesia. En el azul plafón,
la luna tumefacta es como un grano . . .
y la iglesia un enorme biberón.

Versos para ti

Y, sin embargo, sé que te quejas.—Bécquer

. . . Te quiero mucho.—Anoche parado en una esquina,
te vi llegar . . . Y como si fuese un colegial,
temblé cual si me dieran sabrosa golosina . . .
—Yo estaba junto a un viejo farol municipal.

Recuerdo los detalles, cualquier simple detalle
de aquel minuto: como grotesco chimpancé,
la sombra de un mendigo bailaba por la calle,
gimió una puerta, un chico dio a un gato un puntapié . . .

Y tú pasaste . . . Y viendo que tú ni a mí volviste
la luz de tu mirada jarifa[2] como un sol,
me puse más que triste, tan hondamente triste,
que allí me dieron ganas de ahorcarme del farol . . .

---

[1]versión castellana del primer verso de un poema de Hérédia (1842–1905), titulado "A une ville morte," y dedicado a Cartagena de Indias en *Les Trophées.*
[2]*jarifa:* rozagante, adornada.

Égloga tropical

¡Qué descansada vida!—Fray Luis de León

¡Oh, sí, qué vida sana
la tuya en este rústico retiro,
   donde hay huevos de iguana,
   bollo, arepa[3] y suspiro,
y en donde nadie se ha pegado un tiro!

De la ciudad podrida
no llega un tufo a tu corral . . . ¡Qué gratas
   las horas de tu vida,
   pues andas en dos patas
como un orangután con alpargatas!

No en vano cabeceas
despés de un buen ajiaco,[4] en el olvido
   total de tus ideas,
   si estás desaborido
bajo un cielo que hoy tiene sarpullido.

Feliz en tu cabaña
madrugas con el gallo . . . ¡Oh, maravillas
   que oculta esta montaña
   de loros y de ardillas,
que tú a veces contemplas en cuclillas!

Duermes en tosco lecho
de palitroques sin colchón de lana,
   y así, tan satisfecho,
   despiertas sin galban ,
refocilado con tu barragana.

Atisbas el renuevo
de la congestionada clavellina,
   mientras te anuncia un huevo
   la voz de una gallina,
que salta de un jolón de la cocina.

¡Quién pudiera en un rato
de solaz, a la sombra de un caimito,[5]
   ser junto a ti un pazguato
   panzudamente ahito,
para jugar con tierra y un palito!

¡Oh, sí, con un jumento,
dos vacas, un lechón y una cazuela
   —y esto parece un cuento
   del nieto de tu abuela—,
siempre te sabe dulce la panela![6]

Y aún más: de mañanita
gozas en el ordeño, entre la bruma,
   de una leche exquisita
   que hace espuma, y la espuma
retoza murmurando en la totuma.[7]

¡Oh, no, nunca te vayas
de aquí, lejos de aquí, donde te digo,
   viniendo de otras playas,
   que sólo en este abrigo
podrás, como un fakir, verte el ombligo!

Y ¡adiós! . . . Que te diviertas
como un piteco[8] cimarrón . . . ¡Quién sabe
   si torne yo a tus puertas
   —lo cual cabe y no cabe—
a pedirte una torta de cazabe![9]

Puesto que vcy sin rumbo,
cual un desorientado peregrino,
   que va de tumbo en tumbo
   buscando en el camino
cosas que a ti te importan un comino . . .

[3]*arepa:* pan o pastelillo de maíz, huevos y manteca.
[4]*ajiaco:* especie de olla, compuesta de viandas y carne.
[5]*caimito:* árbol de las Antillas y el Perú, de fruto comestible.

[6]*panela:* bizcocho de figura prismática.
[7]*totuma:* vasija hecha con el fruto del totumo o güira.
[8]*piteco:* mono, de figura de mono.
[9]*cazabe:* o casabe, especie de torta hecha de yuca.

B. Fernández Moreno.

ARGENTINA, 1886–1950 De aquellos poetas que brillaron constantemente, con luz apacible y sin grandes destellos, pero aferrados con pasión a la poesía; de aquellos que, como dice Rilke, "morirían si no pudiesen escribir," porque el escribir es para ellos como el respirar, era B. Fernández Moreno. Publicó muchos libros, desde *Las iniciales del Misal* hasta la antología de su obra que apareció en 1941. ¿Qué representa Fernández Moreno en el panorama tan diverso y complicado de nuestras letras contemporáneas? Recordemos que hacia 1915—fecha de su primer libro—ya está agotado, en lo que de revolución formal tenía, el modernismo. Unos años antes, González Martínez había publicado su famoso soneto sobre la muerte del cisne. Se estaba, pues, volviendo a la sencillez en la expresión y a la profundidad en el concepto. El primer libro de Fernández Moreno produjo gran sorpresa en el ambiente literario de Buenos Aires. Allí donde había surgido el libro fundamental del modernismo esteticista surgía ahora un poeta que volvía bruscamente a la naturalidad, a la sencillez; que se entraba en una expresión a veces prosaica, con toques muy finos de ironía. Y, sobre todo, que hacía de la ciudad y de su campo, de sus alrededores y sus barrios el tema central y más persistente de su obra. También nos dirá otras cosas, como el amor, el hogar, el hijo. Pero siempre volverá a sus temas principales: Ciudad, Intermedio provinciano, Campo argentino, Aldea española. Estos son, entre otros, títulos de las partes en que dividió su obra al publicarla en la antología a que antes nos hemos referido. Fernández Moreno siguió un camino perfectamente honrado y humilde. Honrado en decir lo que deseaba, sin detenerse en modas que pasaban a su lado. Y humilde también, porque sólo deseó para sí la compañía de las cosas cotidianas; las cosas que siempre nos son fieles.

Temas generales

1. El campo y la ciudad en la obra de B.F.M. Amor del poeta a la geografía de su país.
2. Americanidad y españolidad en B.F.M. Los recuerdos de infancia y la realidad de su madurez como argentino de tradición española.
3. Los temas sentimentales y del hogar en la obra de B.F.M. El mundo emocional del poeta.
4. El neorrealismo posmodernista en B.F.M. Su afición a los aspectos humildes y sencillos de la vida en torno.
5. Estudio de las formas tradicionales castellanas en los versos de B.F.M.

Bibliografía

Obra poética

Las iniciales del misal, Buenos Aires, 1915. *Intermedio provinciano*, 1916. *Ciudad*, 1917. *Por el amor y por ella*, 1918. *Campo argentino*, 1919. *Versos de Negrita*, 1920. *Nuevos poemas*, 1921. *Mil novecientos veintidós*, 1922. *Canto de amor, de luz, de agua,*

1922. *El hogar en el campo*, 1923. *Aldea española*, 1925. *El hijo*, 1926. *Décimas*, 1928. *Poesía*, 1928. *Sonetos*, 1929. *Último cofre de Negrita*, 1929. *Cuadernillos de verano*, 1931. *Dos poemas*, 1935. *Romances*, 1936. *Seguidillas*, 1936. *Continuación*, 1938. *Buenos Aires (Ciudad, pueblo, campo)*, 1941. *Parva*, 1949. *Suplementos*, 1950. *Antología 1915– 1950* (6ª ed.), 1954.

Estudios

LIBROS ESPECIALES: Battistessa, Angel y Vicente Barbieri, *Dos poetas argentinos: Enrique Banchs y F.M.*, Buenos Aires, 1945. Férnández Moreno, César. *Introducción a F.M.*, Buenos Aires, 1956 [contiene extensa bibliografía].

LIBROS GENERALES: Díez-Canedo, Enrique, "Unidad de F.M.," en *Letras de América, estudios sobre las literaturas continentales*, México, 1944.

ARTÍCULOS: Banchs, Enrique, "Discurso en el sepelio de don B.F.M.," BAAL, *XIX*, núm. 73, jul.–sept. 1950. Berenguer Carisomo, Arturo, "El mundo lírico de F.M.," BIIL, núm. 6, 1951. Bernárdez, Francisco Luis, "F.M., poeta para todos," Criterio, *XXVI*, núm. 1206, 1954. Borges, Jorge Luis, "Veinticinco años después de *Las iniciales del misal*," El Hogar, 14 jun. 1940. Carilla, Emilio, "F.M.: una autobiografía lírica," CuH, núm. 27 y 31, 1952. Diego, Gerardo, "Idea de un poeta hispanoamericano," Ponencia presentada al Congreso de Cooperación Intelectual, CoLM, núm. 11, 1950. Garay, María del Carmen, "F.M.," Nos, *VIII*, 1938 (2da. época). González Lanuza, Eduardo, "Recuerdo de F.M.," Sur, núm. 189, 1950. Martínez Estrada, Ezequiel, "F.M.," Nos, *XIV*, 1941. Ostrov, León, "Veinte años de poesía: F.M.," Nos, *I*, núm. 5, 1936 (2da. época).

Invitación al hogar

Estoy solo en mi casa,
bien lo sabes, y triste como siempre.
Me canso de leer y de escribir
y necesito verte . . .

Ayer pasaste con tus hermanitas
por mi casa, con tu traje celeste.
Irías a comprar alguna cosa . . .
Ganas tenía yo de detenerte,
tomarte muy despacio de la mano
y decirte después muy suavemente:
—Sube las escaleras de mi casa,
de una vez, para siempre . . .
Arriba hay fuego en el hogar;
adereza la cena; tiende,
sobre la vieja mesa abandonada,
el lino familiar de los manteles,
y cenemos . . .

La noche está muy fría, corre un viento
       [inclemente,
sube las escaleras de mi casa
y quédate conmigo para siempre.

Y quédate conmigo, simplemente,
compañeros, desde hoy, en la jornada.

Llegó la hora de formar el nido,
voy a buscar las plumas y las pajas . . .

Tendremos un hogar, dulce y sereno,
con flores en el patio y las ventanas;
bien cerrado a los ruidos de la calle
para que no interrumpan nuestras almas . . .
Tendrás un cuarto para tus labores,
¡oh, la tijera y el dedal de plata!
Tendré un cuartito para mi costumbre
inofensiva de hilvanar palabras.

Y así, al atardecer, cuando te encuentre,
sobre un bordado, la cabeza baja,
me llegaré hasta ti sin hacer ruido,
me sentaré a tus plantas,
te leeré mis versos, bien seguro,
de arrancarte una lágrima,
y tal vez jueguen con mi cabellera
tus bondadosas manecitas blancas.

En tanto pone el sol sus luces últimas
en tu tijera y tu dedal de plata.

       (De *Intermedio provinciano*, 1916)

Fraternidad

Al ruso Pipkin y al judío Levy,
al lusitano Pintos, a Goñi el español,
y al que esto escribe, hijo feliz de Buenos
[Aires,

vednos en fraternal conversación.
Máscara de oro nos ha puesto a todos,
sobre la misma tierra, el mismo sol.

(De *Campo argentino*, 1919)

Habla la madre castellana

Estos hijos—dice ella,
la madre dulce y santa—,
estos hijitos tan desobedientes
que a lo mejor contestan una mala pala-
[bra . . .—

En el regazo tiene
un montón de tiernísimas chauchas[1]
que va quebrando lentamente
y echando en una cacerola con agua.

— ¡Cómo os acordaréis
cuando yo esté enterrada! —
Tenemos en los ojos
y la ocultamos, una lágrima.

Silencio.
Al quebrarse las chauchas
hacen entre sus dedos
una detonación menudita y simpática.

1915

(De *Poesía*, 1928)

Una estrella

Fue preciso que el sol se ocultara sangriento,
que se fueran las nubes, que se calmara el viento,

que se pusiera el cielo tranquilo como un raso,
para que aquella gota de luz se abriese paso.

Era apenas un punto en el cielo amatista,
casi menos que un punto, creación de mi vista.

Tuvo aún que esperar apretada en capullo
a que se hiciese toda la sombra en torno suyo.

Entonces se agrandó, se abrió como una flor,
una férvida plata cuajóse en su interior

y embriagada de luz empezó a parpadear.
No tenía otra cosa que hacer más que brillar.

(De *Poesía*, 1928)

[1]*chauchas:* habichuelas verdes.

Colgando en casa un retrato de Rubén Darío

I

Aquí nos tienes, Darío,
reunidos a todos; mira:
ésta es mi mujer, Dalmira,
morena como un estío.
Éste el hijo en quien confío
que dilate mi memoria,
y ésta mi niña y mi gloria
tan pequeña y delicada,
que de ella no digo nada . . .
Cuatro meses es su historia.

II

El momento de yantar
desde hoy has de presidir,
y hasta el llorar y el reír
y la hora de trabajar.
Desde ahí contempla el hogar
que no gozaste en el mundo,
mientras yo, meditabundo,
cuando mire tu retrato
te envidiaré largo rato
triste, genial y errabundo.

(De *Décimas*, 1928)

A Leopoldo Lugones

Cuando empezó a cantar al alma mía
bastaba sólo murmurar Lugones,
para ver levantarse dos torreones
de piedra y hierro al corazón del día.

Quise ver al señor de poesía,
de su castillo alcé los aldabones,
y me asustaron como tres leones
su fuerza, su salud y su alegría.

Pero hoy dimos en una encrucijada,
venía el hombre de jugar la espada
y era todo calor, rima, denuedo,

chispas el ojo, juventud el talle.
Hoy caminamos juntos por la calle,
¡hoy le he perdido para siempre el miedo!

(De *Sonetos*, 1929)

Viaje del Tucumán[2]

LAS CUMBRES

Pronto se busca el ascenso
de las cumbres celebradas
y por los alrededores
el automóvil se enarca.
Sendas de palos borrachos,[3]
odres, botijas, tinajas,
entre lapachos y tarcos[4]
de florecillas rosadas.
El palo borracho tiene
una simpatía humana.
Trepamos a San Javier[5]
en una tarde nublada.
¡Arista de San Javier,
vibrante vuelo de faldas!
Y tres o cuatro mujeres,
y unas chiquillas descalzas
que al brillo de unas monedas
en el pasto se arrojaban,

---

[2]*Tucumán:* provincia de la República Argentina, cuya capital lleva el mismo nombre.
[3]*palo borracho:* árbol muy común en Argentina, espinoso y de tronco abultado.
[4]*lapachos:* nombre dado en el Río de la Plata a un árbol americano de la familia de las bigoniáceas; *tarco:* árbol maderable.
[5]*San Javier:* altura próxima a la ciudad de Tucumán.

con las narices mocosas,
las piernas amoratadas.
Y el rancho semideshecho,
ya vencidas las estacas.
Un pajarraco en lo alto
giraba, negro, giraba.
Villa Nougués,[6] allá arriba,
parece que nos llamaba.
Ya estamos en la espiral,
el auto a media jornada,
la rueda en el precipicio
y la angustia en la garganta.
El árbol desde la hondura
recto subía y triunfaba:
algunos, fustes de pórfido,
otros, abuelos con barbas.
Cientos de helechos, millares,
los airecillos serraban.
¡Ay, un helecho de aquéllos
para cegar mi ventana!
Vencida Villa Nougués
y de Juan Terán[7] la casa,
alcanzamos el Vivero,
vivas hojas, vivas aguas.
Era allí una mar de cumbres,
ya violetas, ya azuladas,
escalando el firmamento
entre nubecillas cárdenas.

Lo inaccesible, lo ignoto,
aquellas cimas licuadas,
y la historia y la leyenda
de la una y la otra raza.
¡Qué caricia la del viento
y también qué puñalada!
Caricia y acero juntos
clavados en las entrañas.
Era el frío por el frío,
con su pasmo y con su ansia,
era el alma que quería
cortar la postrer amarra.
Y tuve que descender:
como un picacho me helaba.
En la llanura mullida
Tucumán centelleaba;
era un millón de luciérnagas,
yo saqué la cuenta exacta.
Y en mitad de la pendiente,
en equilibrio, una vaca.
Buenos Aires, desde aquí,
se deshace a la distancia.
Es apenas una cúpula,
el índice de una fábrica,
y el estuario de Solís[8]
una burbujita, nada.

(De *Viaje del Tucumán*, 1949)

---

[6] *Villa Nougués:* pueblo próximo a Tucumán.
[7] *Juan Terán:* distinguido educador argentino (1880–1938), autor de varias obras de sociología, crítica y educación. Su casa está convertida en museo.
[8] *estuario de Solís:* nombre con que se conoce también el Río de la Plata, por su descubridor, Juan Díaz de Solís.

Delmira Agustini.

Uruguay, 1887–1914   Un fenómeno general de la literatura americana, tanto la del Norte como la del Sur, es la aparición, a partir de la primera década del presente siglo, de un grupo de poetisas que por imperativos de un temperamento apasionado cantan al amor sensual. De ellas, la primera cronológicamente es, sin duda, Delmira Agustini. Ya Rubén Darío reconoció esta primacía cuando, en 1912, escribió de ella: "Y es la primera vez que en lengua castellana aparece un alma femenina en el orgullo de la verdad de su inocencia y de su amor, a no ser Santa Teresa en su exaltación divina." Era Delmira Agustini bella y culta, poseída de una ardiente imaginación que la condujo a las más altas cumbres de expresión erótica. En su primer poemario, *El libro blanco*, se nos presenta con toda la violencia de esa fuerza inicial: "Si la vida es amor, ¡bendita sea!" Más adelante, en *Cantos de la mañana*, ese mismo amor la lleva por caminos más difíciles a "morir extrañamente" de un pensamiento que la angustia y atormenta. La vemos como aprisionada en su propio sensualismo—su *Rosario de Eros*—, dando tumbos y sin llegar a esclarecer lo que siente dentro de su alma: un fantasma del amor que al hacerse realidad la dejó desilusionada. Patetismo esencial que destroza su vida interior y en ella se abrasa. Mas esa exaltación no la convierte en cantora sencillamente intuitiva sino que, consciente de la forma del verso y de sus posibilidades como manifestación artística, Delmira Agustini lo pulía y retocaba con paciencia de orfebre. Así ha dejado endecasílabos, alejandrinos de escultórica forma, junto a poemas en versos libres en los que, como en los metros usados por los modernistas, se advierte su fino oído musical proveniente, sin duda, de sus extraordinarias condiciones de pianista, intérprete de Bach, Beethoven y Chopin.

Temas generales

1. Situación de D.A. en el panorama de la poesía femenina americana de principios de este siglo.
2. Dos caras del sensualismo de D.A.: el amor natural y el atormentado.
3. El lenguaje poético de D.A. Fuerza expresiva de sus imágenes y originalidad de su adjetivación.
4. Formas regulares e irregulares en la obra poética de D.A. Su dominio de la técnica del verso.
5. Estudio de su poema "Mis amores," relacionándolo con el soneto de Edna St. Vincent Millay "What lips my lips have kissed . . .," de su libro *The Harp-Weaver and other Poems*. Semejanza temática y diferencias de ejecución entre ambos poemas.

Bibliografía

Obra poética

El libro blanco, Montevideo, 1907. *Cantos de la mañana*, 1910. *Los cálices vacíos*, 1913. *Obras completas* (Vol. I, *El rosario de Eros*; Vol. II, *Los astros del abismo*), 1924. *Poesías*, pról. de Ovidio Fernández, elogio por Rubén Darío, 1939. *Obras poéticas*, ed. of., 1940. *Poesías completas*, pról. de Alberto Zum Felde, Buenos Aires, 1944.

Estudios

LIBROS ESPECIALES: Alvar, Manuel, *La poesía de D.A.*, Sevilla, 1958. Machado de Benvenuto, Ofelia, *D.A.*, Montevideo, 1944.

LIBROS GENERALES: Miranda, Estela S., "Silueta psicológica de D.A., la poetisa de la intuición," en *Algunas poetisas de Chile y Uruguay*, Santiago de Chile, 1937. Rosenbaum, Sidonia C., "D.A.," en *Modern Women Poets of Spanish America*, New York, 1945.

ARTÍCULOS: Berenguer, Amanda, "La paradoja de lo literario en D.A.," Alcor, núm. 31, 1964. Conde, Carmen, "Unas cartas inéditas de D.A. para Rubén Darío," UniversalCar, 17 dic. 1957. Benites Vinueza, Leopoldo, "Homenaje a D.A.," LetE, *VIII*, núm. 79, 1952. Bollo, Sarah, "D.A.," RNac, núm. 79, 1944. Carrera, Julieta, "D.A.," EH, *VII*, 1936. Cordero y León, Rigoberto,

"Tres poetisas uruguayas" (D.A., María Eugenia Vaz Ferreira y Estrella Genta), CdG, *VI*, núm. 10, 1955. Henríquez Ureña, Camila, "D.A. (Ensayo de interpretación biográfica)," Lyceum, *I*, núm. 2, 1936. Ibarbourou, Juana de, "Discurso en honor de D.A.," Ari, núm. 1, 1938. Labarca, E., "D.A.," A, *XXVII*, 1934. Pedemonte, Hugo Emilio, "Vida y obra de D.A.," RNC, núm. 142–143, 1960. Pedemonte, Hugo Emilio, "D.A.," CuH, *XLVI*, 1961. Rosenbaum, Sidonia C., "Sobre D.A.," RHM, *XI*, 1945. Santandreu Morales, Ema, "D.A., ala y llama," RevIb, *IX*, 1945. Simonet, Madeleine, "D.A.," HispW, *XXXIX*, núm. 4, 1956. Suiffet, Norma, "El misterio de D.A.," RNac, *III*, 1958. Uribe Muñoz, Bernardo, "D.A.," UA, *XXXVII*, 1961. Vega, A., "D.A. y su obra," RABA, *LXIII*, 1936. Zambrano, David H., "Presencia de Baudelaire en la poesía hispanoamericana: Darío, Lugones, D.A.," CuA, *XVII*, 1958.

Explosión

¡Si la vida es amor, bendita sea!
¡Quiero más vida para amar! Hoy siento
que no valen mil años de la idea
lo que un minuto azul del sentimiento.

Mi corazón moría, triste y lento . . .
Hoy abre en luz como una flor febea:
¡La vida brota como un mar violento
donde la mano del amor golpea!

Hoy partió hacia la noche, triste y fría,
rotas las alas, mi melancolía;
como una vieja mancha de dolor

en la sombra lejana se deslíe . . .
¡Mi vida toda canta, besa, ríe!
¡Mi vida toda es una boca en flor!

(De *El libro blanco*, 1907)

Lo inefable

Yo muero extrañamente . . . No me mata la Vida,
no me mata la Muerte, no me mata el Amor;
muero de un pensamiento mudo como una herida . . .
¿No habéis sentido nunca el extraño dolor

de un pensamiento inmenso que se arraiga en la vida
devorando alma y carne, y no alcanza a dar flor?
¿Nunca llevasteis dentro una estrella dormida
que os abrasaba enteros y no daba un fulgor? . . .

¡Cumbre de los Martirios! . . . ¡Llevar eternamente,
desgarradora y árida, la trágica simiente
clavada en las entrañas como un diente feroz!

Pero arrancarla un día en una flor que abriera
milagrosa, inviolable . . . ¡Ah, más grande no fuera
tener entre las manos la cabeza de Dios!

(De Cantos de la mañana, 1910)

Las alas

Yo tenía . . .
                    dos alas! . . .
Dos alas
que del Azur vivían como dos siderales
raíces . . .
Dos alas,
con todos los milagros de la vida, la muerte
y la ilusión. Dos alas,
fulmíneas
como el velamen de una estrella en fuga;
dos alas,
como dos firmamentos
con tormentas, con calmas y con astros . . .

¿Te acuerdas de la gloria de mis alas? . . .
El áureo campaneo
del ritmo, el inefable
matiz atesorando
el Iris todo, mas un Iris nuevo
ofuscante y divino,
que adorarán las plenas pupilas del Futuro
(¡las pupilas maduras a toda luz!) . . . el
                              [vuelo . . .

El vuelo ardiente, devorante y único,
que largo tiempo atormentó los cielos,
despertó soles, bólidos, tormentas,
abrillantó los rayos y los astros;
y la amplitud: tenían
calor y sombra para todo el Mundo,
y hasta incubar un más allá pudieron.

Un día, raramente
desmayada a la tierra,
yo me adormí en las felpas profundas de este
                              [bosque . . .
Soñé divinas cosas! . . .
Una sonrisa tuya me despertó, paréceme . . .
Y no siento mis alas! . . .
¿Mis alas? . . .

Yo las vi deshacerse entre mis brazos . . .
¡Era como un deshielo!

(De Cantos de la mañana, 1910)

Nocturno

Engarzado en la noche el lago de tu alma,
diríase una tela de cristal y de calma
tramada por las grandes arañas del desvelo.

Nata de agua lustral en vaso de alabastros;
espejo de pureza que abrillantas los astros
y reflejas la sima de la Vida en un cielo . . .

Yo soy el cisne errante de los sangrientos
                              [rastros,
voy manchando los lagos y remontando el
                              [vuelo.

(De Los cálices vacíos, 1913)

Mis amores

Hoy han vuelto.
Por todos los senderos de la noche han venido
a llorar en mi lecho.
¡Fueron tantos, son tantos!
Yo no sé cuáles viven, yo no sé cuál ha muerto.
Me lloraré a mí misma para llorarlos todos:
la noche bebe el llanto como un pañuelo negro.

Hay cabezas doradas al sol, como maduras . . .
Hay cabezas tocadas de sombra y de misterio,
cabezas coronadas de una espina invisible,
cabezas que sonrosa la rosa del ensueño,
cabezas que se doblan a cojines de abismo,
cabezas que quisieran descansar en el cielo,
algunas que no alcanzan a oler a primavera,
y muchas que trascienden a flores del invierno.

Todas esas cabezas me duelen como llagas . . .
Me duelen como muertos . . .
¡Ah! . . . y los ojos . . . los ojos me duelen más: ¡son dobles! . . .
Indefinidos, verdes, grises, azules, negros,
abrasan si fulguran;
son caricia, dolor, constelación, infierno.
Sobre toda su luz, sobre todas sus llamas,
se iluminó mi alma y se templó mi cuerpo.
Ellos me dieron sed de todas esas bocas . . .
De todas esas bocas que florecen mi lecho:
vasos rojos o pálidos de miel o de amargura,
con lises de armonía o rosas de silencio
de todos estos vasos donde bebí la vida,
de todos estos vasos donde la muerte bebo . . .
El jardín de sus bocas venenoso, embriagante,
en donde respiraba sus almas y sus cuerpos,
humedecido en lágrimas
ha cercado mi lecho . . .

Y las manos, las manos colmadas de destinos
secretos y alhajadas de anillos de misterio . . .
Hay manos que nacieron con guantes de caricia,
manos que están colmadas de la flor del deseo,
manos en que se siente un puñal nunca visto,
manos en que se ve un intangible cetro;
pálidas o morenas, voluptuosas o fuertes,
en todas, todas ellas pude engarzar un sueño.

Con tristeza de almas,
se doblegan los cuerpos,
sin velos, santamente
vestidos de deseo.

Imanes de mis brazos, panales de mi entraña,
como a invisible abismo se inclinan a mi lecho . . .

¡Ah, entre todas las manos yo he buscado tus manos!
Tu boca entre las bocas, tu cuerpo entre los cuerpos,
de todas las cabezas yo quiero tu cabeza,
de todos esos ojos, tus ojos solos quiero.
Tú eres el más triste, por ser el más querido,
tú has llegado el primero por venir de más lejos . . .

¡Ah, la cabeza oscura que no he tocado nunca
y las pupilas claras que miré tanto tiempo!
Las ojeras que ahondamos la tarde y yo inconscientes,
la palidez extraña que doblé sin saberlo,
          ven a mí: mente a mente;
          ven a mí: cuerpo a cuerpo.

Tú me dirás qué has hecho de mi primer suspiro,
tú me dirás qué has hecho del sueño de aquel beso . . .
Me dirás si lloraste cuando te dejé solo . . .
          ¡Y me dirás si has muerto! . . .

Si has muerto,
mi pena enlutará la alcoba lentamente,
y estrecharé tu sombra hasta apagar mi cuerpo.
Y en el silencio ahondado de tiniebla,
y en la tiniebla ahondada de silencio,
nos velará llorando, llorando hasta morirse,
nuestro hijo: el recuerdo.

(De *El rosario de Eros*, 1924)

Carlos Sabat Ercasty. ◆▬◆▬◆▬◆▬◆▬◆▬◆▬◆

URUGUAY, 1887   Hay en Carlos Sabat Ercasty vehemencia, acentos sonoros, altisonante retórica que no se pierden ni aun cuando los encierra en la forma más ceñida del soneto. La mayor parte de su abundante producción lírica está escrita en versos libres de poderoso ritmo y bien lograda musicalidad, aunque adolezca, a nuestro modo de ver, de una excesiva acumulación de palabras. Un panteísmo evidente le incita a cantar, con románticos acentos, el mar, la montaña, el río Uruguay; en tanto que su nunca desmentido amor a la libertad y a los hombres—al Hombre—lo vuelca en una serie de poemas dedicados a exaltar varias figuras continentales como José Martí, Artigas, Roosevelt, Rodó, Rubén Darío, o se explaya en odas a la Democracia. Ha dicho él mismo: "Nada en la Tierra es mudo, todo en la Tierra canta!" y así, con el oído atento a las fuerzas telúricas, Sabat Ercasty ha convertido su verso en caja de resonancia y en él caben todos los entusiasmos, incluso el del amor y el corazón. Su obra refleja una encendida presencia de Walt Whitman, optimista y mirando hacia el futuro, que a su vez es posible hallar en ciertos momentos de la obra inicial de Pablo Neruda.

Temas generales

1. Estudio de la serie de textos de C.S.E. titulados *Poemas del Hombre*.

2. Los sonetos de C.S.E. Contención de forma y elocuencia de tono en los mismos.

3. El amor en la obra de C.S.E.

4. Panteísmo y naturaleza como expresión del mundo visible en C.S.E.

Bibliografía

Obra poética

Pantheos (Poemas), Montevideo, 1917. *Poemas del hombre: Libro de la Voluntad*, 1921. *Poemas del hombre: Libro del Corazón*, 1921. *Poemas del hombre: Libro del Tiempo*, 1921. *Églogas y Poemas Marinos*, 1922. *Poemas del hombre: Libro del Mar*, 1922. *Vidas (Poemas)*, 1923. *El vuelo de la noche (Poemas)*, 1925. *Los Adioses (Sonetos)*, 1929. *Poemas del hombre: Libro del Amor*, 1930. *Lírida (Poema)*, 1933. *Poemas del hombre: Sinfonía del Río Uruguay*, 1937. *Himno a Rodó y Oda a Rubén Darío*, 1938. *Oda a Luis Gil Salguero*, 1940. *Cántico desde mi muerte*, 1940. *Artemisa (Poemas)*, 1941. *Romance de la Soledad*, 1944. *Himno Universal a Roosevelt*, 1945. *Himno a Artigas*, 1946. *Las sombras diáfanas (Sonetos)*, 1947. *Poemas del hombre: Libro de la Ensoñación*, 1947. *Oda a Eduardo Fabini*, 1947. *Poemas del hombre: Libro de Eva Inmortal*, 1948. *Libro de los Cánticos: Cántico de la presencia*, 1948. *Poemas del hombre: Libro de José Martí*, 1953.

Estudios

ARTÍCULOS: Andrade y Cordero, César, "C.S.E., poeta y demiurgo," RNA, *V*, núm. 6, 1953. Bula

Piriz, Roberto, "La poesía de C.S.E.: uno de sus aspectos," Hiper, núm. 79, 1942. Fruttero, Arturo, "La poesía de C.S.E.," UnivSF, núm. 60, 1964. Ladrón de Guevara, Matilde, Sobre C.E.S., Libro del Mar, CCLC, núm. 19, 1956. Medina, Generoso, "Poesía y profecía: Apuntes sobre Pantheos de C.S.E.," CuJHR, núm. 64, 1959. Meléndez, Concha, "S.E. o el canto inabarcable," RevIb, III, núm. 6, 1941 (Recogido en Figuración de Puerto Rico y otros ensayos, San Juan, P.R., 1958). Meo Zilio, Juan, "Influencia de S.E. en Pablo Neruda," RNac, núm. 202, 1959. Pabón Núñez, Lucio, "S.E., el profeta con corazón de niño," BCBC, VIII, 1965. Rosales, César, "La poesía de S.E.," CBA, VIII, núm. 28, 1961. Russell, Dora Isella, "C.S.E., el poeta," RNC, XIX, núm. 124, 1957. Suárez Calimano, E., Sobre C.S.E.: Sinfonía del Río Uruguay, Nos, VIII, 1938.

Alegría del mar

Alegría del mar! Alegría del mar! Alegría del mar!
Los vientos resalados danzan, corren, asaltan!
Los vientos anchos muerden las grandes aguas locas!
Ruedan ebrias las olas,
blancas hileras de espuma señalan
los peñascos negros bajo las olas verdes!

Alegría del mar! Alegría del mar! Alegría del mar!
Las bocinas del viento
hinchan los caracoles de las islas duras
con largos cantos ágiles!
Ah, el furor de la música, la salvaje potencia,
los anhelantes gritos, los acordes crispados
de las olas violentas de vientos y de sales!
Alegría del mar! Alegría del mar! Alegría del mar!
Es ésta la hora cósmica,
la hora desenfrenada del Océano!
El negro pulmón
sopla los huracanes de colores oscuros.
El sol abre en las nubes grandes puertas azules
con sus manos de fuego.
El viento retuerce los mástiles
y hace gritar las quillas y las proas
con voces resinosas y calientes.
Alegría del mar! Alegría del mar! Alegría del mar!
Entre todo el tumulto palpitante del agua,
entre las olas ebrias, entre los vientos ásperos,
frente a las rocas agrias y las islas amargas,
baila mi corazón sobre la nave,
danza en la inmensa música con sus pasiones libres!

Alegría del mar! Alegría del mar! Alegría del mar!
La ola golpea contra el límite!
El viento se rompe contra el límite!

El huracán y el mar combaten contra el límite!
Ah,
ebriedad, locura, fiebre, crispación, rabia, delirio!
Las rocas se rajan y saltan!
Los peñascos se doblan rugiendo!
Las islas gritan con su pecho negro!
Los faros silban con su brazo enhiesto
salpicado de sal!

Alegría del mar! Alegría del mar! Alegría del mar!
Mis ojos van a estallar de júbilo!
Todo empapado y agrio de espumas y de sales,
yo voy sobre la proa profunda de peligros!
Los vientos se castigan ágiles y furiosos,
las olas se levantan enloquecidas, ebrias
rugen en el océano las entrañas amargas.

Ah, libertad,
maravillosa libertad,
palpitante, delirante, febriciente, trágica,
infinita alegría de la fuerza libre!
Mi corazón! Mira!
La ola golpea contra el límite!
El viento golpea contra el límite!
El mar entero y vasto golpea contra el límite!
Corazón mío, danza sobre la nave,
llora y grita, ríe y canta!
Yo aguardo el instante del prodigioso escollo
donde se estrellarán las viejas tablas,
ah,
cuando mi cuerpo blanco, extenso y luminoso
vaya en las grandes olas a la orilla divina
hacia lo inesperado de un destino más alto!

La ola golpea contra el límite!
Alegría del mar!
Alegría del mar!
Alegría del mar!

(De *Poemas del hombre: Libro del mar*, 1922)

Los adioses

VIII

Sueño que estoy soñando y soy dueño del sueño,
igual que si una flauta escuchase su canto
adentro del encanto de su alma. Y levanto
mis sueños por la gracia de sentirme su dueño.

Sueño que estoy soñando! Veo el lago risueño
y los vastos reflejos, y hasta me creo tanto
como lo que ha llenado mi espejo. El desencanto
vendrá. Se irán los sueños. Seré otra vez pequeño.

¡Juegos de la ilusión! . . . La lanzadera interna
teje los grandes lienzos de la sustancia eterna
mientras decora adentro los más bellos tapices.

Yo estoy como a la orilla de un río de quimeras
maravilladas de armonías y matices
que no me dejan ver las cosas verdaderas.

XVII

Estar en mí las horas enteras y los días
apretando mi yo y sabiéndome mío.
Ser el lago de la corriente que era el río,
y no irme hacia afuera ni por las cuencas mías.

Sólo tener mis concentradas melodías,
el fuego de mi fuerza y el metal de mi frío.
Y sin abrirme al mundo vencer el largo hastío,
y perseguirme siempre con tenaces porfías.

Tapiar las cinco puertas que me llevan al mundo.
Hundirme en un océano cada vez más profundo
entre las soledades de la íntima jornada.

Obstinarme un deseo todavía más hondo,
para encontrar, acaso, escondido en el fondo,
ese extraño vacío donde empieza la nada.

XXX

Ceniza del más vehemente encendimiento,
perfección del guijarro en la muerte del río,
pompa de Dios, orgullo hostil, hoy suave hastío
tan dulce y melancólico que ni vencerlo intento.

Viejo barco pirata que nunca más el viento
arrancará del muelle . . . Es triste, pero río
de pensarlo y sentirlo, mientras disfruto el frío
cínico y el perverso deleite del tormento.

Ni el clarín, ni el penacho, ni el pensamiento en alto,
ni la esperanza. Nada! De un raro gris esmalto
las auroras de fuego y la más firme estrella.

¿Para qué el grito ávido sobre la luz herida?
Tan fina y tan perfecta fluye sin luz la vida,
que a medida que mato mi ser, la hago más bella.

(De Los adioses, 1929)

Sinfonía del Río Uruguay (fragmentos)

III

¡Aún es la noche!
Aún la Tierra y el cielo son mi doble sepulcro!
Oh desconocido goce en la inocencia divina de los minerales,
o sangre arrojada a los torrentes, bebida por los árboles,
hermana del rayo en el huracán y en la nube.
Oh huesos mordidos por los ácidos profundos,
carne deshecha en la alegría cósmica del astro,
corazón arrastrado por la sinfonía de las selvas.

Oh sacra restitución a la inmensa madre universal,
a la estrella sin muerte sostenida en la luz y en la música,
al limo ardiente que desata el nudo de las semillas
y lanza al fulgor de la primavera el ala incandescente de las rosas.

Oh muerte profunda, oh retorno a las claves herméticas!
Es necesario que la muerte entre a la vida
para lavarnos de los viejos dolores,
para retornar de nuevo a la flor de la luz con la frente sin manchas,
con el oído atado a la música de las esencias,
con los ojos anudados al incendio de las auroras,
con un rudo martillo en la mano, capaz de romper la vida de los hombres,
capaz de levantar un cuerpo poderoso sobre el astro recién conquistado!

¿No está sepulto mi espíritu en la altura de las estrellas?
¿No arrojé la llama de mi frente a las divinas profundidades de la noche?
Inaccesibles, desconocidas fuentes, eternos manantiales de la luz,
mi alma está bebiendo la seguridad y la alegría en vuestras llamas,
subió sobre mi muerte para robar la confianza en la eternidad,
y sus tentáculos celestes se deslizan sobre las columnas del templo cósmico.

¿Imagináis el estremecimiento de los deseos,
la locura divina con que el alma bebe los acordes inmortales,
el arrobamiento, el éxtasis, el desmayo inefable,
la ardiente y misteriosa compenetración de la noche estrellada?

¿Imagináis la delirante absorción del cosmos,
la ebriedad de la tierra abierta, tacto de las entrañas,
el abrazo espiritual que hunde las raíces profundas
en los abismos musicales del hombre?

¡Beber la Tierra en el vaso de la muerte,
beber la noche de los astros en el vaso de la muerte,
beber mi propia vida en el vaso de la muerte!
He ahí que de pronto el Universo y mi Universo han nacido de nuevo.
Abiertos están los sepulcros por el esplendor y el delirio de la embriaguez.

He olvidado todo mi viejo destino entre las fuentes virginales,
y retorno tras la muerte con una flor desconocida ya por los hombres.
Es ya la hora de la resurrección, raza de América!

El corazón golpea de nuevo sobre el yunque de la vida,
el alma desprende las palabras milagrosas sobre la lengua,
y un canto nuevo vuela en un viento nuevo sobre esta Tierra desconocida!

IV

Río Uruguay,
comienzo a salir de la profunda noche.
Floto en el júbilo de los génesis, yo mismo soy un génesis,
traigo en las manos, contra mi pecho, el verbo de las creaciones.
Veo las entrañas del universo.
La última estrella de los pasados tiempos se ha perdido en el fuego de esta
[aurora!
Mas yo he encontrado el camino de la luz, y yo mismo soy un camino de luz,
mientras el corazón se rompe casi en la locura de su latido.

Río Uruguay,
tú no eres el río de las pasadas auroras,
la tierra no es el astro de los días extinguidos.
El hombre acaba de nacer sobre el olvido y la muerte del hombre.
¡Lo desconozco todo, oh gloriosa ignorancia!
Me tomo a mí mismo como a un arco radiante,
y colocándome en el profundo destino de América,
soy el hombre más ebrio sobre el astro más hermoso,
ah, sobre un astro que acaba de nacer y que jamás fue conquistado!

Es preciso ahora extender mi muerte a todos los que desean,
es preciso que todos retornen a la Tierra sobre el ala de las resurrecciones!
¡No creáis en la vejez de nuestro mundo!
Los ojos del hombre crean la edad de las estrellas,
mas sólo debe vivir aquel que clama sobre las ruinas desoladas:
—¡He aquí que yo soy un comienzo,
he aquí que yo arranco de mis entrañas una estrella niña!

(De *Poemas del Hombre:*
Sinfonía del Río Uruguay, 1937)

Ramón López Velarde

MÉXICO, 1888–1921   Bien puede decirse que si González Martínez en su famoso soneto puso la primera piedra del posmodernismo, la evolución de este movimiento en México debe a Ramón López Velarde su más profundo sentido. Con él entra la provincia a formar parte integrante de este panorama poético. Y con esa presencia de lo provinciano, lo que Allen W. Phillips ha sabido aislar muy acertadamente: emoción religiosa, ternura sentimental, lentitud de la vida, apego a las tradiciones, encanto de lo pueblerino, sabor del terruño. Todo eso y otras cosas más, como el amor casto e idealizado, aparecen en su primer libro, *La sangre devota*. Es decir, un nuevo mundo poético "localizado en lo más íntimo de la vida mexicana de provincia." Pero no se trata de retratar, de copiar ambientes; hay en Velarde desde el comienzo una manera muy original de trasmutar la realidad en poesía, escogiendo detalles esenciales y elevándolos a la categoría de símbolos. Más adelante, ya en la capital, y con la aparición de su segundo volumen, *Zozobra*, vamos a asistir a una evolución, tal vez transformación de su estilo, que se torna más complicado, evidenciando la influencia de los recursos expresivos del Lugones de *Lunario sentimental* y aun de Herrera y Reissig, aunque desde luego Velarde no llega nunca al decadentismo de este último. Ahora tenemos a un poeta más maduro y consciente y al propio tiempo más sensual y atormentado por el mundo, el demonio y la carne. Sin renunciar a su religiosidad esencial, Velarde se halla inquieto por otras incitaciones de carácter erótico en cierto modo semejantes a las que experimentó Rubén Darío. Ya no era este libro—citamos a Octavio Paz—confesión sentimental sino expresión de un alma y su angustia.

En un volumen póstumo, *El son del corazón*, parece Velarde regresar a su primera etapa, sólo en cuanto a motivos temáticos, pues no abandona aquella manera complicada de su obra inmediatamente anterior. Aquí encontramos como en resumen el proceso de su doble camino: por un lado, una intimidad cada vez de mayor acendramiento; por otro, una visión del mundo exterior de su país, que logra la mejor realización en "La Suave Patria," el más conocido de sus poemas. En él puede verse cumplidamente lo que se ha llamado el mexicanismo esencial de Velarde, es decir, una visión sublimada y a la vez realista de México. Para ello nuestro poeta toma los elementos directos del mundo natural y del contorno histórico. Y, como siempre, hace que esos elementos se eleven a la categoría de símbolos esenciales de la mexicanidad sin que pierdan en el traslado su auténtica carga *real*.

Temas generales

1. La provincia en R.L.V. Su tratamiento en algunos de los poemas más destacados de la obra del poeta.
2. Evolución del tema del amor. De "Fuensanta" a los poemas de *Zozobra*.
3. Sentido religioso de la poesía de R.L.V. Diálogo esencial entre ese sentimiento y los apetitos sensuales.

4. Evolución del estilo de R.L.V. Estudio del mismo a través de sus libros.

5. La mexicanidad esencial de R.L.V. Resumen y concreción en "La Suave Patria."

6. R.L.V. y la realidad del mundo que lo rodea. Transformación de aquélla en símbolos por medio de imágenes y metáforas imprevistas.

Bibliografía

Obra poética

La sangre devota, México, 1916. *Zozobra*, 1919. *El son del corazón*, pról. de Djed Bórquez y Genaro Fernández MacGregor y una nota crítica final de Rafael Cuevas, 1932. *Poemas escogidos*, con un est. de Xavier Villaurrutia, 1935 (nueva edic. aumentada, 1940). *Obras completas*, 1944. *La suave patria*, coment. final de Francisco Monterde, 1944. *Antología*, sel. y pról. de Wilberto L. Cantón, 1946. *Poesías, cartas, documentos e iconografía*, pról. y recop. de Elena Molina Ortega, 1952. *Poesías completas y el minutero*, ed. y pról. de Antonio Castro Leal, 1963 (3ª edic. rev.).

Estudios

LIBROS ESPECIALES: Carballo, Emmanuel, *R.L.V.*, Guadalajara, México, 1952. Cuevas, Rafael, *Panorámica de las letras* (3 Vols.) Tomo I: R.L.V., México, 1956. Dromundo, Baltasar, *Vida y pasión de R.L.V.*, México, 1954. Molina Ortega, Elena, *R.L.V.* [estudio bibliográfico], México, 1952. Noyola Vázquez, Luis, *Fuentes de Fuensanta (La Ascensión de L.V.)*, México, 1947. Phillips, Allen W., *R.L.V., el poeta y el prosista*, México, 1962. "Homenaje a R.L.V. (30 aniversario de su muerte)," Nacion, 22 jul. 1951 [Contiene artículos de varios autores]. Arce, David N., "Apuntes para la bibliografía de y sobre R.L.V.," LyP, *IV*, núm. 2,

1963. "Aniversario de R.L.V.," HP, *XII*, 1946 [contiene artículos de varios autores y poesías de R.L.V.].

LIBROS GENERALES: Hays, H.R., "R.L.V.," en *12 Spanish American Poets*, New Haven, 1943.

ARTÍCULOS: Acevedo Escobedo, Antonio, "L.V. en su mediodía," UnivMex, *VI*, núm. 67, 1952. Armijo, Roberto, "R.L.V. y su atormentado lirismo," CultES, núm. 29, 1963. Díaz-Plaja, Guillermo, "El tratamiento de la realidad en la poesía de R.L.V.," UnivMex, *VI*, núm. 66, 1952. Esquivel, Fernando, "La mujer en la poesía de L.V.," Abs, *XXIV*, 1960. Hays, H.R., "A Mexican Symbolist," Poetry, *LVII*, 1940. Jiménez Montellano, B., "Baudelaire y R.L.V.," RevIb, *XI*, 1946. Kuri Breña, D., "Notas en torno a la poesía de R.L.V.," Abs, *XI*, 1947. Leyva, Raúl, "R.L.V.," PyH, núm. 2, 1957. Martínez, José Luis, "Huellas de R.L.V.," UnivMex, *VI*, núm. 65, 1952. Ortiz de Montellano, Bernardo, "Baudelaire y L.V.," Rue, *II*, núm. 11, 1944. Paz Paredes, Margarita, "R.L.V.," UnivMex, *VII*, núm. 74, 1953. Rivas Sainz, A., "Concepto de la zozobra," HP, *III*, 1944. Solana, Rafael, "La patria chica de L.V.," LyP, *IV*, núm. 2, 1963. Torres Bodet, Jaime, "Cercanía de L.V.," LyP, *IV*, 1963. Villaurrutia, Xavier, "Encuentro con R.L.V.," LyP, *XII*, 1934.

Mi prima Águeda

Mi madrina invitaba a mi prima Águeda
a que pasara el día con nosotros,
y mi prima llegaba
con un contradictorio
prestigio de almidón y de temible
luto ceremonioso.

Águeda aparecía, resonante
de almidón, y sus ojos
verdes y sus mejillas rubicundas
me protegían contra el pavoroso
luto . . .

Yo era rapaz
y conocía la o por lo redondo,
y Águeda que tejía
mansa y perseverante, en el sonoro
corredor, me causaba
calofríos ignotos . . .
(Creo que hasta le debo la costumbre
heroicamente insana de hablar solo.)

A la hora de comer, en la penumbra
quieta del refectorio,

me iba embelesando un quebradizo
sonar intermitente de vajilla,
y el timbre caricioso
de la voz de mi prima.

Águeda era
(luto, pupilas verdes y mejillas
rubicundas) un cesto policromo
de manzanas y uvas
en el ébano de un armario añoso.

(De *La sangre devota*, 1916)

La tejedora

Tarde de lluvia en que se agravan
al par de una íntima tristeza
un desdén manso de las cosas
y una emoción sutil y contrita que reza.

Noble delicia desdeñar
con un desdén que no se mide,
bajo el equívoco nublado:
alba que se insinúa, tarde que se despide.

Sólo tú no eres desdeñada,
pálida que al arrimo de la turbia vidriera,
tejes en paz en la hora gris
tejiendo los minutos de inmemorial espera.

Llueve con quedo sonsonete,
nos da el relámpago luz de oro
y entra un suspiro, un vuelo de ave fragante y
[húmeda,
a buscar tu regazo, que es refugio y decoro.

¡Oh, yo podría poner mis manos
sobre tus hombros de novicia
y sacudirte en loco vértigo
por lograr que cayese sobre mí tu caricia,
cual se sacude el árbol prócer
(que preside las gracias floridas de un vergel)
por arrancarle la primicia
de sus hojas provectas y sus frutos de miel!

Pero pareces balbucir,
toda callada y elocuente:
"Soy un frágil otoño que teme maltratarse"
e infiltras una casta quietud convaleciente
y se te ama en una tutela suave y leal,
como a una párvula enfermiza
hallada por el bosque un día de vendaval.

Tejedora: teje en tu hilo
la inercia de mi sueño y tu ilusión confiada;
teje el silencio; teje la sílaba medrosa
que cruza nuestros labios y que no dice nada;
teje la flúida voz del Ángelus[1]
con el crujido de las puertas;
teje la sístole y la diástole
de los penados corazones
que en la penumbra están alertas.

Divago entre quimeras difuntas y entre
[sueños
nacientes, y propenso a un llanto sin motivo,
voy, con el ánima dispersa
en el atardecer brumoso y efusivo,
contemplándote, Amor, a través de una niebla
de pésame, a través de una cortina ideal
de lágrimas, en tanto que tejes dicha y luto
en un limbo sentimental.

(De *La Sangre devota*, 1916)

[1] *Ángelus:* véase Boti, p. 157, nota 2.

Humildemente . . .

Cuando me sobrevenga
el cansancio del fin,
me iré, como la grulla
del refrán, a mi pueblo,
a arrodillarme entre
las rosas de la plaza,
los aros de los niños
y los flecos de seda de los tápalos.[2]

A arrodillarme en medio
de una banqueta herbosa,
cuando sacramentando
al reloj de la torre,
de redondel de luto
y manecillas de oro,
al hombre y a la bestia,
al azahar que embriaga
y a los rayos del sol,
aparece en su estufa el Divinísimo.

Abrazado a la luz
de la tarde que borda,
como el hilo de una
apostólica araña,
he de decir mi prez
humillada y humilde,
más que las herraduras
de las mansas acémilas
que conducen al Santo Sacramento.

"Te conozco, Señor,
aunque viajas de incógnito,
y a tu paso de aromas
me quedo sordomudo,
paralítico y ciego,
por gozar tu balsámica presencia.

Tu carroza sonora
apaga repentina
el breve movimiento,
cual si fueran las calles
una juguetería
que se quedó sin cuerda.

Mi prima, con la aguja
en alto, tras sus vidrios,
está inmóvil con un gesto de estatua.

El cartero aldeano,
que trae nuevas al mundo,
se ha hincado en su valija.

El húmedo corpiño
de Genoveva, puesto
a secar, ya no baila
arriba del tejado.

La gallina y sus pollos
pintados de granizo
interrumpen su fábula.

La frente de don Blas
petrificóse junto
a la hinchada baldosa
que aprietan las raíces de los fresnos.

Las naranjas cesaron
de crecer, y yo apenas
si palpito a tus ojos
para poder vivir este minuto.

Señor, mi temerario
corazón, que buscaba
arrogantes quimeras,
se anonada y te grita
que yo soy tu juguete agradecido.

Porque me acompasaste
en el pecho un imán
de figura de trébol
y apasionada tinta de amapola.
Pero este mismo imán
es humilde y oculto,
como el peine imantado
con que las señoritas
levantan alfileres
y electrizan su pelo en la penumbra.

Señor, este juguete
de corazón de imán
te ama y te confiesa
con el íntimo ardor
de la raíz que empuja
y agrieta las baldosas seculares.

Todo está de rodillas
y en el polvo las frentes;
mi vida es la amapola
pasional, y su tallo
doblégase efusivo
para morir debajo de tus ruedas."

(De *Zozobra*, 1919)

---

[2] *tápalo:* en México, chal o mantón.

La Suave Patria

PROEMIO

Yo que sólo canté de la exquisita
partitura del íntimo decoro,
alzo hoy la voz a la mitad del foro
a la manera del tenor que imita
la gutural modulación del bajo,
para cortar a la epopeya un gajo.

Navegaré por las olas civiles
con remos que no pesan, porque van
como los brazos del correo Chuan[3]
que remaba la Mancha con fusiles.

Diré con una épica sordina:
la Patria es impecable y diamantina.

Suave Patria: permite que te envuelva
en la más honda música de selva
con que me modelaste por entero
al golpe cadencioso de las hachas,
entre risas y gritos de muchachas
y pájaros de oficio carpintero.

PRIMER ACTO

Patria: tu superficie es el maíz,
tus minas el palacio del Rey de Oros,
y tu cielo las garzas en desliz
y el relámpago verde de los loros.

El Niño Dios te escrituró un establo
y los veneros de petróleo el diablo.

Sobre tu Capital, cada hora vuela
ojerosa y pintada, en carretela;
y en tu provincia, del reloj en vela
que rondan los palomos colipavos,
las campanadas caen como centavos.

Patria: tu mutilado territorio
se viste de percal y de abalorio.

Suave Patria: tu casa todavía
es tan grande, que el tren va por la vía
como aguinaldo de juguetería.

Y en el barullo de las estaciones,
con tu mirada de mestiza, pones
la inmensidad sobre los corazones.

¿Quién, en la noche que asusta a la rana,
no miró, antes de saber del vicio,
del brazo de su novia, la galana
pólvora de los fuegos de artificio?

Suave Patria: en tu tórrido festín
luces policromías de delfín,
y con tu pelo rubio se desposa
el alma, equilibrista chuparrosa,
y a tus dos trenzas de tabaco, sabe
ofrendar aguamiel toda mi briosa
raza de bailadores de jarabe.[4]

Tu barro suena a plata, y en tu puño
su sonora miseria es alcancía;
y por las madrugadas del terruño,
en calles como espejos, se vacía
el santo olor de la panadería.

Cuando nacemos, nos regalas notas;
después, un paraíso de compotas,
y luego te regalas toda entera,
suave Patria, alacena y pajarera.

Al triste y al feliz dices que sí,
que en tu lengua de amor prueben de ti
la picadura del ajonjolí.[5]

¡Y tu cielo nupcial, que cuando truena
de deleites frenéticos nos llena!

Trueno de nuestras nubes, que nos baña
de locura, enloquece a la montaña,
requiebra a la mujer, sana al lunático,
incorpora a los muertos, pide el Viático,[6]
y al fin derrumba las madererías
de Dios, sobre las tierras labrantías.

Trueno del temporal: oigo en tus quejas
crujir los esqueletos en parejas;
oigo lo que se fue, lo que aún no toco,
y la hora actual con su vientre de coco.
Y oigo en el brinco de tu ida y venida,
¡oh, trueno!, la ruleta de mi vida.

---

[3]*Chuan:* referencia a un personaje de la época de la Revolución francesa que aparece en una novela de Barbey d'Aurevilly, *Le Chevalier des Touches*, y que tuvo una vez que atravesar el mar desde la isla de Guernsey a la costa francesa en un bote remando con fusiles.

[4]*jarabe:* baile popular del estado de Jalisco, en México.
[5]*ajonjolí:* o sésamo, planta cuyas semillas sirven para dar gusto a ciertos dulces y al pan.
[6]*Viático:* el sacramento de la Eucaristía administrado a un enfermo en peligro de muerte.

INTERMEDIO
(*Cuauhtemoc.*[7])

Joven abuelo: escúchame loarte,
único héroe a la altura del arte.

Anacrónicamente, absurdamente,
a tu nopal inclínase el rosal;
al idioma del blanco, tú lo imantas
y es surtidor de católica fuente
que de responsos llena el victorial
zócalo de ceniza de tus plantas.

No como a César el rubor patricio
te cubre el rostro en medio del suplicio;
tu cabeza desnuda se nos queda,
hemisféricamente, de moneda.

Moneda espiritual en que se fragua
todo lo que sufriste: la piragua
prisionera, el azoro de tus crías,
el sollozar de tus mitologías,
la Malinche,[8] los ídolos a nado,
y por encima, haberte desatado
del pecho curvo de la emperatriz
como del pecho de una codorniz.

SEGUNDO ACTO

Suave Patria: tú vales por el río
de las virtudes de tu mujerío.
Tus hijas atraviesan como hadas,
o destilando un invisible alcohol,
vestidas con las redes de tu sol,
cruzan como botellas alambradas.

Suave Patria: te amo no cual mito,
sino por tu verdad de pan bendito,
como a niña que asoma por la reja
con la blusa corrida hasta la oreja
y la falda bajada hasta el huesito.

Inaccesible al deshonor, floreces;
creeré en ti mientras una mexicana
en su tápalo lleve los dobleces
de la tienda, a las seis de la mañana,
y al estrenar su lujo, quede lleno
el país, del aroma del estreno.

Como la sota moza, Patria mía,

en piso de metal, vives al día,
de milagro, como la lotería.

Tu imagen, el Palacio Nacional,
con tu misma grandeza y con tu igual
estatura de niño y de dedal.

Te dará, frente al hambre y al obús,
un higo San Felipe de Jesús.[9]

Suave Patria, vendedora de chía:[10]
quiero raptarte en la cuaresma opaca,
sobre un garañón, y con matraca,
y entre los tiros de la policía.

Tus entrañas no niegan un asilo
para el ave que el párvulo sepulta
en una caja de carretes de hilo,
y nuestra juventud, llorando, oculta
dentro de ti, el cadáver hecho poma
de aves que hablan nuestro mismo idioma.

Si me ahogo en tus julios, a mí baja
desde el vergel de tu peinado denso
frescura de rebozo y de tinaja:
y si tirito, dejas que me arrope
en tu respiración azul de incienso
y en tus carnosos labios de rompope.[11]

Por tu balcón de palmas bendecidas
el Domingo de Ramos, yo desfilo
lleno de sombra, porque tú trepidas.

Quieren morir tu ánima y tu estilo,
cual muriéndose van las cantadoras
que en las ferias, con el bravío pecho
empitonando la camisa, han hecho
la lujuria y el ritmo de las horas.

Patria, te doy de tu dicha la clave:
sé siempre igual, fiel a tu espejo diario;
cincuenta veces es igual el ave
taladrada en el hilo del rosario,
y es más feliz que tú, Patria suave.

Sé igual y fiel; pupilas de abandono;
sedienta voz, la trigarante[12] faja
en tus pechugas al vapor; y un trono
a la intemperie, cual una sonaja:
la carreta alegórica de paja.

(De *El Son del corazón*, 1932)

[7]*Cuauhtemoc:* véase Darío, p. 81, nota 54.
[8]*Malinche:* doña Marina, la intérprete y amante de Cortés.
[9]*San Felipe de Jesús:* misionero franciscano, uno de los mártires del Japón, crucificados en Nagasaki en 1597. La alusión es al hecho de que una higuera de la casa en que el santo vivió en México, que estaba muerta, revivió el día de su martirio.

[10]*chía:* semilla de una especie de planta cuyo mucílago, mezclado con azúcar y limón es un refresco agradable y común en México.
[11]*rompope:* bebida hecha con aguardiente, leche, azúcar y canela.
[12]*trigarante:* algo que incluye tres garantías. En México se dijo así del Plan de Iguala. Aquí la referencia es a los tres colores de la bandera mexicana.

Enrique Banchs

ARGENTINA, 1888   Enrique Banchs publicó cuatro libros famosos antes de los veinticuatro años, y después de *La urna*, de 1911, no ha vuelto a aparecer ninguna otra colección de su obra, si bien pueden leerse poemas y prosas—como sus cuentos infantiles—en revistas y diarios de Buenos Aires. Fue, como con justicia se ha dicho, la primera gran revelación de la poesía argentina del siglo. Esta escasa producción denota un singular equilibrio entre lo sencillo y lo culto, lo leve y lo profundo, traducido en formas arcaizantes como la trova, la balada, el romance, aunque no sea un simple imitador sino creador de un estilo propio. Los sonetos de *La urna* (véanse los dos que incluímos en nuestra selección), de forma clásica y espíritu moderno, son de los más perfectos que se hayan escrito en América y en ellos hallamos un mundo de fantasía e intimidad, una visión de sueño transcritos en palabras humildes y asombradas. No se trata sin embargo de poesía desligada de la realidad, sino que Enrique Banchs nos ofrece, en ella, y de manera misteriosa, el reflejo de su comunión con la naturaleza, las cosas, el paisaje. Puede decirse, en suma, que Enrique Banchs, en la intensidad de una breve producción y el rigor con que trata el verso, ha logrado mantenerse en constante presencia y que sus libros—en ediciones ya difíciles de encontrar—no han perdido el sabor de actualidad que tuvieron a su publicación, gracias a aquella "firme juventud del verso mío," de que habló una vez el poeta. Debe agregarse, también, que a pesar del obstinado silencio en que se ha mantenido, Banchs forma parte activa de la vida intelectual de la Argentina, en la que se le admira y se le respeta. Poeta clásico, pues, en el más estricto sentido del vocablo, en la gracia expresiva y en el hondo misterio de la palabra justa. Una lectura atenta del soneto "Hospitalario y fiel en su reflejo . . ." podrá darnos la clave del lirismo de Banchs y servirá para hacernos comprender el fiel y hospitalario carácter de su poesía.

Temas generales

1. Fantasía e intimidad en la obra lírica de E.B.
2. Elementos tradicionales: formas y temas arcaizantes que emplea E.B.
3. El mundo exterior en los versos de E.B. Naturaleza, paisaje, figuras.
4. Originalidad de E.B. dentro del cuadro de la poesía hispanoamericana de principios de este siglo.
5. Los sonetos de E.B. Estudio especial de *La urna*.

Bibliografía

Obra poética

Las barcas, Buenos Aires, 1907. *El libro de los elogios*, 1908. *El cascabel del halcón*, 1909. *La urna*, 1911 (cien sonetos). *Poemas selectos*, pról. y selec. de F. Montero García Icazbalceta, México, 1921.

Estudios

LIBROS ESPECIALES: Battistessa, Angel J., y Vicente Barbieri, *Dos poetas argentinos: E.B. y Fernández Moreno*, Buenos Aires, 1946. Giusti, Roberto F., *E.B.* en *Ensayos*, 1955. Mazzei, Angel, *E.B.*

Buenos Aires, 1949. Vedia, Leonidas de, *E.B.* en *Argentinos en las letras*, antología y apénd. de Osvaldo Horacio Dondo, Buenos Aires, 1964. Fernández, Belisario, "Bibliografía de E.B.," BiAr, núm. 7, 1960. *E.B.*, Buenos Aires, 1950 [Revista "Oeste," 11; contiene artículos de varios autores y páginas del autor no publicadas en libro]. ARTÍCULOS: Dondo, Osvaldo Horacio, "El lirismo de Banchs y el canto de la cigarra," REd, *III*, núm. 3, 1958. Fernández Moreno, César, "Tiempo, lugar y E.B.," BLA, *I*, núm. 1, 1964. Gicovate, Bernardo, "Sobre el soneto de E.B.," RHM, *XXVII*, 1961. Giusti, Roberto F., "Discurso en la recepción de don E.B.," BAAL, *IX*, 1941. González Lanuza, Eduardo, "Poesía y silencio de Banchs," Sur, *XVII*, núm. 177, 1949. Verbitsky, Bernardo, "A los 50 años del primer libro de Banchs," Nac, 16 jun. 1957.

Elogio de una lluvia

Tres doncellas eran, tres
doncellas de bel mirar,
las tres en labor de aguja
en la cámara real.

La menor de todas tres
Delgadina era nombrada.
La del mirar de gacela
Delgadina se llamaba.

¡Ay!, diga por qué está triste;
¡ay!, diga por qué suspira.
Y el rey entraba en gran saña
y lloraba Delgadina.

—Señor, sobre el oro fino
estoy tejiendo este mote:
«Doña Venus, doña Venus,
me tiene preso en sus torres.»

En más saña el rey entraba,
más lloraba la infantina.
—En la torre de las hiedras
encierren la mala hija.

En la torre de las hiedras
tienen a la niña blanca.

¡Ay!, llegaba una paloma
y el arquero la mataba.

—Arquero, arquero del rey,
que vales más que un castillo,
dame una poca de agua
que tengo el cuerpo rendido.

—Doncella, si agua te diera,
si agua te diera, infantina,
la cabeza del arquero
la darán a la jauría.

—Hermanitas, madre mía,
que estáis junto al lago, dadme
agua . . .; pero no la oyeron
las hermanas ni la madre.

Y entonces vino una lluvia,
vino una lluvia del cielo,
lluvia que se parte en ruido
de copla de romancero.

La niña que está en la torre
tendía la mano al cielo . . .
De agua se llenó su mano
y la aljaba del arquero.

(De *El libro de los elogios*, 1908)

Cancioncilla

Porque de llorar
et de sospirar
ya non cesaré.
—Luna

No quería amarte,
ramo de azahar;
no debía amarte:
te tengo que amar.

Tan manso vivía . . .,
rosa de rosal,
tan quieto vivía:
me has herido mal.

¿No éramos amigos?
Vara de alelí,
si éramos amigos,
¿por qué herirme así?

Cuidé no te amara,
paloma torcaz.
¿Quién que no te amara?
Ya no puedo más.

Tanto sufrimiento,
zorzal de jardín,
duro sufrimiento
me ha doblado al fin.

Suspiros, sollozos,
pájaro del mar;
sollozos, suspiros,
me quieren matar.

(De *El cascabel del halcón*, 1909)

Carretero

Oloroso está el heno, carretero,
oloroso está el heno;
huele a trébol del valle, a vellón nuevo
y al patio viejo del mesón del pueblo.

Oloroso está el heno en la carreta,
el heno de la húmeda pradera
sembrada de corderas . . .
¡Oh, pradera que está en la primavera!

—Oloroso está el heno, buen amigo,
que vas por el camino . . .
Un camino, una tarde, un buen amigo . . .
Oloroso está el heno con rocío.

—Lo cortamos cuando era luna nueva.
—¿Sonaba una vihuela?
—Sí, una vihuela de baladas llena
a la luz de la luna. Luna nueva.

Tus manos siempre tocan el rocío,
y el heno y la tierruca del camino,

y por eso parecen dos racimos
de sembrado con sueño matutino.

Y tienen un gajito de pereza,
de esa pereza, de esa
pereza que dormita en la carreta
quejosa a la tornada de la era:

Quién sabe si es tristura
la que empaña la breve felpa oscura
del ojo de los bueyes, de la yunta
de mansedumbre grave y de dulzura.

Carreta y carretero
se humedecen en ese raso viejo
del ojo de los bueyes, y por eso
están tus manos tristes, carretero.

Tus manos grandes, óseas, morenicas,
como sarmientos de las viejas viñas,
sobre el heno oloroso están dormidas,
carretero que vas para la villa.

(De *El cascabel del halcón*, 1909)

Como es de amantes necesaria usanza . . .

Como es de amantes necesaria usanza
huir la compañía y el ruido,
vagaba en sitio solo y escondido
como en floresta umbría un ciervo herido.

Y a fe, que aunque cansado de esperanza,
pedía al bosquecillo remembranza
y en cada cosa suya semejanza
con el ser que me olvida y que no olvido.

Cantar a alegres pájaros oía
y en el canto su voz no conocía;
miré al cielo de un suave azul y perla

y no encontré la triste y doble estrella
de sus ojos . . . y entonces para verla
cerré los míos y me hallé con ella.

(De *La urna*, 1911)

Hospitalario y fiel en su reflejo . . .

Hospitalario y fiel en su reflejo
donde a ser apariencia se acostumbra
el material vivir, está el espejo
como un claro de luna en la penumbra.

Pompa le da en las noches la flotante
claridad de la lámpara, y tristeza
la rosa que en el vaso, agonizante
también en él inclina la cabeza.

Si hace doble el dolor, también repite
las cosas que me son jardín del alma
y acaso espera que algún día habite

en la ilusión de su azulada calma
el Huésped que le deje reflejadas
frentes juntas y manos enlazadas.

(De *La urna*, 1911)

Cielo azul

Con repentino sobresalto
—¡qué solo estoy!, no tengo nada . . .
vuelvo los ojos a lo alto:
el cielo, azul; la nube, blanca.

¡Qué solo estoy, solo y perdido,
rota en pedazos la esperanza! . . .
Pero me entrego al hondo olvido
del cielo, azul; la nube, blanca.

¡Oh, cuántos trágicos afanes
ceniza son, ceniza amarga! . . .
¡Calla!; ¡no hables! no profanes
el cielo, azul; la nube, blanca.

Nada reprocho, nada digo;
vuelvo a la altura la mirada;

lejos, muy alto, están conmigo
el cielo, azul; la nube, blanca.

Yo bien sabía que no duran
las cosas nuestras: son palabras . . .
¡Calla!, ¿no sientes cómo curan
el cielo, azul; la nube, blanca?

Un gran perdón y un gran consuelo
como en un sueño lavan mi alma . . .
¡Oh, qué piadoso sueño el cielo,
el cielo, azul; la nube, blanca!

¿Tuve algún día, de algún modo,
una amargura, una esperanza?
¡Oh, qué me importa! Allí está todo:
el cielo, azul; la nube, blanca.

(De poesías no reunidas en libro)

Sombra

Si la muerte es final, total olvido,
el alma, en ese sueño no sentido,
nada es, pues no sabe que ha vivido;
nada, pues de sí misma está vacía.

O, acaso, sombra es de lo que ha sido,
y en vena vana hay eco de un latido
y oye caer un ilusorio oído
hojas secas de extinta melodía.

Sombra. Sombra de todo lo perdido,
reflejo que por siempre ha recogido
fugaz amor e instante de agonía.

Y por siempre, en el Tiempo detenido,
sueña que es cierto su vivir mentido
porque espera la muerte todavía.

La Nación, 6 de marzo, 1955

(De poesías no reunidas en libro)

Alfonso Reyes.

MÉXICO, 1889–1959   El gran humanista, crítico y ensayista que fue Alfonso Reyes tuvo el cuidado de entregarnos, en 1952, su *Obra poética*. Y ese libro ejemplar que contiene toda una vida de amorosa relación con la poesía, nos ofrece a través de sus páginas aquel afanoso insistir en la reducción a lo preciso; aquel constante ejercicio de búsqueda de lo esencial lírico; aquella voluntad de "frenar, bajar la voz" como el poeta dijo alguna vez, que son constantes de su quehacer con el verso. A lo anterior puede agregarse una inteligente atención a la forma, bien para respetarla e ilustrarla en su multitud de metros y estrofas, bien para rebelarse contra ella. Sin embargo, estos momentos de rebelión son pasajeros, ya que siempre, tras el juego libre del verso, vuelve Reyes a su endecasílabo, a su octosílabo, que aprendió de los clásicos castellanos y que le acompañaron toda su vida. Otro rasgo que podría señalarse aquí es la presencia de lo autobiográfico, que va surgiendo de vez en cuando a lo largo de su obra, así como la geografía anotada en sus impresiones de viajero y diplomático.

Hay en la obra poética de Reyes momentos modernistas, al principio; luego el tono posmodernista, que nos parece el más continuado; y hay también evidencias de sus contactos con la joven poesía de vanguardia y aun la posterior. Reyes fue hombre de su tiempo y como tal fue reflejando en sus versos, sin perder su personalidad propia, los diferentes cambios de la poesía en la primera mitad de nuestro siglo. Pero sobre todo, lo que da unidad y carácter a su obra como poeta es una permanente raíz clásica (Lope, Quevedo), expresada con originalidad, con ese decir tan suyo entre amable y burlón, cortés y sensual, festivo y melancólico a un tiempo. Y hay además, y casi siempre, el amor, la mujer y hasta la muerte, que asoma en ocasiones por estos versos, sobre todo, como es natural que así sea, al final de su larga y fructuosa vida.

Temas generales

1. Comienzos modernistas de A.R. Sus relaciones con los poetas de ese momento.
2. La mexicanidad de A.R. Asuntos autobiográficos y presencia de México en su obra.
3. Raíz hispánica. Formación cultural de A.R. y su atención a la poesía castellana del siglo de oro, principalmente. Influencia de Lope y Quevedo.
4. La mujer y el amor; sensualidad y melancolía; el paso del tiempo y el eterno femenino en la obra lírica de A.R.
5. Estudio de las formas métricas y estróficas usadas por A.R.
6. Americanidad y universalidad de A.R. Geografía, viajes, impresiones de paisajes y lugares.
7. Relación de A.R. con los poetas jóvenes. Su comprensión de la poesía contemporánea y afinidades con las nuevas estéticas.

Bibliografía

Obra poética

Huellas, México, 1922. *Ifigenia cruel,* poema dramático, 1924. *Pausa,* París, 1926. *Cinco casi sonetos,* 1931. *Romances del Río de Enero,* Maestrich (Holanda), 1933. *A la memoria de Ricardo Güiraldes,* Río de Janeiro, 1934. *Golfo de México,* Buenos Aires, 1934. *Horas de México,* México, 1934. *Yerbas de Tarahumara,* Buenos Aires, 1934. *Infancia,* 1935. *Minuta,* Maestrich, 1935. *Otra voz: 1925–1934,* México, 1936. *Cantata en la tumba de Federico García Lorca,* Buenos Aires, 1937. *Villa de Unión (4 de julio de 1880),* México, 1940. *Algunos poemas; 1925–1939,* 1941. *La floresta,* 1945. *Romances (y afines),* 1945. *La vega y el soto (1916–1943),* 1946. *Cortesía (1909–1947),* 1948. *Homero en Cuernavaca: Recreo en varias voces,* 1949. *Obra poética,* 1952. *Nueve romances sordos,* Tlaxcala, 1954.

Estudios

LIBROS ESPECIALES: Cardona Peña, Alfredo, *A.R. en la poesía,* México, 1956. "A.R.: Vida y obra: Bibliografía, Antología," RHM, *XXII,* núm. 3–4, 1956. "A.R. y su jubileo literario," AyLet, *XII,* núm. 2, 1955 [número dedicado; contiene artículos de varios autores].
ARTÍCULOS: Aub, Max, "A.R., según su poesía," CuA, *XII,* núm. 2, 1953. Fernández de la Vega, Oscar, "Notas a la poesía de A.R.," Nove, 4 dic. 1955. Florit, Eugenio, "La obra poética de A.R.," RHM, *XXII,* núms. 3–4, 1956. Giner de los Ríos, Francisco, "Invitación a la poesía de A.R.," CuA, *VII,* núm. 6, 1948. Lerín, M., "Apuntes sobre la poesía de A.R.," CuA, *XIV,* núm. 3, 1955. Peñalosa, J.A., "La obra poética de A.R.," Abs, *XXIV,* 1960. Silva Villalobos, A., "Una obra poética," Met, *I,* núm. 5, 1955. Xammer, Luis Fabio, "Escuela lírica de A.R.," LetrasL, núm. 22, 1942.

Glosa de mi tierra

Amapolita morada
del valle donde nací:
si no estás enamorada,
enamórate de mí.

I

Aduerma el rojo clavel,
o el blanco jazmín, las sienes:
que el cardo sólo desdenes,
sólo furia da el laurel.
Dé el monacillo[1] su miel,
y la naranja rugada,
y la sedienta granada,
zumo y sangre—oro y rubí—:
que yo te prefiero a ti,
amapolita morada.

II

Al pie de la higuera hojosa
tiende el manto la alfombrilla;
crecen la anacua[2] sencilla
y la cortesana rosa;
donde no la mariposa,
tornasola el colibrí.
Pero te prefiero a ti,
de quien la mano se aleja;
vaso en que duerme la queja
del valle donde nací.

[1]*monacillo:* nombre mexicano del hibisco, planta de flores muy hermosas, también conocida con el nombre de Mar Pacífico.

[2]*anacua:* una planta del norte de México, que da una frutilla agridulce y muy sabrosa. Es voz abreviada de *anacahuita.*

III

Cuando al renacer el día
y al despertar de la siesta,
hacen las urracas fiesta
y salvas de gritería,
¿por qué, amapola, tan fría,
o tan pura, o tan callada?
¿Por qué, sin decirme nada,
me infundes un ansia incierta
—copa exhausta, mano abierta—,
si no estás enamorada?

IV

¿Nacerán estrellas de oro
de tu cáliz tremulento
—norma para el pensamiento
o bujeta para el lloro?
¡No vale un canto sonoro
el silencio que te oí!
Apurando estoy en ti
cuánto la música yerra.
Amapola de mi tierra:
enamórate de mí.

(De *Pausa*, 1926)

Río de olvido

Río de Enero, Río de Enero:[3]
fuiste río y eres mar:
lo que recibes con ímpetu
lo devuelves "devagar."[4]

Madura en tu seno el día
con calmas de eternidad:
cada hora que descuelgas
se vuelve una hora y más.

Filtran las nubes tus montes,
esponjas de claridad,
y hasta el plumón enrareces
que arrastra la tempestad.

¿Qué enojo se te resiste
si a cada sabor de sal
tiene azúcares el aire
y la luz tiene piedad?

La tierra en el agua juega
y el campo con la ciudad,
y entra la noche en la tarde
abierta de par en par.

Junto al rumor de la casa
anda el canto del sabiá,[5]

y la mujer y la fruta
dan su emanación igual.

El que una vez te conoce
tiene de ti soledad,
y el que en ti descansa tiene
olvido de lo demás.

Busque el desorden del alma
tu clara ley de cristal,
sopor llueva el cabeceo
de tu palmera real.

Que yo como los viajeros
llevo en el saco mi hogar,
y soy capitán de barco
sin carta de marear.

Y no quiero, Río de Enero,
más providencia en mi mal
que el rodar sobre tus playas
al tiempo de naufragar.

—La mano acudió a la frente
queriéndola sosegar.
No era la mano, era el viento.
No era el viento, era tu paz.

(De *Romances del Río de Enero*, 1933)

---

[3]*Río de Enero:* traducción castellana de Rio de Janeiro, la ciudad del Brasil.

[4]*devagar:* palabra portuguesa que significa ir sin prisa, lentamente.

[5]*sabiá:* pajarito de canto muy dulce.

Gaviotas

«—Pero si quieres volar
—me decían las gaviotas—
¿qué tanto puedes pesar?
Te llevamos entre todas.»

Yo me quité la camisa
como el que quiere nadar.
(Me sonaba en los oídos:

«¿Qué tanto puedes pesar?»
expresión muy dialectal).

Unas muchachas desnudas
jugaban entre las olas,
y aun creí que me decían:
«Te llevamos entre todas.»

Al tenderme boca arriba,
como al que van a enterrar,
el cielo se me echó encima
con toda su inmensidad.

O yo resbalé hacia el aire
o el mundo se nos cayó,

pero que algo se movía
nadie me lo quita, no.

¡Eppur si muove![6]—exclamé
fingiendo serenidad.
Me decían las gaviotas:
«—¡Pero si quieres volar!»

Allá abajo, los amigos
se empezaron a juntar:
¡mi ropa estaba en la arena,
y yo no estaba en el mar!

Yo les gritaba su nombre
para más tranquilidad:
¿quién había de escucharme,
si hoy nadie sabe escuchar?

Ellos alzaban los brazos,
ellas hacían igual.
Comprendí que estaba muerto
cuando los oí llorar.

(De *Otra voz*, 1936)

El hombre triste

SECUENCIA

Basta leer a Plinio el Viejo[7] para saber que la vida empieza con llanto.
   Otros dicen que acaba mejor: no me atrevo a asegurar tanto.

Un día conocí un hombre triste que había llorado desde los diez años hasta los
                                                  [cuarenta,
   concediendo que, entre el hipar de las lágrimas, no se equivocara él en la cuenta.
   Tenía diez años cuando, sin querer, sorprendió una charla detrás de la puerta:
   sus padres hablaban de él como de una promesa cierta.
   Hasta entonces no había sido elogiado, y tuvo miedo de la alabanza oída:
   —¡Agua derramada! —se dijo—, ¡Virginidad rota y, de seguro, virtud perdida!
   Y lloró desde los diez años hasta los quince por el fruto en que habitaba el gusano:
   —Vendí mi paz por una palabra escuchada —se decía— y esto es lo que pierdo y
                                                            [lo que gano.

Tenía quince años cuando, sin querer, escuchó una conversación liviana:
   —Así pues —se dijo— la naturaleza es una amante y no es una hermana.

---

[6]*Eppur si muove:* "sin embargo se mueve," palabras italianas atribuídas a Galileo y referidas al movimiento de la tierra.

[7]*Plinio el Viejo:* naturalista romano, autor de una *Historia Natural* en 37 libros. Pereció durante la erupción del Vesubio en el año 79.

La imaginación comenzó en él sus largos estragos,
más profundos y dolorosos cuanto más inciertos y vagos.
Lloró de los quince hasta los veinte por el fruto en que habitaba el gusano:
—Vendí mi paz por una palabra escuchada —se decía— y esto es lo que pierdo y
[lo que gano.

Tenía veinte años cuando, sin querer, sintió florecer un beso en los labios.
—Ahora comprendo a los poetas —se dijo— que son más sabios que los sabios.
Cunde la llama insaciable, que el golpe de la sangre atiza.
Pero hay algo que nunca se alcanza, y toda boca mortal acaba por saber a ceniza.
¿Qué fue del gozo? ¿Qué del vino claro de la razón? ¿Del gusto de vivir para
[entender? ¿Del *lucidus ordo*?[8]
(Y arriba, el cielo era lejano y sordo.)
Lloró, pues, de los veinte años hasta los veinticinco, por el fruto en que habitaba
[el gusano.
—Vendí mi paz por una caricia probada —se decía— y yo creo que pierdo lo
[mismo que gano.

Lloró, de los veinticinco a los treinta porque el arte es largo y el plazo breve;
porque todo esfuerzo tiene obstáculos, toda conquista es efímera, toda ciencia es
[leve.
Lloró de los treinta a los treinta y cinco porque la mujer y los hijos —con ser tan
[amados— eran cadenas materiales,
y pretextos para seguir viviendo, a pesar de la muerte de las esperanzas principales.

Yo lo conocí a los treinta y cinco: tenía una manzana en la mano,
y lloraba por el fruto en que habitaba siempre el gusano.

Yo lo frecuenté después, cuando cumplía los cuarenta
(concediendo que, entre el hipar de las lágrimas, no se equivocara él en la cuenta).
Vivía tan temoroso, que ya nunca osaba abrir una puerta.
¡Y tan olvidado de todo, que ignoraba el nombre de todos los árboles de su huerta!
Yo me empeñaba en vano, predicándole hora tras hora,
porque, en verdad, bajo el sol, no hay ninguna razón seria para consolar a un
[hombre que llora.

1926

(De *La vega y el soto*, 1946)

Salambona

▰▱

¡Ay Salambó,[9] Salambona,
ya probé de tu persona!

¿Y sabes a lo que sabes?
Sabes a piña y a miel,
sabes a vino de dátiles,

a naranja y a clavel,
a canela y azafrán,
a cacao y a café,
a perejil y tomillo,
higo blando y dura nuez.

[8]*lucidus ordo*: "una disposición clara," expresión de Horacio (*Arte Poética*, 41).
[9]*Salambó*: el título original de una novela de Gustavo Flaubert (*Salammbô*) en la que se recrea la antigua Cartago; y de aquí todas las alusiones de carácter mitológico e histórico del poema. Salambona puede ser aquí una derivación caprichosa del poeta para efectos de eufonía.

Sabes a yerba mojada,
sabes al amanecer.
Sabes a égloga pura
cantada con el rabel.
Sabes a leña olorosa,
pino, resina y laurel.
A moza junto a la fuente,
que cada noche es mujer.
Al aire de mis montañas,
donde un tiempo cabalgué.
Sabes a lo que sabía
la infancia que se me fue.
Sabes a todos los sueños
que a nadie le confesé.

¡Ay Salambó, Salambona,
ya probé de tu persona!

Alianza del mito ibérico
y el mito cartaginés,
tienes el gusto del mar,
tan antiguo como es.

Sabes a fiesta marina,
a trirreme y a bajel.
Sabes a la *Odisea*,
sabes a Jerusalén.
Sabes a toda la historia,
tan antigua como es.
Sabes a toda la tierra,
tan antigua como es.
Sabes a luna y a sol,
cometa y eclipse, pues
sabes a la astrología,
tan antigua como es.
Sabes a doctrina culta
y a revelación tal vez.
Sabes al abecedario,
tan antiguo como es.
Sabes a vida y a muerte
y a gloria y a infierno, amén.

1935

(De *La vega y el soto*, 1946)

La señal funesta

I

Si te dicen que voy envejeciendo
porque me da fatiga la lectura
o me cansa la pluma, o tengo hartura
de las filosofías que no entiendo;
si otro juzga que cobro el dividendo
del tesoro invertido, y asegura
que vivo de mi propia sinecura
y sólo de mis hábitos dependo,
cítalos a la nueva primavera
que ha de traer retoños, de manera
que a los frutos de ayer pongan olvido;
pero si sabes que cerré los ojos
al desafío de unos labios rojos,
entonces puedes darme por perdido.

II

Sin olvidar un punto la paciencia
y la resignación del hortelano,
a cada hora doy la diligencia
que pide mi comercio cotidiano.
Como nunca sentí la diferencia
de lo que pierdo ni de lo que gano,
siembro sin flojedad ni vehemencia
en el surco trazado por mi mano.
Mientras llega la hora señalada,
el brote guardo, cuido del injerto,
el tallo alzo de la flor amada,
arranco la cizaña de mi huerto,
y cuando suelte el puño del azada
sin preguntarlo me daréis por muerto.

(De "Jornada en sonetos" [1912–1951]
en *Obra poética*, 1952)

Gabriela Mistral.━•━•━•━•━•━•━•━•━•━•━•━•

CHILE, 1889-1957 Entre el grupo de poetisas hispanoamericanas que en el primer tercio de nuestro siglo realizan una verdadera revolución en nuestra poesía por la franqueza y la libertad con que expresan sus sentimientos, sobre todo los amorosos, se distingue Gabriela Mistral por su aporte originalísimo y profundamente personal. En sus versos— como en los de todo gran poeta, y ella lo es en grado máximo—, se dan todos los temas y, de modo preponderante, el amor, que en *Desolación*, su primer libro, es el amor humano. Amor a un hombre determinado, con el tono de desesperación por su muerte trágica, y el de angustia que sigue a esa violenta separación. Ese amor lo vemos transformado en *Tala*, su segundo libro importante, en amor universal a la tierra, a la naturaleza, a América, al Hombre. El tercero de sus poemarios, *Lagar*, continúa la obra expansiva del amor ecuménico de Gabriela Mistral, pero a la vez intensifica otra de sus características: la presencia de la muerte, no ya como tragedia, según apareció al principio de su obra, sino como misterio.

Gabriela Mistral es uno de los poetas hispanoamericanos en los que el paisaje se ve con mayor realidad e intensidad. No es solamente el paisaje de su tierra—que describió magistralmente en su primer libro—, sino el de toda la América, desde la Patagonia hasta México y las Antillas. En esta relación con el paisaje habría que situar a Gabriela Mistral cerca de su compatriota Pablo Neruda: que ambos han sabido salir a lo ancho del mundo. Hay también en Gabriela Mistral un cosmopolitismo bien diferente del que encontramos en las escuelas poéticas de vanguardia, o el que aparecía en la plenitud del modernismo. La poetisa chilena supo desde muy pronto equilibrar su pasión interior con su pupila para mirar a su alrededor, y nos ha dejado una visión del paisaje poderoso o suave, según lo contemplaba, y todo él lleno de figuras humanas: niños que juegan en sus rondas, hombres que sufren y trabajan. Y luego, la amapola de California, la palma de Cuba, la espiga uruguaya, y el maizal, y la ceiba, y todo lo demás. Gabriela Mistral fue pasando por el mundo de sur a norte, de este a oeste, mirando las cosas y nombrándolas en sus poemas, para dejarlas vivas. Y esas "cosas" y esas "materias" pasan al verso por un proceso de desmaterialización—como lo advierte Sidonia Rosenbaum—según se va desnudando la poetisa de temores y deseos mundanales, y surge serena y pura al "aire dulce" de su esperanza y de su fe. Junto a todo eso hallamos en los versos de Gabriela Mistral el misterio, la presencia de la muerte, lo inefable, Dios en una palabra. Y la Poesía, cuya más alta realización—en lo que ella tiene de misterioso—supo expresar tan intensamente en su magnífico poema "La flor del aire."

Temas generales

1. Amor y tragedia en G.M. Su evolución desde "Los sonetos de la muerte" hasta los poemas de *Tala*.
2. El mundo de G.M. Paisaje chileno y americano revelado en sus versos.
3. El niño y la ternura maternal: rondas y poemas dedicados a la infancia.

4. Las cosas materiales que aparecen en los versos de G.M.: expresión de la identificación de la poetisa con la realidad visible y palpable.

5. Religiosidad esencial de G.M. Su contacto inefable con el misterio de la muerte y su proyección verbal en el verso.

6. Diferencias esenciales entre la obra de G.M. y la de las poetisas contemporáneas suyas.

Carácter humano y universal de su obra.

7. El lenguaje poético de G.M. Extrañeza, arcaísmos, uso peculiar de los tiempos verbales.

8. Estudio del eneasílabo como metro más frecuente en la obra en verso de G.M. Su relación con el eneasílabo modernista y con el que aparece en la poesía actual de América y España.

Bibliografía

Obra poética

Desolación, Nueva York, 1922.   *Ternura, canciones de niños*, Montevideo, 1925.   *Las mejores poesías*, Barcelona, s.a.   *Tala*, poemas, Buenos Aires, 1938. *Lagar*, Santiago de Chile, 1954.

Estudios

LIBROS ESPECIALES: Arce de Vázquez, Margot, *G.M.: persona y poesía*, San Juan de Puerto Rico, 1957 (*G.M.: The poet and her work*, transl. by Helene Maslo Anderson, New York, 1964). Figueira, Gastón, *G.M., fuerza y ternura de América*, Buenos Aires, 1952. Iglesias, Augusto, *G.M. y el modernismo en Chile*, Santiago de Chile, 1949. Ladrón de Guevara, Matilde, *G.M., rebelde magnífica*, Buenos Aires, 1962. Peers, E.A., *G.M.*, Liverpool, 1946. Pinilla, Norberto, *Bibliografía crítica sobre G.M.*, Santiago de Chile, 1940. Saavedra Molina, Julio, *G.M., su vida y su obra*, Santiago de Chile, 1946. Silva Castro, Raúl, *Estudios sobre G.M.*, Santiago de Chile, 1935. Torres Rioseco, Arturo, *G.M. (una profunda amistad, un dulce recuerdo)*, Valencia, 1962. Vitier, Cintio, *La voz de G.M.*, Santa Clara (Cuba), 1957. LIBROS GENERALES: Valbuena Briones, Angel, "El verso quemante de G.M.," en *Literatura hispanoamericana*, Barcelona, 1962. ARTÍCULOS: Alone (Hernán Díaz Arrieta), Sobre *Lagar*, RNC, núm. 110, 1955. Arce de Vázquez, Margot, "Vida y poesía de G.M.," Asom, *II*, núm. 2, 1946. Arrigoitia Rodríguez, Manuel, "Pensamiento y forma en la poesía de G.M.," RUM, *XII*, 1963 [Tesis de la Universidad de Madrid, 1963]. Barrios, Margarita, "Il fanciullo nella poesia di G.M.," Conv, *XXXI*, 1963 Bates, Margaret, "G.M.," Americ, *III*, 1946; *XIV*, 1957. Bates, Margaret, "G.M.'s *Poema de Chile*," Americ, *XVIII*, 1961. Contreras, Pedro y Albertina, "Estudio de la obra poética de G.M.," REdS, *VI*, núm. 36, 1946. Diego, Gerardo, "La nueva poesía de G.M., Premio Nobel de Literatura de 1945," RevIndM, *VI*, 1945. Dinamarca, Salvador, "G.M. y su obra poética," HispW, *XLI*, núm. 1, 1958. Florit, Eugenio, "Paisaje y poesía en G.M.," MisJC, núm. 7, 1961. Goic, Cedomil, "Cadenillas en la poesía de G.M.," A, *CXXVII*, núm. 374, 1957. González Lanuza, Eduardo, "Poesía y sexo: a propósito de *Tala*," Sur, *VIII*, núm. 49. Hamilton, Carlos D., "Raíces bíblicas en la poesía de G.M.," CuA, *XX*, núm. 5, 1961. Mengod, Vicente, "Matices en la obra de G.M.," A, *CXXVII*, núm. 374, 1957. Miomandre, Francis de, "*Tala*: G.M. y América Latina," A, *LVI* [*XLVI*], 1939. Paz Paredes, Margarita, "G.M., vida y poesía de un alma (1889-1957)," CultES, núm. 17, 1959. Pérez, Galo René, "La poesía de G.M.," AUCE, *XC*, núm. 345, 1961. Rheinfelder, Hans, "G.M. Motive ihrer Lyrik," Verladger Bayerischen, Akademie der Wissenschften, Munchen, 1955. Rosenbaum, Sidonia, "Criollismo y casticismo en G.M.," CuA, *XII*, núm. 1, 1953. Schultz de Mantovani, Fryda, "Presencia del niño en la poesía de G.M.," NuE, *XIX*, 1950. Silva Castro, Raúl, "Notas sobre los sonetos de la muerte de G.M.," HR, *XXX*, 1965. Torre, Guillermo de, "Aproximaciones a *Tala*," Sur, núm. 45, 1938. Xammar, Luis Fabio, "La noble figura lírica de G.M.," LetrasL, núm. 32, 1945.

El niño solo

Como escuchase un llanto, me paré en el repecho
y me acerqué a la puerta del rancho del camino.
Un niño de ojos dulces me miró desde el lecho
¡y una ternura inmensa me embriagó como un vino!

La madre se tardó, curvada en el barbecho;
el niño, al despertar, buscó el pezón de rosa
y rompió en llanto . . . Yo lo estreché contra el pecho,
y una canción de cuna me subió, temblorosa . . .

Por la ventana abierta la luna nos miraba.
El niño ya dormía, y la canción bañaba,
como otro resplandor, mi pecho enriquecido . . .

Y cuando la mujer, trémula abrió la puerta,
me vería en el rostro tanta ventura cierta
¡que me dejó el infante en los brazos dormido!

(De *Desolación*, 1922)

La margarita

El cielo de Diciembre es puro
y la fuente mana divina,
y la hierba llamó temblando
a hacer la ronda en la colina.

Las madres miran desde el valle,
y sobre la alta hierba fina,
ven una inmensa margarita,
que es nuestra ronda en la colina.

Ven una blanca margarita
que se levanta y que se inclina,
que se desata y que se anuda,
y que es la ronda en la colina.

En este día abrió una rosa
y perfumó la clavelina,
nació en el valle un corderillo
e hicimos ronda en la colina . . .

(De «Rondas de niños» en *Desolación*, 1922)

Los sonetos de la muerte

I

Del nicho helado en que los hombres te pusieron,
te bajaré a la tierra humilde y soleada.
Que he de dormirme en ella los hombres no supieron,
y que hemos de soñar sobre la misma almohada.

Te acostaré en la tierra soleada, con una
dulcedumbre de madre para el hijo dormido,
y la tierra ha de hacerse suavidades de cuna
al recibir tu cuerpo de niño dolorido.

Luego iré espolvoreando tierra y polvo de rosas,
y en la azulada y leve polvareda de luna,
los despojos livianos irán quedando presos.

Me alejaré cantando mis venganzas hermosas,
¡porque a ese hondor recóndito la mano de ninguna
bajará a disputarme tu puñado de huesos!

2

Este largo cansancio se hará mayor un día,
y el alma dirá al cuerpo que no quiere seguir
arrastrando su masa por la rosada vía,
por donde van los hombres, contentos de vivir.

Sentirás que a tu lado cavan briosamente,
que otra dormida llega a la quieta ciudad.
Esperaré que me hayan cubierto totalmente . . .
¡y después hablaremos por una eternidad!

Sólo entonces sabrás el porqué, no madura
para las hondas huesas tu carne todavía,
tuviste que bajar, sin fatiga, a dormir.

Se hará luz en la zona de los sinos, oscura;
sabrás que en nuestra alianza signo de astros había
y, roto el pacto enorme, tenías que morir . . .

3

Malas manos tomaron tu vida, desde el día
en que, a una señal de astros, dejara su plantel
nevado de azucenas. En gozo florecía.
Malas manos entraron trágicamente en él . . .

Y yo dije al Señor: «Por las sendas mortales
le llevan. ¡Sombra amada que no saben guiar!
Arráncalo, Señor, a esas manos fatales
o le hundes en el largo sueño que sabes dar!

¡No le puedo gritar, no le puedo seguir!
Su barca empuja un negro viento de tempestad.
Retórnalo a mis brazos o le siegas en flor.»

Se detuvo la barca rosa de su vivir . . .
¿Que no sé del amor, que no tuve piedad?
¡Tú, que vas a juzgarme, lo comprendes, Señor!

(De *Desolación*, 1922)

Desolación

La bruma espesa, eterna, para que olvide dónde
me ha arrojado la mar en su ola de salmuera.
La tierra a la que vine no tiene primavera:
tiene su noche larga que cual madre me esconde.

El viento hace a mi casa su ronda de sollozos
y de alarido, y quiebra, como un cristal, mi grito.
Y en la llanura blanca, de horizonte infinito,
miro morir inmensos ocasos dolorosos.

¿A quién podrá llamar la que hasta aquí ha venido
si más lejos que ella sólo fueron los muertos?
¡Tan sólo ellos contemplan un mar callado y yerto
crecer entre sus brazos y los brazos queridos!

Los barcos cuyas velas blanquean en el puerto
vienen de tierras donde no están los que son míos;
sus hombres de ojos claros no conocen mis ríos
y traen frutos pálidos, sin la luz de mis huertos.

Y la interrogación que sube a mi garganta
al mirarlos pasar, me desciende, vencida:
hablan extrañas lenguas y no la conmovida
lengua que en tierras de oro mi vieja madre canta.

Miro bajar la nieve como el polvo en la huesa;
miro crecer la niebla como el agonizante,
y por no enloquecer no cuento los instantes,
porque la *noche larga* ahora tan sólo empieza.

Miro el llano extasiado y recojo su duelo,
que vine para ver los paisajes mortales.
La nieve es el semblante que asoma a mis cristales;
¡siempre será la albura bajando de los cielos!

Siempre ella, silenciosa, como la gran mirada
de Dios sobre mí; siempre su azahar sobre mi casa;
siempre, como el destino que ni mengua ni pasa,
descenderá a cubrirme, terrible y extasiada.

(De "Paisajes de la Patagonia," en
Desolación, 1922)

La flor del aire

Yo la encontré por mi destino,
de pie a mitad de la pradera,
gobernadora del que pase,
del que le hable y que la vea.

Y ella me dijo: — «Sube al monte,
yo nunca dejo la pradera,
y me cortas las flores blancas
como nieves, duras y eternas.»

Me subí a la ácida montaña,
busqué las flores donde alben,
entre las rocas existiendo
medio-dormidas y despiertas.

Cuando bajé, con carga mía,
la hallé a mitad de la pradera,
y la fui cubriendo frenética,
y le di un río de azucenas.

Y sin mirarse la blancura,
ella me dijo: — «Tú acarrea
ahora sólo flores rojas.
Yo no puedo pasar la pradera.»

Trepé las peñas con el venado,
y busqué flores de demencia,
las que rojean y parecen
que de rojez vivan y mueran.

Cuando bajé se las fui dando
con un temblor feliz de ofrenda,
y ella se puso como el agua
que en ciervo herido se ensangrienta.

Pero mirándome sonámbula,
me dijo: — «Sube y acarrea
las amarillas, las amarillas.
Yo nunca dejo la pradera.»

Subí derecha a la montaña
y me busqué las flores densas,
color de sol y de azafranes,
recién nacidas y ya eternas.

Al encontrarla, como siempre,
a la mitad de la pradera,
yo fui cubriéndola, cubriéndola,
y la dejé como las eras.

Y todavía, loca de oro,
me dijo: — «Súbete, mi sierva,
y cortarás las sin color,
ni azafranadas ni bermejas;

las que yo amo por recuerdo
de la Leonora y la Ligeia,[1]
color del Sueño y de los sueños.
—Yo soy mujer de la pradera.»

Subí a la montaña profunda,
ahora negra como Medea,[2]
sin tajada de resplandores,
como una gruta vaga y cierta.

Ellas no estaban en las ramas,
ellas no abrían en las piedras
y las corté del aire dulce,
tijereteándolo ligera.

Me las corté como quien fuese
la cortadora que está ciega.
Corté de un aire y de otro aire,
tomando el aire por mi selva . . .

Cuando bajé de la montaña
y fui buscándome a la reina,
ahora ella caminaba,
ya no era blanca ni violenta.

Ella se iba, la sonámbula,
abandonando la pradera,
y yo siguiéndola y siguiéndola
por el pastal y la alameda,

cargada así de tantas flores,
con espaldas y mano aéreas,
siempre cortándolas del aire
y con los aires como siega . . .

Ella delante va sin cara;
ella delante va sin huella,
y yo siguiéndola, siguiéndola,
entre los gajos de la niebla,

con estas flores sin color,
ni blanquecinas ni bermejas,
hasta mi entrega sobre el límite,
hasta que el Tiempo se disuelva . . .

«La Aventura», quise llamarla, mi aventura con
la poesía . . . (note da G. M. en *Tala*)

(De *Tala*, 1938)

Pan

A Teresa y Enrique Díez-Canedo

Dejaron un pan en la mesa,
mitad quemado, mitad blanco,
pellizcado encima y abierto
en unos migajones de ampo.

Me parece nuevo o como no visto,
y otra cosa que él no me ha alimentado,

pero volteando su miga, sonámbula,
tacto y olor se me olvidaron.

Huele a mi madre cuando dió su leche,
huele a tres valles por donde he pasado:
a Aconcagua, a Pátzcuaro, a Elqui,[3]
y a mis entrañas cuando yo canto.

---

[1]*Leonora, Ligeia*: figuras femeninas que aparecen en la obra de Edgar Allan Poe. De la segunda de ellas escribe José Enrique Rodó en su Ariel: "Cuando ideó a Ligeia, la más misteriosa y adorable de sus criaturas, Poe simbolizó en la luz inextinguible de sus ojos el himno de triunfo de la Voluntad sobre la Muerte."

[2]*Medea*: el trágico personaje de Eurípides, que se vengó del abandono de su esposo, Jasón, degollando a sus propios hijos.

[3]*Aconcagua, Pátzcuaro, Elqui*: valles situados en Chile, México y Chile, respectivamente. En el último nació Gabriela Mistral.

Otros olores no hay en la estancia
y por eso él así me ha llamado;
y no hay nadie tampoco en la casa
sino este pan abierto en un plato,
que con su cuerpo me reconoce
y con el mío yo reconozco.

Se ha comido en todos los climas
el mismo pan en cien hermanos:
pan de Coquimbo, pan de Oaxaca,
pan de Santa Ana y de Santiago.[4]

En mis infancias yo le sabía
forma de sol, de pez o de halo,
y sabía mi mano su miga
y el calor de pichón emplumado.

Después le olvidé, hasta este día
en que los dos nos encontramos,
yo con mi cuerpo de Sara[5] vieja
y él con el suyo de cinco años.

Amigos muertos con que comíalo
en otros valles, sienten el vaho

de un pan en septiembre molido
y en agosto en Castilla segado.

Es otro y es el que comimos
en tierras donde se acostaron.
Abro la miga y les doy su calor;
lo volteo y les pongo su hálito.

La mano tengo de él rebosada
y la mirada puesta en mi mano;
entrego un llanto arrepentido
por el olvido de tantos años,
y la cara se me envejece
o me renace en este hallazgo.

Como se halla vacía la casa,
estemos juntos los reencontrados,
sobre esta mesa sin carne y fruta,
los dos en este silencio humano,
hasta que seamos otra vez uno
y nuestro día haya acabado . . .

(De *Tala*, 1938)

Beber

Al Dr. Pedro de Alba

Recuerdo gestos de criaturas
y eran gestos de darme el agua

En el valle de Río Blanco
en donde nace el Aconcagua,
llegué a beber, salté a beber
en el fuete de una cascada,
que caía crinada y dura
y se rompía yerta y blanca.
Pegué mi boca al hervidero
y me quemaba el agua santa,
y tres días sangró mi boca
de aquel sorbo del Aconcagua.

En el campo de Mitla,[6] un día
de cigarras, de sol, de marcha,
me doblé a un pozo y vino un indio
a sostenerme sobre el agua,
y mi cabeza, como un fruto,

estaba dentro de sus palmas.
Bebía yo lo que bebía,
que era su cara con mi cara,
y en un relámpago yo supe
carne de Mitla ser mi casta.

En la Isla de Puerto Rico,
a la siesta de azul colmada,
mi cuerpo quieto, las olas locas,
y como cien madres las palmas,
rompió una niña por donaire
junto a mi boca un coco de agua,
y yo bebí, como una hija,
agua de madre, agua de palma.
Y más dulzura no he bebido
con el cuerpo ni con el alma.

A la casa de mis niñeces
mi madre me traía el agua.

---

[4]*Coquimbo:* puerto de Chile; *Oaxaca:* ciudad y estado de México; *Santa Ana:* nombre de dos ciudades, una en Cuzco, Perú, y otra en la república centroamericana de El Salvador; *Santiago:* capital de Chile.

[5]*Sara:* esposa de Abrahán, madre de Isaac.
[6]*Mitla:* antigua ciudad mexicana, en el estado de Oaxaca, cuyas ruinas se cuentan entre las mejor conservadas de América.

Entre un sorbo y el otro sorbo
la veía sobre la jarra.
La cabeza más se subía
y la jarra más se abajaba.
Todavía yo tengo el valle,
tengo mi sed y su mirada.

Será esto la eternidad
que aun estamos como estábamos.

Recuerdo gestos de criaturas
y eran gestos de darme el agua.

                         (De *Tala*, 1938)

Montaña

Hijo mío, tú subirás
con el ganado la Montaña.
Pero mientras, yo te arrebato
yo te llevo sobre mi espalda.

Apuñada y negra la vemos,
como mujer enfurruñada;
vive sola de todo tiempo,
pero nos ama, la Montaña,
y hace señales de subir
y tira gestos con que nos llama . . .

Trepamos, hijo, los faldeos,
llenos de robles y de hayas.
El viento junta ramas y hierbas
y balancea la montaña,
y van los brazos de tu madre
abriendo grandes moños de zarzas.

Mirando al llano, que está ciego,
ya no vemos río ni casa.
Pero tu madre sabe subir,
perder la Tierra, y volver salva.
Pasan las nieblas en trapos rotos;
se borra el mundo cuando pasan.

Subimos tanto que ya no quieres
seguir y todo te sobresalta.
Pero del alto Pico del Toro,
nadie desciende cuando lo alcanza.

El sol, hijo, como el faisán,
de una vez salta la montaña,
y de una vez baña de oro
los dos cuerpos que eran fantasmas
y enseña el mundo gajo a gajo
en redonda fruta mondada!

                         (De *Tala*, 1938)

La bailarina

La bailarina ahora está danzando
la danza del perder cuanto tenía.
Deja caer todo lo que ella había,
padres y hermanos, huertos y campiñas,
el rumor de su río, los caminos,
el cuento de su hogar, su propio rostro
y su nombre, los juegos de su infancia
como quien deja todo lo que tuvo
caer de cuello y de seno y de alma.

En el filo del día y el solsticio
baila riendo su cabal despojo.
Lo que avientan sus brazos es el mundo
que ama y detesta, que sonríe y mata,
la tierra puesta a vendimia de sangre,

la noche de los hartos que ni duermen
y la dentera del que no há posada.

Sin nombre, raza ni credo, desnuda
de todo y de sí misma, da su entrega,
hermosa y pura, de pies voladores.
Sacudida como árbol y en el centro
de la tornada, vuelta testimonio.

No está danzando el vuelo de albatroses
salpicados de sal y juegos de olas;
tampoco el alzamiento y la derrota
de los cañaverales fustigados.
Tampoco el viento agitador de velas,
ni la sonrisa de las altas hierbas.

El nombre no le den de su bautismo.
Se soltó de su casta y de su carne
sumió la canturía de su sangre
y la balada de su adolescencia.

Sin saberlo le echamos nuestras vidas
como una roja veste envenenada
y baila así mordida de serpientes
que alácritas y libres le repechan
y la dejan caer en estandarte
vencido o en guirnalda hecha pedazos.

Sonámbula, mudada en lo que odia,
sigue danzando sin saberse ajena
sus muecas aventando y recogiendo
jadeadora de nuestro jadeo,
cortando el aire que no la refresca
única y torbellino, vil y pura.

Somos nosotros su jadeado pecho,
su palidez exangüe, el loco grito
tirado hacia el poniente y el levante,
la roja calentura de sus venas,
el olvido del Dios de sus infancias.

(De Lagar, 1954)

La desvelada

—En cuanto engruesa la noche
y lo erguido se recuesta,
y se endereza lo rendido,
le oigo subir las escaleras.
Nada importa que no le oigan
y solamente yo lo sienta.
¡A qué había de escucharlo
el desvelo de otra sierva!

En un aliento mío sube
y yo padezco hasta que llega
—cascada loca que su destino
una vez baja y otras repecha
y loco espino calenturiento
castañeteando contra mi puerta—.

No me alzo, no abro los ojos,
y sigo su forma entera.
Un instante, como precitos,
bajo la noche tenemos tregua;
pero le oigo bajar de nuevo
como en una marea eterna.

Él va y viene toda la noche
dádiva absurda, dada y devuelta,
medusa en olas levantada
que ya se va, que ya se acerca.
Desde mi lecho yo lo ayudo
con el aliento que me queda,
por que no busque tanteando
y se haga daño en las tinieblas.

Los peldaños de sordo leño
como cristales me resuenan.
Yo sé en cuáles se descansa,
y se interroga, y se contesta.
Oigo donde los leños fieles,

igual que mi alma, se le quejan,
y sé el paso maduro y último
que iba a llegar y nunca llega . . .

Mi casa padece su cuerpo
como llama que la retuesta.
Siento el calor que da su cara
—ladrillo ardiendo—sobre mi puerta.
Pruebo una dicha que no sabía:
sufro de viva, muero de alerta,
¡y en este trance de agonía
se van mis fuerzas con sus fuerzas!

Al otro día repaso en vano
con mis mejillas y mi lengua,
rastreando la empañadura
en el espejo de la escalera.
Y unas horas sosiega mi alma
hasta que cae la noche ciega.

El vagabundo que lo cruza
como fábula me lo cuenta.
Apenas él lleva su carne,
apenas es de tanto que era,
y la mirada de sus ojos
una vez hiela y otras quema.

No le interrogue quien lo cruce;
sólo le digan que no vuelva,
que no repeche su memoria,
para que él duerma y que yo duerma.
Mate el nombre que como viento
en sus rutas turbillonea
¡y no vea la puerta mía,
recta y roja como una hoguera!

(De Lagar, 1954)

Canción del maizal

I

El maizal canta en el viento
verde, verde de esperanza.
Ha crecido en treinta días:
su rumor es alabanza.

Llega, llega al horizonte,
sobre la meseta afable,
y en el viento ríe entero
con su risa innumerable.

II

El maizal gime en el viento
para trojes ya maduro;
se quemaron sus cabellos
y se abrió su estuche duro.

Y su pobre manto seco
se le llena de gemidos:
el maizal gime en el viento
con su manto desceñido.

III

Las mazorcas del maíz
a niñitas se parecen:
diez semanas en los tallos
bien prendidas que se mecen.

Tienen un vellito de oro
como de recién nacido
y unas hojas maternales
que les celan el rocío.

Y debajo de la vaina,
como niños escondidos,
con sus dos mil dientes de oro
ríen, ríen sin sentido . . .

Las mazorcas del maíz
a niñitas se parecen:
en las cañas maternales
bien prendidas que se mecen.

Él descansa en cada troje
con silencio de dormido;
va soñando, va soñando
un maizal recién nacido.

(De *Lagar*, 1954)

Alfonsina Storni ~~~~~~~~~~~~~~~~~~

ARGENTINA, 1892–1938   Una nueva faceta en la poesía femenina de las primeras décadas de este siglo es la que nos ofrece Alfonsina Storni. Sin la angustia arrebatada de Delmira Agustini, ni la gracia pagana de Juana de Ibarbourou, ni la energía y universalidad de Gabriela Mistral—para no nombrar más que a las principales—, logró ponerse a la cabeza de su generación en la Argentina por otras cualidades no menos importantes. Poesía que oscila entre lo elegíaco y lo satírico; el verso amplio y el epigramático. Desdén y resentimiento hacia el hombre, al que considera su inferior y del que sin embargo necesita. Seguridad en su papel de mujer independiente que lucha contra los prejuicios sociales y que logra superar. Cultura y dominio de la técnica del verso, a veces espinoso como lo es la actitud de su autora. Constancia y seguridad en lo

que quiere decir. Feminismo no de política sino de raíz social. Intelectualismo que se superpone a lo que de sentimental hay en ella. Afirmación de sus derechos como mujer frente al egoísmo que ve en todos los hombres (léase "Tú me quieres blanca"). Materialismo de pensamiento y ausencia de preocupaciones en una vida futura. Inclinación a la muerte voluntaria, a la que se entrega por fin, después de escribir sus últimos versos ("Voy a dormir") y enviarlos a *La Nación* de Buenos Aires.

Todo ello concurre a formar la personalidad original de Alfonsina Storni. Y todo ello, con múltiples variantes y diversos acentos, lo hallamos en una poesía que ya desde *La inquietud del rosal*, su primer libro, se destacó notablemente y logró para su autora la justa fama que a través de los años ha conservado.

Temas generales

1. Diferencias esenciales respecto a la actitud frente al hombre en Juana de Ibarbourou y A.S.
2. *La inquietud del rosal* y *Mundo de siete pozos*. Estudio de las formas y temas predominantes en ambos libros de A.S.
3. El pensamiento materialista de A.S. Su ex-

presión en la poesía.
4. El tema de la muerte en A.S. Última solución que la poetisa da a la inquietud fundamental de su vida.
5. Matices particulares del sentimiento erótico en la poesía de A.S.

Bibliografía

Obra poética

La inquietud del rosal, Buenos Aires, 1918. *El dulce daño*, 1918. *Irremediablemente*, 1919. *Languidez*, 1920. *Ocre*, 1925. *Mundo de siete pozos*, 1934. *Mascarilla y trébol*, 1938. *Antología poética*, 1940. *Obra poética* (ed. definitiva, según la voluntad de la

autora), 1946. *Obras poéticas completas*, pról. de Juan Julián Lastra, 1961.

Estudios

LIBROS ESPECIALES: Baquerizo Moreno, A., *Lugones y A.S.*, Guayaquil, 1940. Capdevila, Arturo,

Alfonsina: Época, dolor y obra de la poetisa A.S., Buenos Aires, 1948. Cichero de Pellegrino, María Angélica, *A.S., una vida hacia el mar*, Buenos Aires, 1950. Etchenique, Nira, *A.S.*, Buenos Aires, 1959. Fernández Moreno, César, *Situación de A.S.*, Santa Fe, Argentina, 1959. Nalé Roxlo, Conrado, *Genio y figura de A.S.*, Buenos Aires, 1965. Villarino, María de, *A.S.*, Buenos Aires, 1963. "Homenaje a A.S.," VidLit, nov. 1938.

LIBROS GENERALES: Giusti, R.F., "A.S.," en *Literatura y Vida*, Buenos Aires, 1939. Percas, Helena, *La poesía femenina argentina (1810–1950)*, Madrid, 1958.

ARTÍCULOS: Acevedo, Olga, "A.S.," A, *LVI*, 1939. Brenes Mesén, Roberto, "A.S.," RevIb, *I*, núm. 1, 1939. Estrella Gutiérrez, Fermín, "A.S., su vida y su obra," BAAL, *XXIV*, 1959. Gálvez, Manuel, "A.S.," Nos, *VIII*, 1938. Ghiano, Juan Carlos, "La poesía de A.S.," Asom, núm. 4, 1954. Giusti, R.F., "A.S.," Nos, *VIII*, 1938. Gómez Paz, Julieta, "Los antisonetos de A.S.," CuA, *IX*, núm. 3, 1950. Gómez Paz, Julieta, "Persistencia y ascensión de un símbolo en la poesía de A.S.," Asom, *XVI*, núm. 4, 1960. Mañach, Jorge, "Liberación de A.S.," RevIb, *I*, núm. 1, 1939. Peyró de Martínez Ferrer, Graciela, "La obra lírica de A.S.," Nos, *VIII*, 1938.

Tú me quieres blanca

Tú me quieres alba;
me quieres de espumas;
me quieres de nácar.
Que sea azucena,
sobre todas, casta.
De perfume tenue.
Corola cerrada.

Ni un rayo de luna
filtrado me haya,
ni una margarita
se diga mi hermana.
Tú me quieres blanca;
tú me quieres nívea;
tú me quieres casta.

Tú, que hubiste todas
las copas a mano,
de frutos y mieles
los labios morados.
Tú, que en el banquete,
cubierto de pámpanos,
dejaste las carnes
festejando a Baco.[1]
Tú, que en los jardines
negros del Engaño,
vestido de rojo
corriste al Estrago.

Tú, que el esqueleto
conservas intacto,
no sé todavía
por cuáles milagros
(Dios te lo perdone),
me pretendes casta
(Dios te lo perdone),
me pretendes alba.
Huye hacia los bosques;
vete a la montaña;
límpiate la boca;
vive en las cabañas;
toca con las manos
la tierra mojada;
alimenta el cuerpo
con raíz amarga;
bebe de las rocas;
duerme sobre escarcha;
renueva tejidos
con salitre y agua;
habla con los pájaros
y lévate al alba.
Y cuando las carnes
te sean tornadas,
y cuando hayas puesto
en ellas el alma,
que por las alcobas

---

[1]*Baco:* véase Darío, p. 81, nota 52.

se quedó enredada,
entonces, buen hombre,
preténdeme blanca,

preténdeme nívea,
preténdeme casta.

(De *El dulce daño*, 1918)

Cuadrados y ángulos

Casas enfiladas, casas enfiladas,
casas enfiladas.
Cuadrados, cuadrados, cuadrados.
Casas enfiladas.
Las gentes ya tienen el alma cuadrada,

ideas en fila
y ángulo en la espalda.
Yo misma he vertido ayer una lágrima,
Dios mío, cuadrada.

(De *El dulce daño*, 1918)

Hombre pequeñito . . .

Hombre pequeñito, hombre pequeñito,
suelta a tu canario que quiere volar . . .
yo soy el canario, hombre pequeñito,
déjame saltar.

Estuve en tu jaula, hombre pequeñito,
hombre pequeñito que jaula me das.

Digo pequeñito porque no me entiendes,
ni me entenderás.

Tampoco te entiendo, pero mientras tanto
ábreme la jaula, que quiero escapar;
hombre pequeñito, te amé media hora,
no me pidas más.

(De *Irremediablemente*, 1919)

La caricia perdida

Se me va de los dedos la caricia sin causa,
se me va de los dedos . . . En el viento, al
[rodar,
la caricia que vaga sin destino no objeto,
la caricia perdida, ¿quién la recogerá?

Pude amar esta noche con piedad infinita,
pude amar al primero que acertara a llegar.
Nadie llega. Están solos los floridos senderos.
La caricia perdida, rodará . . ., rodará . . .

Si en el viento te llaman esta noche, viajero,
si estremece las ramas un dulce suspirar,
si te oprime los dedos una mano pequeña
que te toma y te deja, que te logra y se va.

Si no ves esa mano, ni la boca que besa,
si es el aire quien teje la ilusión de llamar,
oh, viajero, que tienes como el cielo los ojos,
en el viento fundida, ¿me reconocerás?

(De *Languidez*, 1920)

El clamor

Alguna vez, andando por la vida,
por piedad, por amor,
como se da una fuente, sin reservas,
yo di mi corazón.

Y dije al que pasaba, sin malicia,
y quizá con fervor:
—Obedezco a la ley que nos gobierna:
he dado el corazón.

Y tan pronto lo dije, como un eco,
ya se corrió la voz:
—Ved la mala mujer ésa que pasa:
ha dado el corazón.

De boca en boca, sobre los tejados,
rodaba este clamor:

—¡Echadle piedras, eh, sobre la cara:
ha dado el corazón!

Ya está sangrando, sí, la cara mía,
pero no de rubor,
que me vuelvo a los hombres y repito:
"¡He dado el corazón!"

(De *Languidez*, 1920)

Una voz

Voz escuchada a mis espaldas,
en algún viaje a las afueras,
mientras caía de mis faldas
el libro abierto, ¿de quién eras?

Sonabas cálida y segura
como de alguno que domina
del hombre oscuro el alma oscura,
la clara carne femenina.

No me dí vuelta a ver el hombre
en el deseo que me fuera
un rostro anónimo, y pudiera
su voz ser música sin nombre.

¡Oh simpatía de la vida!
¡Oh comunión que me ha valido,
por el encanto de un sonido
ser, sin quererlo, poseída!

(De *Ocre*, 1925)

Epitafo para mi tumba

Aquí descanso yo: dice "Alfonsina"
el epitafio claro al que se inclina.

Aquí descanso yo, y en este pozo,
pues que no siento, me solazo y gozo.

Los turbios ojos muertos ya no giran,
los labios, desgranados, no suspiran.

Duermo mi sueño eterno a pierna suelta;
me llaman y no quiero darme vuelta.

Tengo la tierra encima y no la siento;
llega el invierno y no me enfría el viento.

El verano mis sueños no madura,
la primavera el pulso no me apura.

El corazón no tiembla, salta o late,
fuera estoy de la línea de combate.

¿Qué dice el ave aquella, caminante?
Tradúceme su canto perturbante:

"Nace la luna nueva, el mar perfuma,
los cuerpos bellos báñanse de espuma.

"Va junto al mar un hombre que en la boca
lleva una abeja libadora y loca:

"Bajo la blanca tela el torso quiere
el otro torso que palpita y muere.

"Los marineros sueñan en las proas,
cantan muchachas desde las canoas.

"Zarpan los buques y en sus claras cuevas
los hombres parten hacia tierras nuevas.

"La mujer que en el suelo está dormida
y en su epitafio ríe de la vida,

"como es mujer grabó en su sepultura
una mentira aún: la de su hartura."

(De *Ocre*, 1925)

Mundo de siete pozos

Se balancea,
arriba, sobre el cuello,
el mundo de las siete puertas:
la humana cabeza . . .

Redonda, como los planetas:
arde en su centro
el núcleo primero.
Ósea la corteza;
sobre ella el limo dérmico,
sembrado
del bosque espeso de la cabellera.

Desde el núcleo,
en mareas
absolutas y azules,
asciende el agua de la mirada
y abre las suaves puertas
de los ojos
como mares en la tierra.
. . . Tan quietas
esas mansas aguas de Dios
que sobre ellas
mariposas e insectos de oro
se balancean.

Y las otras dos puertas:
las antenas acurrucadas
en las catacumbas que inician las orejas;
pozos de sonidos,
caracolas de nácar donde resuena
la palabra expresada
y la no expresa;
tubos colocados a derecha e izquierda
para que el mar no calle nunca,
y el alma mecánica de los mundos
rumorosa sea.

Y la montaña alzada
sobre la línea ecuatorial de la cabeza:
la nariz de batientes de cera
por donde comienza
a callarse el color de la vida;
las dos puertas
por donde adelanta
—flores, ramas y frutas—
la serpentina olorosa de la primavera.

Y el cráter de la boca
de bordes ardidos
y paredes calcinadas y resecas;
el cráter que arroja
el azufre de palabras violentas;
el humo denso que viene
del corazón y su tormenta;
la puerta
en corales labrada suntuosos
por donde engulle la bestia
y el ángel canta y sonríe
y el volcán humano desconcierta.

Se balancea
arriba,
sobre el cuello,
el mundo de siete pozos:
la humana cabeza.

Y se abren praderas rosadas
en sus valles de seda:
las mejillas musgosas.

Y riela
sobre la comba de la frente,
desierto blanco,
la luz lejana de una luna muerta . . .

(De *Mundo de siete pozos*, 1934)

Voy a dormir

Dientes de flores, cofia de rocío,
manos de hierbas, tú, nodriza fina,
tenme prestas las sábanas terrosas
y el edredón de musgos escardados.

Voy a dormir, nodriza mía, acuéstame.
Ponme una lámpara a la cabecera;
una constelación, la que te guste;
todas son buenas, bájala un poquito.

Déjame sola: oyes romper los brotes . . .
te acuna un pie celeste desde arriba
y un pájaro te traza unos compases

para que olvides . . . Gracias . . . Ah, un
[encargo:
si él llama nuevamente por teléfono
le dices que no insista, que he salido.

24 de octubre de 1938

Juana de Ibarbourou

URUGUAY, 1895   A diferencia de la de las otras mujeres de Hispanoamérica, la obra primera y central de Juana de Ibarbourou se distingue por la actitud optimista con que mira al amor y la vida. Si hay en ella algo de melancolía es el pensamiento de que la muerte pueda anular ese entusiasmo. *Las lenguas de diamante*, su inicial libro de versos, la colocó de pronto en las alturas de la fama, no sólo en su país sino en todo el mundo de habla castellana. Era una colección de confesiones ardorosas y frescas a un tiempo, como lo vio Unamuno. Y aquella "castísima desnudez espiritual"—por desgracia con tanta frecuencia imitada por muchas poetisas que se creyeron en el deber de aparecer "desnudas" ante sus lectores—, la expresó Juana de Ibarbourou en palabras llenas de sinceridad y de sencillez. Era ese libro el retrato de una mujer junto al placer sensual, sin complicaciones psicológicas y frente a la naturaleza compañera y aliada. Luego aparecieron *El cántaro fresco* y *Raíz salvaje* que, con el primero, forman la trilogía de su canto primaveral. *La rosa de los vientos* es su verano.

Plenitud de pensamiento, novedad expresiva, imágenes originales procedentes de la estética de vanguardia; acento depurado y ritmo más despacioso. Aquí se siente "el peso de cada hora" y la poetisa quisiera "volver a tener los días ágiles y rojos." Pero el tiempo va pasando, y llegan las tristezas, y se halla al cabo cada vez más sola. Años después, con el otoño, aparece *Perdida*. Ya va serena, "quebradas / las ardientes raíces de los nervios." Y comienza para ella el nuevo estado: el de meditar, de echar cuentas y mirar hacia atrás para continuar hacia adelante. Y así, en *Azor*, la encontramos donde están "sólo mi azor, y yo y la muerte fina." Se ha cumplido en ella el inevitable ciclo. También en el otoño, el tema religioso hace su entrada en algún libro en prosa. Y los recuerdos infantiles en las páginas de *Chico Carlo*. Creemos, sin embargo, que Juana de Ibarbourou queda en nuestra poesía, principalmente, por dos cualidades esenciales: su amor de los sentidos y su amor a la naturaleza. Por ellos está salvada.

Temas generales

1. Erotismo y religiosidad en la obra de J.de I.
2. El tema de la muerte en las distintas épocas de la poesía de J.de I.
3. J.de I. y la naturaleza; carácter panteísta de sus primeros versos.
4. *La rosa de los vientos*. Examen de las imágenes y metáforas de filiación vanguardista en este libro.
5. Estudio de las formas regulares y libres en los versos de J.de I.
6. Primavera, verano y otoño en la obra de J.de I. Relación entre la vida y la obra de la poetisa.

Bibliografía

Obra poética

Las lenguas de diamante, Buenos Aires, 1919. *El cántaro fresco*, Montevideo, 1920. *Raíz salvaje*, 1922. *La rosa de los vientos*, 1930. *Perdida*, Buenos Aires, 1950. *Obras completas*, Madrid, 1953. *Azor*, Buenos Aires, 1953. *Romances del destino*, Madrid, 1954. *Oro y tormenta*, Santiago de Chile, 1956. *Alabanza de Bolívar*, Caracas, 1962.

Estudios

LIBROS ESPECIALES: Andrade Coello, A., *Cultura femenina uruguaya: J. de I.*, Quito, 1943. Bollo, Sarah, *La poesía de J. de I.*, Montevideo, 1936. Queiroz, María José de, *A poesia de J. de I.*, Belo Horizonte, 1961. Russell, Dora Isella, *J. de I.*, Montevideo, 1951.

ARTÍCULOS: Babigian, Consuelo P., "J. de I.," MLForum, *XXV*, 1940. Basave, Agustín, "La condesa de Noailles y J. de I.," RR, *XIV*, 6 ene., 1935. Figueira, Gastón, "Perfil lírico de J. de I.," BPU, *XLVI*, 1944. Figueira, Gastón, "Páginas olvidadas de J. de I.," RIB, *XIII*, 1963. Heguy, J.P., "El paisaje de J. de I.," RNac, núm. 90, 1954. Henríquez Ureña, Max, "En torno a J. de I.," Lyceum, *X*, núm. 36, 1935. Maya, Rafael, "J. de I.," Bolbo, núm. 19, 1935. Pazo, F., "Amor humano y amor divino en el verso de J. de I.," RNac, *III*, 1958. Roggiano, Alfredo, "El 'divino amor' y el 'amor divino' de J. de I.," Nor, núm. 5, 1953. Rusconi, A., "La adjetivación en la poesía de J. de I.," BF, *IV*, 1944.

La hora

Tómame ahora que aún es temprano
y que llevo dalias nuevas en la mano.

Tómame ahora que aún es sombría
esta taciturna cabellera mía.

Ahora que tengo la carne olorosa,
y los ojos limpios y la piel de rosa.

Ahora que calza mi planta ligera
la sandalia viva de la primavera.

Ahora que en mis labios repica la risa
como una campana sacudida aprisa.

Después . . ., ¡ah, yo sé
que ya nada de eso más tarde tendré!

Que entonces inútil será tu deseo,
como ofrenda puesta sobre un mausoleo.

¡Tómame ahora que aún es temprano
y que tengo rica de nardos la mano!

Hoy, y no más tarde. Antes que anochezca
y se vuelva mustia la corola fresca.

Hoy, y no mañana. Oh amante, ¿no ves
que la enredadera crecerá ciprés?

(De *Las lenguas de diamante*, 1919)

Rebelde

Caronte:[1] yo seré un escándalo en tu barca.
Mientras las otras sombras recen, giman, o lloren,
y bajo tus miradas de siniestro patriarca
las tímidas y tristes, en bajo acento, oren,

---

[1] *Caronte:* barquero de los infiernos que pasaba en su barca por la laguna Estigia, las almas de los muertos.

yo iré como una alondra cantando por el río
y llevaré a tu barca mi perfume salvaje,
e irradiaré en las ondas del arroyo sombrío
como una azul linterna que alumbrará en el viaje.

Por más que tú no quieras, por más guiños siniestros
que me hagan tus dos ojos, en el terror maestros,
Caronte, yo en tu barca seré como un escándalo.

Y extenuada de sombra, de valor y de frío,
cuando quieras dejarme a la orilla del río
me bajarán tus brazos cual conquista de vándalo.

(De *Las lenguas de diamante*, 1919)

Cenizas

Se ha apagado el fuego. Queda sólo un blando montón de cenizas,
donde estuvo ondulando la llama.
Ahí tienes, amigo, hecho porción quieta de polvo liviano,
a aquel pino inmenso que nos dio su sombra,
fresca y movediza, durante el verano.

Tan alto, tan alto, que pasaba el techo de la casa mía.
Si hubiera podido guardarlo en dobleces,
ni en el arca grande del desván cabría.

Y del pino inmenso ya ves lo que queda.
Yo, que soy tan pequeña y delgada,
¡qué montón tan chiquito de polvo, seré cuando muera!

(De *Raíz salvaje*, 1922)

Como la primavera

Como un ala negra tendí mis cabellos
sobre tus rodillas.
Cerrando los ojos su olor aspiraste
diciéndome luego:
—¿Duermes sobre piedras cubiertas de mus-
                              [gos?
¿Con ramas de sauces te atas las trenzas?
¿Tu almohada es de trébol? ¿Las tienes tan
                              [negras
porque acaso en ellas exprimiste un zumo
retinto y espeso de moras silvestres?
¡Qué fresca y extraña fragancia te envuelve!
Hueles a arroyuelos, a tierra y a selvas.
¿Qué perfume usas? Y riendo, te dije:
—¡Ninguno, ninguno!
Te amo y soy joven, huelo a primavera.
Este olor que sientes es de carne firme
de mejillas claras y de sangre nueva.
¡Te quiero y soy joven, por eso es que tengo
las mismas fragancias de la primavera!

(De *Raíz salvaje*, 1922)

Siesta

Trompo alucinante del sol
sobre la cintura exacta del día
y los cuernos verticales del caracol.

Muerdo un gajo de sombra morada
caído del filo del muro
como un ala tendida de garza.

Sobre las mesas opulentas o rústicas,
el pan de la reciente molienda
y el frescor dorado de las uvas.

Ademanes de gula y de bendición
dentro de la cuadrada colmena de las casas.

Por los caminos arrastra su vestido de cola la
[pereza.
Los guijarros hacen menudos guiños de
[lámparas.

Sueño. No existe el mundo ni la vida.
Aladino[2] me trae su anillo de cobre
y agua fresca en una tinaja de arcilla.

Está lejos la hora estéril e indiferente.
Toda la tierra es una fruta madura
y hay que dar un bárbaro salto de volatinero
para hincarle en la pulpa los dientes.

(De *La rosa de los vientos*, 1930)

Tiempo

Me enfrento a ti, oh vida sin espigas,
desde la casa de mi soledad.
Detrás de mí anclado está aquel tiempo
en que tuve pasión y libertad,
garganta libre al amoroso grito,
y casta desnudez, y claridad.

Era una flor, oh vida, y en mí estaba
arrulladora, la eternidad.

Sombras ahora, sombras sobre el tallo,
y no sentir ya nada más
en la cegada clave de los pétalos
aquel ardor de alba, miel y sal.

Criatura perdida
en la maleza de la antigua mies.

Inútil es buscar lo que fue un día
lava de oro y furia de clavel.
En el nuevo nacer, frente inclinada;
sumiso, el que era antes ágil pie;
ya el pecho con escudo; ya pequeña
la custodiada sombra del laurel.

¿Quién viene ahora entre la espesa escarcha?
Duele la fría rosa de la faz
y ya no tienen los secretos ciervos,
para su dura sed, el manantial.

Ángel del aire que has velado el rostro:
crece tu niebla sobre mi pleamar.

(De *Perdida*, 1950)

Elegía de la abandonada

Día de Mayo, ya gris,
sin barbas de flavo sol.
Tan tibia la casa, tan
bien hecha para el amor.

Pero no cantan sus duendes,
ni sus duendezas cultivan,
las tiernas violetas blancas,
las dulces violetas lilas.

[2]*Aladino:* el protagonista de uno de los cuentos de *Las mil y una noches*, poseedor de la lámpara maravillosa.

Marfiles y porcelanas
no chispean con la luz
del Este, cuando amanece
ni cuando anochece al Sur.
Todo se vuelve callado.
Está perdiendo la voz
mi soledad que poblaban
geranios y ruiseñor.

A mi espalda, ya la sombra.
¡Ay Dios, que me escalofrían
las densas noches sin luna,
los largos y quietos días!

Los linos a vainillar,
el raso en el bastidor,
los libros, mundos cerrados,
la malva sin blanca flor,
todo ya inerte y sin voces,
todo ya sin melodía.
El alazán de las horas
va galopando sin brida.

Se ha ido tan lejos ya . . .
Se fue con otra mujer,
ella, de blanco sonriendo;

él, serio, con su deber
como una carga de plomo.
Yo en la orilla me quedé
mirando partir el barco
y reír a la mujer.

Adiós, gladiolos de Mayo,
rosas de roja color,
cedrón de espina madura,
oro fiel del girasol.
Adiós, vestidos de espuma,
sombreros de pluma azul,
cinturón de terciopelo,
prendedor de clara luz.

Ahora, rulos trenzados,
gris vestido de algodón,
dura boca sin canciones,
gris la luna, gris el sol.

Ahora por siempre y siempre
el olvido del amor.

(De *Romances del destino*, 1955)

Andrés Eloy Blanco.⌐⌐⌐⌐⌐⌐⌐⌐⌐⌐

VENEZUELA, 1897–1955 Andrés Eloy Blanco es uno de los poetas venezolanos más conocidos y el de mayor resonancia internacional entre los del grupo o generación de 1918, que cuenta con algunos tan importantes como Jacinto Fombona Pachano, Fernando Paz Castillo, Rodolfo Moleiro o Pedro Sotillo. Fueron ellos los que intentaron romper con el modernismo en decadencia, comprendiendo la necesidad de entrar en el panorama poético contemporáneo y a la vez, de trasladar a sus versos la realidad nacional. Eloy Blanco poseyó una voz fresca; recia a veces, a veces suave e íntima, aunque su don natural de versificador restó muchos quilates a la autenticidad de su poesía. Suele ser considerado como poeta de transición, que incorpora elementos románticos, modernistas y vanguardistas. Afortunadamente logró vencer el éxito fácil que desde muy joven le propiciaron algunos premios literarios en Caracas y Madrid, y adentrándose más y más en su mundo interior, reunir en *Giraluna*, último libro publicado en vida, lo mejor y más fino de su condición de poeta. Ya en un volumen anterior, *Poda: saldo de poemas*, había manifestado su voluntad de reducir la elocuencia a la sencillez lírica. Por otro lado, Eloy Blanco fue fiel intérprete de mitos y leyendas del pueblo venezolano, presente en la figura de Juan Bimbo, con el que trató de establecer un diálogo en los "palabreos" de *La Juanbimbada*, libro póstumo donde traduce aquel deseo de incorporar al verso la realidad geográfica e histórica de su país en forma de coplas, décimas y romances de tradición hispánica. Debe recordarse, además, su poema en tercetos *A un año de tu luz*, escrito a la muerte de su madre, que por su extensión no podemos incluir en esta antología aunque sea uno de los más importantes de la obra de Andrés Eloy Blanco.

Temas generales

1. El folklore en la obra de A.E.B. Temas y formas populares que aparecen en ella.
2. Vanguardismo tardío, ingenio y fantasía, e ideología revolucionaria presentes en *Baedecker 2000*, de A.E.B.
3. La concepción idealista del amor y la muerte en A.E.B.
4. El mar en los versos de A.E.B. Estudio especial de sus sonetos de este tema.
5. *Giraluna* como culminación del proceso creativo de A.E.B.

Bibliografía

Obra poética

Tierras que me oyeron, Caracas, 1921. *Poda: saldo de poemas (1923–1928)*, 1934. *A un año de tu luz*, 1952. *Giraluna*, Caracas-México, 1955. *La Juanbimbada*, México, 1959.

Estudios

LIBROS ESPECIALES: Milliani, Domingo, *Una constante en la poesía de A.E.B.*, Caracas, 1960. "Homenaje a A.E.B.," UniversalCar, 28 mayo, 1955. "Homenaje a A.E.B.," Nacion, 16 oct. 1955 [contiene artículos de Alfonso Reyes, León Felipe Camino, Manuel González Calzada, Alberto Velázquez, Andrés Henestrosa y Carlos Augusto León, y Poemas de A.E.B.]. "Números dedicados a A.E.B.," HumaM, *III*, núm. 31–32, 1955; *IV*, núm. 37–38, 1956 [contienen artículos de varios autores]. "A.E.B. Homenaje del 'Papel Literario' a la memoria de A.E.B. en el tercer aniversario de su muerte," NacionC, 22 mayo 1958 [contiene artículos de varios autores]. "Homenaje a A.E.B.," Cuaderno núm. 2, Caracas, Ministerio de Educación, 1958.

ARTÍCULOS: Arcay, Luis Augusto, "A.E.B., el poeta y su época," RNC, *XXIV*, núm. 153, 1962. Barrera Castillo, Manuel, "El niño en la poemática de A.E.B.," RUZ, *VIII*, núm. 28, 1964. Córdoba, Diego, "México honra al poeta A.E.B.," CuA, *XIX*, núm. 5, 1960. Felipe, León, "A.E.B. (Muerto en la Giranoche de su Giraluna)," CuA, *XIV*, núm. 4, 1955. Gallegos, Rómulo, "El maestro y el poeta," GaLe, *I*, núm. 3, 1960. Garmen-

dia, Hermann, "El primer libro de A.E.B." [*Tierras que me oyeron*], UniversalCar, 11 mar. 1958. Latcham, Ricardo, "A.E.B.," A, *CXXI*, 1955. Mata, Elba, "Pensamiento y sentimiento en la poesía de A.E.B.," Asom, *XIX*, núm. 2, 1963 [continuación en Asom, *XIX*, núm. 3]. Medina, José Ramón, "Otra vez con el poeta," RNC, *XXII*, núm. 139, 1960. Paz Castillo, Fernando, "A.E.B.," RNC, núm. 110, 1955. Ríos, Berthy, "A.E.B., una emoción de América," RUZ, *IV*, 1961. Russell, Dora Isella, "Perspectiva universal de A.E.B.," RNC, *XXIII*, núm. 144, 1961. Sabat Ercasty, Carlos, "Ditirambo y elegía para A.E.B.," HumaM, *V*, núm. 43, 1957. Sánchez, Luis Alberto, "El último libro de A.E.B." [sobre *Giraluna*], A, *CXXI*, núm. 359, 1955. Subero, Efraín, "La poesía popular de A.E.B.," CUn, núm. 87, 1965. Villa, Ermilo, "Ornitología simbólica en *Poda*, de A.E.B.," CUn, núm. 61–62, 1957.

A Florinda en invierno

Al hombre mozo que te habló de amores
dijiste ayer, Florinda, que volviera,
porque en las manos te sobraban flores
para reírte de la Primavera.

Llegó el Otoño: cama y cobertores
te dió en su deshojar la enredadera
y vino el hombre que te habló de amores
y nuevamente le dijiste: — Espera.

Y ahora esperas tú, visión remota,
campiña gris, empalizada rota,
ya sin color el póstumo retoño

que te dejó la enredadera trunca,
porque cuando el amor viene en Otoño,
si le dejamos ir no vuelve nunca.

(De *Poda: saldo de poemas*, 1923–1928,
segunda edición, 1942)

Letanías de las mujeres feas (*fragmentos*)

A la memoria amada y cursi de Cayetana

I

Me he detenido muchas veces ante
lo sagrado del tema;
en mi interior, callado y vigilante,
vive desde hace tiempo este poema.

Pero hoy es día de San Cayetano
y tú, pobre muerta, te estás en la fosa

sin que haya una mano
que ponga en tu cruz una rosa.

Yo te doy las mías,
rosas deshojadas de mis letanías,
porque fuiste el caso de la rosa trunca
y ahora estás sola, mirando hacia el techo,
sin carne en las manos, sin alma en el pecho
y acaso más fea que nunca.

II

Tres "aves"[1] a la Virgen Dolorosa:
Madre de Dios, tú fuiste hermosa
y tuviste un hijo que fue Vida y Luz
y ellas están bajo la fosa,
como tu hijo, con la Cruz.

III

Féretro y cuna del placer,
donde el placer vegeta sin florecer;
miel en copa de barro, mujer fea, escultura
carcomida, tú tienes en mí tu casa y los
arroyos en que salta mi ternura
besan tus pies, pobre caricatura,
mujer que sintetizas un fracaso de Dios.

¡Cuánto te quiero! ¡Cómo te he seguido
cuando vas por la calle! tu paso sin ruido,
como con pena de estorbar el paso;
y el hombre que te empuja sin decirte un
[cumpildo
y el hombre a quien tu labio ha sonreído
y el hombre pasa, sin hacerte caso.

Siempre te encuentro, siempre fugitiva,
con rapidez huraña, con lentitud esquiva;
en tus ojos hay una mirada que se posa
en la turba con algo de pregunta y a veces
inquieres asombrada y me pareces
una chica angustiada que ha perdido una cosa.

Mujer fea, ¿qué pena comparable a la tuya?
porque lo más amargo de tu fealdad
es que no habrá en el mundo quien la adorne
[o destruya;
tú eres un guiño de la Eternidad.

De las tres hilanderas,[2] la más sucia
[hilandera,
con sus dedos deformes amasó tu figura
y la otra tejió tu cabellera
y la otra cortó tu vestidura;
y el cancerbero[3] te arrojó un ladrido
y un diablo ujier te levantó la enagua,
pero yo te esperaba y has venido
y hacia ti van mis manos con el pan y el agua!

VIII

Hija fea, muchacha que suspira,
poniendo en los suspiros una hebra de aliento;
niña flaca y sin senos, y un padre que la mira
con cierta pesadumbre de escultor sin talento.

IX

Muchacha de anteojos,
¡si tú supieras cómo me hacen mal
en las ventanas de tus ojos
esas persianas de cristal!

XI

Las beatas: ¡qué oscura la senda!
Las enfermeras para la venda!
Todas van al Amor por la Amargura;
pero qué frío cae sobre su yermo,
cuando ve la beata que le cambian de cura
y la enfermera siente que se cura el enfermo!

XIV

¡Qué bien se siente, cómo va dichosa
la mujer fea que se cree hermosa!
qué gracia en su mirada, que como juez
[consciente
por las otras mujeres se pasea!
¡cómo se admira, qué feliz se siente!
no la digáis que es fea! . . .

XX

Schopenhauer[4] tira el veneno
de su dialéctica mortal,
Nuestro Señor está sereno
y hace un mohín de gracia pleno
para la fea intelectual.

Blavatsky[5] corta el indio heno
por el paisaje nazareno,
para un convite sideral;
Lady Pankhurst[6] se amputa un seno
y ofrece en él un vino bueno
para la fea intelectual.

---

[1]*aves:* referencia al "Ave María," la oración a la Virgen.
[2]*hilanderas:* referencia a las Parcas, que en la mitología eran tres deidades de los Infiernos, dueñas de la vida de los hombres, cuya trama hilaban. Se llamaban Cloto, Láquesis y Átropos.
[3]*cancerbero:* o Cerbero, perro de tres cabezas, guardián de los Infiernos. Orfeo lo durmió con los sonidos de su lira, cuando bajó a buscar a su amada Eurídice.

[4]*Schopenhauer:* el filósofo alemán (1788-1860), autor de conocidas teorías sobre la voluntad y el escepticismo.
[5]*Blavatsky:* Helena Petrovna Blavatsky (1831-1891), escritora rusa, fundadora de la Teosofía.
[6]*Lady Pankhurst:* Emmeline Pankhurst (1858-1928), famosa oradora y sufragista inglesa que en 1918 consiguió que se votara la ley sobre el sufragio femenino en el Reino Unido.

XXI

Señor: ¿con qué regalos, en el supremo día,
completarás en la balanza
la obra en que tu Obra desvaría,
pues ofreció el Intérprete que tu bondad la
                                        [haría
a tu imagen y semejanza?

¡Qué equivalencia de divinidades
no tendrás que ofrecer a esas mujeres
que son como el reflejo de tus deformidades,
¡pues Dios en las hermosas, en las feas lo eres!

Yo supongo que tiene
tu misión tutelar algún proyecto
para dar a la esencia que de la tuya viene,
la rehabilitación de lo perfecto.

Pero ellas son tu obra de poeta;
son la hoja de otoño donde cayó tu gota;
tú eres más Dios en la fea discreta
que en la hermosa idiota.
Yo las seguí hasta el fin de su camino,
y al encontrar su alma, siempre nueva,
virgen, porque a tomarla nadie vino,
sentí el asombro de Aladino[7]
cuando encontró una lámpara en la cueva.

¡Sí, tú vives en Ellas como el oro en el
                                        [cuarzo!
Yo sé que tú les tienes un lugar a tu diestra;
son retoños precoces, son tus flores de Marzo
que abrirán para el Hijo de tu mano maestra...

XXII

Tres veces gloriosa Virgen Dolorosa,
por tus tres jornadas te ofrezco mi verso.
Madre de Dios, tú fuiste hermosa,
antes del parto sembraste la rosa
y después del parto llenó el Universo
tu perfume de carne milagrosa.

Virgen Dolorosa: por tus tres jornadas
te ofrezco la gracia de las retrasadas;
¡bienaventurado el hambriento
que en tu gran convite fue de gracias harto!
A ti va, Señora, mi voz sin lamento,
por las destinadas al alumbramiento,
que nunca llegaron al parto.

Madrid, 1924

(De *Poda: saldo de poemas*, 1923–1928,
quinta edición, 1956)

La renuncia

He renunciado a ti. No era posible.
Fueron vapores de la fantasía;
son ficciones que a veces dan a lo inaccesible
una proximidad de lejanía.

Yo me quedé mirando como el río se iba
poniendo encinta de la estrella . . .
hundí mis manos locas hacia ella
y supe que la estrella estaba arriba . . .

He renunciado a ti, serenamente,
como renuncia a Dios el delincuente;
he renunciado a ti como el mendigo
que no se deja ver del viejo amigo;

como el que ve partir grandes navíos
con rumbo hacia imposibles continentes;
como el perro que apaga sus amorosos bríos
cuando hay un perro grande que le enseña
                                        [los dientes;

como el marino que renuncia al puerto
y el buque errante que renuncia al faro
y como el ciego junto al libro abierto
y el niño pobre ante el juguete caro.

He renunciado a ti, como renuncia
el loco a la palabra que su boca pronuncia;
como esos granujillas otoñales,
con los ojos estáticos y las manos vacías,
que empañan su renuncia, soplando los
                                        [cristales
en los escaparates de las confiterías . . .

He renunciado a ti, y a cada instante
renunciamos un poco de lo que antes quisimos
y al final, cuántas veces el anhelo menguante
pide un pedazo de lo que antes fuimos!

[7]*Aladino:* véase Ibarbourou, p. 223, nota 2.

Yo voy hacia mi propio nivel. Ya estoy
[tranquilo.
Cuando renuncie a todo, seré mi propio
[dueño;

desbaratando encajes regresaré hasta el hilo.
La renuncia es el viaje de regreso del sueño.

(De *Poda: saldo de poemas*, 1923–1928,
quinta edicion, 1956)

Informalidad

Yo no tengo noción del tiempo.
Mi corazón es un reloj
que de meditar las horas
se atrasó.

Cada minuto lo cavila,
cada segundo lo contempla
y con esa noción del tiempo
a ninguna parte se llega.

Yo siempre llego a todas partes
una hora después
o una hora antes,
porque mi corazón, por momentos,
se detiene, para escucharse.

Yo no tengo noción del tiempo,
por eso pienso muchas veces
que cuando muera, moriré
después del día de mi muerte . . .

1924

(De *Poda: saldo de poemas*, 1923–1928,
quinta edición, 1956)

Mar Caribe

Como para decirlo de rodillas:
¡qué bien está que en nuestro mar me quieras!
¡qué bueno fue nacer en sus riberas!
¡qué bien sabrá morir en sus orillas!

¡Qué llano azul para sembrarle quillas,
qué historia de vigilias costaneras,
qué mar de ayer, para inventar banderas
coloradas, azules y amarillas!

¡Qué bien está decir que el mar es tuyo,
que el mar es mío y que en el mar te arrullo
con arrullo de mar de nuestra infancia!

Si hasta llorar con él tiene su encanto;
la barca es suya, de su sal el llanto,
suyo el adiós y suya la distancia.

(De *Giraluna*, 1955)

La cita

Pinar arriba,
pinar abajo,
la nube, el pinar, el viento,
la tarde y yo te esperamos.

¡Cómo tardas!
tú siempre ofreces tempranos
y siempre pagas con tardes.
Me van a crecer los pinos
esperándote.

La próxima vez,
ya sé a qué atenerme:
te voy a hacer esperar
una hora, sola, sola,
para que sepas entonces
cuántos pinos tiene una hora.

Ya se fastidió la nube;
se está lloviendo por dentro.
Eres mala;
a una nube de agua dulce
volverla de agua salada.

La próxima vez,
esperaré a que llueva a chorros;
ya te contará la nube
cómo esperamos nosotros
y nunca sabrás si el agua que te pasó por los
                                    [labios
te la lloraron las nubes
o te la llovieron los ojos.

Ya se va el viento, diciendo
malas palabras de monte;
ya verás, cuando tú esperes, esperando y
                                    [solitaria,
te dirá el viento unas cosas que te pondrán
                                    [colorada.

Ahora se va la tarde;
se le está poniendo oscura la pena del
                                    [horizonte;
ya verás, cuando estés sola,
y en un adiós de la tarde te quedes sola en la
                                    [noche.

Se va el pinar; se está yendo
revuelto el verde hasta un negro
que se hace nube y se encoge
y se agavilla y se expande,
verde, negro, verde, gris,
y no se va pino a pino,
sino que se hace una cosa
de pinos que va a dormir.

Y yo ¿qué estoy esperando?
Ya me voy, solo. Eres mala;
a una tarde, hacerla noche,
a un pinar, hacerlo nube,
a una nube de agua dulce
hacerla de agua salada.

Ya me voy. ¡Pero aquí estás!
¡La tarde está regresando!
¡mira el viento! ¡se ve el viento!
¡la nube está echando lirios!
mira el pinar, cómo viene,
pino a pino, pino a pino ...

(De *Giraluna*, 1955)

Dulce María Loynaz

CUBA, 1903 Lo que primero llama la atención en Dulce María Loynaz es el tono desacostumbrado y diferente. No se parece a ninguna de sus compañeras de época. No es apasionada, vehemente, confesional a la manera de Juana de Ibarbourou, por ejemplo. Nacida en isla tropical, Dulce María Loynaz es sin embargo de temperamento suave, gris, casi diríamos evasivo. Publicó tarde sus versos, aunque ya años antes de 1938 su figura y su obra habían trascendido el velo misterioso tras el que parecían querer ocultarse. Juan Ramón Jiménez, en su estancia en Cuba, la vio así y así nos la ha dejado en palabra impresa: "arcaica y nueva, tierna, ingrávida, rica de abandono, sentimiento y mística ironía . . ." Cuando por fin dio a la estampa sus *Versos (1920-1938)*—y adviértase el modo humilde y universal de titular un libro—y cuando años después aparecieron sus *Juegos de agua*, pudimos dar-nos cuenta, ya con su temblorosa poesía entre las manos, de lo que había de puro, de permanente en aquella obra que había sido escrita sin preocupaciones de forma, que surgía clara y temblorosa como el agua. Y es el agua, precisamente, uno de los temas que se dan con mayor insistencia en Dulce María Loynaz. Agua de lluvia, de surtidor, de estanque ("Yo no quisiera ser más que un estanque verdinegro, tranquilo, limpio y hondo," dijo en uno de sus más hermosos poemas). La poesía de Dulce María Loynaz, que casi siempre corre flúida en líneas asonantadas de variada extensión, se reduce a veces en el molde preciso de una cuarteta—también asonantada—en las que nos ha dejado algunas de sus ideas esenciales. "Me quedé fuera del tiempo." Y tal vez sea así esta poesía: algo fuera del tiempo, o que lo roza sin tomar de él más que la palabra necesaria.

Temas generales

1. Originalidad de D.M.L. en la poesía femenina hispanoamericana.
2. El motivo del agua en la obra de D.M.L.
3. Silencio y ensueño: su correspondencia con las formas empleadas por D.M.L. en sus versos.
4. D.M.L. dentro del cuadro de la poesía cubana del presente siglo.
5. Los elementos naturales (agua, tierra, piedras, montañas, ríos) en la poesía de D.M.L.

Bibliografía

Obra poética

Versos, La Habana, 1938. *Juegos de agua. Versos del agua y del mar*, Madrid, 1947. *Obra lírica.* (*Versos, Juegos de agua, Poémas sin nombre*), 1955. *Poemas sin nombre*, 1963.

Estudios

ARTÍCULOS: Alonso, María Rosa, "Una poetisa cubana: D.M.L." CuL, *II*, 1947. Boza Masvidal, Aurelio, "D.M.L.; poetisa de ensueño y silencio," UDLH, *XIV*, núm. 82–87, 1949.

Bueno, Salvador, "Notas sobre la prosa poética de D.M.L.," BCCU, *III*, núm. 1, 1954. Carbonell, Miguel Angel, "Esquema de D.M.L.," AANALH, *XXXIV*, 1951. Chacón y Calvo, José María, "La poesía de D.M.L.," InC, *II*, núm. 8, 1948. Diego, Gerardo, "D.M.L.," Mac, 25 julio 1948.

Iraizoz, Antonio, "Dulce María de Cuba," AANALH, *XXXIV*, 1951. Jiménez, Juan Ramón, "D.M.L.," en *Españoles de tres mundos*, Buenos Aires, 1958. Marquina, Rafael, "D.M.L.," Lyceum, *III*, num. 11–12, 1938.

Eternidad

No quiero, si es posible, que mi beneficio desaparezca, sino que viva y dure toda la vida de mi amigo.

—Seneca

En mi jardín hay rosas:
Yo no te quiero dar
las rosas que mañana . . .
mañana no tendrás.

En mi jardín hay pájaros
con cantos de cristal:
No te los doy, que tienen
alas para volar . . .

En mi jardín abejas
labran fino panal.
¡Dulzura de un minuto
no te la quiero dar!

Para ti lo infinito
o nada; lo inmortal
o esta muda tristeza
que no comprenderás . . .

La tristeza sin nombre
de no tener qué dar
a quien lleva en la frente
algo de eternidad . . .

Deja, deja el jardín . . .
no toques el rosal:
Las cosas que se mueren
no se deben tocar.

(De "Versos" [1920–1938]
en *Obra lírica*, 1955)

Tiempo

1

El beso que no te di
se me ha vuelto estrella dentro . . .
¡Quién lo pudiera tornar
—y en tu boca . . .—otra vez beso!

2

Quién pudiera como el río
ser fugitivo y eterno:
Partir, llegar, pasar siempre
y ser siempre el río fresco.

3

Es tarde para la rosa:
Es pronto para el invierno.
Mi hora no está en el reloj . . .
¡Me quedé fuera del tiempo! . . .

4

Tarde, pronto, ayer perdido . . .
mañana inlogrado, incierto
hoy . . . ¡Medidas que no pueden
fijar, sujetar un beso! . . .

5

Un kilómetro de luz,
un gramo de pensamiento . . .
(De noche el reloj que late
en el corazón del tiempo . . .)

6

Voy a medirme el amor
con una cinta de acero.
Una punta en la montaña:
La otra . . . ¡Clávala en el viento!

(De "Versos" [1920–1938] en *Obra lírica*, 1955)

Los estanques

Yo no quisiera ser más que un estanque
verdinegro, tranquilo, limpio y hondo;
uno de esos estanques
que en un rincón obscuro
de silencioso parque,
se duermen a la sombra tibia y buena
de los árboles.
¡Ver mis aguas azules en la aurora,
y luego ensangrentarse
en la monstruosa herida del ocaso! . . .
Y para siempre estarme
impasible, serena, recogida,
para ver en mis aguas reflejarse
el cielo, el sol, la luna, las estrellas,
la luz, la sombra, el vuelo de las aves . . .
Yo no quisiera ser más que un estanque.

(De *Juegos de agua*, 1947)

Arpa

¿Quién toca el arpa de la lluvia?
Mi corazón mojado se detiene a escuchar
la música del agua.
El corazón se ha puesto
a escuchar sobre el cáliz de una rosa.
¿Qué dedos pasan por las cuerdas
trémulas de la lluvia?
¿Qué mano de fantasma arranca
gotas de música en el aire?

El corazón, suspenso, escucha:
La rosa lentamente se dobla bajo el agua . . .

(De *Juegos de agua,* 1947)

.—III.—.

VANGUARDISMO

Indicados quedaron en el lugar correspondiente los principios estéticos de la vanguardia (anti-racionalismo y anti-realismo) así como sus características temáticas y formales más ostensibles. Es oportuno precisar ahora los límites que a este período se le conceden en nuestra antología y las razones tenidas en cuenta para la selección de los poetas en él incluidos.

Se ha hecho un lugar común colocar dentro del vanguardismo a todo lo escrito entre las dos grandes guerras de este siglo, y considerar como poetas vanguardistas a los que en ese lapso publicaron en revistas o libros. No se determina antes, y por quienes deben hacerlo (críticos, historiadores de la literatura, profesores), si en rigor esa poesía y esos poetas cumplen naturalmente, no por modo forzado, todos, una mayoría o siquiera una mínima parte de los postulados teóricos de novedad a ultranza que, a través de tantos programas y manifiestos, pusieron en vigencia efímera las distintas escuelas de vanguardia de aquellos años. La misma palabra calificadora permite ese ambiguo alcance; pues todo arte, que cuando está vivo es siempre un proceso de renovación constante, deviene una continua toma de nuevas posiciones, un perpetuo movimiento de vanguardias. Así vemos, por ejemplo, cómo hoy se le llama vanguardista al teatro de Ionesco, de Beckett, y en la misma América, a cualquier experimentador de formas o técnicas nuevas. Pero en la historia de la cultura las denominaciones de épocas y períodos, a despecho de su raigal insuficiencia o impropiedad, acaban por alcanzar un específico sentido, y en esa dirección nos ayudan un poco a entendernos. Si en poesía se llamó vanguardistas allá por 1920 (y es

una imagen que se mantiene todavía en pie), a aquellos poetas que exaltaban el absoluto poder creador del artista y tendían a producir en masa imágenes y metáforas originales; que no respetaban ni las formas estróficas tradicionales, ni la lógica secuencia del discurso, ni las mayúsculas, ni la puntuación; que evitaban la fluencia expresiva de los puros estados del sentimiento; que aspiraban por encima de todo a sorprender mediante las asociaciones verbales más inusitadas, ¿por qué seguir llamando vanguardistas a esos mismos poetas cuando ya, y ciertamente muy poco despúes, dejaron de hacer todo eso y se preocuparon por estructurar seriamente sus intuiciones y, lo que es más importante, a mirar con hondura la realidad, interior y exterior, y a devolverla en poemas donde al negación y la iconoclasia no eran en verdad el objetivo principal? ¿Y por qué, con menos razón aún, seguir llamando vanguardistas a quienes aparecieron inmediatamente tras de aquéllos, aunque unos y otros utilizasen con todo derecho las ganancias legítimas—no la ganga transitoria—de ese movimiento renovador? Devolver al término vanguardismo sus exactos límites, equivalentes en líneas generales a los que en poesía española tiene la voz *ultraísmo* (y a nadie se le ocurriría considerar a Jorge Guillén o a Luis Cernuda como poetas ultraístas sólo porque iniciaron su obra en la entreguerras), es una de las finalidades del apartado que aquí se abre bajo tal denominación, y ya con esto indicamos las bases tomadas en cuenta para elegir a los poetas agrupados en ella.

Poesía vanguardista en sentido estricto—que es el que debe quedar—la escribieron por entonces multitud de poetas menores, hoy olvidados. Y también grandes poetas, de obra y nombre conocidos mayormente por lo que hicieron después. De unos y otros recogemos textos. Esos textos se traen a esta antología sólo para ilustrar *una época, un momento*—de breve duración mas de gran interés e importancia en la historia estética contemporánea— pero sin aspirar con ellos a redondear la silueta definitiva del poeta a que pertenecen, como se ha hecho en los otros apartados (modernismo, posmodernismo y posvanguardismo). Por eso las selecciones no van aquí precedidas de notas críticas ni bibliografías especiales. El criterio está ya más que justificado: grandes y totales poetas vanguardistas, por el conjunto de su obra, no los hubo; y esta sección intenta más bien ser el testimonio documental de un estado poético de tiempo, poniendo al lector en contacto directo con los temas y las formas expresivas más características y repetidas de aquellos años. Será, por ello, como un paréntesis de rebeldía y de aventura en la historia de ese serio quehacer poético de nuestra América. Por este mismo motivo se dan poemas "vanguardistas" (es decir, poemas de juventud) de figuras que reaparecerán más tarde en el posvanguardismo, que es el que estimamos su justo lugar. Así, César Vallejo, Jorge Luis Borges, Leopoldo Marechal, etc. Y poemas de otros nombres hoy menos recordados. Entre todos ellos podrá reconstruirse el aire espiritual de la época, y las dos vertientes en que, por debajo del descoyuntamiento de la forma, se canalizó aquel movimiento: el alejamiento de la realidad y la crítica social, ya que no debe olvidarse que el vanguardismo adviene históricamente en los mismos tiempos en que se concretaban nuevas y radicales ideologías nacidas de un inconformismo con las estructuras político-sociales existentes.

Un solo poeta se incluye aquí íntegramente, con todos los derechos: Vicente Huidobro. Gran poeta, a pesar de la inconsistencia de su obra con respecto a sus puntos doctrinales y del énfasis soberbio con que defendió—o tuvo que defender—su prioridad y antelación en la historia de la nueva poesía, es por ello mismo el más completo ejemplo en lengua española de las limitaciones y las grandezas de la estética vanguardista. Esa misma importancia de la obra de Huidobro nos ha aconsejado no respetar aquí el orden cronológico de nacimiento y colocarlo al final de esta sección.

Muchos de los poemas que aquí recogemos no proceden de libros (el vanguardismo, ya se dijo, fue un movimiento de pocos libros) sino de revistas y antologías. De aquí la imposibilidad de indicar la procedencia de todos los textos.

Otra cuestión problemática aquí es la de la tipografía. En general, a lo largo de esta antología (y aun modificando la versión primera de los propios poetas) se han presentado los textos con letra inicial minúscula en cada verso, salvo en los casos obligados de mayúsculas (comienzos de estrofa, después de un punto o cuando el verso empieza por nombre propio). Sin embargo, en el vanguardismo la tipografía—arbitraria en ocasiones—era un recurso especial del poeta; y en muchas circunstancias la mayúscula inicial del verso es una ayuda para la comprensión general del pensamiento, teniendo en cuenta que con frecuencia se desatendían de la puntuación. Por todo ello hemos decidido en esta ocasión respetar la forma tipográfica original de los poetas.

⁓SELECCIONES VANGUARDISTAS⁓

RICARDO GÜIRALDES (ARGENTINA, 1886–1927)

Mi caballo

Es un flete[1] criollo violento y amontonado.
Vive para el llano.
Sus vasos son ebrios de verde y la tarde, en crepúsculo orificado, se enamoró
[de sus ojos.
Comió pampa, en gramilla y trébol, y su hocico resopla vastos golpes, en sed
[de horizonte.
La línea, la eterna línea, allá, en que se acuesta el cielo.
Contra el amanecer, cuando la noche olvida sus estrellas golpeóse el pecho
[de oro, y en la tarde, enancó chapas de luz.
Iluso, la tierra rodó al empuje de sus cascos; fue ritmador del mundo.
¿Realidad? ¡Qué importa si vivió de inalcanzable!...

(De *El cencerro de cristal*, 1915)

Ladrido

Luna redonda, blanca y lejana.
Paz sobre el mundo y con nosotros.
Pregusto de muerte.
Calma.
La brisa disgrega el pecho en rezos.
El color está de luto.
Un camino, lívido, se va.
Las sombras se achatan, esquivas.
Un sapo hace gárgaras de erres.
La rana mastica palillos sonoros.
Venus guiña a la tierra su ojo punzante.
Los grillos cantan glorias de vidrio.
El viento, en las ramas, chista para profundizar el silencio.
Las palmas digitan, sobre el invisible palor del aire.
El cabello, espinoso, de un Fénix,[2] se espanta de noche.
Las hojas metálicas del eucaliptus, enganchan lacrimales pedazos de luna.
El silencio se duerme.
Pregusto de muerte.

(De *El cencerro de cristal*, 1915)

[1]*flete:* en Argentina, caballo ligero.   [2]*Fénix:* especie de palmera.

CÉSAR VALLEJO   XXXII

999 calorías.
Rumbb . . . . Trrraprrrr.rrach, ... chaz
Serpentínica[1] u del biscochero
engirafada[2] al tímpano.
Quién como los hielos. Pero no.
Quién como lo que va ni más ni menos.
Quién como el justo medio.
1,000 calorías.
Azulea y ríe su gran cachaza
el firmamento gringo.[3] Baja
el sol empavesado y le alborota los cascos
al más frío.

Remeda al cuco: Rooooooooeeeis . . . .
tierno autocarril, móvil de sed,
que corre hasta la playa.
Aire, aire! Hielo!
Si al menos el calor (——— Mejor
     no digo nada.
Y hasta la misma pluma
con que escribo esto último se troncha.
Treinta y tres trillones trescientos treinta
y tres calorías.

                 (De *Trilce*, 1922)

MANUEL NAVARRO-LUNA (Cuba, 1894—1967)
El regreso

El tren les da las buenas noches
a los postes del teléfono
que salen
a mi encuentro
con los brazos
abiertos
         Ya estoy en la estación y mi ciudad
           que acaba de darse un baño
           en la ducha del aguacero

con su cabellera
de hilos eléctricos
mojada todavía
me estrecha fuertemente contra su pecho
y me acaricia
con los dedos
de sus calles
Después
     entre un grupo de árboles que me acompañan
     agitando en el aire sus sombreros
     camino lentamente hacia la casa
     que con el rostro embadurnado de polvo y colorete
     estaba esperando mi regreso
Allí me abrazan todos
         Primero
         que nadie
            mi
            perro

                 (De *Surco*, 1928)

---

[1] *serpentínica*: de serpentina, larga tira de papel arrollado.
[2] *engirafada*: como subida a lo más alto del cuello de una girafa.

[3] *gringo*: extranjer, en forma despectiva. También, lengua ininteligible.

ALBERTO HIDALGO (Perú, 1897)

Arenga simplista a los ascensores

Todos los ascensores saben que están en la
[cárcel.

Espinas dorsales de los edificios.

Ebulliciones de la electricidad.
Yo también soy un ascensor.

A vosotros no os deja subir más el techo.
A mí me impide subir más el cielo.

¡Ascensores, a las armas!
Dad cabezazos en los techos hasta abrirles
[boquetes,
y subid, subid, subid.

Yo subiré a mi vez,
aunque me rompa el pensamiento contra el
[cielo
y se me salgan las ideas.

¡Al menos habrá así
unos cuantos millones más de estrellas!

Sensación de velocidad

60 HP.
blanca y recta la cinta del camino.
me siento
AGRIMENSOR DEL HORIZONTE.

marcha.
125 kilómetros por hora.

se enrolla poco a poco
la cinta del camino
en el carrete hambriento
que es el "rolls royce."

al fin, una muralla
donde termina la carretera.

me queda el gesto
de quien ha MENSURADO EL INFINITO.
y guardo el auto
en el garage,
bolsillo de los automóviles.

RICARDO MOLINARI   *Museo*

Mi soledad
hoy se comparte con los cuatro
trozos de una manzana
de Cézanne.[1]

Museos,
los años son pamplinas de papel;
aquella mujer me sigue mirando
y aquel Cristo de Velázquez,[2]

me pide que lo descuelgue
para ir a una feria
vestido de ciudadano.

José de Togores,[3]
tus mujeres de pecho húmedo
me traen un resfrío
marítimo . . .

[1]*Cézanne:* Paul Cézanne (1839–1906), el pintor impresionista francés, autor de famosas naturalezas muertas.
[2]*Cristo de Velázquez:* el conocido cuadro del pintor español Diego Rodríguez de Silva·y Velázquez (1599–1660).
[3]*José de Togores:* pintor y retratista español (n. en 1893).

Don Joaquín Sorolla[4]
se ha puesto a llorar,
porque una ballena
le ha pescado un niño.

Señores:

que "Santa Lucía nos libre
del mal de la gota serena . . ."[5]

JORGE LUIS BORGES   *Distancia*

Yo he quemado en mi lámpara el sándalo
de su haz de palabras
                    Otra mañana tiembla
        en sus manos
Tendidos de rodillas los violines
rezan sus incensarios
Jadeantes lejanías

se disputan
        el aduar[6] de un ocaso
La caravana lanza un ebrio lazo
                    horizonte de hierro
que derriba de bruces las ciudades
y eu el prado relinchan los luceros.

1921

Singladura[7]

He pulsado el violín de un horizonte
        brocal del mundo donde el Sol se macera[8]
El viento esculpe oleaje
la neblina sosiega los ponientes
La noche rueda como un pájaro herido
En mis manos

el mar
        viene a apagarse
el mar catedralicio
que iba empotrando aguja y vitrales
La media luna se ha enroscado a un mástil.

1921

ALFREDO MARIO FERREIRO (URUGUAY, 1899)

Los amores monstruosos

El autobús desea con todo su árbol y todo su diferencial, a la linda voiturette[1] de armoniosas líneas.

Poco a poco logra acercarse a su lado para arrollarla con la moderación del motor poderoso.

La voiturette, espantada por aquel estruendo, pega un legítimo salto de hembra elástica y huye.

De lejos, le hace adiós con el pañuelito azul del escapo.[2]

El autobús la persigue de inmediato. En su atontamiento de paquidermo rijoso[3] apenas salta los obstáculos del nervioso y minúsculo tránsito callejero.

Persecución grotesca. Lo monstruoso detrás de lo alado.

[4]*Joaquín Sorolla:* (1862–1923), pintor español que se distinguió por sus escenas marítimas.
[5]*gota serena:* amaurosis, ceguera ocasionada por lesión de la retina. Santa Lucía es, entre los católicos, la protectora contra las enfermedades de la vista.
[6]*aduar:* en Argentina, ranchería de indios.
[7]*singladura:* distancia recorrida por una nave en 24 horas.
[8]*macera:* de macerar, ablandar una cosa.
[1]*voiturette:* en francés, automóvil pequeño y ligero.
[2]*escapo:* o escape, la salida al exterior de los productos de combustión o explosión en un automóvil.
[3]*rijoso:* inquieto o alborotado a la vista de la hembra (caballo rijoso). Sensual y lujurioso.

El autobús se devora a la linda voiturette con los ojos de todas sus ventanillas temblorosas.

La voiturette se despereza con los brazos alargados de la velocidad.

De repente se detiene junto al cordón de la vereda.[4] Hembra, al fin y al cabo, se ha emocionado con la persecución empeñosa del autobús.

El autobús la ve detenida. Se le allega todo sudoroso; cayéndole la baba hirviente por el tapón del radiador; todos los vidrios conmovidos; los guardabarros temblorosos; los ojos de los faroles desorbitados.

Va a detenerse. Pero—exigencias del trabajo—el embrague[5] lo hace seguir de largo. La norma: El autobús es para trabajar y no para enamorar voiturettes por las calles.

Entonces el pobre monstruo padece angustia rabiosa. Una rabia que se condensa en dos miradas de odio rojo que larga por los faroles posteriores.

(De *El hombre que se comió un autobús*, 1926)

FRANCISCO LUIS BERNÁRDEZ   *Ocaso*

El silencio se abrió como una llaga.
Crecen como recuerdos las estrellas.
Juega con un cantar la fuente huérfana

y, en la yacente paz del horizonte,
solloza el campo viudo sus luciérnagas.

(De *Alcándara*, 1925)

Rumbo S.W.

Sudoroso de humo
y con los pies heridos de noctílucas,[1]
hacia el sepulcro occidental del sol
el barco peregrina.
Los mástiles suspiran como preces,
hacia arriba,

y está, como una fe, en el corazón
de la cofa, el vigía.
Sobre la proa,
yo soy una esperanza en alma viva.

(De *Alcándara*, 1925)

GERMÁN LIST ARZUBIDE (México, 1900)

Gran concurso

Junte los trozos de humo de su cigarro
y le daremos un premio
la noche se ha caído de mis manos.
                    Si la vida hablara!!!

Se gratificará sin averiguación
a quien devuelva
una lista de nombres extraviada
entre Chapultepec[2] y el cine UFA.[3]

---

[4]*vereda*: en algunos países de la América del Sur, acera de las calles.
[5]*embrague*: mecanismo que sirve para unir de modo progresivo el árbol del motor con los órganos que trasmiten el movimiento a las ruedas.
[1]*noctílucas*: género de infusorios marinos que hacen el mar fosforescente.
[2]*Chapultepec*: montaña, bosque y castillo en la ciudad de México.
[3]*cine UFA*: la UFA era una conocida compañía alemana productora de películas. Aquí probablemente el nombre de un cine.

¿En 1950 las mujeres llevarán anclas?
Hay que tirarse de 40 pisos
para reflexionar en el camino.

En esta hora de calcomanía
desilvanada
las manos de la risa
están sembrando alas.

Ciudad número 1

Ciudades que inaugura mi paso
mientras los ojos de ella
        secuestran·el paisaje

El grito de las torres
en zancadas de radio

        Los hilos del telégrafo
        van colando la noche
y en las últimas cartas regresó la distancia

y con la boca abierta
el crepúsculo espera
que se resbale la primera estrella

Las aceras   El balcón
se enredan   de su adiós
a mi planta   se entrega entero en una
                            conversión

En las esquinas
        las muchachas inéditas
han encendido los voltaicos
y el paisaje metido en los eléctricos
va diciendo los nombres retrasados

Un vals en el exilio
remendado de notas de colegio
                            Y

cruzado de brazos

                    EL HOTEL
lacrado con el grito de todos los países
        y un pobre tiempo viejo

Esta ciudad es mía
y mañana
la arrojaré a puñados
al camino de hierro

(De *Esquina*, 1923)

MANUEL MAPLES ARCE (MÉXICO, 1900)
En la dolencia estática . . .

En la dolencia estática de este jardín mecánico
el olor de las horas huele a convalescencia,
y el pentágrama eléctrico de todos los tejados
se muere en el alero del último almanaque.

Extraviada en maneras musicales de enferma
inmoviliza un sueño su vertical blancura,
en tanto que un obscuro violín de quinto piso
se deshoja a lo largo de un poema de Schumann,[1]
y en todos los periódicos se ha suicidado un tísico)

—Hoy pasan los entierros, como un cuento de ojeras,
lo mismo que en otoño.
                    —Ese tema, no es tema
de primavera. Ya ves lo que dice el médico!

[1]*Schumann*: Robert Schumann (1810–1856), el compositor romántico alemán.

(En el jardín hay 5 centavos de silencio).

—Entonces, quiero un poco de sol azucarado.

—Ya vuelves con tu acústica.

                    —Pues mírame las manos.

Mis dedos caligráficos se han vuelto endecasílabos.

(Y meditando un lento compás de 3 por 4:)

—¡Oh tus cosas melódicas!

                    —¡Soy un frasco de música!

(Y en esta tarde lírica

          85-74, señorita . . .

la primavera pasa como en motocicleta,

y al oro moribundo, historiada[2] de cintas,

lo mismo que un refajo[3] se seca mi tristeza,

derramada en silencio sobre mi corazón).

Urbe

CANTO 3

La tarde, acribillada de ventanas
flota sobre los hilos del teléfono,
y entre los atravesaños[4]
inversos de la hora
se cuelgan los adioses de las máquinas.

          Su juventud maravillosa
          estalló una mañana
          entre mis dedos,
          y en el agua, vacía,
          de los espejos,
          naufragaron los rostros olvidados.

Oh la pobre ciudad sindicalista
andamiada
de hurras y de gritos.
          Los obreros,
          son rojos
          y amarillos.

Hay un florecimiento de pistolas
después del trampolín de los discursos,

y mientras los pulmones
del viento,
se supuran,[5]
perdida en los oscuros pasillos de la música
alguna novia blanca
se deshoja.

LEOPOLDO MARECHAL   *Frío*

Se ha helado el reloj de la torre
Las agujas dejan caer un granizo de minutos.

En el vaso volcado de las campanas
se emborrachó el silencio con un vino de
                                        [bronce.

---

[2]*historiada*: recargada de adornos o colores.
[3]*refajo*: saya o falda interior que usan las mujeres.
[4]*atravesaños*: o travesaños, piezas de madera o hierro

que atraviesan de una parte a otra.
[5]*supuran*: de supurar, formar o echar pus.

El viento sopla la llama
de los sauces deshilachados.

¡Frío que enrojece la nariz
de los santos de piedra!

Hay escalofríos
en el perfil humano de las cornisas;

los adoquines se apretujan
en rebaños friolentos,
y el callejón se emponcha[1] de soledad!

Ahora los árboles proletarios
dirigen una arenga subversiva a las cariátides[2]
que levantan a pulso las mansiones de piedra.

¡Algún día las cariátides
sacudirán los hombros!

El frío sale de las casas desalquiladas
y gotea en los canalones.

La ciudad erige las estalagmitas
de sus campanarios . . .

¡De pronto
se derrumba el ventisquero del alba!

ROSAMEL DEL VALLE (Chile, 1900–1966)

Mediodia

El sol ataja el viento
Andarivel[3] detenido en la mañana

El mar suelta sus aviones
en torno a la sombra de los navíos

Andén del mundo
Las estaciones ruedan
sobre la vía abierta de mis ojos

Ahora que la ciudad serpentina de luces
hace danzar su oso en el recuerdo

Pienso como estará mi alma
en su espejo de noche

El paisaje
juega con cartas de música
sobre las ventanas de las palabras que escribo

Como un petardo
salta desde el mar el mediodía.

Velódromo[4]

Rueda horizontal
árbol de estrellas
LA NOCHE

Me nacen las palabras como el sol o la lluvia
canto: EL MAR MECE EN TI SU VELÓDROMO DE
[AGUAS
Las hojas de la tarde hacen ruido en el viento

Del Este viaja tu recuerdo

Ruedas de nubes surcan tus costas
Un arquero lanza su mañana a la noche

Andan las zonas encendidas
en un canto de pájaros detrás del invierno

Desato los muros que dentro de mí se cimbran
juego con las estrellas
Y HACIA TI ENCIENDO LAS PALABRAS QUE NACEN

La noche tuerce sus navíos hacia el Este

[1]*emponcha:* se emboza en el poncho, capote largo que se usa sobre los hombros.
[2]*cariátides:* estatuas de mujer que se colocan en una construcción como elementos de sostén, en lugar de columnas o pilastras.
[3]*andarivel:* en América, el que anda mucho, de una parte a otra, sin detenerse en ninguna.
[4]*velódromo:* lugar destinado para carreras en bicicleta.

SERAFÍN DEL MAR (Perú, 1901)   *Ciudad*

Los tranvías, los autos, los ómnibus,
cavadores del silencio, marchan
escoltando las víctimas
que se quedaron en el camino.

Por la vía estridente
se alarga nuestra tristeza
con los ojos que se miran
en el espejo suicida del sol.

En la noche tropical
nuestros corazones arden
como bujías de muerte
que velan la angustia
de la Ciudad que se pudre
de LUJURIA.

Los hombres caminan ebrios
de dolor. CHICAGO.[1]
1⁰. DE MAYO,[2] y en los
ascensores del pueblo
grita la LIBERTAD.

La sangre del pensamiento
chorrea y se va por los surcos

del puerto, más allá . . .! Hasta
donde los cables abren las
puertas de la REVOLUCIÓN para
que pasen DIOS y LENÍN.[3]

MAGDA PORTAL (Perú, 1901)

Kilómetros superpuestos . . .

Kilómetros superpuestos cabalgando las dis-
                                    [tancias
todos los trenes partían sin llevarse mi
anhelo viajero—

        y al otro lado
me estaría esperando yo misma
con los brazos en las astas del tiempo—

Ciudades con los nervios de acero
aguardando los muelles de mis ojos
para embarcar emigrantes—que se
llevan el corazón en las manos
para que picoteen las gaviotas
de la ausencia—

Yo quiero las ciudades donde
el hambre de los HOMBRES
se ha trepado por los rascacielos
y se enreda a los radiogramas del espacio
        para llorar su esclavitud—

Ciudades congestionadas de epilepsia
donde nos damos con la muerte
a la vuelta de cualquier esquina—

        Yo quiero—
pero en vano—
en vano se alargan mis ojos
como grúas en la distancia profunda

que no cogen sino kilómetros—kilómetros—
        detrás de cuyas murallas
están las ciudades que sueño—

---

[1]*Chicago:* referencia al motín del Haymarket Square, de dicha ciudad, el 4 de mayo de 1886, a consecuencia del cual fueron sentenciados a muerte varios anarquistas.

[2]*1⁰ de mayo:* el "día del trabajo" que celebran los obreros.

[3]*Lenín:* Vladimir Ulianov, más conocido por Lenín, el jefe comunista ruso (1870–1924).

SALVADOR NOVO (México, 1903)   *El mar*

Post natal total inmersión
para la ahijada de Colón[1]
con un tobillo en Patagonia[2]
y un masajista en Nueva York
(Su apendicitis
abrió el Canal de Panamá).

Caballeriza para el mar continentófago[3]
doncellez del agua playera
frente a la luna llena.
Cangrejos y tortugas
para los ejemplares moralistas;
langostas para los gastrónomos.
Santa Elena de Poseidón[4]
y garage de las sirenas.

¡Hígado de bacalao
calamares en su tinta!
Ejemplo de la Biología
en que los peces grandes
no tienen más que bostezar
y dejar que los chicos vengan a sí.
(Al muy prepotente Guillermo el Segundo[5]
en la vieja guerra torpedo alemán).

¡Oh mar, cuando no había
este lamentable progreso
y eran entre tus dedos los asirios
viruta de carpintería
y la cólera griega
te hacía fustigar con alfileres!
En tu piel la llaga romana
termocauterizó Cartago.[6]
¡Cirujía de Arquímides![7]
Baños, baños
por la Física y a los romanos.

Europa, raptada de toros[8]
buscaba caminos.
Tierra insuficiente,
problema para Galileo,[9]
Newton,[10] los fisiócratas[11]
y los agraristas.[12]

¿No te estremeces al recuerdo
de las tres carabelas magas
que patinaron mudamente
la arena azul de tu desierto?

Nao[13] de China
cofre de sándalo
hoy los perfumes
son de Guerlain o de Coty[14]
y el té es Lipton's.
Mar, viejecito, ya no juegas
a los náufragos con Eolo[15]
desde que hay aire líquido
agua y aire gratis.

Las velas
hoy son banderas de colores
y los transatlánticos
planchan tu superficie
y separan a fuerza tus cabellos.

Los buzos
te ponen inyecciones intravenosas
y los submarinos
hurtan el privilegio de Jonás.[16]

Hasta el Sol
se ha vuelto capataz de tu trabajo
y todo el día derrite
tu vergüenza y tu agotamiento

---

[1]*ahijada de Colón:* el continente americano.

[2]*Patagonia:* la región austral de la Argentina.

[3]*continentófago:* que comen o devoran continentes.

[4]*Santa Elena de Poseidón:* referencia a la isla de Santa Elena, donde estuvo prisionero y murió Napoleón; y a Poseidón o Neptuno, el dios de los mares.

[5]*Guillermo el Segundo:* el emperador de Alemania (1859–1941) durante la primera Guerra Mundial.

[6]*Cartago:* la nación del norte de Africa que sustuvo las guerras llamadas púnicas contra Roma.

[7]*Arquímedes:* el famoso sabio de la antigüedad, nacido en Siracusa en 287 a. de J.C.

[8]*Europa, raptada de toros:* alusión al mito griego de que Europa fue raptada por Júpiter transformado en toro.

[9]*Galileo:* ilustre matemático, físico y astrónomo italiano (1564–1642).

[10]*Newton:* Isaac Newton (1642–1727), el matemático y físico inglés.

[11]*fisiócratas:* partidarios de la escuela económica que pretende que toda la riqueza se funda en los productos de la tierra.

[12]*agraristas:* el agrarianismo es el sistema socio-económico que preconiza el reparto de la tierra entre los cultivadores.

[13]*nao:* nave.

[14]*Guerlain, Coty:* conocidos nombres de perfumistas franceses.

[15]*Eolo:* el dios y rey de los vientos en la mitología griega.

[16]*Jonás:* el profeta bíblico que fue engullido por un pez, de cuyo vientre salió a los tres días (Jon. IV, 10 y 11).

Las gaviotas contrabandistas
son espías o son aeroplanos
y si el buque se hunde
—sin que tú intervengas—
todo el mundo se salva en andaderas

¡Oh mar, ya que no puedes
hacer un sindicato de océanos
ni usar la huelga general,
arma los batallones de tus peces espadas,
vierte veneno en el salmón

y que tus peces sierras
incomuniquen los cables
y regálale a Nueva York
un tiburón de Troya[17]
lleno de tus incógnitas venganzas!

Haz un diluvio universal
que sepulte el monte Ararat[18]
y que tus sardinas futuras
coman cerebros fósiles,
y corazones paleontológicos.

XAVIER VILLAURRUTIA   *Cézanne*

Deshace julio en vapor los cristales
de las ventanas del agua y del aire.

En el blanco azul tornasol del mantel
los frutos toman posturas eternas
para el ojo y para el pincel.

Junto a las naranjas de abiertos poros
las manzanas se pintan demasiado,
y a los duraznos, por su piel de quince años,

dan deseos de acariciarlos.
Los perones rodaron su mármol transparente
lejos de las peras pecosas
y de las nueces arrugadas.

¡Calor! Sin embargo, da pena
beberse la "naturaleza muerta"
que han dejado dentro del vaso.

(De *Reflejos*, 1926)

Pueblo

Aquel pueblo se quedó soltero,
conforme con su iglesia,
embozado en su silencio,
bajo la paja—oro, mediodía—
de su sombrero ancho,
sin nada más:
en las fichas del cementerio
los + son −.

Aquel pueblo cerró los ojos
para no ver la cinta del cielo
que se lleva el río,
y la carrera de los rieles
delante del tren.
El cielo y el agua,

la vía, la vía
—vidas paralelas—,
piensan, ¡ay!, encontrarse
en la ciudad.

Se le fue la gente
con todo y ganado.
Se le fue la luna novia,
¡la noche le dice
que allá en la ciudad
se ha casado!
Le dejaron vacías las casas
¡a él, que no sabe jugar
a los dados!

(De *Reflejos*, 1926)

---

[17]*tiburón, Troya:* alusión al caballo de Troya.
[18]*Monte Ararat:* el monte situado en Armenia, donde se supone se detuvo el Arca de Noé después del Diluvio Universal.

CLEMENTE SOTO VÉLEZ (PUERTO RICO, 1905)
Lo conocí . . .

Lo conocí
siendo
la libertad su encantadora amante,
lirio de sol de dalia enamorada,
doncella apalabrada[1] del doncel que la mira
derecho en sus pupilas hasta beber
su encanto,
espejo corporal de manos encendidas
como novia que cita
la flor de la mañana
a cantar en su cuerpo,
jirasol de palabra carnal como rumor
de rosas,
alba de pretendiente como noche que corre
detrás de su caballo,
renuevos de caridad nocturna
o moza que a sus labios no destierra
la muerte,
amada de los hombres que libertan
sus astros.

Lo conocí
cosiendo
con su nombre el traje de su amada,
midiendo
con su sombra las curvas de su espejo,
sacando de su frente

la cualidad del alma,
cuidando
el padecer el puerto encarcelado
donde ella ve
a su amante despertando
a la niebla,
bebiendo
cada hoja del rocío de su patria,
comiendo
cada sueño la carne de su tierra,
prendiendo
cada fruto su lámpara de pueblo.

Lo conocí
partiendo
su amada entre relámpagos de palabra inoída,
encielada en ropa de candela,
hacia la dirección en que su amante llama
no limita
el amor de su amado terrestre,
echando el amor por sus ojos: moradas
[deslumbrantes
como el fuego de pueblos encendidos
por la respiración de su aire inaudible,
echando el amor por sus ojos: resplandor
colectivo de almas libertadas: resplandor
de la amada a su amante acercándose.

(De *Caballo de palo*, 1959)

J. MORAGA BUSTAMANTE (CHILE) *Jazz-Band*

En los aviones de oro
del Jazz-Band
llega un París revolucionario.

Ravel, Dukas y Debussy[2]
cantan
en el Tea Room de la decadencia.

Es un París de atardecer
con sus boulevares encendidos
en un sol de otoño gris.

Todo lo dice el Jazz-Band.

Hay mujeres en la sala
que recuerdan el Arco del Triunfo.

¿Ha visto a París?

No miro.

Sueño frente a mi "cinzano,"[3]
en cuyo fondo se desnuda
una mujer exótica y lejana.

[1]*apalabrada:* comprometida para casarse.
[2]*Ravel, Dukas, Debussy:* Maurice Ravel (1875–1937),
Paul Dukas (1865–1935) y Claude Debussy (1862–

1918), los tres famosos compositores franceses de la
escuela impresionista.
[3]*"Cinzano":* la conocida marca de vermut italiano.

Cierro los ojos para verla
caminar sobre mis tierras.

Todas las arenas del Sahara
la abrazan de espejismos luminosos.

De vuelta, siento que algo mío
se muere para siempre.

En tanto el Jazz-Band
es un loco que gesticula
en los "vitraux"[4] de los espejos de humo.

Molinero extravagante
ha quebrado sus últimas estrellas.

Ahora el amor
es un aro
rodando hacia París.

Mi alma se arrodilla en el silencio
y piensa.

¡París!

[4]*vitraux:* del francés, vidriera de colores.

Vicente Huidobro

CHILE, 1893–1948   Vicente Huidobro se presenta, en la historia de la poesía hispanoamericana contemporánea, bajo dos faces: la del teórico, divulgador y polemista, y la del poeta en sí. Por la primera de ellas es él responsable del creacionismo, una de las más definidas escuelas americanas de vanguardia, al menos en su exposición doctrinal. *Creacionismo*: devolver al poeta su original misión de *crear* o *inventar* nuevas realidades, absolutamente poéticas, superando su gastado papel tradicional de imitador o cantor de la realidad física o visible. ("Por qué cantáis la rosa, ¡oh Poetas! / Hacedla florecer en el poema," dijo en su conocida "Arte poética.") Para ello era válido acudir a los procedimientos más inusitados: metáforas audaces que concilian elementos lejanísimos mediante verbos de gran dinamismo expresivo, neologismos arbitrarios, disposición pictórica del texto sobre la página, jitanjáforas de todo tipo, etc. En prólogos, manifiestos, conferencias y ensayos—y en el trato inmediato, como peregrino de la buena nueva poética—expuso por tierras de este continente y España sus teorías, que no eran sino las generales del vanguardismo pero sentidas con una hondura y convicción ejemplares. En París entró en contacto personal con los poetas y revistas más importantes del momento—años finales de la primera guerra mundial—habiendo escrito en francés varios de sus libros. Negado por algunos, defendido por otros, discutido apasionadamente siempre, es sin duda una de las figuras que con mayor fuerza ayudan a abrir el verso de lengua española a los aires de la nueva sensibilidad artística. Así, hay que considerarlo el representante más sostenido y cabal del vanguardismo, entendido en su alcance definitivo y permanente.

Como poeta, este forjador de nuevas realidades tuvo sin embargo que expresar los radicales y angustiosos sentimientos del hombre contemporáneo, del cual él y su teoría eran apurada manifestación: la amarga conciencia existencial de la nada y la muerte, la impotente nostalgia de infinito, la falta de fe en los valores morales y trascendentes del pasado, la incomunicabilidad de las almas, etc. Oponía, como trágica e insuficiente forma de compensación, el ejercicio lúdico del verso, la creación poética como juego; y lo hizo con imaginación, gracia, frescura, ligereza y humor, cualidades que no impiden ese otro trasfondo más grave y dramático de su lirismo. *Altazor*, su obra fundamental y uno de los más grandes poemas de nuestro siglo, resume (en su dimensión autobiográfica personal y en su proyección arquetípica universal) la historia, las ambiciones, los sueños y el vértigo de la caída final en el vacío de ese poeta-mago-dios que quiso ser Vicente Huidobro.

Temas generales

1. La teoría creacionista y su realización en la obra de V.H. Examen de sus procedimientos más característicos.
2. La historia del creacionismo: su gestación, manifiestos y logros poéticos. Las polémicas en torno a su antelación o prioridad en relación a otras formas artísticas de vanguardia.
3. Humanismo o deshumanización en la poesía de

V.H. Análisis de los temas y sentimientos básicos en su obra lírica.

4. Los libros centrales del creacionismo de V.H. Estudio particular de *El espejo de agua, Poemas árticos,* y *Ecuatorial*: temas y formas.

5. V.H. en Madrid. Su influencia en la joven poesía de lengua española en la primera posguerra.

6. *Altazor*: su contenido argumental, estructura y procedimientos expresivos. Valor de este libro como representante del drama espiritual contemporáneo.

7. Los libros posteriores a *Altazor*; su evolución respecto a la poesía primera de su autor y a sus postulados teóricos.

8. La producción poética de V.H. en lengua francesa.

Bibliografía

Obra poética

Ecos del alma, Santiago, 1911. *Canciones en la noche*, 1913. *La gruta del silencio*, 1913. *Las pagodas ocultas*, 1914. *Adán*, 1916. *El espejo de agua*, Buenos Aires, 1916. *Horizon carré*, París, 1917. *Tour Eiffel*, Madrid, 1918. *Hallalli, poème de guerre*, 1918. *Ecuatorial*, 1918. *Poemas árticos*, 1918. *Saisons choisies*, París, 1921. *Automne régulier*, 1925. *Tout á coup*, 1925. *Altazor, o el viaje en paracaídas*, Madrid, 1931. *Ver y palpar*, Santiago, 1939. *El ciudadano del olvido*, 1941. *Antología* (pról., sel., trad. y notas de Eduardo Anguita), 1945. *Últimos poemas* (edición póstuma), 1948. *Poesía y Prosa: Antología* (precedida del ensayo, "Teoría del creacionismo," por Antonio de Undurraga), Madrid, 1957. *Obras completas*, Vol. I: Poesía (Pról. de Braulio Arenal), Santiago de Chile, 1964.

Estudios

LIBROS ESPECIALES: Bary, David, *Huidobro o la vocación poética*, Granada, 1963. Goic, Cedomil, *La poesía de V.H.*, Santiago de Chile, 195–. Holmes, H.A., *V.H. and creationism*, New York, 1934.
LIBROS GENERALES: Bajarlía, Juan Jacobo, *La poesía de vanguardia. De Huidobro a Vallejo*, Buenos Aires, 1965. Sánchez, Luis A., "V.H.," en *Escritores representativos de América* (Primera serie, Vol. III), Madrid, 1963. Torre, Guillermo de, "La polémica del creacionismo: Huidobro y Reverdy," en *Movimientos literarios de vanguardia*, Memoria del Undécimo Congreso del Instituto Internacional de Literatura Iberoamericana, México (Publicada por la Universidad de Texas), 1965.
ARTÍCULOS: Anguita, Eduardo, "V.H., el creador," EstS, núm. 124, 1943. Arcos, Juan y Alberto Baeza Flores, "Dos poetas chilenos: Pablo de Rokha y V.H.," AmerH, *XII*, 1941. Astaburua-

ga, Ricardo, "V.H., poeta y mago," EstS, núm. 179, 1947. Bajarlía, Juan Jacobo, "El creacionismo en Huidobro y Reverdy. Contacto con el surrealismo," Espi, *VIII*, núm. 70, 1957. Bajarlía, Juan Jacobo, "La poética de Huidobro y el surrealismo," AzorM, núm. 3–4, 1960. Bary, David, "V.H.: El poeta contra su doctrina," RevIb, *XXVII*, 1961. Bary, David, "Altazor o la divina parodia," RHM, *XXVIII*, 1962. Bary, David, "V.H. y la literatura social," CuA, *XXI*, núm. 5, 1962. Bary, David, "V.H.: El estilo Nord-Sud," RevIb, *XXVIII*, 1962. Diego, Gerardo, "V.H., EstS, núm. 195, 1949; A, *XCVI*, 1950. Dussuel, Francisco, "El creacionismo y la inquietud de lo infinito," A, *CXXX*, núm. 379, 1958. Goic, Cedomil, "La teoría creacionista de V.H.," BINC, *XVIII*, 1953. Goic, Cedomil, "La poesía de V.H., AUCh, *CXIII*, núm. 100, 1955. Goic, Cedomil, "La poesía de V.H. Tercera parte: La obra," AUCh, *CXIV*, núm. 101, 1956. Goytisolo, José Agustín, "Sobre el rostro poético de V.H.," Laye, núm. 24, 1954. Paseyro, Ricardo, "V.H., antipoeta y mago," NacionC, 8 mayo 1958. Sánchez, Luis A., "V.H.," RNC, *XVIII*, núm. 115, 1956. Silva Castro, Raúl, "V.H. y el creacionismo," RevIb, *XXV*, núm. 49, 1960 (Recogido en *El modernismo y otros ensayos literarios*, Santiago de Chile, 1965). Teillier, Jorge, "Actualidad de V.H.," BUCh, núm. 41, 1963; Espi, núm. 92, 1964. Undurraga, Antonio de, "Huidobro y sus acusadores o la querella del creacionismo," CUn, núm. 42, 1954. Undurraga, Antonio de, "Oposición de Huidobro al Surrealismo," NacionC, 23 feb. 1956. Undurraga, Antonio de, "Huidobro, poeta difamado," ND, *XXXVII*, núm. 1, 1957. Undurraga, Antonio de, "Huidobro y Apollinaire: génesis de la poesía contemporánea," RNC, *XXI*, núm. 134, 1959. Yurkievich, Saúl, "Realidad y poesía" (Huidobro, Vallejo, Neruda), Hu, *XXXV*, 1960.

Arte poética

Que el verso sea como una llave
que abra mil puertas.
Una hoja cae; algo pasa volando;
cuanto miren los ojos creado sea,
y el alma del oyente quede temblando.

Inventa mundos nuevos y cuida tu palabra;
el adjetivo, cuando no da vida, mata.

Estamos en el ciclo de los nervios.
El músculo cuelga,
como recuerdo, en los museos;

mas no por eso tenemos menos fuerza:
El vigor verdadero
reside en la cabeza.

Por qué cantáis la rosa, ¡oh Poetas!
hacedla florecer en el poema;

Sólo para nosotros
viven todas las cosas bajo el sol.

El poeta es un pequeño Dios.

(De *El espejo de agua*, 1916)

El espejo de agua

Mi espejo, corriente por las noches,
Se hace arroyo y se aleja de mi cuarto.

Mi espejo, más profundo que el orbe
Donde todos los cisnes se ahogaron.

Es un estanque verde en la muralla
Y en medio duerme tu desnudez anclada.

Sobre sus olas, bajo cielos sonámbulos,
Mis ensueños se alejan como barcos.

De pie en la popa siempre me veréis cantando.
Una rosa secreta se hincha en mi pecho
Y un ruiseñor ebrio aletea en mi dedo.

(De *El espejo de agua*, 1916)

Horizonte

Pasar el horizonte envejecido

Y mirar en el fondo de los sueños
La estrella que palpita
Eras tan hermosa
                    que no pudiste hablar
Yo me alejé
                Pero llevo en la mano
Aquel cielo nativo
Con un sol gastado

Esta tarde
                en un café
                        he bebido

Un licor tembloroso
Como un pescado rojo

Y otra vez en el vaso escondido
Ese sueño filial

Eras tan hermosa
                    que no pudiste hablar

En tu pecho algo agonizaba

Eran verdes tus ojos
                    pero yo me alejaba

Eras tan hermosa
                    que aprendí a cantar

(De *Poemas árticos*, 1918)

Exprés

Una corona yo me haría
De todas las ciudades recorridas
     Londres   Madrid   Paris
     Roma   Nápoles   Zurich

Silban en los llanos
                locomotoras cubiertas de
                            [algas

AQUÍ NADIE HE ENCONTRADO

De todos los ríos navegados
Yo me haría un collar

> El Amazona   El Sena
> El Támesis   El Rin

Cien embarcaciones sabias
Que han plegado las alas

> Y mi canción de marinero huérfano
> Diciendo adiós a las playas

Aspirar el aroma del Monte Rosa
Trenzar las canas errantes del Monte Blanco
Y sobre el Zenit del Monte Cenis
Encender en el sol muriente
El último cigarro

Un silbido horada el aire

> No es un juego de
> [agua

ADELANTE

Apeninos gibosos
> marchan hacia el desierto

Las estrellas del oasis
Nos darán miel de sus dátiles
En la montaña
El viento hace crujir las jarcias
Y todos los montes dominados
Los volcanes bien cargados
Levarán el ancla

ALLÁ ME ESPERARÁN

Buen viaje

Un poco más lejos   HASTA MAÑANA
Termina la Tierra

Pasan los rios bajo las barcas
> La vida ha de pasar

(De Poemas árticos, 1918)

Altazor (*fragmentos*)

PREFACIO

Nací a los treinta y tres años, el día de la muerte de Cristo; nací en el Equinoccio, bajo las hortensias y los aeroplanos del calor.

Tenía yo un profundo mirar de pichón, de túnel y de automóvil sentimental. Lanzaba suspiros de acróbata.

Mi padre era ciego, y sus manos eran más admirables que la noche.

Amo la noche, sombrero de todos los días.

La noche, la noche del día, del día al día siguiente.

Mi madre hablaba como la aurora y como los dirigibles que van a caer. Tenía cabellos color de bandera y ojos llenos de navíos lejanos.

Una tarde, cogí mi paracaídas y dije: "Entre una estrella y dos golondrinas." He aquí la muerte que se acerca como la tierra al globo que cae.

Mi madre bordaba lágrimas desiertas en los primeros arcos iris.

Y ahora mi paracaídas cae de sueño en sueño por los espacios de la muerte.

El primer día encontré un pájaro des-conocido que me dijo: "Si yo fuese drome-dario, no tendría sed. ¿Qué hora es?" Bebió las gotas de rocío de mis cabellos, me lanzó tres miradas y media y se alejó diciendo: "Adiós" con su pañuelo soberbio.

Hacia las dos, aquel día, encontré un precioso aeroplano, lleno de escamas y caracoles. Buscaba un rincón del cielo donde guarecerse de la lluvia.

Allá lejos, todos los barcos anclados, en la tinta de la aurora. De pronto, comenzaron a desprenderse, uno a uno, arrastrando como pabellón jirones de aurora incontestable.

Junto con marcharse los últimos, la aurora desapareció tras algunas olas desmesurada-mente infladas.

Entonces oí hablar al Creador, sin nombre, que es un simple hueco en el vacío, hermoso como un ombligo.

"Hice un gran ruido, y este ruido formó el océano y las olas del océano.

"Este ruido irá siempre pegado a las olas del mar, y las olas del mar irán siempre pegadas a él, como los sellos en las tarjetas postales.

"Después tejí un largo bramante de rayos luminosos para coser los días uno a uno; los días que tienen un oriente legítimo o reconstituído, pero indiscutible.

"Después tracé la geografía de la tierra y las líneas de la mano.

"Después bebí un poco de coñac (a causa de la hidrografía).

"Después creé la boca y los labios de la boca, para aprisionar las sonrisas equívocas, y los dientes de la boca, para vigilar las groserías que nos vienen a la boca.

"Creé la lengua de la boca que los hombres desviaron de su rol, haciéndola aprender a hablar . . ., a ella, ella, la bella nadadora, desviada para siempre de su rol acuático y puramente acariciador."

Mi paracaídas empezó a caer vertiginosamente. Tal es la fuerza de atracción de la muerte y del sepulcro abierto.

Podéis creerlo, la tumba tiene más poder que los ojos de la amada. La tumba abierta con todos sus imanes. Y esto te lo digo a ti, a ti que cuando sonríes haces pensar en el comienzo del mundo.

Mi paracaídas se enredó en una estrella apagada que seguía su órbita concienzudamente, como si ignorara la inutilidad de sus esfuerzos.

Y aprovechando este reposo bien ganado, comencé a llenar con profundos pensamientos las casillas de mi tablero:

"Los verdaderos poemas son incendios. La poesía se propaga por todas partes, iluminando sus consumaciones con estremecimientos de placer o agonía.

"Se debe escribir en una lengua que no sea materna.

"Los cuatro puntos cardinales son tres: el Sur y el Norte.

"Un poema es una cosa que será.

"Un poema es una cosa que nunca es, pero que debiera ser.

"Un poema es una cosa que nunca ha sido, que nunca podrá ser.

"Huye del sublime externo si no quieras morir aplastado por el viento.

"Si yo no hiciera al menos una locura por año, me volvería loco."

Tomo mi paracaídas, y del borde de mi estrella en marcha me lanzo a la atmósfera del último suspiro.

Ruedo interminablemente sobre las rocas de los sueños, ruedo entre las nubes de la muerte.

Encuentro a la Virgen sentada en una rosa, y me dice:

"Mira mis manos: son transparentes como las bombillas eléctricas. ¿Ves los filamentos de donde corre la sangre de mi luz intacta?

"Mira mi aureola. Tiene algunas saltaduras, lo que prueba mi ancianidad.

"Soy la Virgen, la Virgen sin mancha de tinta humana, la única que no lo sea a medias, y soy la capitana de las otras once mil que estaban en verdad demasiado restauradas.

"Hablo una lengua que llena los corazones según la ley de las nubes comunicantes.

"Digo siempre adiós, y me quedo.

"Ámame, hijo mío, pues adoro tu poesía y te enseñaré proezas aéreas.

"Tengo tanta necesidad de ternura, besa mis cabellos, los he lavado esta mañana en las nubes del alba y ahora quiero dormirme sobre el colchón de la neblina intermitente.

"Mis miradas son un alambre en el horizonte para el descanso de las golondrinas.

"Ámame."

Me puse de rodillas en el espacio circular, y la Virgen se elevó y vino a sentarse en mi paracaídas.

Me dormí y recité entonces mis más hermosos poemas.

Las llamas de mi poesía secaron los cabellos de la Virgen, que me dijo gracias, y se alejó, sentada sobre su rosa blanda.

Y heme aquí solo, como el pequeño huérfano de los naufragios anónimos.

Ah, qué hermoso . . ., qué hermoso.

Veo las montañas, los ríos, las selvas, el mar, los barcos, las flores y los caracoles.

Veo la noche y el día y el eje en que se juntan.

Ah, ah, soy Altazor, el gran poeta, sin caballo que coma alpiste ni caliente su garganta con claro de luna, sino con mi pequeño paracaídas, como un quitasol sobre los planetas.

De cada gota del sudor de mi frente hice nacer astros, que os dejo la tarea de bautizar como a botellas de vino.

Lo veo todo, tengo mi cerebro forjado en lenguas de profeta.

La montaña es el suspiro de Dios, ascendiendo en termómetro hinchado hasta tocar los pies de la amada.

Aquel que todo lo ha visto, que conoce todos los secretos sin ser Walt Whitman, pues jamás he tenido una barba blanca como las bellas enfermeras y los arroyos helados.

Aquel que oye durante la noche los martillos de los monederos falsos, que son solamente astrónomos activos.

Aquel que bebe el vaso caliente de la sabiduría después del diluvio, obedeciendo a las palomas y que conoce la ruta de la fatiga, la estela hirviente que dejan los barcos.

Aquel que conoce los almacenes de recuerdos y de bellas estaciones olvidadas.

El, el pastor de aeroplanos, el conductor de las noches extraviadas y de los ponientes amaestrados hacia los polos únicos.

Su queja es semejante a una red parpadeante de aerolitos sin testigo.

El día se levanta en su corazón y él baja los párpados para hacer la noche del reposo agrícola.

Lava sus manos en la mirada de Dios y peina su cabellera como la luz y la cosecha de esas flacas espigas de la lluvia satisfecha.

Los gritos se alejan como un rebaño sobre las lomas, cuando las estrellas duermen después de una noche de trabajo continuo.

El hermoso cazador frente al bebedero celeste, para los pájaros sin corazón.

Sé triste tal cual las gacelas ante el infinito y los meteoros, tal cual los desiertos sin mirajes.

Hasta la llegada de una boca hinchada de besos para la vendimia del destierro.

Sé triste, pues ella te espera en un rincón de este año que pasa.

Está quizá al extremo de tu canción próxima y será bella como la cascada en libertad y rica como la línea ecuatorial.

Sé triste, más triste que la rosa, la bella jaula de nuestras miradas y de las abejas sin experiencia.

La vida es un viaje en paracaídas y no lo que tú quieres creer.

Vamos cayendo, cayendo de nuestro cenit a nuestro nadir y dejamos el aire manchado de sangre para que se envenenen los que vengan mañana a respirarlo.

Adentro de ti mismo, fuera de ti mismo, caerán del cenit al nadir, porque ése es tu destino, tu miserable destino. Y mientras de más alto caigas, más alto será el rebote, más larga tu duración en la memoria de la piedra.

Hemos saltado del vientre de nuestra madre o del borde de una estrella y vamos cayendo.

Ah, mi paracaídas, la única rosa perfumada de la atmósfera, la rosa de la muerte, despeñada entre los astros de la muerte.

¿Habéis oído? Ese es el ruido siniestro de los pechos cerrados.

Abre la puerta de tu alma y sal a respirar al lado afuera. Puedes abrir con un suspiro la puerta que haya cerrado el huracán.

Hombre, he ahí tu paracaídas, maravilloso como el vértigo.

Poeta, he ahí tu paracaídas, maravilloso como el imán del abismo.

Mago, he ahí tu paracaídas, que una palabra tuya puede convertir en un parasubidas maravilloso como el relámpago que quisiera cegar al creador.

¿Qué esperas?

Mas, he ahí el secreto del Tenebroso que olvidó sonreír.

Y el paracaídas aguarda amarrado a la puerta como el caballo de la fuga interminable.

CANTO I

Altazor ¿por qué perdiste tu primera serenidad?
¿Qué ángel malo se paró en la puerta de tu sonrisa
Con la espada en la mano?
¿Quién sembró la angustia en las llanuras de tus ojos como el adorno de
[un dios?

¿Por qué un día de repente sentiste el terror de ser?
Y esa voz que te gritó vives y no te ves vivir
¿Quién hizo converger tus pensamientos al cruce de todos los vientos del
[dolor?

Se rompió el diamante de tus sueños en un mar de estupor
Estás perdido Altazor
Solo en medio del universo
Solo como una nota que florece en las alturas del vacío
No hay bien no hay mal ni verdad ni orden ni belleza

¿En dónde estás Altazor?

La nebulosa de la angustia pasa como un río
Y me arrastra según la ley de las atracciones
La nebulosa en olores solidificada huye su propia soledad
Siento un telescopio que me apunta como un revólver
La cola de un cometa me azota el rostro y pasa relleno de eternidad
Buscando infatigable un lago quieto en donde refrescar su tarea ineludible

Altazor morirás Se secará tu voz y serás invisible
La Tierra seguirá girando sobre su órbita precisa
Temerosa de un traspié como el equilibrista sobre el alambre que ata las
[miradas del pavor
En vano buscas ojo enloquecido
No hay puerta de salida y el viento desplaza los planetas
Piensas que no importa caer eternamente si se logra escapar
¿No ves que vas cayendo ya?
Limpia tu cabeza de prejuicio y moral
Y si queriendo alzarte nada has alcanzado
Déjate caer sin parar tu caída sin miedo al fondo de la sombra
Sin miedo al enigma de ti mismo
Acaso encuentres una luz sin noche
Perdida en las grietas de los precipicios

Cae
     Cae eternamente
Cae al fondo del infinito
Cae al fondo del tiempo
Cae al fondo de ti mismo
Cae lo más bajo que se pueda caer
Cae sin vértigo
A través de todos los espacios y todas las edades
A través de todas las almas de todos los anhelos y todos los naufragios
Cae y quema al pasar los astros y los mares
Quema los ojos que te miran y los corazones que te aguardan
Quema el viento con tu voz
El viento que se enreda en tu voz
Y la noche que tiene frío en su gruta de huesos

Cae en infancia
Cae en vejez
Cae en lágrimas
Cae en risas

Cae en música sobre el universo
Cae de tu cabeza a tus pies
Cae de tus pies a tu cabeza
Cae del mar a la fuente
Cae al último abismo de silencio
Como el barco que se hunde apagando sus luces

Todo se acabó
El mar antropófago golpea la puerta de las rocas despiadadas
Los perros ladran a las horas que se mueren
Y el cielo escucha el paso de las estrellas que se alejan
Estás solo
Y vas a la muerte derecho como un iceberg que se desprende del polo
Cae la noche buscando su corazón en el océano
La mirada se agranda como los torrentes
Y en tanto que las olas se dan vuelta
La luna niño de luz se escapa de alta mar
Mira este cielo lleno
Más rico que los arroyos de las minas
Cielo lleno de estrellas que esperan el bautismo
Todas esas estrellas salpicaduras de un astro de piedra lanzado en las aguas
[eternas
No saben lo que quieren ni si hay redes ocultas más allá
Ni qué mano lleva las riendas
Ni qué pecho sopla el viento sobre ellas
Ni saben si no hay mano y no hay pecho
Las montañas de pesca
Tienen la altura de mis deseos
Y yo arrojo fuera de la noche mis últimas angustias
Que los pájaros cantando dispersan por el mundo

Reparad el motor del alba
En tanto me siento al borde de mis ojos
Para asistir a la entrada de las imágenes

Soy yo Altazor
Altazor
Encerrado en la jaula de su destino
En vano me aferro a los barrotes de la evasión posible
Una flor cierra el camino
Y se levanta como la estatua de las llamas
La evasión imposible
Más débil marcho con mis ansias
Que un ejército sin luz en medio de emboscadas

Abrí los ojos en el siglo
En que moría el cristianismo
Retorcido en su cruz agonizante
Ya va a dar el último suspiro
¿Y mañana qué pondremos en el sitio vacío?
Pondremos un alba o un crepúsculo
¿Y hay que poner algo acaso?

La corona de espinas
Chorreando sus últimas estrellas se marchita
Morirá el cristianismo que no ha resuelto ningún problema
Que sólo ha enseñado plegarias muertas
Muere después de dos mil años de existencia
Un cañoneo enorme pone punto final a la era cristiana
El Cristo quiere morir acompañado de millones de almas
Hundirse con sus templos
Y atravesar la muerte con un cortejo inmenso
Mil aeroplanos saludan la nueva era
Ellos son los oráculos y las banderas

Hace seis meses solamente
Dejé la ecuatorial recién cortada
En la tumba guerrera del esclavo paciente
Corona de piedad sobre la estupidez humana
Soy yo que estoy hablando en este año de 1919
Es el invierno
Ya la Europa enterró todos sus muertos
Y un millar de lágrimas hacen una sola cruz de nieve
Mirad esas estepas que sacuden las manos
Millones de obreros han comprendido al fin
Y levantan al cielo sus banderas de aurora
Venid venid os esperamos porque sois la esperanza
La única esperanza
La última esperanza.

★   ★   ★

Angel expatriado de la cordura
¿Por qué hablas? ¿Quién te pide que hables?

Revienta pesimista mas revienta en silencio
Cómo se reirán los hombres de aquí a mil años
Hombre perro que aúllas a tu propia noche
Delincuente de tu alma
El hombre de mañana se burlará de ti
Y de tus gritos petrificados goteando estalactitas
¿Quién eres tú habitante de este diminuto cadáver estelar?
¿Qué son tus náuseas de infinito y tu ambición de eternidad?
Atomo desterrado de sí mismo con puertas y ventanas de luto
¿De dónde vienes a dónde vas?
¿Quién se preocupa de tu planeta?
Inquietud miserable
Despojo del desprecio que por ti sentiría
Un habitante de Betelgeuse[1]
Veintinueve millones de veces más grande que tu sol

Hablo porque soy protesta insulto y mueca de dolor
Sólo creo en los climas de la pasión

---

[1]*Betelgeuse:* la estrella "alfa" de la constelación de Orión.

Sólo deben hablar los que tienen el corazón clarividente
La lengua a alta frecuencia
Buzos de la verdad y la mentira
Cansados de pasear sus linternas en los laberintos de la nada
En la cueva de alternos sentimientos
El dolor es lo único eterno

Y nadie podrá reír ante el vacío
¿Qué me importa la burla del hombre-hormiga
Ni la del habitante de otros astros más grandes?
Yo no sé de ellos ni ellos saben de mí
Yo sé de mi vergüenza de la vida de mi asco celular
De la mentira abyecta de todo cuanto edifican los hombres
Los pedestales de aire de sus leyes e ideales

Dadme dadme pronto un llano de silencio
Un llano despoblado como los ojos de los muertos

¿Robinsón[2] por qué volviste de tu isla?
De la isla de tus obras y de tus sueños privados
La isla de ti mismo rica de tus actos
Sin leyes ni abdicación ni compromisos
Sin control de ojo intruso
Ni mano extraña que rompa los encantos
¿Robinsón cómo es posible que volvieras de tu isla?

Malhaya el que mire con ojos de muerte
Malhaya el que vea el resorte que todo lo mueve
Una borrasca dentro de la risa
Una agonía de sol adentro de la risa
Matad al pesimista de pupila enlutada
Al que lleva un féretro en el cerebro
Todo es nuevo cuando se mira con ojos nuevos
Oigo una voz idiota entre algas de ilusión
Boca parasitaria aún de la esperanza

Idos lejos de aquí restos de playas moribundas
Mas si buscáis descubrimientos
Tierras irrealizables más allá de los cielos
Vegetante obsesión de musical congoja
Volvamos al silencio
Restos de playas fúnebres
¿A qué buscáis el faro poniente
Vestido de su propia cabellera
Como la reina de los circos?
Volvamos al silencio
Al silencio de las palabras que vienen del silencio
Al silencio de las hostias donde se mueren los profetas
Con la llaga del flanco
Cauterizada por algún relámpago

---

[2]*Robinsón:* referencia a *Robinson Crusoe*, el libro de Daniel Defoe (1661—1731).

Las palabras con fiebre y vértigo interno
Las palabras del poeta dan un mareo celeste
Dan una enfermedad de nubes
Contagioso infinito de planetas errantes
Epidemia de rosas en la eternidad

Abrid la boca para recibir la hostia de la palabra herida
La hostia angustiada y ardiente que me nace no se sabe dónde
Que viene de más lejos que mi pecho
La catarata delicada de oro en libertad
Correr de río sin destino como aerolitos al azar
Una columna se alza en la punta de la voz
Y la noche se sienta en la columna

Yo poblaré para mil años los sueños de los hombres
Y os daré un poema lleno de corazón
En el cual me despedazaré por todos lados

Una lágrima caerá de unos ojos
Como algo enviado sobre la tierra
Cuando veas como una herida profetiza
Y reconozcas la carne desgraciada
El pájaro cegado en la catástrofe celeste
Encontrado en mi pecho solitario y sediento
En tanto yo me alejo tras los barcos magnéticos
Vagabundo como ellos
Y más triste que un cortejo de caballos sonámbulos
Hay palabras que tienen sombra de árbol
Otras que tienen atmósfera de astros
Hay vocablos que tienen fuego de rayos
Y que incendian donde caen
Otros que se congelan en la lengua y se rompen al salir
Como esos cristales alados y fatídicos
Hay palabras con imanes que atraen los tesoros del abismo
Otras que se descargan como vagones sobre el alma
Altazor desconfía de las palabras
Desconfía del ardid ceremonioso
Y de la poesía
Trampas
         Trampas de luz y cascadas lujosas
Trampas de perla y de lámpara acuática
Anda como los ciegos con sus ojos de piedra
Presintiendo el abismo a todo paso

Mas no temas de mí que mi lenguaje es otro
No trato de hacer feliz ni desgraciado a nadie
Ni descolgar banderas de los pechos
Ni dar anillos de planetas
Ni hacer satélites de mármol en torno a un talismán ajeno
Quiero darte una música de espíritu
Música mía de esta cítara plantada en mi cuerpo
Música que hace pensar en el crecimiento de los árboles

Y estalla en luminarias adentro del sueño
Yo hablo en nombre de un astro por nadie conocido
Hablo en una lengua mojada en mares no nacidos
Con una voz llena de eclipses y distancias
Solemne como un combate de estrellas o galeras lejanas
Una voz que se desfonda en la noche de las rocas
Una voz que da la vista a los ciegos atentos
Los ciegos escondidos al fondo de las casas
Como al fondo de sí mismos

CANTO IV

No hay tiempo que perder
Enfermera de sombras y distancias
Yo vuelvo a ti huyendo del reino incalculable
De ángeles prohibidos por el amanecer

Detrás de tu secreto te escondías
En sonrisa de párpados y de aire
Yo levanté la capa de tu risa
Y corté las sombras que tenían
Tus signos de distancia señalados

Tu sueño se dormirá en mis manos
Marcado de las líneas de mi destino inseparable
En el pecho de un mismo pájaro
Que se consume en el fuego de su canto
De su canto llorando al tiempo
Porque se escurre entre los dedos

Sabes que tu mirada adorna los veleros
De las noches mecidas en la pesca
Sabes que tu mirada forma el nudo de las estrellas
Y el nudo del canto que saldrá del pecho
Tu mirada que lleva la palabra al corazón
Y a la boca embrujada del ruiseñor

No hay tiempo que perder
A la hora del cuerpo en el naufragio ambiguo
Yo mido paso a paso el infinito

El mar quiere vencer
Y por lo tanto no hay tiempo que perder
Entonces
          Ah entonces
Más allá del último horizonte
Se verá lo que hay que ver
Por eso hay que cuidar el ojo precioso regalo del cerebro
El ojo anclado al medio de los mundos
Donde los buques se vienen a varar
¿Mas si se enferma el ojo qué he de hacer?
¿Qué haremos si han hecho mal de ojo al ojo?

Al ojo avizor afiebrado como faro de lince
La geografía del ojo digo es la más complicada
El sondaje es difícil a causa de las olas
Los tumultos que pasan
La apretura continua
Las plazas y avenidas populosas
Las procesiones con sus estandartes
Bajando por el iris hasta perderse
El rajá en su elefante de tapices
La cacería de leones en selvas de pestañas seculares
Las migraciones de pájaros friolentos hacia otras retinas
Yo amo mis ojos y tus ojos y los ojos
Las ojos con su propia combustión
Los ojos que bailan al son de una música interna
Y se abren como puertas sobre el crimen
Y salen de su órbita y se van como cometas sangrientos al azar
Los ojos que se clavan y dejan heridas lentas a cicatrizar
Entonces no se pegan los ojos como cartas
Y son cascadas de amor inagotables
Y se cambian día y noche
Ojo por ojo
Ojo por ojo como hostia por hostia
Ojo árbol
Ojo pájaro
Ojo río
Ojo montaña
Ojo mar
Ojo tierra
Ojo luna
Ojo cielo
Ojo silencio
Ojo soledad por ojo ausencia
Ojo dolor por ojo risa

No hay tiempo que perder
Y si viene el instante prosaico
Siga el barco que es acaso el mejor
Ahora que me siento y me pongo a escribir
¿Qué hace la golondrina que vi esta mañana
Firmando cartas en el vacío?
Cuando muevo el pie izquierdo
¿Qué hace con su pie el gran mandarín chino?
Cuando enciendo un cigarro
¿Qué hacen los otros cigarros que vienen en el barco?
¿En dónde está la planta del fuego futuro?
Y si yo levanto los ojos ahora mismo
¿Qué hace con sus ojos el explorador de pie en el polo?
Yo estoy aquí
¿En dónde están los otros?
Eco de gesto en gesto

Cadena electrizada o sin correspondencias
Interrumpido el ritmo solitario
¿Quiénes están muriendo y quiénes nacen
Mientras mi pluma corre en el papel?

No hay tiempo que perder
Levántate alegría
Y pasa de poro en poro la aguja de tus sedas

Darse prisa darse prisa
Vaya por los globos y los cocodrilos mojados
Préstame mujer tus ojos de verano
Yo lamo las nubes salpicadas cuando el otoño sigue la carreta del asno
Un periscopio en ascensión debate el pudor del invierno
Bajo la perspectiva del volantín azulado por el infinito
Color joven de pájaros al ciento por ciento
Tal vez era un amor mirado de palomas desgraciadas
O el guante importuno del atentado que va a nacer de una mujer o una
[amapola
El florero de mirlos que se besan volando
Bravo pantorrilla de noche de la más novia que se esconde en su piel de flor

Rosa al revés rosa otra vez y rosa y rosa
Aunque no quiera el carcelero
Río revuelto para la pesca milagrosa

Noche préstame tu mujer con pantorrillas de florero de amapolas jóvenes
Mojadas de color como el asno pequeño desgraciado
La novia sin flores ni globos de pájaros
El invierno endurece las palomas presentes
Mira la carreta y el atentado de cocodrilos azulados
Que son periscopios en las nubes del pudor
Novia en ascensión al ciento por ciento celeste
Lame la perspectiva que ha de nacer salpicada de volantines
Y de los guantes agradables del otoño que se debate en la piel del amor

No hay tiempo que perder
La indecisión en barca para los viajes
Es un presente de las crueldades de la noche
Porque el hombre malo o la mujer severa
No pueden nada contra la mortalidad de la casa
Ni la falta de orden
Que sea oro o enfermedad
Noble sorpresa o espión doméstico para victoria extranjera
La disputa intestina produce la justa desconfianza
De los párpados lavados en la prisión
Las penas tendientes a su fin son travesaños antes del matrimonio
Murmuraciones de cascada sin protección
Las disensiones militares y todos los obstáculos
A causa de la declaración de esa mujer rubia
Que critica la pérdida de la expedición
O la utilidad extrema de la justicia
Como una separación de amor sin porvenir

La prudencia llora los falsos extravíos de la locura naciente
Que ignora completamente las satisfacciones de la moderación

No hay tiempo que perder
Para hablar de la clausura de la tierra y la llegada del día agricultor a la
nada amante de lotería sin proceso ni niño para enfermedad pues el dolor
imprevisto que sale de los cruzamientos de la espera en este campo de la
sinceridad nueva es un poco negro como el eclesiástico de las empresas para
la miseria o el traidor en retardo sobre el agua que busca apoyo en la unión
o la disensión sin reposo de la ignorancia Pero la carta viene sobre la ruta y
la mujer colocada en el incidente del duelo conoce el buen éxito de la preñez
y la inacción del deseo pasado da la ventaja al pueblo que tiene inclinación
por el sacerdote pues él realza de la caída y se hace más íntimo que el
extravío de la doncella rubia o la amistad de la locura

No hay tiempo que perder
Todo esto es triste como el niño que está quedándose huérfano
O como la letra que cae al medio del ojo
O como la muerte del perro de un ciego
O como el río que se estira en su lecho de agonizante
Todo esto es hermoso como mirar el amor de los gorriones
Tres horas después del atentado celeste
O como oír dos pájaros anónimos que cantan a la misma azucena
O como la cabeza de la serpiente donde sueña el opio
O como el rubí nacido de los deseos de una mujer
Y como el mar que no se sabe si ríe o llora
Y como los colores que caen del cerebro de las mariposas
Y como la mina de oro de las abejas
Las abejas satélites del nardo como las gaviotas del barco
Las abejas que llevan la semilla en su interior
Y van más perfumadas que pañuelos de narices
Aunque no son pájaros
Pues no dejan sus iniciales en el cielo
En la lejanía del cielo besada por los ojos
Y al terminar su viaje vomitan el alma de los pétalos
Como las gaviotas vomitan el horizonte
Y las golondrinas el verano

No hay tiempo que perder
Ya viene la golondrina monotémpora
Trae un acento antípoda de lejanías que se acercan
Viene gondoleando la golondrina

Al horitaña de la montazonte
La violondrina y el goloncelo
Descolgada esta mañana de la lunala
Se acerca a todo galope
Ya viene viene la golondrina
Ya viene viene la golonfina
Ya viene la golontrina
Ya viene la goloncima
Viene la golonchina
Viene la golonclima

Ya viene la golonrima
Ya viene la golonrisa
La golonniña
La golongira
La golonlira
La golonbrisa
La golonchilla
Ya viene la golondía
Y la noche encoge sus uñas como el leopardo
Ya viene la golontrina
Que tiene un nido en cada uno de los dos calores
Como yo lo tengo en los cuatro horizontes
Viene la golonrisa
Y las olas se levantan en la punta de los pies
Viene la golonniña
Y siente un vahído la cabeza de la montaña
Viene la golongira
Y el viento se hace parábola de sílfides en orgía
Se llenan de notas los hilos telefónicos
Se duerme el ocaso con la cabeza escondida
Y el árbol con el pulso afiebrado

Pero el cielo prefiere el rodoñol
Su niño querido el rorreñol
Su flor de alegría el romiñol
Su piel de lágrima el rofañol
Su garganta nocturna el rosolñol
El rolañol
El rosiñol

No hay tiempo que perder
El buque tiene los días contados
Por los hoyos peligrosos que abren las estrellas en el mar
Puede caerse al fuego central
El fuego central con sus banderas que estallan de cuando en cuando
Los elfos exacerbados soplan las semillas y me interrogan
Pero yo sólo oigo las notas del alhelí
Cuando alguien aprieta los pedales del viento
Y se presenta el huracán
El río corre como un perro azotado
Corre que corre a esconderse en el mar
Y pasa el rebaño que devasta mis nervios
Entonces yo sólo digo
Que no compro estrellas en la nochería
Y tampoco olas nuevas en la marería
Prefiero escuchar las notas del alhelí
Junto a la cascada que cuenta sus monedas
O el bromceo del aeroplano en la punta del cielo
O mirar el ojo del tigre donde sueña una mujer desnuda
Porque si no la palabra que viene de tan lejos
Se quiebra entre los labios

Yo no tengo orgullos de campanario
Ni tengo ningún odio petrificado
Ni grito como un sombrero afectuoso que viene saliendo del desierto
Digo solamente
No hay tiempo que perder
El visir con lenguaje de pájaro
Nos habla largo largo como un sendero
Las caravanas se alejan sobre su voz
Y los barcos hacia horizontes imprecisos
El devuelve el oriente sobre las almas
Que toman un oriente de perla
Y se llenan de fósforos a cada paso
De su boca brota una selva
De su selva brota un astro
Del astro cae una montaña sobre la noche
De la noche cae otra noche
Sobre la noche del vacío
La noche lejos tan lejos que parece una muerta que se llevan
Adiós hay que decir adiós
Adiós hay que decir a Dios
Entonces el huracán destruido por la luz de la lengua
Se deshace en arpegios circulares
Y aparece la luna seguida de algunas gaviotas
Y sobre el camino
Un caballo que se va agrandando a medida que se aleja

Darse prisa darse prisa
Están prontas las semillas
Esperando una orden para florecer
Paciencia ya luego crecerán
Y se irán por los senderos de la savia
Por su escalera personal
Un momento de descanso
Antes del viaje al cielo del árbol
El árbol tiene miedo de alejarse demasiado
Tiene miedo y vuelve los ojos angustiados
La noche lo hace temblar
La noche y su licantropía
La noche que afila sus garras en el viento
Y aguza los oídos de la selva
Tiene miedo digo el árbol tiene miedo
De alejarse de la tierra

No hay tiempo que perder
Los icebergs que flotan en los ojos de los muertos
Conocen su camino
Ciego sería el que llorara
Las tinieblas del féretro sin límites
Las esperanzas abolidas
Los tormentos cambiados en inscripción de cementerio
Aquí yace Carlota ojos marítimos

Se le rompió un satélite
Aquí yace Matías en su corazón dos escualos se batían
Aquí yace Marcelo mar y cielo en el mismo violoncelo
Aquí yace Susana cansada de pelear contra el olvido
Aquí yace Teresa ésa es la tierra que araron sus ojos hoy ocupada por su
                                                                [cuerpo
Aquí yace Angélica anclada en el puerto de sus brazos
Aquí yace Rosario río de rosas hasta el infinito
Aquí yace Raimundo raíces del mundo son sus venas
Aquí yace Clarisa clara risa enclaustrada en la luz
Aquí yace Alejandro antro alejado ala adentro
Aquí yace Gabriela rotos los diques sube en las savias hasta el sueño esperando
                                                                [la resurrección
Aquí yace Altazor azor fulminado por la altura
Aquí yace Vicente antipoeta y mago

Ciego sería el que llorara
Ciego como el cometa que va con su bastón
Y su neblina de ánimas que lo siguen
Obediente al instinto de sus sentidos
Sin hacer caso de los meteoros que apedrean desde lejos
Y viven en colonias según la temporada
El meteoro insolente cruza por el cielo
El meteplata el metecobre
El metepiedras en el infinito
Meteópalos en la mirada
Cuidado aviador con las estrellas
Cuidado con la aurora
Que el aeronauta no sea el auricida
Nunca un cielo tuvo tantos caminos como éste
Ni fue tan peligroso
La estrella errante me trae el saludo de un amigo muerto hace diez años
Darse prisa darse prisa
Los planetas maduran en el planetal
Mis ojos han visto la raíz de los pájaros
El más allá de los nenúfares
Y el ante acá de las mariposas
¿Oyes el ruido que hacen las mandolinas al morir?
Estoy perdido
No hay más que capitular
Ante la guerra sin cuartel
Y la emboscada nocturna de estos astros
La eternidad quiere vencer
Y por lo tanto no hay tiempo que perder
Entonces
            Ah entonces
Más allá del último horizonte
Se verá lo que hay que ver
La ciudad
Debajo de las luces y las ropas colgadas

El jugador aéreo
Desnudo
Frágil
La noche al fondo del océano
Tierna ahogada
La muerte ciega
                 Y su esplendor
Y el sonido y el sonido
Espacio la lumbrera
                 A estribor
                 Adormecido
En cruz
        en luz
La tierra y su cielo
El cielo y su tierra
Selva noche
Y río día por el universo
El pájaro tralalí canta en las ramas de mi cerebro
Porque encontró la clave del eterfinifrete
Rotundo como el unipacio y el espaverso
Uiu uiui
Tralalí tralalá
Aia ai ai aaia i i

CANTO VII

Ai aia aia
ia ia ia aia ui
Tralalí
Lali lalá
Aruaru
       urulario
Lalilá
Rimbibolam lam lam
Uiaya zollonario
            lalilá
Monlutrella monluztrella
              lalolú
Montresol y mandotrina
Ai ai
      Montesur en lasurido
      Montesol
Lusponsedo solinario
Aururaro ulisamento lalilá
Ylarca murllonía
Hormajauma marijauda
Mitradente
Mitrapausa
Mitralonga
Matrisola

          matriola
Olamina olasica lalilá
Isonauta
Olandera uruaro
Ia ia campanuso compasedo
Tralalá
Ai ai mareciente y eternauta
Redontella tallerendo lucenario
Ia ia
Laribamba
Larimbambamplanerella
Laribambamositerella
Leiramombaririlanla
                   lirilam
Ai i a
Temporía
Ai ai aia
Ululayu
        lulayu
              layu yu
Ululayu
        ulayu
              ayu yu

Lunatando
Sensorida e infimento
Ululayo ululamento
Plegasuena
Cantasorio ululaciente
Oraneva yu yu yo
Tempovío
Infilero e infinauta zurrosía
Jaurinario ururayú
Montañendo oraranía

Arorasía ululacente
Semperiva
            ivarisa tarirá
Campanudio lalalí
       Auriciento auronida
Lalalí
    Io ia
i i i o
Ai a i ai a i i i i o ia

(De *Altazor*, 1931)

Solo

Solo entre la noche y la muerte
Andando en medio de la eternidad
Comiendo una fruta en medio del vacío

La noche   La muerte
El muerto recién plantado en el infinito
La tierra se va la tierra vuelve

Solo con una estrella al frente
Solo con un gran canto adentro y ninguna
          [estrella al frente

La noche y la muerte
La noche de la muerte
La muerte de la noche rondando por la
          [muerte

Tan lejos tan lejos
El mundo se va por el viento
Y un perro aúlla de infinito buscando la tierra
          [perdida

(De *El ciudadano del olvido*, 1941)

~IV~

POSVANGUARDISMO

Cuatro fueron, como ya se dijo en el Estudio Preliminar, las corrientes principales, aunque no las únicas, por donde se orientó la poesía del posvanguardismo; y conviene redondear ahora aquellas ideas, añadiendo algunos nombres ilustrativos de unas y otras de esas corrientes.

La llamada *poesía pura*, nacida en principio como reacción a lo más caótico del irracionalismo vanguardista, fue por ello mismo la que con mayor rigor mantuvo su carácter intelectual y esteticista. Se trataba, nada menos, que de extraer y salvar de la realidad aquellos elementos que de suyo ostentasen garantías de absoluta pureza poética; aunque esta decantación donde en verdad se producía era en el proceso mismo del acto poético. Llegó a América por una doble vía: la francesa de Paul Valéry y el abate Brémond, no importa las polémicas entre éstos, y la vía hispana de Jorge Guillén y en general la generación española del 27 en sus primeros momentos sin olvidar desde luego la influencia tan decisiva de Juan Ramón Jiménez (con su ideal de "poesía desnuda") en la lírica de lengua española. Poetas "puros," en el más estricto sentido, hubo pocos en América; pero algunos tan definidos y consistentes como el cubano Mariano Brull y, sólo en la primera parte de su evolución, sus compatriotas Eugenio Florit (1903) y Emilio Ballagas (1908-1954). Pasó pronto, aunque dejó en su haber algunos libros definitivos; y es una de las formas del posvanguardismo más inactuales para la sensibilidad de hoy día.

Entre los que pretendieron hacer de la poesía un instrumento de penetración metafísica o trascendente de la realidad, hay que destacar en primerísimo lugar al grupo mexicano de la revista *Contemporáneos*—Bernardo Ortiz de Montellano (1899-1949), José Gorostiza, Jaime Torres Bodet (1902), Xavier Villaurrutia, Salvador Novo (1904), etc.— con la necesaria jerarquización en punto a su intento metafísico pues no todos lo abordan en el mismo grado. Igualmente hay que mencionar aquí al argentino Jorge Luis Borges, cuyo porteñismo inicial está ya atravesado por inquietudes metafísicas que irán invadiendo cada vez con mayor fuerza su obra. Y con más cautela—por cuanto su lirismo no corresponde en toda su extensión al mismo estímulo aunque en buena parte se nutre de él—a algunos coterráneos de aquél: Ricardo E. Molinari, Leopoldo Marechal y Francisco Luis Bernárdez; y ya sin ninguna reserva al chileno Humberto Díaz Casanueva. Con el paso de los años, la poesía rigurosamente metafísica devendrá poesía trascendentalista en general (José Lezama Lima, Cuba, 1912) y ya más directamente humana, poesía existencial (Octavio Paz), reproduciéndose de este modo en el ámbito poético el mismo giro que se da en la especulación filosófica donde la metafísica ha tenido que refugiarse en la ética o conciliarse con ella. Sin embargo, las dos últimas formas que acabamos de mencionar aparecerán desarrolladas en todas sus implicaciones en un estadio posterior al posvanguardismo tal como aquí lo entendemos. Ese nuevo estadio, al que justamente pertenecen tanto Lezama y Paz como las más recientes promociones, emerge liberado en general de las premisas de contención intelectual que todavía dominaban aquel período anterior (véanse las páginas finales del estudio preliminar a esta antología). De todos modos, como por razones editoriales no podemos abrir una sección especial para esos poetas que surgen alrededor de la segunda guerra mundial o después de ella, y como no queremos prescindir de algunos nombres de capital importancia en estas últimas tendencias, se incluye también en este apartado del posvanguardismo a Octavio Paz. Y la misma razón editorial justifica la inclusión en este mismo apartado de poetas como el venezolano Otto de Sola, el colombiano Eduardo Carranza y el chileno Nicanor Parra que representan diversas tendencias de la poesía madura de sus respectivos países.

Vienen ahora aquéllos para quienes la poesía abrió una puerta de expresión sincera, apasionada, caótica en ocasiones, de sus experiencias personales o de su individual y dramática visión del mundo. Aquí encontraremos de nuevo a Ballagas y a Molinari, buenos ejemplos del neorromanticismo hispanoamericano de nuestro siglo, y, ya aprovechando las libertades máximas del superrealismo, al Neruda de *Residencia en la tierra, I y II.* Neorromanticismo y superrealismo se enlazan por mil vasos comunicantes conformando una suerte de mecanismo expresivo que se mantiene en pie en América como uno de sus baluartes más firmes, no siempre manejado con legitimidad y peligroso en más de un sentido pues es una invitación al desbordamiento gratuito y a la retórica. No puede dejar de mencionarse en esta línea de tono romántico y libertad expresiva, y con todas las reservas que la clasificación de este poeta siempre implica, al César Vallejo de *Poemas humanos.*

La poesía que concentra su mirada en la realidad circunstante y la problemática social ofrece diversas modalidades y una natural gradación. Comenzaría, por el lado de la más absoluta calidad lírica, en la poesía de inspiración nativa, basada en la naturaleza de América y en el hombre americano visto en su universal dimensión humana, como en Pablo Antonio Cuadra. Y por otro, el más superficial, en la estampa pintoresca y el fácil folklorismo inicial del cubano Nicolás Guillén y de otros cultivadores de la misma tendencia negrista. Tendencia que—ya se sabe—apareció en América en relación directa con el "negrismo" que se cultivaba en las artes europeas de aquellos años. Era consecuencia del interés despertado por los estudios hechos entonces de diferentes manifestaciones artísticas o de carácter antropológico en el continente africano, a las cuales se iba también por un deseo de captar las esencias de lo primitivo. Esa moda negra, en la poesía, no se limitó a las Antillas sino que se extendió a otros países: Colombia (Jorge Artel, 1905), Uruguay (Ildefonso Pereda Valdés, 1899), por ejemplo; si bien es cierto que fue en Cuba y Puerto Rico principalmente donde adquirió mayor fuerza y asumió caracteres más definidos e interesantes. Conviene recordar cómo en los Estados Unidos mismos, y por esos años, aparece la poesía de Langston Hughes, entre otros, muy estrechamente ligada, tanto en sus manifestaciones de pura gracia pintoresca como en otras mucho más hondas y de crítica social, a la de los poetas llamados afro-antillanos. Bien pronto, sin embargo, los cultivadores de esa tendencia se preocuparon por motivos más serios: la recreación de mitos y supersticiones de los pueblos primitivos de nuestro continente y el buceo en las complejidades de su alma, para terminar en la denuncia concreta de situaciones político-sociales desquiciadas aún imperantes, cuyas dolorosas consecuencias recaen casi sistemáticamente sobre negros e indios, y aun la defensa de ideologías de muy definido color. Esta gradación se da a veces en un mismo poeta. Así el puertorriqueño Luis Palés Matos es el autor de una rítmica y colorista "Danza negra" pero también de una honda "Canción festiva para ser llorada." Más consecuente es la evolución de los poetas afiliados a una determinada política:

la de Guillén, que desde sus externos *Motivos de son* pasa a los poemas anti-imperialistas de *West Indies Ltd.* y, en su última etapa, a los revolucionarios de *Tengo* (1964), su libro más reciente. O, con mayor estatura y proyección, la de Neruda desde sus mismas "Residencias," pues la *Tercera* se escribe ya "bajo las nuevas banderas," hasta su *Canto General.* Claro es que a la poesía social no se tiene que llegar siempre por evolución; y hay buen número de poetas uruguayos, argentinos, peruanos en los cuales la temática social ha sido preocupación constante de su obra. No hay que reiterar que en los casos extremos la poesía política está en punto de quiebra, o en quiebra total, sometida como se halla a la precisión informativa que la propaganda requiere y que nunca ha sido condición del lirismo.

Hemos citado, sólo a título de ejemplos, algunos de los nombres importantes que aparecerán con sus poemas en las páginas que siguen. Pero conviene repetir que cada uno de ellos se resiste a la rígida y excluyente clasificación, como ocurre también con los otros no citados aún pero que por su importancia indudable aparecen en esta antología: el puertorriqueño Evaristo Ribera Chevremont, el mexicano Carlos Pellicer, el ecuatoriano Jorge Carrera Andrade, el dominicano Manuel del Cabral. Y quedarían aquellos que el espacio no nos ha permitido incluir, aunque su obra muestre valores que así lo aconsejarían: los mexicanos Jaime Torres Bodet (1902) y Salvador Novo (1904); el nicaragüense José Coronel Urtecho (1906); los colombianos Rafael Maya (1898) y Germán Pardo García (1902); los peruanos Xavier Abril (1905) y Emilio Adolfo Westphalen (1911); los chilenos Pablo de Rokha (1894), Juvencio Valle (1900) y Rosamel del Valle (1901); el paraguayo Herib Campos Cervera (1908-1943), los uruguayos Ildefonso Pereda Valdés (1899), Fernando Pereda (1900), Roberto Ibáñez (1907) y Juvenal Ortiz Saralegui (1907-1959); los argentinos

Oliverio Girondo (1891), Eduardo González Lanuza (1900), Nicolás Olivari (1900), Carlos Mastronardi (1901), Raúl González Tuñón (1905) y César Tiempo (1906).

Y aún falta referirnos a un importante grupo, el de las mujeres. Ya la crítica más inteligente de la poesía hispanoamericana ha observado cómo en los momentos de revolución—modernismo, vanguardismo—la mujer suele desaparecer del escenario poético y cómo, en cambio, vuelve a dejarse oír en los períodos de serenidad, orden y concreción, esto es, cuando el ejercicio del verso puede hacerse instrumento de confesión y afirmación personal. Así hay que citar con toda justicia dentro del posvanguardismo un buen número de ellas: la salvadoreña Claudia Lars (1899), la venezolana Luisa del Valle Silva (1902), las argentinas Silvina Ocampo (1906) y Norah Lange (1906), la uruguaya Sara de Ibáñez (1910), la cubana Mirta Aguirre (1912) y la puertorriqueña Julia de Burgos (1917-1953). Por las fechas de nacimiento hemos cerrado aquí las puertas al campo hacia 1914; y éste es un criterio discutible, como todos los que a cronología se refieren en materia de historia literaria. Pero nos parece que las poetisas nacidas de entonces para acá (una Fina García Marruz en Cuba o una Rosario Castellanos en México) escriben una poesía movida por impulsos diversos y expresada en tonos diferentes a la de sus hermanas mayores del posvanguardismo. Otra vez los límites obligados en esta colección dejan fuera una buena cantidad de poesía.

Una observación final, reiterada por importante. Muchos de los poetas que incluimos en este apartado del posvanguardismo (Vallejo, Neruda, Borges, los "contemporáneos" de México, etc.) aparecen por lo común citados en manuales y antologías (y lo que es más grave, en la estimación de las gentes) como poetas *vanguardistas*. El motivo ya se conoce y lo apuntamos al comienzo de la sección anterior: como rebeldes, nuevos e iconoclastas, o sea, como vanguardistas,

empezaron su carrera poética. Y como vanguardistas han quedado. No importa que el
mayor volumen—el casi total volumen de su
obra—cobre natural y cómodo sitio en esa
distinta sensibilidad ya más estable que
siguió a la aventura de los ismos, y que éstos
ciertamente prepararon. A Borges y a Gorostiza, por ejemplo, se les continúa citando y
estudiando con harta frecuencia como vanguardistas. Y ésta es la mayor injusticia que
pueda hacérseles, aunque tal catalogación se
haga desde los más científicos criterios, como
pretende ser el generacional. El vanguardismo, *sensu estrictu*, fue un movimiento mucho
más breve que el plazo de tiempo natural en
que se integra y desarrolla una generación.
Luego, aplicar de un modo mecánico el
método generacional resulta aquí inoperante.
El cotejo de un texto "ultraísta" de Borges y
uno de sus más densos y profundos poemas de
años inmediatamente posteriores—y es sólo
un ejemplo que puede practicarse con cualquier otro poeta—arroja un trecho tan in-
salvable que es una violentación estética
difícil de admitir el querer agruparlos bajo
una misma calificación, aunque ella se haga
desde un criterio generacional. Es hora de que
se vaya reduciendo el vanguardismo a sus
justos límites, a pesar de la posible ambi-
güedad o generalidad de la palabra (pues en

verdad, como ya se dijo, todo lo nuevo podrá
ser siempre arte de vanguardia) y precisamente por ello mismo. No otra cosa ocurrió
con la voz modernismo y con tantas otras en
la historia de las letras.

Cosa bien distinta es que ciertas áreas de la
más joven poesía de Hispanoamérica se
pregunten todavía—con el deseo de una respuesta afirmativa—si está vivo aún el vanguardismo. Tienen derecho a ello, con tal que
sus intenciones artísticas sean sinceras y no
obedezcan a ese sutil espejismo de misterio
con que la poesía se presenta siempre a quien
da por ello los primeros pasos. Hay que
reconocer, ciertamente, que una resistente
presencia de actitudes y formas vanguardistas
se da en gran parte de la lírica juvenil de
América. Tal vez estemos en puertas de un
"neovanguardismo" (?); pero es evidente que
nadie podrá negar la existencia de un amplio
período en la lírica hispanoamericana que
significó una concreción y un ahondamiento
reposado de aquellas conquistas revolucionarias de los años veinte, y que esa estabilidad
(no retroceso, no inercia) fue la nota fundamental del posvanguardismo. Los poetas que
la lograron—a despecho de haber escrito tal
vez en sus comienzos una docena de poemas
vanguardistas—no merecen en verdad ese
calificativo.

Mariano Brull.

CUBA, 1891–1956   Aunque por cronología pertenece estrictamente a la generación posmodernista (y a la tónica de esta época se aviene su primer libro, *La casa del silencio*), Mariano Brull se adelanta a sus años y es quien de un modo oficial introduce en Hispanoamérica la poesía *pura*, que había aprendido en sus fuentes francesas mediante el contacto con Paul Valéry, de cuyos textos hace muy atinadas versiones al español. Desde su segundo libro, *Poemas en menguante*, apuntó Brull sostenidamente hacia la lucidez y la perfección (una perfección monótona y monotonal, como justamente le ha señalado la crítica), creando en sus versos una atmósfera en extremo límpida donde la emoción se escamotea a través de un sutil juego intelectual, decantado y asombroso. Es cierto que la realidad no está ausente en Brull; todo lo contario: la realidad llena plenamente su poesía. Lo que se tamiza es la directa reacción emocional del hombre frente a ella, sin llegar a desaparecer, y lo que en verdad se evita es el paso al poema de las inmediatas y concretas vivencias históricas de quien lo escribe, asistiendo así a un esfuerzo mantenido de nítida creación artística. De aquí que los temas elegidos, y con mayor insistencia el de la rosa, así como el incesante trabajo metafórico, contribuyan de eficaz manera a acentuar ese ideal de objetividad y norma que fue sustancial a la poesía pura.

De un ocasional y travieso divertimento que para sus hijas compuso Brull, y que por su curiosidad se reproduce en esta antología, tomó Alfonso Reyes la voz *jitanjáfora* para denominar ese procedimiento—máximo logro de aquellos años de regusto esteticista—que consiste en vaciar el lenguaje de todo contenido conceptual o afectivo y reducirlo a la inanidad del puro juego sonoro, a la pueril fruición verbal. La jitanjáfora en sí es tan vieja como la poesía, y esto lo ha demostrado cumplidamente el propio Reyes, pero respondía muy bien a los fines evasivos de una buena parte de la estética de los años veinte. Pero esto no significa que Brull fuese un poeta perdido en las dislocaciones y extremismos de la vanguardia, ya que el equilibrado y riguroso poeta cubano sabía muy bien ahondar dentro de sí mismo y en sus momentos más hondos extraer de allí productos líricos de una casi absoluta espiritualidad.

Temas generales

1. Las distintas fases poéticas en la evolución de M.B.: posmodernismo, vanguardismo, posvanguardismo.
2. M.B., traductor de Paul Valéry. Las influencias francesas en la poesía *pura* del poeta cubano.
3. Las jitanjáforas de M.B. como expresión de los ideales de juego y evasión del arte de entreguerras.
4. La rosa como persistente símbolo temático en la poesía de M.B.
5. El mundo poético de M.B.: su participación en el reino de lo sensorial y lo espiritual.
6. La concentración y la lucidez expresiva en la dicción poética de M.B.

Bibliografía

Obra poética

La casa del silencio (Introducción de Pedro Henríquez Ureña), Madrid, 1916. *Poemas en menguante*, París, 1928. *Canto redondo*, 1934. *Solo de rosa*, La Habana, 1941. *Temps en peine. Tiempo en pena* (Traducción de Mathilde Pomés), Bruselas, 1950. *Rien que . . .* (Nada más que . . .), París, 1954.

Estudios

LIBROS GENERALES: Fernández Retamar, Roberto, *Lo cubano en la poesía*, La Habana, 1954. Vitier, Cintio, *Cincuenta años de poesía cubana (1902-1952)*, La Habana, 1952. Vitier, Cintio, *Lo cubano en la poesía*, Universidad Central de Las Villas, Cuba, 1958.

ARTÍCULOS: Ballagas, Emilio, "La poesía de M.B.," Orto, *XXIV*, 1935. Baquero, Gastón, "In memoriam M.B.," JP, *XXVII*, núm. 6, 1958. Bueno, Salvador, "En memoria del poeta M.B.," NacionC, 12 jul. 1956. Chacón y Calvo, José María, "En la muerte de un amigo: M.B.," BACLH, *VIII*, núm. 1-4, 1959. Florit, Eugenio, "M.B. y la poesía cubana de vanguardia," *Movimientos literarios de vanguardia*, Memoria del Undécimo Congreso del Instituto Internacional de Literatura Iberoamericana, México (publicada por la Universidad de Texas), 1965. Henríquez Ureña, Max, "Tránsito y poesía de M.B.," BACLH, *VII*, núm. 1-2, 1958. Jiménez, José O., "Hacia la poesía pura en Cuba," HispW, *XLV*, núm. 3, 1962. Matas, Julio, "M.B. y la poesía pura en Cuba," NRC, *I*, núm. 3, 1959. Rodríguez Luis, Julio, "Recuerdos de M.B.," Ciclón, vol. 2, núm. 5, 1956. Tello, Jaime, "Poetas contemporáneos de América: M.B.," RAmer, *XI*, 1947. Valle, Rafael Heliodoro, "Diálogo con M.B.," UnivMex, *II*, núm. 14, 1947.

Ya se derramará como obra plena

Ya se derramará como obra plena
toda de mí, —¡alma de un solo acento!—
múltiple en voz que ordena y desordena
trémula, al borde, del huir del viento.

Y he de hallarme de nuevo, —¡todo mío!—
disperso en mí, con la palabra sola:

dulce, de tierra húmeda en rocío,
blanco en la espuma de mi propia ola.

Y el ímpetu que enfrena y desenfrena
ya sin espera: todo en el momento:
y aquí y allí, esclavo, —sin cadena—
¡y libre en la prisión del firmamento!

(De *Poemas en menguante*, 1928)

En esta tierra del alma . . .

En esta tierra del alma
leve y tenaz
—limo naciente de morires súbitos—
hueco, —entre dos piedras de silencio—
mi canto, eterno, recomienza.

¡Qué más
belleza verdadera
sabor a eterna cosa por decir!

Sin nueva espera. Ya
en tierra mía de alma —campo santo—
con la almendra del canto nacido por nacer.

(De *Poemas en menguante*, 1928)

Verdehalago

Por el verde, verde
verdería de verde mar
Rr con Rr.

Viernes, vírgula, virgen
enano verde
verdularia cantárida
Rr con Rr.

Verdor y verdín
verdumbre y verdura.
Verde, doble verde
de col y lechuga.

Rr con Rr
en mi verde limón
pájara verde.

Por el verde, verde
verdehalago húmedo
extiéndome.—Extiéndete.

Vengo de Mundodolido
y en Verdehalago me estoy.

(De *Poemas en menguante*, 1928)

Jitanjáfora[1]

Filiflama alabe cundre
ala olalúnea alífera
alveolea jitanjáfora
liris salumba salífera.

Olivia oleo olorife
alalai cánfora sandra
milingítara girófoba
zumbra ulalindre calandra.

Epitafio a la rosa

Rompo una rosa y no te encuentro.
Al viento, así, columnas deshojadas,
palacio de la rosa en ruinas.
Ahora —rosa imposible— empiezas:
por agujas de aire entretejida

al mar de la delicia intacta,
donde todas las rosas
—antes que rosa—
belleza son sin cárcel de belleza.

(De *Canto redondo*, 1934)

[1]Este es un juego verbal, más que poema, al que Brull no puso título y que nosotros identificamos con una de sus palabras, aquélla de que se valió Alfonso Reyes para designar el procedimiento sobre el que está construido. El propio Reyes ha referido la anécdota: "Pues bien: eran los días de París. Toño Salazar solía deleitarnos recordando el peán de Porfirio Barba Jacob y lo recitaba sin un solo tropiezo. Es posible que de aquí partiera el intento de Mariano Brull. Antes de traerlo a su poesía, le dio una aplicación traviesa. En aquella sala de familia, donde su suegro, el doctor Baralt, gustaba de recitar versos del Romanticismo y de la Restauración, era frecuente que hicieran declamar a las preciosas niñas de Brull. Este resolvió un día renovar los géneros manidos. La sorpresa fue enorme y el efecto fue soberano. La mayorcita había aprendido el poema que su padre le preparó para el caso; y aceptando la burla con la inmediata comprensión de la infancia, en vez de volver sobre los machacones versos de párvulos, se puso a gorjear, llena de despejo, este verdadero trino de ave:

Filiflama alabe cundre . . .

Escogiendo la palabra más fragante de aquel racimo, di desde entonces en llamar las Jitanjáforas a las niñas de Mariano Brull. Y ahora se me ocurre extender el término a todo este género de poema o fórmula verbal" ("Las jitanjáforas," en *La experiencia literaria*, Buenos Aires, 1942, págs. 200–201).

Marina

A José Carner

El pájaro estaba allí
donde más ancho es el día,
filo en el aire adentrado,
¡ya canto y pluma no más!
Lo que es pluma y era canto
—fuga azul que el mar orea—

el sol muda en lumbraradas.
¿Dónde el canto, ya fulgor?
¿A dónde esta luz de pluma?—
El pájaro ya no estaba:
¡Sólo la vela del trino
cortaba la soledad!

(De *Canto redondo,* 1934)

Tiempo en pena

Yo estaba dentro y fuera —en lo mirado—
de un lado y otro el tiempo se divide,
y el péndulo no alcanza, en lo que mide,
ni el antes ni el después de lo alcanzado.
Mecido entre lo incierto y lo ignorado,
vuela el espacio que al espacio pide
detenerse en el punto en que coincide

cuanto es inesperado en lo esperado.
Por la orilla del mundo ronda en pena
el minuto fantasma: —último nido
de la ausencia tenaz que lo condena
a tiempo muerto aun antes de nacido—
mientras en torno, el péndulo encadena
el futuro a un presente siempre ido . . .

(De *Temps en peine. Tiempo en pena,* 1950)

El niño y la luna

La luna y el niño juegan
un juego que nadie ve;
se ven sin mirarse, hablan
lengua de pura mudez.
¿Qué se dicen, qué se callan,
quién cuenta, una, dos y tres,
y quién, tres, y dos y uno
y vuelve a empezar después?
¿Quién se quedó en el espejo,
luna, para todo ver?
Está el niño alegre y solo:
la luna tiende a sus pies
nieve de la madrugada,

azul del amanecer;
en las dos caras del mundo
—la que oye y la que ve—
se parte en dos el silencio,
la luz se vuelve al revés,
y sin manos, van las manos
a buscar quién sabe qué,
y en el minuto de nadie
pasa lo que nunca fue . . .

El niño está solo y juega
un juego que nadie ve.

(De *Temps en peine. Tiempo en pena,* 1950)

César Vallejo

PERÚ, 1892-1938 De un inicial posmodernismo de tono romántico (*Los heraldos negros*), matizado ya con el sello personalísimo de su desgarrada expresión del dolor, pasa César Vallejo a conseguir en su libro *Trilce* una de las más altas muestras en América de la estética de vanguardia. Y después de un largo silencio, evoluciona hacia una poesía que conservará de aquella estética su culto al lenguaje emocional e incoherente pero cargada cada vez más directamente con el vivo calor de las experiencias reales del que la escribe y tendiente a una abertura, nunca total, de su solipsismo anterior. Tal es el carácter de sus dos últimos y más hondos libros: *Poemas humanos* y *España, aparta de mí este cáliz.*

Su breve producción no obsta para que muchos le estimen la voz más puramente americana de nuestra poesía, juicio en el que no se anda desencaminado, y para que su influencia sea inobjetablemente una de las mayores en los jóvenes poetas de lengua española en ambas vertientes del Atlántico, en especial después de la segunda guerra mundial. Esta influencia no se explica por los atrevimientos y descoyunturas de la forma ni por su aspiración a una radical novedad sino por el alcance más humano, profundo y universal de su lirismo, que asoma intacto en medio de las mayores resquebrajaduras. Vallejo es, sobre toda otra cosa, un poeta que testimonia emocionadamente su precario estar en el mundo—su soledad, angustia y orfandad, su solidario sentimiento hacia los otros, su respeto dolorido por la pena ajena y propia—y a través de cuyos versos resuenan los acentos más nobles de su alma mestiza, indígena y española, es decir, hispanoamericana: la nostalgia y la resignación junto a la rebeldía, el pesimismo como sentimiento, la conciencia de una culpabilidad fatal, el temblor trascendente que se vuelve a veces imprecación de duda o de blasfemia a Dios, la defensa ardorosa y viril de la libertad y la dignidad del hombre, el tono libremente tierno, coloquial, afectuoso.

A Vallejo se le ha tratado de entender y estudiar desde ángulos muy diversos. Como producto de la heredada condición de su mestizaje o de su medio andino nativo, hasta convertir su poesía en un caso extremo de etnología y teluricidad. O partiendo de la literatura, de lo literario en sí (la ascendencia barroca, la huella de Mallarmé, los contactos con el dadaísmo, el superrealismo o en general la poética de vanguardia). O, con mayor inmediatez, sobre la base de su historia personal, de su biografía, hecha de rebeldías, fugas, éxodos, persecuciones, aislamiento, pobreza, latencias vivas de su fondo cristiano, adhesión a la doctrina marxista, etc. Como ocurre siempre con los grandes poetas—y Vallejo es uno de los mayores de América—ninguna interpretación unilateral lo cubrirá totalmente.

Temas generales

1. Lo literario de época y lo personal y peruano en la poesía primera de C.V.

2. *Trilce* o las relaciones de C.V. con el vanguardismo. Raíz, justificación y superación.

3. Los *Poemas humanos*. Examen de las variadas tensiones emocionales de este libro. La realidad en los *Poemas humanos*.

4. El encuentro con España y la experiencia de la guerra civil: su reflejo en la obra de C.V.

5. Los temas persistentes en C.V. (el amor, la familia, la orfandad, la muerte, etc.) y el tono existencial con que están sentidos y tratados.

6. La manifestación estética en C.V. de su mesti-

zaje racial y cultural.

7. El fondo trascendente y religioso en la poesía de C.V.

8. La solidaridad humana como tema y como sentimiento radical.

9. Presencia del Perú en el lenguaje poético de C.V.

10. C.V., auténtica voz americana: defensa de este juicio.

Bibliografía

Obra poética

Los heraldos negros, Lima, 1918. *Trilce*, pról. de Antenor Orrego, 1922; 2a edic. Prólogo-Noticia de José Bergamín, Madrid, 1930. *Poemas humanos* (1923–1938), con notas por Luis A. Sánchez, Jean Cassou y Raúl Porras Barrenechea, París. 1939. *España, aparta de mí este cáliz*, 1939. *Antología de César Vallejo*, selec. y pról. de Xavier Abril, con notas por Xavier Abril, José Carlos Mariátegui, José Bergamín, Juan Larrea, Louis Aragon y Gerardo Diego, Buenos Aires, 1942. *Poesías completas, 1918–1938*, recop., pról. y tres notas de César Miró, 1949. *Poemas completos* (Primera edición numerada y con facsímiles de *Poemas en prosa*, *Poemas humanos* y *España, aparte de mí este cáliz*), Pról. de Américo Ferrari y "Aclaración sobre *Poemas en prosa* y *Poemas humanos*" por Georgette de Vallejo, Lima, 1967.

Estudios

LIBROS ESPECIALES: Abril, Xavier, *Vallejo. Ensayo de aproximación*, Buenos Aires, 1958. Abril, Xavier, *C.V. o la teoría poética*, Madrid, 1962. Castañón, José Manuel, *Pasión por Vallejo*, Mérida, 1963. Espejo Arzurriaga, Juan. *C.V. Itinerario del hombre*, Lima, 1965. Izquierdo Ríos, Francisco, *Vallejo y su tierra*, Lima, 1949. Larrea, Juan, *C.V. o Hispanoamérica en la cruz de su razón*, Córdoba, Argentina, 1958. Monguió, Luis, "C.V. Vida y obra. Bibliografía. Antología," RHM, 1952. More, Ernesto, *C.V.*, Lima, 1955. Samaniego, Antenor, *C.V., su poesía*, Lima, 1954. Yurkievich, Saúl, *Valoración de Vallejo*, Buenos Aires, 1958. Zilio, Giovanni Meo, *Stile e poesia in C.V.*, Padova, 1960. *Aula Vallejo*, Universidad Nacional de Córdoba, Argentina, 1, 1961 [contiene trabajos de Saúl Yurkievich, J. Larrea, Cintio Vitier, P. Neruda y una completa "Bibliografía Vallejiana" compilada por Luis Foti]. *C.V. poeta trascendental de Hispanoamérica. Su vida, su obra, su significado* (Actas del Simposium celebrado por la Facultad de Filosofía y Humanidades de la Universidad Nacional de Córdoba, Argentina), 1963 [contiene

trabajos de Juan Larrea, Alcides Spelucín, X. Abril, A. Orrego, G. de Torre, Juan C. Ghiano, y otros].

LIBROS GENERALES: Bajarlía, Juan Jacobo, *La poesía de vanguardia. De Huidobro a Vallejo*, Buenos Aires, 1965. Monguió, Luis, *La poesía posmodernista peruana*, University of California Press, 1954. Pérez, Galo René, *Cinco rostros de la poesía* (M. Hernández, F. García Lorca, C.V., P. Barba Jacob, P. Neruda), Quito, 1960. Sánchez, Luis Alberto. "C.V.," en *Escritores representativos de América*, Primera serie, Vol. III, Madrid, 1963. Valverde, José María, "Notas de entrada a la poesía de C.V."; "C.V. y la palabra inocente," en *Estudios sobre la palabra poética*, Madrid, 1952.

ARTÍCULOS: Alegría, Ciro, "El C.V. que yo conocí," CuA, *III*, núm. 6, 1944. Augier, Angel I., "C.V.: Poesía y humanidad," UDLH, *XVIII*, núm. 55–57, 1944. Bajarlía, Juan J., "El Ser-Ahí de C.V.," CBA, *IX*, núm. 31, 1962. Coyné, André, "Influencias culturales y expresión personal en *Los heraldos negros*," LetrasL, núm. 50–53, 1954. Gicovate, Bernardo, "De Rubén Darío a C.V.: una constante poética," LaTo, *XIII*, núm. 49, 1965. González Prada, Alfredo, "La poesía de C.V.," RHM, *V*, 1939. Iduarte, Andrés, "C.V.," HdE, núm. 20, 1938. Lora Risco, Alejandro, "C.V. y la guerra civil española," CuH, *LXI*, 1965. Lora Risco, Alejandro, "Introducción a la poesía de C.V.," CuA, *XIX*, núm. 4, 1960. Meléndez, Concha, "Muerte y resurreción de C.V.," RevIb, *VI*, núm. 12, 1943. Menéndez Leal, Alvaro, "Lo americano, el dolor, Vallejo," DiH, 28 jun. 1953. Orrego, Antenor, "C.V., el poeta del solecismo," CuA, *XVI*, núm. 1, 1957. Orrego, Antenor, "El sentido americano y universal de la poesía de C.V.," PolCar, núm. 11, 1960. Pérez, Galo René, "C.V., poeta de América," CCLC, núm. 14, 1955. Pérez Martín, Norma, "La muerte en la poesía de C.V.," RevIb, *XXXI*, núm. 60, 1965. Quiñones, Fernando, "Nota sobre la poesía y C.V.," CuH, *XXXII*, núm. 96, 1957. Rangel Guerra, Alfonso, "Dolor y poesía en C.V.," AyLet, *XIV*, núm. 5, 1957. Rodríguez-Peralta, Phyllis, "The Peru of Chocano and Vallejo," HispW, *XLIV*, 1961. Romaña García, José María, "C.V. y lo absoluto," EstA, *V*, 1953. Salazar Bondy, Sebastián, "C.V. y la poesía social," Sur, *XIX*, núm. 199, 1951. Sánchez, Luis Alberto, "Vallejo, hombre y poeta libre," CCLC, núm. 30, 1958. Spinelli, Raffaele, "C.V. e la poesia indigenista del Perú," ALatM, *I*, 1952. Subero, Efraín, "El fatalismo de Vallejo," BAV, *XXIX*, núm. 109-112, 1961. Tamayo Vargas, Augusto, "Tres poetas de América: C.V., Pablo Neruda y Nicolás Guillén," MP, *XXXIX*, núm. 377, 1958. Torre, Guillermo de, "La exaltación de C.V.," Insula, *XIII*, núm. 156, 1959. Torre, Guillermo de, "Reconocimiento crítico de C.V.," RevIb, *XXV*, núm. 49, 1960 (Recogido en *Tres conceptos de la literatura hispanoamericana*, Buenos Aires, 1963). Yurkievich, Saúl, "Realidad y poesía: Huidobro, Vallejo y Neruda," Hu, núm. 35, 1960. Zamora Vicente, Alonso, "Considerando, comprendiendo (notas a un poema de C.V.)," CUn, núm. 60, 1957 (Recogido en *Voz de la letra*, Madrid, 1958).

Los heraldos negros

Hay golpes en la vida, tan fuertes . . . ¡Yo no sé!
Golpes como del odio de Dios; como si ante ellos,
la resaca de todo lo sufrido
se empozara en el alma . . . ¡Yo no sé!

Son pocos; pero son . . . Abren zanjas oscuras
en el rostro más fiero y en el lomo más fuerte.
Serán tal vez los potros de bárbaros atilas;
o los heraldos negros que nos manda la Muerte.

Son las caídas hondas de los Cristos del alma,
de alguna fe adorable que el Destino blasfema.
Esos golpes sangrientos son las crepitaciones
de algún pan que en la puerta del horno se nos quema.

Y el hombre . . . ¡Pobre . . . pobre! Vuelve los ojos como
cuando por sobre el hombro nos llama una palmada;
vuelve los ojos locos, y todo lo vivido
se empoza, como un charco de culpa, en la mirada.

Hay golpes en la vida tan fuertes . . . ¡Yo no sé!

(De *Los heraldos negros*, 1918)

Ágape[1]

Hoy no ha venido nadie a preguntar;
ni me han pedido en esta tarde nada.

No he visto ni una flor de cementerio
en tan alegre procesión de luces.
Perdóname, Señor: qué poco he muerto!

En esta tarde todos pasan
sin preguntarme ni pedirme nada.

Y no sé qué se olvidan y se queda
mal en mis manos, como cosa ajena.

He salido a la puerta,
y me da ganas de gritar a todos:
Si echan de menos algo, aquí se queda!

Porque en todas las tardes de esta vida,
yo no sé con qué puertas dan a un rostro,
y algo ajeno se toma el alma mía.

Hoy no ha venido nadie;
y hoy he muerto qué poco en esta tarde!

(De *Los heraldos negros*, 1918)

[1] "*Ágape*": la palabra se aplicaba a la cena ceremonial de los primitivos cristianos.

La cena miserable

Hasta cuándo estaremos esperando lo que
no se nos debe . . . Y en qué recodo estiraremos
nuestra pobre rodilla para siempre! Hasta cuándo
la cruz que nos alienta no detendrá sus remos!

Hasta cuándo la Duda nos brindará blasones
por haber padecido! . . .
                            Ya nos hemos sentado
mucho a la mesa, con la amargura de un niño
que a media noche, llora de hambre, desvelado . . .

Y cuándo nos veremos con los demás, al borde
de una mañana eterna, desayunados todos!
Hasta cuándo este valle de lágrimas, a donde
yo nunca dije que me trajeran.
                            De codos
todo bañado en llanto, repito cabizbajo
y vencido: hasta cuándo la cena durará!

Hay alguien que ha bebido mucho, y se burla,
y acerca y aleja de nosotros, como negra cuchara
de amarga esencia humana, la tumba . . .
                            Y menos sabe
ese oscuro hasta cuándo la cena durará!

(De *Los heraldos negros*, 1918)

Los dados eternos

Para Manuel González Prada, esta emoción bravía
y selecta, una de las que, con más entusiasmo, me ha
aplaudido el gran maestro.

Dios mío, estoy llorando el ser que vivo;
me pesa haber tomádote tu pan;
pero este pobre barro pensativo
no es costra fermentada en tu costado:
tú no tienes Marías[2] que se van!

Dios mío, si tú hubieras sido hombre,
hoy supieras ser Dios;
pero tú, que estuviste siempre bien,
no sientes nada de tu creación.
Y el hombre sí te sufre: el Dios es él!

Hoy que en mis ojos brujos hay candelas,
como en un condenado,
Dios mío, prenderás todas tus velas,

y jugaremos con el viejo dado . . .
Tal vez ¡oh jugador! al dar la suerte
del universo todo,
surgirán las ojeras de la Muerte
como dos ases fúnebres de lodo.

Dios mío, y esta noche sorda, oscura,
ya no podrás jugar, porque la Tierra
es un dado roído y ya redondo
a fuerza de rodar a la aventura,
que no puede parar sino en un hueco,
en el hueco de inmensa sepultura.

(De *Los heraldos negros*, 1918)

[2]*Marías:* referencia a las tres mujeres que además de su madre estuvieron al lado de Cristo en la Cruz: María Magdalena, María la madre de Santiago, y la madre de los hijos de Zebedeo (Mateo, 27, 55–56).

XVIII

Oh las cuatro paredes de la celda.[3]
Ah las cuatro paredes albicantes
que sin remedio dan el mismo número.

Criadero de nervios, mala brecha,
por sus cuatro rincones cómo arranca
las diarias aherrojadas extremidades.

Amorosa llavera de innumerables llaves,
si estuvieras aquí, si vieras hasta
qué hora son cuatro estas paredes.
Contra ellas seríamos contigo, los dos,
más dos que nunca. Y ni lloraras,
dí, libertadora!

Ah las paredes de la celda.
De ellas me duele entretanto más
las dos largas que tienen esta noche
algo de madres que ya muertas
llevan por bromurados declives,
a un niño de la mano cada una.

Y sólo yo me voy quedando,
con la diestra, que hace por ambas manos,
en alto, en busca del terciario brazo
que ha de pupilar, entre mi donde y mi
[cuando,
esta mayoría inválida de hombre.

(De *Trilce*, 1922)

XXVIII

He almorzado solo ahora, y no he tenido
madre, ni súplica, ni sírvete, ni agua,
ni padre que, en el facundo ofertorio
de los choclos,[4] pregunte para su tardanza
de imagen, por los broches mayores del sonido.

Cómo iba yo a almorzar. Cómo me iba a
[servir
de tales platos distantes esas cosas,
cuando habráse quebrado el propio hogar,
cuando no asoma ni madre a los labios.
Cómo iba yo a almorzar nonada.

A la mesa de un buen amigo he almorzado
con su padre recién llegado del mundo,
con sus canas tías que hablan
en tordillo retinte de porcelana,
bisbiseando por todos sus viudos alvéolos;

y con cubiertos francos de alegres tiroriros
porque estánse en su casa. Así qué gracia!
Y me han dolido los cuchillos
de esta mesa en todo el paladar.

El yantar de estas mesas así, en que se
[prueba
amor ajeno en vez del propio amor,
torna tierra el bocado que no brinda la

MADRE,

hace golpe la dura deglusión; el dulce,
hiel; aceite funéreo, el café.

Cuando ya se ha quebrado el propio hogar,
y el sírvete materno no sale de la
tumba,
la cocina a oscuras, la miseria de amor.

(De *Trilce*, 1922)

XLI

La Muerte de rodillas mana
su sangre blanca que no es sangre.
Se huele a garantía.
Pero ya me quiero reír.

Murmúrase algo por allí. Callan.
Alguien silba valor de lado,
y hasta se contaría en par
veintitrés costillas que se echan de menos

[3]*celda:* Vallejo estuvo en la cárcel de Trujillo cuatro
meses, del 6 de noviembre de 1920 al 26 de febrero de
1921, con motivo de una algarada ocurrida en Santiago

de Chuco, su pueblo natal, unos meses antes, bajo la
acusación de haber tomado parte en ella.
[4]*choclo:* mazorca tierna de maíz.

entre sí, a ambos costados; se contaría
en par también, toda la fila
de trapecios escoltas.

En tanto, el redoblante policial
(Otra vez me quiero reír)
se desquita y nos tunde a palos,

dale y dale,
de membrana a membrana
tas
con
tas.

(De Trilce, 1922)

XLIX

Murmurado en inquietud, cruzo,
el traje largo de sentir, los lunes
                    de la verdad.

Nadie me busca ni me reconoce,
y hasta yo he olvidado
                    de quien seré.

Cierta guardarropía, sólo ella, nos sabrá
a todos en las blancas hojas
                    de las partidas.

Esa guardarropía, ella sola,
al volver de cada facción,
                    de cada candelabro
                    ciego de nacimiento.

Tampoco yo descubro a nadie, bajo
este mantillo que iridice los lunes
                    de la razón;
y no hago más que sonreír a cada púa
de las verjas, en la loca búsqueda
                    del conocido.

Buen guardarropía, ábreme
                    tus blancas hojas;
quiero reconocer siquiera al 1,
quiero el punto de apoyo, quiero
                    saber de estar siquiera.

En los bastidores donde nos vestimos,
no hay, no Hay nadie: hojas tan sólo
                    de par en par.

Y siempre los trajes descolgándose
por sí propios, de perchas
como ductores índices grotescos,
y partiendo sin cuerpos, vacantes
                    hasta el matiz prudente
de un gran caldo de alas con causas
y lindes fritas.
Y hasta el hueso!

(De Trilce, 1922)

LXXV. *Estáis muertos*

Qué extraña manera de estarse muertos. Quienquiera diría no lo estáis. Pero, en verdad, estáis muertos.

Flotáis nadamente detrás de aquesa membrana que, péndula del zenit al nadir, viene y va de crepúsculo a crepúsculo, vibrando ante la sonora caja de una herida que a vosotros no os duele. Os digo, pues, que la vida está en el espejo, y que vosotros sois el original, la muerte.

Mientras la onda va, mientras la onda viene, cuán impunemente se está uno muerto. Sólo cuando las aguas se quebrantan en los bordes enfrentados y se doblan y doblan, entonces os transfiguráis y creyendo morir, percibís la sexta cuerda que ya no es vuestra.

Estáis muertos, no habiendo antes vivido jamás. Quienquiera diría que, no siendo ahora, en otro tiempo fuísteis. Pero, en verdad, vosotros sois los cadáveres de una vida que nunca fue. Triste destino. El no haber sido sino muertos siempre. El ser hoja seca, sin haber sido verde jamás. Orfandad de orfandades.

Y sin embargo, los muertos no son, no pueden ser cadáveres de una vida que todavía no han vivido. Ellos murieron siempre de vida.

Estáis muertos.

(De *Trilce*, 1922)

Voy a hablar de la esperanza

Yo no sufro este dolor como César Vallejo. Yo no me duelo ahora como artista, como hombre ni como simple ser vivo siquiera. Yo no sufro este dolor como católico, como mahometano ni como ateo. Hoy sufro solamente. Si no me llamase César Vallejo, también sufriría este mismo dolor. Si no fuese artista, también lo sufriría. Si no fuese hombre ni ser vivo siquiera, también lo sufriría. Si no fuese católico, ateo ni mahometano, también lo sufriría. Hoy sufro desde más abajo. Hoy sufro solamente.

Me duelo ahora sin explicaciones. Mi dolor es tan hondo, que no tuvo ya causa ni carece de causa. ¿Qué sería su causa? ¿Dónde está aquello tan importante, que dejase de ser su causa? Nada es su causa; nada ha podido dejar de ser su causa. ¿A qué ha nacido este dolor, por sí mismo? Mi dolor es del viento del norte y del viento del sur, como esos huevos neutros que algunas aves raras ponen del viento. Si hubiera muerto mi novia, mi dolor sería igual. Si me hubieran cortado el cuello de raíz, mi dolor sería igual. Si la vida fuese, en fin, de otro modo, mi dolor sería igual. Hoy sufro deste más arriba. Hoy sufro solamente.

Miro el dolor del hambriento y veo que su hambre anda tan lejos de mi sufrimiento, que de quedarme ayuno hasta morir, saldría siempre de mi tumba una brizna de yerba al menos. Lo mismo el enamorado. ¡Qué sangre la suya más engendrada, para la mía sin fuente ni consumo!

(De *Poemas en prosa* [*1923–1924*], 1929)

Los nueve monstruos

Y, desgraciadamente,
el dolor crece en el mundo a cada rato,
crece a treinta minutos por segundo, paso a
[paso,
y la naturaleza del dolor, es el dolor dos veces

y la condición del martirio, carnívora, voraz,
es el dolor, dos veces
y la función de la yerba purísima, el dolor
dos veces
y el bien de ser, dolernos doblemente.

Jamás, hombres humanos,
hubo tanto dolor en el pecho, en la solapa, en
                                        [la cartera,
en el vaso, en la carnicería, en la aritmética!
Jamás tanto cariño doloroso,
jamás tan cerca arremetió lo lejos,
jamás el fuego nunca
jugó mejor su rol de frío muerto!
Jamás, señor ministro de salud, fué la salud
más mortal
y la migrana extrajo tanta frente de la frente!
Y el mueble tuvo en su cajón, dolor,
el corazón, en su cajón, dolor,
la lagartija, en su cajón, dolor.

Crece la desdicha, hermanos hombres,
más pronto que la máquina, a diez máquinas,
                                        [y crece
con la res de Rousseau, con nuestras barbas;
crece el mal por razones que ignoramos
y es una inundación con propios líquidos,
con propio barro y propia nube sólida!
Invierte el sufrimiento posiciones, da función
en que el humor acuoso es vertical
al pavimento,
el ojo es visto y esta oreja oída,
y esta oreja da nueve campanadas a la hora
del rayo, y nueve carcajadas
a la hora del trigo, y nueve sones hembras
a la hora del llanto, y nueve cánticos
a la hora del hambre, y nueve truenos
y nueve látigos, menos un grito.

El dolor nos agarra, hermanos hombres,
por detrás, de perfil,
y nos aloca en los cinemas,
nos clava en los gramófonos,
nos desclava en los lechos, cae perpendicular-
                                        [mente
a nuestros boletos, a nuestras cartas;
y es muy grave sufrir, puede uno orar . . .
Pues de resultas del dolor, hay algunos
que nacen, otros crecen, otros mueren,
y otros que nacen y no mueren, y otros
que sin haber nacido, mueren, y otros
que no nacen ni mueren (Son los más).
Y también de resultas
del sufrimiento, estoy triste
hasta la cabeza, y más triste hasta el tobillo,
de ver al pan, crucificado, al nabo,
ensangrentado,
llorando, a la cebolla,
al cereal, en general, harina,
a la sal, hecha polvo, al agua, huyendo,
al vino, un ecce-homo,
tan pálida a la nieve, al sol tan ardio!
Cómo, hermanos humanos,
no deciros que ya no puedo y
ya no puedo con tanto cajón,
tanto minuto, tanta
lagartija y tanta
inversión, tanto lejos y tanta sed de sed!
Señor Ministro de Salud: qué hacer?
Ah! desgraciadamente, hombres humanos,
hay, hermanos, muchísimo que hacer.

(De *Poems humanos* [*oct. 1931–21 nov. 1937*], 1939)

Considerando en frío, imparcialmente . . .

Considerando en frío, imparcialmente,
que el hombre es triste, tose y, sin embargo,
se complace en su pecho colorado;
que lo único que hace es componerse
de días;
que es lóbrego mamífero y se peina. . . .

Considerando
que el hombre procede suavemente del trabajo
y repercute jefe, suena subordinado;
que el diagrama del tiempo
es constante diorama en sus medallas
y, a medio abrir, sus ojos estudiaron,

desde lejanos tiempos,
su forma famélica de masa. . . .

Comprendiendo sin esfuerzo
que el hombre se queda, a veces, pensando,
como queriendo llorar,
y, sujeto a tenderse como objeto,
se hace buen carpintero, suda, mata
y luego canta, almuerza, se abotona . . .

Considerando también
que el hombre es en verdad un animal
y, no obstante, al voltear, me da con su
                                [tristeza en la cabeza . . .

Examinando, en fin,
sus encontradas piezas, su retrete,
su desesperación, al terminar su día atroz,
                            [borrándolo. . . .

Comprendiendo
que él sabe que le quiero,
que le odio con afecto y me es, en suma,
                            [indiferente. . . .

Considerando sus documentos generales
y mirando con lentes aquel certificado
que prueba que nació muy pequeñito. . . .

le hago una seña,
viene,
y le doy un abrazo, emocionado.
Qué más da! Emocionado. . . . Emociona-
                            [do. . . .

(De *Poemas humanos* [*oct. 1931–21 nov. 1937*], 1939)

Va corriendo, andando, huyendo . . .

Va corriendo, andando, huyendo
de sus pies . . .
Va con dos nubes en su nube,
sentado apócrifo, en la mano insertos
sus tristes paras, sus entonces fúnebres.

Corre de todo, andando
entre protestas incoloras; huye
subiendo, huye
bajando, huye
a paso de sotana, huye
alzando al mal en brazos,
huye
directamente a sollozar a solas.

Adonde vaya,
lejos de sus fragosos, caústicos talones,
lejos del aire, lejos de su viaje,
a fin de huir, huir y huir y huir
de sus pies—hombre en dos pies, parado
de tánto huir—habrá sed de correr.

¡Y ni el árbol, si endosa hierro de oro!
¡Y ni el hierro, si cubre su hojarasca!
Nada, sino sus pies,
nada sino su breve calofrío,
sus paras vivos, sus entonces vivos . . .

(De *Poemas humanos* [*oct. 1931–21 nov. 1937*], 1939)

Y si después de tantas palabras . . .

Y si después de tantas palabras,
no sobrevive la palabra!
Si después de las alas de los pájaros,
no sobrevive el pájaro parado!
Más valdría, en verdad,
que se lo coman todo y acabemos!

Haber nacido para vivir de nuestra muerte!
Levantarse del cielo hacia la tierra
por sus propios desastres
y espiar el momento de apagar con su sombra
                            [su tiniebla!
Más valdría, francamente,
que se lo coman todo y qué más da . . .!

Y si después de tanta historia, sucumbimos,
no ya de eternidad,

sino de esas cosas sencillas, como estar
en la casa o ponerse a cavilar.
Y si luego encontramos,
de buenas a primeras, que vivimos,
a juzgar por la altura de los astros,
por el peine y las manchas del pañuelo!
Más valdría, en verdad,
que se lo coman todo, desde luego!

Se dirá que tenemos
en uno de los ojos mucha pena
y también en el otro, mucha pena
y en los dos, cuando miran, mucha pena . . .
Entonces . . .! Claro . . .! Entonces . . .! in
                            [palabra!

(De *Poemas humanos* [*oct. 1931–21 nov. 1937*], 1939)

Despedida recordando un adiós

Al cabo, al fin, por último,
torno, volví y acábome y os gimo, dándoos
la llave, mi sombrero, esta cartita para todos.
Al cabo de la llave está el metal en que aprendiéramos
a desdorar el oro, y está, al fin
de mi sombrero, este pobre cerebro mal peinado,
y, último vaso de humo, en su papel dramático,
yace este sueño práctico del alma.

¡Adiós, hermanos san pedros,
heráclitos, erasmos, espinozas!
¡Adiós, tristes obispos bolcheviques!
¡Adiós, gobernadores en desorden!
¡Adiós, vino que está en el agua como vino!
¡Adiós, alcohol que está en la lluvia!

¡Adiós también, me digo a mí mismo,
adiós, vuelo formal de los milígramos!
¡También adiós, de modo idéntico,
frío del frío y frío del calor!
Al cabo, al fin, por último, la lógica,
los linderos del fuego,
la despedida recordando aquel adiós.

(De *Poemas humanos* [*oct. 1931–21 nov. 1937*], 1939)

Ello es que el lugar donde me pongo . . .

Ello es que el lugar donde me pongo
el pantalón, es una casa donde
me quito la camisa en alta voz
y donde tengo un suelo, un alma, un mapa de mi España.
Ahora mismo hablaba
de mí conmigo, y ponía
sobre un pequeño libro un pan tremendo
y he, luego, hecho el traslado, he trasladado,
queriendo canturrear un poco, el lado
derecho de la vida al lado izquierdo;
más tarde, me he lavado todo, el vientre,
briosa, dignamente;
he dado vuelta a ver lo que se ensucia,
he raspado lo que me lleva tan cerca
y he ordenado bien el mapa que
cabeceaba o lloraba, no lo sé.

Mi casa, por desgracia, es una casa,
un suelo por ventura, donde vive

con su inscripción mi cucharita amada,
mi querido esqueleto ya sin letras,
la navaja, un cigarro permanente.

De veras, cuando pienso
en lo que es la vida,
no puedo evitar de decírselo a Georgette,[5]
a fin de comer algo agradable y salir,
por la tarde, comprar un buen periódico,
guardar un día para cuando no haya,
una noche también, para cuando haya
(así se dice en el Perú—me excuso);
del mismo modo, sufro con gran cuidado,
a fin de no gritar o de llorar, ya que los ojos
poseen, independientemente de uno, sus pobrezas,
quiero decir, su oficio, algo
que resbala del alma y cae al alma.

Habiendo atravesado
quince años; después, quince, y, antes, quince,
uno se siente, en realidad, tontillo,
es natural, por lo demás, qué hacer!
Y qué dejar de hacer, que es lo peor!
Sino vivir, sino llegar
a ser lo que es uno entre millones
de panes, entre miles de vinos, entre cientos de bocas,
entre el sol y su rayo que es de luna
y entre la misa, el pan, el vino y mi alma.

Hoy es domingo, y por eso,
me viene a la cabeza la idea, al pecho el llanto
y a la garganta, así como un gran bulto.
Hoy es domingo, y esto
tiene muchos siglos; de otra manera,
sería, quizá, lunes, y vendríame al corazón la idea,
al seso, el llanto
y a la garganta, una gana espantosa de ahogar
lo que ahora siento,
como un hombre que soy y que he sufrido.

21 nov. 1937

(De *Poemas humanos* [*oct. 1931–21 nov. 1937*], 1939)

Piedra negra sobre una piedra blanca[6]

Me moriré en París con aguacero,
un día del cual tengo ya el recuerdo.
Me moriré en París—y no me corro—
tal vez un jueves, como es hoy, de otoño.

Jueves será, porque hoy, jueves, que proso
estos versos, los húmeros me he puesto
a la mala y, jamás como hoy, me he vuelto
con todo mi camino, a verme solo.

[5] *Georgette:* Georgette Philippari, esposa del poeta.
[6] *piedra negra:* recuerda la antigua práctica de señalar

con una piedra blanca algún suceso afortunado y con
una piedra negra uno desgraciado.

César Vallejo ha muerto, le pegaban
todos sin que él les haga nada;
le daban duro con un palo y duro

también con una soga; son testigos
los días jueves y los huesos húmeros,
la soledad, la lluvia, los caminos . . .

(De *Poemas humanos* [oct. *1931–21 nov. 1937*], 1939)

Solía escribir con su dedo grande . . .

Solía escribir con su dedo grande en el aire:
"¡Viban los compañeros! Pedro Rojas,"
de Miranda de Ebro, padre y hombre,
marido y hombre, ferroviario y hombre,
padre y más hombre. Pedro y sus dos muertes.
Papel de viento, lo han matado: ¡pasa!
Pluma de carne, lo han matado: ¡pasa!
"¡Abisa a todos compañeros pronto!"

   Palo en el que han colgado su madero,
lo han matado;
¡lo han matado al pie de su dedo grande!
¡Han matado, a la vez, a Pedro, a Rojas!

   ¡Viban los compañeros
a la cabecera de su aire escrito!
¡Viban con esta b del buitre en las entrañas
de Pedro
y de Rojas, del héroe y del mártir!

   Registrándole, muerto, sorprendiéronle
en su cuerpo un gran cuerpo, para
el alma del mundo,
y en la chaqueta una cuchara muerta.

   Pedro también solía comer
entre las criaturas de su carne, asear, pintar
la mesa y vivir dulcemente

en representación de todo el mundo,
y esta cuchara anduvo en su chaqueta,
despierto o bien cuando dormía, siempre,
cuchara muerta viva, ella y sus símbolos.
¡Abisa a todos compañeros pronto!
¡Viban los compañeros al pie de esta cuchara
                              [para siempre!

   Lo han matado, obligándole a morir
a Pedro, a Rojas, al obrero, al hombre, a aquél
que nació muy niñín, mirando al cielo,
y que luego creció, se puso rojo
y luchó con sus células, sus nos, sus todavías,
                         [sus hambres, sus pedazos.
Lo han matado suavemente
entre el cabello de su mujer, la Juana
                              [Vázquez,
a la hora del fuego, al año del balazo
y cuando andaba cerca ya de todo.

   Pedro Rojas, así, después de muerto,
se levantó, besó su catafalco ensangrentado,
lloró por España
y volvió a escribir con el dedo en el aire:
"¡Viban los compañeros! Pedro Rojas."
   Su cadáver estaba lleno de mundo.

(De *España, aparta de mí este cáliz*
[*set., oct., nov. 1937*], 1939)

Imagen española de la muerte

   ¡Ahí pasa! ¡Llamadla! ¡Es su costado!
Ahí pasa la muerte por Irún:
sus pasos de acordeón, su palabrota,
su metro del tejido que te dije,
su gramo de aquel peso que ha callado . . . ¡si son ellos!

   ¡Llamadla! ¡Daos prisa! Va buscándome en los rifles,
como que sabe bien dónde la venzo,
cuál es mi maña grande, mis leyes especiosas, mis códigos terribles.
¡Llamadla!, ella camina exactamente como un hombre, entre las fieras,

se apoya de aquel brazo que se enlaza a nuestros pies
cuando dorminos en los parapetos
y se pára a las puertas elásticas del sueño.
¡Gritó! ¡Gritó! ¡Gritó su grito nato, sensorial!
Gritara de vergüenza, de ver cómo ha caído entre las plantas,
de ver cómo se aleja de las bestias,
de oír cómo decimos: ¡Es la muerte!
¡De herir nuestros más grandes intereses!

  (Porque elabora su hígado la gota que te dije, camarada;
porque se come el alma del vecino.)

  ¡Llamadla! Hay que seguirla
hasta el pie de los tanques enemigos,
que la muerte es un ser sido a la fuerza,
cuyo principio y fin llevo grabados
a la cabeza de mis ilusiones,
por mucho que ella corra el peligro corriente que tú,
que tú sabes
y que haga como que hace que me ignora.

  ¡Llamadla! No es un ser, muerte violenta,
sino, apenas, lacónico suceso;
más bien su modo tira, cuando ataca,
tira a tumulto simple, sin órbitas ni cánticos de dicha;
más bien tira su tiempo audaz, a céntimo impreciso
y sus sordos quilates, a déspotas aplausos.
Llamadla, que en llamándola con saña, con figuras,
se le ayuda a arrastrar sus tres rodillas,
como, a veces,
a veces duelen, punzan fracciones enigmáticas, globales,
como, a veces, me palpo y no me siento.

  ¡Llamadla! ¡Daos prisa! Va buscándome,
con su cognac, su pómulo moral,
sus pasos de acordeón, su palabrota.
¡Llamadla! No hay que perderla el hilo en que la lloro.
De su olor para arriba, ¡ay de mi polvo, camarada!
De su pus para arriba, ¡ay de mi férula, teniente!
De su imán para abajo, ¡ay de mi tumba!

              (De *España, aparta de mí este cáliz* [set., oct., nov. *1937*], 1939)

                                                    Masa
━━━━━━━━━━━━━━━━━━━━━━━━━━━━━━━━━━

  Al fin de la batalla,
y muerto el combatiente, vino hacia él un hombre
y le dijo: "No mueras; te amo tánto!"
Pero el cadáver ¡ay! siguió muriendo.

  Se le acercaron dos y repitiéronle:
"No nos dejes! ¡Valor! ¡Vuelve a la vida!"
Pero el cadáver ¡ay! siguió muriendo.

Acudieron a él veinte, cien, mil, quinientos mil,
clamando: "Tánto amor, y no poder nada contra la muerte!"
Pero el cadáver ¡ay! siguió muriendo.

Le rodearon millones de individuos,
con un ruego común: "¡Quédate, hermano!"
Pero el cadáver ¡ay! siguió muriendo.

Entonces, todos los hombres de la tierra
le rodearon; les vió el cadáver triste, emocionado;
incorporóse lentamente,
abrazó al primer hombre; echóse a andar . . .

10 nov. 1937

(De *España, aparta de mí este cáliz* [*set., oct., nov. 1937*], 1939)

Evaristo Ribera Chevremont.~~~~~~~

PUERTO RICO, 1896   Un ímpetu de espiritual elevación, que no desdeña las muy concretas motivaciones de la tierra, parece presidir en su conjunto la obra de Ribera Chevremont. Es, en su primera dimensión, un poeta de la vista; teniendo para el cumplimiento de esta exigencia la espléndida realidad natural de su Isla, cuyos azules y verdes tropicales sabe resaltar en imágenes de brillante color y seguros ritmos. Le ayuda en este empeño, y le salva, su capacidad para aliar tanto esa sensorialidad como las conquistas de la poesía nueva, llevadas por él a Puerto Rico directamente de España donde las aprende, con una innata voluntad de clásica contención. Pero no se limitará a ser un recreador más o menos afortunado del paisaje sino que, en un proceso iluminado y doloroso a la vez, su temple ético y religioso—de signo cristiano —le lleva a armonizar la gozosa contemplación de la naturaleza con la inquietud de lo trascendente, a ver en aquélla un reflejo de su causa primera, y en el impulso hacia Dios el único camino posible de salvación. Su fe religiosa y el ansia de la unión divina, a lo que concede fuerza expresiva su provechosa lectura de los místicos españoles, dan el tono más intenso de la obra lírica de Ribera Chevremont, que asume así en buena parte de ella el carácter de una emocionada meditación hecha por un hombre que además cree en la belleza y el orden.

Otras zonas de su variada poesía (a la que Concha Meléndez ha calificado de "abundante, incansable, río volcado y llama pensativa") son la evocación de la infancia, las experiencias amorosas, los motivos humanos e históricos de su tierra, el castizo apego a la legítima tradición española que en su país ha sido uno de los más fuertes elementos de afirmación nacional, el tema proletario, las llamadas del misterio que rodea a las cosas. Y hasta el interés por esclarecer en el verso su concepción poética misma: "Cuando voy a entregarme al pensamiento / hágolo en claridades y en pureza," ha escrito definiendo con ello el gusto, tan propio de su generación, por un lenguaje esbelto, de clara y transparente belleza; pero que en él se somete voluntariamente a los rigores de la forma en busca de sus más decantadas calidades. El soneto ha sido por modo natural el vehículo preferido de este poeta, que lo ha cultivado sin poder evitar su doble juego de riquezas y peligros retóricos. Ha manejado también con singular acierto el romance y los delicados metros menores de la poesía tradicional.

Temas generales

1. La infancia como centro temático en la poesía de E.R.Ch.
2. Puerto Rico y el Trópico y su transfiguración poética.
3. Presencia de España y de la tradición hispánica.
4. E.R.Ch. y el sentido social en su verso.
5. Lo trascendente, metafísico y religoso. Presencia de los místicos en su poesía.
6. Tradición y novedad en los modos de versificación y en el lenguaje poético.
7. Examen de las diversas corrientes poéticas que influyen en la evolución de E.R.Ch.

Bibliografía

Obra poética

Desfile romántico, San Juan, s.a. *El templo de los alabastros*, Madrid, 1919. *La copa de Hebe*, 1922. *Los almendros del Paseo de Covadonga*, San Juan, 1928. *La hora del orífice*, 1929. *Pajarera*, 1929. *Tierra y sombra*, 1930. *Color*, 1938. *Tonos y formas*, 1940. *Anclas de oro*, 1945. *Barro*, 1945. *Tú, mar, y yo y ella*, Río Piedras, 1946. *Verbo*, San Juan, 1947. *Creación*, 1951. *Antología poética (1924–1950) y La llama pensativa (Sonetos inéditos)*, 1950, [Con un "Juicio crítico" por Benjamín Arbeteta], Madrid, 1954. *La llama pensativa. Los sonetos de Dios, del Amor y de la Muerte*, San Juan, 1955. *Antología poética, 1924–1950*, (Introducción por Federico de Onís), 1957. *Inefable orilla*, 1961. *Memorial de arena*, 1962. *Punto final*, 1963. *El semblante*, (Pról. de Concha Meléndez), 1964. *Principio de canto*, 1965.

Estudios

LIBROS ESPECIALES: Meléndez, Concha, *La inquietud sosegada. Poética de E.R.Ch.*, San Juan, 1946; 2da. ed., 1956.

LIBROS GENERALES: Géigel Polanco, Vicente, "Poetas puertorriqueños: E.R.Ch.," en *Valores de Puerto Rico*, San Juan, 1943. Matos Paoli, Francisco, "Estudio sobre la poesía de E.R.CH.," en *Escuela del Aire*, San Juan, 1944. Olivera, Otto, *Breve historia de la literatura antillana*, México, 1957. Rivera Alvarez, Josefina, *Diccionario de literatura puertorriqueña*, Río Piedras, 1955. Rosa-Nieves, Cesáreo, *La poesía en Puerto Rico*, San Juan, 1958. Valbuena Briones, Angel y Luis Hernández Aquino, *Nueva poesía de Puerto Rico*, Madrid, 1952. ARTÍCULOS: Albornoz, Aurora de, "El canto logrado (Poesía de madurez de E.R.CH.)," LaTo, *X*, núm. 37, 1962. Babín, María Teresa, "Amor y dolor de vivir en la literatura de Puerto Rico," RevICP, *III*, núm. 9, 1960; *IV*, núm. 10, 1961. Babín, Maria Teresa, Sobre E.R.CH.: *Antología poética y La llama pensativa*, RHM, *XXII*, núm. 1, 1956. Buñuel, Miguel, "E.R.Ch.," IAL, *XI*, núm. 100–101, 1957. Cabañas, Pablo, "La poesía de E.R.Ch.," CuL, *IV*, 1949. Lluch Mora, Francisco, "Lo trascendental en E.R.Ch.," ALatPR, núm. 712, 1949.

Cada día tiene un pájaro

Cada día tiene un pájaro;
cada pájaro, una rama.
Cada día tiene un pájaro
lleno de cristal de agua.
Su pico da la frescura
de las fuentes, en las ramas,
y las ramas se hacen flores
y todo el aire es fragancia.
Cada día tiene un pájaro;
cada pájaro, una rama.
Cada día tiene un pájaro
de voz clara, clara, clara.
Hoy, el ruiseñor que riza
rizos de notas; mañana,
el turpial maravilloso
al verter la dulce alba
su blanco pote de leche
en la ubre de las vacas.

Cada día tiene un pájaro;
cada pájaro, una rama.
Cada día tiene un pájaro
de voz clara, clara, clara.
Un pájaro gris o negro,
verde o de plumas doradas,
azul, de un azul marino,
o rojo como una llama.
Una canción es el pájaro;
una canción es la rama;
y rama y pájaro sueñan,
llenos de cristal de agua.

Cada día tiene un pájaro;
cada pájaro, una rama.
Pica el pájaro el rocío;
el rocío moja su ala;
y ala y rocío son uno,

como una sola palabra.
¿De dónde ha venido el pájaro
lleno de cristal de agua,
para formar en el árbol,
pico a pico y paja a paja,
el nido en que amor se oculta,
antes risa y después lágrima?

Cada día tiene un pájaro;
cada pájaro, una rama.
Cada día tiene un pájaro
de voz clara, clara, clara.

Con el día, se va el pájaro;
con el pájaro, la rama,
y sólo queda el recuerdo
del cantar y la fragancia.
Así, en sucesión constante,
pasan pájaros y ramas,
y el corazón siente el peso
de lo que empieza y acaba.
Cada día tiene un pájaro;
cada pájaro, una rama.

(De *Pajarera*, 1929)

Lengua castellana

La lengua que arropara de vocablos mi cuna
es la lengua brotada del solar de Castilla.
Del Romancero a Lope, sin dejadez ninguna,
ofrécese en romance, soneto y redondilla.

Ni un átomo en mi forma corporal es reacio
al toque rutilante, musical y perfecto
de la lengua en que libro, cuartilla o cartapacio
le da, por su pureza, vigores al concepto.

Levántase la lengua de clásicos sabores
en los pergeñadores ciertos de la belleza.
Los doctores del canto, los puristas mayores,
me la sirven en cláusulas de altitud y justeza.

La lengua —voz de siglos— a mi verbo se enlaza.
No habrán de destruirla, porque es la mejor parte
—lo substancial, lo eterno— del todo de mi raza.
Y mi raza es, en todo, fe, dolor, amor, arte.

(De *Color*, 1938)

El jíbaro[1]

En su casa de campo, que es sencilla y pequeña,
veo al jíbaro nuestro. Triste es, como su casa.
Gris, cae sobre su frente, que es rugosa, la greña.
Su cuerpo es amarillo, de escasísima grasa.

Enfrente de la casa brilla un fuego de leña;
y, al calor de la brasa, plátano verde asa.
Mísero y dolorido, con lo más puro él sueña.
El es una gran forma de la más pobre masa.

[1] *jíbaro:* campesino puertorriqueño.

Amante del terruño, con el terruño muere.
A un bienestar sin honra, pobreza honrosa quiere.
Su hierro, que es templado, dice de su bravura.

Su lengua es rural, pero muy abundante en tinos.
Barro dan a sus plantas los peores caminos.
Y es su deleite único la amarga mascadura.[2]

(De *Color*, 1938)

El niño y el farol

I

Por el jardín, de flores
de sombra, viene el niño;
un farol muy lustroso
le relumbra en la mano.

Alumbrada, la cara
del niño resplandece;
en su pelo, los años
dulcemente sonríen.

El niño, que levanta
el farol en su mano,
va hurgando los rincones
del jardín, ya sin nadie.

Va en busca de la gracia
de alguna fantasía.
El jardín sigue al niño,
agitadas sus plantas.

II

El niño, a la luz densa
de su farol, descubre
unos troncos negruzcos,
unas blancas paredes.

En las manchas de verde
del jardín, serpentea
el camino dorado
de las viejas ficciones.

El camino que, en sabias
madureces de tiempo,
reaparece, cargado
de sus mágicas lenguas.

Ir por ese camino
es hallarse en la gloria
de un pretérito pródigo
de ilusivas substancias.

III

Bajándolo y subiéndolo,
por el jardín el niño
lleva el farol. Las flores
de sombra se desmayan.

Contra amontonamiento
de masas vegetales,
se ven danzar figuras
de imaginario mundo.

Un chorro de colores
cae al jardín. El niño,
potente en su misterio,
domina esta belleza.

Más allá de las tapias
del jardín, es la noche
un tejido monstruoso
de nieblas y de astros.

[2]*mascadura*: pedazo de tabaco para mascar.

IV

Nada duerme. Las cosas
en un vasto desvelo,
quitándose la máscara,
intensamente arden.

Con el pulso ligero
de un demonio, en las manos
prodigiosas del niño
el farol bailotea.

El jardín, deshojado
en sus flores de sombra,
hace tierna en el polvo
la pisada del niño.

Errabundo y sonámbulo,
anda el niño. Arco iris
de leyendas y cuentos
le ilumina la frente.

V

Y ahora escucha en los árboles,
que llamean y esplenden,
un rumor conocido
de remotas palabras.

¿Quién le habla? ¿Qué genio
arrancando raíces
y agitando ramajes,
le desnuda sus voces?

Tierra y madre le tocan,
con sus dedos untados
de ternura, la sangre,
la cual vibra y se inflama.

Otra vida lo mueve;
una vida que media
entre el musgo y el aire,
entre el aire y la nube.

VI

Ni juguetes, ni juegos,
ni confites, ni pastas
valen mas que este rumbo
de pintado alborozo.

El jardín, todo ojos,
se recrea en el niño,
quien, borracho de fábulas,
su gobierno establece.

Agigántase el niño;
el farol agigántase,
y ambos cubren la noche,
de un azul que es de fuego.

Arropadas de estrellas,
se prolongan las calles
donde vela el silencio
en su mística guarda.

VII

En la noche, cruzada
de humedades y olores,
los insectos se agolpan
en su fiebre de música.

Mientras roncan los hombres
con un largo ronquido;
mientras ladran los perros,
vive el niño su noche.

En las manos del niño
el farol bailotea,
derramando un torrente
que es de soles y auroras.

Nunca, nunca, la muerte
matará al niño. ¡Nunca!
Su farol milagroso
fulgirá ya por siempre.

(De *Tonos y formas*, 1943)

Los hombres de blusas azules

Los hombres de blusas azules
—el barro vestido de cielo—
tienen una cita con lo inesperado.
Son los forjadores de un fuerte destino.

Los hombres de blusas azules
—los dobles reclusos de pena y trabajo—,
roídos de polvo, de sol, de tinieblas,
derraman sus ojos sedientos de islas
por islas de aire, por rutas orladas
de brazos abiertos y libres canciones.
Curvados, los hombres de blusas azules
recuerdan que aman, que hay voces en ellos.

Los hombres de blusas azules
—el barro vestido de cielo—
se rompen las manos picando la piedra.
Los hombres de blusas azules
—el barro vestido de cielo—
dejaron sus alas en charcos de sangre.

Yo los veo puros.
La mayor pureza nace de impurezas.
Cuando caen y sufren los que son pequeños,
se hacen grandes. Son grandes
en la sombra trágica del dolor del mundo.

Los hombres de blusas azules
—el barro vestido de cielo—
son chispas del fuego de la masa rota
de sudor y llanto;
montañas heridas
por filos de estrellas para la blancura
de albas.

Los hombres de blusas azules
—el barro vestido de cielo—
se beben el día para estar más claros
cuando se sumerjan en su vasta noche.

1946

(En *Antología poética* [*1924-1950*], 1957)

Castillejo abstracto

Yo, que estoy hecho del barro
que se acaba pronto, dejo
el solar de piedra y sombra
por aéreo castillejo.
Yo, constructor de lo abstracto,
planeador de lo excelso,
ávido de formas serias
en un más alto universo,
he creado, con esencias
extraídas de lo interno,
castillejo de armoniosos
y brillantes lineamientos.
Más que la esencia, precisa
el poderío del sueño
para engendrar las figuras
de inmaterial fundamento.
Más allá de los dolores
que, como rabiosos perros,
están royendo mi carne,
están royendo mis huesos;
más allá de los sentidos,

trágicamente sujetos,
tremendamente sumidos
en lo monstruoso del légamo;
más allá del horizonte
de tinieblas y venenos;
más allá de los sudores
del diario forcejeo,
tengo yo una morada
de delicados diseños.
Y hacia ella voy, desnudo
de los corporales pesos,
como un San Juan[3] que ascendiera
a su monte del Carmelo.
No es morada de neblinas,
ni de nubes, ni de vientos.
No es de auroras, ni es de iris.
Es morada de conceptos.
Ven conmigo al lugar máximo,
donde todo es tan sereno,
donde todo tiene el aire
gracioso de los secretos.

(De *Verbo*, 1947)

[3]*San Juan:* San Juan de la Cruz, el poeta místico
español (1542-1591), uno de cuyos poemas se titula
"Subida del Monte Carmelo."

Juventud de las aguas

1

Abril y el mar. Y la belleza nueva
en el mar. Y la onda trasparece
y, en limpios juegos con la luz, se eleva
en el aire, que vibra y resplandece.

El mar es dulce voz. El mar me lleva
a horizontes briosos, donde crece
el ansia de avanzar. Y se renueva
mi sangre, que circula y se enardece.

El mar frunce en la costa azul y plata.
Mi espíritu sus júbilos desata.
Es todo exaltación mi pensamiento.

Y doy al mar —mar en belleza suma—
el canto que arde y fulge con la espuma
y que zumba y revuela con el viento.

2

Plata y azul se mezclan en rielo
del mar. El mundo muestra su pujanza
en arcos y columnas de su cielo.
Hay velas como indicios de esperanza.

Retoños de la luz. ¿Qué bien se alcanza?
El bien de cuanto es, el grande anhelo
de danzar con las cosas en la danza
que es flor de Tauro,[4] regidor del celo.

¡Juventud de las aguas! Vida plena
descubro en la escritura de la arena.
La embriaguez de la sangre está en el giro.

Plata y azul el mar. Se curva, suave,
en lámina en que surgen nauta y nave.
Gozando de este abril, es que deliro.

(De *Creación*, 1951)

Los sonetos de la muerte

1

Toca la muerte, con su mano fría,
la frente, toda en luz, de la belleza;
y, de sombra cubriéndola, la enfría
y la envuelve en ropajes de tristeza.

Y surge el canto lleno de armonía
—rosa de gracia en tallo de pureza—,
y la vuelve a su fuego. La poesía
es la suma, es la eterna fortaleza.

No se busque en los ojos sin mirada
de la muerte el secreto. Ella es la nada.
Mas búsquese en el canto que transforma.

El canto es un milagro en el abismo
de la muerte. Es el círculo. Es Dios mismo,
tornando y repitiéndose en la forma.

9

¿Qué súbitas auroras en mi canto
tienen su luz, su claridad, su fuego?
¿Qué diáfanas auroras en mi llanto
encuentran su rocío? ¿A qué bien llego?

¿A qué esfera de ángeles me allego
cuando, ya libertado del quebranto,
de la aflicción y del desasosiego,
con voz de mayor timbre me levanto?

¡Qué convicción la mía! ¡Qué reposo
de espíritu! ¿Qué mundos venturosos
consigo en mis ganadas soledades?

La muerte —flor de polvo— no hará mella
en mí, que alcanzo, en la palabra bella,
el canto de las sumas ebriedades.

12

Cantar en este cielo no es ventura,
pues otro cielo de mayor pureza,
de mayor luz y de mayor blancura,
exige el canto de mayor alteza.

De cielo que es mayor en la hermosura,
vendrá el canto feliz; ni la tristeza,
ni el rencor, ni el temor, ni la amargura
han de restarle al canto fortaleza.

[4] *Tauro*: constelación zodiacal.

Nada podrá la muerte, que, vacía
del bien apetecido, da su fría
y aborrecible masa de gusanos.

Nada podrá la muerte, que es el lodo.
Nada podrá la muerte, pues Dios, todo
amor, de amor inundará las manos.

15

Cuando mi voz termine; cuando acabe
mi voz y acabe el singular acento
que la acompaña y que la torna grave,
acorde con el grave pensamiento.

Cuando la llama que le da el aliento
fuerte y le imprime la armonía suave,
sea llama extinguida por el viento.
Y el viento fosas numerosas cave.

Y enmudezcan las lenguas del sonido.
Y el mundo sea soledad y olvido.
Y sólo haya una fuente: la del llanto.

Y el todo sea polvo y sea nada,
mi voz —esta voz mía— levantada
hasta Dios mismo, sonará en mi canto.

(De *La llama pensativa. Los sonetos
de Dios, del amor y de la muerte*, 1955)

Ricardo E. Molinari

ARGENTINA, 1898   Aceptado como el poeta de mayor relieve de su país, y uno de los más reconocidos de América, Ricardo Molinari es autor de una larga serie de títulos que sin embargo definen, y son palabras de Alfredo A. Roggiano, "un solo y único poema continuado de estados de alma reiterados hasta el ensimismamiento y la sublimación." Molinari evidencia en su base una conseguida asimilación de la poesía tradicional española y de la lírica culta, renacentista y barroca, a la cual irá sumando el conocimiento entrañable y depurado de románticos, simbolistas y superrealistas. De todo ello surgirá una voz enteramente personal, que combina el gusto por la hermosura del decir poético con la vibración espiritual más fuerte y desolada. Lo mismo si esa voz se proyecta hacia los elementos de la realidad física del país, de su "sur"—la pampa, el Río de la Plata, el viento, las aves, las fieras—que hacia los motivos más inquietantes de la existencia: el vivir contingente, la impotencia del deseo, el tiempo irrecuperable, la conciencia de la nada, la imposibilidad humana de comunicación, las dudas trascendentes o metafísicas. Pero a unos y a otros (especialmente es de notarlo en estos últimos, donde habría cabido el riesgo de un tratamiento intelectual), el poeta los someterá a un proceso de interiorización angustiosa que, no obstante, seguirá moviéndose en dos niveles, el emocional y el estético, de lo cual el propio Molinari es consciente. Y así ha definido su poética como nacida de una voluntad de "ensayar la más intensa posibilidad de recrear la gama de un sentimiento y llevarlo a su mayor intimidad de belleza." Ese designio de intensidad y ensimismamiento le conduce en ocasiones a un lenguaje cercano al hermetismo pero de gran pureza y poder sugerente. En esta dirección, las *odas* señalan la cima de su arte.

En el aspecto técnico, Molinari se revela tan seguro en las formas más estrictamente clásicas (sonetos o liras) como en las de fresco sabor tradicional (romances, canciones, endechas) o en el verso libre y generoso de sus odas. Pero la poesía de Molinari quedará en pie sobre todo por haber recogido en términos del más puro y hondo lirismo el drama esencial—existencial—del hombre contemporáneo. Mirando su obra desde este ángulo fundamental puede decirse que el neorromanticismo y la preocupación existencial, los cuales delimitan una amplia zona de la poesía hispanoamericana de nuestro siglo, han encontrado en Molinari una de sus más nobles y artísticas expresiones.

Temas generales

1. La recreación de formas tradicionales hispánicas en la poesía primera de R.E.M.
2. Las *Odas* de R.E.M.: sus temas más constantes (amor; soledad, nostalgia, etc.); la interiorización del yo y su experiencia de la realidad; su básico sentimiento elegíaco.
3. Lo sensual y lo sentimental en el mundo imaginativo de R.E.M.
4. La vivencia personal inmediata de España y de Argentina en la poesía de R.E.M.
5. Las inquietudes metafísicas en la poesía de R.E.M.: el tiempo, la irrealidad, la duda, el ser y la nada, la muerte.
6. El fondo religioso último en la poesía de R.E.M.

7. La unidad espiritual y estilística en la obra de R.E.M.: ensimismamiento e incomunicabilidad, expresión barroca.
8. Las variadas influencias literarias sobre la obra de R.E.M. desde la poesía medieval hasta el simbolismo francés y el superrealismo.
9. R.E.M. poeta neorromántico: defensa de este juicio desde su visión elegíaca y existencial del mundo.

Bibliografía

Obra poética

El imaginero, Buenos Aires, 1927. *El pez y la manzana*, 1929. *Panegírico de Nuestra Señora de Luján*, 1930. *Panegírico*, 1930. *Delta*, 1932. *Nunca*, Madrid, 1933. *Cancionero de Príncipe de Vergara*, Buenos Aires, 1933. *Hostería de la rosa y el clavel*, 1933. *Una rosa para Stefan George*, 1934. *El desdichado*, 1934. *El tabernáculo*, 1934. *Epístola satisfactoria*, 1935. *La tierra y el héroe*, 1936. *Nada*, 1937. *La muerte en la llanura*, 1937. *Casida de la bailarina*, 1937. *Elegías de las altas torres*, 1937. *Cinco canciones antiguas de amigo*, 1939. *Elegía a Garcilaso*, 1939. *Cuaderno de la madrugada*, 1939. *La corona*, 1939. *Soledades del Poniente*, 1939. *Oda al amor*, 1940. *Oda a orillas de un viejo río*, 1940. *Seis cantares de la memoria*, 1941. *Mundos de la madrugada*, 1943. *El alejado*, 1943. *El huésped y la melancolía*, 1946. *Sonetos a una camelia cortada*, 1949. *Esta rosa oscura del aire*, 1949. *Sonetos portugueses*, 1953. *Inscripciones y sonetos*, 1954. *Días donde la tarde es un pájaro*, 1954. *Cinco canciones a una paloma que es el alma*, 1955. *Romances de las palmas y los laureles*, 1955. *Inscripciones*, 1955. *Elegía a la muerte de un poeta*, 1955. *Oda a la pampa*, 1956. *Oda portuguesa*, 1956. *Unida noche*, 1957. *Poemas a un ramo de la tierra purpúrea*, Montevideo, 1959. *El cielo de las alondras y las gaviotas*, Buenos Aires, 1963. *Un día, el tiempo, las nubes*, 1964.

Estudios

LIBROS ESPECIALES: Alonso Gamo, José M., *Tres poetas argentinos: Marechal, Molinari, Bernárdez*, Madrid, 1951. Aristides, Julio, *R.E.M., o la agonía del ser en el tiempo*, Buenos Aires, 1966. Pousa, Narciso, *R.E.M.*, Buenos Aires, 1961.

LIBROS GENERALES: *Diccionario de la literatura latinoamericana. Argentina, Segunda parte* (Artículo *Molinari*, por Alfredo A. Roggiano), Washington, Unión Panamericana, 1961. Ferro, Hellén, *Historia de la poesía hispanoamericana*, New York, 1964. Ghiano, Juan Carlos, *Poesía argentina del siglo XX*, México–Buenos Aires, 1957. Pinto, Juan, *Panorama de la literatura argentina contemporánea*, Buenos Aires, 1958.

ARTÍCULOS: Benítez Claros, Rafael, "La poesía de R.E.M.," ArchO, *IV*, 1954. Bernárdez, Francisco Luis, "Molinari," CritBA, *XXXI*, núm. 1306, 1958. Carvajal, L., "Inquietud de angustia," TresL, núm. 2, 1939. Crespo, Julio, Sobre R.E.M.: *El cielo de las alondras y las gaviotas*, CCLC, núm. 96, 1965. Dolan, Miguel, Sobre R.E.M.: *El cielo de las alondras y las gaviotas*, CritBA, *XXXVII*, 1964. Ghiano, Juan C., "Las odas de R.E.M.," CCBA, *I*, 1950. Ghiano, Juan C., "Dos poetas fieles: Molinari y Ledesma," Ficción, núm. 15, 1958. Gómez, M.A., "R.E.M. y su obra poética," HuBA, *I*, 1941. González Poggi, Uruguay, "Aproximación a R.E.M.," Nac, 9 nov. 1958. Grieben, Carlos F., "La poesía de R.E.M. a los veinticinco años de *El imaginero*," Sur, núm. 221, 1953. Groussac, María Elena, "R.M.: Treinta años de obra poética," Hu, *XXV*, 1960. Pérez Pollán, Felipe L., "La ausencia y la soledad en la poesía de R.E.M.," CuH, *LI*, núm. 151, 1962. Isaacson, José, "Alondras y gaviotas en el cielo de la poesía," Nac, 14 jun. 1964. Roggiano, Alfredo, "El primer libro de R.M.," PanoT, núm. 2, 1952. Rossler, Osvaldo, "Naturaleza y poesía. En torno al árbol y a una oda de R.E.M.," Nac, 22 oct. 1961. Vera Ocampo, Raúl, Sobre R.E.M.: *El cielo de las alondras y las gaviotas*, Sur, núm. 288, 1964. Vocos Lescano, Jorge, "El poeta de las odas," TV, núms. 6, 7 y 15, 1948.

Cancionero de Príncipe de Vergara[1]

A Gerardo Diego

I

Dormir. ¡Todos duermen solos,
madre! Penas trae el día,
pero ¡ay! ninguna,
ninguna como la mía.

2

No tengo cielo prestado
ni ojos que vuelvan a mí
por un descanso de flores,
sin dormir.

3

Amigo, qué mal me sienta
el aire solo,
el aire solo, perdido,
de Extremadura. Aire solo.
Piedra muda.

4

Qué bien te pega la sombra
sobre el cabello. La sombra
obscura. Oh, el verde pino
que mira el cielo. El pino,
señora hermosa, en la orilla
del mar portugués. Orilla
de prado, de flor lejana.

5

Nunca más la he de ver.
Aguas llevará el río.
¡Aguas lleva el río Tajo!
Pero mi sed no la consuela el río.

6

Déjame dormir esta noche
sobre tu mano. Dormir,
si pudiera. La adelfa
crece de noche,
como la pena.

7

Envidia le tengo al viento
porque baila entre las hojas,
envidia de prisionero
que se ahoga.
Mándame un brazo de viento
con una siempreviva entre los dedos.

8

Mi dolor tiene los ojos
castigados. Si pudiera
hablarte. Sí, si pudiera
hablar contigo río alto,
paloma fría! Qué triste
anda el aire! Dime, triste
pensamiento, qué sueño
muere a tu lado, perdido.
¡Paloma fría, río alto!
Luna de piedra entre lirios.

Madrid, febrero de 1933

(De *Cancionero de Príncipe de Vergara*, 1933)

Hostería de la rosa y el clavel (fragmento)

II

Una rosa de llanto que gire sobre un campo bárbaro,
donde la cara ya no sea cara por haberse quedado mirando un río de lava,
ni yo sepa hasta donde llegará el desprecio.
Donde sea inútil mirar una estatua

[1]*Príncipe de Vergara:* una calle de Madrid, en la que vivió el autor durante su estancia allí.

y un árbol no sea hermoso en la columna del día.
Donde el tiempo vaya entre hojas,
dormido,
y yo no vea nada más que una luz perdida del Verano.
(Difunta sombra de azúcar,
nunca creí que una hoja se aburriera sobre
una mesa; ni que un arfil tuviese un horóscopo de tanta dicha
que lo desvíe de los escombros;
que un rey pudiera morir sin una espada en la mano,
sin sentir el mundo ni la mirada de los hombres en las sienes.

    Un rey . . . .
Mañana estaré de nuevo solo, sin un amigo que me acompañe,
sin una persona cerca de mi muerte.
Me cerraré la gabardina,
y me pondré a escuchar
mi reloj, la poesía estéril que me entretiene,
la que no gusta a nadie:
¿a quién le agrada una fábula de arena,
una cavidad en el agua,
un desierto más. —Una llave en el fondo
de mi bolsillo, al encuentro de mis dedos;
el círculo con su serpiente que se muerde,
el humo de mi cigarrillo
que va saliendo por una ventana. Mi soledad,
este atardecer que me trae un traje duro y un libro
pequeño sobre una tabla.
Imágenes, papel, una botella tirada
en el mar
como un pensamiento indiferente. (Ulises
apretado a un álamo).
El lamento de toda mi existencia, lo que a mí solo me interesa;
el muro violento, la llanura, mi país,
una mujer perdida
en una plaza
llena de pescadores; el río, el oeste,
mi malhumor y un sello de correos.
La distancia de hoy, la cercanía de mañana, el vacío, toda mi vida inútil,
                                                              [presente
como un juego de copas, como un sobretodo
en un día de calor. Cuando vuelvo
obediente a la memoria, al temblor del ser,
a la dicha de vivir,
deseo—siempre—escoger una claridad absoluta, un cielo transparente
para ofrecerlo a un lugar donde el cansancio ya no sea cansancio, donde haya
                                          [una larga estación de luz . . .

                                        (De *Hostería de la rosa y el clavel*, 1933)

Liras

El aire desdeñoso.
Ay el aire sencillo—distraído,
abierto, amoroso,
desvelado, crecido—
en su desierto transparente, herido.

Amor de luna sola
perdida. Amor, amor; ya todo el mundo,
la llama, el viento, la ola,
el tránsito profundo;
la soledad del aire vagabundo.

Hoja, espina, amaranto,
mar sin partida. ¡Espacio! El mar, el mar
con su cuerpo de llanto
inmóvil, de otro mar
sin vida, ya encerrado en mí. El mar.

Sí, jazmín retraído,
mano triste, caballos, todo el viento.
¡Ay mi viento perdido!,
en su flor de lamento,
oprimido; en su gozo, desaliento.

(Mi cuerpo derramado
junto a otros días, solitario; muro
de piel, de aire tornado.
Sueño de río puro
asomado a su centro, siempre oscuro).

Eternidad de sombra,
rosa de luz desierta, alta en su día
negro. ¿Quién te nombra?,
quién buscará un día
entre flores, el viento de otro día.

1934   (De *Elegías de las altas torres*, 1937)

Nao d'amores[2]

A Alfonso Reyes

Ya estoy harto de mar, de gente, de cielo;
de muerte, si Dios quiere.

Nadie podrá arrancarte de mí, sombra de sueño,
porque tengo pegada en el pecho toda tu noche de pasión horrible.

Dentro de días estaré en la llanura
para cubrir mi corazón de polvo,
el aire de arena. Nuestra sola
muerte
olvidada en un paraíso seco.

(Si pudiera encontrarte. Si pudiera bajar a Río esta noche;
andar por las calles oliendo las hojas gruesas de los árboles;
abandonarme en la tierra hasta llenarme de piedad. Distraído.)

No quiero mi idioma, mi otra vida; no quisiera llegar nunca.
Volver si fuera posible . . .

Magoas.[3]

Esta noche ¡así! desprendido totalmente;
vuelto, devuelto, perseguido: ajeno mío
sin quererme. Caído en otra voz,
resbalado.

[2]*nao d'amores*: frase en portugués, que significa nave de
amores.

[3]*magoas*, o *maguas*: voz portuguesa para indicar sentimiento, tristeza, pena.

Mi corazón negándose al polvo,
ya detrás de tu cuerpo, del aire desterrado.

Bahía de Río de Janeiro,
25 de abril de 1933

(De *Elegías de las altas torres,* 1937)

Oda a la nostalgia

No; no tiréis de mí, sombras perdidas; de mi lengua abierta, igual que un río.
No me busquéis así: apretando, entre las espesas horas, el desaliento.
Alguna vez me habréis visto volver del cuerpo, de las desventuras, antiguo como una
[palma, abatido por las lágrimas.

¿Dónde moráis, horas felices, luciendo los extremos y embellecidos ojos?
¿Dónde residen mis cabellos, mi cabeza de insaciable sueño? Hermosura crecida sin
[destino;
amapola sombría, verdor agrio.

¿Adónde erráis, invisibles días, cubiertos aún de luz —de desnudos cielos trans-
[parentes,—
con mi soledad brillante y desierta, con mis crecidos y dulces pensamientos,
delicia y memoria de la muerte?

¡Oh seres, delgados vientos de la desesperación,
que sabéis de mí como de los pájaros, de las lucientes y movedizas hojas, de los
[felices ríos!
Vosotros me habéis visto crecer y angustiar para nadie los miembros,
y vivir —vivir— entre paredes, y caminar por la tierra igual que entre amigos.

Ya me veis: aliento escondido —desdeñosa ternura—, boca devuelta al vacío.
Pero aún, todavía, están vivos los árboles que vi, debajo de los cielos altos de la
[planicie;
quizás algunos sentirán mi sombra pesar sobre las hierbas y recordarán de mí, como
[de una suave y larga tempestad perdida.

Quiero que no me miréis la cara ni volváis el lejano sentimiento. Las duras dudas.
(Esta tarde unos ángeles volaban dentro de la muralla del otoño;
yo los miraba hendir la atmósfera, separados; sus cuerpos desasían los frutos y las
[hojas secas,
y vi cómo la noche les resbalaba por las faces, igual que una rama obscura, despren-
[dida, sin cubrirles las mejillas resplandecientes.
Nadie me vió, acaso estuve solo —tal el cielo de muchos días— en las llanuras y sentí
[en mi ser el aire frío mover la nostalgia.)

¡Dónde estáis, días; sangre antigua, llama llena de flores!
(Ellos no despertarán ni volverán nunca, ni sabrán ya de mí, igual que yo no sé
[de nadie,
y de nada, hasta la ceguedad
más sola.)

Mi piel aún conserva el color árido de los arenales,
y mi voz es sorda y honda como la de los seres cuyos nombres nacen en el desierto.

(De *El huésped y la melancolía,* [1944-1946], 1946)

Oda al mes de noviembre junto al Río de la Plata

Cuando yo esté ya desaparecido y puro, ¡oh Argentina, nación hermosa y soberana
[del sur!,
¿en qué incansable desmemoria de la belleza de la vida
se moverán mi alma y el polvo contado de mis apagadas venas?

Alguna vez os acordaréis de mí, campos, flores, árboles;
tierra: patria solitaria del hombre . . . Y volveréis
a verme a orillas de los ríos, sentado, mirando entrar en el agua las bagualadas
o viendo cómo se balancean los juncos con la creciente y el viento.

¡Oh, río, padre antiguo, que llegas al mar con la frente velada
por las nieblas y las flores! El Paraná y el Uruguay, dulces,
vuelcan en ti sus cuerpos abrazados
y sus largas y abandonadas trenzas rotas por las islas
o cubiertas de caracoles y arenas. Y te penetran
con los gritos del macá, de las cotorras y los picaflores. Con el calor y los cielos
[húmedos: dormidos,
con sus palmeras. Con el perfume del jazmín manga,
de las caobas y los laureles; con el vaho de las criaturas que mojan
sus cuerpos oscuros en los resplandecientes meandros;
con el reflejo de los ganados, y las montaraces visitas de la alimaña,
de la lampalagua[4] torpe, yaguarete,[5] el puma[6] y el yaguarete-i,[7] sangrientos.

¡Oh grandes ríos argentinos, poblados de pájaros, de nubes errantes, perdidas,
[y flores!
Juntos os veo entreverar las cabezas cansadas y los correosos muslos y las deshechas
[sienes en el Río de la Plata.
Aquí os estoy mirando; aquí me habrías visto, alguna vez, reposar mi mano en otro
[ser, igual que una zarza, desentendido.

En noviembre abren los jacarandáes[8] sus ramos violetas,
y el tiempo es lejano y bello. Junto a estas barracas, mis ojos ven el ir de las velas,
[el vuelo de algunos pájaros,
y siento cómo llega la tarde hasta mi rostro, y el aire desaparecido de otros días.

Los ríos bajan del Norte con sus cítaras y llegan cautivos al mar, con las bocas
[abiertas, huyendo de los alegres montes; de de los collados, de la vociferaciones,
a anegar en el océano sus apretadas congojas.

¿Quién recogerá mis cabellos, río sagrado; qué mar duro golpeará en mi paladar
[la arrastrada lengua;
quién se acordará de mí, sentado en tus ciegas riberas, río hermoso?

¡Y saldrán las aguas al mar que eres tú, oh Dios mío!

(De *El huésped y la melancolía*, 1946)

---

[4]*lampalagua:* serpiente de gran tamaño.
[5]*yaguareté:* jaguar, mamífero felino llamado así en Argentina.
[6]*puma:* otro mamífero carnicero de la América del Sur, parecido al tigre.

[7]*yaguareté-i:* otra especie de tigre americano.
[8]*jacarandá:* genero de plantas de la familia de las begonias, llamada también "palisandro," que da flores de olor intenso.

Oda al viento que mece las hojas en el Sur

Si pudiera olvidarme de que viví, de los hombres, de otro tiempo,
del ácido de algunos tallos; de la voz, de mi lengua extraviada entre las nubes,
¡de muchos seres que a veces no mueren con la madrugada!

No saber nada. Estar vivo, y volver los abiertos ojos a mi país, a sus ciegas llanuras,
a sus ríos sucios, hundidos en la tierra,
donde mojé mi piel sola y la trenza escondida de mis antiguos cabellos.

Sí; si pudiera olvidarme para siempre y sin abandono,
hasta las duras e impenetrables penas, hasta un día horrible entre otros muchos.
¡Sí, devuelto y terminado!

Pero tú, oh viento majestuoso, sabes de mí igual que de las pequeñas hojas salinas
que en el imperioso sur abren sus desesperados paraísos,
por el aroma seco de mi cabeza. (Que te he buscado por las radiantes planicies, en los
[desiertos melancólicos,
por todo mi cuerpo, como una única y solitaria ternura.)

Quizás no signifique nada para ti —para nadie— y te vuelves sin deseo
al ver mis apretados brazos, mi sombra usada sobre la tierra,
o alguna hora breve, sin asiento entre todas,
te aflige lo mismo que si estuviera muerto,
destinado sin alegría a un extenso y ofendido desencanto.
Ya no sé dónde ir, a veces quiero volver a la raíz más honda,
a los mezclados ríos humanos de la sangre
—a todo el destierro— hasta hacer temblar
las duras lenguas, a la triste gente,
y hallar el trigo naciendo entre soberbias hierbas.
¡El íntimo corazón de la vida!

Y tú sueñas lejos, distraído, meciendo las hojas
finas de los árboles, las cautivas ramas,
o pasas hacia el mar
los insectos cenagosos del verano,
y no puedes verme ni saber que llevo la memoria perdida,
y algunas palabras igual que una llama húmeda
y enloquecida
dentro de la boca. ¡En otro mundo!

Déjame llegar a ti: que me entretenga hablándote
y pueda mirarte, como en los deshechos días,
empujar las hurañas nubes; arriar
los grandes ríos obscuros hacia el inmensurable
    Atlántico, y sentirte
regresar empapado, recubierto de escamas,
ronco hasta el amargo aliento.
¿A dónde huyes —solo— revuelto en tu voz, en tu cansada anchura?

Di, te vuelves al sur a mojar la lengua, a abrir los larguísimos ojos; a ociar viendo
los petreles jugar por el vacío; a distraerte
allá, donde la tierra se despeña en otro espacio.

Te vuelves a la soledad, a las profundas bahías,
a los inmensos cielos desnudos; a ti, a unas flores. A las estrellas que permanecen
ardiendo sobre nuestro país.

Quédate donde yo también quisiera estar dormido
y ver mis días lejanos, entre altas proas aparejados.
Ya no sé ni quiero saber nada; te siento como toda el alma.
Algunas veces llegas hasta mis oídos igual a una larga flor del invierno,
o un instante desaparecido de la muerte.

(De *Un día, el tiempo, las nubes,* 1964)

Luis Palés Matos.⚬⚬⚬⚬⚬⚬⚬⚬⚬⚬⚬⚬⚬⚬⚬

PUERTO RICO, 1898–1959   A lo largo de sus años, Luis Palés Matos recorrió una buena parte de las experiencias poéticas de nuestro siglo: la asimilación de las lógicas influencias modernistas en sus primeras y precoces composiciones (*Azaleas*); las distintas formas de la reacción posmodernista, en colecciones y textos publicados tardíamente en libros pero conocidos en su exacto momento; la atención a la modalidad negra, nacida del vanguardismo y de la cual es uno de sus más destacados representantes (*Tuntún de pasa y grifería*); y, por fin, una poesía de temática variada, profunda y trascendente, de intenso temblor en sus mejores instantes, situada de lleno en el posvanguardismo, y la que ha permanecido con frecuencia un poco en sombra ante el interés despertado siempre por sus poemas negros, desde luego los más difundidos.

Comenzó a escribir éstos hacia 1926, aunque en su misma producción anterior pueden encontrarse antecedentes. La fecha es importante porque demuestra la anterioridad e independencia de la tendencia afroantillana en Puerto Rico con respecto a Cuba, su otro natural centro de gravedad. Mucho se discutió en torno a su cultivo por Palés: ¿Sentía el poeta el tema negro de un modo auténtico? ¿Lo vinculaba a la realidad nacional puertorriqueña? ¿O más bien lo proyectaba en una dimensión genérica y ancestral: las Antillas, los orígenes de la raza, el África? Sin embargo, la crítica más seria ha sabido plantearse últimamente la cuestión en sus verdaderos términos; para lo cual ha comenzado por rechazar como inoperante la censura, repetidamente manifestada, de que cantara al negro desde fuera y como blanco, ya que no podía hacer otra cosa. Por el contrario ha venido destacando la fundamental visión estética de ese mundo negro que en Palés Matos se da, tanto como sus magníficos poderes de creación rítmica y de sensual metaforismo. Y aun los contenidos morales y sociales en él latentes, sin olvidar las hondas causas humanas y culturales (matizadamente generacionales) que sostienen aquellos contenidos. Estos últimos aspectos explican, particularmente, el gesto irónico, el matiz humorístico y el pesimismo básico de parte de su obra. Delicado cantor también del reino del sueño, la intimidad amorosa y las llamadas del misterio (léanse "Puerta al tiempo en tres voces" y "El llamado"), este plástico y visionario poeta es por su expresión y temática el más logrado y representativo de su Isla, a la vez que uno de los finos y preocupados artífices de lenguaje poético de Hispanoamérica.

Temas generales

1. Examen de la evolución temática y estilística de L.P.M.
2. L.P.M. y lo negro. Las polémicas sobre la autenticidad de este tema en su obra. Posición actual de la crítica.
3. Estudio de los recursos expresivos de L.P.M. en sus poemas negros.
4. Raíces personales y contenidos sociales en la poesía de L.P.M.
5. La presencia de Puerto Rico en el conjunto de su obra.
6. L.P.M., poeta de la visión y del sueño. Estudio de su poesía última.
7. L.P.M. y el lenguaje poético.

Bibliografía

Obra poética

Azaleas. Poesías, Guayama, P.R., 1915. *Tuntún de pasa y grifería*, pról. de Angel Valbuena Prat, San Juan, 1937; nueva edic. con prólogo de Jaime Benítez, 1950. *Poesía 1915–1956*, introd. por Federico de Onís, 1957 (2da. ed. 1964).

Estudios

LIBROS ESPECIALES: Blanco, Tomás, *Sobre Palés Matos*. I, *Escorzos de un poeta antillano*, II, *Comentarios a una voz*, San Juan, 1950. Cruz de Rivera, Lydia, *Obra de L.P.M.* Tesis doctoral, Universidad de Madrid, 1960. Enguídanos, Miguel, *La poesía de L.P.M.*, Río Piedras, 1961. Palés Matos, Luis, *Número homenaje*, Asom, *XV*, núm. 3, 1959 (contiene trabajos de Nilita Vientós Gastón, Giuseppe Bellini, Margot Arce de Vázquez, E. Anderson Imbert, E. Florit, C. Meléndez, María T. Babín y otros). Palés Matos, Luis, *Número homenaje*, LaTo, *VIII*, núms. 29–30, 1960 (contiene trabajos de Ricardo Gullón, Miguel Enguídanos, Ventura Doreste, Gerardo Diego, Max Henríquez Ureña, Guillermo de Torre, Margot Arce de Vázquez, Federico de Onís, Concha Meléndez, María T. Babín y otros).

LIBROS GENERALES: Arce de Vázquez, Margot, *Impresiones. Notas puertorriqueñas* (contiene: "Los poemas negros de L.P.M., "Rectificaciones," "El adjetivo en la 'Danza negra' de L.P.M.," "L.P.M., mago de la palabra"), San Juan, 1950. Olivera, Otto, *Breve historia de la literatura antillana*, México, 1957. Rivera de Alvarez, Josefina, *Diccionario de literatura puertorriqueña*, Río Piedras, 1955. Rosa-Nieves, Cesáreo, *La poesía en Puerto Rico*, San Juan, 1958. Valbuena Briones, Angel y Luis Hernán-

dez Aquino, *Nueva poesía de Puerto Rico*, Madrid, 1952.

ARTÍCULOS: Abellán, José Luis, "Examen de valores actuales en la poesía antillana," Insula, *XVIII*, núm. 199, 1963. Agrait, Gustavo, "Una posible explicación del ciclo negro en la poesía de Palés," RevICP, *II*, núm. 39–41, 1959. Arce de Vázquez, Margot, "Guayama en la poesía de L.P.M.," RevICP, *II*, 36–38, 1959. Barrera, Héctor, "Renovación poética de L.P.M.," Asom, *VII*, núm. 2, 1951. Enguídanos, Miguel, "Poesía como vida: L.P.M.," PSA, *XII*, núm. 36, 1959. Florit, Eugenio, "Los versos de L.P.M.," RHM, *XXIV*, núm. 2, 1958. Guereña, Jacinto Luis, "Circuito con L.P.M.," LaTo, *XI*, núm. 44, 1963. Labarthe, Pedro Juan, "El tema negroide en la poesía de L.P.M.," HispW, *XXXI*, 1948. Lloréns, Washington, "La jitanjáfora en L.P.M.," ArtL, núm. 10, 1954. Matos Paoli, Francisco, "El paisaje en la poesía de L.P.M.," ALatPR, *XV*, 1945. Morales, Angel Luis, *"Puerta al tiempo en tres voces*. Poema de L.P.M.," RevIb, *XXII*, núm. 44, 1957. Onís, Federico de, "El velorio que oyó Palés de niño en Guayama," RevICP, *II*, núm. 5, 1959. Onís, Federico de, "L.P.M., 1: Vida y obra. 2: Bibliografía. 3: Antología," Islas, *I*, núm. 3, 1959. Ortiz Jiménez, Juan, "L.P.M.: Su poesía y su actitud," PRIl, 24 sept. 1949. Picón Salas, Mariano, "Las Antillas y un poeta de los negros," RevPV, 1938. Rosa-Nieves, Cesáreo, "Notas para la poesía puertorriqueña: Poesía y emoción en el tema negro," Asom, *V*, 1949. Russell, Dora Isella, "La poesía de L.P.M.," CCLC, núm. 97, 1965. Schons, Dorothy, "Negro Poetry in the Americas," HispCal, *XXV*, 1942.

Bocetos impresionistas

I

Vamos, acróbatas modernos,
sobre trapecio de metáforas
a hacer maromas peligrosas
para que el gran público aplauda.
Saco imágenes del bolsillo
como rosas recién cortadas . . .

Heme aquí, de pie en el trapecio,
disparado en mecida larga
hacia la flor que no perfuma,
hacia la estrella que no existe,
hacia el pájaro que no canta.

II

Ese árbol seco
comido de lianas y helechos,
es como el viejo zapatero
siempre enredado entre zapatos
que ahora, de repente, recuerdo . . .
vidas iguales, frías, áridas,
y en torno la llanura
abierta en dilatado bostezo.

III

El buen marido esta mañana
dice a su mujer: —Prepara
las maletas, que voy de viaje—
Ella lo mira de tal modo
que él comprende, lía un cigarrillo,
y lanza una espiral dolorosa de humo.

IV

Ni el tranvía, ni el teatro, ni el cabaret
                                  [pudieron
extirpar la yerba, los árboles y el agua
que aquel hombre llevaba
en la risa, en el chaleco y en la corbata,
y así, aquel hombre era,
una pradera suelta por las calles.

V

Tierra de hambres y saqueos
y de poetas y azucareros . . .
Antilla perfumada que arrastra
su estómago vacío sobre el agua.

Jaula de loros tropicales
politiqueando entre los árboles.
¡Pobre isla donde yo he nacido!
El yanki, bull-dog negro,
te roe entre sus patas como un hueso.

VI

Tendido boca arriba
me arropo con el cielo
en la noche del trópico
silbante, murmurioso y trompetero.
Tendido boca arriba
en cósmica expansión me voy abriendo
mientras el sueño cierra mis pupilas.
Mas de pronto despierto
con una extraña comezón de mundos,
y miro las estrellas
que como chinches andan por mi cuerpo.

VII

En esta hora quieta
de la bahía ancha,
la tarde es puerto sosegado
de penumbra y de calma . . .
La noche entra como un gran navío
y arroja sobre el agua
su primera estrella
como un ancla.

        (De "El palacio en sombras," 1919–1920,
             en *Poesía*, [*1915–1956*], 1957)

Pueblo

¡Piedad, Señor, piedad para mi pobre pueblo
donde mi pobre gente se morirá de nada!
Aquel viejo notario que se pasa los días
en su mínima y lenta preocupación de rata;
este alcalde adiposo de grande abdomen vacuo
chapoteando en su vida tal como en una salsa;
aquel comercio lento, igual, de hace diez siglos;
estas cabras que triscan el resol de la plaza;
algún mendigo, algún caballo que atraviesa
tiñoso, gris y flaco, por estas calles anchas;

la fría y atrofiante modorra del domingo
jugando en los casinos con billar y barajas;
todo, todo el rebaño tedioso de estas vidas
en este pueblo viejo donde no ocurre nada,
todo esto se muere, se cae, se desmorona,
a fuerza de ser cómodo y de estar a sus anchas.

¡Piedad, Señor, piedad para mi pobre pueblo!
Sobre estas almas simples, desata algún canalla
que contra el agua muerta de sus vidas arroje
la piedra redentora de una insólita hazaña . . .
Algún ladrón que asalte ese Banco en la noche,
algún Don Juan que viole esa doncella casta,
algún tahúr de oficio que se meta en el pueblo
y revuelva estas gentes honorables y mansas.

¡Piedad, Señor, piedad para mi pobre pueblo
donde mi pobre gente se morirá de nada!

(De *Canciones de la vida media*, 1925,
en *Poesía [1915–1956]*, 1957)

Danza negra

Calabó y bambú.
Bambú y calabó.
El Gran Cocoroco[1] dice: tu-cu-tú.
La Gran Cocoroca dice: to-co-tó.
Es el sol de hierro que arde en Tombuctú.[2]
Es la danza negra de Fernando Póo.[3]
El cerdo en el fango gruñe: pru-pru-prú.
El sapo en la charca sueña: cro-cro-cró.
Calabó y bambú.
Bambú y calabó.

Rompen los junjunes[4] en furiosa ú.
Los gongos[5] trepidan con profunda ó.
Es la raza negra que ondulando va
en el ritmo gordo del mariyandá.[6]
Llegan los botucos[7] a la fiesta ya.
Danza que te danza la negra se da.

Calabó y bambú.
Bambú y calabó.
El Gran Cocoroco dice: tu-cu-tú.
La Gran Cocoroca dice: to-co-tó.

Pasan tierras rojas, islas de betún:
Haití, Martinica, Congo, Camerún;[8]
las papiamentosas[9] antillas del ron
y las patualesas[10] islas del volcán,
que en el grave son
del canto se dan.

Calabó y bambú.
Bambú y calabó.
Es el sol de hierro que arde en Tombuctú.
Es la danza negra de Fernando Póo.
El alma africana que vibrando está
en el ritmo gordo del mariyandá.

[1]*Cocoroco*: persona importante o influyente; gran jefe máximo de tribus negras.
[2]*Tombuctú*: ciudad del Sahara meridional, en la actual República de Mali.
[3]*Fernando Póo*: isla en la costa occidental de África, en el golfo de Guinea, perteneciente a España.
[4]*junjunes*: instrumentos musicales de los negros hotentotes, especie de violín primitivo.
[5]*gongos*: instrumentos musicales de percusión.
[6]*mariyandá*: baile de negros en Puerto Rico.
[7]*botucos*: jefes indígenas de cada uno de los pueblos en que viven agrupados los naturales de Fernando Póo.
[8]*Congo* y *Camerún*: países del África de donde procedía una buena parte de los negros esclavos introducidos en América durante la época colonial.
[9]*papiamentosas*: referencia a papiamento, habla criolla de las Antillas holandesas.
[10]*patualesas*: referencia a *patois* (patuá), que se habla en las Antillas francesas. (Las demás palabras sin sentido que aparecen en *Danza negra* son voces onomatopéyicas creadas por el poeta para efectos rítmicos.)

Calabó y bambú.
Bambú y calabó.

El Gran Cocoroco dice: tu-cu-tú.
La Gran Cocoroca dice: to-co-tó.

1926

(De *Tuntún de pasa y grifería.
Poemas afroantillanos*, 1937)

Canción festiva para ser llorada

Cuba —ñáñigo y bachata—[11]
Haití —vodú[12] y calabaza—
Puerto Rico —burundanga—[13]

Martinica y Guadalupe
me van poniendo la casa.
Martinica en la cocina
y Guadalupe en la sala.
Martinica hace la sopa
y Guadalupe la cama.
Buen calalú, Martinica,
que Guadalupe me aguarda.

¿En qué lorito aprendiste
ese patuá[14] de melaza,
Guadalupe de mis trópicos,
mi suculenta tinaja?
A la francesa, resbalo,
sobre tu carne mulata,
que a falta de pan, tu torta
es prieta gloria antillana.
He de traerte de Haití
un cónsul de aristocracia:
Conde del Aro en la Oreja,
Duque de la Mermelada.

Para cuidarme el jardín
con Santo Domingo basta.
Su perenne do de pecho
pone intrusos a distancia.

Su agrio gesto de primate
en lira azul azucara,
cuando borda madrigales
con dedos de butifarra.

Cuba —ñáñigo y bachata—
Haití —vodú y calabaza—
Puerto Rico —burundanga—

Las antillitas menores,
titís[15] inocentes, bailan
sobre el ovillo de un viento
que el ancho golfo huracana.

Aquí está San Kitts[16] el nene,
el bobo de la comarca.
Pescando tiernos ciclones
entretiene su ignorancia.
Los purga con sal de fruta,
los ceba con cocos de agua,
y adultos ya, los remite,
C.O.D.[17] a sus hermanas,
para que se desayunen
con tormenta rebozada.

Aquí está Santo Tomé,[18]
de malagueta y malanga[19]
cargado el burro que el cielo
de Su Santidad demanda . . .
(Su Santidad, Babbitt Máximo,[20]
con sello y marca de fábrica.)

[11]*ñáñigo*: sociedad secreta de negros en Cuba, o individuo perteneciente a ella; *bachata*: en Cuba, juego, fiesta, broma.
[12]*vodú*: rito misterioso de los negros haitianos.
[13]*burundanga*: en Cuba y Puerto Rico, mezcla de cosas inútiles o de poco valor.
[14]*patuá*: del frances *patois*, galicismo por dialecto.
[15]*titís*: monos pequeños de la América Central y Meridional.
[16]*San Kitts*: isla pequeña del Caribe, perteneciente al grupo de las de Sotavento, al S.E. de las Islas Vírgenes.
[17]*cash on delivery*: entrega contra reembolso, pago contra entrega.

[18]*Santo Tomé*: isla del Archipiélago de las Vírgenes, al este de Puerto Rico.
[19]*malagueta*: semilla de diversos arbustos tropicales que se usa como especia (sinónimo de pimienta)—en Puerto Rico se da también este nombre a una planta cuyas hojas son medicinales; *malanga*: en las Antillas Mayores, variedad de planta aroidea cuyo tubérculo es alimenticio.
[20]*Babbitt Máximo*: posible alusión al personaje de la novela del mismo nombre de Sinclair Lewis, presentado probablemente por Palés Matos como representante prototípico del norteamericano.

De su grave teología
Lutero hizo una fogata,
y alrededor, biblia en mano,
los negros tórtolos[21] bailan
cantando salmos oscuros
a bombo, mongo[22] de Africa.

¡Hola, viejo Curazao!
Ya yo te he visto la cara.
Tu bravo puño de hierro
me ha quemado la garganta.
Por el mundo, embotellado,
vas del brazo de Jamaica,
soltando tu áspero tufo
de azúcares fermentadas.

Cuba —ñáñigo y bachata—
Haití —vodú y calabaza—
Puerto Rico —burundanga—

Mira que te coje el ñáñigo,
niña, no salgas de casa.
Mira que te coje el ñáñigo
del jueguito[23] de la Habana.
Con tu carne hará gandinga,[24]
con tu seso mermelada;
ñáñigo carabalí[25]
de la manigua cubana.

Me voy al titiringó[26]
de la calle de la prángana.[27]
Ya verás el huele-huele
que enciendo tras de mi saya,
cuando resude canela
sobre la rumba de llamas;
que a mí no me arredra el ñáñigo
del jueguito de la Habana.

Macandal[28] bate su gongo[29]
en la torva noche haitiana.

Dentaduras de marfil
en la tiniebla resaltan.
Por los árboles se cuelan
ariscas formas extrañas,
y Haití, fiero y enigmático,
hierve como una amenaza.

Es el vodú. La tremenda
hora del zombi[30] y la rana.
Sobre los cañaverales
los espíritus trabajan.
Ogún Badagrí[31] en la sombra
afila su negra daga . . .
—Mañana tendrá el amito
la mejor de las corbatas—
Dessalines[32] grita: ¡Sangre!
L'Ouverture[33] ruge: ¡Venganza!
mientras remoto, escondido,
por la profunda maraña,
Macandal bate su gongo
en la torva noche haitiana.

Cuba —ñáñigo y bachata—
Haití —vodú y calabaza—
Puerto Rico —burundanga—

Antilla, vaho pastoso
de templa[34] recién cuajada.
Trajín de ingenio cañero.
Baño turco de melaza.
Aristocracia de dril
donde la vida resbala
sobre frases de natilla
y suculentas metáforas.
Estilización de costa
a cargo de entecas palmas.
Idioma blando y chorreoso
—mamey, cacao, guanábana—
En negrito y cocotero

---

[21]*tórtolos:* negros nativos o procedentes de la isla de Tórtola, cercana a las Islas Vírgenes; por extensión, todos los negros de este archipiélago.
[22]*bombo:* o Bombo: dios fluvial del Congo; *mongo:* jefe, cacique.
[23]*jueguito:* cabildo o logia de ñáñigos.
[24]*gandinga:* plato a base de los riñones, el hígado y el corazón del cerdo, picados y condimentados. (Puerto Rico.)
[25]*carabalí:* tribu o variedad de negros africanos, muy abundante en Cuba.
[26]*titiringó:* en Cuba, fiesta, jaleo, alboroto.
[27]*prángana:* estar en la prángana, no tener dinero.
[28]*Macandal:* personaje haitiano legendario; parece ser que tuvo existencia real y fue uno de los primeros en incitar a los negros esclavos a la rebelión.

[29]*gongo:* pandero de metal muy sonoro que se golpea con un mazo.
[30]*zombi:* rito mágico entre los negros haitianos.
[31]*Ogún Badagrí:* dios de la guerra del vodú haitiano. También aparece en la religión de los negros brujos de Cuba.
[32]*Dessalines:* Juan Jacobo Dessalines (1758–1806), negro de Haití que se hizo emperador después de ordenar una matanza de los blancos.
[33]*L'Ouverture:* Toussaint L'Ouverture (1753–1803) negro que, después de haber dirigido la insurrección de Haití (1796), fue hecho prisionero por los franceses. Trasladado a Francia, murió allí.
[34]*templa:* porción de melado en disposición de hacerse azúcar.

Babbitt turista te atrapa;
Tartarín[35] sensual te sueña
en tu loro y tu mulata;
sólo a veces Don Quijote,
por chiflado y musaraña,
de tu maritornería
construye una dulcineada.[36]

Cuba —ñáñigo y bachata—
Haití —vodú y calabaza—
Puerto Rico —burundanga—

(De *Tuntún de pasa y guitería*, 1937)

Lagarto verde

El Condesito de la Limonada,
juguetón, pequeñín . . . Una monada
rodando, pequeñín y juguetón,
por los salones de Cristobalón.[37]
Su alegre rostro de tití
a todos dice: —Sí.
—Sí, Madame Cafolé,[38] Monsieur Haití,
por allí, por aquí.

Mientras los aristócratas macacos
pasan armados de cocomacacos
solemnemente negros de nobleza,
el Conde, pequeñín y juguetón,
es un flúido de delicadeza
que llena de finuras el salón.

—Sí, Madame Cafolé, Monsieur Haití,
por allí, por aquí—
Vedle en el rigodón,
miradle en el minué . . .

Nadie en la Corte de Cristobalón
lleva con tanta gracia el casacón
ni con tanto donaire mueve el pie.
Su fórmula social es: ¡oh, pardon!
Su palabra elegante: ¡volupté!

¡Ah, pero ante Su Alteza
jamás oséis decir lagarto verde,
pues perdiendo al instante la cabeza
todo el fino aristócrata se pierde!

Y allá va el Conde de la Limonada,
con la roja casaca alborotada
y la fiera quijada
rígida en epiléptica tensión . . .
Allá va, entre grotescos ademanes,
multiplicando los orangutanes
en los espejos de Cristobalón.

(De *Tuntún de pasa y grifería*, 1937)

Puerta al tiempo en tres voces

I

. . . Del trasfondo de un sueño la escapada
Filí-Melé. La flúida cabellera
fronda crece, de abejas enjambrada;
el tronco —desnudez cristalizada—
es desnudez en luz tan desnudada
que al mirarlo se mira la mirada.

Frutos hay, y la vena despertada
látele azul y en el azul diluye

su pálida tintura derramada,
por donde todo hacia la muerte fluye
en huída tan lueñe y sosegada
que nada en ella en apariencia huye.

Filí-Melé, Filí-Melé, ¿hacia dónde
tú, si no hay tiempo para recogerte
ni espacio donde puedas contenerte?
Filí, la inaprehensible ya atrapada,
Melé, numen y esencia de la muerte.

---

[35] *Tartarín: Tartarín de Tarascón*, novela de Alphonse Daudet, sátira de los franceses del Sudoeste.
[36] *maritornería, dulcineada*: referencia a Maritornes y Dulcinea, los personajes de *Don Quijote*.
[37] *Cristobalón*: alusión a Jean Christophe, rey de la parte

norte de Haití, de quien se dice que gobernó sabiamente y favoreció la cultura intelectual.
[38] *Madame Cafolé*: palabra inventada por Palés con intención caricaturesca; contracción del francés *café au lait* (café con leche) y alusión a lo mulato.

Y ahora, ¿a qué trasmundo, perseguida
serás, si es que eres? ¿Para qué ribera
huye tu blanca vela distendida
sobre mares oleados de quimera?

II

En sombra de sentido de palabras,
fantasmas de palabras;
en el susto que toma a las palabras
cuando con leve, súbita pisada,
las roza el halo del fulgor del alma;
—rasgo de ala en el agua,
ritmo intentado que no logra acorde,
abortada emoción cohibida de habla—;
en el silencio tan cercano al grito
que recorre las noches estrelladas,
y más lo vemos que lo oímos,
y casi le palpamos la sustancia;
o en el silencio plano y amarillo
de las desiertas playas,
batiendo el mar en su tambor de arena
salado puño de ola y alga,
¿Qué lenguaje te encuentra, con qué idioma
(ojo inmóvil, voz muda, mano laxa)
podré yo asirte, columbrar tu imagen,
la imagen de tu imagen reflejada
muy allá de la música-poesía,
muy atrás de los cantos sin palabras?

Mis palabras, mis sombras de palabras,
a ti, en la punta de sus pies, aupadas.
Mis deseos, mis galgos de deseos,
a ti, ahilados, translúcidos espectros.

Yo, evaporado, diluido, roto,
abierta red en el sinfín sin fondo . . .
Tú, por ninguna parte de la nada,
¡qué escondida, cuán alta!

III

En lo fugaz, en lo que ya no existe
cuando se piensa,
y apenas deja de pensarse
cobra existencia;
en lo que si se nombra se destruye,
catedral de ceniza, árbol de niebla . . .
¿Cómo subir tu rama?
¿Cómo tocar tu puerta?

Pienso, Filí-Melé, que en el buscarte
ya te estoy encontrando,
y te vuelvo a perder en el oleaje
donde a cincel de espuma te has formado.
Pienso que de tu pena hasta la mía
se tiende un puente de armonioso llanto
tan quebradizo y frágil, que en la sombra
sólo puede el silencio atravesarlo.
Un gesto, una mirada, bastarían
a fallar sus estribos de aire amargo
como al modo de Weber,[39] que en la noche
nos da, cisne teutón, su último canto.

Canto final donde la acción frustrada
abre al tiempo una puerta sostenida
en tres voces que esperan tu llegada;
tu llegada, aunque sé que eres perdida . . .
Perdida y ya por siempre conquistada,
fiel fugada Filí-Melé abolida.

(En *Poesía* [*1915–1956*], 1957)

El llamado

Me llaman desde allá . . .
larga voz de hoja seca,
mano fugaz de nube
que en el aire de otoño se dispersa.
Por arriba el llamado
tira de mí con tenue hilo de estrella,
abajo, el agua en tránsito,
con sollozo de espuma entre la niebla.

Ha tiempo oigo las voces
y descubro las señas.

Hoy recuerdo: es un día venturoso
de cielo despejado y clara tierra;
golondrinas erráticas
el calmo azul puntean.
Estoy frente a la mar y en lontananza
se va perdiendo el ala de una vela;

---

[39] *Weber:* Karl Maria von Weber (1786–1826), el compositor alemán de la escuela romántica.

va yéndose, esfumándose,
y yo también me voy borrando en ella.
Y cuando al fin retorno
por un leve resquicio de conciencia
¡cuán lejos ya me encuentro de mí mismo!
¡qué mundo tan extraño me rodea!

Ahora, dormida junto a mí, reposa
mi amor sobre la hierba.
El seno palpitante
sube y baja tranquilo en la marea
del ímpetu calmado que diluye
espectrales añiles en su ojera.
Miro esa dulce fábrica rendida,
cuerpo de trampa y presa
cuyo ritmo esencial como jugando
manufactura la caricia aérea,
el arrullo narcótico y el beso
—víspera ardiente de gozosa queja—
y me digo: Ya todo ha terminado . . .
Mas de pronto, despierta,
y allá en el negro hondón de sus pupilas
que son un despedirse y una ausencia,
algo me invita a su remota margen
y dulcemente, sin querer, me lleva.

Me llaman desde allá . . .
Mi nave aparejada está dispuesta.
A su redor, en grumos de silencio,
sordamente coagula la tiniebla.
Un mar hueco, sin peces,
agua vacía y negra
sin vena de fulgor que la penetre
ni pisada de brisa que la mueva.
Fondo inmóvil de sombra,
límite gris de piedra . . .
¡Oh soledad, que a fuerza de andar sola
se siente de sí misma compañera!

Emisario solícito que vienes
con oculto mensaje hasta mi puerta,
sé lo que te propones
y no me engaña tu misión secreta;
me llaman desde allá,
pero el amor dormido aquí en la hierba
es bello todavía
y un júbilo de sol baña la tierra.
¡Déjeme tu implacable poderío
una hora, un minuto más con ella!

(De *Poesía* [1915–1956], 1957)

Jorge Luis Borges.

ARGENTINA, 1899   Al llegar Jorge Luis Borges a su concepción definitiva de la poesía, ha podido definirla como "el descubrimiento de mitos o el experimentarlos otra vez con intimidad" o como "conspiración hecha por los hombres de buena voluntad para honrar el ser." Tal modo de contemplar la poesía señala un radical alejamiento y superación de aquella inicial estética ultraísta, cuando el fervor juvenil de los años veinte le había llevado a postular la imagen como el elemento primordial y reducidor de la lírica y a sostener que "la invención de metáforas y de ocurrencias es tarea fundamental del poeta y que por ellas debe medirse su valimiento." Borges quedará entre los contemporáneos, para comenzar por lo más externo, que él mismo y bien pronto rebasará, como el poeta de Buenos Aires, continuador y ahondador de aquel canto tierno e intimista del suburbio que ya había sonado en Evaristo Carriego. La suya será, sin embargo, una visión más intensa, entre real y mítica, concreta e intemporal a la vez, "de una ciudad, un barrio, una calle." Se trata, así, de un Buenos Aires detenido, sosegado, fijo, es decir, salvado del azar y del accidente, sus grandes obsesiones. Y después habrá que recordarlo por los poemas narrativos, donde el tema histórico-argentino cede la materia argumental mínima, la cual será atravesada por la sensibilidad de un hombre de hoy que es además un intelectual y un imaginativo. Ello significa que descripción y narración en Borges son por lo general armazones pictóricas o anecdóticas donde después el pensamiento entretejerá el hilo de sus reflexiones trascendentes: el sentido de la vida y la muerte, los enigmas del caos-universo, el problema del tiempo visto en su dualidad de fluencia y eternidad, el diálogo dramático de la conciencia y la realidad, la idea del eterno retorno, las formas posibles de anulación del tiempo, etc. A estas preocupaciones dirigirá también textos más derechamente encauzados, o sea, más libres ya de la apoyatura exterior o la referencia histórica, que no faltarán nunca del todo como tampoco las alusiones culturales o librescas.

La lengua poética de Borges es una de las más vivas y abiertas de nuestro idioma, revelando en ella una sólida asimilación de los barrocos españoles y en especial de Quevedo, al cual le unen otras aproximaciones. Por un lado recogerá los matices más jugosos y expresivos del habla porteña natural, en su afán de encarnar como un hecho vivo el espíritu criollo; por el otro, no rechazará el exacto término abstracto o filosófico, consecuencia inexcusable de su riguroso afán de precisión y lucidez. El cotejo de las sucesivas variantes y correcciones de un mismo poema así como la lectura de las más ceñidas creaciones últimas revelan una síntesis de rasgos donde, como ha dicho J.C. Ghiano, "lo barroco va dejando lugar a lo clásico," movimiento que resume la directriz esencial en la evolución estilística de la lírica de Borges.

Temas generales

1. Los inicios ultraístas de J.L.B. y su rectificación posterior.
2. Metáfora y lirismo narrativo en J.L.B.
3. El tiempo y otras preocupaciones metafísicas en la poesía de J.L.B.
4. Lo nacional —el criollismo porteño y la historia argentina— y su trascendencia en J.L.B.
5. El trabajo de retoque estilístico del poema en

J.L.B. como expresión de la evolución de su poética.
6. El poder de concisión y síntesis conceptual en el verso de J.L.B. y sus aproximaciones a Quevedo.
7. Examen de las fuentes históricas, literarias y filosóficas en J.L.B. y su recreación poética personal.
8. J.L.B., poeta argentino y universal.

Bibliografía

Obra poética

Fervor de Buenos Aires, Buenos Aires, 1923. *Luna de enfrente*, 1925. *Cuaderno San Martín*, 1929. *Poemas*, [1923–1943] (antología de los tres libros anteriores, con *Muertes de Buenos Aires* y *Otros poemas*), 1943. *Antología personal*, 1961. *Obra poética*, 1963. *Para las seis cuerdas*, 1965. *Obra poética [1923–1967]*, 1967.

Estudios

LIBROS ESPECIALES: Barrenechea, Ana María, *La expresión de la irrealidad en la obra de J.L.B.*, México, 1957 [contiene abundante bibliografía]. Capsas, Cleon W., *The poetry of J.L.B.: 1923–1963*, (Tesis de la Universidad de New Mexico), 1963–64. Fernández Moreno, César, *Esquema de Borges*, Buenos Aires, 1957. Gutiérrez Girardot, Rafael, *J.L.B., ensayo de interpretación*, Madrid, 1959. Jurado, Alicia, *Genio y figura de J.L.B.*, Buenos Aires, 1964. Prieto, Adolfo, *Borges y la nueva generación*, Buenos Aires, 1954. Ríos Patrón, José Luis, *J.L.B.*, Buenos Aires, 1954. Tamayo, Marcial y Adolfo Ruiz Díaz, *Borges: enigma y clave*, Buenos Aires, 1955. Wolberg, Isaac, *J.L.B.*, Buenos Aires, 1961. *Discusión sobre J.L.B.*, Número especial de la revista Meg, núm. 11, 1933. *Desagravio a Borges*, Número especial de Sur, núm. 94, 1942.

LIBROS GENERALES: *Diccionario de la literatura latinoamericana. Argentina, Segunda parte* (artículo *Borges*, por Alfredo A. Roggiano), Washington, 1961. Ghiano, Juan Carlos, *Poesía argentina del siglo XX*, Buenos Aires–México, 1957. Lida, Raimundo, "Notas a Borges," en *Letras hispánicas*, México–Buenos Aires, 1958. Phillips, Allen W., "Borges y su concepto de la metáfora," en *Movimientos literarios de vanguardia*, Memoria del Undécimo Congreso del Instituto Internacional de Literatura Iberoamericana, México (publicada por la Universidad de Texas), 1965. Rodríguez Monegal,

Emir, "Borges entre Escila y Caribdis," en *El juicio de los parricidas*, Buenos Aires, 1956. *Los escritores argentinos: J.L.B.* Número especial de la revista CiBA, año I, núm. 1–2, 1955.

ARTÍCULOS: Barrenechea, Ana María, "Borges y el lenguaje," NRFH, *II*, núm. 3–4, 1953. Barrenechea, Ana María, "El tiempo y la eternidad en la obra de Borges," RHM, *XXIII*, núm. 1, 1957. Bernárdez, Francisco Luis, Sobre J.L.B.: *Poemas*, CritBA, *XXVII*, 1954. Carilla, Emilio, "Un poema de Borges" [sobre "Poema conjetural"], RHM, *XXIX*, núm. 1, 1963. Foster, David W., "Borges and Dis-reality: An Introduction to his Poetry," HispW, *XLV*, núm. 4, 1962. Ghiano, Juan Carlos, "Borges y la poesía," CuA, *XV*, núm. 1, 1956. Ghiano, Juan Carlos, "Borges, antólogo de sí mismo," RevIb, *XXIX*, núm. 55, 1963. McKegney, James C., "Buenos Aires in the Poetry of J.L.B.," HispW, *XXXVII*, 1954. Morello Frosch, Martha E., "Elementos populares en la poesía de J.L.B.," Asom, *XVIII*, núm. 3, 1962. Nodier, Lucio y Lydia Revello, "Contribución a la bibliografía de J.L.B.," BiAR, núm. 10–11, 1961. Phillips, Allen W., "Notas sobre Borges y la crítica reciente," RevIb, *XXII*, núm. 43, 1957. Pinto, Juan, "Las calles porteñas en la poesía de Borges," Nac, 28 abr. 1963. Ríos Padrón, José Luis, y Horacio Jorge Becco, "Bibliografía de Borges," CiBA, núm. 2–3, 1955. Rodríguez Monegal, Emir, "Borges: teoría y práctica," Nume, *VI*, núm. 27, 1952. Rodríguez Monegal, Emir, "Macedonio Fernández, Borges y el ultraísmo," Nume, *IV*, núm. 19, 1952. Serra, Edelweis, "La vida y la muerte, el tiempo y la eternidad en la poesía de J.L.B.," UnivSF, núm. 58, 1963. Videla, Gloria, "Poemas y prosas olvidadas de Borges," RLAIM, núm. 3, 1961. Vitier, Cintio, "En torno a la poesía de J.L.B.," Orig, II, núm. 6, 1945.

El truco[1]

Cuarenta naipes han desplazado la vida.
Amuletos de cartón pintado
conjuran en placentero exorcismo
la maciza realidad primordial
de goce y sufrimiento carnales
y una creación risueña
va poblando el tiempo usurpado
con los brillantes embelecos
de una mitología criolla y tiránica.
En los lindes de la mesa
el vivir común se detiene.
Adentro hay otro país:
las aventuras del envido y del quiero,[2]

la fuerza del as de espadas
como don Juan Manuel,[3] omnipotente,
y el siete de oros tintineando esperanza.
Una lentitud cimarrona[4]
va refrenando las palabras
que por declives patrios resbalan
y como los altibajos del juego
son sempiternamente iguales
los jugadores en fervor presente
copian remotas bazas:[5]
hecho que inmortaliza un poco,
apenas,
a los compañeros muertos que callan.

(De *Fervor de Buenos Aires*, 1923,
en *Obra poética*, 1967)

Un patio

Con la tarde
se cansaron los dos o tres colores del patio.
La gran franqueza de la luna llena
ya no entusiasma su habitual firmamento.
Patio, cielo encauzado.
El patio es el declive

por el cual se derrama el cielo en la casa.
Serena
la eternidad espera en la encrucijada de
[estrellas.
Grato es vivir en la amistad oscura
de un zaguán, de una parra y de un aljibe.

(De *Fervor de Buenos Aires*, 1923,
en *Obra poética*, 1967)

Llaneza

A Haydée Lange

Se abre la verja del jardín
con la docilidad de la página
que una frecuente devoción interroga
y adentro las miradas
no precisan fijarse en los objetos
que ya están cabalmente en la memoria
Conozco las costumbres y las almas
y ese dialecto de alusiones
que toda agrupación humana va urdiendo.
No necesito hablar

ni mentir privilegios;
bien me conocen cuantos aquí me rodean,
bien saben mis congojas y mi flaqueza.
Eso es alcanzar lo más alto,
lo que tal vez nos dará en el cielo:
no admiraciones ni victorias
sino sencillamente ser admitidos
como parte de una Realidad innegable,
como las piedras y los árboles.

(De *Fervor de Buenos Aires*, 1923,
en *Obra poética*, 1967)

[1]*truco:* juego de naipes muy popular en la Argentina. Los jugadores suelen intercambiarse avisos mediante frases ingeniosas; y de aquí la expresión: "conversar un truco."
[2]*envido, queiro:* frases que se dicen durante el juego.

[3]*Don Juan Manuel:* referencia a Juan Manuel de Rosas (1793–1877), el dictador argentino que gobernó despótica y sangrientamente desde 1829 hasta 1852.
[4]*cimarrona:* perezosa.
[5]*bazas:* número de cartas que recoge el que gana.

Amorosa anticipación

~~~~~~

Ni la intimidad de tu frente clara como una fiesta
ni la privanza de tu cuerpo, aún misterioso y tácito y de niña,
ni la sucesión de tu vida situándose en palabras o acallamiento
serán favor tan misterioso
como el mirar tu sueño implicado
en la vigilia de mis brazos.
Virgen milagrosamente otra vez por la virtud absolutoria del sueño,
quieta y resplandeciente como una dicha en la selección del recuerdo,
me darás esa orilla de tu vida que tú misma no tienes.
Arrojado a quietud,
divisaré esa playa última de tu ser
y te veré por vez primera, quizá,
como Dios ha de verte,
desbaratada la ficción del Tiempo,
sin el amor, sin mí.

(De *Luna de enfrente*, 1925,
en *Obra poética*, 1967)

Fundación mítica de Buenos Aires

~~~~~~

¿Y fue por este río de sueñera[6] y de barro
que las proas vinieron a fundarme la patria?
Irían a los tumbos los barquitos pintados
entre los camalotes de la corriente zaina.[7]

Pensando bien la cosa, supondremos que el río
era azulejo entonces como oriundo del cielo
con su estrellita roja para marcar el sitio
en que ayunó Juan Díaz[8] y los indios comieron.

Lo cierto es que mil hombres y otros mil arribaron
por un mar que tenía cinco lunas de anchura
y aun estaba repleto de sirenas y endriagos
y de piedras imanes que enloquecen la brújula.

Prendieron unos ranchos trémulos en la costa,
durmieron extrañados. Dicen que en el Riachuelo,[9]
pero son embelecos fraguados en la Boca.[10]
Fue una manzana entera y en mi barrio: en Palermo.

---

[6]*sueñera:* derivado de sueño: ensoñación, adormecimiento.

[7]*zaina:* castaño rojizo, que se aplica a los caballos de este color.

[8]*Juan Díaz de Solís:* descubridor del Río de la Plata donde murió a manos de los indios en 1516.

[9]*Riachuelo:* Río que desemboca en el estuario de la Plata. En estos versos se alude a la primera fundación de Buenos Aires por Pedro de Mendoza en 1534.

[10]*La Boca:* barrio porteño humilde junto a la costa; *Palermo:* barrio tradicional de Buenos Aires.

Una manzana entera pero en mitá del campo
presenciada de auroras y lluvias y suestadas.[11]
La manzana pareja que persiste en mi barrio:
Guatemala, Serrano, Paraguay, Gurruchaga.[12]

Un almacén rosado como revés de naipe
brilló y en la trastienda conversaron un truco;[13]
el almacén rosado floreció en un compadre[14]
ya patrón de la esquina, ya resentido y duro.

El primer organito salvaba el horizonte
con su achacoso porte, su habanera y su gringo.[15]
El corralón seguro ya opinaba: YRIGOYEN,[16]
algún piano mandaba tangos de Saborido.[17]

Una cigarrería sahumó como una rosa
el desierto. La tarde se había ahondado en ayeres,
los hombres compartieron un pasado ilusorio.
Sólo faltó una cosa: la vereda[18] de enfrente.

A mí se me hace cuento que empezó Buenos Aires:
La juzgo tan eterna como el agua y el aire.

(De *Cuaderno San Martín*, 1929,
en *Obra poética*, 1967)

La noche que en el sur lo velaron

A Letizia Álvarez de Toledo

Por el deceso de alguien
—misterio cuyo vacante nombre poseo, cuya realidad no abarcamos—
hay hasta el alba una casa abierta en el Sur,
una ignorada casa que no estoy destinado a rever,
pero que me espera esta noche
con desvelada luz en las altas horas del sueño,
demacrada de malas noches, distinta,
minuciosa de realidad.

A su vigilia gravitada de muerte camino
por las calles elementales como recuerdos,
por el tiempo abundante de la noche,
sin más oíble vida
que los vagos hombres de barrio junto al apagado almacén
y algún silbido solo en el mundo.

---

[11]pronunciación popular de *sudestada*: viento del Sudeste, fuerte y con frecuencia tormentoso que provoca grandes corrientes en el Río de la Plata.
[12]*Guatemala . . . Gurruchaga*: calles del barrio de Palermo.
[13]véase nota 1.
[14]*compadre*: fanfarrón, bravucón.
[15]*habanera*: aire musical y danza procedentes de La Habana; *gringo*: extranjero, generalmente identificado en la Argentina con el inmigrante italiano.
[16]*Hipólito Irigoyen*: político argentino muy popular (1850–1933), que fue presidente de la República en dos ocasiones.
[17]*Saborido*: autor popular de tangos.
[18]*vereda*: véase en la sección del vanguardismo, Alfredo Mario Ferreino, p. 000, nota 4.

Lento el andar, en la posesión de la espera,
llego a la cuadra y a la casa y a la sincera puerta que busco
y me reciben hombres obligados de gravedad
que participaron de los años de mis mayores,
y nivelamos destinos en una pieza habilitada que mira al patio
—pieza que está bajo el poder y en la integridad de la noche—
y decimos, porque la realidad es mayor, cosas indiferentes
y somos desganados y argentinos en el espejo
y el mate[19] compartido mide horas vanas.

Me conmueven las menudas sabidurías
que en todo fallecimiento de hombre se pierden
—hábito de unos libros, de una llave, de un cuerpo entre los otros—
frecuencias irrecuperables que fueron
la precisión y la amistad del mundo para él.
Yo sé que todo privilegio, aunque oscuro, es de linaje de milagro
y mucho lo es el de participar en esta vigilia,
reunida alrededor de lo que no se sabe: del Muerto,
reunida para incomunicar o guardar su primera noche en la muerte.

(El velorio gasta las caras;
los ojos se nos están muriendo en lo alto como Jesús.)
¿Y el muerto, el increíble?
Su realidad está bajo las flores diferentes de él
y su mortal hospitalidad nos dará
un recuerdo más para el tiempo
y sentenciosas calles del Sur para merecerlas despacio
y brisa oscura sobre la frente que vuelve
y la noche que de la mayor congoja nos libra:
la prolijidad de lo real.

(De *Cuaderno San Martín*, 1929,
en *Obra poética*, 1967)

Poema conjetural

*El doctor Francisco Laprida,[20] asesinado
el día 22 de septiembre de 1829 por los
montoneros[21] de Aldao, piensa antes de
morir:*

Zumban las balas en la tarde última.
Hay viento y hay cenizas en el viento,
se dispersan el día y la batalla
deforme, y la victoria es de los otros.
Vencen los bárbaros, los gauchos vencen.
Yo, que estudié las leyes y los cánones,

yo, Francisco Narciso de Laprida,
cuya voz declaró la independencia
de estas crueles provincias, derrotado,
de sangre y de sudor manchado el rostro,
sin esperanza ni temor, perdido,
huyo hacia el Sur por arrabales últimos.

[19]*mate:* planta americana de cuyas hojas se hace una infusión que suele beberse en un recipiente especial llamado mate, de donde procede el nombre de la planta. Es una bebida estomacal, nutritiva y excitante.
[20]*Francisco Narciso Laprida:* patriota argentino (1786–1829) que tuvo gran intervención en el Congreso de

Tucumán de 1816 donde se declaró la independencia de España. Borges es descendiente de Laprida.
[21]*montoneros:* en Argentina, jinetes insurrectos, rebeldes. Entre los progresistas argentinos, montonero viene a ser sinónimo de caos y barbarie.

Como aquel capitán del Purgatorio[22]
que, huyendo a pie y ensangrentando el llano,
fue cegado y tumbado por la muerte
donde un oscuro río pierde el nombre,
así habré de caer. Hoy es el término.
La noche lateral de los pantanos
me acecha y me demora. Oigo los cascos
de mi caliente muerte que me busca
con jinetes, con belfos y con lanzas.
Yo que anhelé ser otro, ser un hombre
de sentencias, de libros, de dictámenes,
a cielo abierto yaceré entre ciénagas;
pero me endiosa el pecho inexplicable
un júbilo secreto. Al fin me encuentro
con mi destino sudamericano.
A esta ruinosa tarde me llevaba
el laberinto múltiple de pasos

que mis días tejieron desde un día
de la niñez. Al fin he descubierto
la recóndita clave de mis años,
la suerte de Francisco de Laprida,
la letra que faltaba, la perfecta
forma que supo Dios desde el principio.
En el espejo de esta noche alcanzo
mi insospechado rostro eterno. El círculo
se va a cerrar. Yo aguardo que así sea.

Pisan mis pies la sombra de las lanzas
que me buscan. Las befas de mi muerte,
los jinetes, las crines, los caballos,
se ciernen sobre mí . . . Ya el primer golpe,
ya el duro hierro que me raja el pecho,
el íntimo cuchillo en la garganta.

(De *Obra poética*, 1967)

Poema de los dones

A María Esther Vázquez

Nadie rebaje a lágrima o reproche
esta declaración de la maestría
de Dios, que con magnífica ironía
me dio a la vez los libros y la noche.

De esta ciudad de libros hizo dueños
a unos ojos sin luz, que sólo pueden
leer en las bibliotecas de los sueños
los insensatos párrafos que ceden

Las albas a su afán. En vano el día
les prodiga sus libros infinitos,
arduos como los arduos manuscritos
que perecieron en Alejandría.

De hambre y de sed (narra una historia
                                    [griega)
muere un rey entre fuentes y jardines;
yo fatigo sin rumbo los confines
de esta alta y honda biblioteca ciega.

Enciclopedias, atlas, el Oriente
y el Occidente, siglos, dinastías,
símbolos, cosmos y cosmogonías
brindan los muros, pero inútilmente.

Lento en mi sombra, la penumbra hueca
exploro con el báculo indeciso,
yo, que me figuraba el Paraíso
bajo la especie de una biblioteca.

Algo, que ciertamente no se nombra
con la palabra *azar*, rige estas cosas;
otro ya recibió en otras borrosas
tardes los muchos libros y la sombra.

Al errar por las lentas galerías
suelo sentir con vago horror sagrado
que soy el otro, el muerto, que habrá dado
los mismos pasos en los mismos días.

¿Cuál de los dos escribe este poema
de un yo plural y de una sola sombra?
¿Qué importa la palabra que me nombra
si es indiviso y uno el anatema?

Groussac[23] o Borges, miro este querido
mundo que se deforma y que se apaga
en una pálida ceniza vaga
que se parece al sueño y al olvido.

(De *Obra poética*, 1967)

---

[22]*capitán del Purgatorio*: Alusión al gibelino Buoconte di Montefeltri, que murió en la derrota de Campaldino el 11 de junio de 1289. De él habla Dante en su *Divina Comedia* (*Purgatorio*, V, 88-129), y de aquí la frase "aquel capitán del Purgatorio." La relación en el poema estriba en que ni el cadáver del Buoconte ni el de Laprida fueron encontrados después de muertos en el combate.

[23]*Paul Groussac*: literato argentino de origen francés (1848-1929). Compartió con Borges un doble destino común: haber perdido casi totalmente la vista y haber desempeñado ambos en esas condiciones el cargo de director de la Biblioteca Nacional de Argentina.

Arte poética

Mirar el río hecho de tiempo y agua
y recordar que el tiempo es otro río,
saber que nos perdemos como el río
y que los rostros pasan como el agua.

Sentir que la vigilia es otro sueño
que sueña no soñar y que la muerte
que teme nuestra carne es esa muerte
de cada noche, que se llama sueño.

Ver en el día o en el año un símbolo
de los días del hombre y de sus años,
convertir el ultraje de los años
en una música, un rumor y un símbolo.

Ver en la muerte el sueño, en el ocaso
un triste oro, tal es la poesía
que es inmortal y pobre. La poesía
vuelve como la aurora y el ocaso.

A veces en las tardes una cara
nos mira desde el fondo de un espejo;
el arte debe ser como ese espejo
que nos devuelve nuestra propia cara.

Cuentan que Ulises,[24] harto de prodigios,
lloró de amor al divisar su Itaca
verde y humilde. El arte es esa Itaca
de verde eternidad, no de prodigios.

También es como el río interminable
que pasa y queda y es cristal de un mismo
Heráclito[25] inconstante, que es el mismo
y es otro, como el río interminable.

(De *Obra poética*, 1967)

---

[24]*Ulises:* uno de los más destacados héroes legendarios griegos que participaron en el sitio de Troya. El regreso a su patria, Itaca, constituye el asunto de la Odisea.

[25]*Heráclito:* filósofo de la escuela jonia, nacido en Efeso (576-480 a. de J.C.), Heráclito veía en el fuego el elemento básico de la materia: el principio del cambio y el cambio mismo.

Carlos Pellicer ~~~~~~~~~~~~~~~~~~~~~

MÉXICO, 1899 Es Carlos Pellicer, ante todo, un poeta volcado con la mayor exultación hacia la realidad natural: su trópico de Tabasco, el sol, el agua, los árboles, las flores, las aves. Por ello—y por cantar esa realidad con una expresión suelta, rica en imaginería plástica y sensual—se le ha mirado como un espécimen singular y aun se le niega su inclusión en el círculo mexicano de los "Contemporáneos," (1928–1932), cuyos poetas más representativos se identificaban en términos generales por un cierto recato e introspección no menos que por el desolado pesimismo de su sentimiento vital. Ha sido, de todos los asociados a la revista que dio nombre al grupo, el de actividad más sostenida y, por tanto, obra más copiosa y evolución más marcada. Se ha reunido toda ella en un grueso libro de conjunto, *Material poético (1918–1961)*, después del cual no ha callado ciertamente este incansable y entusiasta trabajador del verso.

Hay que advertir que Pellicer no se queda en una superficial exaltación del paisaje ni siquiera en la emoción de la vastedad geográfica y humana de América (*Piedra de sacrificios. Poema iberoamericano*) sino que a partir de *Hora de junio* va acendrando la búsqueda lírica hasta llegar a la comunicación transparente y purísima de la intimidad amorosa (*Recinto*) y de su fe religiosa sustentante, confesionalmente católica, la que da base específica a los sonetos de uno de sus libros últimos, *Práctica de vuelo*, y a composiciones posteriores. Pero a lo largo de ese recorrido, aunque su tropicalismo y su gama colorista iniciales se atenúan consecuentemente, y el poeta tiene clara conciencia de ello, sus ojos no pueden apartarse de la visión gozosa de la naturaleza; ya que su actitud espiritual es la del hombre agradecido a Dios por esa dádiva maravillosa que tan bien lo refleja, no sintiendo por tal razón necesario incurrir en ninguna forma de total renuncia ascética. Y así puede escribir por las mismas fechas poemas de gran interiorización y poemas de gran sensorialidad. Verbo levantado, no exento a ratos de cierto inevitable énfasis retórico; gusto por la palabra bella, frutal, luminosa; conciliación entrañable de vital alegría, delicado rendimiento al amor y sincero fervor religioso, son las notas que definen lo mejor de la poesía de este humilde y asombrado cantor de la creación natural y humana, y por ello compartible, de Dios.

Temas generales

1. C.P., poeta del paisaje. Presencia del trópico en su verso.
2. La experiencia geográfica y humana de América en *Piedra de sacrificios*.
3. El contrapunto de la presencia humana y el mundo natural en *Hora de junio*.
4. El tema del amor en la obra de C.P. Examen de los poemas amorosos de *Recinto*.
5. Temas, símbolos y formas en la poesía religiosa de C.P.: *Práctica de vuelo*.
6. La evolución general, temática y estilística, en la obra de C.P.

Bibliografía

Obra poética

Colores en el mar y otros poemas, México, 1921. *Piedra de sacrificios*, 1924. *6, 7 poemas*, 1924. *Oda de junio*, 1924. *Hora y 20*, París, 1927. *Camino*, 1929. *5 poemas*, México, 1931. *Esquema para una oda tropical*, 1933. *Hora de junio*, 1937. *Recinto y otras imágenes*, 1941. *Exágonos*, 1941. *Discurso por las flores*, 1946. *Subordinaciones*, 1948. *Práctica de vuelo*, 1956. *Material poético, 1918–1961*, 1962. *Con palabras y fuego*, 1962.

Estudios

LIBROS GENERALES: Dauster, Frank, "Aspectos del paisaje en la poesía de C.P.," en *Ensayos sobre poesía mexicana. Asedio a los "Contemporáneos,"* México, 1963.
ARTÍCULOS: Arellano, Jesús, "Revisión de algunos nombres de la literatura mexicana. C.P., Jaime Torres Bodet," Nivel, núm. 44, 1962. Cardona Peña, Alfredo, "Material poético de Pellicer," Bre, *VI*, núm. 6, 1962. Godoy, Emma, "La naturaleza, el hombre y Dios en la poesía de C.P.," LyP, *IV*, núm. 3, 1963. Karsen, Sonja, Sobre C.P.: *Con palabras y fuego*, BAbr, *XXXVIII*, 1964. Leiva, Raúl, "Obras completas de C.P.," Nacion, 11 mar. 1962. Martínez, J.L., "Vuelta a la tristeza (Sobre la poesía de C.P.)," LetrasM, *III*, núm. 6, 1941. Muñoz Cota, José, "La poesía·de C.P.," Nacion, 23 sept. 1962. Ortiz Paniagua, Ernesto, "C.P., el poeta del paisaje," MexC, núm. 16, 1953. Paz, Octavio, "C.P. y la poesía de la naturaleza," LetrasM, *III*, núm. 11, 1941. Paz, Octavio, "La poesía de C.P.," RMexL, núm. 5, 1956. Paz Paredes, Margarita, "C.P., cazador de imágenes," UnivMex, *VII*, núm. 75, 1953. Reyes, Alfonso, "La pareja sustantival," NacionC, 8 jun. 1954. Roggiano, Alfredo A., Sobre C.P.: *Material poético, 1918—1961*, RevIb, *XXVIII*, 1962. Ruiz, Luis, "El material poético (1918–1961) de C.P.," CuA, *XXI*, núm. 5, 1962. Usigli, Rodolfo, "C.P.," LetrasM, 16 abr. 1937. Zavala, Jesús, "El más reciente poemario de C.P., *Hora de junio*," RepAm, 3 jul. 1937.

La dulce marina de estío . . .

La dulce marina de estío
llenó de esperanza mi canto.
Y el cielo ingenuo, con las nubes era
la dicha azul con sus encajes blancos.

El mar arrimado a las barcas
oía la historia de algún pescador.
Y como era domingo, veíanse en la playa
bajo denso palmar las mujeres cantando el amor.

La siesta dichosa copiaba otra siesta.
Y el cielo, de azul y de blanco,
pareció que era como tú aquel día
la dicha azul con sus encajes blancos.

(De *Colores en el mar y otros poemas*, 1921)

Estrofa al viento de otoño

Oh viento del otoño, tus olas regocijan
las danzas pastorales, y en tu caudal paseo
mueves dulces señales en la flor de la espiga.
¡Maravilloso viento del otoño!

Tu espíritu sacude los huertos coronados de frutas
y tu sutil presencia aligera los gajos henchidos.
Pera de plata, manzana pintada o despintada,
higo como el crepúsculo, dulcísimo y sombrío.
Tu brazo y tu ala estremecen los árboles
y se oye el ruido oscuro de los frutos que caen.
¡Oh viento del otoño, maravilloso viento
del otoño!
Acaricias los anchos trigales de la dulce Argentina
y haces rodar las últimas piedras bajo los Andes
y en mis ojos levantas una nueva alegría.
Alza la voluntad de los hombres de América,
abre los corazones de los hombres de América,
madura sus almas todavía tan amargas,
ahoga en tus telas de oro a la esperanza,
fatal a los hombres de América.
Dales la fe superior al Destino
y la virtud mágica de tu sutil presencia.
Sacúdelos como a los árboles a tu paso divino.
¡Oh viento del otoño,
maravilloso viento del otoño!

(De *Piedra de sacrificios. Poema iberoamericano,* 1924)

Deseos

Trópico, ¿para qué me diste
las manos llenas de color?
Todo lo que yo toque
se llenará de sol.

En las tardes sutiles de otras tierras
pasaré con mis ruidos de vidrio tornasol.
Déjame un solo instante
cambiar de clima el corazón,
beber la penumbra de una casa desierta,
inclinarme en silencio sobre un remoto balcón,
ahondarme en el manto de pliegues finos,
dispersarme en la orilla de una suave devoción,
acariciar dulcemente las cabelleras lacias
y escribir con un lápiz muy fino mi meditación.
¡Oh, dejar de ser un sólo instante
el Ayudante de Campo del sol!
Trópico, ¿para qué me diste
las manos llenas de color?

(De *6, 7 poemas,* 1924)

Segador

El segador, con pausas de música,
segaba la tarde.
Su hoz es tan fina,
que siega las dulces espigas y siega la tarde.

Segador que en dorados niveles camina
con su ruido afilado,
derrotando las finas alturas de oro
echa abajo también el ocaso.

Segaba las claras espigas.
Su pausa era música.
Su sombra alargaba la tarde.
En los ojos traía un lucero
que a veces
brincaba por todo el paisaje.

La hoz afilada tan fino
segaba lo mismo
la espiga que el último sol de la tarde.

(De *6, 7 poemas*, 1924)

La puerta

Que se cierre esa puerta
que no me deja estar a solas con tus besos.
Que se cierre esa puerta
por donde campos, sol y rosas quieren vernos.
Esa puerta por donde
la cal azul de los pilares entra
a mirar como niños maliciosos
la timidez de nuestras dos caricias
que no se dan porque la puerta, abierta . . .

Por razones serenas
pasamos largo tiempo a puerta abierta.
Y arriesgado es besarse
y oprimirse las manos, ni siquiera
mirarse demasiado, ni siquiera
callar en buena lid . . .

Pero en la noche
la puerta se echa encima de sí misma
y se cierra tan ciega y claramente
que nos sentimos ya, tú y yo, en campo
                              [abierto,

escogiendo caricias como joyas
ocultas en la noche con jardines
puestos en las rodillas de los montes,
pero solos tú y yo.

La mórbida penumbra
enlaza nuestros cuerpos y saquea
mi inédita ternura,
la fuerza de mis brazos que te agobian
tan dulcemente, el gran beso insaciable
que se bebe a sí mismo
y en su espacio redime
lo pequeño de ilímites distancias . . .

Dichosa puerta que nos acompañas
cerrada, en nuestra dicha. Tu obstrucción
es la liberación de estas dos cárceles;
la escapatoria de las dos pisadas
idénticas que saltan a la nube
de la que se regresa en la mañana.

(De *Recinto y otras imágenes*, 1941)

Discurso por las flores

Entre todas las flores, señoras y señores,
es el lirio morado la que más me alucina.
Andando una mañana solo por Palestina,
algo de mi conciencia con morados colores
tomó forma de flor y careció de espinas.

El aire con un pétalo tocaba las colinas
que inaugura la piedra de los alrededores.

Ser flor es ser un poco de colores con brisa.
Sueño de cada flor la mañana revisa
con los codos mojados y los pómulos duros
de ponerse en la cara la humedad de los muros.

El reino vegetal es un país lejano
aun cuando nosotros creámoslo a la mano.
Difícil es llegar a esbeltas altitudes;
mejor que doña Brújula, los jóvenes laúdes.
Las palabras con ritmo —camino del poema—
se adhieren a la intacta sospecha de una yema.

Algo en mi sangre viaja con voz de clorofila.
Cuando a un árbol le doy la rama de mi mano
siento la conexión y lo que se destila
en el alma cuando alguien está junto a un hermano.
Hace poco, en Tabasco,[1] la gran ceiba de Atasta[2]
me entregó cinco rumbos de su existencia. Izó
las más altas banderas que en su memoria vasta
el viento de los siglos inútilmente ajó.
Estar árbol a veces, es quedarse mirando
(sin dejar de crecer) el agua humanidad
y llenarse de pájaros para poder, cantando,
reflejar en las ondas quietud y soledad.

Ser flor es ser un poco de colores con brisa;
la vida de una flor cabe en una sonrisa.
Las orquídeas penumbras mueren de una mirada
mal puesta de los hombres que no saben ver nada.
En los nidos de orquídeas la noche pone un huevo
y al otro día nace color de color nuevo.
La orquídea es una flor de origen submarino.
Una vez a unos hongos, allá por Tepoztlán,[3]
los hallé recordando la historia y el destino
de esas flores que anidan tan distantes del mar.

Cuando el nopal florece hay un ligero aumento
de luz. Por fuerza hidráulica el nopal multiplica
su imagen. Y entre espinas con que se da tormento,
momento colibrí a la flor califica.

El pueblo mexicano tiene dos obsesiones:
el gusto por la muerte y el amor a las flores.
Antes de que nosotros "habláramos castilla,"[4]
dióse un día del mes consagrado a la muerte;
había extraña guerra que llamaron florida
y en sangre los altares chorreaban buena suerte.

---

[1] *Tabasco:* uno de los estados de México, en la costa del Golfo.
[2] *Atasta:* pueblo cercano a Villahermosa, la capital del estado de Tabasco, en México, en donde hay una ceiba famosa por su tamaño y corpulencia.
[3] *Tepoztlán:* villa de México, en el estado de Morelos.
[4] *hablar castilla:* hablar en castellano.

También el calendario registra un día flor.
Día Xóchitl.[5] Xochipilli[6] se desnudó al amor
de las flores. Sus piernas, sus hombros, sus rodillas
tienen flores. Sus dedos en hueco, tienen flores
frescas a cada hora. En su máscara brilla
la sonrisa profunda de todos los amores.

(Por las calles aun vemos cargadas de alcatraces
a esas jóvenes indias en que Diego Rivera
halló a través de siglos los eternos enlaces
de un pueblo en pie que siembra la misma primavera).

A sangre y flor el pueblo mexicano ha vivido.
Vive de sangre y flor su recuerdo y su olvido.
(Cuando estas cosas digo mi corazón se ahonda
en mi lecho de piedra de agua clara y redonda).

Si está herido de rosas un jardín . . . los gorriones
le romperán con vidrio sonoros corazones
de gorriones de vidrio, y el rosal más herido
deshojará una rosa allá por los rincones,
donde los nomeolvides en silencio han sufrido.

Nada nos hiere tanto como hallar una flor
sepultada en las páginas de un libro. La lectura
calla; y en nuestros ojos, lo triste del amor
humedece la flor de una antigua ternura.

(Como ustedes han visto, señoras y señores,
hay tristeza también en esto de las flores).

Claro que en el clarísimo jardín de Abril y Mayo
todo se ve de frente y nada de soslayo.
Es uno tan jardín entonces que la tierra
mueve gozosamente la negrura que encierra,
y el alma vegetal que hay en la vida humana
crea el cielo y las nubes que inventan la mañana.

Estos Mayos y Abriles se alargan hasta Octubre.
Todo el Valle de México de colores se cubre
y hay en su poesía de otoñal primavera
un largo sentimiento de esperanza que espera.
Siempre por esos días salgo al campo. (Yo siempre
salgo al campo). La lluvia y el hombre como siempre
hacen temblar el campo. Ese último jardín
en el Valle de Octubre, tiene un profundo fin.

Yo quisiera decirle otra frase a la orquídea;
esa frase sería una frase lapídea,
mas tengo ya las manos tan silvestres que en vano
saldrían las palabras perfectas de mi mano.

---

[5]*Xóchitl*: personaje legendario mexicano. Era una muchacha tolteca cuya vida está relacionada con la destrucción de Tollan (Tula).

[6]*Xochipilli*: divinidad mexicana de los deportes y de la danza.

Que la última flor de esta prosa con flores
séala un pensamiento. (De pensar lo que siento
al sentir lo que piensan las flores, los colores
de la cara poética los desvanece el viento
que oculta en jacarandas las palabras mejores).

Quiero que nadie sepa que estoy enamorado.
De esto entienden y escuchan solamente las flores.
A decir me acompañe cualquier lirio morado:
señoras y señores, aquí hemos terminado.

1946

(De *Subordinaciones*, 1949)

Sonetos de esperanza

I

Cuando a tu mesa voy y de rodillas
recibo el mismo pan que Tú partiste
tan luminosamente, un algo triste
suena en mi corazón mientras Tú brillas.

Y me doy a pensar en las orillas
del lago y en las cosas que dijiste . . .
¡Cómo el alma es tan dura que resiste
tu invitación al mar que andando humillas!

Y me retiro de tu mesa ciego
de verme junto a Ti. Raro sosiego
con la inquietud de regresar rodea

la gran ruina de sombras en que vivo.
¿Por qué estoy miserable y fugitivo
y una piedra al rodar me pisotea?

II

Y salgo a caminar entre dos cielos
y ya al anochecer vuelvo a mis ruinas.
Últimas nubes, ángelas divinas
se bañan en desnudos arroyuelos.

La oscura sangre siente los flagelos
de un murciélago en ráfagas de espinas,
y aun en las limpias aguas campesinas
se pudren luminosos terciopelos.

La poderosa soledad se alegra
de ver las luces que su noche integra.
¡Un cielo enorme que alojarla puede!

Y un goce primitivo, una alegría
de Paraíso abierto se sucede.
Algo de Dios al mundo escalofría.

(De *Práctica de vuelo*, 1956)

Francisco Luis Bernárdez

ARGENTINA, 1900   Los primeros libros de Francisco Luis Bernárdez—desde *Orto* hasta *Alcándara*—revelan sólo la casi obligada contribución de todo poeta contemporáneo de Hispanoamérica a las sucesivas exigencias del modernismo y el vanguardismo. Fueron un lento y honrado ejercicio de preparación para su voz ya totalmente personal, la que habrá de resonar en las liras de perfecto corte clásico de *El buque*. Es éste un libro-poema que narra, sobre la base de una alegoría sostenida y grandiosa, el encuentro del alma con la gracia: fusión naturalísima de neoclasicismo y catolicismo realizada a la sombra de los místicos españoles pero que no desdeñaba el estímulo de los poetas católicos franceses de este siglo, para dar en síntesis la imagen poética más entera de Bernárdez. Su religiosidad, a partir de este momento, se va ampliando y humanizando sabia y humildemente, dando así fundamento y coherencia interior a otras motivaciones más generales. En esta dirección surgirán los *Poemas elementales*, libro que la crítica se inclina a señalar como su mayor logro, los posteriores *Poemas de carne y hueso* y muchos títulos más. A lo largo de ese recorrido, Bernárdez sabrá armonizar su arraigamiento confesional católico con la exaltación nacional y patriótica, en una suerte de relación que constituye una de sus más originales características dentro de la lírica hispanoamericana. Ni falta en su obra el tema amoroso, cantado en su más espiritual entonación, que resulta central en *La ciudad sin Laura*.

La décima de largos versos de veintidós sílabas, compuestos por una suma de 9 más 13 (véase en nuestra selección "La noche"), y el soneto, de cuyos rigores formales no escapa siempre, han sido las predilecciones externas más sobresalientes en Bernárdez, así como la técnica enumerativa aprendida en la Biblia. Su palabra poética tiende al orden, la claridad, la transparencia y el equilibrio, sobre la selección de unos cuantos pero profundos símbolos y el rechazo del metaforismo ultraísta al cual había cedido pasajeramente en sus inicios. Pero la reiteración de los mismos o análogos motivos a lo largo de su abundante obra han determinado en ésta un cierto amaneramiento expresivo, muy frecuentemente notado por los críticos, donde la fresca intuición poética queda anulada en fijos esquemas silogísticos o en convencionales estructuras conceptistas. Es la faz contraria y menor del luminoso y emocionado poeta de *El buque* y los *Poemas elementales*; de quien hay que mencionar también, por lo que tienen de personal recreación, sus traducciones del breviario romano, de cancioneros galaico-portugueses y de líricos franceses e ingleses. Es, sin duda, uno de los poetas de actividad más continuada en la línea de la poesía católica contemporánea de lengua española.

Temas generales

1. F.L.B. y su contribución a la poesía de vanguardia.
2. F.L.B. como representante de la vuelta a la estrofa de tradición clásica.
3. La religiosidad católica de F.L.B. y sus manifestaciones temáticas.
4. Análisis de las alegorías y los símbolos religiosos en las distintas zonas de su poesía.

5. Otros motivos no estrictamente confesionales en la poesía de F.L.B.
6. Los distintos tonos poéticos en el verso de F.L.B.: ternura, gracia, humildad; rigor lógico, conceptualismo, retoricismo.
7. Examen de sus preferencias métricas y estróficas.
8. Las influencias de la poesía clásica española y de la poesía contemporánea en F.L.B.

Bibliografía

Obra poética

Orto, Madrid, 1922. *Bazar*, pról. de Ramón Gómez de la Serna, 1922. *Kindergarten. Poemas ingenuos*, 1923. *Alcándara. Imágenes*, Buenos Aires, 1925. *El buque*, 1935. *Cielo de tierra*, 1937. *La ciudad sin Laura*, 1938. *Poemas elementales*, 1942. *Poemas de carne y hueso*, 1943. *El ruiseñor*, 1945. *Antología poética*, 1946. *Las estrellas*, 1947. *El ángel de la guarda*, 1949. *Poemas nacionales*, 1950. *La flor*, 1951. *El arca*, 1953. *Los mejores versos de Francisco Luis Bernárdez*, 1956. *La copa de agua*, 1963. *Poemas de cada día*, 1964.

Estudios

LIBROS ESPECIALES: Alonso Gamo, José M., *Tres poetas argentinos: Marechal, Molinari, Bernárdez*, Madrid, 1951. Barufaldi, Rogelio, *F.L.B.* Buenos Aires, 1964. Lacunza, Angélica B., *La obra poética de F.L.B. A través de cuatro momentos de la poesía argentina contemporánea*. Buenos Aires, 1964 (contiene abundante bibliografía).
LIBROS GENERALES: *Diccionario de la literatura latinoamericana. Argentina, Segunda parte*, Washington, 1961 [artículo Bernárdez por Alfredo A. Roggiano]. Ghiano, Juan C., "*Poemas elementales* de Bernárdez," en *Temas y aptitudes*, Buenos Aires, 1949. Ghiano, Juan Carlos, *Poesía argentina del siglo XX*, México–Buenos Aires, 1957. Pinto, Juan, *Panorama de la literatura argentina contemporánea*, Buenos Aires, 1958.

ARTÍCULOS: Barufaldi, Rogelio, "Tres poemas católicos," CritBA, *XXXII*, núm. 1332, 1959. Castañeda, Daniel, "*La ciudad sin Laura:* Poemas de F.L.B.," LetrasM, *II*, núm. 2, 1939. Ghiano, Juan Carlos, "La poesía de F.L.B.," Log, *IV*, núm. 7, 1945. Giusti, Roberto F., "Tres poetas," Nos, 2da época, *I*, núm. 2, 1936. González Carbalho, Raúl, "El hombre y sus versos. Bernárdez en la poesía argentina," R, 29 jul. 1948. González Garófalo, Raúl, "La palabra de Bernárdez," R, 29 jul. 1948. González Lanuza, Eduardo, Sobre F.L.B.: *Poemas elementales*, Sur, *XII*, núm. 93, 1942. González Lanuza, Eduardo, "Cinco poetas argentinos," Sur, *XII*, núm. 98, 1942. Gorosito Heredia, Luis, "La poesía sabia de F.L.B.," CritBA, *XVIII*, 1945. H.A., Sobre F.L.B.: *Poemas de cada día*, Nac, 17 ene. 1965. Henríquez Ureña, Pedro, "*El buque*," Sur, *Ii*, núm. 17, 1936. Marfany, Antonio Carlos, "La poesía de F.L.B.," Hu, *XXIX*, 1944. Mastronardi, Carlos, Sobre F.L.B.: *Poemas de carne y hueso*, Sur, núm. 107, 1943. Moreno, Juan Carlos, "Los poemas de F.L.B.," CritBA, *XVII*, 1944. Oyuela de Grant, María Antonia, Sobre F.L.B.: *Poemas de cada día*, Sur, núm. 288, 1964. Soto, Luis Emilio, "Los *Poemas elementales* de Bernárdez," Ali, 14 mayo 1942. Villaurrutia, Xavier, "F.L.B.," LetrasM, núm. 25, 1958. Vocos Lescano, Jorge, Sobre F.L.B.: *El arca*, CritBA, *XXVII*, 1954. Zía, Lizardo, "La lírica amorosa de Bernárdez," Sur, *IX* núm. 52, 1939.

El buque (*fragmentos*)

La casa donde vivo,
la noche que me tiene desvelado
y el viento fugitivo,
todo está dominado
por un silencio desacostumbrado.

Tanto en el firmamento
mudo como en la tierra silenciosa
y en el entendimiento,
la soledad, esposa
del silencio, gobierna toda cosa.

El día que no llega,
el día que no llega con el día,
el día que me niega
la luz que yo tenía,
lo substituyo con la poesía. [. . .]

El alma ensimismada
de pronto se ha quedado silenciosa,
se ha quedado callada
para oír una cosa
que vaga por la noche tenebrosa.

Un rumor parecido
al de la sangre por el cuerpo humano,
parecido al latido
de un corazón hermano,
circula por la noche de verano.

Su música, tan alta
y ancha como la música del fuego,
primero sobresalta
un poco, pero luego
llena el entendimiento con sosiego. [. . .]

¡Canción enajenada,
cuya música misericordiosa,
de tan iluminada
parece luminosa,
pero de tan profunda, tenebrosa!

Si la rosa quisiera
cantar, en esta forma cantaría,
aunque su primavera
fuera como la mía,
vale decir, invierno todavía.

(La música del pan
es como la que digo, pero con
una ternura tan
grande, que la razón
al sentirla, se vuelve corazón.)

Si además de armonía
el arroyo supiera castellano,
su canto dejaría
de ser el cotidiano,
para ser este canto sobrehumano.

Si la llama tuviera
boca para decir su pensamiento,
sería la primera
en decir lo que siento
decir al viento del entendimiento.

Si el ruiseñor hablara
con el mismo talento con que trina,
no dudo que dejara
de usar la que domina
para usar esta lengua cristalina.

La luz del firmamento,
la música del árbol, el aroma
de la flor, el acento
del agua y la paloma
conocen este canto y este idioma. [. . .]

De pronto me levanto,
porque la fuerza de la voz es tanta,
que la cara del canto,
la cara del que canta,
en un ave del pino se adelanta.

Este pájaro inmenso
que vuela por el cielo solitario
me ha dejado suspenso
y sin vocabulario
para expresar mi asombro extraordinario.

Cuando me sobrepongo,
la figura del ave me revela
que no es lo que supongo,
sino un barco de vela
que por el cielo solitario vuela.

Las líneas armoniosas,
los tres palos, la proa puntiaguda,
las alas poderosas
y la quilla desnuda
son de velero, no me cabe duda.

Pasando por encima
de la naturaleza deslumbrada,
la nave se aproxima,
movida y gobernada
por la misma canción iluminada. [. . .]

Pero estoy convencido
de no haber visto nada tan hermoso,
nada tan parecido
a lo maravilloso
como este buque todopoderoso.

Mientras estoy ausente,
mientras estoy pensando lo que pienso,
la nave omnipotente,
con el velamen tenso,
inicia lentamente su descenso.

Primero pierde altura
con una lentitud impresionante,
pero luego se apura,
y ahora está bastante
cerca del corazón interrogante. [. . .]

Abandono la nave
con la certeza de que no es posible
saber cuál es la clave
del canto incomprensible
ni quién es el cantor inaccesible.

Pero ¿para qué quiero
saber la causa y el significado
del canto prisionero
sabiendo que a su lado
se vive dulcemente acompañado?

Resulta que a medida
que va recuperando sus potencias,
el alma sorprendida
nota correspondencias
con lejanísimas inteligencias.

Adquiere certidumbre
de sus ocultas comunicaciones
con una muchedumbre
viva de corazones
de niños, de mujeres, de varones.

Es como si formara
parte de un organismo que tuviera
los ojos de la cara
en la causa primera,
pero los pies en otras cualesquiera.

¡Caridad unitiva
de la música todopoderosa,
cuya voz afectiva,
cuya voz amorosa,
hace de muchas una sola cosa! [. . .]

El velero despliega
su vuelo por el cielo matutino,
el velero navega
por el mismo camino,
el velero se va por donde vino.

Definitivamente
sola, definitivamente sola,
encima de mi frente
la música enarbola
su propia soledad por aureola.

Mientras el barco vuela,
movido por su propia melodía,
la luz que me revela
y la del nuevo día
se van entremezclando con la mía.

La claridad humana,
la que viene del barco refulgente
y la de la mañana
iluminan la mente
con la sabiduría que no miente.

(La verdadera ciencia
se diferencia de la mentirosa
como se diferencia
la espina de la rosa;
como la poesía, de la prosa.)

A medida que el vuelo
milagroso del barco se disipa
en el fondo del cielo,
el alma se emancipa
de la tierra y del cielo participa.

El cielo se apodera
para siempre del alma enamorada,
y una paz duradera
y desinteresada
va sucediendo a la inquietud pasada.

(De *El buque*, 1935)

Soneto de la encarnación

*. . . che'l suo fattore
non disdegno di farsi sua fattura.*[1]
—Dante, Par. XXXIII

Para que el alma viva en armonía,
con la materia consuetudinaria
y, pagando la deuda originaria,
la noche humana se convierta en día;

para que a la pobreza tuya y mía
suceda una riqueza extraordinaria
y para que la muerte necesaria
se vuelva sempiterna lozanía,

---

[1]*che'l suo fattore . . . fattura:* en italiano, que su Hacedor / no desdeñó de hacerse su hechura.

lo que no tiene iniciacion empieza,
lo que no tiene espacio se limita,
el día se transforma en noche oscura,

se convierte en pobreza la riqueza,
el modelo de todo nos imita,
el Creador se vuelve criatura.

(De *Cielo de tierra*, 1937)

Oración por el alma de un niño montañés

Perdónalo, Señor: era inocente
como la santidad de la campana,
como la travesura de la fuente,
como la timidez de la mañana.

Fue pobrecito como la estameña,
como un arroyo de su serranía,
como su sombra que, de tan pequeña,
casi tampoco le pertenecía.

Fue honrado porque supo la enseñanza
del honrado camino pordiosero
que, cuando pisa tierra de labranza,
deja de ser camino y es sendero.

Fue su alegría tan consoladora
que, si tocaba su flautín minúsculo,
convertía el crepúsculo en aurora
para engañar la pena del crepúsculo.

De aquella vida el último latido
despertó la campana, una mañana,
como si el corazón de la campana
fuera su corazón reflorecido.

El silencio del mundo era tremendo,
y ni el mismo silencio comprendía
si era porque un espíritu nacía
o porque el día estaba amaneciendo.

Murió con su mirada de reproche,
como si presintiera su mirada
que debía quedarse con la noche
para dejarnos toda la alborada.

Murió con la mirada enrojecida,
temblando como un pájaro cobarde,
como la despedida de la tarde
o la tarde de alguna despedida.

(Heredero de toda su ternura,
el Angelus[2] labriego, desde entonces,
es su rebaño, trémulo de bronces,
que nostálgico sube en su procura.)

Se conformó porque adivinaría
lo que a los inocentes se promete:
un ataúd chiquito de juguete
y un crucifijo de juguetería.

Como el agua obediente se conforma
a la imperfecta realidad del vaso,
así su espíritu llenó la forma
del ánfora encendida del ocaso.

Esa conformidad es la consigna
que hasta la sepultura lo acompaña,
pues quien quería toda la montaña
con un puñado suyo se resigna.

Perdónalo, Señor: desde la tierra
ya convivía en amistad contigo,
porque el cielo cercano es un amigo
para los habitantes de la sierra.

Señor: concédele tu amor sin tasa,
y si no quieres concederle otros,
concédele este cielo de mi casa
para que mire siempre por nosotros.

(De *Cielo de tierra*, 1937)

La noche

Dulce tarea es contemplarte, noche que me has acompañado sin descanso.
Dulce tarea es contemplarte desde la tierra con los ojos desvelados.
¿Por qué razón me da tristeza la muchedumbre silenciosa de tus astros?
¿Cuál es la causa de mi angustia cuando me pierdo entre tus mundos solitarios?

---

[2] *Ángelus*: véase Boti, p. 157, nota 2.

A la deriva por el cielo, son como buques hace tiempo abandonados.
Van empujados por un viento desconocido hacia países ignorados.
Hasta el fulgor meditabundo que los anima es un fulgor desamparado.
Desde la tierra dolorosa presiento a veces su clamor desesperado.
¿Serán como éste aquellos mundos, noche serena que me llevas de la mano?
Al hombre triste le parece que son felices, porque siempre están lejanos.

Dulce tarea es contemplarte, noche que me has acompañado desde niño.
¡Con qué impaciencia te esperaban aquellos ojos en la plaza del Retiro!
Mi corazón de pocos años era pequeño, pero estaba pensativo.
Aunque la sangre no se viera, posiblemente ya estuviera un poco herido.
Mis compañeros se marchaban cuando agrandabas el lucero vespertino.
Cuando los otros se alejaban yo me quedaba para verte sin testigos.
Me impresionaba tu silencio; tu poderosa inmensidad me daba frío.
Y sin embargo yo te amaba con una mezcla de temor y de cariño.
Acaso el alma presintiera que su dolor y tu dolor no eran distintos.
¿Ya no te acuerdas de mis ojos, de aquellos ojos empañados sin motivo?

Dulce tarea es contemplarte, noche que me has acompañado desde siempre.
Cuando las penas me agobiaban, tú me tenías compasión y eras más leve.
Con tus estrellas numerosas ibas contando mis heridas indelebles.
Algunas veces alcanzaban, pero eran pocas tus estrellas otras veces.
Yo te bebía con los ojos como la tierra bebe el agua cuando llueve.
Tenía sed de que me hablaras y me dijeras el secreto de la muerte.
Tú sabes bien por qué se vive, tú sabes bien por qué se goza y se padece.
Pero callabas y callabas, siempre encerrada en tu secreto indiferente.
No sé por qué me aprisionabas entre obscurísimas y altísimas paredes.
En La Calera[3] y en tu sombra la voz del río murmuraba dulcemente.

Dulce tarea es contemplarte, noche que me has acompañado en este mundo.
Lo que esperé toda mi vida vino contigo para siempre en un minuto.
Córdoba entera se apagaba con las campanas temblorosas del crepúsculo.
Mi vida tiene desde entonces el corazón de una mujer como refugio.
En esta lucha despiadada con el espacio y con el tiempo estoy seguro.
Ya no me duele haber nacido y estar muriendo bajo el cielo taciturno.
Porque el amor omnipotente le da sentido verdadero a lo que sufro.
Dios no se olvida de los hombres, aunque parezca muchas veces ciego y mudo.
Eras obscura como siempre, noche que viste el nacimiento de mi júbilo.
Eras obscura como siempre, pero mi amor te iluminó como ninguno.

Dulce tarea es contemplarte, noche que ahora como ayer estás conmigo.
Y mucho más desde que siento que en otro ser he descubierto mi destino.
Un regocijo sin fronteras al obstinado sufrimiento ha sucedido.
¿Cómo no estar lleno de gozo cuando se sabe la razón de haber nacido?
Por vez primera en este mundo sé que se puede ver la dicha y estar vivo.
Dios ha querido libertarme, Dios ha querido rescatarme del olvido.
Dime que sientes lo que siento, noche que vas eternamente al lado mío.
Dime que sabes y comprendes lo que decimos los que amamos y sufrimos.
Dime que ves, dime que escuchas a las mujeres, a los hombres y a los niños.
Y luego cántame tus cantos hasta dejarme poco a poco adormecido.

(De *La ciudad sin Laura*, 1938)

---

[3] *La Calera*: pueblo argentino de la provincia de Córdoba, lugar de recreo y baños.

El viento

▬▬▬▬▬▬▬▬▬▬▬▬▬▬▬▬▬▬▬▬▬▬▬▬▬▬▬

En el silencio de la casa, la obscuridad tiene la hondura del silencio.
Pero algo vivo se incorpora y en la profunda obscuridad está despierto.
Un movimiento de ternura se va extendiendo por la tierra y por el cielo.
En el silencio de la noche vuelve a cantar el invisible compañero.
Su mano fiel nos acompaña, pero el sonido de su voz es un recuerdo.
Porque está cerca en el espacio y al mismo tiempo está muy lejos en el tiempo.
Sus dimensiones son las mismas de la nostalgia, del amor y del deseo.
Y es una sola criatura con la distancia, como el alma con el cuerpo.
La noche duerme como nunca, pero el pasado abre los ojos soñolientos.
En las desiertas galerías suenan los pasos melancólicos del viento.

El viento fiel se vuelve puro como el cristal, el viento fiel se vuelve brisa.
Sus pasos suenan en la noche como los pasos de papel de la llovizna.
Dedos lejanos interrumpen la soledad de las ventanas pensativas.
Una presencia casi humana llena la paz de las desiertas galerías.
Alguien se acuerda de nosotros, alguien se acerca sin rencor, alguien nos mira.
Como en las noches más obscuras de la niñez, alguien nos hace compañía.
Alguien alivia nuestros males, alguien restaña con amor nuestras heridas.
Alguien escucha nuestras quejas y se interpone entre nosotros y la vida.
El corazón, por un instante, vuelve a tener peso de flor y de caricia.
El mundo es leve como el viento que en un segundo nos recuerda y nos olvida.

Cuando los pasos se disipan crece un rumor como de música lejana.
La obscuridad meditabunda y el viento frío de la noche lo acompañan.
Es un rumor tan fervoroso como el del fuego y tan feliz como el del agua.
Pero más firme y duradero, porque su mundo no se anega ni se abrasa.
Algo que suena en lo más hondo del corazón, pero sin voz y sin palabras.
Algo que al mismo tiempo es canto, queja, perfume, resplandor y llamarada.
Como un sonido muy profundo que diera flor, como un perfume que cantara.
Como una lágrima que diera luz y calor, como una estrella que llorara.
El corazón enamorado vuelve a latir en el silencio de la casa.
Para que el mundo conmovido pueda escucharlo y comprenderlo el viento calla.

Pronto se apagan los latidos y el viento vuelve a su canción maravillosa.
El sentimiento que lo inspira viene del ser, de la raíz de la persona.
Entre sus dedos fugitivos hay una flor que tiene pena en vez de aroma.
En el silencio ensimismado la rosa triste de la lluvia se deshoja.
Tan delicado es su murmullo que no se sabe si es de pétalos o gotas.
Sólo se sabe que conmueve, sólo se sabe que su música emociona.
Con una voz indefinida nos dice cosas que parecen nuestras cosas.
Cosas que estaban olvidadas y que recobran el sentido en la memoria.
Pero que apenas recordadas se desvanecen en el alma silenciosa.
Porque su vida es la del viento que se confunde con la lluvia melancólica.

Cuando la lluvia se adormece, la voz del viento en la quietud sigue despierta.
La voz murmura sin descanso y en la memoria los recuerdos le contestan.
El tiempo muerto resucita y está llamando con amor a nuestras puertas.
Pero después nos abandona, recuperando su destino de hoja seca.
Y es como el viento en el espacio, como la espuma de las olas en la arena.

Como las nubes en el cielo, como las formas en la sombra y en la niebla.
Cuando el olvido lo rescata, vuelve a ser buque sin destino y sin estela.
Vuelve a ser tiempo sin historia, senda sin rastros, mundo frío, noche ciega.
En el silencio de la casa, la obscuridad es más profunda y más perfecta.
El sueño cierra nuestros ojos y el viento fiel se queda solo en las tinieblas.

(De Poemas elementales, 1942)

Canciones paternales

II. EL VIAJE

Cuando en los cielos apagados
abre los ojos el lucero,
oigo tus pasos de cordero
que me buscan por todos lados.

Al escuchar tu voz ansiosa
dejo la pluma y el papel,
y confío a tu mano fiel
la mía quieta y silenciosa.

Y olvidando en la casa fría
las palabras que sueño en vano,
salgo contigo de la mano
para el viaje de cada día.

No bien cruzamos el umbral
y llegamos a cielo abierto,
me levantas del mundo yerto
con una fuerza sin igual.

Y hacia la inmensa muchedumbre
del firmamento milagroso
me vas llevando sin reposo
por los caminos de costumbre.

Recorriendo el aire sin nombre
rumbo al enjambre que destella,
damos al fin con una estrella
donde nunca se ha visto un hombre.

Y allí vivimos una vida
que no es ésta de carne y hueso,
porque ni el alma tiene peso
ni el corazón tiene medida.

Y porque todo lo soñado
durante el día con la pluma
ya no es vano como la espuma
sino seguro y bien fundado.

Pero la tierra tenebrosa
se va cansando de esperar,
y es necesario abandonar
el fulgor de tu estrella hermosa.

Cuando vuelvo a pisar el mundo,
que me recibe con sus penas,
el castigo de sus cadenas
me parece menos profundo.

Y hasta puedo, sin un reproche,
mirar la sombra frente a frente,
desafiando resueltamente
la perspectiva de otra noche.

Pues en la dicha que me das
en el viaje a tu paraíso
hallo la fuerza que preciso
para vivir un poco más.

(De El ruiseñor, 1945)

Leopoldo Marechal

ARGENTINA, 1900   Tras una precoz explosión de lírico entusiasmo (*Los aguiluchos*), la obra ya personal de Leopoldo Marechal comienza con *Días como flechas*: vital sensorialidad, metaforismo colorista, desintegración poemática, es decir, su natural tributo al nuevo clima poético que se definía en torno a la revista *Martín Fierro*. Pero pronto se encauza por una línea más segura, de serenidad y acendramiento interior, que se mueve desde la visible realidad hacia un mundo de orden y perfección trascendente. En este rumbo, cada libro de Marechal es una toma mayor de conciencia y ahondamiento; y entre todos suman, por un lado, la incorporación de una sabiduría poética y humana (léase "De la cordura") centrada en la firme fe religiosa y en la fusión del amor humano y el divino; y, por otro, la fundación mediante el recuerdo y la mirada metafórica de una patria espiritual ("tierra imaginada que puede volvérsenos patria," ha escrito Jorge Luis Borges de esta zona de la poesía de su compatriota). Los motivos característicos de su país—el paisaje de la pampa, el gaucho, el caballo—devienen elementos de alta categoría estética y simbólica, ya que el arte del poeta, sin hacerles perder su física consistencia los salva a su vez de todo superficial pintoresquismo, elevándolos a un alto nivel de pureza e idealidad. Y éste parece ser siempre el objeto de la búsqueda poética de Marechal. De aquí que esa íntima urgencia de arribar a un orden de valores ennoblecidos y permanentes así como el deseo de dejar bien explícitos sus caminos interiores expliquen en él una cierta tendencia al poema largo, sostenido sobre un leve argumento (*Laberinto de amor*, *El centauro*, *El viaje de la primavera*, *El poema del robot*), donde el ejercicio de sus habilidades formales encuentra amplias oportunidades de aplicación.

Marechal no resulta nunca, a pesar de su idealismo y de la índole de sus temas, un poeta abstracto. El profundo sentimiento hispano de la realidad y su gusto por la palabra hermosa se le imponen siempre. Y así ese universo trascendente y serenado a que aspira se nos entrega en términos de muy concreta sustancia real y aun argentina, con una abundancia de imágenes de fuerte prestancia visual a las que somete a un vigoroso dinamismo expresivo. Todo ello habla de un poeta de talante barroco, que se ciñe exteriormente a los contornos fijos y rotundos de las formas clásicas. En los últimos años ha trabajado en un ambicioso proyecto: los siete días poéticos de *El Heptamerón*, suma de sus motivaciones espirituales y líricas, intentada desde la sólida madurez del autor.

Temas generales

1. El tono de vital entusiasmo, en espíritu y forma, en la poesía inicial de L.M.
2. Los contactos de L.M. con el vanguardismo: examen de lo telúrico y lo universal de época en *Días como flechas*.
3. La sublimación del amor y otras preocupaciones metafísicas y espirituales en la poesía central de L.M. (*Laberinto de amor*, *El centauro*, *Sonetos a Sophia*).
4. La mitologización del paisaje argentino y la fabulación de la patria por la belleza en la poesía de L.M.

5. Influencias literarias y espirituales mayores sobre L.M.: la Biblia, la poesía española del Siglo de Oro, el romanticismo, Darío y Lugones, las escuelas de vanguardia, etc.

6. Las grandes capacidades de visión e invención

metafórica en L.M.

7. La técnica acumulativa en la expresión poética de L.M.

8. L.M., poeta barroco, entre la libertad y el orden.

Bibliografía

Obra poética

Los aguiluchos, Buenos Aires, 1922. *Días como flechas*, 1926. *Odas para el hombre y la mujer*, 1929. *Laberinto de amor*, 1936. *Cinco poemas australes*, 1937. *El centauro*, 1940. *Sonetos a Sophia y otros poemas*, 1940. *La rosa en la balanza: "Odas para el hombre y la mujer" y "Laberinto de amor,"* 1944. *El viaje de la primavera*, 1945. *Antología poética* (pról. de Juan Carlos Ghiano), 1950. *El canto de San Martín*, 1952. *Pequeña antología*, 1954. *La patria*, 1961. *El poema del robot*, 1966.

Estudios

LIBROS ESPECIALES: Alonso Gamo, José M., *Tres poetas argentinos: Marechal, Molinari, Bernárdez*, Madrid, 1951. Squirru, Rafael, *L.M.*, Buenos Aires, 1961.

LIBROS GENERALES: *Diccionario de la literatura hispanoamericana. Argentina, Segunda parte* (artículo *Marechal* por Alfredo A. Roggiano), Washington, 1961. Ghiano, Juan Carlos, *Poesía argentina del siglo XX*, México–Buenos Aires, 1951. Pinto, Juan, *Panorama de la literatura argentina contemporánea*, Buenos Aires, 1958. Rego Molina, Horacio, *"Laberinto de amor de L.M.,"* en *La flecha pintada*, Buenos Aires, 1943.

ARTÍCULOS: Alonso Gamo, José María, "Caballos de la pampa en la poesía de Marechal," CuH, núm. 4, 1948. Anzoátegui, Ignacio, *"Laberinto de amor,"* Sur, *VI*, núm. 22, 1936. Bernárdez, Francisco Luis, "Prosa de Marechal," Sur, *IX*, núm. 58, 1939. Borges, Jorge Luis, "L.M., *Días como flechas,,"* MarF, núm. 36, 1926. López Palmero, M., Sobre L.M.: *Días como flechas*, Nos, *LVI*, 1927. Montero Díaz, S., "La poesía de L.M.," RevIndM, *IV*, 1943. Valbuena Prat, Angel, "El sueño, la pampa, el cielo," CoLM, *IV*, núm. 87, 1954.

Siesta

Abejorros de luz se deslizaban
a tus caderas
desde la parra.
En los grifos chorreantes
un pájaro de agua
desovilló el menudo carretel de sus voces
para que se durmieran los patios infantiles.

¡Vientre de la tinaja,
donde los canalones recogieron el sol
que llovía en los techos!

¡Y los taladros
de la cigarra,
que abrían agujeros musicales
en un silencio de madera!

Con sombras de hojas verdes se tatuaron
[tus muslos.
Gorriones, asoleados, las palabras,
no querían dejar el cedrón[1] de tu boca;
tus ojos desmayaban en cojines de bruma;
y los cinco juguetes de tus dedos
se dormían sin cuerda, entre los míos . . .

¡Recuerdo ese gotear de adormideras
en tus pestañas curvas,
y aquella risa que segó en tus labios
un alfanje de sueño!

Nuestros párpados niños amasaban el cobre
de fuertes mediodías.
Los ojos se colgaron en el vuelo

[1]*cedrón*: en Argentina y otros países suramericanos, planta olorosa.

de las cigüeñas,
que picoteaban uvas torrenciales de sol
en un azul de papagayo . . .
Entonces bajo el agua vertical de la sombra
dormían grandes rostros taciturnos,
y en todos los caminos invisibles del aire
se deshojaba un árbol de mariposas rubias.
Y caían las voces
en el aljibe del silencio,
y en el mate cordial se ahuecaron las manos
como en un seno virgen de muchacha . . .

Afuera los caballos olfateaban su sombra,
pacientes, bajo grandes cojinillos de sol.
Entonces era bueno recordar las historias
que dijo la nodriza con olor a pimienta:
Grandes islas colgadas en el hilo del trópico,
mujeres sudorosas y hombres color tabaco,
fraguas de luz, tucanes con los picos abiertos
en las hojas inmóviles . . .
¡Y la pasión de algún filibustero
que tenía dos naves y trescientos piratas!

En tus ojos de musgo
desfilaron hespérides[2] antiguas
con un recelo de panteras curvas
y un zumbido
de grandes moscas atornasoladas.

¡Qué haré con tu recuerdo!
¡Qué haré con tu recuerdo sin música ni
[llanto!
Ahora desarticulan sus quijadas
en un bostezo de león los patios.
¡Ahora los grillos clavan sus agujas
en desgarrados ponchos de silencio!
Los aljibes acuñan
su moneda de cielo;
el sol inyecta en los racimos
una locura genital de hombre,
y en las alcobas de mi soledad
se desnuda tu ausencia . . .

(De *Días como flechas*, 1926)

De la patria joven

Melancólica imagen de la patria.
—J. Chassaing

Graciosa bajo el humo que despiden sus
[hombres
quemados junto al Río
y predilecta ya, como las hijas,
en el ancho fervor de sus mujeres,
la Patria es un dolor que nuestros ojos
no aprenden a llorar.

Un pie arraigado en la niñez y el otro
ya tendido a los bailes de la tierra,
su corazón ofrece a las mañanas
que remontan el Río.

Y quisiera grabar en el día su sombra,
y decir las palabras
que castigan al tiempo
como a un noble caballo.
Pero vacila su talón ardido:
"¡No es hora!" canta el año junto al Río.

Yo no calcé su pie ni vestí su costado:
no la cubrí de plata festiva para el gozo
ni la calcé de hierro
para la grave danza de la muerte.
No restañé la herida salobre de su párpado
ni dije su alabanza
con la voz de las armas.
¡Yo soy un fuego más entre los hombres
quemados junto al Río!

La infancia de la Patria se prolonga
más allá de tus fuegos, hombre, y de mi ceniza.
La Patria es un dolor
que aún no tiene bautismo:
sobre tu carne pesa lo que un recién nacido.

(De *Odas para el hombre y la mujer*, 1929)

[2]*hespérides*: ninfas que guardaban el jardín de las manzanas de oro.

De la soledad

I

Desatado de guerras,
oigo cantar mi viento.
Yo recogí mi corazón perdido
sobre la muchedumbre de las aguas.
Yo soy el desertor entre las huestes
que asaltaron al día.

II

Bellos como las armas relucen mis amigos:
desde los pechos al talón se visten
con el metal de la violencia.
Ellos imponen su color al mundo,
le arrojan la pedrada del boyero,
y atizan el ardor de sus caballos
para que no se duerman.

Como la espada cortan mis amigos:
Bajo su peso tiemblan las rodillas del día.

III

Mi corazón no tiene filo de segador:
yo no encendí banderas ni encabrité mi
                                    [sombra.
No sé lanzarme, recogido y fuerte,
como la piedra del boyero.

¡Ay negrean los días, y es tangible su miel!
Sobre su tiempo bailan mis amigos.
¡Quién supiera bailar sobre las uvas,
ágil en la dureza, bello como las armas!

IV

Algo hay en mí que pesa de maduro,
grita su madurez, pide su muerte,
Se derrumba, total, como la sombra
que nace del verdor.

Mi viento desaté sobre mi tierra,
volvióse contra mí toda mi llama:
Podado con mi hierro, nutrido de cenizas
creció mi corazón hasta su otoño.
¡Ay grosura de otoño quieren ser mis con-
                                    [gojas,
y dispersión de mar enriquecido!

V

Si a mi madura soledad entraras,
amiga, por el puente de las voces,
y pudieras, amigo, sofrenar tu caballo
debajo de mi sombra,
tal vez el manso día no cayese
doblando la rodilla,
ni el mundo reclamara las piedras del boyero.
(Desierto está el camino de las voces,
sin freno los caballos).

VI

Una ciudad a mi costado nace:
su infancia es paralela de la mía y retoza
más allá de mi muerte.

Herreros musicales inventan la ciudad.
afirman su riñón, calzan su pie.
Baila desnuda al són de sus martillos
la edad de los herreros.

Y el corazón de la ciudad se forja
con el metal de las mujeres,
y sobre los metales castigados
es bella y sin piedad esta mañana.

Pero duermen los niños, de espaldas a la
                                    [tierra
o en la margen del gozo.
Conspiran bajo el són de los herreros
para que tenga un alma la ciudad.

(De *Odas para el hombre y la mujer*, 1929)

A un domador de caballos

I

Cuatro elementos en guerra
   forman el caballo salvaje.
Domar un potro es ordenar la fuerza
   y el peso y la medida:

Es abatir la vertical del fuego
   y enaltecer la horizontal del agua;
Poner un freno al aire,
   dos alas a la tierra.

¡Buen domador el que armoniza y tañe
  las cuatro cuerdas del caballo!
(Cuatro sonidos en guerra
  forman el potro salvaje).
Y el que levanta manos de músico y las pone
  sobre la caja del furor
Puede mirar de frente a la Armonía
  que ha nacido recién
  y en pañales de llanto.
Porque domar un potro
  es como templar una guitarra.

II

¡Domador de caballos y amigo que no pone
  fronteras de amistad,
Y hombre dado al silencio
  como a un vino precioso!
¿Por qué vendrás a mí con el sabor
  de los días antiguos,
De los antiguos días abiertos y cerrados
  a manera de flores?

¿Vienes a reclamar el nacimiento
  de un prometido elogio,
  domador de caballos?

(Cordajes que yo daba por muertos resucitan:
Recobran en mi mano el peligroso
  desvelo de la música)

III

Simple como un metal, metal de hombre,
  con el sonido puro
  de un hombre y un metal;
Oscuro y humillado,
  pero visible todavía el oro
  de una nobleza original que dura
  sobre tu frente;
Hombre sin ciencia, más escrito
  de la cabeza hasta los pies con leyes
  y números, a modo
  de un barro fiel;
Y sabio en la medida
  de tu fidelidad;
Así vienes, amigo sin fronteras,
  así te vemos en el Sur:
Y traes la prudencia ceñida a tus riñones.
Y la benevolencia,
  como una flor de sal, en tu mirada
  se abre para nosotros, domador.

IV

¡Edificada tarde!
Su inmensa curva de animal celeste
  nos da la tierra:
Somos dos hombres y un domador de caballos,
  puestos en un oficio musical.
Hombre dado al silencio como a un vino
                [precioso,
  te adelantas ahora:
En tu frente la noble costumbre de la guerra
  se ha dibujado como un signo,
Y la sagacidad en tu palabra
  que no deshoja el viento.

V

¿Qué forma oscura tiembla y se resuelve
  delante de nosotros?
¿Qué gavilla de cólera recoge
  tu mano, domador?
(Cuatro sonidos en guerra
  forman el potro salvaje).
Somos dos hombres y un domador de caballos,
  puestos en un oficio musical.
Y el caballo es hermoso: su piel relampan-
                [gueante
  como la noche;
Con el pulso del mar, con la graciosa
  turbulencia del mar;
Amigo en el origen, y entregado a nosotros
  en el día más puro de su origen;
Hecho a la traslación, a la batalla
  y a la fatiga: nuestro signo.

El caballo es hermoso como un viento
  que se hiciera visible;
Pero domar el viento es más hermoso,
  ¡Y el domador lo sabe!
Y así lo vemos en el Sur: jinete
  del río y de la llama;
Sentado en la tormenta
  del animal que sube como el fuego,
  que se dispersa como el agua viva;
Sus dedos musicales afirmados
  en la caja sonora
Y puesta su atención en la Armonía
  que nace de la guerra, flor de guerra.

VI

Así lo vimos en el Sur. Y cuando
  vencedor y sin gloria,

Hubo estampado en el metal caliente
  de la bestia su sello y nuestras armas,
¡Amigo sin riberas!, lo hemos visto
  regresar al silencio,
Oscuro y humillado,
  pero visible todavía el oro

de una realeza antigua que no sabe
  morir sobre su frente.

Su nombre: Domador de Caballos, al Sur.
Domador de caballos
  no es otra su alabanza.

(De Cinco poemas australes, 1937)

Cortejo

<hr>

Vestida y adornada como para sus bodas
  la Muerta va: dos niños
  la conducen, llorando.
Y es en el mismo carro de llevar las espigas
  maduras en diciembre.

El cuerpo va tendido sobre lanas brillantes,
  ejes y ruedas cantan
  su antigua servidumbre.
Clavado en la pradera como una lanza de oro
  fulgura el mediodía.

(Mi hermano va en un potro de color de la
                                    [noche,
  yo en una yegua blanca
  sin herrar todavía).

La Muerta va en el carro de los trigos maduros:
  su cara vuelta al sol
  tiene un brillo de níquel.
Se adivina la forma del silencio en sus labios,
  una forma de llave.

Ha cerrado los ojos a la calma visible
  del día y a su juego
  de números cantores;
Y se aferran sus manos a la Cruz en un gesto
  de invisible naufragio.

Y mientras el cortejo se adelanta entre flores
  y linos que cecean
  el idioma del viento,
la cabeza yacente, sacudida en el viaje,
  traza el signo de ¡no!

Dos niños la conducen: en sus frentes nubladas
  el enigma despunta.
¿Por qué la Muerta va con su traje de bodas?
  ¿Por qué en el mismo carro
  de llevar las espigas?

(Mi hermano va en un potro del color de la
  noche,
  yo en una yegua blanca
  sin herrar todavía).

(De Cinco poemas australes, 1937)

De la cordura

<hr>

  Con pie de pluma recorrí tu esfera,
Mundo gracioso del esparcimiento;
Y no fue raro que jugara el viento
Con la mentira de mi primavera.

  Dormido el corazón, extraño fuera
Que hubiese dado lumbre y aposento
Al suplicante Amor, cuyo lamento
Llama de noche al corazón y espera.

  Si, fría el alma y agobiado el lomo,
Llegué a tu soledad reveladora
Con pie de pluma y corazón de plomo,

  ¡Deja que un arte más feliz asuma,
Gracioso mundo, y que te busque ahora
Con pie de plomo y corazón de pluma!

(De Sonetos a Sophia, 1940)

De Sophia

~~~~~~

Entre los bailarines y su danza
la vi cruzar, a mediodía, el huerto,
sola como la voz en el desierto,
pura como la recta de una lanza.

Su idioma era una flor en la balanza:
justo en la cifra, en el regalo cierto;
y su hermosura un territorio abierto
a la segura bienaventuranza.

Nadie la vio llegar: entre violines
festejaban oscuros bailarines
la navidad del fuego y del retoño.

¡Ay, sólo yo la he visto a mediodía!
Desnuda estaba y al pasar decía:
"Mi señor tiene un prado sin otoño."

(De *Sonetos a Sophia*, 1940)

El ciervo herido

~~~~~~

I

Por irme tras la huella
    del ciervo herido
me sorprendió la noche,
    perdí el camino.

Solo corría el ciervo
    por los eriales:
De su costado abierto
    manaba sangre.

El ciervo fatigado
    buscó las aguas:
Espinas de su frente
    lo coronaban.

Se fue por lo escondido
    y holló la selva:
¡Quedaban a su paso
    rojas las breñas!

Por ir de cacería
    perdí el camino:
Mi pecho estaba sano
    y el ciervo herido.

II

Como las azucenas
    se abría el alba,
cuando seguí sus rostros
    en la montaña.

Lo perseguí en las dunas
    y en la marisma,
sin advertir el paso
    del mediodía.

Detrás del ciervo herido
    me halló la tarde:
¡Sol poniente, mi vida,
    luna levante!

Cerrado luego el día,
    perdido el norte,
al cazador y al ciervo
    cazó la noche.

III

El ciervo queda en salvo,
    mi pecho herido:
¡Por ir de cacería,
    gané el camino!

(De "Otros poemas" en
Antología poética, 1950)

José Gorostiza

MÉXICO, 1901   Opuesto críticamente por igual a la poesía pura como a la social, José Gorostiza ha pretendido hacer del ejercicio del verso un quebrantamiento del lenguaje que refleje a su través ciertas esencias permanentes del hombre: el amor, la vida, la muerte, Dios. Poeta vocado así a la universalidad y a la concentración, es la suya una obra breve, densa y originalísima; por ello mismo compleja y ardua en buena medida. Poesía intelectual, pero como ha dicho Octavio Paz, en el más alto de los sentidos. Su primer libro, *Canciones para cantar en las barcas*, encerraba algo más que folklorismo y paisaje—como todavía repite la crítica ciega —ya que en él su autor se planteaba muy fundamentales cuestiones de la realidad humana, si bien valiéndose de una rica expresión sensorial y con el apoyo de los más frescos ritmos de la tradición hispánica. Su fragmentaria producción posterior, hasta el año de 1939, la ha agrupado el propio Gorostiza bajo el significativo título de "El poema frustrado," dando a entender así su preferencia por el poema largo, lo cual explícitamente ha afirmado al lamentar la falta de textos poéticos extensos en la lírica contemporánea. Dentro de esa producción hay que destacar la importancia de los cuatro sonetos que integraron la serie "Presencia y fuga," indispensables para llegar al hito capital de su corta y ceñida trayectoria: *Muerte sin fin.*

Este largo y ambicioso esfuerzo señala en la poesía hispanoamericana el momento culminante de esa dirección que justamente puede llamarse *metafísica*, siempre que tal calificativo no tienda a hacernos olvidar que es básicamente un impulso poético quien sostiene tal empeño y que al escribir *Muerte sin fin* sólo trató el autor de darnos su intuición y sentimiento personal de la existencia humana en las más amplias y negativas dimensiones. Para ello, aunque centrado en un tema de índole filosófica (el conflicto insuperable entre la materia y la forma), ha sabido darle una expresión estrictamente poética sobre la base de un símbolo clarificador y sostenido: el agua y el vaso. Ahora bien, ese tema generador se mueve en diversos planos de significación: vida irracional e inteligencia, lenguaje general y poesía, caos y permanencia, etc. Y se ilumina y complica a la vez, ya en trance de expresión, mediante múltiples recursos de la palabra y hasta contradictorios tonos emocionales: imágenes y símbolos de gran belleza y originalidad pero a ratos oscuros a fuerza de precisión; alternancia del decir directo y el irónico, del lenguaje abstracto y el vocablo concreto, del instante de exaltación optimista y un mantenido fondo de pesimismo. Al cabo, Gorostiza termina por ofrecernos una solución apocalíptica y desolada de la inteligencia, el mundo y el hombre. A éste no le quedará más que la aceptación de la muerte, la cual es asumida en los últimos versos con un gesto burlón, prosaico y desengañado. *Muerte sin fin* es un homenaje hermético, solipsista, a un tiempo angustioso y natural, a la muerte; lo que evidencia, en los mismos atributos destacados, el mexicanismo esencial de su autor.

Temas generales

1. Examen de la poética de J.G. Sus ideas críticas sobre la función y las posibilidades de la poesía.
2. La tradición poética castellana en los versos de J.G.
3. El agua, tema central y recurrente en su obra.
4. La naturaleza: su manifestación y función simbólica en *Canciones para cantar en las barcas* y en *Muerte sin fin*.
5. Materia, forma y su relación dialéctica: tema central del pensamiento poético de J.G.
6. El "Preludio" y los sonetos de "Presencia y fuga" como antecedentes de *Muerte sin fin*. Análisis de las relaciones temáticas y de vocabulario entre estas composiciones.
7. *Muerte sin fin:* culminación de la obra poética de J.G. Estudio temático y estilístico de este poema.
8. Comparación de las interpretaciones fundamentales de *Muerte sin fin:* Ramón Xirau, Octavio Paz, Frank Dauster, Emma Godoy, Andrew Debicki y Mordecai Rubin.

Bibliografía

Obra poética

Canciones para cantar en las barcas, México, 1925. *Muerte sin fin*, 1939 (2da. edic. con comentario de Octavio Paz, 1952). *Poesía*, 1964.

Estudios

LIBROS ESPECIALES: Debicki, Andrew P., *La poesía de J.G.*, México, 1962 (contiene bibliografía). Rubin, Mordecai S., *Una poética moderna.* ("*Muerte, sin fin*" *de José Gorostiza. Análisis y comentario*), pról. de Eugenio Florit, México, 1966. Xirau, Ramón, *Tres poetas de la soledad* (J.G., Xavier Villaurrutia y Octavio Paz), México, 1955.

LIBROS GENERALES: Dauster, Frank, *Breve historia de la poesía mexicana*, México, 1956. Dauster, Frank, *Ensayos sobre poesía mexicana. Asedio a los "Contemporáneos,"* México, 1963. Ezcurdia, Manuel, *La aparición del grupo "Contemporáneos" en la poesía y la crítica mexicanas: 1920–1931*, Tesis de la Universidad de California, Berkeley, 1963–64. Forster, Merlin H., *Los contemporáneos 1920–1932. Perfil de un experimento vanguardista mexicano*, México, 1964. Leiva, Raúl, *Imagen de la poesía mexicana contemporánea*, México, 1959. Paz, Octavio, "*Muerte sin fin,*" en *Las peras del olmo*, México, 1957. Torres Bodet, Jaime, *Tiempo de arena*, México, 1955. Villaurrutia, Xavier, "Un poeta," en *Textos y pretextos*, México, 1940.

ARTÍCULOS: Barreda, O.G., "Inteligencia y poesía," LetrasM, *II*, núm. 11, 1939. Dauster, Frank, "Notas sobre *Muerte sin fin,*" RevIb, *XXV*, núm. 50, 1960. Debicki, Andrew P., "Sobre la poética y la crítica literaria de J.G.," RevIb, *XXVI*, núm. 51, 1961. Debicki, Andrew P., "J.G.'s *Canciones para cantar en las barcas,*" HispW, *XLV*, 1962. Debicki, Andrew P., "La función de la naturaleza en *Canciones para cantar en las barcas,*" RevIb, *XXVII*, núm. 53, 1962. Forster, Merlin H., "Notas sobre unos poemas no estudiados de J.G.," RevIb, *XXVI*, núm. 52, 1961. Godoy, Emma, "*Muerte sin fin* de Gorostiza," Abs, *XXIII*, núm. 2, 1959. Monguió, Luis, "Poetas postmodernistas mexicanos," RHM, *XII*, núm. 3–4, 1946. Ponce, Manuel, "Dios y el poeta," Abs, *XIX*, núm. 3, 1955. Rivas Sainz, Arturo, "Poesía de filosofar," HP, *I*, núm. 2, 1943. Xirau, Ramón, "Tres calas en la reflexión poética: Sor Juana, Gorostiza, Paz," PyH, núm. 17, 1961.

¿Quién me compra una naranja?

¿Quién me compra una naranja
para mi consolación?
Una naranja madura
en forma de corazón.

La sal del mar en los labios
¡ay de mí!
la sal del mar en las venas
y en los labios recogí.

Nadie me diera los suyos
para besar.
La blanda espiga de un beso
yo no la puedo segar.

Nadie pidiera mi sangre
para beber.
Yo mismo no sé si corre
o si deja de correr.

Como se pierden las barcas
¡ay de mí!
como se pierden las nubes
y las barcas, me perdí.

Y pues nadie me lo pide,
ya no tengo corazón.
¿Quién me compra una naranja
para mi consolación?

(De *Canciones para cantar en las barcas*, 1925)

La orilla del mar

No es agua ni arena
la orilla del mar.

El agua sonora
de espuma sencilla,
el agua no puede
formarse la orilla.

Y porque descanse
en muelle lugar,
no es agua ni arena
la orilla del mar.

Las cosas discretas,
amables, sencillas;
las cosas se juntan
como las orillas.

Lo mismo los labios,
si quieran besar.
No es agua ni arena
la orilla del mar.

Yo sólo me miro
por cosa de muerto;
solo, desolado,
como en un desierto.

A mí venga el lloro,
pues debo penar.
No es agua ni arena
la orilla del mar.

(De *Canciones para cantar en las barcas*, 1925)

Dibujos sobre un puerto

1. EL ALBA

El paisaje marino
en pesados colores se dibuja.
Duermen las cosas. Al salir, el alba
parece sobre el mar una burbuja.
Y la vida es apenas
un milagroso reposar de barcas
en la blanda quietud de las arenas.

2. LA TARDE

Ruedan las olas frágiles
de los atardeceres
como limpias canciones de mujeres.

3. NOCTURNO

El silencio por nadie se quebranta,
y nadie lo deplora.
Sólo se canta
a la puesta del sol, desde la aurora.
Mas la luna, con ser
de luz a nuestro simple parecer,
nos parece sonora
cuando derraman sus manos ligeras
las ágiles sombras de las palmeras.

4. ELEGÍA

A veces me dan ganas de llorar,
pero las suple el mar.

5. CANTARCILLO

Salen las barcas al amanecer.
No se dejan amar
pues suelen no volver
o sólo regresan a descansar.

6. EL FARO

Rubio pastor de barcas pescadoras.

7. ORACIÓN

La barca morena de un pescador
cansada de bogar
sobre la playa se puso a rezar:
¡Hazme, Señor,
un puerto en las orillas de este mar!

(De *Canciones para cantar en las barcas*, 1925)

Sonetos

I

En el espacio insomne que separa
el fruto de la flor, el pensamiento
del acto en que germina su aislamiento,
una muerte de agujas me acapara.

Febril, abeja de la carne, avara,
algo estrangula en mí a cada momento.
Usa mi voz, se nutre de mi aliento,
impone muecas turbias a mi cara.

¿Qué amor, no obstante, en su rigor acierta
a destruir este hálito enemigo
que a compás con mi pulso me desierta?

¡Templado hielo, sí, glacial abrigo!
¡Cuánto—para que dure en él—liberta
en mí, que ya no morirá conmigo!

III

Tu destrucción se gesta en la codicia
de esta sed, toda tacto, asoladora,
que deshecha, no viva, te atesora
en el nimio caudal de la noticia.

Te miro ya morir en la caricia
de tus ecos; en esa ardiente flora
que, nacida en tu ausencia, la devora
para mentir la luz de tu delicia.

Pues no eres tú, fluente, a ti anudada.
Es belleza, no más, desgobernada
que en ti porque la asumes se consuma.

Es tu muerte, no más, que se adelanta,
que al habitar tu huella te suplanta
con audaces resúmenes de espuma.

(Publicados en una serie de cuatro sonetos en *Letras de México*, 1939, y recogidos bajo el título general de "Presencia y fuga" en la sección "Del poema frustrado" de *Poesía*, 1964)

Muerte sin fin[1] (*fragmentos*)

I

Lleno de mí, sitiado en mi epidermis,
por un dios inasible que me ahoga,
mentido acaso
por su radiante atmósfera de luces
que oculta mi conciencia derramada,
mis alas rotas en esquirlas de aire,
mi torpe andar a tientas por el lodo;
lleno de mí —ahito— me descubro
en la imagen atónita del agua,

que tan sólo es un tumbo inmarcesible,
un desplome de ángeles caídos
a la delicia intacta de su peso,
que nada tiene
sino la cara en blanco
hundida a medias, ya, como una risa agónica,
en las tenues holandas de la nube
y en los funestos cánticos del mar
—más resabio de sal o albor de cúmulo
que sola prisa de acosada espuma.

No obstante —oh paradoja— constreñida
por el rigor del vaso que la aclara,
el agua toma forma.
En él se asienta, ahonda y edifica,
cumple una edad amarga de silencios
y un reposo gentil de muerte niña,
sonriente, que desflora
un más allá de pájaros
en desbandada.
En la red de cristal que la estrangula,
allí, como en el agua de un espejo,
se reconoce;
atada allí, gota con gota,
marchito el tropo de espuma en la garganta
¡qué desnudez de agua tan intensa,
qué agua tan agua,
está en su orbe tornasol soñando,
cantando ya una sed de hielo justo!
¡Mas qué vaso —también— más providente
éste que así se hinche
como una estrella en grano,
que así, en heroica promisión, se enciende
como un seno habitado por la dicha,
y rinde así, puntual,
una rotunda flor
de transparencia al agua,
un ojo proyectil que cobra alturas
y una ventana a gritos luminosos
sobre esa libertad enardecida
que se agobia de cándidas prisiones!

III

Mas nada ocurre, no, sólo este sueño
desorbitado
que se mira a sí mismo en plena marcha;
presume, pues, su término inminente
y aptereza en el acto
el plan de su fatiga,
su justa vacación,
su domingo de gracia allá en el campo,
al fresco albor de las camisas flojas.
¡Qué trebolar mullido, qué parasol de niebla,
se regala en el ánimo
para gustar la miel de sus vigilias!
Pero el ritmo es su norma, el solo paso,

la sola marcha en círculo, sin ojos;
así, aun de su cansancio, extrae
¡hop!
largas cintas de cintas de sorpresas
que en un constante perecer enérgico,
en un morir absorto,
arrasan sin cesar su bella fábrica
hasta que —hijo de su misma muerte,
gestado en la aridez de sus escombros—
siente que su fatiga se fatiga,
se erige a descansar de su descanso
y sueña que su sueño se repite,
irresponsable, eterno,
muerte sin fin de una obstinada muerte,
sueño de garza anochechido a plomo
que cambia sí de pie, mas no de sueño,
que cambia sí la imagen,
mas no la doncellez de su osadía
¡oh inteligencia, soledad en llamas!
que lo consume todo hasta el silencio,
sí, como una semilla enamorada
que pudiera soñarse germinando,
probar en el rencor de la molécula
el salto de las ramas que aprisiona
y el gusto de su fruta prohibida,
ay, sin hollar, semilla casta,
sus propios impasibles tegumentos.

IV

¡Oh inteligencia, soledad en llamas,
que todo lo concibe sin crearlo!
Finge el calor del lodo,
su emoción de substancia adolorida,
el iracundo amor que lo embellece
y lo encumbra más allá de las alas
a donde sólo el ritmo
de los luceros llora,
mas no le infunde el soplo que lo pone en pie
y permanece recreándose en sí misma,
única en El, inmaculada, sola en El,
reticencia indecible,
amoroso temor de la materia,
angélico egoísmo que se escapa
como un grito de júbilo sobre la muerte
—¡oh inteligencia, páramo de espejos!

¹En la versión original de *Muerte sin fin*, las diez
secciones de que se compone el poema no van enumeradas. Lo hacemos aquí para facilitar la identificación de
los fragmentos que incluimos en nuestra selección,
aclarando que las secciones III y IX no aparecen
completas sino que en ambos casos reproducimos sólo
una de las varias partes en que se divide cada una de
ellas.

helada emanación de rosas pétreas
en la cumbre de un tiempo paralítico;
pulso sellado;
como una red de arterias temblorosas,
hermético sistema de eslabones
que apenas se apresura o se retarda
según la intensidad de su deleite;
abstinencia angustiosa
que presume el dolor y no lo crea,
que escucha ya en la estepa de sus tímpanos
retumbar el gemido del lenguaje
y no lo emite;
que nada más absorbe las esencias
y se mantiene así, rencor sañudo,
una, exquisita, con su dios estéril,
sin alzar entre ambos
la sorda pesadumbre de la carne,
sin admitir en su unidad perfecta
el escarnio brutal de esa discordia
que nutren vida y muerte inconciliables,
siguiéndose una a otra
como el día y la noche,
una y otra acampadas en la célula
como en un tardo tiempo de crepúsculo,
ay, una nada más, estéril, agria,
con El, conmigo, con nosotros tres:
como el vaso y el agua, sólo una
que reconcentra su silencio blanco
en la orilla letal de la palabra
y en la inminencia misma de la sangre.
    ¡ALELUYA, ALELUYA!

V

Iza la flor su enseña,
agua, en el prado.
¡Oh, qué mercadería
de olor alado!

¡Oh, qué mercadería
de tenue olor!
¡cómo inflama los aires
con su rubor!

¡Qué anegado de gritos
está el jardín!
«¡Yo, el heliotropo, yo!»
«¿Yo? El jazmín.»

Ay, pero el agua,
ay, si no huele a nada.

Tiene la noche un árbol
con frutos de ámbar;
tiene una tez la tierra,
ay, de esmeraldas.

El tesón de la sangre
anda de rojo;
anda de añil el sueño;
la dicha, de oro.

Tiene el amor feroces
galgos morados;
pero también sus mieses,
también sus pájaros.

Ay, pero el agua,
ay, si no luce a nada.

Sabe a luz, a luz fría,
sí, la manzana.
¡Qué amanecida fruta
tan de mañana!

¡Qué anochecido sabes,
tú, sinsabor!
¡cómo pica en la entraña
tu picaflor!

Sabe la muerte a tierra,
la angustia a hiel.
Este morir a gotas
me sabe a miel.

Ay, pero el agua,
ay, si no sabe a nada.

[BAILE]

Pobrecilla del agua,
ay, que no tiene nada,
ay, amor, que se ahoga,
ay, en un vaso de agua.

VI

En el rigor del vaso que la aclara,
el agua toma forma
—ciertamente.
Trae una sed de siglos en los belfos,
una sed fría, en punta, que ara cauces
en el sueño moroso de la tierra,
que perfora sus miembros florecidos,
como una sangre cáustica,
incendiándolos, ay, abriendo en ellos,
desapacibles úlceras de insomnio.

Más amor que sed; más que amor, idolatría,
dispersión de criatura estupefacta
ante el fulgor que blande
—germen del trueno olímpico— la forma
en sus netos contornos fascinados.
¡Idolatría, sí, idolatría!
Mas no le basta el ser un puro salmo,
un ardoroso incienso de sonido;
quiere, además, oírse.
Ni le basta tener sólo reflejos
—briznas de espuma
para el ala de luz que en ella anida;
quiere, además, un tálamo de sombra,
un ojo,
para mirar el ojo que la mira.
En el lago, en la charca, en el estanque,
en la entumida cuenca de la mano,
se consuma este rito de eslabones,
este enlace diabólico
que encadena el amor a su pecado.
En el nítido rostro sin facciones
el agua, poseída,
siente cuajar la máscara de espejos
que el dibujo del vaso le procura.
Ha encontrado, por fin,
en su correr sonámbulo,
una bella, puntual fisonomía.
Ya puede estar de pie frente a las cosas.
Ya es, ella también, aunque por arte
de estas limpias metáforas cruzadas,
un encendido vaso de figuras.
El camino, la barda, los castaños,
para durar el tiempo de una muerte
gratuita y prematura, pero bella,
ingresan por su impulso
en el suplicio de la imagen propia
y en medio del jardín, bajo las nubes,
descarnada lección de poesía,
instalan un infierno alucinante.

IX

En la red de cristal que la estrangula,
el agua toma forma,
la bebe, sí, en el módulo del vaso,
para que éste también se transfigure
con el temblor del agua estrangulada
que sigue allí, sin voz, marcando el pulso
glacial de la corriente.

Pero el vaso
—a su vez—
cede a la informe condición del agua
a fin de que —a su vez— la forma misma,
la forma en sí, que está en el duro vaso
sosteniendo el rencor de su dureza
y está en el agua de aguijada espuma
como presagio cierto de reposo,
se pueda sustraer al vaso de agua;
un instante, no más,
no más que el mínimo
perpetuo instante del quebranto,
cuando la forma en sí, la pura forma,
se abandona al designio de su muerte
y se deja arrastrar, nubes arriba,
para ese atormentado remolino
en que los seres todos se repliegan
hacia el sopor primero,
a construir el escenario de la nada.
Las estrellas entonces ennegrecen.
Han vuelto el dardo insomne
a la noche perfecta de su aljaba.

X

¡Tan-Tan! ¿Quién es? Es el Diablo,
es una espesa fatiga,
un ansia de trasponer
estas lindes enemigas,
este morir incesante,
tenaz, esta muerte viva,
¡oh Dios! que te está matando
en tus hechuras estrictas,
en las rosas y en las piedras,
en las estrellas ariscas
y en la carne que se gasta
como una hoguera encendida,
por el canto, por el sueño,
por el color de la vista.

¡Tan-Tan! ¿Quién es? Es el Diablo,
ay, una ciega alegría,
un hambre de consumir
el aire que se respira,
la boca, el ojo, la mano;
estas pungentes cosquillas
de disfrutarnos enteros
en solo un golpe de risa,
ay, esta muerte insultante,
procaz, que nos asesina

a distancia, desde el gusto
que tomamos en morirla,
por una taza de té,
por una apenas caricia.

¡Tan-Tan! ¿Quién es? Es el Diablo,
es una muerte de hormigas
incansables, que pululan
¡oh Dios! sobre tus astillas;
que acaso te han muerto allá,
siglos de edades arriba,
sin advertirlo nosotros,
migajas, borra, cenizas
de ti, que sigues presente

como una estrella mentida
por su sola luz, por una
luz sin estrella, vacía,
que llega al mundo escondiendo
su catástrofe infinita.

[BAILE]

Desde mis ojos insomnes
mi muerte me está acechando,
me acecha, sí, me enamora
con su ojo lánguido.
¡Anda, putilla del rubor helado,
anda, vámonos al diablo!

(De *Muerte sin fin*, 1939)

Jorge Carrera Andrade

ECUADOR, 1902   Se inicia Jorge Carrera Andrade a la poesía con una voluntad jubilosa de contemplar y dar testimonio de las más diversas formas de la realidad: *Registro del mundo* se titula significativamente la primera antología de sus versos. Las cosas en su estricta esencialidad, libres de los añadidos falseadores del pensamiento, constituyen por entonces su meta, para cuyo dibujo poético estaba dotado de una singular capacidad de elaboración de metáforas originales y plásticas así como también, en sus mejores momentos, de un riguroso poder de síntesis verbal visible sobre todo en sus *Microgramas*. Es durante esa etapa juvenil el poeta de la provincia, de los paisajes ecuatorianos, de los amplios panoramas y motivos que los viajes incesantes por todos los continentes iban sumando a su experiencia. Por el fondo, un hilillo de nostálgico amor americano daba siempre calor a esa poesía variada y externa.

Con la natural maduración de los años, otras dimensiones más turbias, menos gozosas, aparecen en su obra: la conciencia de la fugacidad humana, el escepticismo personal y generacional frente a la vida (léase "Juan sin Cielo"), su conmovida aceptación de la muerte, la inquietud existencial ante un mundo de ruinas ("de espumas," dirá en uno de sus libros), cargado de enigmas y falto de sentido. Y, como reacción, la búsqueda de los ámbitos más puros de la naturaleza (el agua, la luz), escapados de las contingencias de lo temporal; el regreso al contorno nativo, a las raíces telúricas e históricas de su medio andino y americano; y, en ese retorno, el encuentro doloroso con la soledad, el vacío, las definitivas ausencias familiares, el refugio salvador del recuerdo. Pero la robusta salud moral acaba por imponérsele, para volver a la confianza aquella en la realidad primaria del mundo, única manifestación segura de lo eterno por encima de accidentales mutaciones. Hay, además, otros temas menores en la abundante y matizada producción de este poeta.

A lo largo de toda su obra, sin embargo, J.C.A. se ha mantenido fiel a su fe en la validez expresiva de la metáfora. Alguna vez ésta aparecerá como dominando incluso la intuición lírica básica; pero en general el autor ha sabido adaptarla al preciso tono espiritual de cada una de sus "edades poéticas," llegando en esta justa adecuación a ese extremo de delicadeza, inocencia y levedad que revela el lenguaje de *Dictado por el agua*, una de sus más representativas creaciones.

Temas generales

1. El ambiente rural del Ecuador y la euforia vital en los libros primeros de J.C.A.
2. J.C.A., poeta de los viajes, la nostalgia y el regreso.
3. La descripción y el sentimiento del paisaje ecuatoriano a lo largo de la obra poética de J.C.A.
4. La experiencia existencial del hombre y el mundo en la poesía de madurez de J.C.A.: *Aquí yace la espuma.*
5. J.C.A., poeta de las cosas: la realidad externa e interior en su poesía.

6. El tema del agua y sus implicaciones simbólicas en la evolución de J.C.A.

7. Presencia y sugestión de América en la poesía de J.C.A.

8. La plasticidad o capacidad de concreción visual en el mundo imaginativo de J.C.A.

9. Transparencia verbal e invención metafórica en la expresión poética de J.C.A.

Bibliografía

Obra poética

El estanque inefable, Quito, 1922. *La guirnalda del silencio*, 1926. *Boletines de mar y tierra*, Barcelona, 1930. *Rol de la manzana*, Madrid, 1935. *El tiempo manual*, 1935. *Biografía para uso de los pájaros*, Paris, 1937. *La hora de las ventanas iluminadas*, Santiago de Chile, 1937. *País secreto*, 1940. *Registro del mundo*, Quito, 1940; 2da. ed., con pról. de Pedro Salinas, México, 1945. *Microgramas*, Tokio, 1940. *Canto al puente de Oakland*, San Francisco, 1941. *Aquí yace la espuma*, París, 1950. *Lugar de origen*, Quito, 1951. *Dictado por el agua. Dicté par l'eau* (traducción al francés por Claude Couffon), París, 1951. *Familia de la noche*, 1954. *Edades poéticas (1922–1956)*, edic. definitiva, corregida por el autor, Quito, 1958. *Hombre planetario*, 1963. *Floresta de los guacamayos*, Nicaragua, 1964. *Crónica de las Indias*, París, 1965.

Estudios

LIBROS ESPECIALES: Franco Oppenheimer, Félix, "La poesía de J.C.A.," Tesis de la Universidad de Puerto Rico, 1953.

LIBROS GENERALES: *Diccionario de la literatura latinoamericana. Ecuador*, Washington, 1962.

ARTÍCULOS: Bellini, Giuseppe, "La poesía de J.C.A.," Insula, *XIII*, núm. 28, 1959. Benítez Vinueza, Leopoldo, "J.C.A.: el sensualismo poético," RNC, *XXV*, núm. 156–157, 1963. Blanco-Fombona, M., "J.C.A.," SAJ, *CXLV*, núm. 15, 1949. Borrero, Arturo, "El poeta ecuatoriano J.C.A.," CuH, *XLI*, 1960. Carranza, Eduardo, "Dos poetas del Ecuador," LetE, *I*, núm. 1, 1945. Carrera Andrade, Jorge, "Mi vida en poemas," RHM, *XXVIII*, núm. 1, 1962. Corrales Egea, José, "J.C.A.," Insula, *VIII*, núm. 96, 1953. Gerbasi, Vicente, "Carrera Andrade: Poesía o magia," RAmer, *VI*, 1946. Hays, H.R., "J.C.A., Magician of Metaphors," BAbr, *XVII*, núm. 2, 1943. Heald, William, "*Soledad* in the Poetry of J.C.A.," PMLA, *LXXVI*, 1961. Leal, Luis, "Una nueva edición de las poesías de J.C.A.," RHM, *XXVI* núm. 1–2, 1960. Liscano, Juan, "Americanos en Europa," CuA, *XV*, núm. 5, 1956, Liscano, Juan, "País y poesía en J.C.A.," LetE. *XIV*, núm. 111, 1958. Lizardo, César, "J.C.A. y la poesía ecuatoriana," LetE, *XVI*, núm. 124, 1961. Merton, Thomas, "J.C.A.," UniversalCar, 6 mar. 1962. Palley, Julian, "Temática de J.C.A.," HispW, *XXXIX*, núm. 1, 1956. Pane, Remigio U., "J.C.A. A Bibliography of his Poems in English Translations Together with a List of his Works," BB, *XVIII*, 1946. Peñaloza, Frank, "J.C.A. y su *Floresta de los guacamayos*," CCLC, núm. 100, 1965. Rodríguez, Jaime E., "La poesía de J.C.A., LetE, *XX*, núm. 130, 1964. Salinas, Pedro, "Registro de J.C.A.," RevIb, *V*, núm. 10, 1942 (recogido en *Ensayos de literatura hispánica*, Madrid, 1961). Serrano Aguirre, Angel, "J.C.A.," CuH, *XXX*, núm. 85, 1957. Undurraga, Antonio de, "La órbita poética de J.C.A.," RevIb, *IV*, 1942.

El hombre del Ecuador bajo la Torre Eiffel

Te vuelves vegetal a la orilla del tiempo.
Con tu copa de cielo redondo
y abierta por los túneles del tráfico,
eres la ceiba máxima del Globo.

Suben los ojos pintores
por tu escalera de tijera hasta el azul.

Alargas sobre una tropa de tejados
tu cuello de llama del Perú.

Arropada en los pliegues de los vientos,
con tu peineta de constelaciones,
te asomas al circo
de los horizontes.

Mástil de una aventura sobre el tiempo.

Orgullo de quinientos treinta codos.

Pértiga de la tienda que han alzado los
                                    [hombres
en una esquina de la historia.
Con sus luces gaseosas
copia la vía láctea tu dibujo en la noche.

Primera letra de un Abecedario cósmico,
apuntada en la dirección del cielo;
esperanza parada en zancos;
glorificación del esqueleto.

Hierro para marcar el rebaño de nubes
o mudo centinela de la edad industrial.
La marea del cielo
mina en silencio tu pilar.

(De *Boletines de mar y tierra*, 1930)

El objeto y su sombra

Arquitectura fiel del mundo.
Realidad, más cabal que el sueño.
La abstracción muere en un segundo:
sólo basta un fruncir del ceño.

Las cosas. O sea la vida.
Todo el universo es presencia.

La sombra al objeto adherida
¿acaso transforma su esencia?

Limpiad el mundo —ésta es la clave—
de fantasmas del pensamiento.
Que el ojo apareje su nave
para un nuevo descubrimiento.

(De *Noticias del cielo* [1935], en *Edades poéticas*, 1958)

Edición de la tarde

La tarde lanza su primera edición de
                              [golondrinas
anunciando la nueva política del tiempo,
la escasez de las espigas de la luz,
los navíos que salen a flote en el astillero del
                                        [cielo,
el almacén de sombras del poniente,
los motines y desórdenes del viento,
el cambio de domicilio de los pájaros,
la hora de apertura de los luceros.

La súbita defunción de las cosas
en la marea de la noche ahogadas,
los débiles gritos de auxilio de los astros
desde su prisión de infinito y de distancia,
la marcha incesante de los ejércitos del sueño
contra la insurrección de los fantasmas
y, al filo de las bayonetas de la luz, el orden
                                        [nuevo
implantado en el mundo por el alba.

(De *Noticias del cielo* [1935], en *Edades poéticas*, 1958)

La hora de las ventanas iluminadas

Desde mi sillón tatarabuelo
oigo el dulce repique de novena.
Tienen una humildad ascética las viandas
y con sus manos de humo rezan,
mientras la paloma seráfica
del silencio campestre el comedor visita.
La tarde es rosada
como un gran fruto dentro de una vitrina.

Desde mi sillón tatarabuelo
siento este sol envuelto en plumas
que acaricia mi hombro como un ala.
Ah, no poder calentar esta vida
cerca de un corazón, íntima estufa.
En el dulce repique de novena
el alma paralítica
posee a Dios entre las manos juntas.

1927

(De *La hora de las ventanas iluminadas*, 1937)

Microgramas

Concha marina:
Entre la arena es la concha
lápida recordativa
de una difunta gaviota.

Nuez:
Sabiduría comprimida,
diminuta tortuga vegetal,
cerebro de duende
paralizado por la eternidad.

Venado:
Tu ojo es una burbuja del silencio

y tus cuernos floridos son agujas
para ensartar luceros.

Lagartija:
Amuleto de plata
o diablillo con bocio,
criatura del alba.
Memoria de las ruinas,
fugaz mina animada,
calofrío del campo,
lagartija misántropa.

(De *Microgramas*, 1940)

Juan sin cielo

Juan me llamo, Juan Todos, habitante
de la tierra, más bien su prisionero,
sombra vestida, polvo caminante
el igual a los otros, Juan Cordero.

Sólo mi mano para cada cosa
—mover la rueda, hallar hondos metales—
mi servidora para asir la rosa
y hacer girar las llaves terrenales.

Mi propiedad labrada en pleno cielo
—un gran lote de nubes era mío—
me pagaba en azul, en paz, en vuelo
y ese cielo en añicos: el rocío.

Mi hacienda era el espacio sin linderos
—oh territorio azul siempre sembrado
de maizales cargados de luceros—
y el rebaño de nubes, mi ganado.

Labradores los pájaros; el día
mi granero de par en par abierto
con mieses y naranjas de alegría.
Maduraba el poniente como un huerto.

Mercaderes de espejos, cazadores
de ángeles llegaron con su espada
y, a cambio de mi hacienda —mar de flores—
mi dieron abalorios, humo, nada . . .

Los verdugos de cisnes, monederos
falsos de las palabras, enlutados,
saquearon mis trojes de luceros,
escombros hoy de luna congelados.

Perdí mi granja azul, perdí la altura
—reses de nubes, luz recién sembrada—
¡toda una celestial agricultura
en el vacío espacio sepultada!

Del oro del poniente perdí el plano
—Juan es mi nombre, Juan Desposeído—.
En lugar del rocío hallé el gusano
¡un tesoro de siglos he perdido!

Es sólo un peso azul lo que ha quedado
sobre mis hombros, cúpula de hielo . . .
Soy Juan y nada más, el desolado
herido universal, soy Juan sin Cielo.

(De *Aquí yace la espuma*, 1951)

Viaje de regreso

Mi vida fue una geografía
que repasé una y otra vez,
libro de mapas o de sueños.
En América desperté.

¿Soñé acaso pueblos y ríos?
¿No era verdad tánto país?
¿Hay tres escalas en mi viaje:
soñar, despertar y morir?

Me había dormido entre estatuas
y me hallé solo al despertar.
¿Dónde están las sombras amables?
¿Amé y fui amado de verdad?

Una geografía de sueño,
una historia de magia fue.
Sé de memoria islas y rostros
vistos o soñados talvez.

Sobre el botín del universo
—fruta, mujer, inmensidad—
se echaron todos mis sentidos
como ebrios corsarios del mar.

En un puerto, joven desnuda
forma cabal, por fin te hallé:
en tu agua grande, estremecida,
yo saciaba mi humana sed.

Luego fue la niña de trigo,
fue la doncella vegetal;
mas siempre, desde cada puerta,
me llamaba la Otra eternal.

Desde la nieve a la palmera
la tierra de ciudades vi.
Dios limpiaba allí las ventanas
y nadie quería morir.

Vi la seca tierra del toro
—postrer refugio del azul—
y el país donde erige el pino
su verde obelisco a la luz.

¿Soñé ese rostro sobre el muro,
esa mano sobre mi piel,
ese camino de manzanas
y palomas, soñé, soñé?

Las bahías cual rebanadas
de una sandía de cristal
y sus islas como semillas
¿fueron un sueño y nada más?

¿Ceniza mortal este polvo
que se adhiere aún a mis pies?
¿No fueron puertos sino años
los lugares en donde anclé?

En los más distintos idiomas
sólo aprendí la soledad
y me gradué doctor en sueños.
Vine a América a despertar.

Mas, de nuevo arde en mi garganta
sed de vivir, sed de morir
y, humilde, doblo la rodilla
sobre esta tierra del maíz.

Tierra de frutas y de tumbas,
propiedad única del sol:
Vengo del mundo —¡oh largo sueño!—
y un mapa se enrolla en mi voz.

(De *Aquí yace la espuma*, 1951)

Dictado por el agua

I

Aire de soledad, dios transparente
que en secreto edificas tu morada
¿en pilares de vidrio de qué flores?
¿sobre la galería iluminada
de qué río, qué fuente?
Tu santuario es la gruta de colores.
Lengua de resplandores
hablas, dios escondido,
al ojo y al oído.
Sólo en la planta, el agua, el polvo asomas
con tu vestido de alas de palomas
despertando el frescor y el movimiento.
En tu caballo azul van los aromas,
soledad convertida en elemento.

II

Fortuna de cristal, cielo en monedas,
agua, con tu memoria de la altura,
por los bosques y prados
viajas con tus alforjas de frescura
que guardan por igual las arboledas
y las hierbas, las nubes y ganados.
Con tus pasos mojados
y tu piel de inocencia
señalas tu presencia
hecha toda de lágrimas iguales,
agua de soledades celestiales.
Tus peces son tus ángeles menores
que custodian tesoros eternales
en tus frías bodegas interiores.

III

Doncel de soledad, oh lirio armado
por azules espadas defendido,
gran señor con tu vara de fragancia,
a los cuentos del aire das oído.
A tu fiesta de nieve convidado
el insecto aturdido de distancia
licor de cielo escancia,
maestro de embriagueces
solitarias a veces.
Mayúscula inicial de la blancura:
de retazos de nube y agua pura
está urdido tu cándido atavío
donde esplenden, nacidos de la altura,
huevecillos celestes del rocío.

IV

Sueñas, magnolia casta, en ser paloma
o nubecilla enana, suspendida
sobre las hojas, luna fragmentada.
Solitaria inocencia recogida
en un nimbo de aroma.
Santa de la blancura inmaculada.
Soledad congelada
hasta ser alabastro
tumbal, lámpara o astro.
Tu oronda frente que la luz ampara
es del calor del mundo la alquitara
donde esencia secreta extrae el cielo.
En nido de hojas que el verdor prepara
esperas resignada el don del vuelo.

V

Flor de amor, flor de ángel, flor de abeja,
cuerpecillos medrosos, virginales
con pies de sombra, amortajados vivos,
ángeles en pañales.
El rostro de la dalia tras su reja,
los nardos que arden en su albura, altivos,
los jacintos cautivos
en su torre delgada
de aromas fabricada,
girasoles, del oro buscadores:
lenguas de soledad, todas las flores
niegan o asienten según habla el viento
y en la alquimia fugaz de los olores
preparan su fragante acabamiento.

VI

¡De murallas que viste el agua pura
y de cúpula de aves coronado
mundo de alas, prisión de transparencia
donde vivo encerrado!
Quiere entrar la verdura
por la ventana a pasos de paciencia,
y anuncias tu presencia
con tu cesta de frutas, lejanía.
Mas, cumplo cada día,
Capitán del color, antiguo amigo
de la tierra, mi límpido castigo.
Soy a la vez cautivo y carcelero
de esta celda de cal que anda conmigo,
de la que, oh muerte, guardas el llavero.

(De *Familia de la noche*, [1954],
en *Edades poéticas*, 1958)

Nicolás Guillén

CUBA, 1902   Es el cultivador más notable de la modalidad negra y tal vez el que ha logrado en Hispanoamérica dar a la poesía social el tono, el lenguaje y la proyección verdaderamente populares que esta forma requiere, sin desmerecer en calidad artística por lo general. No pudo naturalmente contentarse con el superficial pintoresquismo costumbrista de su entrega primera (*Motivos de son*), a base de escenas callejeras cuya comicidad subrayaba la típica deformación de la lengua usada por los negros. Adentrándose en el hondón primitivo y complejo de la raza, para lo cual le ayudaba su magnífico conocimiento del folklore (*Sóngoro Cosongo*), terminó en una dramática protesta contra la injusticia y preterición seculares a que aquélla ha estado sometido (*West Indies, Ltd.*). Ya desde aquí la estricta poesía negra de Nicolás Guillén se disuelve y sustancia en una airada manifestación social y política. A partir de entonces, incorporando otros motivos de la temática de América como problema y los consecuentes tópicos de la doctrina comunista, Guillén se convierte en un buen ejemplo de lo que su Partido demanda del intelectual pero sin renunciar en sus mejores momentos a un gesto instintivo de artista natural y consciente a la vez.

La imagen definitiva de Guillén es la de un poeta de palabra esbelta, de lirismo plástico pero sobrio y elegante, entrañablemente enraizado en la poesía tradicional hispánica y dotado como pocos para la captación de los más finos matices rítmicos de su pueblo. Lo blanco y lo negro están en él indisolublemente fundidos; de aquí que la poesía mulata, como gusta de llamarla Fernando Ortiz, haya podido proclamarlo como su más fiel realizador. Hay en su obra un libro, *El son entero*, ya clásico en esa difícil actitud de popularismo espontáneo y culto a la cual con toda propiedad corresponde. Algunas veces ha sido sensible a estímulos de más íntimo y universal alcance—el amor o la muerte—que ha expresado con depuradísima maestría; otras, sus mismas preocupaciones sociales han sonado con más dramático acento (por ejemplo, en sus insuperables *Elegías*); y, en fin, no han faltado las ocasiones en que dejándose vencer por su afán partidista de arenga y proselitismo, su poesía ha descendido a los más rasos niveles; aquéllos en que el verso pretende levantarse sólo sobre la fuerza de su contenido. *Tengo*, su último título, abunda en momentos de esta suerte. Pero el alma mestiza de Cuba no ha encontrado una interpretación artística de mayor altura que su poesía. Ni la denuncia social, aunque empobrecida por su cerrada militancia política, un expositor en verso más genuinamente popular.

Temas generales

1. La relación entre el pintoresquismo negro y las formas musicales afrocubanas. Análisis de la poesía primera de N.G.: *Motivos de son*.
2. El aprovechamiento del auténtico folklore negro en la poesía de N.G.
3. El encuentro del tema negro con la preocupación social.
4. La poesía ideológica o política de N.G. Examen crítico de sus logros y caídas.
5. América—sus paisajes, gentes y problemas—

en la obra de N.G.

6. La asimilación de los valores esenciales de la poesía española popular y tradicional.

7. Los grandes poderes de creación plástica y rítmica.

8. El lirismo personal en la obra de N.G.

Bibliografía

Obra poética

Motivos de son, La Habana, 1930. *Sóngoro Cosongo*, `1931. *West Indies, Ltd.*, 1934. *España (Poema en cuatro angustias y una esperanza)*, Valencia, España, 1937. *Cantos para soldados y sones para turistas*, pról. de Juan Marinello, México, 1937. *Sóngoro Cosongo y otros poemas* (con una carta de don Miguel de Unamuno), La Habana, 1942. *El son entero*, Buenos Aires, 1947. *Elegía a Jacques Roumain en el cielo de Haití*, La Habana, 1948. *Elegía a Jesús Menéndez*, 1951. *La paloma de vuelo popular. Elegías*, Buenos Aires, 1958. *Balada*, La Habana, 1962. *Tengo*, Universidad Central de las Villas, Cuba, 1964. *Poemas de amor*, pról. de Angel Augier, La Habana, 1964. *Antología mayor*, 1964.

Estudios

LIBROS ESPECIALES: Augier, Angel, *N.G.: Notas para un estudio biográfico-crítico*, Universidad Central de Las Villas, Cuba, Vol. I: 1963; Vol. II, 1964. Gaetani, Francis Marion, *N.G.: A Study on the Phonology and Metrics in his Poetry*, M.A. Essay, Columbia University, 1940. Guillén, Nicolás, *Número homenaje*, Biblioteca Nacional "José Martí," La Habana, 1962 (contiene abundante bibliografía). Martínez Estrada, Ezequiel, *La poesía afrocubana de N.G.*, Montevideo, 1966.

LIBROS GENERALES: Adoum, Jorge Enrique, *Poesía del siglo XX*, Quito, 1957. Fernández Retamar, Roberto, *La poesía cubana contemporánea*, La Habana, 1954. Marinello, Juan, "Poesía negra. Apuntes desde Guillén y Ballagas," en *Poética. Ensayos en entusiasmo*, Madrid, 1933. Marinello, Juan, "En los sesenta años de N.G. El homenaje de la esperanza," en *Contemporáneos. Noticia y memoria*, Universidad Central de Las Villas, Cuba, 1964. Vitier, Cintio, *Cincuenta años de poesía cubana, (1902–1952)*, La Habana, 1952. Vitier, Cintio, *Lo cubano en la poesía*, Universidad Central de Las Villas, Cuba, 1958.

ARTÍCULOS: Altolaguirre, Manuel, Sobre N.G.: *Sóngoro Cosongo*, ROcc, *XXXVI*, 1932. Allen, Martha, "N.G., poeta del pueblo," RevIb, *XV*, 1949. Amado Blanco, Luis, "Poesía mayor de edad," ROcc, *CXLVI*, 1935. Arciniegas, Germán, "N.G. mayombero," Nacion, 29 jun. 1951. Boti, Regino, "La poesía cubana de N.G.," RBC, *XXIX*, 1932. Carrera Andrade, Jorge, "N.G., poeta del hombre común y mensajero del trópico," RevInd, *XXVIII*, núm. 90, 1946. Clariana, Bernardo, Sobre N.G.: *España. Poema en cuatro angustias y una esperanza*, HEsp, núm. 11, 1937. Ferrand, Manuel, "Raíz española en la poesía de N.G.," EstA, *VIII*, 1954. Figueira, Gastón, "Dos poetas iberoamericanos de nuestro tiempo. I: N.G. II: Manuel del Cabral," RevIb, *X*, 1945. Florit, Eugenio, "Presencia de Cuba: N.G., poeta entero," RAmer, *XIII*, 1948. Lazo, Raimundo, "Con motivo de una biografía de N.G.," UDLH, *XXVIII*, núm. 170, 1964. Madrigal, Luis Iñigo, "Poesía última de N.G.," RevPV, *I*, núm. 1, 1964. Martínez Estrada, Ezequiel, "La lengua de los vencidos," UnionC, *II*, núm. 7, 1963. Navas-Ruiz, Ricardo, "Neruda y Guillén: un caso de relaciones literarias," RevIb, *XXXI*, núm. 60, 1965. Ortiz Oderigo, N.R., "N.G., poeta social," SVi, *VI*, núm. 72, 1947. Tamayo Vargas, Augusto, "Tres poetas de América: C. Vallejo, P. Neruda y N.G.," MP, *XXXIX*, núm. 377, 1958.

Búcate plata

Búcate plata,
búcate plata,
porque no doy un paso má:
etoy a arró con galleta
na má.

Yo bien sé cómo etá to,
pero viejo, hay que comer:
búcate plata,
búcate plata,
porque me voy a correr.

Depué dirán que soy mala,
y no me querrán tratar,
pero amor con hambre, viejo,
¡qué va!
Con tanto zapato nuevo,
¡qué va!
Con tanto reló, compadre,
¡qué va!
Con tanto lujo, mi negro,
¡qué va!

(De *Motivos de son*, 1930)

Llegada

¡Aquí estamos!
La palabra nos viene húmeda de los bosques,
y un sol enérgico nos amanece entre las venas.

En el ojo profundo duermen palmeras exorbitantes,
y el grito se nos sale como una gota de oro virgen.
Nuestro pie,
duro y ancho,
aplasta el polvo en los caminos abandonados
y estrechos para nuestras filas.
Sabemos dónde nacen las aguas,
y las amamos porque empujaron nuestras canoas bajo los cielos rojos.
Nuestro canto
es como un músculo bajo la piel del alma,
nuestro sencillo canto.

Traemos el humo en la mañana,
y el fuego sobre la noche,
y el cuchillo, como un duro pedazo de luna,
apto para las pieles bárbaras;
traemos los caimanes en el fango,
y el arco que dispara nuestras ansias,
y el cinturón del trópico,
y el espíritu limpio.

¡Eh, compañeros, aquí estamos!
La ciudad nos espera con sus palacios, tenues
como panales de abejas silvestres;
sus calles están secas como los ríos cuando no llueve en la montaña,
y sus casas nos miran con los ojos pávidos de las ventanas.
Los hombres antiguos nos darán leche y miel,
y nos coronarán de hojas verdes.

¡Eh, compañeros, aquí estamos!
Bajo el sol
nuestra piel sudorosa reflejará los rostros húmedos de los vencidos,
y en la noche, mientras los astros ardan en la punta de nuestras llamas,
nuestra risa madrugará sobre los ríos y los pájaros.

(De *Sóngoro Cosongo*, 1931)

Balada de los dos abuelos

Sombras que sólo yo veo,
me escoltan mis dos abuelos.

Lanza con punta de hueso,
tambor de cuero y madera:
mi abuelo negro.
Gorguera en el cuello ancho,
gris armadura guerrera:
mi abuelo blanco.

África de selvas húmedas
y de gordos gongos[1] sordos . . .
—¡Me muero!
(Dice mi abuelo negro.)
Aguaprieta de caimanes,
verdes mañanas de cocos . . .
—¡Me canso!
(Dice mi abuelo blanco.)
Oh velas de amargo viento,
galeón ardiendo en oro . . .
—¡Me muero!
(Dice mi abuelo negro.)
¡Oh costas de cuello virgen
engañadas de abalorios . . .
—¡Me canso!
(Dice mi abuelo blanco.)
¡Oh puro sol repujado,
preso en el aro del trópico;
oh luna redonda y limpia
sobre el sueño de los monos!

¡Qué de barcos, qué de barcos!
¡Qué de negros, qué de negros!
¡Qué largo fulgor de cañas!
¡Qué látigo el del negrero!
Piedra de llanto y de sangre,
venas y ojos entreabiertos,
y madrugadas vacías,
y atardeceres de ingenio,
y una gran voz, fuerte voz
despedazando el silencio.
¡Qué de barcos, qué de barcos,
qué de negros!

Sombras que sólo yo veo,
me escoltan mis dos abuelos.

Don Federico me grita,
y Taita Facundo calla;
los dos en la noche sueñan,
y andan, andan.
Yo los junto.
    —¡Federico!
¡Facundo! Los dos se abrazan.
Los dos suspiran. Los dos
las fuertes cabezas alzan;
los dos del mismo tamaño,
bajo las estrellas altas;
los dos del mismo tamaño,
ansia negra y ansia blanca;
los dos del mismo tamaño,
gritan, sueñan, lloran, cantan.
Sueñan, lloran, cantan.
Lloran, cantan.
¡Cantan!

(De *West Indies, Ltd.*, 1934)

---

[1]*gongo:* pandero de metal muy sonoro que se golpea con un mazo.

Sensemayá (Canto para matar a una culebra)

¡Mayombe[2]-bombe-mayombé!
¡Mayombe-bombe-mayombé!
¡Mayombe-bombe-mayombé!

La culebra tiene los ojos de vidrio;
la culebra viene, y se enreda en un palo;
con sus ojos de vidrio en un palo,
con sus ojos de vidrio.
La culebra camina sin patas;
la culebra se esconde en la yerba;
caminando se esconde en la yerba,
caminando sin patas!

¡Mayombe-bombe-mayombé!
¡Mayombe-bombe-mayombé!
¡Mayombe-bombe-mayombé!

Tú le das con el hacha, y se muere:
¡dale ya!
¡No le des con el pie, que te muerde,
no le des con el pie, que se va!

Sensemayá, la culebra,
sensemayá.
Sensemayá, con sus ojos,
sensemayá.

Sensemayá con su lengua,
sensemayá.
Sensemayá con su boca,
sensemayá!

La culebra muerta no puede comer;
la culebra muerta no puede silbar:
no puede caminar,
no puede correr!
La culebra muerta no puede mirar;
la culebra muerta no puede beber,
no puede respirar,
no puede morder!

¡Mayombe-bombe-mayombé!
Sensemayá, la culebra . . .
¡Mayombe-bombe-mayombé!
Sensemayá, no se mueve . . .
¡Mayombe-bombe-mayombé!
Sensemayá, la culebra . . .
¡Mayombe-bombe-mayombé!
¡Sensemayá, se murió!

(De *West Indies, Ltd.*, 1934)

Fusilamiento

1

Van a fusilar
a un hombre que tiene los brazos atados;
hay cuatro soldados
para disparar.
Son cuatro soldados
callados,
que están amarrados,
lo mismo que el hombre amarrado que van a
[matar.

2

—¿Puedes escapar?
—¡No puedo correr!
—¡Ya van a tirar!
—¡Qué vamos a hacer!
—Quizá los rifles no estén cargados . . .

—¡Seis balas tienen de fiero plomo!
—¡Quizá no tiren esos soldados!
—¡Eres un tonto de tomo y lomo!

3

Tiraron.
(¿Cómo fue que pudieron tirar?)
Mataron.
(¿Cómo fue que pudieron matar?)
Eran cuatro soldados
callados,
y les hizo una seña, bajando su sable, un señor
[oficial;
eran cuatro soldados
atados,
lo mismo que el hombre que fueron los cuatro
[a matar!

(De *Cantos para soldados y Sones para turistas*, 1937)

[2]*mayombe:* forma onomatopéyica derivada de la voz "mayomba," secta de brujería de los negros cubanos.

Presentación de José Ramón Cantaliso

José Ramón Cantaliso,
canta liso! Canta liso
José Ramón.
Duro espinazo insumiso:
por eso es que canta liso
José Ramón Cantaliso,
José Ramón.

En bares, bachas, bachatas,[3]
a los turistas a gatas
y a los nativos también,
a todos el són[4] preciso,
José Ramón Cantaliso
les canta liso, muy liso,
para que lo entiendan bien.

Voz de cancerosa entraña;
humo de solar[5] y caña,
que es nube prieta después;
són de guitarra madura,
cuya cuerda ronca y dura
no se enreda en la cintura,
ni prende fuego en los pies.

Otros, con lengua chillona,
cantarán La Chambelona,[6]
pero no José Ramón:
José Ramón no es santero,[7]
ni hace de Papá Montero,[8]
ni pregona El Manisero,[9]
ni está borracho de ron.

El sabe que no hay trabajo;
que el pobre se pudre abajo,
y que tras tanto luchar,
el que no perdió el resuello,
o tiene en la frente un sello,
o está con el agua al cuello,
sin poderlo remediar.

Por eso, de fiesta en fiesta,
con su guitarra protesta,
que es su corazón también;
y a todos el són preciso,
José Ramón Cantaliso
les canta liso, muy liso,
para que lo entiendan bien.

(De Cantos para soldados y sones para turistas, 1937)

Guitarra

Tendida en la madrugada
la firme guitarra espera;
voz de profunda madera
desesperada.

Su clamorosa cintura,
en la que el pueblo suspira,
preñada de son estira
la carne dura.

Arde la guitarra sola
mientras la luna se acaba;
arde libre de su esclava
bata de cola.

Dejó al borracho en su coche,
dejó el cabaret sombrío
donde se muere de frío
noche tras noche,
y alzó la cabeza fina,
universal y cubana,
sin opio, ni marihuana,
ni cocaína.

¡Venga la guitarra vieja,
nueva otra vez al castigo
con que la espera el amigo
que no la deja!

[3]bachata: en Cuba, juego, fiesta, broma.
[4]són: baile popular cubano, letra para ese baile.
[5]solar: en Cuba, casa de vecindad.
[6]La Chambelona: canción popular del partido liberal cubano durante los primeros años de la República.
[7]santero: persona que practica la santería, forma religiosa de algunos negros cubanos en la que se combinan elementos del catolicismo con supersticiones y ritos de origen africano.
[8]Papá Montero: nombre de un són cubano. Guillén tiene un poema titulado "Velorio de Papá Montero."
[9]El Manisero: la muy popular canción cubana de Moisés Simmons.

Alta siempre, no caída,
traiga su risa y su llanto;
clave las uñas de amianto
sobre la vida.

Cógela tú, guitarrero;
límpiale de alcol la boca,
y en esa guitarra, toca
tu són entero.

El són del querer maduro,
tu són entero;
el del abierto futuro,
tu són entero;
el del pie por sobre el muro,
tu són entero . . .

Cógela tú, guitarrero;
límpiale de alcol la boca,
y en esa guitarra, toca
tu són entero.

(De *El son entero*, 1947)

Barlovento (Venezuela)

I

Cuelga colgada,
cuelga en el viento,
la gorda luna
de Barlovento.[10]

Mar: Higuerote[11]
(La selva untada
de chapapote.)
Río: Río Chico.[12]
(Sobre una palma,
verde abanico,
duerme un zamuro[13]
de negro pico.)

Blanca y cansada
la gorda luna
cuelga colgada.

2

El mismo canto
y el mismo cuento,
bajo la luna
de Barlovento.

Negro con hambre,
piernas de soga,
brazos de alambre.

Negro en camisa,
tuberculosis
color ceniza.

Negro en su casa,
cama en el suelo,
fogón sin brasa.

¡Qué cosa cosa,
más triste, triste,
más lastimosa!

(Blanca y cansada,
la gorda luna
cuelga colgada.)

3

Suena, guitarra
de Barlovento,
que lo que digas
lo lleva el viento.

—Dorón dorando,[14]
mi negro canta,
y está llorando.

—Dorón dorendo,
ni yo me alquilo,
ni yo me vendo.

[10]*Barlovento*: en Venezuela, la región costera del Estado Miranda.
[11]*Higuerote*: población y puerto de mar venezolano en el Estado Miranda, al este de la Guaira.
[12]*Río Chico*: río y valle de Venezuela, en una llanura

muy fértil, próximos a la costa del Mar Caribe.
[13]*zamuro*: samuro, aura, buitre americano.
[14]*dorando*: voz eufónica, así como las que aparecen en las siguientes estrofas, creadas por el poeta con fines rítmicos o musicales.

—Dorón dorindo,
si me levanto
ya no me rindo.

—Dorón dorondo,
de un negro hambriento
yo no respondo.

(Blanca y cansada,
la gorda luna
cuelga colgada.)

(De *El son entero*, 1947)

Iba yo por un camino . . .

Iba yo por un camino
cuando con la Muerte dí.
—¡Amigo!— gritó la Muerte,
pero no le respondí,
pero no le respondí:
miré no más a la Muerte,
pero no le respondí.

Llevaba yo un lirio blanco
cuando con la Muerte dí;
me pidió el lirio la Muerte,
pero no le respondí,
pero no le respondí;
miré no más a la Muerte,
pero no le respondí.

Ay Muerte,
si otra vez volviera a verte,
iba a platicar contigo
como un amigo;
mi lirio sobre tu pecho,
como un amigo;
mi beso sobre tu mano,
como un amigo;
yo, detenido y sonriente,
como un amigo.

(De *El son entero*, 1947)

El apellido

Elegía familiar

I

Desde la escuela
y aun antes . . . Desde el alba, cuando apenas
era una brizna yo de sueño y llanto,
desde entonces,
me dijeron mi nombre. Un santo y seña
para poder hablar con las estrellas.
Tú te llamas, te llamarás . . .
Y luego me entregaron
esto que veis escrito en mi tarjeta,
esto que pongo al pie de mis poemas:
catorce letras
que llevo a cuestas por la calle,
que siempre van conmigo a todas partes.
¿Es mi nombre, estáis ciertos?
¿Tenéis todas mis señas?

¿Ya conocéis mi sangre navegable,
mi geografía llena de oscuros montes,
de hondos y amargos valles
que no están en los mapas?
¿Acaso visitásteis mis abismos,
mis galerías subterráneas
con grandes piedras húmedas,
islas sobresaliendo en negras charcas
y donde un puro chorro
siento de antiguas aguas
caer desde mi alto corazón
con fresco y hondo estrépito
en un lugar lleno de ardientes árboles,
monos equilibristas,
loros, legisladores y culebras?
¿Toda mi piel (debí decir)
toda mi piel viene de aquella estatua

de mármol español? ¿También mi voz de
[espanto,
el duro grito de mi garganta? ¿Vienen de allá
todos mis huesos? ¿Mis raíces y las raíces
de mis raíces y además
estas ramas oscuras movidas por los sueños
y estas flores abiertas en mi frente
y esta savia que amarga mi corteza?
¿Estáis seguros?
¿No hay nada más que eso que habéis escrito,
que eso que habéis sellado
con un sello de cólera?
(¡Oh, debí haber preguntado!)

Y bien, ahora os pregunto:
¿no veis estos tambores en mis ojos?
¿No veis estos tambores tensos y golpeados
con dos lágrimas secas?
¿No tengo acaso
un abuelo nocturno
con una gran marca negra
(más negra todavía que la piel)
una gran marca hecha de un latigazo?
¿No tengo pues
un abuelo mandinga, congo, dahomeyano?[15]
¿Cómo se llama? ¡Oh, sí, decídmelo!
¿Andrés? ¿Francisco? ¿Amable?
¿Cómo decís Andrés en congo?
¿Cómo habéis dicho siempre
Francisco en dahomeyano?
En mandinga ¿cómo se dice Amable?
¿O no? ¿Eran, pues, otros nombres?
¡El apellido, entonces!
¿Sabéis mi otro apellido, el que me viene
de aquella tierra enorme, el apellido
sangriento y capturado, que pasó sobre el mar
entre cadenas, que pasó entre cadenas sobre
[el mar?
¡Ah, no podéis recordarlo!
Lo habéis disuelto en tinta inmemorial.
Lo habéis robado a un pobre negro indefenso.
Lo escondísteis, creyendo
que iba a bajar los ojos yo de la vergüenza.
¡Gracias!
¡Os lo agradezco!
Gentiles gentes, thank you!
Merci!
Merci bien!

Merci beaucoup!
Pero no . . . ¿Podéis creerlo? No.
Yo estoy limpio.
Brilla mi voz como un metal recién pulido.
Mirad mi escudo: tiene un baobab,[16]
tiene un rinoceronte y una lanza.
Yo soy también el nieto,
biznieto,
tataranieto de un esclavo.
(Que se avergüence el amo.)
¿Seré Yelofe?
¿Nicolás Yelofe acaso?
¿O Nicolás Bakongo?
¿Tal vez Guillén Banguila?
¿O Kumbá?
¿Quizá Guillén Kumbá?
¿O Kongué?
¿Pudiera ser Guillén Kongué?
¡Oh, quién lo sabe!
¡Qué enigma entre las aguas!

II

Siento la noche inmensa gravitar
sobre profundas bestias,
sobre inocentes almas castigadas;
pero también sobre voces en punta,
que despojan al cielo de sus soles,
los más duros,
para condecorar la sangre combatiente.
De algún país ardiente, perforado
por la gran flecha ecuatorial,
sé que vendrán lejanos primos,
remota angustia mía disparada en el viento;
sé que vendrán pedazos de mis venas,
sangre remota mía,
con duro pie aplastando las hierbas asustadas;
sé que vendrán hombres de vidas verdes,
remota selva mía,
con su dolor abierto en cruz y el pecho rojo
[en llamas.
Sin conocernos nos reconoceremos en el
[hambre,
en la tuberculosis y en la sífilis,
en el sudor comprado en bolsa negra,
en los fragmentos de cadenas
adheridos todavía a la piel;
sin conocernos nos reconoceremos

[15]*mandinga, congo, dahomeyano, bantú, yoruba:* referencia
a distintos países africanos de donde procedía un gran
número de los esclavos llevados a Cuba.

[16]*baobab:* árbol del África tropical.

en los ojos cargados de sueños
y hasta en los insultos como piedras
que nos escupen cada día
los cuadrumanos de la tinta y el papel.

   ¿Qué ha de importar entonces
(¡qué ha de importar ahora!)
¡ay! mi pequeño nombre
con sus catorce letras blancas?
¿Ni el mandinga, bantú,
yoruba, dahomeyano

nombre del triste abuelo ahogado
en tinta de notario?
¿Qué importa, amigos puros?
¡Oh, sí, puros amigos,
venid a ver mi nombre!
Mi nombre interminable,
hecho de interminables nombres;
el nombre, mío, ajeno,
libre y mío, ajeno y vuestro,
ajeno y libre como el aire.

(De *La paloma de vuelo popular, Elegías,* 1948)

Eugenio Florit

CUBA, 1903   Iniciado poéticamente en la zona más intelectual de la poesía pura, el primer libro importante de Eugenio Florit es *Trópico* (1930), reducción del mar y el campo cubanos a diseños de pura geometría verbal, y la contribución más importante de Hispanoamérica al neogongorismo de aquellos años. Pero su autor pronto discurre hacia una voluntad más libre y ambiciosa, más personal también, que cuaja en *Doble acento*, cuyo título anuncia la dual vertiente por donde fluye y que, muy simplificadamente, se corresponde con la antinómica disyuntiva entre poesía pura (las "Estrofas a una estatua," por ejemplo) y el superrealismo de sus "Nocturnos," con un eje vertebrador o de contención que podría situarse en el conocido "Martirio de San Sebastián."

El triunfo de la primera de estas dos direcciones informará todavía el espíritu del siguiente libro (*Reino*); y la mirada interior y la actitud contemplativa, camino ya del acendramiento religioso, *Cuatro poemas*. Por aquí comienza Florit a alejarse de sus primeras preocupaciones intelectuales y de los correlativos ideales de pureza para convertirse en un sereno poeta testimonial, documentador apacible de su estar en el mundo, evocador nostálgico de sus íntimas experiencias temporales, pero siempre sostenido por su fe y el apoyo trascendente que dan calor y paz a un tiempo a la expresión de sus estados emocionales. En esta nueva zona, el poeta puro cede su antiguo rigor esteticista al punto de no rechazar la palabra suelta, la reconstrucción anecdótica, el tono coloquial, el lenguaje concreto y fresco: *Niño de ayer*, *Conversación a mi padre*, *Asonante final*. Florit, en su trayectoria, resume ceñidamente la evolución general de la lírica en las últimas décadas. Su más reciente libro, *Hábito de esperanza* (*1936–1964*), confirma en sus composiciones más hondas y recientes la reconocida calidad elegíaca y limpiamente emocionada de su verso, que sellan con mayor fuerza esta etapa segunda y al parecer definitiva de su obra. [J.O.J.]

Temas generales

1. Relaciones de E.F. con el neogongorismo de 1927; examen de *Trópico*.
2. Su poesía pura como una forma de "regreso a la serenidad" después de la aventura vanguardista.
3. La poesía central de E.F. entre el rigor y la libertad. Análisis de *Doble acento*.
4. El poeta *testimonial* y su reflejo en el lenguaje poético.
5. El impulso trascendente y religioso desde su temprana aparición hasta las formas más definidas de los últimos años.
6. El pensamiento como centro de creación (reflexivo-emotivo) en la poesía de E.F. Comprobación de este juicio de Cintio Vitier.
7. Comparación entre los medios estilísticos del poeta *puro* y los del poeta testimonial.
8. El ajuste entre la particular evolución de E.F. y la general de la poesía española de los últimos tiempos.

Bibliografía

Obra poética

32 poemas breves, La Habana, 1927. *Trópico*, 1930. *Doble acento*, *1930–36* (pról. de Juan Ramón Jiménez), 1937. *Reino*, 1938. *Cuatro poemas*, 1940. *Poema mío*, *1920–1944*, México, 1947. *Conversación a mi padre*, La Habana, 1949. *Asonante final*, Bogotá, 1950. *Asonante final y otros poemas*, La Habana, 1955. *Antología poética* (1930–1955), pról. de Andrés Iduarte, México, 1956. *Hábito de esperanza*, Madrid, 1965.

Estudios

LIBROS ESPECIALES: Río, Angel del, "E.F. Vida y obra. Antología. Bibliografía," RHM, *VIII*, núm. 3, 1942. Pollin, Alice (ed.), *Concordancias de la obra de E.F.* (Estudio crítico de José Olivio Jiménez), New York, 1966.

LIBROS GENERALES: Fernández Retamar, Roberto, *La poesía cubana contemporánea*, La Habana, 1954. Jiménez, Juan Ramón, "E.F.," en *Españoles de tres mundos*, Buenos Aires, 1958. Marinello, Juan, "Verbo y alusión, "en *Poética. Ensayos en entusiasmo*, Madrid, 1933. Vitier, Cintio, *Cincuenta años de poesía cubana* (*1902–1952*), La Habana, 1952. Vitier, Cintio, *Lo cubano en la poesía*, Universidad Central de las Villas, Cuba, 1958.

ARTÍCULOS: A. de del Río, Amelia, Sobre E.F.: *Hábito de esperanza*, RHM, *XXXII*, núm. 1–2, 1966. Amado Blanco, Luis, Sobre E.F.: *Poema mío* (*1920–1944*), PrNY, 3 feb. 1952. Audino, Alberto, "Poetas y poesía . . . ¡ Por qué no E.F.:," Du HR, *V*, núm. 1, 1966. Ardura, Ernesto,

Sobre E.F.: *Poema mío*, RevCu, *XXII*, 1947. C.M., Sobre E.F.: *Cuatro poemas*, RevInd, jul. 1940. Díaz-Plaja, Guillermo, "3 poetas americanos." (Sobre E.F.: *Trópico*), GLit, 1 nov. 1930. Fernández de la Vega, Oscar, "E.F. y la evasión trascendente," Noverim, *II*, núm. 8, 1958. Fernández de la Vega, Oscar, Sobre E.F.: *Hábito de esperanza*, Insula, *XXI*, núm. 232, 1966. Figueroa, Esperanza, Sobre E.F.: *Asonante final y otros poemas*, ND, *XXXVII*, núm. 1, 1957. Giner de los Ríos, Francisco, Sobre E.F.: *Poema mío*, *1920–1944*, Occid, núm. 2, 1949. Gonthier, Denys A., "E.F.: El poeta de la soledad," CuH, *XXXII*, núm. 96, 1957. González, Manuel Pedro, Sobre E.F.: *Asonante final y otros poemas*, CCLC, núm. 21, 1956. Gullo, A., Sobre E.F.: *Trópico*, VL, *III*, núm. 28, feb. 1931. Jiménez, José Olivio, "Un momento definitivo en la poesía de E.F.," BACLH, *X*, núm. 3–4, 1961. Jiménez, José Olivio, "Hacia la poesía pura en Cuba," HispW, *XLV*, núm. 3, 1962. Jiménez, José Olivio, Sobre E.F.: *Hábito de esperanza*, PyH, núm. 34, 1965. Lazo, Raimundo, Sobre E.F.: *Cuatro poemas*, RevIb, *III*, núm. 5, 1941. Préndez Saldías, Carlos, Sobre E.F.: *Reino*, A, *LIV* [*XLIV*], 1938. Reyes, Alfonso, "Compás poético—IV: Soberbio juego" (Sobre E.F.: *Trópico*), Sur, *I*, núm. 1, 1931. Roggiano, Alfredo A., Sobre E.F.: *Antología poética*, RevIb, *XXIII*, núm. 46, 1958. Shuler, Esther Elise, "La poesía de E.F.," RevIb, *VIII*, 1944. Zardoya, Coucha, Sobre E.F.: *Hábito de esperanza*, Asom, *XXII*, núm. 2, 1966.

Campo

2

Eco y cristal vienen juntos
hasta la falda del monte.
Voz de escondido sinsonte
y de caudales presuntos
aprisionan en dos puntos
un silencio de mañana.
Eco gira por la vana
concreción de la maleza
y el cristal, ya río, empieza
a dividir su sabana.

7

Vi desde un pico de sierra
—con mi soledad estaba—
cómo el cielo se aprestaba
a caer sobre la tierra.
Nubes de color de guerra
con fuegos en las entrañas
hundían manos extrañas
en las ceibas corpulentas
y la brisa andaba a tientas
rodando por las montañas.

(De *Trópico*, 1930)

Mar

I

Tendrás el beso partido
por voluble tantas veces
como ya dentro floreces
en escamas. Encendido
más por el cielo caído
en regular geometría.
El alma tuya —tan fría—
no más, por el beso, muerta.
Alegre, al fin, a la cierta
siembra de luces del día.

4

Mar, con el oro metido
por decorar tus arenas;
ilusión de ser apenas
por dardos estremecido.
Viven en cálido nido
aves de tu luz, inquietas
por un juego de saetas
ilusionadas de cielo,
profundas en el desvelo
de llevar muertes secretas.

(De *Trópico*, 1930)

Estrofas a una estatua

Monumento ceñido
de un tiempo tan lejano de tu muerte.
Así te estás inmóvil a la orilla
de este sol que se fuga en mariposas.

Tú, estatua blanca, rosa de alabastro,
naciste para estar pura en la tierra
con un dosel de ramas olorosas
y la pupila ciega bajo el cielo.

No has de sentir cómo la luz se muere
sino por el color que en ti resbala
y el frío que se prende a tus rodillas
húmedas del silencio de la tarde.

Cuando en piedra moría la sonrisa
quebró sus alas la dorada abeja
y en el espacio eterno lleva el alma
con recuerdo de mieles y de bocas.

Ya tu perfecta geometría sabe
que es vano el aire y tímido el rocío;
y cómo viene el mar sobre esa arena
con el eco de tantos caracoles.

Beso de estrella, luz para tu frente
desnuda de memorias y de lágrimas;
qué firme superficie de alabastro
donde ya no se sueña.

Por la rama caída hasta tus hombros
bajó el canto de un pájaro a besarte.
Qué serena ilusión tienes, estatua,
de eternidad bajo la clara noche.

(De *Doble acento*, 1937)

Nocturno I

Para guardar un poco de esencia de misterio
vine desde muy lejos con mensajes de luz y mariposas de colores.
Y tú tienes el corazón hecho de risas y de fuego,
sin más inquietud que esa de despertar al alba
cuando aún está la noche prendida entre los árboles del río.

Se admirará la luz al ver tus ojos deslumbrados;
se admirarán los cielos al ver cómo respondes al color de una nube;
y habrá una admiración en cada risa que atraviesa mis horas
al mirar cuánta semilla de nuevos pensamientos
está escondida entre el polvo que cubre como un sudario los pequeños cadáveres de
[las hormigas.

Porque a tu felicidad de paloma en brazos de unos vientos sin rumbo;
a esa felicidad que se asoma entre la luz oscura de tus cabellos,
no le basta saber que el mundo se perdió una vez, y otra, y otra,
y se estará perdiendo siempre, gracias al porvenir que canta como loco sobre la punta
[roja de tus senos.

Ay, qué destino triste el de tantos arroyos sin ventura;
cómo se va dejando atrás el eco rubio de las primaveras;
y qué dolor de noches apagadas
éste de sentir que las cosas van hundiéndose con el ocaso de los días.

Por todo mi caudal llevo en las manos un puñado de sueños
que me duelen, me punzan, me atormentan y se me entran por el río caliente de
[las venas.
Cómo aprisionan los ensueños y las cadenas de los brazos ausentes
si por pensar en ellos dudo de abrir el río para que se desborde mi sangre enloquecida
y vaya junto al agua, y las escorias y las carnes podridas
a florecer allá lejos, entre las manos secas de los muertos.

No, no quiero que me estés mirando con esa cara de asombro.
Si no quiero que me salves de caer ahogado sobre este montón arisco de recuerdos
[de luna.
Déjame. Porque no tengo más amor dentro del pecho endurecido
que este amor a la tierra, o al mar, o a los vientos, o a las estrellas apagadas,
adonde iré cuando se pare el corazón y mis manos se caigan hacia el suelo para
[abrirse un pedazo de silencio.

(De *Doble acento*, 1937)

Martirio de San Sebastián

A mi hermano Ricardo

Sí, venid a mis brazos, palomitas de hierro,
palomitas de hierro, a mi vientre desnudo.
Qué dolor de caricias agudas.
Sí, venid a morderme la sangre,
a este pecho, a estas piernas, a la ardiente
[mejilla.
Venid, que ya os recibe el alma entre los labios.
Sí, para que tengáis nido de carne
y semillas de huesos ateridos;
para que hundáis el pico rojo
en el haz de mis músculos.
Venid a mis ojos, que puedan ver la luz;
a mis manos, que toquen forma imperecedera;
a mis oídos, que se abran a las aéreas músicas;
a mi boca, que guste las mieles infinitas;
a mi nariz, para el perfume de las eternas
[rosas.
Venid, sí, duros ángeles de fuego,
pequeños querubines de alas tensas.
Sí, venid a soltarme las amarras
para lanzarme al viaje sin orillas.
¡Ay! qué acero feliz, qué piadoso martirio.
¡Ay! punta de coral, águila, lirio
de estremecidos pétalos. Sí. Tengo
para vosotras, flechas, el corazón ardiente,
pulso de anhelo, sienes indefensas.

Venid, que está mi frente
ya limpia de metal para vuestra caricia.
Ya, qué río de tibias agujas celestiales.
Qué nieves me deslumbran el espíritu.
Venid. Una tan sólo de vosotras, palomas,
para que anide dentro de mi pecho
y me atraviese el alma con sus alas . . .
Señor, ya voy, por cauce de saetas.
Sólo una más, y quedaré dormido.
Este largo morir despedazado
cómo me ausenta del dolor. Ya apenas
el pico de estos buitres me lo siento.
Qué poco falta ya, Señor, para mirarte.

Y miraré con ojos que vencieron las flechas;
y escucharé tu voz con oídos eternos;
y al olor de tus rosas me estaré como en
[éxtasis;
y tocaré con manos que nutrieron estas fieras
[palomas;
y gustaré tus mieles con los labios del alma.
Ya voy, Señor. ¡Ay! qué sueño de soles,
qué camino de estrellas en mi sueño.
Ya sé que llega mi última paloma . . .
¡Ay! ¡Ya está bien, Señor, que te la llevo
hundida en un rincón de las entrañas!

(De *Doble acento*, 1937)

Momento de cielo

Y desde allí miró:
su cuerpo descansaba en sueño largo,
inútil con su sangre indiferente.
Pero desde la altura,
hermano de las nubes, asomado
a una esquina del cielo,
se veía en lo hondo aprisionado
al dolor, a la risa,
cuando con él ahora estaba
el azul-negro y la total ausencia.
¿Dónde aquella mirada?
¿Dónde la lágrima? ¿Dónde
el triste pensamiento?

Allí sí, abajo revolaban
dentro y sobre su cuerpo
los dardos con su punta,
los agudos cuchillos;
los deseos allí, con su pequeño
círculo de palabras y suspiros.
Pero los sueños, qué altos
ahora con él sobre las nubes,
asomado
a una esquina del cielo.
Ahora cerca del sol eterno,
cerca de Dios, cerca de nieves puras,
en la deslumbradora Presencia transformado.

No era mirar la altura
que estaba sobre él. Delicia era
de saberse más alto que el dolor,
puro sobre su cieno,

tranquilo ya sobre sus lágrimas,
grande sobre su amor de tierra,
firme sobre columna de aire y nubes.

Estar así, donde se juntan
los días y las noches.
Donde al pensar se encienden más estrellas.
Donde se sueña, y nace Dios.
Donde Dios ha nacido en nuestro sueño.
Alto, para estar libre.
Libre, solo y etéreo.
Cómo veía inútil
desde su altura el cuerpo.

Y qué color de rojos a sus pies,
de amarillo y violeta del ocaso,
de grises, de jirones áureos;
y después, a la ausencia momentánea
del sol para su cuerpo en tierra,
los azulados tintes y las sombras
como unos pensamientos oscuros de la luna.

Pero desde él, desde la altura,
la sombra de allá abajo parecía
un color que se muda entre dos puntos,
entre el ya y el aún: el impreciso
resbalar de la luz por la penumbra.

Sueño del sueño.
Su éxtasis de hombre junto al cielo,
a la entrada de Dios,
frente a la puerta libre y ancha
de su más noble pensamiento.

1940

(De *Cuatro poemas*, 1940)

La compañera

A Cintio Vitier

A veces se la encuentra
en mitad del camino de la vida
y ya todo está bien. No importa nada.
No importa el ruido, ni la ciudad, ni la
                       [máquina.
No te importa. La llevas de la mano
—compañera tan fiel como la muerte—
y así va con el tren como el paisaje,
en el aire de abril como la primavera,
como la mar junto a los pinos,
junto a la loma como está la palma,
o el chopo junto al río,
o aquellos arrayanes junto al agua.
No importa. Como todo lo que une
y completa. Junto a la sed el agua,

y al dolor, el olvido. El fuego con la fragua,
la flor y la hoja verde,
y el mar azul y la espuma blanca.
La niña pequeñita
con el brazo de amor que la llevaba,
y el ciego con su perro lazarillo,
y el Tormes junto a Salamanca.
Lo uno con lo otro tan cerrado
que se completa la mitad que falta.
Y el cielo con la tierra.
Y el cuerpo con el alma.
Y tú, por fin, para decirlo pronto,
mi soledad, en Dios transfigurada.

26 de setiembre de 1955

(De *Asonante final y otros poemas*, 1955)

Pensamientos en un día de sol

Es cierto que hay basura por las calles;
que las palomas, a pesar de ello o por lo mismo
—pobres animalitos— ensucian las estatuas
y hay que ponerles púas
para que se vayan a otra parte con la música de sus amores.
Cierto que esas mujeres con sus ceñidos pantalones
están pidiendo a gritos que las fusilen
por atentar contra el buen gusto y la elegancia y la decencia;
o que esos jovencitos con su absurdo peinado
y sus pelos rizados como unas mujerzuelas
van degradando en su figura el más noble atributo de ser hombres.
Cierto, sí, que dan ganas de gritar a veces
en el subway, o en las aceras, o al asomarse a las ventanas
y ver todo lo triste y pegajoso y negro de la vida.
Cierto, sí, que la muerte más innoble nos acecha
y la estamos mirando en las páginas de los diarios
junto a la desvergüenza de una artista de cine
y al capricho de un señorito millonario.
Cierto que muchas veces le dan ganas a uno
de irse bien lejos, a una playa tranquila,
a un pueblecito solitario, a un alto monte
para perder de vista lo vulgar y lo feo.
Cierto que . . . sí; pero a pesar de todo,
pero como la luz cae desde Dios,
y hace lo verde de las hojas nuevas,
y el azul de la fuente, o el del mar,
y el amarillo puro de la flor;

como que frente a mí, bajo el estrépito
del tren, alguien que lee se sonríe,
y levanta los ojos, y los cierra, y medita;
como que esta pareja va unida de las manos
y en inocencia y dignidad camina,
y como el aire está lleno de un oro plácido
en el bullir de nueva primavera,
y se tiene a la mano un pensamiento
claro, y un buen recuerdo,
y un deseo de ir hacia adelante
y de ver si es posible que, por el pensamiento,
vayamos todos, cada uno a su modo,
embelleciendo un poco nuestro rincón de vida;
como que nos conformamos con todo lo demás,
y, en fin, que damos gracias a Dios
porque este mayo nos ha dejado ver otra vez la primavera.

1961

(De *Hábito de esperanza,* 1965)

El caminante

El hombre aquel, con su dolor al cuello,
pasaba junto a mí. Yo le veía
la ausencia, el desear, como de lejos;
y sin mirar ni el tren ni las estrellas.
Solo metido el hombre en su silencio
con sonrisa, no más, de haber perdido
la sombra que acompaña; de haber vuelto
en largo viaje al reino del olvido.

Y vi también al hombre solitario
—qué bien le vi cuando pasaba cerca—
cómo, cuando a la vista de unos ojos
cayó la piedra del dolor al suelo,
miró la luz que aparecía trémula
de su salir al filo de la noche,
y se alzó como un árbol en abril
con el hábito ya de su esperanza.

19 de mayo de 1964

(De *Hábito de esperanza,* 1965)

Xavier Villaurrutia

MÉXICO, 1903–1950   Como "juego difícil, de inteligencia e ironía" definió Xavier Villaurrutia la poesía, allá por 1927, cuando se imponía a la entonces joven generación de Hispanoamérica la superación de la misma estridencia vanguardista que ella había provocado. Esto no obsta, sin embargo, para que en su primera salida, *Reflejos*, se deslizaran rasgos y composiciones de ese tono, algunas de las cuales se incluyen como muestra en la sección correspondiente al vanguardismo en esta antología. Pero en lo mejor y más depurado de aquella entrega Villaurrutia se revelaba ya como un poeta fino y equilibrado, riguroso, de discretísima y cuidada dicción, mostrando en ello pasajeras afinidades con el ideal de poesía pura de esos años.

Porque, en efecto, duró poco esa voluntad en el poeta, al menos en su preocupación estilizadora más extrema. Ocurrió lo natural; dejándose arrastrar por el inaplazable sentimiento de la angustia en su dimensión más aguda de ignorancia, inestabilidad y ansiedad ante lo desconocido, desembocó en una poesía donde emoción y dominio intelectual se unían sabiamente en el mejor libro del autor: *Nostalgia de la muerte*. La emoción daba calor humano a los temas elegidos y presidía aun la selección de ellos, que eran los fundamentales del hombre existente; la inteligencia, refractándose en aquella emoción, descomponía esos mismos temas en matiza-

ciones muy precisas: la muerte como prueba de la existencia, el recuerdo vago de una patria prenatal que no es sino la muerte misma, el valor de la conquista en cada sér viviente de su muerte propia, la duda ontológica de la realidad, el desdoblamiento del yo, la conciencia de la vida como sueño y de la muerte como verdadero despertar. Variaciones sobre un mismo tema: en conjunto, una resumida antología temática en torno al problema del existir y de la única realidad cierta que es la muerte. Metafísica, pero no demasiado; en todo caso, metafísica de la existencia, la única posible para el hombre de hoy, y de la cual Villaurrutia se hacía portavoz una vez más.

Al final de su obra, desbordamiento poético más libremente emocional, y esto en los contenidos mismos que exhibirán una inmediatez humana más cálida y evidente. *Canto a la primavera y otros poemas*, su último cuaderno, se centra en el motivo del amor, que aun entonces aparecerá trascendido, nunca como mera anécdota sentimental. Y aun tendrá tiempo de ofrecernos, en el "Soneto del temor a Dios," la vislumbre de una fuerza trascendente nominal y conscientemente asumida. La órbita de Villaurrutia resume, en términos de estricta poesía, el ciclo común a otros líricos hispanoamericanos de su generación: de la pureza al testimonio existencial y trascendente.

Temas generales

esencial del poeta.

5. Relaciones literarias de X.V.: Sor Juana Inés de la Cruz, Ramón López Velarde, Juan Ramón Jiménez, Rilke, etc. Otras influencias contemporáneas.

6. La acción personal de este poeta en el grupo de los "Contemporáneos."

Bibliografía

Obra poética

Primeros poemas, en el libro antológico, *Ocho poetas*, México, 1923. *Reflejos*, 1926. *Nocturnos*, 1933. *Nostalgia de la muerte*, 1938; 2da. edición aumentada y definitiva, 1946. *Décima muerte y otros poemas no coleccionados*, 1941. *Canto a la primavera y otros poemas*, 1948. *Poesía y teatro completos*, pról. de Alí Chumacero, 1953. *Obras: Poesía; Teatro; Prosas varias; Crítica* [Bibliografía de X.V. por Luis Mario Schneider], 1966.

Estudios

LIBROS ESPECIALES: Xirau, Ramón, *Tres poetas de la soledad* (J. Gorostiza, X.V., y Octavio Paz), México, 1955.

LIBROS GENERALES: Colín, Eduardo, "X.V., poeta," en *Rasgos*, México, 1934. Dauster, Frank, *Ensayos sobre poesía mexicana. Asedio a los "Contemporáneos,"* México, 1963. Ezcurdia, Manuel, *La aparición del grupo "Contemporáneos" en la poesía y la crítica mexicanas: 1920–1931*, Tesis de la Universidad de California, Berkeley, 1963–1964. Forster, Merlin H., *Los contemporáneos. 1920–1932. Perfil de un experimento vanguardista mexicano*, México, 1964. López, Alberto R., "La poesía de X.V.," en *Memoria del Segundo Congreso Internacional de Catedráticos de Literatura Iberoamericana*, Los Angeles, 1940. Reyes Nevárez, Salvador, "La poesía amorosa de X.V.," en *El amor y la amistad en el mexicano*, México, 1952. Torres Bodet, Jaime, *Contemporáneos: Notas de crítica*, México, 1928. Torres Ríoseco, Arturo, "X.V. (1903–1950)," en *Ensayos sobre literatura latinoamericana*, Berkeley, Cal.– México, 1953.

ARTÍCULOS: Abreu Gómez, Ermilo, Sobre *Nostalgia de la muerte* de X.V., Ru, núm. 2, 1939. Abreu Gómez, Ermilo, "X.V.," Orig. *VIII*, núm. 27, 1951. Alvarado, José, "El poeta X.V.," Nacion, 7 ene. 1951. Bellini, Giuseppe, "La poesía de X.V.," LM, *X*, 1960. Canton, W.L., "*Bajo el signo de la muerte* (sobre la poesía de X.V.)," LetrasM, *III*, núm. 11, 1941. Cardona Peña, Alfredo, "X.V.," CultES, núm. 6, 1955. Cuesta, Jorge, "X.V.," Roman, 1 jul. 1940. Charry Lara, Fernando, "La poesía nocturna de X.V.," Tiem, 7 ene. 1951. Dauster, Frank, "La poesía de X.V.," RevIb, *XVIII*, núm. 36, 1953. Granados, Gabriel, "X.V.," BBNM, *II*, 1951. Jiménez Rueda, Julio, "X.V.," RepAm, 15 mayo 1951. Lazo, Agustín, "Presencia de Villaurrutia," RGuat, núm. 1, 1951. Leiva, Raúl, "X.V.," PyH, núm. 7, 1958. Martínez, José Luis, "Con X.V.," TN, *I*, núm. 2, 1940. Nandino, Elías, "La poesía de X.V.," SuG, núm. 1, 1953. Nugent, Robert, "Villaurrutia and Baudelaire," HispW, *XLIII*, 1960. Owen, Gilberto, Sobre X.V.: *Invitación a la muerte*, HP, *IV*, 1944. Paz, Octavio, "Cultura de la muerte," Sur, *VIII*, núm. 47, 1938; LetrasM, núm. 33, 1938. Torres Ríoseco, Arturo, "Tres poetas mexicanos" (sobre Salvador Novo, X.V., y Elías Nandino), RevIb, *I*, núm. 1, 1939. Usigli, Rodolfo, "Estética de la muerte," HP, *XIII*, 1946. Xirau, Ramón, "Presencia de una ausencia," VUM, *VI*, núm. 281, 1956.

Calles

Caminar bajo la rendija azul,
¡tan alta!
Caminar sin que los espejos
me pongan enfrente,
¡tan parecido a mí!

Callando, aunque el silencio
alargue la calle endurecida.
Caminar sin que el eco
grabe el oculto disco de mi voz.

Al mediodía, al mediodía
siempre, para no ir delante de mí,
y para no seguirme
y no andar a mis pies.

Deprisa, dejando atrás la compañía
eterna, hasta quedarme solo,
solo, sin soledad.

(De Reflejos, 1926)

Nocturno miedo

Todo en la noche vive una duda secreta:
el silencio y el ruido, el tiempo y el lugar.
Inmóviles dormidos o despiertos sonámbulos
nada podemos contra la secreta ansiedad.

Y no basta cerrar los ojos en la sombra
ni hundirnos en el sueño para ya no mirar,
porque en la dura sombra y en la gruta del sueño
la misma luz nocturna nos vuelve a desvelar.

Entonces, con el paso de un dormido despierto,
sin rumbo y sin objeto nos echamos a andar.
La noche vierte sobre nosotros su misterio,
y algo nos dice que morir es despertar.

¿Y quién entre las sombras de una calle desierta,
en el muro, lívido espejo de soledad,
no se ha visto pasar o venir a su encuentro
y no ha sentido miedo, angustia, duda mortal?

El miedo de no ser sino un cuerpo vacío
que alguien, yo mismo o cualquier otro, puede ocupar,
y la angustia de verse fuera de sí, viviendo,
y la duda de ser o no ser realidad.

(De Nostalgia de la muerte, 1938; 1946)

Nocturno grito

Tengo miedo de mi voz
y busco mi sombra en vano.

¿Será mía aquella sombra
sin cuerpo que va pasando?
¿Y mía la voz perdida
que va la calle incendiando?

¿Qué voz, qué sombra, qué sueño
despierto que no he soñado
serán la voz y la sombra
y el sueño que me han robado?

Para oir brotar la sangre
de mi corazón cerrado
¿pondré la oreja en mi pecho
como en el pulso la mano?

Mi pecho estará vacío
y yo descorazonado
y serán mis manos duras
pulsos de mármol helado.

(De Nostalgia de la muerte, 1938; 1946)

Nocturno de la estatua

Soñar, soñar la noche, la calle, la escalera
y el grito de la estatua desdoblando la esquina.
Correr hacia la estatua y encontrar sólo el
                                              [grito,
querer tocar el grito y sólo hallar el eco,
querer asir el eco y encontrar sólo el muro
y correr hacia el muro y tocar un espejo.

Hallar en el espejo la estatua asesinada,
sacarla de la sangre de su sombra,
vestirla en un cerrar de ojos,
acariciarla como a una hermana imprevista
y jugar con las fichas de sus dedos
y contar a su oreja cien veces cien cien veces
hasta oírla decir: "estoy muerta de sueño."

(De *Nostalgia de la muerte*, 1938; 1946)

Nocturno rosa

También yo hablo de la rosa.
Pero mi rosa no es la rosa fría
ni la de piel de niño.
ni la rosa que gira
tan lentamente que su movimiento
es una misteriosa forma de la quietud.

No es la rosa sedienta,
ni la sangrante llaga,
ni la rosa coronada de espinas,
ni la rosa de la resurrección.

No es la rosa de pétalos desnudos,
ni la rosa encerada,
ni la llama de seda,
ni tampoco la rosa llamarada.

No es la rosa veleta,
ni la úlcera secreta,
ni la rosa puntual que da la hora,
ni la brújula rosa marinera.

No, no es la rosa rosa
sino la rosa increada,
la sumergida rosa,
la nocturna, la rosa inmaterial,
la rosa hueca.

Es la rosa del tacto en las tinieblas,
es la rosa que avanza enardecida,
la rosa de rosadas uñas,
la rosa yema de los dedos ávidos,
la rosa digital,
la rosa ciega.

Es la rosa moldura del oído,
la rosa oreja,
la espiral del ruído,
la rosa concha siempre abandonada
en la más alta espuma de la almohada.

Es la rosa encarnada de la boca,
la rosa que habla despierta
como si estuviera dormida.
Es la rosa entreabierta
de la que mana sombra,
la rosa entraña
que se pliega y expande
evocada, invocada, abocada,
es la rosa labial,
la rosa herida.

Es la rosa que abre los párpados,
la rosa vigilante, desvelada,
la rosa del insomnio desojada.

Es la rosa del humo,
la rosa de ceniza,
la negra rosa de carbón diamante
que silenciosa horada las tinieblas
y no ocupa lugar en el espacio.

(De *Nostalgia de la muerte*, 1938; 1946)

Décima muerte

I

¡Qué prueba de la existencia
habrá mayor que la suerte
de estar viviendo sin verte
y muriendo en tu presencia!
Esta lúcida conciencia
de amar a lo nunca visto
y de esperar lo imprevisto;
este caer sin llegar
es la angustia de pensar
que puesto que muero existo.

II

Si en todas partes estás,
en el agua y en la tierra,
en el aire que me encierra
y en el incendio voraz;
y si a todas partes vas
conmigo en el pensamiento,
en el soplo de mi aliento
y en mi sangre confundida,
¿no serás, Muerte, en mi vida,
agua, fuego, polvo y viento?

III

Si tienes manos, que sean
de un tacto sutil y blando
apenas sensible cuando
anestesiado me crean;
y que tus ojos me vean
sin mirarme, de tal suerte
que nada me desconcierte
ni tu vista ni tu roce,
para no sentir un goce
ni un dolor contigo, Muerte.

IV

Por caminos ignorados,
por hendiduras secretas,
por las misteriosas vetas
de troncos recién cortados,
te ven mis ojos cerrados
entrar en mi alcoba oscura
a convertir mi envoltura
opaca, febril, cambiante,
en materia de diamante
luminosa, eterna y pura.

V

No duermo para que al verte
llegar lenta y apagada,
para que al oír pausada
tu voz que silencios vierte,
para que al tocar la nada
que envuelve tu cuerpo yerto,
para que a tu olor desierto
pueda, sin sombra de sueño,
saber que de ti me adueño,
sentir que muero despierto.

VI

La aguja del instantero
recorrerá su cuadrante,
todo cabrá en un instante
del espacio verdadero
que, ancho, profundo y señero,
será elástico a tu paso
de modo que el tiempo cierto
prolongará nuestro abrazo
y será posible acaso
vivir aun después de muerto.

VII

En el roce, en el contacto,
en la inefable delicia
de la suprema caricia
que desemboca en el acto,
hay el misterioso pacto
del espasmo delirante
en que un cielo alucinante
y un infierno de agonía
se funden cuando eres mía
y soy tuyo en un instante.

VIII

¡Hasta en la ausencia estás viva!
Porque te encuentro en el hueco
de una forma y en el eco
de una nota fugitiva;
porque en mi propia saliva
fundes tu sabor sombrío,
y a cambio de lo que es mío
me dejas sólo el temor
de hallar hasta en el sabor
la presencia del vacío.

IX

Si te llevo en mí prendida
y te acaricio y te escondo;
si te alimento en el fondo
de mi más secreta herida;
si mi muerte te da vida
y goce mi frenesí,
¿qué será, Muerte, de ti
cuando al salir yo del mundo,
deshecho el nudo profundo
tengas que salir de mí?

X

En vano amenazas, Muerte,
cerrar la boca a mi herida
y poner fin a mi vida
con una palabra inerte.
¡Qué puedo pensar al verte,
si en mi angustia verdadera
tuve que violar la espera;
si en vista de tu tardanza
para llenar mi esperanza
no hay hora en que yo no muera!

(De *Décima muerte y otros poemas*, 1941)

Nuestro amor

Si nuestro amor no fuera,
al tiempo que un secreto,
un tormento, una duda,
una interrogación;

si no fuera una larga
espera interminable,
un vacío en el pecho
donde el corazón llama
como un puño cerrado
a una puerta impasible;

si nuestro amor no fuera
el sueño doloroso
en que vives sin mí,
dentro de mí, una vida
que me llena de espanto;

si no fuera un desvelo,
un grito iluminado
en la noche profunda;

si nuestro amor no fuera
como un hilo tendido
en que vamos los dos
sin red sobre el vacío;

si tus palabras fueran
sólo palabras para
nombrar con ellas cosas
tuyas, no más, y mías;

si no resucitaran,
si no evocaran trágicas
distancias y rencores
traspuestos y olvidados;

si tu mirada fuera
siempre la que un instante
—¡pero qué instante eterno!—
es tu más honda entrega;

si tus besos no fueran
sino para mis labios
trémulos y sumisos;
si tu lenta saliva
no fundiera en mi boca
su sabor infinito;

si juntos nuestros labios
desnudos como cuerpos,
y nuestros cuerpos juntos
como labios desnudos
no formaran un cuerpo
y una respiración,
¡no fuera amor el nuestro,
no fuera nuestro amor!

(De *Canto a la primavera y otros poemas*, 1948)

Soneto del temor a Dios

Este miedo de verte cara a cara,
de oír el timbre de tu voz radiante
y de aspirar la emanación fragante
de tu cuerpo intangible, nos separa.

¡Cómo dejaste que desembarcara
en otra orilla, de tu amor distante!
Atado estoy, inmóvil navegante,
¡y el río de la angustia no se pára!

Y no sé para qué tendiendo redes
con palabras pretendo aprisionarte,
si, a medida que avanzan, retrocedes.

Es inútil mi fiebre de alcanzarte,
mientras tú mismo, que todo lo puedes,
no vengas en mis redes a enredarte.

(Publicado póstumamente en la revista *Prometeus*,
segunda época, núm. I, diciembre 1951)

Pablo Neruda

CHILE, 1904   Hay un hecho en la vida de Pablo Neruda que habrá de influir poderosamente en toda su obra: la infancia en Temuco, solo frente a la noche y el mar inmenso; cerca de la lluvia, la tierra y el viento; junto a las piedras y los árboles. La presencia del gran océano y de la naturaleza en general es uno de los rasgos más salientes de su poesía; quizá el más fuerte. Hay también el amor, que surge sentimental en *Veinte poemas de amor y una canción desesperada*, libro de gran unidad temática y estilística, uno de los que mayor influencia han ejercido en nuestra América, sobre todo en los años siguientes a su aparición en 1924. Es el primero que dio fama internacional a Neruda y cuyas ediciones se repiten de modo casi constante. El Neruda esencial—y estamos por decir que hay diversos Nerudas esenciales— va a presentarse más tarde con la publicación de las "Residencias" (primera y segunda) en las que hallamos un desequilibrio del lenguaje y la intensificación de la angustia que se había dejado ver en parte de su obra anterior. Ese desequilibrio léxico y la visión caótica del mundo, de tono y carácter superrealistas, son el reflejo del desasosiego espiritual que ahora siente el poeta. (Y es de anotarse aquí la gran influencia que este aspecto de la obra de Neruda tuvo en la poesía general de habla castellana de ambas orillas del Atlántico.) "Nadie en Hispanoamérica," ha dicho Concha Meléndez, "se expresó antes con igual pasión, más heridamente." Luego vendrá la *Tercera residencia* y con ella el cambio ideológico-político de Neruda que desde 1936 va a militar en el partido comunista.

Como la obra de Neruda está en constante "hacerse" no podemos adivinar cuál ha de ser su nueva dirección. Bástenos, provisionalmente, con señalar tres momentos importantes en ella. Primero, la publicación en 1950 de *Canto general*, de indudable resonancia dentro del conjunto de la obra nerudiana y, además, en el panorama de la poesía contemporánea. Es, a pesar de sus grandes caídas, el esfuerzo poético mayor y una de las realizaciones más cumplidas que se hayan hecho en lo que va de siglo. Aparte de la condición partidista del libro y dejando de lado la parte política y de combate y sus largas tiradas polémicas, lo más débil del mismo, este *Canto general* impresiona porque nos hace ver la enorme capacidad de Neruda para describir, a su modo originalísimo, la naturaleza. Aquí es donde la poesía de Neruda parece moverse con mayor libertad y conseguir sus más auténticos acentos. El segundo de los momentos antes indicados lo señala la serie de las *Odas elementales*, en las que el acento del poeta adquiere una más contenida intensidad, y los temas se ofrecen en una visión detallada y cariñosa de esa misma realidad natural. Y, por último, la publicación del *Estravagario*—uno de los libros que, según propia confesión, más complacen a su autor—abre otro horizonte de misteriosa belleza y ambientes irreales y coloca su obra entre las de los más puros líricos de nuestro idioma. Recientemente ha aparecido otra serie de volúmenes de poesía de Neruda bajo el nombre de *Memorial de Isla Negra*, una suerte de variada autobiografía lírica en la que se recrean con mayor serenidad—a la distancia de una reflexiva madurez—todos los motivos de la experiencia humana y artística del poeta, desde el amor y las evocaciones autobiograficas hasta la concreta denuncia social y política.

Temas generales

1. Los primeros libros de P.N. Influencias modernistas y posmodernistas que revelan.
2. Presencia del tema del amor en la obra de P.N., desde el *Crepusculario* y los *Veinte poemas* hasta *Estravagario* y *Memorial de Isla Negra*.
3. P.N., representante del superrealismo. La visión caótica y fragmentaria del mundo en *Residencia en la tierra* (I y II).
4. América (geografía, historia, gentes, paisajes, etc.) en el conjunto de la obra lírica de P.N.
5. Estudio particular del *Canto general*. Temas y formas más evidentes en este libro: historia, geografía, denuncia política, lirismo.

6. La "conversión" política y poética de P.N.: importancia de la *Tercera residencia*.
7. Chile en la poesía de P.N.
8. Las *Odas elementales* como manifestación de una nueva visión de P.N. Los hombres y las cosas según se nos aparecen en estos libros.
9. Aspectos puramente líricos de la obra de P.N. Su incorporación más lograda en los poemas de *Estravagario*.
10. Examen de la evolución de los medios estilísticos a lo largo de la poesía de P.N.
11. El sentimiento trascendente o metafísico en P.N.: su evolución y su manifestación lírica.

Bibliografía

Obra poética

La canción de la fiesta, Santiago de Chile, 1921. *Crespusculario*, 1923. *Veinte poemas de amor y una canción desesperada*, 1924. *Tentativa del hombre infinito*, 1925. *El hondero estudiasta*, 1933. *Residencia en la tierra* (1925–1931), 1933. *Residencia en la tierra* (1925–1935), Madrid, 1935. *España en el corazón*, Santiago de Chile, 1937. *Tercera residencia*, Buenos Aires, 1947. *Canto general*, México, 1950. *Los versos del capitán*, Nápoles, 1952. *Odas elementales*, Buenos Aires, 1954. *Las uvas y el viento*, Santiago de Chile, 1954. *Nuevas odas elementales*, Buenos Aires, 1955. *Tercer libro de odas*, 1957. *Estravagario*, 1958. *Cien sonetos de amor*, 1959. *Navegaciones y regresos*, 1959. *Canciones de gesta*, La Habana, 1960. *Las piedras de Chile*, 1961. *Cantos ceremoniales*, 1961. *Plenos poderes*, 1962. *Memorial de Isla Negra* (5 vols.: I. *Donde nace la lluvia*; II. *La luna en el laberinto;* III. *El fuego cruel;* IV. *El cazador de raíces;* V. *Sonata crítica*), 1964. *Una casa en la arena*, 1967.

Estudios

LIBROS ESPECIALES: Aguirre, Margarita, *Genio y figura de P.N.*, Buenos Aires, 1964. Alazraki, Jaime, *Poesía y poética de P.N.*, New York, 1965 (contiene abundante bibliografía). Aldunate Phillips, Arturo, *El nuevo arte poético y P.N.*, Santiago de Chile, 1936. Alonso, Amado, *Poesía y estilo de P.N.: interpretación de una poesía hermética*, Buenos Aires (3ª edición), 1966. Cardona Peña, Alfredo, *P.N. y otros ensayos*, México, 1959. Lellis, Mario Jorge de, *P.N.*, Buenos Aires, 1959. Paseyro, Ricardo, Arturo Torres Ríoseco y Juan Ramón Jiménez, *Mito y verdad de P.N.*, México,

1958. Rodríguez Monegal, E., *El viajero inmóvil: introducción a P.N.*, Buenos Aires, 1966 [contiene bibliografía]. Rokha, Pablo de, *Neruda y yo*, Santiago de Chile, 1955. Rivas, Mario, *Exégesis del poema "Alturas de Macchu Pichu,"* Santiago de Chile, 1955. Salama, Roberto, *Para una crítica de P.N.*, Buenos Aires, 1957. Silva Castro, Raúl, *P.N.*, Santiago de Chile, 1964.

LIBROS GENERALES: Alone (Hernán Díaz Arrieta), *Los cuatro grandes de la literatura chilena*, Santiago de Chile, 1963. Gómez de la Serna, Ramón, *Nuevos retratos contemporáneos*, Buenos Aires, 1945. Jiménez, Juan Ramón, "P.N." en *Españoles de tres mundos*, Buenos Aires, 1958. Pérez, Galo René, *Cinco rostros de la poesía* (M. Hernández, F. García Lorca, C. Vallejo, P. Barba Jacob y P.N.), Quito, 1960. Sánchez, Luis Alberto, "P.N.," en *Escritores representativos de América*, 2da. serie, tomo III, Madrid, 1964.

ARTÍCULOS: Alegría, Fernando, "P.N.," BRB, *I*, núm. 2, 1957. Blanco-Fombona, Rufino, "P.N.," SAJ, *CXLV*, núm. 18, 1949. Concha, Jaime, "Interpretación de *Residencia en la tierra*," MapCh, *I*, núm. 2, 1963. Escudero, Alfonso, "Fuentes para el conocimiento de Neruda," MapCh, *II*, núm. 3, 1964. García Abrines, Luis, "La forma en la última poesía de Neruda," RHM, *XXV*, núm. 4, 1959. García, Pablo, "La poética de P.N.," A, *CXII*, 1953. Hamilton, Carlos, "Itinerario de P.N.," RHM, *XXII*, núm. 3-4, 1956. Manauta, Juan José, "*Canto general*, culminación del tema del hombre en la poesía de P.N.," CuCu, oct. 1952. Meléndez, Concha, "P.N. en su extremo imperio," RHM, *III*, núm. 1, 1936. Mistral, Gabriela, "Recado sobre P.N.," RepAm, 23 abr. 1936. Murena, H.A., "A propósito del *Canto general* de P.N.," Sur, núm. 198, 1951. Navas-Ruiz, Ricardo, "Neruda y Guillén: un caso de relaciones literarias," RevIb, *XXXI*, núm. 60, 1965. Loyola, Hernán, "Suma bibliográfica de la obra nerudiana," MapCh, *III*, núm. 9, 1965. Lozada, Alfredo, "*Residencia en la tierra*: algunas correciones," RHM, *XXX*, núm. 2, 1964. Lozada, Alfredo, "Estilo y poesía de P.N.: Examen de la interpretación de Amado Alonso de la *Residencia en la tierra*," PMLA, *LXXIX*, núm. 5, 1964. Peers, Allison, "Obra poética de P.N.,"

BSS, *XXXV*, núm. 102, 1949. Polt, John H.R., "Elementos gongorinos en 'El gran océano' de P.N.," RHM, *XXVII*, núm. 1, 1961. Rojas, Manuel, "Apunte sobre el sentimiento de soledad en la poesía de P.N.," CuA, *XXIV*, núm. 1, 1965. Tamayo Vargas, Augusto, "Tres poetas de América: C. Vallejo, P.N. y Nicolás Guillén," MP, *XXXIX*, núm. 377, 1958. Valbuena Briones, Angel, "La aventura poética de P.N.," CuA, *XX*, 1961. Yurkievich, Saúl, "Realidad y poesía: Huidobro, Vallejo y Neruda," Hu, núm. 35, 1960.

Farewell

1

Desde el fondo de ti, y arrodillado,
un niño triste, como yo, nos mira.

Por esa vida que arderá en sus venas
tendrían que amarrarse nuestras vidas.

Por esas manos, hijas de tus manos,
tendrían que matar las manos mías.

Por sus ojos abiertos en la tierra
veré en los tuyos lágrimas un día.

2

Yo no lo quiero, Amada.

Para que nada nos amarre
que no nos una nada.

Ni la palabra que aromó tu boca,
ni lo que no dijeron tus palabras.

Ni la fiesta de amor que no tuvimos
ni tus sollozos junto a la ventana.

3

(Amo el amor de los marineros
que besan y se van.

Dejan una promesa.
No vuelven nunca más.

En cada puerto una mujer espera,
los marineros besan y se van.

Una noche se acuestan con la muerte
en el lecho del mar).

4

Amo el amor que se reparte
en besos, lecho y pan.

Amor que puede ser eterno
y puede ser fugaz.

Amor que quiere libertarse
para volver a amar.

Amor divinizado que se acerca.
Amor divinizado que se va.

5

Ya no se encantarán mis ojos en tus ojos,
ya no se endulzará junto a ti mi dolor.

Pero hacia donde vaya llevaré tu mirada
y hacia donde camines llevarás mi dolor.

Fui tuyo, fuiste mía. Qué más? Juntos hicimos
un recodo en la ruta donde el amor pasó.

Fui tuyo, fuiste mía. Tú serás del que te ame,
del que corte en tu huerto lo que he sembrado
[yo.

Yo me voy. Estoy triste; pero siempre estoy
[triste.
Vengo desde tus brazos. No sé hacia dónde
[voy.

. . . Desde tu corazón me dice adiós un niño.
Y yo le digo adiós.

(De *Crepusculario*, 1923)

Poema 20

Puedo escribir los versos más tristes esta noche.

Escribir, por ejemplo: «La noche está estrellada,
y tiritan, azules, los astros, a lo lejos.»

El viento de la noche gira en el cielo y canta.

Puedo escribir los versos más tristes esta noche.
Yo la quise, y a veces ella también me quiso.

En las noches como ésta la tuve entre mis brazos.
La besé tantas veces bajo el cielo infinito.

Ella me quiso, a veces yo también la quería.
¡Cómo no haber amado sus grandes ojos fijos!

Puedo escribir los versos más tristes esta noche.
Pensar que no la tengo. Sentir que la he perdido.

Oír la noche inmensa, más inmensa sin ella.
Y el verso cae al alma como al pasto el rocío.

¡Qué importa que mi amor no pudiera guardarla!
La noche está estrellada y ella no está conmigo.

Eso es todo. A lo lejos alguien canta. A lo lejos.
Mi alma no se contenta con haberla perdido.

Como para acercarla mi mirada la busca.
Mi corazón la busca, y ella no está conmigo.

La misma noche que hace blanquear los mismos árboles.
Nosotros, los de entonces, ya no somos los mismos.

Ya no la quiero, es cierto, pero cuánto la quise.
Mi voz buscaba al viento para tocar su oído.

De otro. Será de otro. Como antes de mis besos.
Su voz, su cuerpo claro. Sus ojos infinitos.

Ya no la quiero, es cierto, pero tal vez la quiero.
Es tan corto el amor, y es tan largo el olvido.

Porque en noches como ésta la tuve entre mis brazos,
mi alma no se contenta con haberla perdido.

Aunque éste sea el último dolor que ella me causa,
y éstos sean los últimos versos que yo le escribo.

(De *Veinte poemas de amor y una canción desesperada*, 1924)

Arte poética

Entre sombra y espacio, entre guarniciones y doncellas,
dotado de corazón singular y sueños funestos,
precipitadamente pálido, marchito en la frente,
y con luto de viudo furioso por cada día de mi vida,

ay, para cada agua invisible que bebo soñolientamente
y de todo sonido que acojo temblando,
tengo la misma sed ausente y la misma fiebre fría,
un oído que nace, una angustia indirecta,
como si llegaran ladrones o fantasmas,
y en una cáscara de extensión fija y profunda,
como un camarero humillado, como una campana un poco ronca,
como un espejo viejo, como un olor de casa sola
en la que los huéspedes entran de noche perdidamente ebrios,
y hay un olor de ropa tirada al suelo, y una ausencia de flores,
—posiblemente de otro modo aún menos melancólico—,
pero, la verdad, de pronto, el viento azota mi pecho,
las noches de sustancia infinita caídas en mi dormitorio,
el ruido de un día que arde con sacrifício
me piden lo profético que hay en mí, con melancolía
y un golpe de objetos que llaman sin ser respondidos
hay, y un movimiento sin tregua, y un nombre confuso.

(De *Residencia en la tierra* [I, 1925-1931], 1935)

No hay olvido (Sonata)

Si me preguntáis en dónde he estado
debo decir "Sucede."
Debo de hablar del suelo que oscurecen las piedras,
del río que durando se destruye:
no sé sino las cosas que los pájaros pierden,
el mar dejado atrás, o mi hermana llorando.
Por qué tantas regiones, por qué un día
se junta con un día? Por qué una negra noche
se acumula en la boca? Por qué muertos?

Si me preguntáis de dónde vengo, tengo que conversar con cosas
[rotas,
con utensilios demasiado amargos,
con grandes bestias a menudo podridas
y con mi acongojado corazón.

No son recuerdos los que se han cruzado
ni es la paloma amarillenta que duerme en el olvido,
sino caras con lágrimas,
dedos en la garganta,
y lo que se desploma de las hojas:
la oscuridad de un día transcurrido,
de un día alimentado con nuestra triste sangre.

He aquí violetas, golondrinas,
todo cuanto nos gusta y aparece
en las dulces tarjetas de larga cola
por donde se pasean el tiempo y la dulzura.

Pero no penetremos más allá de esos dientes,
no mordamos las cáscaras que el silencio acumula,
porque no sé qué contestar:
hay tantos muertos,
y tantos malecones que el sol rojo partía,
y tantas cabezas que golpean los buques,
y tantas manos que han encerrado besos,
y tantas cosas que quiero olvidar.

(De *Residencia en la tierra* [II, 1931–1935], 1935)

Melancolía en las familias

Conservo un frasco azul,
dentro de él una oreja y un retrato:
cuando la noche obliga
a las plumas del búho,
cuando el ronco cerezo
se destroza los labios y amenaza
con cáscaras que el viento del océano a
                    [menudo perfora,
yo sé que hay grandes extensiones hundidas,
cuarzo en lingotes,
cieno,
aguas azules para una batalla,
mucho silencio, muchas
vetas de retrocesos y alcanfores,
cosas caídas, medallas, ternuras,
paracaídas, besos.
No es sino el paso de un día hacia otro,
una sola botella andando por los mares,
y un comedor adonde llegan rosas,
un comedor abandonado
como una espina: me refiero
a una copa trizada, a una cortina, al fondo
de una sala desierta por donde pasa un río
arrastrando las piedras. Es una casa
situada en los cimientos de la lluvia,
una casa de dos pisos con ventanas obligatorias
y enredaderas estrictamente fieles.

Voy por las tardes, llego
lleno de lodo y muerte,
arrastrando la tierra y sus raíces,
y su vaga barriga en donde duermen
cadáveres con trigo,
metales, elefantes derrumbados.

Pero por sobre todo hay un terrible,
un terrible comedor abandonado,
con las alcuzas rotas
y el vinagre corriendo debajo de las sillas,
un rayo detenido de la luna,
algo oscuro, y me busco
una comparación dentro de mí;
tal vez es una tienda rodeada por el mar
y paños rotos goteando salmuera.
Es sólo un comedor abandonado,
y alrededor hay extensiones,
fábricas sumergidas, maderas
que sólo yo conozco,
porque estoy triste y viajo,
y conozco la tierra, y estoy triste.

(De *Residencia en la tierra* [II, 1931–1935], 1935)

Walking around

Sucede que me canso de ser hombre.
Sucede que entro en las sastrerías y en los cines
marchito, impenetrable como un cisne de fieltro
navegando en un agua de origen y ceniza.

El olor de las peluquerías me hace llorar a gritos.
Sólo quiero un descanso de piedras o de lana,
sólo quiero no ver establecimientos ni jardines,
ni mercaderías, ni anteojos, ni ascensores.

Sucede que me canso de mis pies y mis uñas
y mi pelo y mi sombra.
Sucede que me canso de ser hombre.

Sin embargo sería delicioso
asustar a un notario con un lirio cortado
o dar muerte a una monja con un golpe de oreja.
Sería bello
ir por las calles con un cuchillo verde
y dando gritos hasta morir de frío.

No quiero seguir siendo raíz en las tinieblas,
vacilante, extendido, tiritando de sueño,
hacia abajo, en las tripas mojadas de la tierra,
absorbiendo y pensando, comiendo cada día.

No quicro para mí tantas desgracias.
No quiero continuar de raíz y de tumba,
de subterráneo solo, de bodega con muertos,
aterido, muriéndome de pena.

Por eso el día lunes arde como el petróleo
cuando me ve llegar con mi cara de cárcel,
y aúlla en su transcurso como una rueda herida,
y da pasos de sangre caliente hacia la noche.
Y me empuja a ciertos rincones, a ciertas casas húmedas,
a hospitales donde los huesos salen por la ventana,
a ciertas zapaterías con olor a vinagre,
a calles espantosas como grietas.

Hay pájaros de color de azufre y horribles intestinos
colgando de las puertas de las casas que odio,
hay dentaduras olvidadas en una cafetera,
hay espejos
que debieran haber llorado de vergüenza y espanto,
hay paraguas en todas partes, y venenos, y ombligos.

Yo paseo con calma, con ojos, con zapatos,
con furia, con olvido,
paso, cruzo oficinas y tiendas de ortopedia,
y patios donde hay ropas colgadas de un alambre:
calzoncillos, toallas y camisas que lloran
lentas lágrimas sucias.

(De *Residencia en la tierra* [II, 1931-1935], 1935)

Barcarola

Si solamente me tocaras el corazón,
si solamente pusieras tu boca en mi corazón,
tu fina boca, tus dientes,
si pusieras tu lengua como una flecha roja
allí donde mi corazón polvoriento golpea,
si soplaras en mi corazón, cerca del mar, llorando,
sonaría con un ruido oscuro; con sonido de ruedas de tren con sueño,
como aguas vacilantes,
como el otoño en hojas,
como sangre,
con un ruido de llamas húmedas quemando el cielo,
sonando como sueños o ramas o lluvias,
o bocinas de puerto triste;
si tú soplaras en mi corazón, cerca del mar,
como un fantasma blanco,
al borde de la espuma,
en mitad del viento,
como un fantasma desencadenado, a la orilla del mar, llorando.
Como ausencia extendida, como campana súbita,
el mar reparte el sonido del corazón,
lloviendo, atardeciendo, en una costa sola,
la noche cae sin duda,
y su lúgubre azul de estandarte en naufragio
se puebla de planetas de plata enronquecida.

Y suena el corazón como un caracol agrio,
llama, oh mar, oh lamento, oh derretido espanto
esparcido en desgracias y olas desvencijadas:
de lo sonoro el mar acusa
sus sombras recostadas, sus amapolas verdes.

Si existieras de pronto, en una costa lúgubre,
rodeada por el día muerto,
frente a una nueva noche,
llena de olas,
y soplaras en mi corazón de miedo frío,
soplaras en su movimiento de paloma con llamas,
sonarían sus negras sílabas de sangre,
crecerían sus incesantes aguas rojas,
y sonaría, sonaría a sombras,
sonaría como la muerte,
llamaría como un tubo lleno de viento o llanto
o una botella echando espanto a borbotones.

Así es, y los relámpagos cubrirían tus trenzas
y la lluvia entraría por tus ojos abiertos
a preparar el llanto que sordamente encierras,
y las alas negras del mar girarían en torno
de ti, con grandes garras, y graznidos, y vuelos.

¿Quieres ser fantasma que sople, solitario,
cerca del mar su estéril, triste instrumento?
Si solamente llamaras,
su prolongado són, su maléfico pito,
su orden de olas heridas,
alguien vendría acaso,
alguien vendría,
desde las cimas de las islas, desde el fondo rojo
del mar,
alguien vendría, alguien vendría.

Alguien vendría, sopla con furia,
que suene como sirena de barco roto,
como lamento,
como un relincho en medio de la espuma y la sangre,
como un agua feroz mordiéndose y sonando.

En la estación marina
su caracol de sombra circula como un grito,
los pájaros del mar lo desestiman y huyen,
sus listas de sonido, sus lúgubres barrotes
se levantan a orillas del océano solo.

(De *Residencia en la tierra* [II, 1931-1935], 1935)

Explico algunas cosas

Preguntaréis: Y dónde están las lilas?
Y la metafísica cubierta de amapolas?
Y la lluvia que a menudo golpeaba
sus palabras llenándolas
de agujeros y pájaros?
Os voy a contar todo lo que pasa.

Yo vivía en un barrio
de Madrid, con campanas,
con relojes, con árboles.

Desde allí se veía
el rostro seco de Castilla
como un océano de cuero.

Mi casa era llamada
la casa de las flores, porque por todas partes
estallaban geranios: era
una bella casa
con perros y chiquillos.

Raúl, te acuerdas?
Te acuerdas, Rafael?
Federico,[1] te acuerdas
debajo de la tierra,
te acuerdas de mi casa con balcones en donde
la luz de junio ahogaba flores en tu boca?

Hermano, hermano!

Todo
era grandes voces, sal de mercaderías,
aglomeraciones de pan palpitante,
mercados de mi barrio de Argüelles con su
                                        [estatua
como un tintero pálido entre las merluzas:
el aceite llegaba a las cucharas,
un profundo latido
de pies y manos llenaba las calles,
metros, litros, esencia
aguda de la vida,

[1] *Raúl, Rafael, Federico:* Raúl González Tuñón, Rafael Alberti y Federico García Lorca, amigos de Neruda

durante la estancia de éste en Madrid.

            pescados hacinados,
contextura de techos con sol frío en el cual
la flecha se fatiga,
delirante marfil fino de las patatas,
tomates repetidos hasta el mar.

    Y una mañana todo estaba ardiendo
y una mañana las hogueras
salían de la tierra
devorando seres,
y desde entonces fuego,
pólvora desde entonces,
y desde entonces sangre.

    Bandidos con aviones y con moros,
bandidos con sortijas y duquesas,
bandidos con frailes negros bendiciendo
venían por el cielo a matar niños,
y por las calles las sangres de los niños
corría simplemente, como sangre de niños.
Chacales que el chacal rechazaría,
piedras que el cardo seco mordería escupiendo,
víboras que las víboras odiaran!

    Frente a vosotros he visto la sangre
de España levantarse
para ahogaros en una sola ola
de orgullo y de cuchillos!

    Generales
traidores:
mirad mi casa muerta,
mirad España rota:
pero de cada casa muerta sale metal ardiendo
en vez de flores,
pero de cada hueco de España
sale España,
pero de cada niño muerto sale un fusil con
                                    [ojos,
pero de cada crimen nacen balas
que os hallarán un día el sitio
del corazón.

    Preguntaréis por qué su poesía
no nos habla del suelo, de las hojas,
de los grandes volcanes de su país natal?
Venid a ver la sangre por las calles,
venid a ver
la sangre por las calles,
venid a ver la sangre
por las calles!

                        (De *Tercera Residencia* [1935–1945], 1947)

Alturas de Machu Picchu[2] (*fragmentos*)

I

    Del aire al aire, como una red vacía,
iba yo entre las calles y la atmósfera, llegando y despidiendo,
en el advenimiento del otoño la moneda extendida
de las hojas, y entre la primavera y las espigas,
lo que el más grande amor, como dentro de un guante
que cae, nos entrega como una larga luna.

    (Días de fulgor vivo en la intemperie
de los cuerpos: aceros convertidos
al silencio del ácido:
noches deshilachadas hasta la última harina:
estambres agredidos de la patria nupcial.)

    Alguien que me esperó entre los violines
encontró un mundo como una torre enterrada
hundiendo su espiral más abajo de todas
las hojas de color de ronco azufre:

[2]*Machu Picchu:* lugar de la cordillera andina donde se conservan las ruinas de una ciudad–fortaleza construida por los últimos emperadores del Perú incaico.

más abajo, en el oro de la geología,
como una espada envuelta en meteoros,
hundí la mano turbulenta y dulce
en lo más genital de lo terrestre.

Puse la frente entre las olas profundas,
descendí como una gota entre la paz sulfúrica,
y, como ciego, regresé al jazmín
de la gastada primavera humana.

VI

Entonces en la escala de la tierra he subido
entre la atroz maraña de las selvas perdidas
hasta ti, Machu Picchu.

Alta ciudad de piedras escalares,
por fin morada del que lo terrestre
no escondió en las dormidas vestiduras.
En ti, como dos líneas paralelas,
la cuna del relámpago y del hombre
se mecían en un viento de espinas.

Madre de piedra, espuma de los cóndores.

Alto arrecife de la aurora humana.

Pala perdida en la primera arena.

Esta fue la morada, este es el sitio:
aquí los anchos granos del maíz aprendieron
y bajaron de nuevo como granizo rojo.

Aquí la hebra dorada salió de la vicuña
a vestir los amores, los túmulos, las madres,
el rey, las oraciones, los guerreros.

Aquí los pies del hombre descansaron de noche
junto a los pies del águila, en las altas guaridas
carniceras, y en la aurora
pisaron con los pies del trueno la niebla enrarecida,
y tocaron las tierras y las piedras
hasta reconocerlas en la noche o la muerte.
Miro las vestiduras y las manos,
el vestigio del agua en la oquedad sonora,
la pared suavizada por el tacto de un rostro
que miró con mis ojos las lámparas terrestres,
que aceitó con mis manos las desaparecidas
maderas: porque todo, ropaje, piel, vasijas,
palabras, vino, panes,
se fue, cayó a la tierra.
Y el aire entró con dedos
de azahar sobre todos los dormidos:
mil años de aire, meses, semanas de aire,
de viento azul, de cordillera férrea,
que fueron como suaves huracanes de pasos
lustrando el solitario recinto de la piedra.

VIII

Sube conmigo, amor americano.

Besa conmigo las piedras secretas.

La plata torrencial del Urubamba[3]
hace volar el polen a su copa amarilla.
Vuela el vacío de la enredadera,
la planta pétrea, la guirnalda dura
sobre el silencio del cajón serrano.
Ven, minúscula vida, entre las alas
de la tierra, mientras —cristal y frío, aire golpeado—
apartando esmeraldas combatidas,
oh agua salvaje, bajas de la nieve.

Amor, amor, hasta la noche abrupta,
desde el sonoro pedernal andino
hacia la aurora de rodillas rojas,
contempla el hilo ciego de la nieve.

Oh Wilkamayu[4] de sonoros hilos,
cuando rompes tus truenos lineales
en blanca espuma, como herida nieve,
cuando tu vendaval acantilado
canta y castiga despertando al cielo,
qué idioma traes a la oreja apenas
desarraigada de tu espuma andina?

Quién apresó el relámpago del frío
y lo dejó en la altura encadenado,
repartido en sus lágrimas glaciales,
sacudido en sus rápidas espadas,
golpeando sus estambres aguerridos,
conducido en su cama de guerrero,
sobresaltado en su final de roca?

Qué dicen tus destellos acosados?
Tu secreto relámpago rebelde
antes viajó poblado de palabras?
Quién va rompiendo sílabas heladas,
idiomas negros, estandartes de oro,
bocas profundas, gritos sometidos,
en tus delgadas aguas arteriales?

Quién va cortando párpados florales
que vienen a mirar desde la tierra?
Quién precipita los racimos muertos
que bajan en tus manos de cascada
a desgranar su noche desgranada
en el carbón de la geología?

---

[3]*Urubamba:* río del Perú, cerca de Machu Picchu, cuyas orillas son muy fértiles y hermosas.
[4]*Wilkamayu:* o Huilcamayo, otro de los nombres con que se conoce al río Urubamba. La referencia aquí es a unas cascadas o rápidos que forma.

Quién despeña la rama de los vínculos?
Quién otra vez sepulta los adioses?

Amor, amor, no toques la frontera,
ni adores la cabeza sumergida:
deja que el tiempo cumpla su estatura
en su salón de manantiales rotos,
y, entre el agua veloz y las murallas,
recoge el aire del desfiladero,
las paralelas láminas del viento,
el canal ciego de las cordilleras,
el áspero saludo del rocío,
y sube, flor a flor, por la espesura,
pisando la serpiente despeñada.

En la escarpada zona, piedra y bosque,
polvo de estrellas verdes, selva clara,
Mantur[5] estalla como un lago vivo
o como un nuevo piso del silencio.
Ven a mi propio ser, al alba mía,
hasta las soledades coronadas.

El reino muerto vive todavía.

Y en el reloj la sombra sanguinaria
del cóndor cruza como una nave negra.

X

Piedra en la piedra, el hombre, dónde estuvo?
Aire en el aire, el hombre, dónde estuvo?
Tiempo en el tiempo, el hombre, dónde estuvo?

Fuiste también el pedacito roto
del hombre inconcluso, de águila vacía
que por las calles de hoy, que por las huellas,
que por las hojas del otoño muerto
va machacando el alma hasta la tumba?
La pobre mano, el pie, la pobre vida . . .
Los días de la luz deshilachada
en ti, como la lluvia
sobre las banderillas de la fiesta,
dieron pétalo a pétalo de su alimento oscuro
en la boca vacía?
              Hambre, coral del hombre,
hambre, planta secreta, raíz de los leñadores,
hambre, subió tu raya de arrecife
hasta estas altas torres desprendidas?

Yo te interrogo, sal de los caminos,
muéstrame la cuchara, déjame, arquitectura,

---

[5]*Mantur:* o Mandor Pampa, pequeña llanura arenosa   bamba, cerca de Machu Picchu.
entre las montañas que rodean el valle del río Uru-

roer con un palito los estambres de piedra,
subir todos los escalones del aire hasta el vacío,
rascar la entraña hasta tocar el hombre.

    Machu Picchu, pusiste
piedra en la piedra, y en la base, harapo?
Carbón sobre carbón, y en el fondo la lágrima?
Fuego en el oro, y en él, temblando el rojo
goterón de la sangre?
Devuélveme al esclavo que enterraste!
Sacude de las tierras el pan duro
del miserable, muéstrame los vestidos
del siervo y su ventana.
Dime cómo durmió cuando vivía.
Dime si fue su sueño
ronco, entreabierto, como un hoyo negro
hecho por la fatiga sobre el muro.
El muro, el muro! Si sobre su sueño
gravitó cada piso de piedra, y si cayó bajo ella
como bajo una luna, con el sueño!

    Antigua América, novia sumergida,
también tus dedos
al salir de la selva hacia el alto vacío de los dioses,
bajo los estandartes nupciales de la luz y el decoro,
mezclándose al trueno de los tambores y de las lanzas,
también, también tus dedos,
los que la rosa abstracta y la línea del frío, los
que el pecho sangriento del nuevo cereal trasladaron
hasta la tela de materia radiante, hasta las duras cavidades,
también, también, América enterrada, guardaste en lo más bajo,
en el amargo intestino, como un águila, el hambre?

                                                        (De *Canto general,* 1950)

La United Fruit Co.

    Cuando sonó la trompeta, estuvo
todo preparado en la tierra,
y Jehová repartió el mundo
a Coca-Cola Inc., Anaconda,
Ford Motors, y otras entidades:
la Compañía Frutera Inc.
se reservó lo más jugoso,
la costa central de mi tierra,
la dulce cintura de América.

    Bautizó de nuevo sus tierras
como "Repúblicas Bananas,"
y sobre los muertos dormidos,
sobre los héroes inquietos
que conquistaron la grandeza,
la libertad y las banderas,
estableció la ópera bufa:
enajenó los albedríos,
regaló coronas de César,

desenvainó la envidia, atrajo
la dictadura de las moscas,
moscas Trujillos, moscas Tachos,
moscas Carías, moscas Martínez,
moscas Ubico,[6] moscas húmedas
de sangre humilde y mermelada,
moscas borrachas que zumban
sobre las tumbas populares,
moscas de circo, sabias moscas
entendidas en tiranía.

Entre las moscas sanguinarias
la Frutera desembarca,
arrasando el café y las frutas,

en sus barcos que deslizaron
como bandejas el tesoro
de nuestras tierras sumergidas.

Mientras tanto, por los abismos
azucarados de los puertos,
caían indios sepultados
en el vapor de la mañana:
un cuerpo rueda, una cosa
sin nombre, un número caído,
un racimo de fruta muerta
derramada en el pudridero.

(De *Canto general*, 1950)

Oda a la alcachofa

La alcachofa
de tierno corazón
se vistió de guerrero,
erecta, construyó
una pequeña cúpula,
se mantuvo
impermeable
bajo
sus escamas,
a su lado
los vegetales locos
se encresparon,
se hicieron
zarcillos, espadañas,
bulbos conmovedores,
en el subsuelo
durmió la zanahoria
de bigotes rojos,
la viña
resecó los sarmientos
por donde sube el vino,
la col
se dedicó
a probarse las faldas,
el orégano
a perfumar el mundo,
y la dulce

alcachofa
allí en el huerto,
vestida de guerrero,
bruñida
como una granada,
orgullosa;
y un día
una con otra
en grandes cestos
de mimbre, caminó
por el mercado
a realizar su sueño:
la milicia.
En hileras
nunca fue tan marcial
como en la feria,
los hombres
entre las legumbres
con sus camisas blancas
eran
mariscales
de las alcachofas,
las filas apretadas,
las voces de comando,
y la detonación
de una caja que cae;

[6] *Trujillos*, etc.: Rafael Leónidas Trujillo, dictador de la República Dominicana de 1930 a 1961; Anastasio (Tacho) Somoza, dictador de Nicaragua (1936–1956); Tiburcio Carías, dictador de Honduras (1933–1948); Tomás Martínez, dictador y jefe del partido conservador que gobernó a Nicaragua desde 1863 hasta 1890; Jorge Ubico, dictador de Guatemala (1931–1944).

pero
entonces
viene
María
con su cesto,
escoge
una alcachofa,
no le teme,
la examina, la observa
contra la luz como si fuera un huevo,
la compra,
la confunde
en su bolsa
con un par de zapatos,
con un repollo y una
botella
de vinagre

hasta
que entrando a la cocina
la sumerge en la olla.

Así termina
en paz
esta carrera
del vegetal armado
que se llama alcachofa,
luego
escama por escama,
desvestimos
la delicia
y comemos
la pacífica pasta
de su corazón verde.

(De *Odas elementales*, 1954)

Oda a los calcetines

Me trajo Maru Mori
un par
de calcetines
que tejió con sus manos
de pastora,
dos calcetines suaves
como liebres.
En ellos
metí los pies
como en
dos
estuches
tejidos
con hebras del
crepúsculo
y pellejo de ovejas.

Violentos calcetines,
mis pies fueron
dos pescados
de lana,
dos largos tiburones
de azul ultramarino
atravesados
por una trenza de oro,
dos gigantescos mirlos,
dos cañones:
mis pies

fueron honrados
de este modo
por
estos
celestiales
calcetines.
Eran
tan hermosos
que por primera vez
mis pies me parecieron
inaceptables
como dos decrépitos
bomberos, bomberos
indignos
de aquel fuego
bordado,
de aquellos luminosos
calcetines.

Sin embargo
resistí
la tentación aguda
de guardarlos
como los colegiales
preservan
las luciérnagas,
como los eruditos
coleccionan

documentos sagrados,
resistí
el impulso furioso
de ponerlos
en una jaula
de oro
y darles cada día
alpiste
y pulpa de melón rosado.
Como descubridores
que en la selva
entregan el rarísimo
venado verde
al asador
y se lo comen
con remordimiento,
estiré
los pies

y me enfundé
los
bellos
calcetines
y
luego los zapatos.

Y es ésta
la moral de mi oda:
dos veces es belleza
la belleza
y lo que es bueno es doblemente
bueno
cuando se trata de dos calcetines
de lana
en el invierno.

(De *Nuevas odas elementales*, 1955)

Oda al diccionario

Lomo de buey, pesado
cargador, sistemático
libro espeso:
de joven
te ignoré, me vistió
la suficiencia
y me creí repleto,
y orondo como un
melancólico sapo
dictaminé: «Recibo
las palabras
directamente
del Sinaí bramante.
Reduciré
las formas a la alquimia.
Soy mago.»

El gran mago callaba.

El Diccionario,
viejo y pesado, con su chaquetón
de pellejo gastado,
se quedó silencioso
sin mostrar sus probetas.

Pero un día,
después de haberlo usado
y desusado,
después

de declararlo
inútil y anacrónico camello,
cuando por largos meses, sin protesta,
me sirvió de sillón
y de almohada,
se rebeló y plantándose
en mi puerta
creció, movió sus hojas
y sus nidos,
movió la elevación de su follaje:
árbol
era,
natural,
generoso
manzano, manzanar o manzanero,
y las palabras
brillaban en su copa inagotable,
opacas o sonoras,
fecundas en la fronda del lenguaje,
cargadas de verdad y de sonido.

Aparto una
sola de
sus
páginas:
Caporal,
Capuchón

qué maravilla
pronunciar estas sílabas
con aire,
y más abajo
Cápsula
hueca, esperando aceite o ambrosía,
y junto a ellas
Captura Capucete Capuchina
Caprario Captatorio
palabras
que se deslizan como suaves uvas
o que a la luz estallan
como gérmenes ciegos que esperaron
en las bodegas del vocabulario
y viven otra vez y dan la vida:
una vez más el corazón las quema.

   Diccionario, no eres
tumba, sepulcro, féretro,
túmulo, mausoleo,
sino preservación,
fuego escondido,
plantación de rubíes,
perpetuidad viviente
de la esencia,
granero del idioma.
Y es hermoso
recoger en tus filas
la palabra
de estirpe,
la severa
y olvidada
sentencia,
hija de España,
endurecida
como reja de arado,
fija en su límite
de anticuada herramienta,
preservada

con su hermosura exacta
y su dureza de medalla.
O la otra palabra
que allí vimos perdida
entre renglones
y que de pronto
se hizo sabrosa y lisa en nuestra boca.

   Diccionario, una mano
de tus mil manos, una
de tus mil esmeraldas,
una
sola
gota
de tus vertientes virginales,
un grano
de
tus
magnánimos graneros
en el momento
justo
a mis labios conduce,
al hilo de mi pluma,
a mi tintero.
De tu espesa y sonora
profundidad de selva,
dame,
cuando lo necesite,
un solo trino, el lujo
de una abeja,
un fragmento caído
de tu antigua madera perfumada
por una eternidad de jazmineros,
una
sílaba,
un temblor, un sonido,
una semilla:
de tierra soy y con palabras canto.

             (De *Nuevas odas elementales*, 1955)

Sucedió en invierno

No había nadie en aquella casa.
Yo estaba invitado y entré.
Me había invitado un rumor,
un peregrino sin presencia,
y el salón estaba vacío
y me miraban con desdén
los agujeros de la alfombra.

Los estambres estaban rotos.
Era el otoño de los libros
que volaban hoja por hoja.
En la cocina dolorosa
revoloteaban cosas grises,
tétricos papeles cansados,
alas de cebolla muerta.

Alguna silla me siguió
como un pobre caballo cojo
desprovisto de cola y crines,
con tres únicas, tristes patas,
y en la mesa me recliné
porque allí estuvo la alegría,
el pan, el vino, el estofado,
las conversaciones con ropa,
con indiferentes oficios,
con casamientos delicados:
pero estaba muda la mesa
como si no tuviera lengua.

Los dormitorios se asustaron
cuando yo traspuse el silencio.
Allí quedaron encallados
con sus desdichas y sus sueños,
porque tal vez los durmientes
allí se quedaron despiertos:
desde allí entraron en la muerte,
se desmantelaron las camas
y murieron los dormitorios
como un naufragio de navío.

Me senté en un jardín mojado
por gruesas goteras de invierno
y me parecía imposible
que debajo de la tristeza,
de la podrida soledad,
trabajaran aún las raíces
sin el estímulo de nadie.

Sin embargo entre vidrios rotos
y fragmentos sucios de yeso
iba a nacer una flor:
no renuncia, por desdeñada,
a su pasión, la primavera.
Cuando salí crujió una puerta
y sacudidas por el viento
relincharon unas ventanas
como si quisieran partir
a otra república, a otro invierno,
donde la luz y las cortinas
tuvieran color de cerveza.

Yo yo apresuré mis zapatos
porque si me hubiera dormido
y me cubrieran tales cosas
no sabría lo que no hacer.
Y me escapé como un intruso
que vio lo que no debio ver.

Por eso a nadie conté nunca
esta visita que no hice:
no existe esa casa tampoco
y no conozco aquellas gentes
y no hay verdad en esta fábula:
son melancolías de invierno.

(De *Estravagario*, 1958)

La insepulta de Paita[7] (*fragmentos*)

*Elegía dedicada a la memoria de Manuela Sáenz,
amante de Bolívar.*

II

La insepulta En Paita preguntamos
por ella, la Difunta:
tocar, tocar la tierra
de la bella Enamorada.

No sabían.

Las balaustradas viejas,
los balcones celestes,
una vieja ciudad de enredaderas
con un perfume audaz

[7] *Paita:* o Payta, ciudad y puerto del Perú, en la región desierta de la costa.

como una cesta
de mangos invencibles,
de piñas,
de chirimoyas profundas,
las moscas
del mercado
zumban
sobre el abandonado desaliño,
entre las cercenadas
cabezas de pescado,
y las indias sentadas
vendiendo
los inciertos despojos
con majestad bravía,
—soberanas de un reino
de cobre subterráneo—,
y el día era nublado,
el día era cansado,
el día era un perdido,
caminante, en un largo
camino confundido
y polvoriento.

Detuve al niño, al hombre,

al anciano,

y no sabía dónde

falleció Manuelita,

ni cuál era su casa,

ni dónde estaba ahora

el polvo de sus huesos.

Arriba iban los cerros amarillos,
secos como camellos,
en un viaje en que nada se movía,
en un viaje de muertos,
porque es el agua
el movimiento,
el manantial transcurre,
el río crece y canta,
y allí los montes duros
continuaron el tiempo:
era la edad, el viaje inmóvil
de los cerros pelados,
y yo les pregunté por Manuelita,
pero ellos no sabían,
no sabían el nombre de las flores.

Al mar le preguntamos,
al viejo océano.
El mar peruano
abrió en la espuma viejos ojos incas
y habló la desdentada boca de la turquesa.

IV

No la
encontraremos

No, pero en mar no yace la terrestre,
no hay Manuela sin rumbo, sin estrella,
sin barca, sola entre las tempestades.

Su corazón era de pan y entonces
se convirtió en harina y en arena,
se extendió por los montes abrasados,
por espacio cambió su soledad.
Y aquí no está y está la solitaria.

No descansa su mano, no es posible
encontrar sus anillos ni sus senos,
ni su boca que el rayo
navegó con su largo látigo de azahares.
No encontrará el viajero
a la dormida
de Paita en esta cripta, ni rodeada
por lanzas carcomidas, por inútil
mármol en el huraño cementerio
que contra polvo y mar guarda sus muertos,
en este promontorio, no,
no hay tumba para Manuelita,
no hay entierro para la flor,
no hay túmulo para la extendida,
no está su nombre en la madera
ni en la piedra feroz del templo.

Ella se fue, diseminada,
entre las duras cordilleras
y perdió entre sal y peñascos
los más tristes ojos del mundo,
y sus trenzas se convirtieron
en agua, en ríos del Perú,
y sus besos se adelgazaron
en el aire de las colinas,
y aquí está la tierra y los sueños
y las crepitantes banderas
y ella está aquí, pero ya nadie
puede reunir su belleza.

VIII

Manuela
material

Aquí en las desoladas colinas no reposas,
no escogiste el inmóvil universo del polvo.
Pero no eres espectro del alma en el vacío.
Tu recuerdo es materia, carne, fuego, naranja.

No asustarán tus pasos el salón del silencio,
a medianoche, ni volverás con la luna,
no entrarás transparente, sin cuerpo y sin rumor,
no buscarán tus manos la cítara dormida.

No arrastrarás de torre en torre un nimbo verde
como de abandonados y muertos azahares,
y no tintinearán de noche tus tobillos:
te desencadenó sólo la muerte.

No, ni espectro, ni sombra, ni luna sobre el frío,
ni llanto, ni lamento, ni huyente vestidura,
sino aquel cuerpo, el mismo que se enlazó al amor,
aquellos ojos que desgranaron la tierra.

Las piernas que anidaron el imperioso fuego
del Húsar, del errante Capitán del camino,
las piernas que subieron al caballo en la selva
y bajaron volando la escala de alabastro.

Los brazos que abrazaron, sus dedos, sus mejillas,
sus senos (dos morenas mitades de magnolia),
el ave de su pelo (dos grandes alas negras),
sus caderas redondas de pan ecuatoriano.

Así, tal vez desnuda, paseas con el viento
que sigue siendo ahora tu tempestuoso amante.
Así existes ahora como entonces: materia,
verdad, vida imposible de traducir a muerte.

XII

Ella   Tú fuiste la libertad,
libertadora enamorada.

Entregaste dones y dudas
idolatrada irrespetuosa.

Se asustaba el buho en la sombra
cuando pasó tu cabellera.

Y quedaron las tejas claras,
se iluminaron los paraguas.

Las casas cambiaron de ropa.
El invierno fue transparente.

Es Manuelita que cruzó
las calles cansadas de Lima,
la noche de Bogotá,
la oscuridad de Guayaquil,
el traje negro de Caracas.

Y desde entonces es de día.

XXI

Invocación   Adiós, adiós, insepulta bravía,
rosa roja, rosal hasta la muerte errante,
adiós, forma callada por el polvo de Paita,
corola destrozada por la arena y el viento.

Aquí te invoco para que vuelvas a ser una
antigua muerta, rosa todavía radiante,
y que lo que de ti sobreviva se junte
hasta que tengan nombre tus huesos adorados.

El Amante en su sueño sentirá que lo llaman:
alguien, por fin aquella, la perdida, se acerca
y en una sola barca viajará la barquera
otra vez, con el sueño y el Amante soñando,
los dos, ahora reunidos en la verdad desnuda:

cruel ceniza de un rayo que no enterró la muerte,
ni devoró la sal, ni consumió la arena.

(De *Cantos ceremoniales*, 1961)

El tren nocturno

Oh largo Tren Nocturno,
muchas veces
desde el Sur hacia el Norte,
entre ponchos mojados,
cereales,
botas tiesas de barro,
en Tercera,
fuiste desenrollando geografía.
Tal vez comencé entonces
la página terrestre,
aprendí los kilómetros
del humo,
la extensión del silencio.

Pasábamos Lautaro,
robles, trigales, tierra
de luz sonora y agua
victoriosa:
los largos rieles continuaban lejos,
más lejos los caballos de la patria
iban atravesando
praderas
plateadas,
de pronto
el alto puente del Malleco,

fino
como un violín
de hierro claro,
después la noche y luego
sigue, sigue
el Tren Nocturno entre las viñas.

Otros eran los nombres
después de San Rosendo
en donde se juntaban
a dormir todas las locomotoras,
las del Este y Oeste,
las que venían desde el Bío Bío,
desde los arrabales,
desde el destartalado puerto de Talcahuano
hasta las que traían envuelto en vapor verde
las guitarras y el vino patricio de Rancagua.
Allí dormían
trenes
en el nudo
ferruginoso y gris de San Rosendo.

Ay, pequeño estudiante,
ibas cambiando
de tren y de planeta,
entrabas

en poblaciones pálidas de adobes,
polvo amarillo y uvas.
A la llegada ferroviaria, caras
en el sitio de los centauros,
no amarraban caballos sino coches,
primeros automóviles.
Se suavizaba el mundo
y cuando
miré hacia atrás,
llovía,
se perdía mi infancia.
Entró el Tren fragoroso
en Santiago de Chile, capital,
y ya perdí los árboles,

bajaban las valijas
rostros pálidos, y vi por vez primera
las manos del cinismo:
entré en la multitud que ganaba o perdía,
me acosté en una cama que no aprendió a
                                     [esperarme,
fatigado dormí como la leña,
y cuando desperté
sentí un dolor de lluvia:
algo me separaba de mi sangre
y al salir asustado por
la calle
supe, porque sangraba,
que me habían cortado las raíces.

(De *Donde nace la lluvia*, en *Memorial de Isla Negra*, 1964)

Manuel del Cabral ━━━━━━━━━

REPÚBLICA DOMINICANA, 1907   De patria dominicana pero viajero y conocedor de la América, es Manuel del Cabral autor de una obra poética variada y, en consecuencia, de niveles diversos de acentos y calidad. Enraizado de fuerte manera en lo popular, donde se mueve con firmeza y seguridad, y en lo telúrico de su país y su continente, ha incorporado también la compleja problemática histórica y cultural de esas tierras y le han atraído de igual modo los enigmas metafísicos del hombre. Dos de sus primeros libros señalaron ya la presencia de una voz personal: *Compadre Mon* y *Trópico negro*. El primero es la recreación emocionada de su nativo mundo criollo, hecha de asombro y amor por las cosas cotidianas y entonada en forma recogida, sencilla y directa. En *Trópico negro* se cargará, en cambio, de ritmos y colores para traducir con más alto diapasón la dramática realidad del negro antillano al cual no ve superficialmente sino en sus perfiles más hondos de injusticia y dolor. De aquí que su poesía de este tema esté más cerca del cubano Nicolás Guillén, a quien se aproxima a veces también en tono expresivo, que del puertorriqueño Luis Palés Matos, con los cuales integra Cabral la trilogía más lograda y representativa de la modalidad negra en las Antillas.

El sentido social, en la más polémica y a la vez limpia acepción del término, no faltará nunca en su obra; y surge, levantado, en sus *Poemas continentales*, proyectándolo en un ámbito que abarca todo el destino del hombre y sobrepasa cualquier limitación: es entonces cuando su verso adquiere, si no su más formal perfección, sí sus mayores resonancias. Cabral tiene la capacidad de crear metáforas gráficas o delicadas, ritmos, aliteraciones y juegos verbales de gran eficacia así como de abordar la palabra poética cargada de trascendentes sugestiones o el tono conversacional y llano. Por esa misma amplitud ambiciosa de su registro, es un poeta a la vez fuerte e irregular, enérgico y desigual, esencial y desbordado. Con frecuencia la crítica se ha apoyado en esta ambivalencia para subrayar el auténtico carácter americano de este poeta. Su poesía reciente (*14 mudos de amor*) insiste en un tema de la mayor universalidad: el destino integral del hombre, asociando presencia física y aun sexual con hondas preocupaciones trascendentes; y todo ello en una expresión recia y madura.

Temas generales

1. La poesía descriptiva de M. del C.
2. El negro y su tratamiento temático y estilístico en la obra de M. del C. Su posición en la poesía afroantillana.
3. La interpretación criolla de la realidad en *Compadre Mon*.

4. El destino americano como tema en M. del C.
5. Las inquietudes metafísicas y trascendentes en su poesía.
6. Examen del lenguaje poético—formas expresivas y evolución de las mismas—en la lírica de M. del C.

Bibliografía

Obra poética

Pilón, Santo Domingo, 1931. *Color de agua*, Washington, 1932. *12 poemas negros*, Santo Domingo, 1935. *Biografía de un silencio*, Buenos Aires, 1940. *Trópico negro*, 1942. *Compadre Mon*, 1943. *Sangre mayor*, Santo Domingo, 1945. *De este lado del mar*, 1949. *Antología tierra* (contiene: 1, *Por tierra de Compadre Mon*; 2, *Trópico negro*; 3, *Poemas continentales*; 4, *Tierra íntima*; 5, *Sangre mayor*), Madrid, 1949. *Los huéspedes secretos*, 1951. *Sexo y alma*, 1956. *Dos cantos continentales y unos temas eternos*, 1956. *Antología clave* (1930–1956), Buenos Aires, 1957. *Pedrada planetaria*, 1958. *Carta para un fósforo no usado y otras cartas*, 1958. *14 mudos de amor*, 1962. *La isla ofendida*, Santiago de Chile, 1965. *Los Antitiempos*, Buenos Aires, 1967.

Estudios

LIBROS ESPECIALES: Ugarte, Manuel, *Cabral. Un poeta de América* (2da ed.), Buenos Aires, 1955.
LIBROS GENERALES: *Cuatro grandes poetas de América* (con una nota sobre "M. del C." por Gabriela Mistral y selecciones del poeta), Buenos Aires, 1959. Fernández Spencer, Antonio, *Nueva poesía dominicana*, Madrid, 1953. Olivera, Otto, *Breve historia de la literatura antillana*, México, 1957.
ARTÍCULOS: Baeza Flores, Alberto, "Doce poetas," A, *LXXVI*, 1944. Diego, Gerardo, "Un poeta en su isla," Espi, *VI*, núm. 56, 1955. Fernández Spencer, Antonio, "Poesía desde la tierra," CuH, núm. 9, 1949. Figueira, Gastón, "M. del C., Great Antillian Poet," BAbr, *XVIII*, 1944. Figueira, Gastón, "Dos poetas iberoamericanos de nuestro tiempo. I: Nicolás Guillén. II: M. del C.," RevIb, *X*, 1945. Figueira, Gastón, "Letras antillanas: M. del C.," RNac, *VII*, 1962. García Hernández, Manuel, "El último libro de M. del C." [Sobre: *Biografía de un silencio*], UniversalCar, 22 jun. 1941. Mejía Nieto, Arturo, "Exégesis de la poesía de M. del C.," RepAm, *XXXVII*, 1940. Salgado, Antonio, Sobre M. del C.: *Antología clave*, CCLC, núm. 36, 1959. Sánchez, Luis Alberto, "M. del C., el milagrero," NacionC, 26 jun. 1958.

Negro sin nada en tu casa

I

Yo te he visto cavar minas de oro
—negro sin tierra—.
Yo te he visto sacar grandes diamantes de la tierra
—negro sin tierra—.
Y como si sacaras a pedazos de tu cuerpo de la tierra,
te vi sacar carbones de la tierra.
Cien veces yo te he visto echar semillas en la tierra
—negro sin tierra—.
Y siempre tu sudor que no termina
de caer en la tierra.
Agua de tu dolor que fertiliza
más que el agua de nube.
Tu sudor, tu sudor. Y todo para aquel
que tiene cien corbatas, cuatro coches de lujo,
y no pisa la tierra.
Sólo cuando la tierra no sea tuya,
será tuya la tierra.

II

Mas hay un sin embargo que no te lo vigilan . . .
Hay en tus pies descalzos: graves amaneceres.
(Ya no podrán decir que es un siglo pequeño.)
El cielo se derrite rodando por tu espalda:
llanto de espinazo, diurno de trabajo,
pero oscuro de sueldo.

Yo no te vi dormido . . . Nunca te vi dormido . . .
aquellos pies descalzos
no te dejan dormir.

Tú ganas diez centavos, diez centavos por día.
Barro manso: te comprendo . . .
Tú los ganas tan limpios,
tienes manos tan limpias,
que puede que tu casa sólo tenga:
ropa sucia,
catre sucio,
carne sucia,
pero lavada la palabra: Hombre.

III

Negro triste, tan triste
que en cualquier gesto tuyo puedo encontrar el mundo.

Tú que vives tan cerca del hombre sin el hombre,
una sonrisa tuya me servirá de agua
para lavar la vida, que casi no se puede
lavar con otra cosa.

Quiero llegar a ti, pero llego lo mismo
que el río llega al mar . . . De tus ojos, a veces,
salen tristes océanos que en el cuerpo te caben,
pero que en ti no caben.

Cualquier cosa tuya te pone siempre triste,
cualquier cosa tuya, por ejemplo: tu espejo.

Tu silencio es de carne, tu palabra es de carne,
tu inquietud es de carne, tu paciencia es de carne.

Tu lágrima no cae como gota de agua.
No se caen en el suelo las palabras.

IV

Negro manso,
ni siquiera
tienes la inutilidad
de los charcos con cielo.

Sólo
con tu sonrisa rebelde
sobre tu dolor,
como un lirio valiente que crece
sobre la tierra del pantano.

Sin embargo,
barro dócil,
negro quieto:
hoy la voz de la tierra te sale por los ojos,
tus ojos que hacen ruido cuando sufren.

(De *Trópico negro*, 1942. Versión definitiva en
Cuatro grandes poetas de América, 1959)

Mon dice cosas

1

El juez, mientras descansa,
limpia sus anteojos.
¿Y para qué los limpia,
si el sucio está en el ojo?

2

La del río, qué blanda,
pero qué dura es ésta:
la que cae de los párpados
es un agua que piensa.

Enséñame, viejo puente,
a dejar pasar el río.

3

Sólo el silencio es amigo,
pero también
no es amigo . . . si lo mudo
se oye bien . . .

¿Quién mide el aire y lo pone
cuadrado como pared?
¿Quién lo pone tan pequeño
que cabe en el puño . . .
quién?

El mapa se está llenando
de dientes como el menú.
Pero no importa:
el horno de mi guitarra
da caliente pan azul.

4

En una esquina está el aire
de rodillas . . .
Dos sables analfabetos
lo vigilan.

Pero yo sé que es el pueblo
mi voz desarrodillada.
Pone a hablar muertos sin cruces
mi guitarra.

Pedro se llaman los huesos
de aquel que cruz no le hicieron.
Pero ya toda la tierra
se llama Pedro.

Aquí está el aire en su sitio
y está entero . . .

Aquí . . .
Madera de carne alta,
tierra suelta:
mi guitarra.

5

Hoy está el pueblo en mi cuerpo.
¿A quién viene a ver usted?
Usted no ve que esta herida
es como un ojo de juez . . .

6

¿Quién ha matado este hombre
que su voz no está enterrada?

Hay muertos que van subiendo
cuanto más su ataúd baja . . .

Este sudor . . . ¿por quién muere?
¿por qué cosa muere un pobre?

¿Quién ha matado estas manos?
¡No cabe en la muerte un hombre!

Hay muertos que van subiendo
Cuanto más su ataúd baja . . .

¿Quién acostó su estatura
que su voz está parada?

Hay muertos como raíces
que hundidas . . . dan fruto al ala.

¿Quién ha matado estas manos,
este sudor, esta cara?

Hay muertos que van subiendo
cuanto más su ataúd baja . . .

7

Camina el jefe del pueblo
después de beber café,
y una voz que no se ve,
grita al oído:
—Mire, jefe, que hay un hombre
que allí está herido.
—Lo sé.

Camina el jefe del pueblo
después de beber café.

Y vuelve la voz y dice:
Jefe, que un hombre no ve;
tiene llanto entre los ojos,
y tiene plomo en los pies.
—Lo sé.

Sigue caminando el jefe
después de beber café.
Y la misma voz le grita:
—Murió un hombre allí de sed.
¿Qué haremos, ahora, jefe?
—Que haga pronto el hoyo usted.

Y el jefe sigue su rumbo
pero también
el jefe sigue pensando . . .

Piensa sólo a qué hora es
la otra taza
de café . . .

8

Que aquí no metan comprado
el ojo chismoso, no.
Que más que para los gringos
Pancho cortó
tres casi Antillas de cañas,
tres Antillas . . . Sí, señor.
¡No cabrá en el ataúd,
ha crecido Pancho hoy!

Soldado, no cuide al muerto;
no meta el ojo, doctor.
Ganaba un cobre por día;
¡sabemos de qué murió!

Quítenle el jipi y la ropa,
pero aquello . . . aquello no.
¡Qué serio es un hombre pobre
que no quiere ser ladrón!

La muerte aquí tiene cara
de cosa que no murió . . .
Cuando muere . . . ¡cómo vive
lo que tiene pantalón!

Soldado, no cuide al muerto,
que de pie lo veo yo.
Pancho está aquí como Pancho . . .
Se llama . . . no se llamó . . .

No vengan a preguntar
de qué murió.
Vengan a mirar a Pancho
como hago yo.

Quítenle todo del cuerpo,
todo,
pero aquello no.
Con un pedazo de caña
entre la boca murió.
Le quiso poner azúcar
a su voz . . .

Déjenlo que endulce ahora
su silencio sin reloj . . .
Que nadie revise a Pancho.
¡Sabemos de qué murió!

9

Hombre que vas con tu perro:
con tu guardián.
Cuida mi voz, como el perro
cuida tu pan.

Perro que vas con un hombre
que amigo tuyo no es . . .
Acércate un poco al pobre,
huélelo bien.

Fíjate que tengo boca,
fíjate en mí.
Mira que soy hombre, pero . . .
con estas manos vacías
cómo me parezco a ti.

Perro que vas con tu amo,
fíjate bien:
que al hablar contigo, hablo
conmigo mismo . . . No ves
que tan cerca del patrón,
no somos tres,
sino dos . . .

Hombre que vas con tu perro:
tu servidor.
¡Qué grueso que está tu perro,
y qué flaco que estoy yo!
¡Estoy flaco porque tengo
gorda la voz!

10

No vayas, soldado, al frente,
deja el rifle y el obús.
Que todos ganan la guerra,
menos tú.

El soldado lleva el peso
de la batalla en la tierra.
Muere el soldado, y el peso . . .
se queda haciendo la guerra.

No vayas, soldado, al frente,
quédate aquí,
que tú defiendes a todos,
menos a ti.

11

Palabra, ¿qué tú más quieres?
¿Qué más?
Vengo a buscar tu silencio,
el que a fuerza de esperar
se endurece . . . se hace estatua . . .
para hablar.

Ya ves, palabra, ya ves,
herida, tú, sin edad . . .
¿Qué hará contigo el soldado?
¿Qué harán los grillos? ¿Qué hará
en la punta de la espada
la eternidad?

(De *Compadre Mon*, 1943)

Anunciación

Mira la tierra abierta. Entra un sol panadero
a dorarle sus ubres de futura parida.
Yo no . . .
yo entré casi rezando . . . Dejé de polizón
en tus venas un ángel marinero
que será de los dos.

¡Oh vientre que con nieblas, siempre haces
[el alba!
Ahora que el cansancio que tú tienes es mío,
andan por nuestra sangre remotas muertes
[frescas.
¿Pero sin piedras, cómo canta el río?

Y fueron huesos que tiré en tu agua
maternal:
son las únicas piedras que a tu cuerpo
lo harán cantar.

Mas no cantes por ellos, ni por la herida
que ha sangrado de amor.
Mira aquí lo remoto,
lo que no es mío, ni tuyo,
y lo hicimos tú y yo.

Por tus venas un ángel marinero
—ya de los dos—
anda tirando redes, poniendo eternidades
donde sólo un minuto puse yo . . .

(De *Sexo y alma* [1948–1956]. Versión definitiva
en *Cuatro grandes poetas de América*, 1959)

Manuel y su cadáver

Sé que no estoy durmiendo, porque comienzo a oir:
—Pobre Cabral,
murió sin una gota de veneno;
era haragán, ruidoso, cerebral;
intranquilo de faldas; siempre haciéndose el hondo . . .
pero en el fondo:
bueno—.

Luego hablarán los cuerdos, los que vendrán con lentes
a censar los microbios que hay en mi poesía . . .
mas vendrá el bigotudo profesor en manía
y dará su diagnóstico, que será simplemente:
—el peso de las alas no le dejó ser gente— . . .

Y al que no le pagué por olvido o por pobre,
vendrá a verme la cara para ver si estoy muerto . . .
Y le darán mis trapos, todo lo que me sobre . . .
lo que no va en el viaje, lo que usé yo despierto . . .
Pero, aún, viejo avaro, tu corazón de mito
saldrá con una oreja,
por si yo resucito
y hablo solo contigo de aquella cuenta vieja
que aunque poca,
y siendo de mi abuelo,
era siempre tan joven en tu boca . . .
pero, como verás, viejo perverso,
no te puede deber quien siempre escribió versos.

Y tú, terco político,
¿qué le podrás decir a este difunto,
si en tu mejor momento, nunca estuvimos juntos?
Ya me parece oírte:
—Pronto en mis elecciones votará este difunto.

Y el borracho también vendrá a ver mi cadáver,
y ante mi triste caso,
filósofo, dirá: —todo está aquí de paso,
pero es bueno que sepan que algo sin viaje espera,
algo sin muerte que sin ver no es vago,
porque hay golpes que están como mi trago:
de paso el ron . . . mas no la borrachera . . .

Y tú, gris abogado, ¿qué quieres esta vez?
¿vienes ahora a repartir mis huesos?
¿A qué vienes, a qué?
¿Qué le puedes quitar a un cadáver que tiene
sólo su voz de pie?
No sabes que Manuel
siempre vivió tan lejos . . .
que siempre tuvo infancia . . . Mas tan niño y tan viejo
sólo así pudo él
al acíbar sacarle su poquito de miel.

Oigo ya que me llama el zacateca,
porque sueltan sus labios,
cada vez que le toca enterrar sabios:
—en un gusano cabe, cabe esta biblioteca . . .—

Pero pondrá una falda su rocío de párpados
en la flor que me lleve, como si la chicuela
me devolviera en gotas lo que le di en la escuela
sin permiso . . . ¡Mas, qué tibio rocío,
tan tibio como cuando por su cuerpo
iban de vacaciones todos los besos míos!

Y otra tal vez no venga o ya se calle,
porque quizás en un portón . . . ¡quién sabe!
O aquella que por miedo,
más por el ojo suyo . . . que por el de la calle . . .
quiso gritar, mas me mordió aquel dedo . . .

Y tú, que estás vestido de cuervo que me acecha.
¿Qué dice tu sonrisa?
Tú que bajo sotana das en latines misa;
curandero del alma, curandero
que me quitas pecados . . . si hay dinero.
¡Qué le diré a San Pedro, si por no darte un cobre,
subo al cielo sin misa, sin bendición, y entero,
llego entonces con todos mis pecados de pobre!

Ya me parece oírte:
—Pobre Manuel,
murió sin una gota de veneno.
Tan manso, tan ingenuo, era tan bueno,
que sólo creyó en él . . .
¡Era Manuel . . .!

1948

(De *Cuatro grandes poetas de América*, 1959)

Magia de lo permanente

Dormías como el aire que me abraza fugándose.
Soñabas como el río que descansa corriendo.

Y coméncé de súbito
a crearte con mis besos.

La alegría nupcial de tu sonrisa daba
profundidades blancas a bandadas de lutos,
de par en par tu instinto, por entre tus pestañas
vi cuervos que de día se robaban la noche.

De pronto, nos negaron
la limosna del tiempo de una ventana abierta;
te llevaron el día que vestía tus dientes,
pero el río corría y aún era tu nombre,
los pájaros volaban y aún eras la tarde.

Siguieron despojándonos, saqueándonos caricias.
Sin embargo,
no pudieron llevarse nuestros besos,
todavía cabíamos
en la pequeña plaza de toros de un anillo.

Estábamos desnudos:
de eternidad estábamos vestidos.

(De *14 mudos de amor*, 1962)

Oficio bárbaro

Pero aún su latido de reloj asustado
al entrar en mi instinto deja en la puerta un ángel.
Ella cuida ese lujo . . . Pero terco
mi amuleto de chivo la trabaja, la asedia,
allí donde ella tiene vitalicio el verano,
allí donde una fiebre lucha con el instinto,
allí donde una herida pelea con el Tiempo.

De sus dientes le sale con el mundo en la punta
una llamita espesa, furiosamente ágil,
una llamita muda que hablando con mi piel
me trae a los oídos tambores primitivos,
tambores que me tuercen el origen y sacan
la selva de mi cuerpo. Lo supe por los golpes
de tambor que también daba mi corazón.

Y a mi cuerpo de náufrago van cayendo enredándome
besos redondos como salvavidas.
Mas de pronto su elástico aliento de molusco
hace a mi Adán, marino.

Toda la prehistoria del agua y de la tierra
sube a fuerza de besos a su piel navegable,
sale desesperada desde su fondo anfibio
en donde se me ahoga un pez que piensa.

Pero hay algo con alas.
Un anillo profundo de suavidad temible
va ordeñando los blancos secretos de mi origen,
agrupando universos de invisible tamaño,
encerrando poderes que estoy seguro vienen
a despertar la bestia que tan violenta duerme . . .
Son poderes remotos que vienen
a levantar de golpe toda la zoología,
como un balazo honrado pone de pie a sus muertos
cuando los mete andando por la Historia.

(De *14 mudos de amor*, 1962)

Emilio Ballagas

CUBA, 1908–1954   Adolescente aún, Emilio Ballagas se dio a conocer con un libro precoz, *Júbilo y fuga*, donde aunaba su personal designio de evasión ahistórica con el propósito de limpidez de la poesía pura, aportando en esta línea un entusiasmo vital y una fresca sensorialidad que le singularizaron dentro de aquella tendencia, de signo intelectual por lo común. Cultor sincero y delicado también de la moda negra, su producción posterior resume sin embargo, con una entrañable fidelidad entre vida y poesía, las vicisitudes humanas de quien la escribió. La pérdida obligada del juego y la alegría iniciales le ponen obligadamente cara a las verdades más dolorosas del hombre—el amor, la soledad, el vacío, la muerte— y Ballagas deviene uno de los poetas neorrománticos de acento más genuino y libre (*Sabor eterno*), que por otra parte no abandonará nunca el respeto a la pura belleza de la palabra poética, manteniéndola siempre dentro de una no traicionada aura esteticista.

Por fin, ahondando en su propia experiencia, desemboca en los años finales de su corta vida en una lírica de tono religioso, cargada de agudos interrogantes trascendentes y ceñida sin esfuerzo a formas neoclásicas. Su último libro, *Cielo en rehenes*, el más intenso de cuantos escribiera, está compuesto totalmente en sonetos. Debe advertirse que tanto si Ballagas enturbia humanamente sus temas como si los sublima o trasciende, esas alteraciones de la voluntad interior no conllevan sacudidas extremas o violentas de la expresión. Y así lo mismo en la elegía más condensada de amorosa y frustrada historia como en el soneto denso de urgencias espirituales, encontramos siempre el atractivo de la forma sugerente, el cultivo de la imagen clarificadora, la evitación de todo prosaísmo: actitud, en suma, de un artista fiel a su vocación, aunque muy lejano ya de aquellos ideales de asepsia poética de sus años tempranos

Temas generales

1. Examen de las tensiones espirituales y estéticas de *Júbilo y fuga*: exaltación e ímpetu juveniles, ahistoricismo, sensorialidad, etc.
2. El *Cuaderno de poesía negra* y su relación con esta modalidad y con la poesía pura de su autor.
3. E.B. como representante de la dirección neorromántica del posvanguardismo. El dolor como centro de gravitación en *Sabor eterno*.
4. El sentimiento religioso y su expresión formal en *Cielo en rehenes*.
5. Lo sensorial y lo plástico en el lenguaje poético de E.B.
6. Identificación entre poesía y experiencia humana a lo largo de la obra lírica de E.B.

Bibliografía

Obra poética
Júbilo y fuga (introducción de Juan Marinello), La Habana, 1931. *Cuaderno de poesía negra*, Santa Clara, Cuba, 1934. *Elegía sin nombre*, La Habana, 1936. *Nocturno y elegía*, 1938. *Sabor eterno*, 1939. *Nuestra Señora del Mar*, 1943. *Obra poética de E.B.*, edición póstuma, pról. de Cintio Vitier, La Habana, 1955.

Estudios

LIBROS ESPECIALES: Rice, Argyll P., *E.B.: poeta o poesía*, México, 1966.

LIBROS GENERALES: Fernández Retamar, Roberto, *La poesía contemporánea en Cuba*, La Habana, 1954. Marinello, Juan, "Poesía negra: Apuntes desde Guillén y Ballagas," en *Poética*, Madrid, 1933. Sánchez, Luis Alberto, "E.B.," en *Escritores representativos de América*, 2da serie, vol. III, Madrid, 1964. Vitier, Cintio, *Cincuenta años de poesía cubana (1902–1952)*, La Habana, 1952. Vitier, Cintio, *Lo cubano en la poesía*, Universidad Central de Las Villas, Cuba, 1958.

ARTÍCULOS: Antuña, Rosario, "Sobre E.B.," UnionC, *IV*, núm. 1, 1965. Ballagas, Emilio, "La poesía en mí," RevCu, *IX*, 1937. Bueno, Salvador, "E.B. ante la muerte," HumaM, *III*, núm. 28, 1955. Bueno, Salvador, "Apuntes sobre la poesía de E.B.," IAL, *X*, núm. 84, 1955. Carrión, Alejandro, "Responso por E.B.," LetE, *X*, núm. 100, 1954. Chacón y Calvo, José María, "La poesía de E.B.," Gra, *V*, núm. 53, 1937. Jiménez, José O., "Hacia la poesía pura en Cuba," HispW, *XLV*, núm. 3, 1962. Pérez, Ricardo, "Dato para una biografía de E.B.," HispW, *XLVIII*, 1965. Piñera, Virgilio, "Ballagas en persona," Ciclon, *I*, núm. 5, 1955. Sánchez, Luis Alberto, "E.B.," Sphinx, *II*, núm. 15, 1962. Vitier, Cintio, "La poesía de E.B.," Lyceum, *XII*, núm. 40, 1955.

Víspera

Ya muestra en esperanza el fruto cierto
—Fray Luis

Estarme aquí quieto, germen
de la canción venidera
—íntegro, virgen, futuro—.

Estarme dormido —íntimo—
en tierno latir ausente
de honda presencia secreta.

Y éxtasis —alimento—
de ignorarme —ausente, puro—
nonnato de claridades
con la palabra inicial
y el dulce mañana intacto.

(De *Júbilo y fuga*, 1931)

Poema de la Jícara[1]

A Mariano Brull

Jícara.

¡Qué rico sabor de jícara
gritar: "Jícara"!

¡Jícara blanca,
jícara negra!

Jícara
con agua fresca de pozo,
con agua fresca de cielo
profundo, umbrío y redondo.

Jícara con leche espesa
de trébol fragante —ubre—
con cuatro pétalos tibios

Pero . . . no, no, no,
no quiero jícara blanca ni negra.

Sino su nombre tan sólo,
—sabor de aire y de río—.

Jícara.
Y otra vez: "¡Jícara!"

(De *Júbilo y fuga*, 1931)

[1] *jícara*: taza pequeña de loza o porcelana. En América, vasija pequeña hecha de la calabaza o de la güira.

Elegía de Maria Belen Chacón

María Belén, María Belén, María Belén.
María Belén Chacón, María Belén Chacón, María Belén Chacón,
con tus nalgas en vaivén,
de Camagüey a Santiago, de Santiago a Camagüey.[2]

En el cielo de la rumba,
ya nunca habrá de alumbrar
tu constelación de curvas.

¿Qué ladrido te mordió el vértice del pulmón?
María Belén Chacón, María Belén Chacón . . .
¿Qué ladrido te mordió el vértice del pulmón?

Ni fue ladrido ni uña,[3]
ni fue uña ni fue *daño*.[4]
La plancha, de madrugada, fue quien te quemó el pulmón!
María Belén Chacón, María Belén Chacón. . . .

Y luego, por la mañana,
con la ropa, en la canasta, se llevaron tu sandunga,[5]
tu sandunga y tu pulmón.

¡Que no baile nadie ahora!

¡Que no le arranque más pulgas el negro Andrés a su tres![6]

Y los chinos, que arman tánganas[7] adentro de las maracas,
hagan un poco de paz.
Besar la cruz de las claves.
(¡Líbranos de todo mal, Virgen de la Caridad!)

Ya no veré mis instintos
en los espejos redondos y alegres de tus dos nalgas.
Tu constelación de curvas
ya no alumbrará jamás el cielo de la sandunga.

María Belén Chacón, María Belén Chacón.
María Belén, María Belén:
con tus nalgas en vaivén,
de Camagüey a Santiago . . .
de Santiago a Camagüey.

(De *Cuaderno de poesía negra*, 1934)

---

[2]*Camagüey* y *Santiago* son dos ciudades de la Isla de Cuba. Aquí aparecen usadas estas dos palabras en representación de la tabla de planchar y el anafe donde se calientan las planchas, lugares entre los cuales ocurre el continuo movimiento de la protagonista del poema.
[3]*uña raspada:* hechizo de brujería para hacer daño al enemigo (nota del autor, así como muchas de las siguientes, tomadas del Vocabulario que añadió a su libro *Cuaderno de poesía negra*).
[4]*echar daño:* dar a la persona un hechizo para causarle perjuicio, enloquecerla o matarla.
[5]*sandunga:* véase Lloréns Torres, p. 161, nota 6.
[6]*tres:* guitarra de tres cuerdas.
[7]*tángana:* pleito, riña, disputa.

Para dormir a un negrito

Dórmiti mi nengre,
dórmiti ningrito.
Caimito y merengue,
merengue y caimito.

Drómiti mi nengre,
mi nengre bonito.
¡Diente de merengue,[8]
bemba[8] de caimito![9]

Cuando tu sia glandi
va a sé bosiador . . .
Nengre de mi vida,
nengre de mi amor.

(Mi chiviricoqui,[10]
chiviricocó . . .
¡Yo gualda pa ti
tajá de melón!)

Si no calla bemba
y no limpia moco,
le va' abrí la puetta
a Visente e' loco.

Si no calla bemba,
te va' da e' gran sutto.
Te va' a llevá e' loco
dentre su macuto.[11]

Ne la mata 'e güira
te ñama sijú.[12]
Condío en la puetta
etá e' tatajú . . .[13]

Drómiti mi nengre,
cara 'e bosiador,
nengre de mi vida,
nengre de mi amor.

Mi chiviricoco,
chiviricoquito.
Caimito y merengue,
merengue y caimito.

A'ora yo te acuetta
'la 'maca e papito
y te mese suave . . .
Du'ce . . . depasito . . .
y mata la pugga
y epanta moquito
pa que droma bien
mi nengre bonito . . .

(De *Cuaderno de poesía negra*, 1934)

Retrato

Su ausencia sólo soy que permanece . . .
—Jorge Cuesta

Solo,
exacto
en los límites del tiempo,
sin ventana ni flor ni libro en que apoyarme:
en fijo azul sin fondo.
Inmóvil (iniciando el movimiento).
Inmóvil,
cristalizado de lágrimas.

Gravemente se suma tu memoria
(inseparable olor)
a mi yo íntegro.
Estoy,
estoy presente
en un eterno plano sin espacio.
(Blandas estrellas rotas velan mi naufragio.)
Y soy una pregunta

[8]*bemba:* labio grueso de los negros.
[9]*caimito:* Véase Luis Carlos López, p. 172, nota 5.
[10]*chiviricoco:* también se dice *chiviricoquito:* apelativo cariñoso dado al niño pequeñín.
[11]*macuto:* morral de trapo que el limosnero lleva a la

espalda para echar lo que recoge en su jornada.
[12]*sijú:* ave rapaz nocturna de las Antillas, parecida a la lechuza.
[13]*tatajú:* tata o taita: papá; *el tatajú:* Taita Jú o Tata Judas.

que espera ya por siempre la respuesta.
La mirada sin voz; la voz en el trasmundo.
Las manos desterradas.

Paralizado espejo
del "yo fui", "yo seré", "yo soy" . . .
¡No podré ser!
Con el recuerdo niño
muerto en mis brazos; para mí dormido.
Olas sin movimiento (en vigilia)
a mis pies.
La cabeza cruzada de invisibles gaviotas
(encendida, apagada)
en azul muerto, en azul vivo,
en fijo azul sin fondo.

(El grave adolescente
se siente bien en tan escaso espacio.)

Solo,
enjuto
en los límites del tiempo
y presente en el plano sin espacio.
Convaleciente
sin ventana ni flor,
ni vecino jarrón en que apoyarme.

Inmóvil,
cristalizado de lágrimas.
Pronto a clamar por mí
(mi eterno amigo único),
pronto a pedir socorro de mí mismo.
Pronto a llamarme:

¡Emilio!

(De *Sabor eterno*, 1939)

Nocturno y elegía

Si pregunta por mí, traza en el suelo
una cruz de silencio y de ceniza
sobre el impuro nombre que padezco.
Si pregunta por mí, di que me he muerto
y que me pudro bajo las hormigas.
Dile que soy la rama de un naranjo,
la sencilla veleta de una torre.

No le digas que lloro todavía
acariciando el hueco de su ausencia
donde su ciega estatua quedó impresa
siempre al acecho de que el cuerpo vuelva.
La carne es un laurel que canta y sufre
y yo en vano esperé bajo su sombra.
Ya es tarde. Soy un mudo pececillo.

Si pregunta por mí dale estos ojos,
estas grises palabras, estos dedos;
y la gota de sangre en el pañuelo.
Dile que me he perdido, que me he vuelto
una oscura perdiz, un falso anillo
a una orilla de juncos olvidados:
dile que voy del azafrán al lirio.

Dile que quise perpetuar sus labios,
habitar el palacio de su frente.
Navegar una noche en sus cabellos.
Aprender el color de sus pupilas
y apagarme en su pecho suavemente,
nocturnamente hundido, aletargado
en un rumor de venas y sordina.

Ahora no puedo ver aunque suplique
el cuerpo que vestí de mi cariño.
Me he vuelto una rosada caracola,
me quedé fijo, roto, desprendido.
Y si dudáis de mí creed al viento,
mirad al norte, preguntad al cielo.
Y os dirán si aún espero o si anochezco.

¡Ah! Si pregunta dile lo que sabes.
De mí hablarán un día los olivos
cuando yo sea el ojo de la luna,
impar sobre la frente de la noche,
adivinando conchas de la arena,
el ruiseñor suspenso de un lucero
y el hipnótico amor de las mareas.

Es verdad que estoy triste, pero tengo
sembrada una sonrisa en el tomillo,
otra sonrisa la escondí en Saturno
y he perdido la otra no sé dónde.
Mejor será que espere a medianoche,
al extraviado olor de los jazmines.
y a la vigilia del tejado, fría.

No me recuerdes su entregada sangre
ni que yo puse espinas y gusanos
a morder su amistad de nube y brisa.
No soy el ogro que escupió en su agua
ni el que un cansado amor paga en monedas.
¡No soy el que frecuenta aquella casa
presidida por una sanguijuela!

(Allí se va con un ramo de lirios
a que lo estruje un ángel de alas turbias.)
No soy el que traiciona a las palomas,
a los niños, a las constelaciones . . .
Soy una verde voz desamparada
que su inocencia busca y solicita
con dulce silbo de pastor herido.

Soy un árbol, la punta de una aguja,
un alto gesto ecuestre en equilibrio;
la golondrina en cruz, el aceitado
vuelo de un buho, el susto de una ardilla.
Soy todo, menos eso que dibuja
un índice con cieno en las paredes
de los burdeles y los cementerios.

Todo, menos aquello que se oculta
bajo una seca máscara de esparto.
Todo, menos la carne que procura
voluptuosos anillos de serpiente
ciñendo en espiral viscosa y lenta.
Soy lo que me destines, lo que inventes
para enterrar mi llanto en la neblina.

Si pregunta por mí, dile que habito
en la hoja del acanto y de la acacia.
O dile, si prefieres, que me he muerto.
Dale el suspiro mío, mi pañuelo;
mi fantasma en la nave del espejo.
Tal vez me llore en el laurel o busque
mi recuerdo en la forma de una estrella.

(De *Sabor eterno*, 1939)

Soneto agonizante

¡Ah, cuando vendrás, cuándo, hora ado-
[rable
entre todas, dulzura de mi encía,
en que me harte tu presencia. Envía
reflejo, resplandor al miserable!

En tanto que no acudas con tu sable
a cortar este nudo de agonía,
no habrá tranquila paz en la sombría
tienda movida al viento inconsolable.

Luz increada, alegra la soturna
húmeda soledad del calabozo:
desata tu nupcial águila diurna.

Penetra hasta el secreto de mi pozo.
Mano implacable . . . Adéntrate en la urna:
remueve, vivifica, espesa el gozo.

(De *Cielo en rehenes*, 1951, en *Obra poética*, 1955)

De cómo Dios disfraza su ternura

Si a mi angustiosa pregunta no respondes,
yo sé que soy abeja de tu oído.
Dios silencioso, Dios desconocido,
¿por qué si más te busco, más te escondes?

Las olas de los cuándos y los dóndes
manchan de sombra el litoral perdido
en donde clamo . . . Si no estás dormido
tal vez mi hoguera parpadeante rondes:

Lucero en lo alto de mi noche oscura,
o vampiro amoroso que la veta
se bebe lento de mi sangre impura.

¡Cómo nutres de luz a tu criatura
en tanto la devoras! ¡Qué secreta,
qué secreta, Señor, es tu ternura!

(De *Cielo en rehenes*, 1951, en *Obra poética*, 1955)

Humberto Díaz Casanueva

CHILE, 1908   Las preocupaciones básicas del pensamiento poético de Humberto Díaz Casanueva son en rigor de índole filosófica, al menos en su tónica existencial: la búsqueda y el enigma del Ser proyectado sobre el riesgo del tiempo y la nada, la precaria unidad del destino humano, etc. No obstante, si su poesía aparece calificada como metafísica hay que aclarar que no lo será a la manera intelectual de Borges o Gorostiza sino sentida desde el fondo de un temperamento romántico y una consiguiente visión del mundo sombría y desolada, los cuales se sobreponen en el verso a la limpidez de las ideas para determinar con gran fuerza su turbio y caótico tono expresivo. Así, en el comentario de esta poesía es frecuente encontrarnos con términos como magia, mito, sueño, violencia, azar, frenesí, delirio, en fin, sobrerrealidad. Con ello se nos quiere indicar que los poemas de Casanueva son las indagaciones fragmentarias y desorganizadas—desde el punto de vista lógico-discursivo—de un hombre que, heredero del romanticismo e hijo de su siglo, desconfía de las posibles respuestas de la razón y se lanza a un buceo más penetrante hacia los fondos de la irracionalidad. De esas incursiones regresará trayendo en añicos los imponderables trágicos de la existencia—la angustia y el miedo, la ignorancia humana ante la muerte, el dolor de la incomunicación—a los cuales opone una resistencia ética de ternura, piedad y afán de conjurar la eternidad en el instante. El texto poético no llega a integrarse, pero no a la manera del vanguardismo, sino porque los símbolos e imágenes brotan como una explosión eruptiva y oscura para quedar en ese tosco estado, determinando un natural hermetismo que al cabo se elogiará o censurará de acuerdo a personales preferencias. El propio poeta adelanta su justificación en un verso clave de *Vigilia por dentro*: "este es el testimonio doliente del que no puede labrar sus formas puras porque se lo impide su ser hecho de peligro y de cruel sobresalto."

Casanueva es autor de una obra de difusión limitada en Hispanoamérica a pesar del interés que posee dentro de la línea en que se sitúa, de lo cual llamaba la atención Gabriela Mistral. No siempre exhibe el mismo grado de complejidad y conviene señalar a *Réquiem*, fervoroso poema escrito a la muerte de su madre, quizá como el de menos difícil acceso. De él ha dicho la poetisa chilena que es "un libro padecido y logrado de una vez por todas," augurando que no será disuelto "ni por la roña del tiempo ni por el atarantamiento de los críticos ni por la veleidad de los lectores."

Temas generales

1. Las motivaciones metafísicas en la poesía de H.D.C. y su expresión poética.
2. Las tensiones entre el fondo romántico-existencial y los resortes morales.
3. El hermetismo como tono general del lenguaje poético y su justificación en H.D.C. Examen de las posiciones de los críticos sobre este punto.
4. Imaginación creadora y formulación conceptual.
5. Relaciones de afinidad y diferencias entre H.D.C. y otros poetas románticos, superrealistas y metafísicos.

Bibliografía

Obra poética

El aventurero de Saba, Santiago de Chile, 1926. *Vigilia por dentro*, 1931. *El blasfemo coronado*, 1940. *Réquiem*, México, 1945. *La estatua de sal*, Santiago de Chile, 1947. *La hija vertiginosa*, 1954. *Los penitenciales*, Roma, 1960. *El sol ciego. En la muerte de Rosamel del Valle*, Santiago de Chile, 1966.

Estudios

LIBROS ESPECIALES: Valle, Rosamel del, *La violencia creadora: poesía de H.D.C.*, Santiago de Chile, 1959. LIBROS GENERALES: Elliott, Jorge, *Antología crítica de la nueva poesía chilena*, Universidad de Concepción, Chile, 1957. Gerbasi, Vicente, *Creación y símbolo*, Caracas, 1942. ARTÍCULOS: Coleman, John A., Sobre H.D.C.: *Los penitenciales*, RHM, *XXIX*, núm. 2, 1963. Garibaldi, Carlos A., "H.D.C.," AlfM, *XV*, núm. 77, 1937. Gramcko, Ida, "Poesía y tiempo" (Sobre H.D.C.: *La hija vertiginosa*), NacionC, 11 ag. 1955. Guezález, Miguel A., "Poesía y metafísica en Díaz Casanueva," A, *XCIII*, núm. 286, 1949. Leiva, Raúl, Sobre H.D.C.: *Réquiem*, RGuat, *I*, núm. 1, 1945; RepAm, 27 dic. 1947. Lombardo, Darío, "La poesía de H.D.C.," CCLC, núm. 37, 1959. Marín, Juan, Sobre H.D.C.: *La estatua de sal*, RepAm, 10 jul. 1949. Mistral, Gabriela, "Un poema de Díaz Casanueva," AmerW, *VI*, núm. 3, 1954. Torres, Aldo, Sobre H.D.C.: *La hija vertiginosa*, REdS, *XV*, núm. 64, 1955. Torres Ríoseco, Arturo, "El *Réquiem* de H.D.C.," AmerW, *XII*, núm. 10, 1960.

Presencia

En el sitio donde el sueño precede al alma he hallado mujeres de la patria,
ya comidas sus estatuas de sal por una lenta e implacable lágrima,
en la noche cuando fantasmas agrietan el poco de tierra que perdura en mi cuerpo
[cuando duermo,
y que algún párpado siempre ha de negar como el de animales recién nacidos.
Por el propio peso de sus rostros, la tristeza de mi alma se desprende,
quiero elegir una de aquellas miradas antiguas que me arden como vinos nocturnos,
que centellean en mi memoria, rasgan viejos lutos y hacen sangrar la ceniza.
Mas por todas partes mis ojos salobres, ay, ven las manos cortadas del amor,
en torno mío olas rasgan sus blancas túnicas, buscan su piel terrestre.
Rumorea en mi adentro lo que siempre escucho en la cabeza de los bebedores
en que cautivos redimidos cantan por su rescate.
Tal vez si tuviera ese sueño que cultiva ojos para el amor más lejano
vería el último cisne cayendo al agua como sobre una virgen
y ese rayo de sol que dobla una paloma mientras mi sortija se funde en el crepúsculo.
Pero es la noche y sólo brilla ese cristal piadoso que corre en el instante de la muerte
[o del olvido.

(De *Vigilia por dentro*, 1931)

La visión

Yacía obscuro, los párpados caídos hacia lo terrible
acaso en el fin del mundo, con estas dos manos insomnes
entre el viento que me cruzaba con sus restos de cielo.

Entonces ninguna idea tuve, en una blancura enorme
se perdieron mis sienes como desangradas coronas
y mis huesos resplandecieron como bronces sagrados.
Tocaba aquella cima de donde el alba mana suavemente
con mis manos que traslucían un mar en orden mágico.
Era el camino más puro y era la luz ya sólida
por aguas dormidas, resbalaba hacia mis orígenes
quebrando mi piel blanca, sólo su aceite brillaba.
Nacía mi ser matinal, acaso de la tierra o del cielo
que esperaba desde antaño y cuyo paso de sombra
apagó mi oído que zumbaba como el nido del viento.
Por primera vez fui lúcido mas sin mi lengua ni mis ecos
sin lágrimas, revelándome nociones y doradas melodías;
solté una paloma y ella cerraba mi sangre en el silencio,
comprendí que la frente se formaba sobre un vasto sueño
como una lenta costra sobre una herida que mana sin cesar.
Eso es todo, la noche hacía de mis brazos ramos secretos
y acaso mi espalda ya se cuajaba en su misma sombra.
Torné a lo obscuro, a larva reprimida otra vez en mi frente
y un terror hizo que gozara de mi corazón en claros cantos.
Estoy seguro que he tentado las cenizas de mi propia muerte,
aquellas que dentro del sueño hacen mi más profundo desvelo.

(De *Vigilia por dentro*, 1931)

Réquiem (*fragmento*)

In memoriam Manuela Casanueva de Díaz

III

¿Puede callar el hombre si está roto por los hados? ¿jactarse de rumiar su polvo?
[¿le basta el silencio como un caudal sombrío?
¿No pertenecen los sordos himnos a los vivos de la coraza partida?
Aunque las palabras no puedan guiarnos debajo de las piedras porque están llenas
[de saliva,
(son los carozos que arroja la caravana)
yo he de cantar porque estoy muy triste, tengo miedo y las horas mudas mecen a
[mi alma.
Yo vuelvo el rostro hacia el lugar donde la sombra cubre a su recién nacida.
Palpo la piedra obscura que junta los labios, la mojan lágrimas y se enciende un poco
[y tiembla como si todavía quedaran sílabas cortadas.
Tú eres y no otra, tú que me estás mirando de todas partes y no me pudiste mirar
[de cerca,
cuando las gradas de piedra aparecieron.
Vi de lejos el ángel que hendía la montaña,
vi tu corona de sudor rodando por la noche,
tu regazo lleno de hielo.
Ahora estamos de orilla a orilla y te llamo y los árboles se agitan como si fueras a
[aparecer alumbrada por el cielo.

Madre, ¿qué estás haciendo tan sola en medio del mar?

Y solamente responde mi propio corazón como un bronce vacío.

¿No tienes una cita conmigo? ¿no me dejarás entrar en el valle donde vagabundean
[las castas y los cuerpos desahogados perseveran?

¿O tal vez no puedo traspasar el umbral porque los muertos se arrojan coronas unos
[a otros y no me es dado entender los huesos ávidos?

Pero tú sólo estás dormida,

bañada por la luz perpetua del amor

y tu abrasada voluntad vaga entre las cosas terrenas como un coro desvelado que
[crece y me arrebata cuando te llamo en el silencio.

(De *Réquiem*, 1945)

La estatua de sal (*fragmentos*)

X

Yo soy apenas Uno que danza como Uno, yo no quiero ser Dos ni Múltiple

Ni tampoco quiero sumergirme en vida

En el espantoso Todo.

Si habéis escuchado mi trote de caballo ciego

Perdido entre las estrellas

Derribando al frío jinete

Deseando la yerba del suelo,

Entonces, ¿Perdonáis mi canto? ¿Perdonáis esta vela desplegada en medio
[de la tempestad?

Yo quiero avivar vuestros fuegos, demostraros que aquello que sois

Es más grande que aquello que deseáis ser o teméis ser

Y que vuestra vida es nostalgia para otros,

Tiempo contado, cuenta que se desliza por el hilo (¿acaso roto?)

Yo quiero ser Uno, pero en el Otro, diferente, pero mutuo,

Con el mismo apremio, comunicándole

La pregunta mordida

Para ser por fin yo mismo

Porque sin el Otro sucumbe mi ser excesivo

Acorralado

En la tierra que huye del espacio doliente

Que conquista el sueño del hombre solitario.

XIII

¿Y todo lo que hice fue sólo para merecer el morir?

Lo que no pueden hacer los animales que arrastrándose recurren a su propio
[cuerpo

Y ya no lo cargan y se arrodillan de pronto aterrados,

Ni los ángeles que se levantan el manto, más no ven sus postrimerías,

El desierto ven, extasiados eternamente.

Y si he merecido el morir. ¿Podré entonces vivir?

¡Vivir, vivir!

La urgencia de mi ser es tal que me atribulan mis dones más que mi pobreza
Diciéndome todos los días:
El ímpetu que me lleva a perecer
Es el mismo que me apremia a vivir
La muerte se agolpa en nosotros
Y vive mientras estamos vivos
Y conforme a ella renacemos
A cada instante
Y muerte y vida en la balanza
Forcejeando
Nos mantienen de pie sobre la tierra.

(De *La estatua de sal*, 1947)

La hija vertiginosa (*fragmentos*)

XIV

Hija aquí
sobre las palmas de mis manos
una para la vida y otra para la muerte!
Los flecos de la gran púrpura somos
Pero escucha el grito
La tierra está adentro del tambor
Tus pies sus labios verdes que en nosotros
sepultaron al silencio como un trueno dormido
Oh inescrutable don que nos obliga
aunque le tememos
como la caricia oculta de un gran amor
que sólo existe al merecerlo!
Presérvanos hija dentro de tu cuerpo inmenso
Las entrañas envuelvan los miembros despe-
[ñados
Y la luz cuajada sea el día
nada más que el día por largo tiempo
Aceite de mi casa coronada
Arder! Meter la llave ardiente a la piedra
que pulo!
Me oyes nieto del bronce? Ves el águila
que beso ya emplumada en la cuna
llena de rocío
aunque la luz cortada por el párpado
ciega me llore la sombra de las cosas?
Entonces bailemos
Qué venideros somos asomados hasta el hueso
del espejo
lleno lleno el ramo que encojo en la agonía!

Si los sellos que nos cubren
damos vuelta
qué gran mirada arroja el cuerpo errante!

El ser te apremia
burlador de la nada
y así tallado un pájaro de nieve!
Bailemos
Qué jardines reflejamos saltando?
Qué ronda somos de dioses presentidos?
Sonrisa que dice la verdad?
Bailemos
Las manos juntas dentro del mismo bronce
La cera en los tajos de la carne
Trabados
como si pisáramos uvas borrachas
como si en la temblorosa garganta un pie
[subiera
del corazón cautivo
un gemido un cántico
de la terrosa figura imaginaria apenas siendo
más humana si principia ya acabada
Al cero vuelve y no vencida!
Seamos
La presencia es sólo
la cifra en que crecemos
Hija
Semejanza que nostálgica nos sueña!

(De *La hija vertiginosa*, 1954)

Pablo Antonio Cuadra.━━━━━━━

NICARAGUA, 1912   Pertenece Pablo Antonio Cuadra, con José Coronel Urtecho y
Joaquín Pasos como figuras mayores, al grupo
renovador que centrado de manera principal
en la revista *Vanguardia* (1928) logró borrar en
la misma tierra de Rubén Darío los últimos
rastros de un resistente modernismo y elevar
el verso a una digna altura dentro de la lírica
nueva. Unidas a preocupaciones de índole
poética andaban en aquel grupo otras de tono
nacionalista y anti-imperialista que matizan
con fuertes implicaciones éticas el contenido
de sus obras. Entre ellas destaca la de Cuadra
por haber sido el más decidido impulsor de
una poesía de inspiración nativa. Aun en sus
primeras "Canciones de pájaro y señora" se
veía ya finamente estilizado el paisaje geográfico y humano de Nicaragua, fiel presencia
en toda su obra.

Desde entonces, la poesía de Cuadra ha
sido una profundización en sus inquietudes
patrióticas y americanas tanto como en las
más trascendentales de quien se coloca
lúcidamente ante su destino temporal, asu-
miéndolo con un vigoroso temple estoico y
cristiano. Así va integrando motivaciones
variadas, que se encadenan de modo coherente como fases de una trayectoria moral
vivida a plenitud: desde la agridulce evocación y fabulación de la infancia hasta la
denuncia concreta de fuerzas extranjeras en
su país y la orgullosa conciencia de su ser
nacional, instancias que el poeta salva de
cualquier peligroso provincianismo al otor-
garles un tratamiento poético universal. En
su cima más alta, el verso de Cuadra apunta
hacia el reconocimiento de la existencia
transitoria, redimible sólo en la muerte y
sostenida en el ejemplo de un Cristo—Dios
humanado—que se ofrece como refugio,
sostén y enseñanza para el hombre. Ha
cultivado también el poema extenso (*Canto
temporal*), donde aborda reflexiva y emocionadamente una introspección espiritual de
amplio alcance. Pero en todos sus libros
aparece la tierra—los concretos elementos de
su paisaje nicaragüense—conformando los
mecanismos imaginativos del lenguaje y
dando a éste un natural y flúido sabor
americano. El profundo sentimiento de la
naturaleza, vista a la vez en su inmanencia y
en su dimensión trascendente, concede sin
quiebras el fondo más intenso y original de la
poesía de Pablo Antonio Cuadra. Junto a ese
sentimiento, y de modo especial en los
últimos tiempos, ha venido trabajando en los
mitos autóctonos de su tierra centroamericana, elevándolos a una expresión de la más
alta dignidad artística.

Temas generales

1. Formas tradicionales y motivos nicaragüenses
   en los poemas primeros de P.A.C.
2. Geografía, naturaleza y paisaje: su presencia
   real y su proyección trascendente.
3. La nostalgia y la fabulación de la niñez en el
   verso de P.A.C.
4. P.A.C y su poesía de tema anti-imperialista.
5. Examen de las variadas motivaciones espirituales en el *Canto temporal*.
6. El sentimiento religioso y el tema de Cristo.

Bibliografía

Obra poética

Canciones de pájaro y señora, Managua, 1929. *Poemas nicaragüenses, 1930–1933*, Santiago de Chile, 1934. *Canto temporal*, Managua, 1943. *Poemas con un crepúsculo a cuestas*, Madrid, 1949. *La tierra prometida. Selección de poemas*, Managua, 1952. *Libro de horas* (edición personal fragmentaria), 1956. *Elegías*, Palma de Mallorca, 1957. *El jaguar y la luna*, Managua, 1959. *Zoo*, San Salvador, 1962. *Poesía. Selección 1929–1962*, Madrid, 1964. *Noche de América para un poeta español*, 1965.

Estudios

LIBROS GENERALES: Lamothe, Luis, *Los mayores poetas latinoamericanos de 1850 a 1950*, México, 1959. *Nueva poesía nicaragüense*; introd. de Ernesto Cardenal, sel. y notas de Orlando Cuadra Downing, Madrid, 1949. Riquer, Martín de, y José María Valverde. *Historia de la literatura universal*, Barcelona, 1959.

ARTÍCULOS: Baciu, Stefan, "P.A.C., poeta nicaragüense," CCLC, núm. 20, 1956. Battle, John W., "P.A.C.'s *El jaguar y la luna*," RomN, *VI*, 1965. Caballero Bonald, J.M., "P.A.C. y sus Torres de Dios," Espectador, 21 ag. 1965. Caballero Bonald, J.M., *Crónica de poesía*, Insula, núm. 218, 1965. Caballero Bonald, J.M., "El ejemplo de Cuadra," Tiem, 1965. Cote Lamus, Eduardo, "*La tierra prometida* de P.A.C.," "CuH, *XX*, núm. 57, 1954. Fernández Almagro, Melchor, "P.A.C.: Un proceso ascensional," VEB, 17 dic. 1964. Guzmán, Félix, Sobre P.A.C.: *El jaguar y la luna*, RNC, *XXII*, núm. 138, 1959. Herrero Esteban, Jacinto, Sobre P.A.C.: *El jaguar y la luna*, PoeMa, núm. 88, 1960. Herrero Esteban, Jacinto, "Emily Dickinson y P.A.C.," CuH, *LXI*, 1965. Jiménez Martos, Luis, "*Poesía* de Cuadra," ELit, 13 mar. 1965. Murciano, Carlos, "La estela de Rubén," VEB, 1 feb. 1964. Murciano, Carlos, "Poesía de P.A.C.," PoeMa, núm. 155, 1965. Quiñones, Fernando, Sobre P.A.C.: *Zoo*, CuH, *LII*, 1962. Quiñones, Fernando, "Crónica de poesía," CuH, núm. 180, 1964. Rodríguez Castelo, Hernán, "P.A.C., poeta cristiano de América," ResM, núm. 8, 1965. Rojas Jiménez, Oscar, "*Poesía* de P.A.C.," UniversalCar, 29 jun. 1965. Tovar, Antonio, "Poemas con una nueva mitología," GIM, núm. 431, 1965. Valverde, José María, "*La tierra prometida* de P.A.C.," Revista, 1952. Valle, Francisco, "La poesía de P.A.C.," DiaT, 23 mar. 1966.

Canciones de pájaro y señora

3

Tres pájaros soy y trino.

De pluma si escribo y amo,
de luna si bebo vino,
de sombra si vivo en vano.

¡Más vale pájaro en mano!

(De *Canciones de pájaro y señora*
[1929–1931], en *Poesía*, 1964)

LA ROSA

Quien se arrima a la rosa
no tiene sombra.

Yo busqué la belleza
y el sol me quema.

(De *Canciones de pájaro y señora*
[1929–1931], en *Poesía*, 1964)

Patria de tercera

Viajando en tercera he visto
un rostro.
No todos los hombres de mi pueblo
óvidos, claudican.

He visto un rostro.
Ni todos doblan su papel en barquichuelos
para charco. Viajando he visto
el rostro de un huertero.

Ni todos ofrecen su faz al látigo del "no"
ni piden.
La dignidad he visto.
Porque no sólo fabricamos huérfanos,
o bien, inadvertidos,
criamos cuervos.
He visto un rostro austero. Serenidad
o sol sobre su frente
como un título (ardiente y singular).

Nosotros ¡ah! rebeldes
al hormiguero
si algún día damos
la cara al mundo:
con los rasgos usuales de la Patria
¡un rostro enseñaremos!

(De *Poemas nicaragüenses*, 1935)

Introducción a la tierra prometida

Portero de la estación de las mieses,
el viejo sol humeante de verdes barbas vegetales
sale a la mañana bajo una lluvia de prolongados tamboriles
y vemos su hermoso cuerpo luminoso como en un vitral,
labrador de la tierra,
abuelo campesino de gran sombrero de palma,
cruzando con sus pesados pies la blanda arcilla gimiente.
Ahora estamos ya en el mes de las mariposas
y, alrededor del grano cuya resurrección ellas anuncian disfrazadas de ángeles,
brotan también las palabras antiguas caídas en los surcos,
las voces que celebraron el paso de este sol corpulento y anciano
amigo de nuestros muertos, agricultor desde la edad de nuestros padres,
propietario de la primavera y de sus grandes bueyes mansos.
Voy a enseñarte a ti, hijo mío, los cantos que mi pueblo recibió de sus mayores
cuando atravesamos las tierras y el mar
para morar junto a los campos donde crecen el alimento y la libertad.
Aquí, tal vez, al paso del sol, llegó el primer latido de tu sangre,
cuando una doncella virgen se inclinaba para recoger la espiga
y una flor cualquiera era suficiente para concertar una sonrisa.
Hombres valientes nos han antecedido. Mujeres fuertes como los vientos de Enero
que no decaen bajo la ardiente cólera del astro,
y aquí dejaron sus cuerpos para nutrir tu resistencia desde los pies,
para subir a tu palabra como crece el maíz a la altura del hombre
y vigilar desde tus ojos recios en todo este horizonte de nuestro dominio.
Ellos encendían las fogatas después de la labor
y aquí escuché las estrofas de este himno campal
que entonaban nuestros padres en la juventud de los árboles
y que nosotros sus hijos repetimos, año tras año,
como hombres que vuelven a encontrar su principio:

¡Oh tierra! ¡Oh entraña verde prisionera en mis entrañas:
tu Norte acaba en mi frente,
tus mares bañan de rumor oceánico mis oídos
y forman a golpes de sal la ascensión de mi estatura.
Tu violento Sur de selvas alimenta mis lejanías
y llevo tu viento en el nido de mi pecho,

tus caminos, en el tatuaje de mis venas,
tu desazón, tus pies históricos,
tu caminante sed.
He nacido en el cáliz de tus grandes aguas
y giro alrededor de los parajes donde nace el amor y se remonta.
Oh sol antepasado,
Oh procesión sumisa
de las alamedas y las siembras.
Vengo a la visitación de tus silencios,
tierra familiar de calores afectuosos,
paterna y castigadora,
tierra lacustre recostada sobre la luna,
tierra-volcán en la danza del fuego.

    Y vosotros, árboles de las riberas,
nidos de los pequeños hijos del bosque,
alas al sol de los buitres,
reses en los pastos, víboras sagaces:
dadme ese canto,
esa palabra inmensa que no se alcanza en el grito de la noche
ni en el alarido vertical de la palmera,
ni en el gemido estridente de la estrella.

    ¡Oh! Coger, coger para la pupila
la eternidad azul del espacio
y la mansa libertad de los horizontes!
Nace la hierba y muere en el holocausto
de esa palabra sin voz. Así la flor,
así la bestia y el río
y la más remota esperanza de la nube.
Eres tú, colibrí,
pájaro zenzontle,[1] lechuza nocturna,
chocoyo[2] parlanchín verde y nervioso,
urraca[3] vagabunda de las fábulas campesinas.
Eres tú, conejo vivaz,
tigre de la montaña, comadreja escondida,
tú, viejo coyote[4] de las manadas,
zorro ladrón,
venado montaraz,
anciano buey de los corrales.
Eres tú, ¡oh selva!
¡Oh llano sin lindes!
¡Oh montaña sin sol,
laguna sin olas!
Eres tú, capitana de crepúsculos.
Noble historia de pólvora y laureles.
Porvenir de trigales y de niños:
¡Amor nicaragüense!

(De Poemas nicaragüenses, 1935)

---

[1] *zenzontle*: sinsonte o cenzontle, ave americana de canto armonioso.
[2] *chocoyo*: ave trepadora de canto agradable.

[3] *urraca*: pájaro de plumaje blanco y negro que remeda palabras.
[4] *coyote*: lobo de México y Centroamérica.

Canto temporal (fragmento)

VI

Necesitamos agacharnos como los campesinos a la tierra,
doblar el cuerpo para tocar como los campesinos a la tierra,
adorar al Señor con esta inclinación como los campesinos de la tierra.

Tierra madre conjugada por el misterio de los muertos,
olor de recuerdos imperecederos, raíces vivas
y renovación de las más recónditas podredumbres!
. . . No pretendemos la indecisa dimensión de la ausencia
porque el ojo no penetra si la carne es ilesa!
Necesitamos el doloroso tacto, el sudoroso dolor de las milpas y los fangos,
esa piel de tormento que rasgan los hijos y los frutos.
Es ahí, en el incesante calor de su honda materia
donde se hinca la raíz del sereno crecimiento,
porque los pies se extienden con ansias subterráneas
para que pueda la palma del cabello mecerse bajo los astros.

Yo corté las maderas de las montañas en diciembre.
Penetraba en la respiración de las inmensas soledades
sin intentar definirme. Ni a mi nombre llamaba,
porque la selva esparce los contornos del hombre.
. . . ¡Era cuando los árboles!
Recordemos la columna del níspero silvestre,
del mango, del malinche,
su espontánea vegetal arquitectura
rematando en sus racimos maduros capiteles!
¡Y a la bóveda verde los reunidos silencios
en oración de pájaros y abejas, como templo, oficiando!

Yo sembré con el ardor conyugal de las palomas
en el moreno-tibio perfume de los surcos mojados
las sílabas del pan. Su palabra abundante.
Se cubrieron mis brazos del amargo rocío de la carne
y en el rito solar de las dulces lunas tempranas
me bastaba mirar el cabello de la muchacha campesina
volcándose como un derrame de mieles de jicote.[5]

Consideremos el poema del cortés florecido,
la desnudez del caoba tendido como las indias sin tálamo,
el verde enardecido de los platanares banderilleantes.
A veces una extraña vertiente aparece en el brillo de los ojos
y donde vamos mirando depositamos la lluvia y la humedad de su júbilo.
El venado se desprende de nosotros como velocidad que silbamos,
la ardilla nos recorre las vértebras como la inquietud de una cita,
la serpiente se aleja de la pupila igual que la dilatada mirada de la cólera
y el pájaro en tu cabellera corriendo agita su libertad.
Llevamos el animal y nos asciende como una vena más,
como un golpe más del pecho y un sonido aún más largo del amor que vincula.

[5] *jicote:* avispa gruesa de Centroamérica; panal de esta avispa.

Llevamos una hierba, una hoja, una verde línea de savia y vegetación
trepando sobre el hueso en madreselva,
y así sube y se afianza el corcel complementario,
el caballo en el cimiento para la exacta estatura;
caballo en el pecho, caliente de galope
y los belfos aspirantes y la crin que se esparce como la estela del ansia.

Toda tierra y ser y mar y elemento
robustecen el límite, al corazón penetran,
y llevan hacia el mundo, rebotando la vida,
la múltiple unidad trascendente del hombre.
La materia es tan dúctil como el torso de la esposa,
se alimenta la frente como del pez la entraña
en el oro y el sol, en la rosa y la rueda.
En el hombre se inscriben la marea y la savia,
la respiración y el temblor de los metales,
la inconsciencia mineral de los motores,
el brusco corazón de los pistones y los árboles.
¡La materia podemos recrearla con los dedos!
El tornillo es una larva con el sueño coagulado,
y en el avión existen las claves de la pluma.
La máquina es hermosa si el amor la lubrica,
el aire es como tierra si gustamos su muerte.
¡La noche es como el hierro!

Sin embargo, ¿quién confiesa su posesión cumplida? . . .
El amor es otro amor al cabo ¡y lo perdemos!
El mundo es otro mundo al fin ¡y lo buscamos!
y a las riberas en cilicio de la vida
amargas olas empujan tu naufragio.
La tierra ya chupada en su bagazo hastía
y el ojo que no extrae la luz de la presencia
cierra a la yerma procesión del mundo
el párpado pesado, inapetente, duro.

Sin el amor no clama el pecho en universo,
sin el amor no llega al pueblo nuestra voz.
Sin el amor marchita su música la amada
y en la rosa inexacta, en la reseca estrella
se agolpa la ceniza, el harapiento rastro
del vacío recuerdo retirado.
¿Quién no cuenta un regreso de cansancio y de zarza,
momentos en que somos la oquedad desesperada,
indeleble metal que ya no suena
campana de pavor y sombra intraducible?
. . . En vano recetamos seguros desenlaces
en vano si de rosas y azúcares atiende
la frente que ha soñado al fresco del laurel!
Ahora ya comprendes: el camino
es un río con sed.
Buscamos lo inasible y también lo cercano,
y nos duele la prisa y también la lentitud.

Laberinto de rosas nos confunde el perfume
de ese aire tan simple al milagro del vuelo.
¡No es allí nuestro amor!
Para saber la vida, la muerte es su secreto,
su íntima y ardiente vital resurrección!

(De *Canto temporal*, 1943)

Cristo en la tarde

Era cuando la vejez de la amapola.
Cuando la precipitada senectud de la violeta.
En ese lugar. A la puerta del templo nocturno,
donde la Madre Tarde, canosa, apoyada en su cansancio,
deja en la alcancía su única moneda.
                              En esa hora.
Llamando desde Emaús,[6] desde otras tardes,
desde playas indelebles, desde aldeas:
"Ved que reúno en el corazón todas las cosas que retornan.

Llamo, convoco en esta hora los rostros que vuelven
con una capa de tiempo—unas horas derribadas—
sobre la brillante juventud de la mañana.
Ved que llamo a los puertos, reclamo a las riberas
donde regresan los navegantes, húmedos de mar,
todavía caudalosos de las fatigas fluviales.
Las posadas,
los nidos colgantes,
las altas palmas pendulares de las oropéndolas,
las cuevas bostezantes de la raposa y del caucelo:[7]
todo lugar que acoge, Yo lo llevo ahora dulcemente
recibiendo memorias,
recibiendo los cantos del arribo."
—"Estoy reuniendo los pasos esperados,
la aproximación feliz de los retornos
—madres que asoman a sus propias pupilas, interrogando,
zenzontles implumes que pían, lactantes cachorros,
y aquellos que he pronunciado con preferencia
porque su retorno está marchito de soledad—.
¡Ah! Yo he venido. Yo he llegado con ellos.
Ved que acompaño uno a uno tanto desenlace.
Ved el pecho abriéndose en posada,
dolorosamente roto para tu descanso de la tarde.
Ved que llamo.
                    Es mi voz la que lleva ese pájaro pasajero.
Allí suena: en la rosa a punto de cancelar su exposición,

---

[6]*Emaús*: barrio de Judea, cerca de Jerusalén, apareció Jesucristo por primera vez a sus discípulos después de la resurrección.
[7]*caucelo*: tigrillo de Centroamérica.

en esa mano del padre resbalando lentamente sobre la frente del hijo,
en el fuego prudente del pan,
en el calor de lo amado que otra vez acoge.
¡Yo soy el amanecer y el ocaso!
Para vosotros que veis descender el sol y os devora el silencio
—desposeídos, tristes errabundos—
para vosotros los marginales
—desvalidos de los crepúsculos, andantes sin retorno—
ésta es la hora en que Yo he sido descendido hasta mi ocaso.
Bajan mi cuerpo con el vuestro
y Yo comparto con vosotros mi última tarde.

    ¡Oh, venid! ¡He vaciado de sangre mi corazón
para dar lugar a que los hombres reclinen su pesadumbre!"

                                        (De *Libro de Horas* [1946–1954] en *Poesía*, 1964)

El dolor es una águila sobre tu nombre

¿De quién es mi dolor, si lo rechazo
y me pertenece? Cargo
a mi espalda el águila y su ojo
fija a mi nombre el ser. Mas soy
el otro que huye de su garra y llevo
a mi espalda el águila. Libertad
es tormento.

Aferrada a mi carne
su garra me despierta
para asegurarme que vivo.

Pero su grito es mortal.

                (De *El jaguar y la luna*, 1959)

Autosoneto

Llaman poeta al hombre que he cumplido.
Llevo mundo en mis pies ultravagantes.
Un pájaro en mis venas. Y al oído
un ángel de consejos inquietantes.

Si Quijote, ¡llevadme a mi apellido!
—De la Cuadra—: cuestor de rocinantes,
y así tenga pretextos cabalgantes
mi interior caballero enloquecido.

Soy lo sido. Por hombre, verdadero.
Soñador, por poeta, y estrellero.
Por cristiano, de espinas coronado.

Y pues la muerte al fin todo lo vence,
Pablo Antonio, a tu cruz entrelazado
suba en flor tu cantar nicaragüense.

                (De *Poesía*. [*Selección 1929–1962*], 1964)

Otto De Sola ~~~~~~~~~~~~~~~~~~~

VENEZUELA, 1912   Otto De Sola nace a la poesía dentro del grupo *Viernes*, que bajo la inspiración de Miguel Ángel Queremel y con otros nombres de tanto interés como Vicente Gerbasi, ensayaron hacia 1936 en la lírica venezolana un notable cambio de rumbos en la concepción y el lenguaje poéticos. La estética inicial de De Sola quedará señalada lógicamente por las características generales de dicho grupo—complejidad expresiva cercana al hermetismo, aprovechamiento del mundo onírico, libertades superrealistas, etc. —a más de una personal cercanía a los místicos y a los románticos alemanes, de cuya devoción nuestra antología recoge su "Elegía a Hölderlin." Pero en el ejercicio de su constante quehacer, el poeta reproducirá con originalidad el ciclo común a tantos líricos contemporáneos de Hispanoamérica, o sea, el paso a una poesía apoyada con mayor fuerza en la directa experiencia del hombre y tendiente a una clarificación del lenguaje mediante la cual los recursos expresivos se ciñen a iluminar sin complicaciones la básica vivencia que se desea transmitir. Paralelamente a este proceso de apertura verbal, o condicionador de él, se da en De Sola una verificable amplitud del repertorio temático. Su verso irá incorporando entonces, los motivos más variados; y esa amplitud y variedad denunciarán la presencia humana cada vez más enérgica del poeta en su obra.

Un examen somero de ella arroja la realidad americana y tropical del paisaje, las sugerencias amorosas y sentimentales, la cotidianidad del presente, las llamadas del pasado, etc. En algunas ocasiones todo un libro surgirá en torno a un definido centro creador: los temas bíblicos del Génesis (*El árbol del Paraíso*) o el ámbito histórico y geográfico de su patria chica (*En los cuatro siglos de Valencia*). Poesía comunicativa la suya, y de sincera palpitación existencial. Por eso la honda y fiel religiosidad, entendido el término en su sentido más amplio, la conciencia del tiempo destructor y, sin embargo, la segura voluntad de afirmación humana definen el perfil más noble y trascendente de la obra lírica de este poeta.

Temas generales

1. Las relaciones de O.D.S. con el grupo *Viernes*. Examen de su obra primera.
2. La naturaleza de América y el Trópico en su poesía.
3. La conciencia existencial y el fondo religioso.
4. O.D.S. y su poesía de tema venezolano.
5. Evolución de los medios expresivos (del hermetismo al equilibrio) en el verso de O.D.S.

Bibliografía

Obra poética

Acento, Caracas, 1935. *Presencia*, 1938. *De la soledad y las visiones*, pról. de Mariano Picón Salas, 1940. *El viajero mortal*, 1943. *En este nuevo mundo*, 1945. *El desterrado en el océano*, Oslo, 1952. *Al pie de la vida*, 1954. *En los cuatro siglos de Valencia*, Valencia, Venezuela, 1957. *El árbol del paraíso*, París, 1961.

Estudios

LIBROS GENERALES: Gerbasi, Vicente, *Creación y símbolo*, Caracas, 1942. Medina, José Ramón, *Examen de la poesía venezolana contemporánea*, Caracas, 1956.

ARTÍCULOS: Leo, Ulrich, "El ciego y su sombra: Meditación filológica sobre un diálogo lírico," RevC, *I*, núm. 2, 1941. Medina, José Ramón, Sobre O.D.S.: *Al pie de la vida*, RNC, *XVII*, núm. 106–107, 1954. Mogollón, Juan Angel, Sobre O.D.S.: *El árbol del paraíso*, RNC, *XXIII*, núm. 144, 1961. Olivares Figueroa, R., "Viejos zumos en la nueva poesía de O.D.S.," UniversalCar, 13 dic. 1960. Paredes, Pedro Pablo, Sobre O.D.S.: *En los cuatro siglos de Valencia*, RNC, *XVIII*, núm. 117–118, 1956. Ruiz, Modesto, "Poema de O.D.S.," NacionC, 19 feb. 1959.

Elegía a Hölderlin

Debajo de los rosales, tú me diste
a beber en tu cáliz, oh, Silencio.—Hölderlin

Si esa paz de arpa olvidada en el ocaso
pudiese decirte lo mal que va la primavera en primavera,
y que los aromas no llegan a su destino llamados por brisas sin ecos,
y que las aldeas y los hombres se matan como fieras;

si esa paz pudiese decirte que por mostrar todo esto que resbala en mi corazón
tengo miedo de que mi sombra me abandone,
y de que me golpeen con lágrimas todas las muchachas del mundo
cuando me vean sin aliento;

si esa paz que ha formado la primera estrella suicida,
y el ave última que no vio más el Arca del Profeta
pudiese decirte qué superficies amargas sostienen a los árboles y al viento,
y qué río se apaga entre raíces,
y qué mano moribunda aprieta una margarita sonámbula,
y qué paloma se cansa de sus plumas y se viste de encajes;

si esa paz pudiese decirte que la primavera muestra sus colores a otros planetas
donde la lluvia es más joven que la tierra,
y las palabras no han nacido aún y las cosas no entienden
por medio de los signos que deja el viento al mover las espigas;

si esa paz de arpa olvidada donde el crepúsculo llama a gritos a todas las mañanas
[sumergidas
pudiese decirte que en mi pecho llevo enterrado
todos los veleros y pañuelos muertos en la ausencia,
y que a mis puertas toca el ruido del mar
y la mano de nardo de una mujer desconocida;

si esa paz pudiese dar luz a tus ojos y hacerte cantar
en esa violeta de fríos que forma la noche en los jardines abandonados,
yo ocuparía tu oscuro sitio
entre linos y almohadas blanquísimas.
    Y un puñado de misterio sepultaría mis palabras . . .

(De *Presencia*, 1938)

Sombra

Yo, que no soy un hombre en este mundo
—Musset

¡Alegre me siento de ser una sombra,
una sombra cantando
a las puertas de mi muerte dormida!

Si vosotros, amigos, dudáis de estas palabras,
mirad sobre mi ser: ¡qué grande se abre el cielo!
Miradme bajo toda la inasible grandeza.
Miradme ahora mismo y podréis decir a todos:
¡qué diamante instantáneo es el alma del hombre,
con su nada y sus sueños,
soñando asir la eternidad en cada beso del día!

La sombra que yo soy bajo el azul del cielo
se eleva hacia los astros; sólo ama del mundo
los sonoros arroyos, las plantas, los silencios;
desprecia a los que siguen en vano negra vida,
los que forman su mundo de terribles acciones.

¡Alegre me siento de ser una sombra,
una sombra cantando
a las puertas de mi muerte dormida!

A mi lado no tienta este mundo y sus fulgores.
Me basta sólo el paso del sol entre las ramas,
y uno que otro brillo de algún lago dormido,
o tenderme en el césped fragante de mi huerta
como se tiende el aire dulce en la primavera.

¡Sombra soy bajo todas las estrellas distantes!
¿Qué más da ser en tierra con amargos dolores?
Dolor por los otoños, por la fuente extinguida,
o por las nieblas tristes en desolados valles.
Dolor por las inmóviles y espectrales campiñas
que a las nubes imploran frescura en sus ramajes.

¡Alegre me siento de ser una sombra,
una sombra cantando
a las puertas de mi muerte dormida!

¿Qué más da ser en tierra de profundos abismos,
de húmedos olvidos, de flautas que se mueren,
de aleros casi en llantos, en luces vespertinas?
¿Qué más da ser en tierra que a cenizas reduce
cualquier torre del viento nacida en el desierto,
o el alma de los niños que asciende hasta los dioses?

¡Sombra soy bajo todas las estrellas distantes!
¡Miradla, oh mis amigos, comienza a dar su adiós!
Que hasta vosotros llegue como luz de alborada,
despertando en el mundo la verdad que me guía,
verdad de saberme sombra, entre tántas mentiras.

La sombra que yo soy bajo el azul del cielo
se pierde hacia lo ignoto, lejos de los mortales . . .

(De *La soledad y las visiones,* 1941)

Nueva vibración

Retiro estos espectros. Ahora los alejo sin voces ni tristezas.
Quiero estar solitario, sin ellos, en mi vida
que sueña entrar ahora en el aire dorado
de todas las estrellas.
¿Para qué estos espectros que enturbian el jardín,
que hunden nuestra vida en sombras imprevistas?
Quiero vivir sin ellos. Me atormentan sus voces de invierno y despedidas.
Ellos siempre me invitan
a contar las monedas heladas de la muerte;
a entrar, enmudeciendo, con el ocaso a cuestas, en sepulcros de fríos.
En fin, ellos me invitan a vivir sin sonidos
como una torre sola escondida en la noche.
Retiro estos espectros. Ahora los alejo sin voces ni tristezas.
Quiero estar junto a ti, poesía azorada
por los pasos de Dios,
quien vaga sin cesar en mi conciencia clara
como brisa del cielo, llamada por las flores.

(De *El viajero mortal*, 1943)

Nocturno de los muelles

A las tablas mojadas el mar se acerca y rapta
una vieja gaviota caída de la luna,
mientras allá en las olas una extasiada luz,
hecha de peces rojos,
ilumina las manos del viento que reparte
blancas embarcaciones a los muelles nocturnos.

La ola de los mares en la noche camina
ofreciendo errabundos collares a las islas!

La ola, entre la noche, va sacando del fondo,
hacia la inmensa playa, su gran mercadería,
reservada a los clientes misteriosos del mar.

Allí, junto a las algas, aproxímase un cliente!
Es el viento marino vestido de diamantes:
en sus manos salobres las olas depositan
una extraña tortuga brillando bajo el cielo.

Y más allá, creciendo, en la desnuda arena,
que se cubre de estatuas, silencios y racimos,
la noche compra y guarda, en su cofre de plata,
los bellos caracoles que no puede comprar
esta isla tan pobre, con su antiguo volcán.

A los muelles mojados el mar se acerca y lanza
petrificadas sombras de ruinas oceánicas,
y en las sucias orillas, pescando entre la noche,
los negros, aún sueñan, y creen que la medusa
puede tallar la piedra que llevará mañana,
en las fiestas del puerto, la sortija del mar.

Los negros en los muelles cargan sacos de sombra,
y en las tablas podridas, donde duerme la muerte
que sigue al marinero, recogen las miserias
con que a diario sostienen su golpeada osamenta;
recogen, caminando, caminando en la isla,
llena de enormes ramos, un viejo sufrimiento,
de sangrientas cadenas, que se traga el tambor.

Nocturno de los muelles. Dejas en nuestra piel
una antigua humedad de lágrimas caídas
en los barcos negreros.
Dejas, sobre la arena, en la noche infinita,
algunas cartas sueltas que sólo el viento sabe
leer junto a la tumba de la espuma dormida.

(De *El desterrado en el océano*, 1952)

Cuerpo en el trópico

Este tronco maldito, carcomido de sueños,
terrible planta oscura, buena o ya perdonada,
es mi efímero cuerpo.
Con sus ramas sangrientas se libra bajo el cielo
de una lluvia salvaje de flechas vegetales.

Mi cuerpo se defiende de esta verde embestida,
y las flechas temblando
pasan con el latido
que a veces escuchamos
en la entraña profunda de los árboles.

Y yo me digo a solas: hasta cuándo la tierra
persigue a este indefenso
hundiéndole los pies en un siniestro río de amapolas.

Tierra, siquiera dadme, dadme lo que perdona.
He crecido en silencio. He crecido
palmo a palmo en tu sombra
hasta llegar a ser una roja arboleda.

Y siento que tus huesos se me hacen volcanes,
y que una estrella inmensa
me escupe y me patea
transformando mi cuerpo en aquella ceniza
que vestida de negro pasa por los espejos.

Tierra, siquiera dadme, dadme lo que construye.
Lo que pueda vivir: aquello que de pronto
se abre junto a las rocas, como el libro del mar,
o mejor, lo que brilla
—casi sin que se vea—
como el reloj del bosque en el anochecer.

No es justo que destruyas el cuerpo que ha contado
desde su pobre cama,
las torcidas costuras que lleva el esqueleto,
el cuerpo que tú has visto contemplando la noche
en las viejas encías de todos los caimanes.

El cuerpo con sus trajes bien planchados
o arrugados tal vez en el tranvía,
el cuerpo que ama,
olvida y vuelve a amar,
el cuerpo que te canta con su boca,
mientras la lejanía, soltando sus caballos,
quiebra sus paraísos para hacerse metal.

Tierra, siquiera dadme, dadme lo que perdona.
No es justo que destruyas ese cuerpo que sube,
que se arruga y que cae,
dejando en cada casa,
sobre las viejas mesas,
el pan, el libro, el sueño, la luz del universo.
Tierra, siquiera dadme, dadme lo que perdure.

(De *Al pie de la vida*, 1954)

Insomnio

A veces me despierto entre la noche
con un grito que doy en el silencio.
Alma extraña, la mía, no se acomoda
aún a su destino, a su esqueleto:
una calle, otra calle, por el sueño
atravieso, creyendo que voy solo.
Pero ahora al saber que no he llegado
nunca a ninguna parte cuando duermo,
me suelo preguntar muy confundido:
¿no será otra persona la que grita
dentro de mí buscando otras salidas?

Si esto hubiese ocurrido por razones
de las noches que caen sobre mi casa,
yo debiera ahora mismo renunciar
a ese vidrio dormido en mis ventanas,
a mi alcoba, al espejo, a mi silencio,

a los peces que están en el acuario,
y de pronto parar el minutero,
y romper con violencia el calendario
para que aquel que grita no se entere
si estamos en abril o en los meses
de esconderle los árboles al viento!

Cuando aquel personaje grita adentro
de mí, en la alta noche, y me despierta,
yo debiera decir, sin miedo alguno:
¡no tengo ni siquiera el cuerpo mío!
Posiblemente todo lo que he hecho
es por simple obediencia al propietario
de aquel grito nocturno que no es mío,
como tampoco soy ni he sido el dueño
de este cuerpo que baño y que alimento.

Mi destino es entonces el siguiente,
ayudar sin descanso al que me habita,
a ese que se esconde y que no quiere
que nadie le arrebate su secreto:
el de existir oculto entre la gente,
sirviéndose de un pobre ser mortal
que lo lleve hacia el mundo disfrazado
con mi cara, por máscara, invariable,
y sin pagar un céntimo en servicio:
¡qué caro va costándome este empleo!

Y si algún día muriera ¿a dónde iría
ese intruso que habita entre los sótanos
de mi alma, y más allá, en mi conciencia?
Es de derecha a izquierda donde grita
sin saber si amontono sufrimientos,
sin saber si me arañan los recuerdos,
si tengo ya cansancio de la tierra
por deseos de habitar otros planetas!

Nada sabe ese intruso de mis cosas,
de si tengo mujer o pinto un barco
sobre las ebriedades del océano,
de si me place abrir en cada aurora
mi ventana al paisaje, a los canales,
de si estoy todavía trabajando,
o acostado desnudo sobre el lecho
esperando a mi bella nadadora,
aquella que ha salido fácilmente
de los astros, cantando,
en alianza secreta con el cielo.
Nada sabe ese intruso de mi vida,
de si está por ahí aquel ocaso
con su farol buscándome otra vez!

Pensándolo muy bien, tengo que hablarle
a causa del fastidio en que me tiene:
—¿por qué no te decides a encontrar
otro cuerpo, otra vida, otro esqueleto?
Pero pienso otro asunto conveniente,
más importante a tu aventura ¡escucha!:
—¿por qué no vamos, silenciosamente,
hasta los hospitales donde esperan
aquellos que perdieron la existencia,
y de un modo discreto y confortable
reemplazas, en un cuerpo, algo perdido?

Allá, en aquel difunto, por lo menos,
tienes mucho que hacer entre los días,
poner todas las cosas, que se fueron,
en un orden eterno, a tal extremo
que ya puedas decir: voy existiendo,
estoy al fin andando por mi cuenta,
sin tener que invadir alojamientos,
sin tener que pedirle ideas a nadie,
ni la acumulación de las mentiras,
ni el instrumento que sujeta al sueño,
ni tampoco esas llaves misteriosas
manejadas sin tregua por el tiempo
para que pueda entrar el porvenir.
Allá, en aquel difunto, por lo menos,
podrás amar, a solas, cuando quieras!

Marzo de 1965

[Inédito]

Eduardo Carranza

COLOMBIA, 1913   Eduardo Carranza es uno de los más destacados poetas del grupo piedracielista, llamado así por sus publicaciones en la revista "Piedra y cielo," que fundó Jorge Rojas en 1935 bajo la advocación de Juan Ramón Jiménez y del que formaron parte, asimismo, Arturo Camacho Ramírez y en cierto sentido Carlos Martín y Tomás Vargas Osorio. Se trataba de un movimiento francamente posvanguardista, que deseaba volver a la tradición hispánica en la poesía y superar las travesuras y juegos malabares de las escuelas de vanguardia. Carranza—como sus compañeros, y cada uno por vías diferentes—contribuyó en alto grado a la formación de una conciencia poética "actual" en Colombia. Y en él esa conciencia se manifiesta de modo jubiloso y afirmativo; de tal suerte que al escribir elegías realmente poco elegíacas acaso está escribiendo madrigales. Es pues, la suya una poesía clara y sencilla en la cual lo que más ha advertido la crítica es su gracia lírica. También ha sido

contradicha nuestra opinión anterior sobre el aspecto jubiloso de esta poesía, señalándose los tonos melancólicos que en ella se advierten. Pero si bien es cierto que hay evidencias de esa melancolía—sobre todo en los poemas más recientes de Carranza, como en algunos de su libro *El olvidado*, de 1957—, no es otra cosa que la expresión natural que el paso de los años deja en el alma del poeta. Sin embargo de todo ello, hay algún poema de Carranza, como el "Soneto con una salvedad" en que aquel sentido de aceptación de la realidad, al modo del "all's well with the world" de Robert Browning, aparece teñido muy tenuemente de vergonzosa tristeza en ese "salvo mi corazón" del verso final. Y aunque en términos generales la poesía de Carranza parece deslizarse por la superficie de las cosas, sin profundizar mucho en su esencia, también lo es que la levedad, vaguedad y misterio de muchos de sus poemas son seguras cualidades de permanencia en nuestra literatura.

Temas generales

1. E.C. y el "piedracielismo" colombiano de 1935.
2. Hispanismo y americanismo en los versos de E.C. Unión de raíz tradicional y fuerza telúrica ambiental en su obra.
3. Las elegías de E.C.: su carácter plácido y sus personajes femeninos.
4. La naturaleza como fondo elemental en los versos de E.C.
5. Los elementos sensuales sobre los que E.C. elabora sus poemas.

Bibliografía

Obra poética

Canciones para iniciar una fiesta, Bogotá, 1936. *Seis elegías y un himno*, 1939. *Canciones para iniciar una fiesta. Poesía en verso* (1935-1950), Madrid, 1953. *El olvidado y Alhambra*, pról. de Dámaso Alonso, Málaga, 1957.

Estudios

ARTÍCULOS: Arango, Daniel, "Estudio y selección de E.C.," UnivCB, *VI*, núm. 18, 1940. Caballero Bonald, José Manuel, "E.C.," ColM, *III*, núm. 55. 1952. Fernández Cuenca, Carlos, "Un libro de E.C. marcó el punto de partida de la nueva poesía de Colombia," CoLM, *IV*, núm. 82, 1953, Márquez Salas, Antonio, "E.C. en la poesía colombiana," Tiem, 7 dic. 1947. Maya, Rafael, "Estudio y selección de E.C.," UnivCB, *III*, 1939.

Quiñones, Fernando, Sobre E.C.: *El olvidado*, CuH, *XXXII*, núm. 95, 1957. Roggiano, Alfredo A., "E.C. y la nueva poesía colombiana," HuT, *II*, núm. 5, 1954.

Nada más

Me queda el alba llena
de presencias azules
y la gota del tiempo
sobre el cristal del sueño.

Me queda el curvo río
donde apoya su frente
la luna mientras canta
con voz delgada y blanca.

Me queda una ventana
con orla de sonrisa
y miradas, sembrando,
tierna, su enredadera.

Y la espiga del alma,
su dorada verdad,
queriendo ser estrella:
ya quieta claridad.

Con los brazos abiertos,
me queda el horizonte,
y aquella margarita
muerta con su secreto.

Y un amor, un amor
más alto que mi canto,
que se torna celeste
y me asciende la cálida
guitarra de mi sangre.

Me queda esa ciudad
de campanas, hundida
en mi cerrado mar,
y un dulce caracol
que me da su rumor,
hallado en esta humana
playa de las palabras.

Me quedan, vagamente,
la mariposa diáfana
de la luz, una tarde
limitada de música,
aquel perfil de luna
y una voz que me nombra
cubierta de rocío.

Y el rumor cristalino
de la hora, creciendo,
surtidor hacia el frío
espacio de la muerte.

(De *Seis elegías y un himno*, 1939,
en *Canciones para iniciar una fiesta*
[*1935-1950*], 1953)

Domingo

Un domingo sin ti, de ti perdido,
es como un túnel de paredes grises
donde voy alumbrado por tu nombre;
es una noche clara sin saberlo
o un lunes disfrazado de domingo;

es como un día azul sin tu permiso.
Llueve en este poema; tú lo sientes
con tu alma vecina de cristal;
llueve tu ausencia como un agua triste
y azul sobre mi frente desterrada.

He comprendido cómo una palabra
pequeña, igual a un alfiler de luna
o un leve corazón de mariposa,
alzar puede murallas infinitas,
matar una mañana de repente,
evaporar azules y jardines,
tronchar un día como si fuera un lirio,
volver granos de sal a los luceros.

He comprendido cómo una palabra
de la materia azul de las espadas
y con aguda vocación de espina,
puede estar en la luz como una herida
que nos duele en el centro de la vida.
Llueve en este poema, y el domingo
gira como un lejano carrusel;
tan cerca estás de mí que no te veo,
hecha de mis palabras y mi sueño.

Yo pienso en ti detrás de la distancia,
con tu voz que me inventa los domingos
y la sonrisa como un vago pétalo
cayendo de tu rostro sobre mi alma.

Con su hoja volando hacia la noche,
rayado de llovizna y desencanto,
este domingo sin tu visto bueno
llega como una carta equivocada.

La tarde, niña, tiene esa tristeza
del aire donde hubo antes una rosa;
yo estoy aquí, rodeado de tu ausencia,
hecho de amor y solo como un hombre.

(De *Seis elegías y un himno*, 1939,
en *Canciones para iniciar una fiesta*, 1953)

Soneto con una salvedad

Todo está bien: el verde en la pradera,
el aire con su silbo de diamante
y en el aire la rama dibujante
y por la luz arriba la palmera.

Todo está bien: la frente que me espera,
el agua con su cielo caminante,
el rojo húmedo en la boca amante
y el viento de la patria en la bandera.

Bien que sea entre sueños el infante,
que sea enero azul y que yo cante.
Bien la rosa en su claro palafrén.

Bien está que se viva y que se muera.
El sol, la luna, la creación entera,
salvo mi corazón, todo está bien.

(De *Azul de ti. Sonetos sentimentales*, 1937–1944,
en *Canciones para iniciar una fiesta*, 1953)

Tema de ausencia

¿Cómo era, Dios mío, cómo era?
—Juan Ramón Jiménez

En el sitio del alma donde empieza
a olvidarse un perfume; en la imprecisa
frontera donde el aire se hace brisa,
y estrellada nostalgia, la tristeza;

como en una congoja de belleza
o entre un sueño borrándose, Alisa,
en un lugar apenas de sonrisa
inclinas vagamente la cabeza.

Humo divino de mi propio fuego
me tiene rodeado, casi ciego,
luchando con tu rostro diluído.

Penumbra de ti misma, el verte enlazas
con el no verte, y por mi frente pasas,
de niebla, entre el recuerdo y el olvido.

(De *Azul de ti. Sonetos sentimentales*, 1937–1944,
en *Canciones para iniciar una fiesta*, 1953)

El sol de los venados

A mi madre

Recuerdo el sol de los venados
desde un balcón crepuscular.
Allí fui niño, ojos inmensos,
rodeado de soledad.
El balcón se abría a los cerros
lejanos, casi de cristal.
En lo hondo trazaba el río
su tenue línea musical.
El balcón que vengo narrando
era bueno para soñar:
y en la tarde nos asomábamos
por él hacia la inmensidad,
hacia las nubes y el ensueño,
hacia mi poesía ya.
Del jardín subía la tarde
como de un pecho el suspirar.
Y el cielo azul era tan bello
que daban ganas de llorar.
Todas las cosas de repente
se detenían y era cual
si mirasen el cielo abierto
en pausa sobrenatural.
Por el silencio de mi madre
se oía los ángeles cruzar.
Y quedábamos un instante
fuera del tiempo terrenal,
alelados y transparentes,
como viviendo en un vitral.
Todo el Girón se iluminaba
como de un súbito cantar:
triscaba el sol de los venados
como un dorado recental
por los cerros abandonados:
un sol cordial, un sol mental,
como pensado por la frente

de una doncella, un sol igual
al aleteo de una sonrisa
que no se alcanza a deshojar,
como la víspera de un beso
o el aroma de la claridad,
sueño del sol, cuento del sol . . .
Y era entonces cuando el turpial,
como ahogándose en melodía,
en su jaula rompía a cantar.
Todo en la tierra de los hombres
parecía a punto de volar
y, que en el mundo todo fuera
de aire y alma nada más.
Esto duraba menos tiempo
del que yo llevo en lo narrar.
Las tristes cosas recobraban
de pronto su rostro habitual.
El viento azul volvía a la rama,
volvía el tiempo a caminar
y el hondo río reanudaba
su discurrir hacia la mar.
Entre la gloria del poniente
abierto aún de par en par
tendían sus alas las campanas
hacia un céfiro santoral.

Recuerdo el sol de los venados
desde un balcón crepuscular.
Los días huían como nubes
altas, de un cielo matinal.
Allí fui niño, allí fui niño
y tengo ganas de llorar.
Ah, tristemente os aseguro:
tanta belleza fue verdad.

(De *Los días que ahora son sueño*, 1943–1946,
en *Canciones para iniciar una fiesta*, 1953)

Nicanor Parra

CHILE, 1914   La asunción de un mundo sin orden ni sentido, con sus angustiosas implicaciones existenciales, es una vez más la clave última en la obra de Nicanor Parra. Ante ese resorte común cada poeta vibrará, en temática y tono expresivo, de acuerdo a su talante. El escepticismo radical de Parra ("Aquí nada es verdad. Aquí nada perdura," escribió en un poema que reproducimos) le hará desconfiar de toda tentativa emocional trascendente y oponer a la "poesía de las nubes," abstracta e intelectual, una concreta "poesía de la tierra firme." Esta actitud supone ante todo una reacción contra el hermetismo que los epígonos del Neruda de las primeras "Residencias" y aun otros chilenos de mérito personal venían practicando, con el consiguiente enrarecimiento de la atmósfera lírica hispanoamericana. Todavía en fecha próxima se ha referido sin ningún entusiasmo al "superrealismo recalcitrante de Buenos Aires." Es la suya, así, una dicción abierta y clara; aunque esa claridad nada tiene de diáfana pues en él está turbiamente matizada por el sarcasmo y la más afilada intención satírica, los cuales conforman una visión amarga y ásperamente estilizada de la realidad y un vocabulario que la recoge con agresiva violencia. *Antipoemas*

llama Parra a la forma más original que ha dado a esa poesía "antiornamental, concreta, directa y turbulentamente narrativa," según la acertada caracterización de Fernando Alegría. Pero también ha escrito *poemas*, dentro de los cuales el fresco tono popular (véase por ejemplo "La cueca larga") y el hábil y sugerente manejo de los metros menores ("Catalina Parra") aligeran o embellecen pero no ocultan el desesperanzado sentir y la estoica rebeldía que dan unidad íntima a su producción.

Esa versatilidad del poeta ha permitido decir a Pablo Neruda que Parra puede "de un solo vuelo cruzar los más sombríos misterios o redondear como una vajilla el canto con las sutiles líneas de la gracia." Su imagen ha crecido, sin embargo, como la del "antipoeta," y es que en los textos de esta línea hay una cuidada técnica que asocia por sorpresa la gravedad con la burla, el dolor con la ironía, el apunte fugaz de la belleza y la levedad con el bronco prosaísmo de lo cotidiano. El resultado es conmover fuertemente al lector; revelando en el fondo a un poeta muy actual y muy de este mundo que a la vez posee, sin exhibirla, una personal y segura conciencia de su arte.

Temas generales

1. La sinrazón del mundo como centro de visión poética de N.P. y sus manifestaciones temáticas.
2. Las tensiones emocionales persistentes a lo largo de la obra de N.P. (desencanto, hastío, escepticismo, ironía, histeria, frustración, etc.) y su expresión poética.
3. Examen de su trayectoria poética como profundización de su sentimiento pesimista de la

existencia.
4. El estilo expresivo—técnica poética, métrica y vocabulario—en relación con su centro espiritual de creación.
5. El tiempo y la nostalgia en la poesía de N.P.
6. La poética de N.P. como clave para situarlo dentro de la poesía chilena e hispanoamericana contemporánea.

Bibliografía

Obra poética

Cancionero sin nombre, Santiago de Chile, 1937. *Poemas y antipoemas*, 1954. *La cueca larga*, 1958. *Versos de salón*, 1962. *La cueca larga y otros poemas*, Buenos Aires, 1964. *Canciones rusas*, Paris, 1967.

Estudios

LIBROS GENERALES: Elliot, Jorge, *Antología crítica de la nueva poesía chilena*, Santiago de Chile, 1957. ARTÍCULOS: Alegría, Fernando, Sobre N.P.: *La cueca larga*, RevIb, *XXIV*, núm. 47, 1959. Alegría, Fernando, "N.P., el anti-poeta," CuA, *XIX*, núm. 3, 1960. García, Pablo, "Contrafigura de N.P.," A, *CXIX*, 1955. Isaacson, José, "¿Antipoesía o poesía?" Nac, 30 mayo 1965. Lihn, Enrique, "Introducción a la poesía de N.P." (estudio, datos biográficos y selección), AUCh, *CIX*, 1951. Lindo, Hugo, "Nicanor antipoeta," RepAm, mar., 1958. Machado de Arnao, Luz, Sobre N.P.: *La cueca larga y otros poemas*, UniversalCar, 24 ag. 1965. Selva, Mauricio de la, Sobre N.P.: *La cueca larga y otros poemas*, CuA, *XXV*, núm. 2, 1966. Xirau, Ramón, Sobre N.P.: *Versos de salón*, DiaMex, núm. 2, 1965.

Es olvido

Juro que no recuerdo ni su nombre
mas moriré llamándola María,
no por simple capricho de poeta:
por su aspecto de plaza de provincia,
¡Tiempos aquellos! Yo un espantapájaros,
ella una joven pálida y sombría.
Al volver una tarde del Liceo
supe de la su muerte inmerecida,
nueva que me causó tal desengaño
que derramé una lágrima al oírla.
Una lágrima. Sí . . . ¡Quién lo creyera!
Y eso que soy persona de energía.
Si he de conceder crédito a lo dicho
por la gente que trajo la noticia
debo creer sin vacilar un punto
que murió con mi nombre en las pupilas,
hecho que me sorprende porque nunca
fue para mí otra cosa que una amiga.
Nunca tuve con ella más que simples
relaciones de estricta cortesía:
nada más que palabras y palabras
y una que otra mención de golondrinas.
La conocí en mi pueblo (de mi pueblo
sólo queda un puñado de ceniza),
pero jamás vi en ella otro destino
que el de una joven triste y pensativa.
Tanto fue así que hasta llegué a tratarla
con el celeste nombre de María,
circunstancia que prueba claramente
la exactitud central de mi doctrina.
Puede ser que una vez la haya besado
¡Quién es el que no besa a sus amigas!
Pero tened presente que lo hice
sin darme cuenta bien de lo que hacía.
No negaré, eso sí, que me gustaba
su inmaterial y vaga compañía,
que era como el espíritu sereno
que a las flores domésticas anima.
Yo no puedo ocultar de ningún modo
la importancia que tuvo su sonrisa
ni denegar el favorable influjo
que hasta en las mismas piedras ejercía.
Agreguemos, aún, que de la noche
fueron sus ojos fuentes fidedignas.
Mas, a pesar de todo, es necesario
que comprendan que yo no la quería,
sino con ese vago sentimiento
con que a un pariente enfermo se designa.
Sin embargo sucede. Sin embargo,
lo que a esta fecha aún me maravilla,
ese inaudito y singular ejemplo
de morir con mi nombre en las pupilas
ella, múltiple rosa inmaculada,
ella, que era una lámpara legítima.
Tiene razón, mucha razón la gente
que se pasa quejando noche y día
de que el mundo traidor en que vivimos
vale menos que rueda detenida.

Mucho más honorable es una tumba,
vale más una hoja enmohecida.
Nada es verdad. Aquí nada perdura:
ni el color del cristal con que se mira.
Hoy es un día azul de primavera;
creo que moriré de poesía.

De esa famosa joven melancólica
no recuerdo ni el nombre que tenía.
Sólo sé que pasó por este mundo
como una paloma fugitiva.
La olvidé sin quererlo. Lentamente
como todas las cosas de la vida.

(De *Poemas y antipoemas*, 1954)

La trampa

Por aquel tiempo yo rehuía las escenas demasiado misteriosas.
Como los enfermos del estómago que evitan las comidas pesadas,
prefería quedarme en casa elucidando algunas cuestiones
referentes a la reproducción de las arañas,
con cuyo objeto me recluía en el jardín
y no aparecía en público hasta avanzadas horas de la noche;
o también en mangas de camisa, en actitud desafiante,
solía lanzar iracundas miradas a la luna
procurando evitar esos pensamientos atrabiliarios
que se pegan como pólipos al alma humana.
En la soledad poseía un dominio absoluto sobre mí mismo,
iba de un lado a otro con plena conciencia de mis actos
o me tendía en las tablas de la bodega
a soñar, a idear mecanismos, a resolver pequeños problemas de emergencia.
Aquellos eran los momentos en que ponía en práctica mi célebre método onírico,
que consiste en violentarse a sí mismo y soñar lo que se desea,
en promover escenas preparadas de antemano con participación del más allá.
De este modo lograba obtener informaciones preciosas
referentes a una serie de dudas que aquejan al ser:
Viajes al extranjero, confusiones eróticas, complejos religiosos.
Pero todas las precauciones eran pocas
puesto que por razones difíciles de precisar
comenzaba a deslizarme automáticamente por una especie de plano inclinado,
como un globo que se desinfla mi alma perdía altura,
el instinto de conservación dejaba de funcionar
y privado de mis prejuicios más esenciales
caía fatalmente en la trampa del teléfono
que como un abismo atrae a los objetos que lo rodean
y con manos trémulas marcaba ese número maldito
que aún suelo repetir automáticamente mientras duermo.
De incertidumbre y de miseria eran aquellos segundos
en que yo, como un esqueleto de pie delante de esa mesa del infierno
cubierta de una cretona amarilla,
esperaba una respuesta desde el otro extremo del mundo,
la otra mitad de mi ser prisionero en un hoyo.
Esos ruidos entrecortados del teléfono,
producían en mí el efecto de las máquinas perforadoras de dentistas,

se incrustaban en mi alma como agujas lanzadas desde lo alto,
hasta que, llegado el momento preciso,
comenzaba a transpirar y tartamudear febrilmente.
Mi lengua parecida a un biftec de ternera
se interponía entre mi ser y mi interlocutora
como esas cortinas negras que nos separan de los muertos.
Yo no deseaba sostener esas conversaciones demasiado íntimas
que, sin embargo, yo mismo provocaba en forma torpe
con mi voz anhelante, cargada de electricidad.
Sentirme llamado por mi nombre de pila
en ese tono de familiaridad forzada
me producía malestares difusos,
perturbaciones locales de angustia que yo procuraba conjurar
a través de un rápido método de preguntas y respuestas
creando en ella un estado de efervescencia pseudoerótica
que a la postre venía a repercutir en mí mismo
bajo la forma de incipientes erecciones y de una sensación de fracaso.
Entonces me reía a la fuerza cayendo después en un estado de postración mental.
Aquellas charlas absurdas se prolongaban algunas horas
hasta que la dueña de la pensión aparecía detrás del biombo
interrumpiendo bruscamente aquel idilio estúpido,
aquellas contorsiones de postulante al cielo
y aquellas catástrofes tan deprimentes para mi espíritu
que no terminaban completamente con colgar el teléfono
ya que, por lo general, quedábamos comprometidos
a vernos al día siguiente en una fuente de soda
o en la puerta de una iglesia de cuyo nombre no quiero acordarme.

(De *Poemas y antipoemas*, 1954)

Catalina Parra

Caminando sola
por ciudad extraña,
¿qué será de nuestra
Catalina Parra?

¡Cuánto tiempo! ¡Un año!
Que no sé palabra
de esta memorable
Catalina Parra.

Bajo impenitente
lluvia derramada,
¿dónde irá la pobre
Catalina Parra?

¡Ah, si yo supiera!
Pero no sé nada
cuál es tu destino,
Catalina Parra.

Sólo sé que mientras
digo estas palabras
en volver a verte
cifro la esperanza.

Aunque sólo seas
vista a la distancia,
niña inolvidable,
Catalina Parra.

Hija mía, ¡cuántas
veces comparada
con la rutilante
luz de la mañana!

¡Ay, amor perdido,
lámpara sellada!
Que esta rosa nunca
pierda su fragancia.

(De *Poemas y antipoemas*, 1954)

La cueca larga (fragmento)

ZAPATEADITO[1]

Esa dama que baila
se me figura
que le pasaron lija
por la cintura.

Por la cintura, ay sí
noche de luna
quién será ese pelao[2]
cabecetuna.[3]

Yo no soy de Santiago
soy de Loncoche[4]
donde la noche es día
y el día es noche.

Yo trabajo en la casa
de doña Aurora
donde cobran quinientos
pesos por hora.

Pesos por hora, ay sí
¿no será mucho?
donde los sinforosos
bailan piluchos.[5]

Piluchos bailan, sí
pescado frito
en materia de gusto
no hay nada escrito.

Nada hay escrito, Talca,[6]
París y Londres
donde la luna sale
y el sol se esconde.

En la calle San Pablo
pica la cosa
andan como sardinas
las mariposas.

Tienen unas sandías
y unos melones
con que cautivan todos
los corazones.

La Rosita Martínez
números nones
se sacó los botines
quedó en calzones.

Y la Gloria Astudillo
por no ser menos
se sacó los fundillos
y el sostén-senos.

El sostén-senos, sí
Domingo Pérez
como las lagartijas
son las mujeres.

Son las mujeres, sí
Pérez Domingo
lávate los sobacos
con jabón gringo.

Una vieja sin dientes
se vino abajo
y se le vio hasta el fondo
de los refajos.

Y otra vieja le dijo
manzanas-peras
bueno está que te pase
por guachuchera.[7]

Por guachuchera, sí
rotos[8] con suerte
bailen la cueca[9] larga
hasta la muerte.

(De *La cueca larga*, 1958)

---

[1] *zapateadito*: de zapateado, antiguo baile popular, muy común en varios países de Hispanoamérica.
[2] *pelao*: en Chile, borracho.
[3] *cabecetuna*: calvo.
[4] *Loncoche*: población de Chile en la provincia de Valdivia.
[5] *piluchos*: en Chile, medio desnudo o desnudo del todo.
[6] *Talca*: ciudad de Chile, capital de la provincia de dicho nombre.
[7] *guachuchera*: borracha. *Guacho* es aguardiente ordinario.
[8] *rotos*: en Chile, hombres del pueblo.
[9] *cueca*: baile popular chileno.

Discurso fúnebre

Es un error creer que las estrellas
puedan servir para curar el cáncer,
el astrólogo dice la verdad
pero en este respecto se equivoca.
Médico, el ataúd lo cura todo.

Un caballero acaba de morir
y se ha pedido a su mejor amigo
que pronuncie las frases de rigor,
pero yo no quiera blasfemar,
sólo quisiera hacer unas preguntas.

La primera pregunta de la noche
se refiere a la vida de ultratumba:
quiero saber si hay vida de ultratumba,
nada más que si hay vida de ultratumba.

No me quiero perder en este bosque.
Voy a sentarme en esta silla negra
cerca del catafalco de mi padre
hasta que me resuelvan mi problema.
¡Alguien tiene que estar en el secreto!

Cómo no va a saber el marmolista
o el que le cambia la camisa al muerto.
¿El que construye el nicho sabe más?
Que cada cual me diga lo que sabe,
todos éstos trabajan con la muerte,
¡estos deben sacarme de la duda!

Sepulturero, dime la verdad,
cómo no va a existir un tribunal,
o los propios gusanos son los jueces.

Tumbas que parecéis fuentes de soda,
contestad, o me arranco los cabellos
porque ya no respondo de mis actos,
sólo quiero reír y sollozar.

Nuestros antepasados fueron duchos
en la cocinería de la muerte:
Disfrazaban al muerto de fantasma,
como para dejarlo más aún,
como si la distancia de la muerte
no fuera de por sí inconmensurable.

Hay una gran comedia funeraria.
Dícese que el cadáver es sagrado,
pero todos se burlan de los muertos.
Con qué objeto los ponen en hileras
como si fueran latas de sardinas.

Dícese que el cadáver ha dejado
un vacío difícil de llenar
y se componen versos en su honor.
¡Falso, porque la viuda no respeta
ni el ataúd ni el lecho del difunto!

Un profesor acaba de morir
¿Para qué lo despiden los amigos?
¿Para qué resucite por acaso?
¡Para lucir sus dotes oratorias!
¿Y para qué se mesan los cabellos?
¡Para estirar los dedos de la mano!

En resumen, señoras y señores,
sólo yo me conduelo de los muertos.

Yo me olvido del arte y de la ciencia
por visitar sus chozas miserables.

Sólo yo con la punta de mi lápiz
hago sonar el mármol de las tumbas.
Pongo las calaveras en su sitio.

Los pequeños ratones me sonríen
porque soy el amigo de los muertos.

Estoy viejo, no sé lo que me pasa.
¿Por qué sueño clavado en una cruz?
Han caído los últimos telones.
Yo me paso la mano por la nuca
y me voy a charlar con los espíritus.

(De *Versos de salón*, 1962)

Nadie

No se puede dormir
Alguien anda moviendo las cortinas.
Me levanto.
        No hay nadie.
Probablemente rayos de la luna.

Mañana hay que levantarse temprano
Y no se puede conciliar el sueño:
Parece que alguien golpeara a la puerta.

Me levanto de nuevo
Abro de par en par:
El aire me da de lleno en la cara
Pero la calle está completamente vacía.

Sólo se ven las hileras de álamos
Que
     se
        mueven
           al
             ritmo
               del
                 viento.

Ahora sí que hay que dormir.
Sorbo la última gota de vino
Que todavía reluce en la copa
Acomodo las sábanas
Y doy una última mirada al reloj
Pero oigo sollozos de mujer
Abandonada por delitos de amor
En el momento de cerrar los ojos.

Esta vez no me voy a levantar
Estoy exhausto de tanto sollozo.

Ahora cesan todos los ruidos
Sólo se oyen las olas del mar
Como si fueran los pasos de alguien
Que se acerca a nuestra choza desmantelada
Y
     no
        termina
           nunca
             de
               llegar.

(De *Canciones rusas*, 1967)

Octavio Paz━━━━━━━━━━━━━━━━━━━━━

MÉXICO, 1914   En Octavio Paz se da, ante todo, la aspiración a hacer de la poesía un instrumento trascendente mediante el cual podrá el hombre inventar—en el sentido de descubrir—lo más escondido y profundo de la realidad. Poesía, pues, como medio de conocimiento e integración de una sustancia existencial caótica, o al menos oscura y contradictoria en sí. Apoyado en muy antiguas doctrinas orientales, a las que se siente afín, pretenderá reaccionar contra el viejo afán occidental de distinción y claridad ("esto *o* aquello") para oponer una poética donde como en aquellas doctrinas ("esto *y* aquello," o aun "esto *es* aquello") se exalta la búsqueda y revelación de esa esencial otredad en que lo real consiste. Para la inteligencia de estas ideas resulta de indispensable lectura su libro de ensayos *El arco y la lira*, ya que poética y poesía son en Paz manifestaciones congruentemente ensambladas de una misma actitud espiritual.

Pocos poetas como él se nos muestran tan adheridos al hecho insoslayable del existir. Sus temas arrancan de aquí directamente: las experiencias del amor vivido, el recuerdo, la muerte y, en términos más amplios, su autóctona cultura mexicana y el destino histórico de la humanidad. Pero tan pronto como cualquier tema se le concreta, su visión básica de la realidad (donde amor, imagen y poesía actúan como poderosos conciliadores de contrarios) lo desglosa y somete a un ritmo temporal y por ello ambivalente y contradictorio, pero unificante e integrador; es decir, a un ritmo que el propio poeta ha evitado empobrecer aclarando que no se trata de un mero desarrollo dialéctico. Y así opera el pensamiento poético de Paz: uniendo soledad y comunión, instante y eternidad, inmanencia y trascendencia, angustia y optimismo, plenitud y decadencia, caos disolvente de la realidad y acción ordenadora por la palabra. En suma, el eterno ciclo vital donde "vida y muerte pactan." Por encima de todo quedará realzada la fuerza suprema del amor como único vehículo de comunicación del yo y el otro y, por tanto, de plena realización humana. La síntesis más lograda de su poesía es, a nuestro juicio, *Piedra de sol*, al que Ramón Xirau ha llamado "poema movimiento, poema río, poema movimiento de conciencia." Imposibilitados de ofrecer sus 584 versos, reproducimos algunos fragmentos pero cuidando de conservar el principio y el final, los cuales resultan claves para el recto entendimiento de la fluencia circular en que el poema (como la existencia, como la eternidad según las concepciones de Paz) discurre. En cambio, damos en su totalidad *Viento entero*, su creación más reciente, y una de las predilectas del autor.

Temas generales

1. Análisis de los temas esenciales de O.P. y observación del desarrollo dual e integrador que imprime a los mismos.
2. Examen de la poética formulada en *El arco y la lira* y su constatación en algunos textos fundamentales del autor a lo largo de su obra: "Al polvo," "El prisionero," "Himno entre ruinas," "Piedra de sol."
3. Presencia, superación y supervivencia del superrealismo en la expresión poética.

4. La teoría de la imagen como conciliación de contrarios y su cumplimiento en los poemas. Influencias del pensamiento oriental en estas ideas.

5. El símbolo y sus relaciones con la imagen como elementos conformadores del poema y el lenguaje poético.

6. La conciencia del otro y el amor como senti-

mientos básicos en el mundo poético de O.P.

7. Mexicanismo, americanismo, universalidad.

8. El hombre y la experiencia del tiempo. Estudio de *Piedra de sol*: la incorporación de elementos culturales aztecas dentro de una visión universal y moderna del problema existencial del tiempo.

Bibliografía

Obra poética

Luna silvestre, México, 1933. *Raíz del hombre*, 1937. *Bajo tu clara sombra*, Valencia, España, 1937. *Entre la piedra y la flor*, México, 1941. *A la orilla del mundo*, 1942. *Libertad bajo palabra*, 1949. *¿Aguila o sol?*, 1951. *Semillas para un himno*, 1954. *Piedra de sol*, 1957. *La estación violenta*, 1958. *Libertad bajo palabra. Obra poética (1935–1958)*, 1960. *Salamandra, 1958–1961*, 1962. *Viento entero*, Delhi, India, 1965. *Vindraban*, Ginebra, 1966.

Estudios

LIBROS ESPECIALES: Xirau, Ramón, *Tres poetas de la soledad* (sobre J. Gorostiza, X. Villaurrutia y O.P.), México, 1955.
ARTÍCULOS: Abreu Gómez, Ermilo, "Inspiración e inteligencia en la obra de O.P.," VUM, 13 oct. 1963. Arellano, Jesús, "El mito de O.P.," VUM, 7 abr. 1963. Couffon, Claude, "Entrevista con O.P.," CCLC, núm. 36, 1959 (recogido en *Hispanoamérica en su literatura*, Santander, 1962). Chumacero, Alí, Sobre O.P.: *La estación violenta*, LetE, núm. 115, 1959. Durán, Manuel, "O.P. en su libertad," Nove, 13 ene. 1957. Durán, Manuel, "Liberty and Eroticism in the Poetry of O.P.," BAbr, *XXXVII*, 1963. Fein, John M., "The Mirror as Image and Theme in the Poetry of O.P.," Sy, *X*, núm. 2, 1956. Gil-Albert, Juan, "América en el recuerdo y la poesía de O.P.." LetrasM, 15 ene. 1943. Larrea, Elba M., "O.P., poeta de América," RNC, *XXVI*, núm. 162–163, 1964. Leal, Luis, "Una poesía de O.P.," HispW. *XLVIII*, núm. 4, 1965. Leiva, Raúl, Sobre O.P.: *Piedra de sol*, Nove, 27 oct. 1957. Poniatowska, Elena, "O.P., roca solar de la poesía," Nove, 3 nov. 1957. Rivas Sáinz, A., "La poesía de O.P.," LetrasM, 15 jun. 1943. Sánchez Barbudo, A., Sobre O.P.: *A la orilla del mundo*, HP, *I*, 1943. Selva, Mauricio de la, "O.P. Búsquedas infructuosas," CBAM, *IV*, núm. 7, 1963. Usigli, Rodolfo, "Poeta en libertad," CuA, *XLIX*, núm. 1, 1950. Vitier, Cintio, Sobre O.P.: *La estación violenta*, RevCu, *I*, 1959. Xirau, Ramón, "La poesía de O.P.," CuA, *X*, núm. 4, 1951. Xirau, Ramón, "Notas a *Piedra de sol*," UnivMex, *XII*, núm. 6, 1958. Xirau, Ramón, "Tres calas en la reflexión poética: Sor Juana, Gorostiza, Paz," PyH, núm. 17, 1961. Xirau, Ramón, "Nota a O.P.," Insula, *XVII*, núm. 184, 1962. Young, Howard T., Sobre O.P.: *La estación violenta*, BAbr, *XXXIII*, 1959.

Himno entre ruinas

donde espumoso el mar siciliano . . .
—Góngora

Coronado de sí el día extiende sus plumas.
¡Alto grito amarillo,
caliente surtidor en el centro de un cielo
imparcial y benéfico!
Las apariencias son hermosas en ésta su verdad momentánea.

El mar trepa la costa,
se afianza entre las peñas, araña deslumbrante;
la herida cárdena del monte resplandece;
un puñado de cabras es un rebaño de piedras;
el sol pone su huevo de oro y se derrama sobre el mar.
Todo es dios.
¡Estatua rota,
columnas comidas por la luz,
ruinas vivas en un mundo de muertos en vida!

Cae la noche sobre Teotihuacán.[1]
En lo alto de la pirámide los muchachos fuman marihuana,
suenan guitarras roncas.
¡Qué yerba, qué agua de vida ha de darnos la vida,
dónde desenterrar la palabra,
la proporción que rige el himno y el discurso,
al baile, a la ciudad y a la balanza?
El canto mexicano estalla en un carajo,
estrella de colores que se apaga,
piedra que nos cierra las puertas del contacto.
Sabe la tierra a tierra envejecida.

Los ojos ven, las manos tocan.
Bastan aquí unas cuantas cosas:
tuna, espinoso planeta coral,
higos encapuchados,
uvas con gusto a resurrección,
almejas, virginidades ariscas,
sal, queso, vino, pan solar.
Desde lo alto de su morenía una isleña me mira,
esbelta catedral vestida de luz.
Torres de sal, contra los pinos verdes de la orilla
surgen las velas blancas de las barcas.
La luz crea templos en el mar.

Nueva York, Londres, Moscú.
La sombra cubre al llano con su yedra fantasma,
con su vacilante vegetación de escalofrío,
su vello ralo, su tropel de ratas.
A trechos tirita un sol anémico.
Acodado en montes que ayer fueron ciudades, Polifemo bosteza.
Abajo, entre los hoyos, se arrastra un rebaño de hombres.
(Bípedos domésticos, su carne
—a pesar de recientes interdicciones religiosas—
es muy gustada por las clases ricas.
Hasta hace poco el vulgo los consideraba animales impuros.)

Ver, tocar formas hermosas, diarias.
Zumba la luz, dardos y alas.
Huele a sangre la mancha de vino en el mantel.

[1] *Teotihuacán:* ("Morada de los dioses") centro religioso prehispánico al Este de la ciudad de México, famoso por sus pirámides y templos.

Como el coral sus ramas en el agua
extiendo mis sentidos en la hora viva:
el instante se cumple en una concordancia amarilla,
¡oh mediodía, espiga henchida de minutos,
copa de eternidad!

   Mis pensamientos se bifurcan, serpean, se enredan,
recomienzan,
y al fin se inmovilizan, ríos que no desembocan,
delta de sangre bajo un sol sin crepúsculo.
¿Y todo ha de parar en este chapoteo de aguas muertas?

   ¡Día, redondo día,
luminosa naranja de veinticuatro gajos,
todos atravesados por una misma y amarilla dulzura!
La inteligencia al fin encarna,
se reconcilian las dos mitades enemigas
y la conciencia-espejo se licúa,
vuelve a ser fuente, manantial de fábulas:
Hombre, árbol de imágenes,
palabras que son flores que son frutos que son actos.

Nápoles, 1948

                              (De *La estación violenta*, [1948-1958],
                                 en *Libertad bajo palabra*, 1960)

Piedra de sol *(fragmentos)*

━▰━▰━▰━▰━▰━▰━▰━▰━▰━▰━▰━▰━▰━▰━▰━▰━▰━▰━

La treizième revient . . .c'est encore la première;
et c'est toujours la seule—ou c'est le seul moment;
car es-tu reine, ô toi, la première ou dernière?
es-tu roi, toi le seul ou le dernier amant?
                              —Gérard de Nerval (*Arthémis*)

un sauce de cristal, un chopo de agua,
un alto surtidor que el viento arquea,
un árbol bien plantado mas danzante,
un caminar de río que se curva,
avanza, retrocede, da un rodeo
y llega siempre:
                 un caminar tranquilo
de estrella o primavera sin premura,
agua que con los párpados cerrados
mana toda la noche profecías,
unánime presencia en oleaje,
ola tras ola hasta cubrirlo todo,
verde soberanía sin ocaso
como el deslumbramiento de las alas
cuando se abren en mitad del cielo, [. . .]

voy por tu cuerpo como por el mundo,
tu vientre es una plaza soleada,

tus pechos dos iglesias donde oficia
la sangre sus misterios paralelos,
mis miradas te cubren como yedra,
eres una ciudad que el mar asedia,
una muralla que la luz divide
en dos mitades de color durazno,
un paraje de sal, rocas y pájaros
bajo la ley del mediodía absorto,
vestida del color de mis deseos
como mi pensamiento vas desnuda,
voy por tus ojos como por el agua,
los tigres beben sueño en esos ojos,
el colibrí se quema en esas llamas,
voy por tu frente como por la luna,
como la nube por tu pensamiento,
voy por tu vientre como por tus sueños,
tu falda de maíz ondula y canta,
tu falda de cristal, tu falda de agua,

tus labios, tus cabellos, tus miradas,
toda la noche llueves, todo el día
abres mi pecho con tus dedos de agua,
cierras mis ojos con tu boca de agua,
sobre mis huesos llueves, en mi pecho
hunde raíces de agua un árbol líquido,
voy por tu talle como por un río,
voy por tu cuerpo como por un bosque,
como por un sendero en la montaña
que en un abismo brusco se termina,
voy por tus pensamientos afilados
y a la salida de tu blanca frente
mi sombra despeñada se destroza,
recojo mis fragmentos uno a uno
y prosigo sin cuerpo, busco a tientas, [. . .]

no hay nada frente a mí, sólo un instante
rescatado esta noche, contra un sueño
de ayuntadas imágenes soñado,
duramente esculpido contra el sueño,
arrancado a la nada de esta noche,
a pulso levantado letra a letra,
mientras afuera el tiempo se desboca
y golpea las puertas de mi alma
el mundo con su horario carnicero,
sólo un instante mientras las ciudades,
los nombres, los sabores, lo vivido,
se desmoronan en mi frente ciega,
mientras la pesadumbre de la noche
mi pensamiento humilla y mi esqueleto,
y mi sangre camina más despacio
y mis dientes se aflojan y mis ojos
se nublan y los días y los años
sus horrores vacíos acumulan,
mientras el tiempo cierra su abanico
y no hay nada detrás de sus imágenes
el instante se abisma y sobrenada
rodeado de muerte, amenazado
por la noche y su lúgubre bostezo,
amenazado por la algarabía
de la muerte vivaz y enmascarada
el instante se abisma y se penetra,
como un puño se cierra, como un fruto
que madura hacia dentro de sí mismo
y a sí mismo se bebe y se derrama
el instante translúcido se cierra
y madura hacia dentro, echa raíces,
crece dentro de mí, me ocupa todo,
me expulsa su follaje delirante,
mis pensamientos sólo sus son pájaros,

su mercurio circula por mis venas,
árbol mental, frutos sabor de tiempo,

oh vida por vivir y ya vivida,
tiempo que vuelve en una marejada
y se retira sin volver el rostro,
lo que pasó no fue pero está siendo
y silenciosamente desemboca
en otro instante que se desvanece: [. . .]

Madrid, 1937,
en la Plaza del Ángel las mujeres
cosían y cantaban con sus hijos,
después sonó la alarma y hubo gritos,
casas arrodilladas en el polvo,
torres hendidas, frentes escupidas
y el huracán de los motores, fijo:
los dos se desnudaron y se amaron
por defender nuestra porción eterna,
nuestra ración de tiempo y paraíso,
tocar nuestra raíz y recobrarnos,
recobrar nuestra herencia arrebatada
por ladrones de vida hace mil siglos,
los dos se desnudaron y besaron
porque las desnudeces enlazadas
saltan el tiempo y son invulnerables,
nada las toca, vuelven al principio,
no hay tú ni yo, mañana, ayer ni nombres,
verdad de dos en sólo un cuerpo y alma,
oh ser total . . . [. . .]

amar es combatir, si dos se besan
el mundo cambia, encarnan los deseos,
el pensamiento encarna, brotan alas
en las espaldas del esclavo, el mundo
es real y tangible, el vino es vino,
el pan vuelve a saber, el agua es agua,
amar es combatir, es abrir puertas,
dejar de ser fantasma con un número
a perpetua cadena condenado
por un amo sin rostro; [. . .]

—¿la vida, cuándo fue de veras nuestra?,
¿cuándo somos de veras lo que somos?,
bien mirado no somos, nunca somos
a solas sino vértigo y vacío,
muecas en el espejo, horror y vómito,
nunca la vida es nuestra, es de los otros,
la vida no es de nadie, todos somos
la vida —pan de sol para los otros,

los otros todos que nosotros somos—,
soy otro cuando soy, los actos míos
son más míos si son también de todos,
para que pueda ser he de ser otro,
salir de mí, buscarme entre los otros,
los otros que no son si yo no existo,
los otros que me dan plena existencia,
no soy, no hay yo, siempre somos nosotros,
la vida es otra, siempre allá, más lejos,
fuera de ti, de mí, siempre horizonte,
vida que nos desvive y enajena,
que nos inventa un rostro y lo desgasta,
hambre de ser, oh muerte, pan de todos, [. . .]

quiero seguir, ir más allá, y no puedo:
se despeñó el instante en otro y otro,
dormí sueños de piedra que no sueña
y al cabo de los años como piedras

oí cantar mi sangre encarcelada,
con un rumor de luz el mar cantaba,
una a una cedían las murallas,
todas las puertas se desmoronaban
y el sol entraba a saco por mi frente,
despegaba mis párpados cerrados,
desprendía mi ser de su envoltura,
me arrancaba de mí, me separaba
de mi bruto dormir siglos de piedra
y su magia de espejos revivía
un sauce de cristal, un chopo de agua,
un alto surtidor que el viento arquea,
un árbol bien plantado mas danzante,
un caminar de río que se curva,
avanza, retrocede, da un rodeo
y llega siempre:

México, 1957

(En *Libertad bajo palabra*, 1960)

Días hábiles

MADRUGADA

Rápidas manos frías
Retiran una a una
Las vendas de la sombra
Abro los ojos
      Todavía
Estoy vivo
    En el centro
De una herida todavía fresca.

(De "Días hábiles," en *Salamandra*, 1962)

AQUÍ

Mis pasos en esta calle
Resuenan
      En otra calle
Donde
      Oigo mis pasos
Pasar en esta calle
Donde
Sólo es real la niebla.

(De "Días hábiles," en *Salamandra*, 1962)

Viento entero

El presente es perpetuo
Los montes son de hueso y son de nieve
Están aquí desde el principio
El viento acaba de nacer
      Sin edad
Como la luz y como el polvo
      Molino de sonidos
El bazar tornasolea
      Timbres motores radios
El trote pétreo de los asnos opacos

Cantos y quejas enredados
Entre las barbas de los comerciantes
Alto fulgor a martillazos esculpido
En los claros de silencio
      Estallan
Los gritos de los niños
      Príncipes en harapos
A la orilla del río atormentado
Rezan orinan meditan
      El presente es perpetuo

Se abren las compuertas del año
                  El día salta

     Agata
    El pájaro caído
Entre la calle Montalambert y la de Bac[2]
Es una muchacha
         Detenida
Sobre un precipicio de miradas
Si el agua es fuego
      Llama
En el centro de la hora redonda
            Encandilada
    Potranca alazana
Un haz de chispas
          Una muchacha real
Entre las casas y las gentes espectrales
Presencia chorro de evidencias
Yo ví a través de mis actos irreales
La tomé de la mano
          Juntos atravesamos
Los cuatro espacios los tres tiempos
Pueblos errantes de reflejos
Y volvimos al día del comienzo
El presente es perpetuo
          21 de junio
Hoy comienza el verano
         Dos o tres pájaros
Inventan un jardín
      Tú lees y comes un durazno
Sobre la colcha roja
        Desnuda
Como el vino en el cántaro de vidrio
       Un gran vuelo de cuervos
En Santo Domingo[3] mueren nuestros her-
                [manos
Si hubiera parque no estarían ustedes aquí
      Nosotros nos roemos los codos
En los jardines de su alcázar de estío
Tipú Sultán[4] plantó el árbol de los jacobinos
Luego distribuyó pedazos de vidrio
Entre los oficiales ingleses prisioneros
Y ordenó que se cortasen el prepucio
Y se lo comiesen
       El siglo
Se ha encendido en nuestras tierras

Con su lumbre
        Las manos abrasadas
Los constructores de catedrales y pirámides
Levantarán sus casas transparentes
         El presente es perpetuo
El sol se ha dormido entre tus pechos
La colcha roja es negra y palpita
Ni astro ni alhaja
        Fruta
Tú te llamas dátil
       Datia
Castillo de sal si puedes
          Mancha escarlata
Sobre la piedra empedernida
Galerías terrazas escaleras
Desmanteladas salas nupciales
Del escorpión
       Ecos repeticiones
Relojería erótica
       Deshora
         Tú recorres
Los patios taciturnos bajo la tarde impía
Manto de agujas en tus hombros indemnes
Si el fuego es agua
        Eres una gota diáfana
La muchacha real
        Transparencia del mundo
El presente es perpetuo
       Los montes
    Soles destazados
Petrificada tempestad ocre
        El viento rasga
     Ver duele
El cielo es otro abismo más alto
Garganta de Salang[5]
La nube negra sobre la roca negra
El puño de la sangre golpea
        Puertas de piedra
Sólo el agua es humana
En estas soledades despeñadas
Sólo tus ojos de agua humana
       Abajo
En el espacio hendido
El deseo te cubre con sus dos alas negras
Tus ojos se abren y se cierran

---

[2]*Montalambert, Bac:* dos calles de París en el barrio de Montparnasse.
[3]*La república de Santo Domingo:* referencia a los sucesos ocurridos en ese país en 1965.
[4]*Tipú Sultán:* o Tippo-Saeb, último nabab de Misora, enemigo de los ingleses.
[5]*Garganta de Salang:* Salang es un río de la isla de Célebes (Malasia) que nace en las montañas centrales del país.

Animales fosforescentes
Abajo
El desfiladero caliente
La ola que se dilata y se rompe
Tus piernas abiertas
El salto blanco
La espuma de nuestros cuerpos abandonados
El presente es perpetuo
El morabito[6] regaba la tumba del santo
Sus barbas eran más blancas que las nubes
Frente al moral
Al flanco del torrente
Repetiste mi nombre
Dispersión de sílabas
Un adolescente de ojos verdes te regaló
Una granada
Al otro lado del Amu-Darya[7]
Humeaban las casitas rusas
El son de la flauta usbek[8]
Era otro río invisible y más puro
En la barcaza el batelero estrangulaba pollos
El país es una mano abierta
Sus líneas
Signos de un alfabeto roto
Osamentas de vacas en el llano
Bactriana[9]
Estatua pulverizada
Yo recogí del polvo unos cuantos nombres
Por esas sílabas caídas
Granos de una granada cenicienta
Juro ser tierra y viento
Remolino
Sobre tus huesos
El presente es perpetuo
La noche entra con todos sus árboles
Noche de insectos eléctricos y fieras de seda
Noche de yerbas que andan sobre los muertos
Conjunción de aguas que vienen de lejos
Murmullos
Los universos se desgranan
Un mundo cae
Se enciende una semilla
Cada palabra palpita
Oigo tu latir en la sombra
Enigma en forma de reloj de arena

Mujer dormida
Espacio espacios animados
Anima mundi
Materia maternal
Perpetua desterrada de sí misma
Y caída perpetua en su entraña vacía
Anima mundi
Madre de las razas errantes
De soles y de hombres
Emigran los espacios
El presente es perpetuo
En el pico del mundo se acarician
Shiva y Parvati[10]
Cada caricia dura un siglo
Para el dios y para el hombre
Un mismo tiempo
Un mismo despeñarse
Lahor[11]
Río rojo barcas negras
Entre dos tamarindos una niña descalza
Y su mirar sin tiempo
Un latido idéntico
Muerte y nacimiento
Entre el cielo y la tierra suspendidos
Unos cuantos álamos
Vibrar de luz más que vaivén de hojas
¿Suben o bajan?
El presente es perpetuo
Llueve sobre mi infancia
Llueve sobre el jardín de la fiebre
Flores de sílex árboles de humo
En una hoja de higuera tú navegas
Por mi frente
La lluvia no te moja
Eres la llama de agua
La gota diáfana de fuego
Derramada sobre mis párpados
Yo veo a través de mis actos irreales
El mismo día que comienza
Gira el espacio
Arranca sus raíces el mundo
No pesan más que el alba nuestros cuerpos
Tendidos

Delhi, 1965

(De *Viento entero*, 1965)

---

[6]*morabito:* ermitaño mahometano.

[7]*Amu-Darya:* importante río del Turquestán.

[8]*flauta usbek:* de Usbekistán, una república Socialista
Soviética de los usbekos en el Asia Central.

[9]*bactriana:* de la Bactriana, región del Asia antigua que

corresponde al nombre moderno de Turquestán afgano.

[10]*Shiva y Parvati:* Shiva, o Siva, es el tercero de los
grandes dioses de la Trimurti o trinidad hindú. Parvati
es su esposa.

[11]*Lahor:* capital del Punjab, en la India.

BIBLIOGRAFÍA

ABREVIATURAS USADAS EN LAS BIBLIOGRAFÍAS

En algunas ocasiones, una misma revista aparece con dos siglas diferentes. Esta dualidad se debe a que así se encuentran en los repertorios bibliográficos consultados. Para evitar confusiones, en la relación siguiente consignamos las dos siglas—una a continuación de la otra—junto al nombre de la publicación.

A Atenea. Concepción, Chile.
AACL Anuario de la Academia Colombiana de la Lengua. Bogotá.
Abs Abside. México.
AANALH Anales de la Acadenisa Nacional de Artes y Letras. La Habana.
AIAPE Asociación de Intelectuales, Artistas, Periodistas y Escritores. Montevideo.
ALatM América Latina. Milán.
ALatPR Alma Latina. San Juan, Puerto Rico.
Alcor Alcor. Asunción, Paraguay.
AlfM Alfar. Montevideo.
Ali ALi Argentina Libre. Buenos Aires.
Ama Amauta. Lima.
Amer América. Quito, Ecuador.
AmerH América. Revista de la Asociación de Escritores y Artistas Americanos. La Habana.
Americ The Americas. Washington, D.C.
AmerW Américas. Unión Panamericana. Washington, D.C.
ArchO Archivum. Universidad de Oviedo.
Ari Ariel. San José, Costa Rica.
ArteC Arte. Ibagué. Departamento del Tolima, Colombia.
ArtL Artes y Letras. New York.
Asom Asomante. San Juan, Puerto Rico.
AUCE Anales. Universidad Central del Ecuador, Quito.
AUCh Anales de la Universidad de Chile. Santiago de Chile.
AuMon Anales de la Universidad. Montevideo.
AyL AyLet Armas y Letras. Monterrey, México.
AzorM Azor. Mendoza, Argentina.
BAAL Boletín de la Academia Argentina de Letras. Buenos Aires.
BAbr Books Abroad. Norman, Okla.

BACLH Boletín de la Academia Cubana de la Lengua. La Habana.
BAV Boletín de la Academia Venezolana. Caracas.
BB Bulletin of Bibliography. Boston.
BBNM Boletín de la Biblioteca Nacional. México.
BCBC Boletín Cultural y Bibliográfico. Bogotá.
BCC Boletín de la Comisión Chilena de Cooperación Intelectual. Santiago de Chile.
BCCU Boletín de la Comisión Cubana de la UNESCO. La Habana.
BF Boletín de Filología. Montevideo.
BiAR Bibliografía argentina de artes y letras. Buenos Aires.
BICC Boletín del Instituto Caro y Cuervo. Bogotá.
BIIL Boletín del Instituto de Investigaciones Literarias. La Plata, Argentina.
BINC Boletín del Instituto Nacional. Santiago de Chile.
Bita Bitácora. Caracas.
BLA Boletín de Literatura Argentina. Universidad Nacional de Córdoba, Argentina.
BolBo Bolívar. Bogotá.
BPAU(P) Boletim da União Pan Americana. Washington, D.C.
BSS Bulletin of Spanish Studies. Liverpool.
BUCh Boletín. Universidad de Chile. Santiago de Chile.
CaB Cadernos Brasileiros. Río de Janeiro.
CasA Casa de las Américas. La Habana.
CBA Comentario. Buenos Aires.
CBAM Cuadernos de Bellas Artes. México.
CCBA Cuadernos de la Costa. Buenos Aires.
CCLC Cuadernos del Congreso por la libertad de la cultura. París.
CdG Cuadernos del Guayas. Guayaquil, Ecuador.
CiBA Ciudad. Buenos Aires.
Ciclon Ciclón. La Habana.
CoLM Correo Literario. Madrid.
Colon Colónida. Lima.
Conv Convivium. Génova-Torino.
CritBA Criterio. Buenos Aires.
CuA Cuadernos Americanos. México.
CuCu Cuadernos de Cultura. Buenos Aires.
CuH Cuadernos Hispanoamericanos. Madrid.

CuJHR Cuadernos Julio Herrera y Reissig. Montevideo.

CuL Cuadernos de Literatura. Madrid.

CultES Cultura. El Salvador.

CultPer Cultura Peruana. Lima.

CUn Cultura Universitaria. Caracas.

CS La Cruz del Sur. Montevideo.

DiaMex Diálogos. México.

DiaT El Día. Tegucigalpa, Honduras.

DiH El Diario de Hoy. El Salvador.

DuHR Duquesne Hispanic Review. Pittsburg. Penna.

EH El Espectador Habanero. La Habana.

ELit La Estafeta Literaria. Madrid.

Epoca Epoca. Montevideo.

Espectador El Espectador. Bogotá.

Espi Espiral. Letras y Artes. Bogotá.

EstA Estudios Americanos. Sevilla.

EstD Estudios. Revista de Cultura Hispánica. Duquesne University. Pittsburgh, Pa.

EstS Estudios. Santiago de Chile.

Etct Et Caetera. Guadalajara, México.

Fan Fanal. Lima.

Fi El Fígaro. La Habana.

Ficcion Ficción. Buenos Aires.

FyL Filosofía y Letras. México.

GaLe La Gaceta de Letras. Caracas.

GalS Galería. Santiago de Cuba.

GIM Gaceta Ilustrada. Madrid.

GLit Gaceta Literaria. Madrid.

Gra Grafos. La Habana.

HCPC Hojas de Cuentos Populares Colombianos. Bogotá.

HdE HEsp Hora de España. Valencia.

Hiper Hiperión. Montevideo.

HispCal HispW Hispania, California. Hispania, Wisconsin.

HP El Hijo Pródigo. México.

HR Hispanic Review. Philadelphia.

Hu Humanidades. Universidad Nacional de La Plata. Argentina.

HuBA Huella. Buenos Aires.

HumaM Humanismo. La Habana.

HumCar Revista de Humanidades. Córdoba, Argentina.

HuT Humanitas. San Miguel de Tucumán, Argentina.

IAL Índice de Artes y Letras. Madrid.

Insula Ínsula, Madrid.

Islas Islas. Santa Clara, Cuba.

JP Le Journal de Poètes. Bruxelles.

KFQ Kentucky Foreign Language Quarterly. Lexington, Ky.

LaTo La Torre. Río Piedras, Puerto Rico.

Laye Laye. Barcelona.

LetE Letras del Ecuador, Quito.

LetPM Las Letras Patrias. México.

LetrasL Letras. Lima.

LetrasM Letras de México. México.

LM Letterature Moderne. Milán.

Log Logos. Buenos Aires.

Lyceum Lyceum. La Habana.

LyP El Libro y el Pueblo. México.

MapCh Mapocho. Santiago de Chile.

MarF Martín Fierro. Buenos Aires.

MarM Marcha. Montevideo.

MCN Memoria de El Colegio Nacional. México.

MdS Mar del Sur. Lima.

Meg Megáfono. Buenos Aires.

Merc Mercurio. Santiago de Chile.

Met Metáfora. México.

MexC México en la Cultura. Buenos Aires.

MisJC Miscelânea de estudos a Joaquim de Carvalho. Figueira de Foz. Portugal.

MLForum The Modern Language Forum. Los Angeles, Cal.

MM México Moderno. México.

MP Mercurio Peruano. Lima.

MundN Mundo Nuevo. París.

Nac La Nación. Buenos Aires.

Nacion El Nacional. México.

NacionC El Nacional. Caracas.

ND La Nueva Democracia. New York.

Nivel Nivel, Gaceta de Cultura. México.

Nos Nosotros. Buenos Aires.

Nove Novedades. México.

Noverim Universidad Católica de Santo Tomás de Villanueva. La Habana.

NRC Nueva Revista Cubana. La Habana.

NRFH Nueva Revista de Filologia Hispánica. México.

NuE Nueva Era. Quito.

Nume Número. Montevideo.

Occid Occidental. Massapequa, N.Y.

Orig Orígenes. La Habana.

Orto Orto. Manzanillo, Cuba.

Pais. El País. Montevideo.

PanoL Panorama. Lima.

PanoT Panorama. Tucumán, Argentina.

PMLA Publications of the Modern Language Association of America. Menasha (Wisconsin) —New York.

PoEMa Poesía española. Madrid.

Poetry Poetry. Chicago.

PolCar Política. Caracas.

PP La Pajarita de Papel. Tegucigalpa, Honduras.

PrBA La Prensa. Buenos Aires.

PRIl Puerto Rico Ilustrado. San Juan, Puerto Rico.

PrL La Prensa. Lima.

PrNY La Prensa. New York.

PSA Papeles de Son Armadans. Palma de Mallorca.

PyH La Palabra y el Hombre. Xalapa, México.

R La Razón. Buenos Aires.

RABA La Revista Americana de Buenos Aires. Buenos Aires.

RAmer Revista de América. Bogotá.

RAMG Revista de la Asociación de Mujeres Graduadas. Universidad de Puerto Rico. San Juan, Puerto Rico.

RBC Revista Bimestre Cubana. La Habana.

RBNH Revista de la Biblioteca Nacional. La Habana.

RCamp El Reproductor Campechano. Campeche, México.

RdP Revue de Paris. París.

REd Revista de Educación. La Plata, Argentina.

REdS Revista de Educación. Santiago de Chile.

RepAm Repertorio Americano. San José, Costa Rica.

ResM Reseña. Madrid.

RevAr Revue Argentine. París.

RevC Revista del Caribe. Caracas.

RevCB Revista Colombiana. Bogotá.

RevCu Revista Cubana. La Habana.

RevIb Revista Iberoamericana. México.

RevICP Revista del Instituto de Cultura Puertorriqueña. San Juan, Puerto Rico.

RevInd Revista de Indias. Bogotá.

RevIndM Revista de Indias. Madrid.

Revista La Revista. Barcelona.

RevLL Revista de Lenguas y Literatura. Tucumán, Argentina.

RevPV Revista del Pacífico. Valparaíso, Chile.

RFLCHabana Universidad de La Habana. Revista de la Facultad de Letras y Ciencias. La Habana.

RGuat Revista de Guatemala. Guatemala.

RHM Revista Hispánica Moderna. New York.

RIAA Revista del Instituto Americano de Arte. Cuzco, Perú.

RIB Revista Interamericana de Bibliografía. Washington, D.C.

RIBL Revista Iberoamericana de literatura. Montevideo.

RJav Revista Javeriana. Bogotá.

RLAIM Revista de Literatura Argentina e Iberoamericana. Mendoza, Argentina.

RLComp Revue de Littérature Comparée. París.

RMexL Revista Mexicana de Literatura. México.

RNA Revista del Núcleo del Azuay. Cuenca, Ecuador.

RNac Revista Nacional. Montevideo.

RNC Revista Nacional de Cultura. Caracas.

ROcc Revista de Occidente. Madrid.

Roman Romance. México.

RomN Romance Notes. Chapel Hill, N.C.

RR Revista de Revistas. México.

RRQ Romanic Review. Columbia University. New York.

Ru Ruta. México.

Rue Rueca. Universidad Nacional Autónoma de México. México.

RUM Revista de la Universidad de Madrid. Madrid.

RUZ Revista de la Universidad del Zulia. Maracaibo, Venezuela.

SAJ The South American Journal. Londres.

SBibl Suma bibliográfica. México.

Sphinx Sphinx. Lima.

StB Studium. Bogotá.

SuG Summa. Guadalajara, México.

Sur Sur. Buenos Aires.

Sus Sustancia. Tucumán, Argentina.

SVi Saber Vivir. Buenos Aires.

Sy Symposium. Syracuse. N.Y.

Tiem El Tiempo. Bogotá.

TN Tierra Nueva. México.

TresL Tres. Lima.

TV Tiempo Vivo. Córdoba, Argentina.

UA Universidad de Antioquia. Medellín, Colombia.

UDLH Universidad de la Habana. La Habana.

UNC Universidad Nacional de Colombia. Bogotá.

UnionC Unión. La Habana.

UnivCB Universidad Pontificia Bolivariana. Medellín, Colombia.

UniversalCar El Universal. Caracas.

UnivMex Universidad de México. México.

UnivSF Universidad. Universidad Nacional del Litoral. Santa Fe, Argentina.

VA Voces de América. Cartagena. Colombia.

VEB La Vanguardia Española. Barcelona.

VL La Vida Literaria. Buenos Aires.

VUM Vida Universitaria. Monterrey, México.

VyPM Vida y pensamiento de Martí. La Habana.

BIBLIOGRAFÍA GENERAL

HISTORIAS Y ESTUDIOS GENERALES

Se recogen en esta sección sólo los manuales e historias *generales*, es decir, abarcadores de toda la América hispana, así como los estudios sobre movimientos poéticos determinados y sobre la poesía *de los diferentes países* no referidos concretamente a un autor. Para una información sobre historias *nacionales* de la literatura remitimos a la compilada por Enrique Anderson Imbert al final de su *Historia de la literatura hispanoamericana*, tomo II, que aquí se cita.

Alegría, Fernando, *La poesía chilena*, México, 1954.

Anderson Imbert, Enrique, *Historia de la literatura hispanoamericana* (5a edic.), México–Buenos Aires, 1966.

Arrieta, Rafael Alberto, *Introducción al modernismo literario*, 2a edic., Buenos Aires, 1961.

Arrom, José Juan, *Esquema generacional de las letras hispanoamericanas*, Bogotá, 1963.

Bajarlía, Juan Jacobo, *El vanguardismo poético en América y España*, Buenos Aires, 1957.

———, *La poesía de vanguardia: De Huidobro a Vallejo*, Buenos Aires, 1965.

Blanco-Fombona, Rufino, *El modernismo y los poetas modernistas*, Madrid, 1929.

Cirlot, Juan Eduardo, *Diccionario de los ismos* (2a edic. aumentada), Barcelona, 1956.

Corvalán, Octavio, *El postmodernismo*, New York, 1961.

Modernismo y Vanguardia. Coordenadas de la literatura hispanoamericana del siglo XX, New York, 1967.

Dauster, Frank, *Ensayos sobre poesía mexicana: Asedio a los "Contemporáneos,"* México, 1963.

Díaz-Plaja, Guillermo, *Modernismo frente a Noventa y ocho*, Madrid, 1951.

Diccionario de la literatura latinoamericana: Argentina (2 vols.), Unión Panamericana, Washington, 1960 y 1962.

Diccionario de la literatura latinoamericana: Bolivia, Unión Panamericana, Washington, s.a.

Diccionario de la literatura latinoamericana: Colombia, Unión Panamericana, Washington, 1959.

Diccionario de la literatura latinoamericana: Chile, Unión Panamericana, Washington, 1958.

Diccionario de la literatura latinoamericana: Ecuador, Unión Panamericana, Washington, 1962.

Díez-Echarri, Emiliano, y José María Roca Franquesa, *Historia general de la literatura española e hispanoamericana*, Madrid, 1960.

Englekirk, John E., *Edgar Poe in Hispanic Literature*, New York, 1934.

Faurie, Marie Joseph, *El modernismo hispanoamericano y sus fuentes francesas*, Tesis doctoral en la Universidad de la Sorbonne, París, 1963.

Fernández Moreno, César, *Introducción a la poesía*, México, 1962.

Fernández Retamar, Roberto, *La poesía contemporánea en Cuba*, La Habana, 1954.

Ferreres, Rafael, *Los límites del modernismo*, Madrid, 1964.

Ferro, Hellén, *Historia de la poesía hispanoamericana*, New York, 1964.

Franco Oppenheimer, Félix, *Imagen y visión edénica de Puerto Rico en su poesía, desde los comienzos hasta nuestros días*, México, 1964.

Ghiano, Juan Carlos, *Poesía argentina del siglo XX*, México–Buenos Aires, 1957.

Gicovate, Bernardo, *Conceptos fundamentales de literatura comparada. Iniciación de la poesía modernista*, San Juan, P.R., 1962.

González, Manuel Pedro, *José Martí en el octogésimo aniversario de la iniciación modernista. 1882–1927*, Caracas, 1962.

Gullón, Ricardo, *Direcciones del modernismo*, Madrid, 1963.

Hamilton, Carlos, *Historia de la literatura hispanoamericana*, New York, 1961.

Henríquez Ureña, Max, *Breve historia del modernismo* (2a edic.), México–Buenos Aires, 1962.

———, *El retorno de los galeones y otros ensayos*, México, 1963.

Henríquez Ureña, Pedro, *Las corrientes literarias en*

la América hispánica, (Traducción del inglés por Joaquín Díez-Canedo), México–Buenos Aires, 1949.

——, *Obra crítica*, México–Buenos Aires, 1960.

Ibarra, Héctor, *La nueva poesía argentina: Ensayo crítico sobre el ultraísmo, 1921–1929*, Buenos Aires, 1930.

Jiménez, Juan Ramón, *El modernismo. Notas de un curso* (1953), Madrid, 1962.

Kercheville, F.M., *A study of the tendencies in modern and contemporary poetry from the modernist movement to the present time*, Albuquerque, 1933.

Lamothe, Louis, *Los mayores poetas latinoamericanos de 1850 a 1950*, México, 1959.

Leiva, Raúl, *Imagen de la poesía mexicana contemporánea*, México, 1959.

List Arzubide, Germán, *El movimiento estridentista*, Jalapa, Veracruz, 1926.

Literatura iberoamericana: Influjos locales, Memoria del X Congreso del Instituto Internacional de Literatura Iberoamericana, México, 1965.

Loprete, Carlos Alberto, *Literatura modernista en la Argentina*, Buenos Aires, 1955.

Maidanik, M., *Vanguardismo y Revolución: Metodología de la renovación estética*, Montevideo, 1960.

Mañach, Jorge, "Vanguardismo," en *Revista de Avance, I*, núms. 1, 2 y 3, La Habana, 1927.

Marinello, Juan, *Poética. Ensayos en entusiasmo*, Madrid, 1933.

Martínez, José Luis, *Literatura mexicana del siglo XX, 1910–1949* (Primera parte), México, 1949.

Medina, José Ramón, *Examen de la poesía venezolana contemporánea*, Caracas, 1956.

Monguió, Luis, *La poesía postmodernista peruana*, México, 1954.

Monner Sanz, José María, *Julián del Casal y el modernismo hispanoamericano*, México, 1952.

Olivera, Otto, *Cuba en su poesía*, México, 1965.

Onís, Federico de, "La poesía iberoamericana," en *España en América*, Universidad de Puerto Rico, Río Piedras, 1955.

Panorama das Literaturas das Americas de 1900 a actualidade, Direção de Joaquim de Montezuma de Carvalho [lleva publicados cuatro volúmenes], Nova Lisboa, Angola, 1958–1965.

Percas, Helena, *La poesía femenina argentina (1810–1950)*, Madrid, 1958.

Poggioli, Renato, *Teoría del arte de vanguardia*, Madrid, 1964.

Raed, José, *El modernismo como tergiversación histórica*, Bogotá, 1964.

Ripoll, Carlos, *La Revista de Avance (1927–1930)*;

Episodio de la Literatura cubana, Tesis de New York University, 1963-64.

Rosa-Nieves, Cesáreo, *La poesía en Puerto Rico* (2a. edic.), San Juan, 1958.

Rosenbaum, Sidonia C., *Modern Women Poets of Spanish America*, New York, 1945.

Sánchez, Luis Alberto, *Nueva historia de la literatura americana*, Buenos Aires, 1950.

——, *Escritores representativos de América*, Madrid, 1a. serie, 1963; 2a. serie, 1964.

Saz, Agustín del, *La poesía hispanoamericana*, Barcelona, 1948.

Serra, Edelweiss, *Poesía hispanoamericana: Ensayos de aproximación interpretativa*, Santa Fe (Argentina), 1964.

Schulman, Ivan A., *Génesis del modernismo*, México, 1966.

Siebenmann, Gustav, "Reinterpretación del modernismo," en *Spanish Thought and Letters in the Twentieth Century*, Nashville, Tennessee, 1966.

Silva Castro, Raúl, *El Modernismo y otros ensayos literarios*, Santiago de Chile, 1965.

Torre, Guillermo de, *Literaturas europeas de vanguardia*, Madrid, 1925.

——, *Claves de la literatura hispanoamericana*, Madrid, 1959.

——, *Tres conceptos de la literatura hispanoamericana*, Buenos Aires, 1961.

——, *Historia de las literaturas de vanguardia*, Madrid, 1965.

Torres Ríoseco, Arturo, *Panorama de la literatura iberoamericana*, Santiago de Chile, 1964.

——, *Historia de la literatura iberoamericana*, New York, 1965.

Uribe Ferrer, René, *Modernismo y poesía contemporánea*, Medellín, 1962.

Valbuena Briones, Angel, *Literatura hispanoamericana* (Tomo IV de la *Historia de la literatura española*), Barcelona, 1962.

[Vanguardismo], *Movimientos literarios de vanguardia*, Memoria del Undécimo Congreso del Instituto Internacional de Literatura Iberoamericana, México, (Publicada por la Universidad de Texas), 1965.

Varela, José Luis, *Ensayos de poesía indígena en Cuba*, Madrid, 1951.

Videla, Gloria, *El ultraísmo*, Madrid, 1963.

Vitier, Cintio, *Lo cubano en la poesía*, Universidad Central de las Villas (Cuba), 1958.

Zum-Felde, Alberto, *Indice crítico de la literatura hispanoamericana*, México, 1954.

ANTOLOGÍAS GENERALES Y TEMÁTICAS

Acevedo Escobedo, Antonio, *Poesía hispanoamericana contemporánea*, México, 1944.

Baeza Flores, Alberto, *Antología de la poesía hispanoamericana*, Buenos Aires, 1959.

Ballagas, Emilio, *Antología de la poesía negra hispanoamericana*, Madrid, 1935.

——, *Mapa de la poesía negra americana*, Buenos Aires, 1946.

Bellini, Giuseppe, *Poeti antillani*, Milano–Varese, 1957.

——, *Poeti delle Antille*, Parma, 1963.

Caballo de Fuego: La poesía del siglo veinte en América y España, Buenos Aires, 1952.

Caillet-Bois, Julio, *Antología de la poesía hispanoamericana*, Madrid, 1958.

Castillo, Homero, *Antología de poetas modernistas hispanoamericanos*, Waltham, Mass.–Toronto–London, 1966.

Coester, Alfred. *An Anthology of the Modernista Movement in Spanish America*, Boston, 1924.

Conde, Carmen, *Once grandes poetisas americohispanas*, Madrid, 1967.

Cortés, María Victoria, *Poesía hispanoamericana (Antología)*, Madrid, 1959.

Craig, G.D., *The Modernist trend in Spanish American Poetry*, Berkeley, 1934.

Dante (hijo), R., *Antología poética latinoamericana*, Buenos Aires, 1943.

Fitts, Dudley, *Antología de la poesía contemporánea americana*, Norfolk, Conn., 1942.

Franco Oppenheimer, Félix, *Poesía hispanoamericana*, México, 1957.

Ferro, Hellén, *Antología comentada de la poesía hispanoamericana*, New York, 1965.

García, Serafín J., *Panorama de la poesía gauchesca y nativista del Uruguay (Desde Bartolomé Hidalgo hasta nuestros días)*, Montevideo, 1941.

García Prada, Carlos, *Poetas modernistas hispanoamericanos*, Madrid, 1956.

——, *Poesía de España y América* (tomo II), Madrid, 1958.

Gutiérrez, Fernando, *Poesía hispanoamericana (Panorama)*, Barcelona, 1964 (2 vols.).

Hays, H.R., *12 Spanish American Poets*, New Haven, 1943.

Herrera, L.P., *Antología hispanoamericana. Poesías [desde el siglo XVI hasta el XX]*, Buenos Aires, 1934.

Hidalgo, Alberto, Vicente Huidobro y Jorge Luis Borges, *Índice de la nueva poesía americana*, Buenos Aires, 1926.

Jiménez, José Olivio, *Cien de las mejores poesías hispanoamericanas*, New York, 1965.

Monvel, María, *Poetisas de América*, Santiago de Chile, 1929.

Morales, Ernesto, *Antología de poetas americanos*, México, 1955.

Muñoz, Matilde, *Antología de poetisas hispanoamericanas modernas*, Madrid, 1946.

Onís, Federico de, *Antología de la poesía española e hispanoamericana (1882–1932)*, Madrid, 1934 (Reedición, New York, 1964).

——, *Anthologie de la Poésie Ibéro-Américaine*, París, 1956.

Panero, Leopoldo, *Antología de la poesía hispanoamericana* (Tomo II), Madrid, 1945.

Petterson, Helen Whol, *Poetisas de América*, Washington, 1961.

Pereda Valdés, Ildefonso, *Antología de la poesía negra americana*, Santiago de Chile, 1936.

Saz, Agustín del, *Antología poética moderna. Poetas españoles e hispanoamericanos de los siglos XIX y XX*, Barcelona, 1948.

Sainz y Díaz, José, *Lira negra* (selecciones españolas y afroamericanas), Madrid, 1945.

Silva Castro, Raúl, *Antología crítica del modernismo hispanoamericano*, New York, 1963.

Tiscornia, Eleuterio, *Poetas gauchescos*, Buenos Aires, 1940.

Torres-Ríoseco, Arturo, *Poetas precursores del modernismo*, New York, 1963.

Vidal, María Antonia, *Cien años de poesía femenina española e hispanoamericana, 1840–1940*, Barcelona, 1943.

Villaurrutia, Xavier, Emilio Prados, Juan Gil Albert y Octavio Paz, *Laurel. Antología de la poesía moderna en lengua española*, México, 1941.

ANTOLOGÍAS POR PAÍSES

La siguiente bibliografía, agrupada por países, representa el máximo esfuerzo que hemos podido realizar para conseguir desde New York una información puesta el día sobre este tema. Reconocemos que hay algunos países más débilmente representados que otros; es posible que en aquéllos se hayan publicado antologías a las que el acceso o la noticia nos ha sido completamente imposible.

Argentina

Bartholomew, Roy, *Cien poesías rioplatenses, 1800–1950*, Buenos Aires, 1954.

Becco, Jorge Horacio y Osvaldo Svanascini, *Diez poetas jóvenes: Ensayo sobre moderna poética, antología y ubicación objetiva de la poesía joven [argentina] desde 1937 a 1947*, Buenos Aires, 1948.

Borges, Jorge Luis, Silvina Ocampo y Adolfo Bioy Casares, *Antología poética argentina*, Buenos Aires, 1941.

Caillet-Bois, Julio e Irise Rossi de Fiori, *25 poetas argentinos, 1920–1945*, Buenos Aires, 1964.

Coccaro, Nicolás, y Carlos F. Grieben, *Dieciocho poetas jóvenes argentinos*, Montevideo, 1955.

Furlán, Luis Ricardo, *Crónica de la poesía argentina joven*, Caracas, 1963.

Ghiano, Juan Carlos, *Veintiséis poetas argentinos* ("Serie del siglo y medio"), Buenos Aires, 1960.

González Carbalho, José, *Índice de la poesía argentina contemporánea*, Santiago de Chile, 1937.

Martelli, Juan Carlos, *Antología de la poesía nueva en la República Argentina*, Buenos Aires, 1961.

Martínez, David, *Poesía argentina actual (1930–1960)*, Buenos Aires, 1961.

Noé, Julio, *Antología de la poesía argentina moderna, (1896–1930)*, Buenos Aires, 1931.

———, *Antología de la poesía argentina moderna (1900–1925)*, Buenos Aires, 1926.

Poesía argentina, sel. del Instituto Torcuato Di Tella, Buenos Aires, 1963.

Vignale, Pedro Juan, y César Tiempo, *Exposición de la actual poesía argentina*, Buenos Aires, 1927.

Bolivia

Antología boliviana, Cochabamba, 1948.

Blanco Meaño, Luis, *Parnaso boliviano*, Barcelona, s.a.

Francovich, Guillermo, *Tres poetas modernistas de Bolivia*, La Habana, 1961.

Nazoa, Aquiles, *Diez poetas bolivianos contemporáneos*, La Paz, 1957.

Quirós, Juan, *Índice de la poesía boliviana contemporánea*, La Paz, 1964.

Vilela, Luis Felipe, *Antología poética de La Paz*, La Paz, 1950.

Viscarra Fabre, Guillermo, *Poetas nuevos de Bolivia*, La Paz, 1941.

Centroamérica

Barrera, Claudio, *Antología de poetas jóvenes de Honduras desde 1935*, México, 1950.

Cuadra Downing, Orlando, *Nueva poesía nicaragüense* (introducción de Ernesto Cardenal), Madrid, 1949.

Castro, Jesús, *Antología de poetas hondureños, 1809–1910*, Tegucigalpa, 1939.

Espinosa, Francisco, *Cien de las mejores poesías líricas salvadoreñas*, San Salvador, 1951.

Meza de Padilla, Rosario, *Antología de poetas costarricenses*, San José, 1946.

Miró, Rodrigo, *Índice de la poesía panameña contemporánea*, Santiago de Chile, 1941.

———, *Cien años de poesía en Panamá*, Panamá, 1953.

Ory, Eduardo de, *Los mejores poetas de Costa Rica*, Madrid, 1928.

Poesía revolucionaria nicaragüense, México, 1962

Rubinos S.J., José, *Las cien mejores poesías líricas, panameñas*, New York, 1964.

Saz, Agustín del, *Nueva poesía panameña*, Madrid, 1954.

Valle, Rafael Heliodoro, *Índice de la poesía centroamericana*, Santiago de Chile, 1941.

Villagrán Amaya, Víctor, *Poetas de Guatemala*, Guatemala, 1947.

Colombia

Achury Valenzuela, Darío, *El libro de los poetas*, Bogotá, 1937.

Antología poética de Colombia, Buenos Aires, 1943.

Antología de la nueva poesía colombiana, Bogotá, 1949.

Arrazola, Roberto, *14 poetas "nuevos" de Colombia*, Buenos Aires, 1946.

Caparroso, Carlos A., *Antología lírica (100 poemas colombianos)*, Bogotá, 1945.

Echevarri Mejía, Oscar, y Alfonso Bonilla-Naar, *21 años de poesía colombiana*, Bogotá, 1964.

García Prada, Carlos, *Antología de líricos colombianos*, Tomos I y II, Bogotá, 1936 y 1937.

Índice de la poesía contemporánea en Colombia desde Silva hasta nuestros días, Bogotá, 1946.

Noguera Mora, Neftalí, *La generación poética de 1918*, Bogotá, 1950.

Ortega Torres, J.J., *Poesía colombiana*, Bogotá, 1942.

Cuba

Chacón y Calvo, José María, *Las cien mejores poesías cubanas* (2a edic.), Madrid, 1958.

Esténger, Rafael, *Cien de las mejores poesías cubanas*, (3a edic.) La Habana, 1950.

Feijóo, Samuel, *Colección de poetas de la ciudad de Camagüey*, Cuba, 1958.

Fernández Retamar, Roberto, y Fayad Jamís, *Poesía joven de Cuba*, La Habana, 1960.

Guirao, Ramón, *Órbita de la poesía afrocubana*, La Habana, 1939.

Jiménez, Juan Ramón, José Ma. Chacón y Calvo y Camila Henríquez Ureña, *La poesía cubana en 1936. Colección*, La Habana, 1937.

Lizaso, Félix, y José Antonio Fernández de Castro, *La poesía moderna en Cuba, 1882–1925*, Madrid, 1926.

López Morales, Humberto, *Poesía cubana contemporánea: Un ensayo de antología*, Cádiz, 1963; New York, 1967.

Lezama Lima, José, *Antología de la poesía cubana* (Tomo III. El siglo *XIX*. Los modernistas. Los poetas populares), La Habana, 1966.

Renuevo, edición poética, La Habana, 1958.

Vitier, Cintio, *Diez poetas cubanos (1937–1947)*, La Habana, 1948.

———, *Cincuenta años de poesía cubana, 1902–1952*, La Habana, 1952.

Chile

Alone (Hernán Díaz Arrieta), *Las 100 mejores poesías chilenas*, Santiago, 1949.

Anguita, Eduardo, y Volodia Teitelboim, *Antología de poesía chilena nueva*, Santiago, 1935.

Castro, Víctor, *Poesía nueva de Chile*, Santiago, 1953.

Correa, Carlos René, *Poetas chilenos (1557–1944)*, Santiago, 1944.

Donoso, Armando, *Nuestros poetas: Antología chilena moderna*, Santiago, 1924.

Elliott, Jorge, *Antología crítica de la nueva poesía chilena*, Universidad de Concepción (Chile), 1957.

Lefevre, Alfredo, *Poetas chilenos contemporáneos*, Santiago, 1945.

Plath, Oreste, *Poetas y poesía de Chile: Antología*, Santiago, 1941.

Rokha, Pablo de, *Cuarenta y un poetas jóvenes de Chile, 1910–1943*, Santiago, 1943.

Undurraga, Antonio de, *Doce poetas chilenos*, Montevideo, 1958.

Ecuador

Arias, A., y A. Montalvo, *Antología de poetas ecuatorianos*, Quito, 1944.

Carrión, Benjamín, *Índice de la poesía ecuatoriana contemporánea*, Santiago de Chile, 1937.

Pesantez Rodas, Rodrigo, *La nueva literatura ecuatoriana*, *Tomo primero, Poesía*, Guayaquil, 1966.

Vega, Benavides y otros, *Club 7: Poesía*, Guayaquil, 1954.

México

Aguayo Spencer, Rafael, *Flor moderna de poesía mexicana*, México, 1955.

Arellano, Jesús, *Antología de los 50 poetas contemporáneos de México*, México, 1952.

———, *Poetas jóvenes de México*, México, 1955.

Aub, Max, *Poesía mexicana (1950–1960)*, México, 1960.

Castro Leal, Antonio, *Las cien mejores poesías mexicanas modernas (De Manuel Gutiérrez Nájera a nuestros días)*, México, 1939.

———, *La poesía mexicana moderna*, México, 1953.

———, *Las cien mejores poesías (líricas) mexicanas: Del siglo XVI a Ramón López Velarde* (3a edic. corregida), México, 1945.

Maples Arce, Manuel, *Antología de la poesía mexicana moderna*, Roma, 1940.

Medina Romero, Jesús, *Antología de poetas contemporáneos (1910–1953)*, San Luis Potosí, México, 1953.

Ory, Eduardo de, *Antología de la poesía mexicana*, Madrid, 1936.

Paz, Octavio, *Anthologie de la poésie mexicaine* (trad. de Guy Levis Mano, Présentation de Paul Claudel), París, 1952.

———, *An Anthology of Mexican Poetry*, Translated by Samuel Beckett, Preface by C.M. Bowra, Introduction by O.P., Bloomington, 1958.

——— et al., *Poesía en movimiento. México 1915–1966* (Pról. de O.P.), México, 1966.

Ocho poetas mexicanos modernos, México, 1955.

Paraguay

Buzó Gómez, Sinforiano, *Índice de la poesía paraguaya*, Asunción–Buenos Aires, 1943.

Pla, Josefina, *La poesía paraguaya. Antología*, Caracas, 1963.

Ocho poetas paraguayos, Asunción, 1963.

Perú

Carrillo, Francisco, *Las cien mejores poesías peruanas contemporáneas*, Lima, 1964.

Núñez, Estuardo, *Panorama actual de la poesía peruana*, Lima, 1938.
———, *Poesía peruana 1960. Antología*, Lima, 1961.
Salazar Bondy, Sebastián, Jorge E. Eielson y Javier Sologuren, *La poesía contemporánea del Perú*, Lima, 1946.
Sánchez, Luis Alberto, *Índice de la poesía peruana contemporánea (1900–1937)*, Santiago de Chile, 1938.
Romualdo, Alejandro, y Sebastián Salazar Bondy, *Antología general de la poesía peruana*, Lima, 1957.

Puerto Rico

Gómez Tejera, Carmen, Ana María Losada y Jorge Luis Porras, *Poesía puertorriqueña*, México, 1957.
Hernández Aquino, Luis, *Poesía puertorriqueña*, San Juan, 1954.
Labarthe, Pedro Juan, *Antología de poetas contemporáneos de Puerto Rico*, México, 1946.
Pérez Márquez, Albertina, *Índice bibliográfico de la poesía puertorriqueña recogida en antologías*, Tesis de la Universidad de Madrid, 1962.
Primer Congreso de Poesía Puertorriqueña, *Crítica y Antología de la Poesía Puertorriqueña*, San Juan, 1958.
Valbuena Briones, Angel, y Luis Hernández Aquino, *Nueva poesía de Puerto Rico*, Madrid, 1952.

República Dominicana

Antología de la literatura dominicana: I, Verso, Santiago de los Caballeros, 1944.
Contín y Aybar, *Antología poética dominicana*, Santo Domingo, 1943.
Fernández Spencer, Antonio, *Nueva poesía dominicana*, Madrid, 1953.
Mejía, Gustavo Adolfo, *Antología de poetas dominicanos*, Santo Domingo, 1955.

Rodríguez Demorizi, E., *La poesía popular dominicana, Tomo I*. Santo Domingo, 1938.
———, *Del romancero dominicano*, Santiago de los Caballeros, 1943.

Uruguay

Bartholomew, Roy, *Cien poesías rioplatenses: 1800–1950*, Buenos Aires, 1954.
Carvalho, Humberto Feliciano, *Antología da poesia uruguainense*, Uruguaiana, 1960.
Casal, Julio J., *Exposición de la poesía uruguaya. Desde sus orígenes hasta 1940*, Montevideo, 1940.
García, Serafín, *Panorama de la poesía gauchesca y nativista del Uruguay (Desde Bartolomé Hidalgo hasta nuestros días)*, Montevideo, 1941.
Pedemonte, Hugo Emilio, *Nueva poesía uruguaya*, Madrid, 1958.
Pereda Valdés, Ildefonso, *Antología de la moderna poesía uruguaya, 1900–1927*, Buenos Aires, 1927.
Yunque, Álvaro, y Humberto Zarrilli, *La moderna poesía lírica rioplatense*, Buenos Aires, 1944.
Zum-Felde, Alberto, *Índice de la poesía uruguaya contemporánea*, Santiago de Chile, 1935.

Venezuela

Albareda, Ginés de, y Francisco Garfias, *Antología de la poesía hispanoamericana: Venezuela*, Madrid, 1958.
Fombona Pachano, Jacinto, *Poetas venezolanos*, Buenos Aires, 1951.
León, L., *Poetas parnasianos y modernistas*, Caracas, 1946.
Lobell, Connie, *Poetas venezolanos. 1940–1943*, Caracas, 1956.
Medina, José Ramón, *La nueva poesía venezolana (Antología)*, Caracas, 1959.
———, *Antología venezolana (Verso)*, Madrid, 1962.
Sola, Otto De, *Antología de la moderna poesía venezolana (2 tomos)*, Caracas, 1940.

BIBLIOGRAFÍA ADICIONAL

Se consignan aquí los libros y artículos, sobre los poetas incluidos en esta Antología, que han aparecido a lo largo del proceso de impresión de la misma, así como también las publicaciones anteriores que han llegado ahora a nuestro conocimiento. Para mayor facilidad, se sigue un orden alfabético de autores, con independencia de la sección a que corresponden. Y dentro de cada autor se ha respetado la misma disposición de las bibliografías (libros especiales, libros generales y artículos) aunque sin detallarla, por considerarlo ya innecesario y por economía de espacio.

JORGE LUIS BORGES: Sucre, Guillermo, *Borges el poeta*, México, 1967. Torre, Guillermo de, "Para la prehistoria ultraísta de Borges," CuH, núm. 169, enero, 1964.

EDUARDO CARRANZA: Roggiano, Alfredo A., "E.C. y la nueva poesía colombiana," HuT, *II*, núm. 5, 1954.

JULIÁN DEL CASAL: Vitier, Cintio, y Fina García Marruz, *J. del C. en su centenario*, La Habana, 1964. Gicovate, Bernardo, "Tradición y novedad en un poema de J. del C.," en *Conceptos fundamentales de literatura comparada. Iniciación de la poesía modernista*, San Juan, P.R., 1962. Duplessis, Gustavo, "J. del C.," RBC, *LIV*, 1944.

RUBÉN DARÍO: *R.D., Antología poética*, Selección, Estudio preliminar, Cronología, Notas y Glosario de Arturo Torres Ríoseco, Berkeley and Los Angeles, 1949. *Antología de R.D.*, selección de Jaime Torres Bodet, México, 1967. *Antología poética*, Pról. y selección de Guillermo de Torre, Buenos Aires, 1966. *Selected Poems of R.D.*, Trans. by Lysander Kemp, Austin, Texas, 1965. Balseiro, José Agustín, *Seis estudios sobre R.D.*, Madrid, 1967. Alvarez, Dictinio, *Cartas de R.D.*, Madrid, 1967. Cabezas, J.A., *R.D. Un poeta y una vida*, Madrid, 1944. Cabrales, Luis Alberto, *El provincialismo contra R.D.*, Managua, 1966. Carilla, Emilio, *Una etapa decisiva en Darío*, Madrid, 1967. Conde Abellán, Carmen, *Acompañando a Francisca Sánchez; resumen de una vida junto a R.D.*, Managua, 1964. Ledesma, Roberto, *Genio y figura de R.D.*, Buenos Aires, 1964. Lorenz, Erika, *R.D. bajo el divino imperio de la música*, Trad. y notas de Fidel Corona, Managua, 1960. Lozano, Carlos, *R.D. y el modernismo en España, 1888–1920*. Ensayo de Bibliografía comentada, New York, 1968. McNamee, Sor Catalina T., *El pensamiento católico de R.D.*, Madrid, 1967. Torres Bodet, Jaime, *R.D., abismo y cima*, México, 1967. *Discursos pronunciados en el homenaje rendido al autor por el IV Congreso de Academias de la Lengua Española*, Buenos Aires, 1964, San Salvador, 1965. *Encuentro con R.D.* (Número homenaje, CasA, núm.42, 1967 [contiene artículos de J. Cassou, C. Pellicer, J. Torres Bodet, M.P. González, E. Mejía Sánchez, J.A. Portuondo, M. Benedetti y E. Diego]). *Número homenaje*, Asom. *XXIII*, núm.1, 1967 [contiene artículos de G. de Torre, R. Gullón, C. Zardoya, B. Gicovate, J. Loveluck, R. Lida, D. De Voto, J.A. Balseiro, J.L. Cano, G. Figueira, A. Oliver Belmás y otros]. *Número homenaje a R.D.*, Insula, núm. 248–249, 1967 [contiene artículos de G. de Torre, R. Gullón, M. Durán, R. Esquenazi-Mayo, M. Enguídanos, J.A. Valente, J. Campos y otros]. *Número dedicado*, RNC, *XXVIII*, núm. 178, 1966 [contiene artículos de E. Torres, J. Carrera Andrade, E. Subero, A. Rojas, A. Baeza Flores, J.L. Cano, G. Figueira y otros]. *R.D. en Oxford*, Managua, 1966 [contiene artículos de C.M. Bowra, A. Torres Ríoseco, Luis Cernuda y Ernesto Mejía Sánchez]. Cernuda, Luis, "Experimento en R.D.," en *Poesía y Literatura II*, Barcelona, 1964. Phillips, Allen W., "Sobre 'Sinfonía en gris mayor' de R.D.," en *Estudios y notas sobre literatura hispanoamericana*, México, 1965. Balseiro, José Agustín, "Estudios rubendarianos: Arieles y Calibanes," en *Homenaje a Angel del Río*, RHM, *XXXI*, 1965. Balseiro, José Agustín, "Presencia de Wagner y casi ausencia de Debussy en R.D.," Abs, *XXXI*, 1967. Beardsley, Theodore S., Jr., "R.D. and The Hispanic Society: The Holograph Manuscript of 'Pax'," HR, *XXXV*, 1967. Campbell, Brenton, "La descripción parnasiana en la poesía de R.D.," RevIb, *XXXII*, 1966. Echeverri Mejía, Oscar, "R.D. a los cincuenta años de su muerte," UA, *XLIII*, 1966. Enguídanos, Miguel,

"El cuaderno de navegación de R.D.," RHM, *XXXII*, núm. 3-4, julio–octubre, 1966. Ferrero, José María. "'El año lírico' de R.D.," en *Estudios literarios*, La Plata, Argentina, 1966. González, Manuel Pedro, "La apoteosis de R.D. Intento de explicación del fenómeno," A, *CLXIII*, núm. 413, 1966. Junco, Alfonso, "Ejemplaridad de R.D.," Abs, *XXXI*, 1967. Magdaleno, Mauricio, "América en R.D.," LyP, *VI*, núm. 14, 1966. Melián Lafinur, Alvaro, "Homenaje a R.D.," BAAL, *XXXI*, 1966. Neale-Silva, Eduardo, "R.D. y la escultura," CuA, *XXVI*, núm. 3, 1967. Paz, Octavio, "El caracol y la sirena (R.D.)," en *Cuadrivio*, México, 1965. Rodríguez Monegal, Emir, "Encuentros con R.D." [incluye textos de Juan Valera, José E. Rodó, M. Menéndez y Pelayo y otros]. MundN, núm. 7, 1967. Roggiano, Alfredo A., "Variantes de un poema de R.D.," RevIb, núm. 49, 1960. Rull, Enrique, "El símbolo de psique en la poesía de R.D.," RLitM, *XXVII*, núm. 53-54, 1965. Severo Sarduy, Tomás Iglesia, y Emir Rodríguez Monegal, "Nuestro R.D.," MundN, núm. 7, enero, 1967. "1967: año de R.D., poeta de América," AmerW, *XIX*, núm. 3, 1967. Zardoya, Concha, "R.D. y 'La poesía castellana,'" PSA, *CXXXVII–VIII*, 1967.

SALVADOR DÍAZ MIRÓN: Carrillo, J., *Radiografía y disección de S.D.M.*, México, 1954. Díaz Plaja, Guillermo, "La poesía de S.D.M." en *El reverso de la medalla*, Barcelona, 1956.

MANUEL GUTIÉRREZ NÁJERA: Contreras García, I., *Indagaciones sobre G.N.*, México, 1957. Mejía Sánchez, Ernesto, *Exposición documental de M.G.N., 1859-1959*, México, 1959. Lonné, Enrique F., "Lo nocturnal en la poesía de M.G.N.," en *Estudios literarios*, La Plata, Argentina, 1966. Jiménez Rueda, Julio, "El México de G.N.," en *La cultura y la literatura iberoamericanas*, México, 1957. Schulman, Ivan A., "El modernismo y la teoría literaria de M.G.N.," en *Génesis del modernismo*, México, 1966.

JULIO HERRERA Y REISSIG: Flores Mora, M., *J.H.R., estudio biográfico*, Montevideo, 1947. Gicovate, Bernardo, *J.H.R. and the Symbolists*, Berkeley and Los Angeles, 1957. Pino Saavedra, Y., *La poesía de J.H.R. Sus temas y su estilo*, Santiago de Chile, 1932. Torre, Guillermo de, "El pleito Lugones-Herrera y Reissig," en *La aventura y el orden*, Buenos Aires (2a. edic.), 1960. Colquhoun, E., "Notes on French Influences in the Work of J.H.R.," BSS, *XXI*, 1944. Correa, Gustavo, "The Poetry of J.H.R. and French Symbolism," PMLA, *LXVIII*, 1953.

RICARDO JAIMES FREYRE: Guzmán, A., "R.J.F.," en *Diccionario de la literatura latinoamericana— Bolivia*, Washington, 1958. Otero, G.A., *Figuras de la cultura boliviana*, Quito, 1952. Jaimes Freyre, Mireya, "Universalismo y romanticismo en un poeta 'modernista,' R.J.F.," en *Homenaje a Angel del Río*, RHM, *XXXI*, 1965. Jaimes Freyre, Mireya, "El tiempo en la poesía de R.J.F.," RevIb, *XXXII*, núm. 61, 1966.

RAMÓN LÓPEZ VELARDE: Phillips, Allen W., "Una amistad literaria: Tablada y L.V.," en *Estudios y notas sobre literatura hispanoamericana*, México, 1965. Paz, Octavio, "El camino de la pasión (Ramón López Velarde)," en *Cuadrivio*, México, 1965.

LEOPOLDO LUGONES: Jitrik, Noé, *L.L.: mito nacional*, Buenos Aires, 1960. Mangariello, María Esther, *Tradición y expresión poética en "Los Romances de Río Seco" de L.L.* (Estudio preliminar por Juan Carlos Ghiano), La Plata, Argentina, 1966. Stivers, William, *A Study of the Poetic Works of L.L.* (Ph.D. Thesis), University of Southern California, 1951. Bracia, Pedro Luis, "Lugones y el ultraísmo," en *Estudios literarios*, La Plata, Argentina, 1966. Echagüe, Juan Pablo, "L.L.," en *Seis figuras del Plata*, Buenos Aires, 1938, y en *Escritores de la Argentina*, Buenos Aires, 1945. Ghiano, Juan Carlos, *Poesía argentina del siglo XX*, México-Buenos Aires, 1957. Torre, Guillermo de, "El pleito Lugones-Herrera y Reissig," en *La aventura y el orden*, Buenos Aires, 2a. edic., 1960. Torres Ríoseco, Arturo, "L.L. (1874-1938)," en *La hebra en la aguja*, México, 1965. Picón Salas, Mariano, "Para una interpretación de Lugones," RNC, núm. 59, 1956. Roggiano, Alfredo A., "Bibliografía de y sobre L.L.," RevIb. núm. 53, 1962. Roggiano, Alfredo A., "Poemas de L.L. en la *Revista Moderna de México*," RevIb, *XXXIII*, núm. 63, 1967.

JOSÉ MARTÍ: Cué Cánovas, A., *Martí, el escritor y su época*, México, 1961. Ghiano, Juan Carlos, *J.M.*, Buenos Aires, 1967. Lizaso, Félix, *Proyección humana de Martí*, Buenos Aires, 1953. Lizaso, Félix, *Personalidad de Martí*, La Habana, 1954. Gicovate, Bernardo, "Aprendizaje y plenitud poética de J.M.," en *Conceptos fundamentales de literatura comparada. Iniciación de la poesía modernista*, San Juan, Puerto Rico, 1962. González, Manuel Pedro, "J.M.: Jerarca del modernismo," en *Miscelánea de estudios dedicados al doctor Fernando Ortiz*, La Habana, 1956. González, Manuel Pedro, "Evolución de la estimativa martiana," en *Antología crítica de J.M.*, México, 1960. Schulman, Ivan A., "Génesis del azul modernista," en

Génesis del modernismo, México, 1966. Almendros, Herminio, "Martí, innovador en el idioma," CasA, núm. 41, 1967.

GABRIELA MISTRAL: Iglesias, Augusto, *G.M. y el modernismo en Chile*, Santiago, 1950. Conde, Carmen, *Once grandes poetisas americohispanas*, Madrid, 1967. Serra, Edelweis, "La poesía de la soledad de G.M.," en *Poesía hispanoamericana*, Santa Fe, Argentina, 1964. Bates, Margaret, "The definitive edition of G.M.'s Poetry," RIB, *XVI*, núm. 4, 1966 [en notas contiene abundante bibliografía]. Bueno, Salvador, "Aproximaciones a G.M." en *La letra como testigo*, Universidad Central de Las Villas, Cuba, 1957. "Guía bibliográfica de G.M.," LyP, *VI*, núm. 15, 1966. Castillo, Homero, "Nuevos materiales inéditos de G.M.," HispW, *XLIX*, 1966. Mañach, Jorge, "Gabriela: alma y tierra," RHM, núm. 2, año III, New York, 1937. Pinilla, Norberto, "G.M. Contribución a un estudio," *La Semana Literaria*, núm. 15, Santiago de Chile, 1940. Saavedra Molina, J., "G.M.: vida y obra," RHM, *III*, núm. 2, New York, 1937. Sánchez-Castañer, Francisco, "Tiempo, muerte y eternidad en la poesía de G.M.," Norte, Amsterdam, *VIII*, núm. 2-3, 1967.

PABLO NERUDA: *La Barcarola* (fragmentos) MundN, núm. 4, 1966. Benedetti, Mario, "Vallejo y Neruda: dos modos de influir," CasA, *VII*, núm. 43, 1967. Campo, Vicente del, "P.N., *Residencia en la Tierra*," Norte, Amsterdam, *VIII*, núm. 2-3, 1967. Concha, Jaime, "Proyección de *Crepuscolario*," A, *CLVIII*, núm. 408, 1965. Foguelquist, Donald F., "Sobre *Memorial de Isla Negra*," RHM, *XXXII*, núm. 3-4, 1966. Gottlieb, Marlene, "P.N., poeta del amor," CuA, *XXV*, núm. 6, 1966. Gottlieb, Marlene, "La querra civil española en la poesía de P.N. y César Vallejo, CuA, núm. 5, 1967. Lozada, Alfredo, "Neruda y Schopenhauer," RHM, *XXXII*, núm. 3-4, 1966. Montes, Hugo, "Las etapas de Neruda," Norte, Amsterdam, *VIII*, núm. 2-3, 1967. "El mar en la poesía de P.N.," CUn, núm. 90, 1966.

AMADO NERVO: Monterde, Francisco, *A.N.*, México, 1933. Reyes, Alfonso, *Tránsito de A.N.*, Santiago de Chile, 1937. Torres Ríoseco, Arturo, "Nervo y Tablada," en *La hebra en la aguja*, México, 1965.

NICANOR PARRA: Correa, Nelly, "Sobre N.P.: *Versos de salón*," Merc, 17 marzo, 1963. Ortega, Julio, "Las paradojas de N.P.," MundN, núm. 11, 1967. Parra, Nicanor, "Discurso," A, núm. 380-381, 1958. Rodríguez Monegal, Emir, "La voz agónica de N.P.," Pais, 24 dic. 1962. Teillier, Jorge, "Sobre N.P. *La cueca larga*, AUCh, *CXVI*, 1958. Vitale, Ida, "El poeta antipoeta," Epoca, 9, nov. 1962.

OCTAVIO PAZ: Gimferrer, Pedro, "El testimonio de O.P.," Insula, *XXI*, núm. 239, 1966. Gimferrer, Pedro, "Dos nuevos libros de O.P." [sobre *Puertas al campo* y *Vindraban*], Insula, núm. 248-249, 1967. Guerra Castellanos, Eduardo, "O.P.: poeta de la soledad violenta," HuN, núm. 7, 1966.

ALFONSO REYES: Roggiano, Alfredo A., "La idea de poesía en A.R.," *Homenaje a A.R.*, RevIb. *XXXI*, núm. 59, 1965 (Recogido en *En este aire de América*, México, 1966).

JOSÉ SANTOS CHOCANO: Meza Fuentes, R., *La poesía de J.S.Ch.*, Santiago de Chile, 1935.

JOSÉ ASUNCIÓN SILVA: Liévano, R., *En torno a Silva. Selección de estudios e investigaciones sobre la obra y la vida íntima del poeta*, Bogotá, 1946. Paniagua Mayo, B., *J.A.S. y su poesía*, México, 1957. García Prada, Carlos, "J.A.S.," en *Diccionario de la literatura latinoamericana—Colombia*, Washington, 1959. Gicovate, Bernardo, "J.A.S. y la decadencia europea," en *Conceptos fundamentales de literatura comparada. Iniciación de la poesía modernista*, San Juan, Puerto Rico, 1962. Castillo, Homero, "El tema de Lázaro en un poema de J.A.S.," HispW, *L*, 1967. Roggiano, Alfredo A., "J.A.S.: aspectos de su vida y de su obra," CuH, núm. 9, 1949. Roggiano, Alfredo A., "La obsesión de lo imposible en la poética de J.A.S.," RevLL, *I*, núm. 1, 1952.

ALFONSINA STORNI: Andreola, Carlos A., *A.S.*, Buenos Aires, 1964. Gironella, María de los Angeles, *Alfonsina: época, dolor y obra de la poetisa A.S.*, Buenos Aires, 1958. Gómez Paz, Julieta, *Leyendo a A.S.*, Buenos Aires, 1966.

GUILLERMO VALENCIA: Echeverri, Oscar, *Valencia*, Madrid, 1965. Arango Ferrer, Javier, *Dos horas de literatura colombiana*, Medellín, 1963. Botero, Ebel, *Cinco poetas colombianos*, Manizales, 1964. Caparroso, Carlos Arturo, *Dos ciclos de lirismo colombiano*, Bogotá, 1961. García Prada, Carlos, *Estudios hispanoamericanos*, México, 1945. García Prada, Carlos, "G.V.," en *Diccionario de la literatura latinoamericana—Colombia*, Washington, 1959. Silvio, J., *Escritores de Colombia y Venezuela*, Río de Janeiro, 1942.